中国古代刑罚史略

马肖印　编著
王　骚　校订

南开大学出版社

天　津

图书在版编目(CIP)数据

中国古代刑罚史略 / 马肖印编著；王骚校订. —
天津：南开大学出版社，2019.7
ISBN 978-7-310-05689-7

Ⅰ. ①中… Ⅱ. ①马… ②王… Ⅲ. ①刑罚－法制史
－研究－中国－古代 Ⅳ. ①D924.02

中国版本图书馆 CIP 数据核字(2019)第 148013 号

南开大学出版社出版发行
出版人：刘运峰
地址：天津市南开区卫津路 94 号　　邮政编码：300071
营销部电话：(022)23508339　23500755
营销部传真：(022)23508542　　邮购部电话：(022)23502200
*
北京建宏印刷有限公司印刷
全国各地新华书店经销
*
2019 年 7 月第 1 版　　2019 年 7 月第 1 次印刷
210×148 毫米　32 开本　21.625 印张　6 插页　549 千字
定价：92.00 元

如遇图书印装质量问题,请与本社营销部联系调换,电话:(022)23507125

作者马肖印工作照

序 言

著书立说,在有生之年完成自己的著作,将自己的观点汇入时代的思想文化洪流之中,几乎是每个人心中的愿望。不论是专业学者还是实践工作者,著书立说都是一种艰苦的奋斗、执着的追求。正所谓"春蚕到死丝方尽,蜡炬成灰泪始干",奉献与燃烧的是自身,留下的则是包括奋斗精神在内的宝贵的思想文化。

本书的作者,就是这样一位孜孜不倦的奋斗者。离休后,他没有选择过一种休闲的生活来安享晚年,而是不顾身体病痛,亲自搜集资料,不断思考形成系统观点,奋笔疾书,最终实现了自己著书立说、奉献于社会的愿望。

一

本书作者马肖印(1932—2011),1932年生于河北省石家庄藁城县的农民家庭。20世纪30年代,正是日本侵略者发动"七七事变"、挑起全面侵华战争的黑暗时代,也是中华民族全面抗战的时代。中华民族全面抗日的烽火燃烧着华北大地,当时家处抗日民主根据地的马氏全家都加入了中国共产党领导的抗日队伍,其父辈中不乏八路军和解放军的高级将领,有的为人民解放事业献出了生命。受革命家庭的熏陶和影响,1944年,12岁的马肖印加入抗日革命队伍,1949年加入中国共产党并开始在中央军委铁道部管理系统任职。1957年,25岁的马肖印担任天津铁路局铁路运输检察院代理检察长。对于马肖印来说,似乎真是一帆风顺,平步青云。

　　然而其命运似乎注定是坎坷的。1957 年至 1979 年,马肖印被错划为"右派",下放劳动。在其劳动改造期间,他平添的不仅是脸部的皱纹、衰老的表情和体内的疾病,而且最重要的是精神的扭曲。1980 年,中央落实纠正"反右"扩大化问题,与大批被错划"右派"人员一样,马肖印得以平反,48 岁时重返天津铁路运输检察院。1980 年至 1992 年,马肖印在天津铁路运输检察院重新历任:副科长、科长、副检察长、检察长。1992 年至 2011 年 8 月,马肖印离休后一直受聘于天津天正律师事务所,兼任律师,并开始努力实践自己著书立说的人生计划,直至去世。

　　马肖印先生从 20 世纪 80 年代到离休,除了检察院的本职工作,他还曾先后承担许多与司法检察密切相关的社会工作,包括兼任天津铁路局第二届老战士协会理事、天津检察协会第一届理事会理事、天津铁路检察学会会长、天津天正律师事务所律师。其在从事专业司法工作的同时,还在各级党报、文学刊物上发表各类文章,充分体现了其丰富的管理经验、深刻的思想和高超的文字水平。

　　马肖印先生不仅工作认真,而且严于律己、宽厚待人。他生活简朴,戴上老花镜捧书阅读是他度过休息日的主要生活方式。他曾谆谆教导自己的子女们,不论将来做什么工作,都应该积极进取,并严肃地告诫子女们,千万不要玩物丧志。他时常和子女后代谈起的一个话题是"如何度过自己的一生"。记得他生前经常谈起苏联作家奥斯特洛夫斯基笔下的人物保尔·柯察金,并且像谈起其他事情一样使用一种直率的表达方式:"我并不喜欢保尔这个人物,《钢铁是怎样炼成的》一书中,保尔的'海滨独白'被大肆宣传,但十有八九是作者在原型的基础上加工而成的。可不管如何,书中所讲的道理是对的。人在回首往事时,就是不应该因为虚度年华、碌碌无为而悔恨。尤其是年轻人,应该接受这个道理。"这既是他对子女的教育,也是他自己的人生价值。马肖印先生正是按照这种人生价值观的轨迹，走完自己平凡但充实的一生。

二

对于学者来说，探索自然界与人类社会的本质规律，著书立说，这是自己的本职工作。雄厚的专业理论基础、亲身的实践体验，再加上自己勤奋的努力，实现此目标不是难事。而对于非专业学者来说，一生工作在实践岗位上，没有经过系统的专业理论学习，凭着自己丰富的实践经验和后天自修的基础理论，要实现著书立说的愿望，则需要付出更多。

20 世纪 80 年代初期，马肖印先生重返天津铁路运输检察院工作后，凭着自己丰富的工作经验和对业务的努力钻研，曾经写出一部 10 多万字的著作《审讯的艺术》，但因为其中的内容涉及审讯工作的手段与技术而不宜公开发表，所以该著作没有得到出版，最后只剩下一堆看着可惜的手稿。他刚退休后，有一段时间总是在系统深刻地反思历史上的"反右"斗争、"文化大革命"以及极"左"思潮对国家、社会和人们思想的影响，并断断续续地写了近 20 万字的手稿。这既是他对社会发展历程的回顾和反思，也是对自己人生历程中最扭曲阶段的回顾和反思；同时，在这些手稿中，也可以看出他那正义直率、刚强不阿的个性。他心中明白，反思历史是为了走向未来，更好地向前发展。因此，从 1995 年开始，马肖印先生规划并集全部精力逐步投入到《中国古代刑罚史略》的写作中。

为了此书的写作，马肖印先生重新整理了自己保存了大半辈子的书籍，在一面墙长的书架中，将这些书籍重新归类、存放以便于资料的查找。他在子女们的帮助下买了电脑，并掌握了简单的计算机上网技术、Word 中的五笔字型输入法和一般的资料编辑技术。看着年近古稀的马先生的满头白发，看到他竟能掌握简单的电脑技术，真让人感到不可思议。为了完成这部著作，他多次到天津图书馆和南开大学图书馆查阅资料并和专业人士讨论相关问题。每当一段资料梳理清楚，一个问题解决之后，子女们都会看到他那银发下兴奋的笑脸。许多了解他的人都认为，他的一生也许不应该从事司法检察工作，而是应该成为教师，教书育人、著书立说。

遗憾的是，书稿尚未杀青，马肖印老先生就去世了，他那和蔼的笑容、风趣的言谈永远印在每一个熟悉他的人的心里。他那朴素的工作作风、严谨的治学态度，以及为理想而执着探索、主动奉献的牺牲精神，永远值得我们学习。当前，中华民族已经开始走向伟大复兴，愿马肖印老先生九泉之下有灵，定能看到我们走向更加光辉的未来。

三

刑罚，国家与社会治理的必要手段之一。其形式简单，但内涵却极其丰富。历史上每一种刑罚的出现，不论其如何违背人性和残忍，都有其社会政治与思想文化背景的支撑。也就是说，刑罚不仅是国家机器为加强社会统治而采取的暴力手段，而且可以通过刑罚透视社会政治与国家统治状况，折射出当时社会上普遍的价值观、伦理道德观，以及社会文明的发展水平。

关于中国古代刑罚的研究，各方面的专家学者已经做得很深入了，程树德先生的《九朝律考》、沈家本先生的《历代刑法考》等堪称这一研究领域的经典，当下学者们的相关学术论文也都体现着高深的研究造诣。本书在资料选用过程中，除了各朝代的经典古籍，沈家本先生的《历代刑法考》是最重要的参考文献。本书在研究借鉴相关研究成果的基础上，力求突出以下特征：

第一，根据社会发展特征，以"五刑"概念为核心，以唐虞时代形成的生命刑、身体刑、流刑、财产刑、耻辱刑等"旧五刑"的发展、消解,"新五刑"的更替及其更广泛深入的发展为历史线索,展开历史分析和刑罚考证,在阐述分析历史背景的基础上,重点考证各种刑罚,以便于读者对各种刑罚的含义与历史特征的把握。

第二,根据中国古代刑罚与时代背景的特征,力求合理划分刑罚考证的历史朝代。本书共分四编:第一编以唐虞夏商时代为历史线索,展开对"旧五刑"体系形成的分析考证;第二编以西周、春秋战国和秦代为历史线索,展开对"旧五刑"体系发展成熟与消解的分析考证;第三编以汉、三国、魏晋南北朝和隋唐为历史线索,展开对"新五刑"体系形成与发展的分析考证;第四编以五代和宋元明清等朝代为历史线索,展开对中国古代"新五刑"体系成熟与终结的分析考证。这一历史分析框架,可以较为清楚地展现以"五刑"演变为核心的古代刑罚体系的历史演变线索和不同的时代特征。

第三,以考证资料为依据来佐证观点,保持学术严谨性。本书以"五刑"为核心,以朝代为历史线索,在此基础上展开分析考证,由于具体考证的困难,朝代之中没有再进行更加具体的不同大类的区分和考证。例如,中国古代妇女适用的刑罚、皇帝后宫嫔妃适用的刑罚、体制外私用的刑罚等,本书未展开论述和考证。这为以后的继续考证研究留下了广阔的空间。

本书尽管是马肖印先生作为非专业研究人员所撰的著作,但是就其分析水平和资料考证水平而言,仍具有极大的使用价值。本书可以作为中国古代法制史和中国古代刑罚课程的教材,可以作为专业教学和科研的参考书,也可以作为政法工作人员的知识学习与工作实践参考书。

虽然马肖印先生已然仙游,但是他耗尽最后心血完成的这部著作定将产生应有的社会价值。

是为序。

王骚

2018 年 12 月

目　录

绪　论 ……………………………………………………… 1

第一编　旧五刑体系的形成阶段

第一章　唐虞时代的刑罚 ………………………………… 13

　　一、生命刑 ………………………………………… 21

　　二、身体刑 ………………………………………… 23

　　三、流　刑 ………………………………………… 29

　　四、财产刑 ………………………………………… 33

　　五、耻辱刑 ………………………………………… 36

第二章　夏商两代的刑罚 ………………………………… 40

　　一、株　连 ………………………………………… 44

　　二、生命刑 ………………………………………… 46

　　三、身体刑 ………………………………………… 57

　　四、自由刑 ………………………………………… 60

　　五、流　刑 ………………………………………… 62

　　六、财产刑 ………………………………………… 64

　　小　结 …………………………………………… 67

第二编　旧五刑体系的成熟与消解

第三章　西周时代的刑罚 ………………………………… 71

　　一、株　连 ………………………………………… 75

　　二、生命刑 ………………………………………… 78

三、身体刑 ……………………………………………… 86

四、自由刑 ……………………………………………… 93

五、流 刑 ……………………………………………… 96

六、财产刑 ……………………………………………… 97

七、资格刑 ……………………………………………… 101

八、耻辱刑 ……………………………………………… 102

小 结 ……………………………………………… 103

第四章 春秋时代的刑罚 …………………………… 105

一、株 连 ……………………………………………… 110

二、生命刑 ……………………………………………… 115

三、身体刑 ……………………………………………… 126

四、自由刑 ……………………………………………… 132

五、流 刑 ……………………………………………… 134

六、财产刑 ……………………………………………… 134

七、资格刑 ……………………………………………… 137

小 结 ……………………………………………… 138

第五章 战国时代的刑罚 …………………………… 139

一、株 连 ……………………………………………… 142

二、生命刑 ……………………………………………… 147

三、身体刑 ……………………………………………… 155

四、自由刑 ……………………………………………… 160

五、流 刑 ……………………………………………… 161

六、财产刑 ……………………………………………… 163

七、资格刑 ……………………………………………… 164

八、耻辱刑 ……………………………………………… 167

小 结 ……………………………………………… 168

第六章 秦代的刑罚 ………………………………… 170

一、株 连 ……………………………………………… 172

二、生命刑 ……………………………………………… 175

三、身体刑 ……………………………………………… 180

四、自由刑 ……………………………………………… 184

五、流　刑 ……………………………………………… 189

六、财产刑 ……………………………………………… 191

七、资格刑 ……………………………………………… 194

八、耻辱刑 ……………………………………………… 195

小　结 …………………………………………………… 197

第三编　新五刑体系的形成阶段

第七章　汉代的刑罚 ……………………………………… 201

一、株　连 ……………………………………………… 204

二、生命刑 ……………………………………………… 209

三、身体刑 ……………………………………………… 226

四、自由刑 ……………………………………………… 243

五、流　刑 ……………………………………………… 251

六、财产刑 ……………………………………………… 253

七、资格刑 ……………………………………………… 257

八、耻辱刑 ……………………………………………… 261

小　结 …………………………………………………… 262

第八章　三国时代的刑罚 ………………………………… 264

一、株　连 ……………………………………………… 268

二、生命刑 ……………………………………………… 269

三、身体刑 ……………………………………………… 277

四、自由刑 ……………………………………………… 281

五、流　刑 ……………………………………………… 284

六、财产刑 ……………………………………………… 284

七、耻辱刑 ……………………………………………… 286

小　　结 ……………………………………………… 287

第九章　晋代的刑罚 ……………………………… 288

一、株　连 ……………………………………… 291

二、生命刑 ……………………………………… 293

三、身体刑 ……………………………………… 299

四、自由刑 ……………………………………… 303

五、流　刑 ……………………………………… 306

六、财产刑 ……………………………………… 306

七、资格刑 ……………………………………… 309

八、耻辱刑 ……………………………………… 311

小　　结 ………………………………………… 311

第十章　南北朝时代的刑罚 ……………………… 313

一、株　连 ……………………………………… 315

二、生命刑 ……………………………………… 318

三、身体刑 ……………………………………… 330

四、自由刑 ……………………………………… 340

五、流　刑 ……………………………………… 344

六、财产刑 ……………………………………… 347

七、资格刑 ……………………………………… 353

八、耻辱刑 ……………………………………… 356

小　　结 ………………………………………… 357

第十一章　隋代的刑罚 …………………………… 359

一、株　连 ……………………………………… 360

二、生命刑 ……………………………………… 361

三、身体刑 ……………………………………… 365

四、自由刑 ……………………………………… 367

五、流　刑 ……………………………………… 368

六、财产刑 ……………………………………… 369

七、资格刑 ……………………………………………… 370

小　结 ……………………………………………… 371

第十二章　唐代的刑罚 ……………………………… 372

一、株　连 ………………………………………… 377

二、生命刑 ………………………………………… 379

三、身体刑 ………………………………………… 388

四、自由刑 ………………………………………… 400

五、流　刑 ………………………………………… 405

六、财产刑 ………………………………………… 410

七、资格刑 ………………………………………… 413

小　结 ……………………………………………… 416

第四编　新五刑体系的成熟与终结

第十三章　五代的刑罚 ……………………………… 419

一、五代刑法概要 ………………………………… 419

二、株　连 ………………………………………… 424

三、生命刑 ………………………………………… 424

四、身体刑 ………………………………………… 431

五、流　刑 ………………………………………… 433

六、财产刑 ………………………………………… 434

小　结 ……………………………………………… 436

第十四章　宋代的刑罚 ……………………………… 437

一、株　连 ………………………………………… 445

二、生命刑 ………………………………………… 446

三、身体刑 ………………………………………… 456

四、自由刑 ………………………………………… 461

五、流　刑 ………………………………………… 465

六、财产刑 ………………………………………… 471

七、资格刑 …………………………………………… 474

八、耻辱刑 …………………………………………… 475

小 结 ………………………………………………… 477

第十五章 元代的刑罚 ……………………………… 479

一、生命刑 …………………………………………… 481

二、身体刑 …………………………………………… 490

三、徒 刑 …………………………………………… 496

四、流 刑 …………………………………………… 498

五、财产刑 …………………………………………… 503

六、资格刑 …………………………………………… 509

七、耻辱刑 …………………………………………… 512

小 结 ………………………………………………… 513

第十六章 明代的刑罚 ……………………………… 515

一、株 连 …………………………………………… 520

二、生命刑 …………………………………………… 529

三、身体刑 …………………………………………… 567

四、自由刑 …………………………………………… 587

五、流 刑 …………………………………………… 593

六、财产刑 …………………………………………… 596

七、资格刑 …………………………………………… 602

八、耻辱刑 …………………………………………… 606

小 结 ………………………………………………… 609

第十七章 清代的刑罚 ……………………………… 610

一、株 连 …………………………………………… 611

二、生命刑 …………………………………………… 615

三、身体刑 …………………………………………… 631

四、徒 刑 …………………………………………… 640

五、流 刑 …………………………………………… 644

六、财产刑 ………………………………………… 648

七、资格刑 ………………………………………… 652

八、耻辱刑 ………………………………………… 655

小　结 …………………………………………… 656

结　语 ……………………………………………… 658

参考文献 …………………………………………… 663

跋 ………………………………………………… 674

致　谢 ……………………………………………… 676

绪　论

何谓刑？中国古代刑字有两种含义：其一是指刑罚，也就是统治者惩戒犯罪，镇压反抗者的强制手段。汉应劭《风俗通》说："夏禹始作肉刑。"《周礼·秋官》说：西周穆王时，甫侯"作修刑辟"，定"墨罚之属千，劓罚之属千，剕罚之属五百，宫罚之属三百，大辟其属二百，五刑之属三千"。据《说文》解释："刑，荆也。从井从刀。"《易》曰："井，法也。"井亦声。"刑"的古体字作"荆"，意为"罚罪也，国之刑罚也，从井刀，刀守井，饮之人入井陷于川，守之割其情也"。其二是指刑律，即规定什么行为是犯罪，对犯罪处以何种刑罚的法律规范。春秋后期，郑国执政子产铸刑书于鼎，以为国之常法。其后，大夫邓析不受君命，自行编定一部刑法，刻在竹简上，是为《竹刑》。邓析死后，这部刑法为郑国所采用。后又有晋国范宣子制刑书，赵鞅、荀寅将其铸刻于刑鼎之上。此"刑"意，皆指刑律、刑事法规。在中国法律早期发展的过程中，"刑"的概念有着极高的使用频率，它不仅可以单独使用，甚至可以成为"法"的替换词。①

刑罚，有狭义与广义之分。狭义的刑罚，是指经过审判程序，依法对犯罪的人予以惩罚；广义的刑罚，除以上功能外，还包括为了获得口供，而对犯罪嫌疑人进行肉体和精神的摧残。这在古时称为拷囚或者讯囚。而现代意义上的刑罚，则是指国家审判机关依照刑事法律的规定，对经过判决的犯罪分子适用的剥夺或限制其某种权利的强制性方法。刑罚与犯罪同时产生，相伴发展，直至

---

① ［美］D.布迪，C.莫里斯：《中华帝国的法律》，江苏人民出版社，1995年版，第8页。

最后消亡。一般来说，刑罚具有以下一些基本的特征。

其一，刑罚是且仅是惩罚犯罪的手段，对没有犯罪的人，绝对不能使用刑罚。

其二，刑罚是非常严厉的强制措施。它不仅可以剥夺犯罪人的财产权利，限制其人身自由，甚至可以剥夺其健康和生命。

其三，罪刑法定。刑罚是一种法律上的强制制裁。其基本含义是：什么行为是犯罪和对该种行为处以何种刑罚，都必须事先由国家颁布的成文刑事法律加以明确规定。这一原则通常可以概括为："法无明文规定不为罪，法无明文规定不处罚。"[①]其中用拉丁文表述为"法无规定不为罪""法无规定不处罚"。罪刑法定的思想渊源，可以追溯到 1215 年由英王约翰签署的《大宪法》第 39 条，它奠定了"适当的法律手续"的基本思想。目的在于保障国民个人的权利与自由，限制国家的权力。这一思想通过英国 1628 年的《权力请愿书》和 1689 年的《权力法案》，在英国扎了根，对英联邦国家产生了广泛的影响，并于 18 世纪传入美国。我们可以看到，在 1774 年十二殖民地代表会议上通过的《权利宣言》和 1776 年弗吉尼亚议会上通过的《权利宣言》等文献中，该原则都得到了体现。最终这一原则在 1787 年的美国宪法中以法律形式确定下来。此后，罪刑法定主义思想又回到欧洲，在 18 世纪末至 20 世纪初，风行于欧洲大陆各国。1789 年的法国《人权宣言》第 8 条规定："法律除绝对之刑罚外，不得有其他刑罚之规定。无论何人，非以犯罪前制定之法律不得处罚。"按照罪刑法定主义原则，刑罚的种类和轻重，必须以刑事法律的明文规定为限，任何违反法律规定的严刑峻法，都是非法的。

此外，罪刑法定主义还有一些派生的原则，为当然原则，包括

---

① 这一术语最早见于被称为"现代刑法之父"的德国刑法学家安谢尔·费尔巴哈于 1801 年发表的《刑法教科书》中。

以下几种。

其一，禁止类推的原则。即定罪量刑必须根据刑法条文明确规定，不允许法官适用类推或做扩大的解释。因为如果允许适用类推，就意味着法官有创制法律之权，它不仅违背了三权分立的原则，而且与罪刑法定主义关于"法无明文规定不为罪，法无明文规定不处罚"的规定相冲突。

其二，刑法的效力不溯及既往的原则。即刑法对它颁布生效前的行为，没有溯及力。

其三，排除习惯法的原则。即刑法的渊源只能是成文法律。定罪判刑只能根据现行的刑法的明文规定。习惯法不能作为刑法的渊源。

其四，禁止不定期刑的原则。即在刑事立法上，对一定犯罪的刑种、刑名和刑度，必须予以明确规定。其中，最为重要的是排斥绝对不定期刑的适用。

其五，独立审判原则。刑罚权只能由国家审判机关依法独立行使，其他任何国家机关、社会团体和个人，都无权适用刑罚。

其六，罪刑相适应原则。这一原则，在历史上叫"罪刑均衡原则"或"罪刑等价原则"。该原则是 18 世纪资产阶级为反对封建社会的罪刑擅断主义而提出的，是刑法的基本原则之一。意大利法学家切萨雷·贝卡里亚在其名著《论犯罪与刑罚》一书中明确提出，刑罚与犯罪应当均衡。这一原则的基本含义是：

——行为人的身份和等级差别，不能作为决定刑罚轻重的标准。

——刑罚的种类和轻重，应当同犯罪的性质和危害程度的大小相适应。既不能轻罪重罚，也不能重罪轻罚，更不能无罪处罚。

罪刑相宜的说法在中国由来已久，也就是所谓的"义刑义杀"。《尚书·康诰》讲，周公告诉康叔说："汝陈时臬，事罚。蔽殷彝，用其义刑义杀，勿庸以次汝封。"曾运乾《尚书正读》说："义，宜也。罪刑相报,谓之义刑义杀。"周公的意思是说,处理案件要根据殷人的原则,该杀者杀,不该杀者不杀;该刑者刑,不该刑者不刑。不能凭个人的好恶,随意刑杀或赦免。这是非常朴素的罪刑相适应的观点。

其七,罪及个人原则。这一原则又称为罪责自负原则、个人责任原则。简单地说,就是刑止一身。这是刑法的基本原则之一。它的基本含义是:

——承担刑事责任的条件,只能是实施了犯罪行为的本人。

——刑罚只处罚犯罪者本人,而不能累及没有犯罪的人,其中包括犯罪人的家属、亲戚朋友、同事、同学、同乡、老师以及学生等。与奴隶制和封建制法律中的株连原则相对比,这一原则显然是进步的。

其八,无罪推定原则。即在犯罪嫌疑人的行为未被合法的审判机关依法判决有罪之前,应当假定他是无罪的。最早明确提出无罪推定思想的,是意大利著名法学家切萨雷·贝卡里亚,他在1764年所著的《论犯罪与刑罚》中提出:"在没有做出有罪判决之前,任何人都不能称为罪犯。任何人,当他的罪行没有得到证明的时候,根据法律他应当被看作无罪的人。"法国《人权宣言》第9条最早从法律上规定了这一原则:"任何人在其未被宣告为犯罪以前,应被推定为无罪。"此后,无罪推定原则被很多国家的诉讼理论所承认,并且规定在国家的立法中。1982年,加拿大《宪法》第11条规定:"在独立的不偏袒的法庭举行公平的公开审判中,根据法律证明有罪之前,应推定为无罪。"1978年6月16日,苏联最高法院全体会议的决议中指出:"被告人(受审人)在其罪责未依法定程序被证明并被已发生法律效力的判决所确定之前,被视为无罪。"无罪推定原则在联合国的法律中,也有规定。1948年12月10日,联合国大会通过的《世界人权宣言》规定:"凡受刑事控告者,在未经依法公开审判证实有罪前应视为无罪。"1966年联大通过、

1976 年生效的《公民权利和政治权利国际公约》第 14 条规定："受刑事控告之人，未经依法确定有罪之前，应假定其无罪。"

无罪推定原则，又派生出两条规则。其一是：在证明责任上，证明犯罪嫌疑人有罪的责任，由控告一方承担。犯罪嫌疑人没有证明自己无罪的义务。其二是：疑罪从无。只要没有确凿的证据证明犯罪嫌疑人有罪，就要按无罪处理。

其九，排斥主观归罪和客观归罪的原则。主观归罪的理论认为，犯罪的实质在于犯罪人的意志或对社会有危害的危险性格。刑事责任的实质及其有无和轻重的标准，并不在于犯罪人的行为给社会造成多大的危害，而在于犯罪人的危险性格或其社会危险性（即恶性）。即只要认为这个人是危险分子，即使没有危害社会的行为，并未产生危害社会的结果，也是犯罪。判处刑罚及其轻重，也要按照这个标准。主观归罪，只以行为人主观上的状态为依据来定罪科刑，而不管该人在客观上是否实施了危害社会的行为、是否造成了危害社会的结果以及行为与结果之间是否存在因果关系。换言之，就是只要法官认为该人在主观上有犯罪意图或者犯罪表示，便可以认为他构成犯罪，予以刑罚处罚。主观归罪是犯罪构成理论中一种主观唯心主义的形而上学的观点，它是维护统治者的利益、镇压僭越反抗行为的大棒。中国封建社会的"腹诽罪""非所宜言罪"就是典型的例证。

客观归罪的理论认为，犯罪的实质在于行为人的危害行为对社会所造成的实害，刑事责任的实质或基础以及刑事责任的程度取决于犯罪人的具体行为造成的现实危害，必须以其行为和结果作为客观标准进行评价。判处刑罚应着眼于犯罪的行为及其结果，而不应着眼于行为人的内在心理素质和性格。客观归罪只以客观上的行为和结果为定罪科刑的依据，而不问行为人主观上是否有罪过，应否负刑事责任。换言之，它抛弃了主观方面的一切要素，认为只要行为人在客观上实施了危害社会的行为，便构成犯罪。客观归罪同主观归罪一样,从不同侧面歪曲刑事诉讼中正确的定罪量刑标准,也是一种唯心主义的形而上学的观点。

无论主观归罪,还是客观归罪,都是造成大量冤假错案的根源。古代中国之"文字狱"和现代之"恶毒攻击罪",都是非常典型的例证。

中国是一个刑罚历史非常悠久且刑罚特别发达的国家。经历了奴隶社会和封建社会的漫长历史,王朝更替引起的"损益"虽然不断发生,但刑罚的种类却不断增加。于是,各个时代的刑罚积淀下来,可谓五花八门,粗算下来,竟有数百种之多。分类是学问研究的开始,有助于从纷乱中理出头绪。显然,我们还是可以试着给林林总总的刑罚进行分类的。例如,从刑罚的渊源上划分,有正刑、非正刑、非刑。

所谓正刑,即由国家法律规定的刑罚,现代法学称法定刑。在奴隶社会和封建社会,正刑是由皇帝的律、令、敕、诏等规定的刑罚。这种刑罚,大多用于对经过审判后所科处的刑罚的执行。执行人都是国家的官员。

非正刑是国家法律虽然没有规定,但却在司法过程中实施,又被统治阶级认可的刑罚,也就是现代法学所称的法外刑。这种刑罚,既有执行刑,也有用于逼取口供的刑罚。执行的人也都是官方人士。明代锦衣卫、东厂、西厂实施的刑罚以及国民党特务机关实施的各种刑罚,都属于非正刑。

非刑,又称刑外刑或私刑。非刑是法律规定以外的,且不被统治阶级认可的残酷刑罚。其目的,多是通过残酷的人身折磨,来逼取口供,或者达到其他目的。这是一种典型的与刑罚法定主义对立的酷刑。实施者大都没有合法的身份,即没有被赋予行刑的权力。世界历史上出现的非刑的合法化现象,多为专制主义践踏法制的表现。这种残酷的刑罚,多由行刑人在刑场上随意执刑,具有极大的随意性。其残酷程度,远远超过官刑。在旧社会,奴隶主、地主和黑社会势力实施的刑罚尽归于此。

如果我们更换一个分类方式，又可以有其他一些刑罚的类别。例如，根据刑罚对人造成的生理和心理摧残来划分，就有生命刑、健康刑、自由刑、凌辱刑、资格刑、财产刑、苦役刑、名誉刑、权力刑和能力刑等。

生命刑，一般就是指死刑，或者说，死刑是生命刑的一种主要的刑罚方式。在古代称大辟，也称极刑，是剥夺犯罪人生命的一种刑罚类型，居于刑阶之巅峰。生命刑是一种最古老的刑罚方法，是古代社会刑罚制度的核心内容，是封建制五刑之一。在保有死刑的国家，犯有严重罪行，例如"谋朝篡位""蓄意杀人"的罪犯将受到剥夺生命的刑罚。作为一种完全无法补救司法错误的刑罚，死刑已经被大多数欧洲国家所废弃。

健康刑，多称为肉刑。此刑比死刑的适用更为广泛。烙印刺字、割损人体器官或肢体、捶击人身等都属其形式。中国刑罚中肉刑不少。周密《中国刑法史》中的"刑罚制度史一览表"列出了多种。中国广泛使用鞭、笞、杖刑。笞、杖在隋朝列入五刑，直到清末法制改革才被废除。隋唐起，各律对笞和杖的适用犯罪、数目和刑等、刑具、免刑范围做出了严格规定。其规范程度在古代东方刑法中名列前茅。

自由刑，是以剥夺或限制犯罪人的人身自由为内容的刑罚方法。可以说，自由刑是古今中外不同刑法体系中地位最为重要的组成部分，其适用广泛且普遍，以至于很少有哪个国家不存在自由刑。在中国古代，运用比较广泛的自由刑是"徒"和"流"，中国对这两种刑罚的规定也相当规范。"徒"者，《周礼·秋官·司圜》中"司圜掌收教罢民。凡害人者……任之以事而教之，能改者，上罪三年而舍，中罪二年而舍，下罪一年而舍"。秦汉时，徒刑有了明确的期限，城旦舂、鬼薪、白粲、隶臣妾、司寇都代表着不同刑期的徒刑。北魏时"徒"的称谓出现，隋唐列入五刑。"流"者，《尚书·舜典》已见记载,所谓"流宥五刑"。秦汉时称之为"迁""徙",南朝梁复称"流"。隋唐列入五刑。《唐律》对徒、流刑做了非常规范的规定。宋元明清多袭《唐律》。另外,在古代中国刑法中,充军也是一种典型的自由刑。宋代始有此刑。《宋史·刑法志》有"决刺充军"。其刑之重,仅次于死刑。

凌辱刑,是指在原始氏族社会中,人们曾主要依靠道德上的惩戒来规范社会成员的行为,这种道德惩戒的主要方式就是通过不同的途径使"罪犯"区别于一般的氏族成员,使"罪犯"的身份及其"罪行"为其他人一望而知,从而达到羞辱罪犯的目的。中国的"象刑"也是一种凌辱刑,而且起源较早。《尚书·益稷》:"皋陶方只厥叙,方施象刑。"《尚书·吕刑》:"象以典刑。"此刑通过"画衣冠、异章服"来羞辱受刑者。凌辱刑常与自由刑并用,如秦汉时,髡、耐常和城旦舂合用。《汉书·刑法志》有"当黥者,髡钳为城旦舂"。

资格刑,也称能力刑或权利刑,是以剥夺犯罪人法律赋予的某些权利为内容的刑罚。我国古时没有这个概念,一般认为是资产阶级刑法学关于刑罚分类的用语,但实际上则存在这种刑罚。如剥夺太子(或王子)皇(或王)嗣权的"更立";剥夺诸侯封疆的"除国";剥夺封疆大吏爵位的"夺爵";削夺官吏官职的除名(或免);对犯过罪的官吏,籍录其子孙,永不叙用的"籍门";辞退官职,回家为民的"致仕";禁止犯罪人和其他特定身份的人及其亲族、朋友为官的"禁锢";因犯罪被贬低官职品级的"谪"或"贬秩";允许官员以官职抵罪的"官当"等。所有这些刑罚,有一个共同特点,就是剥夺或者不赋予某种权利或资格。

从现代刑罚的意义上讲,资格刑本不是刑,而是一种行政处分。但在古时,没有这样的区分,通称为刑。

财产刑,是以剥夺犯罪人的财产为内容的刑罚。我国古时没有这个概念,一般认为是资产阶级刑法理论讨论的内容,但实际上我国古时存在这种刑罚,如赎刑、罚金、籍没等都是其主要表现形式。此刑可以单独采用，也会伴随其他刑罚同时施行。早见于《周礼·秋官·职金》："掌受士之金罚、货罚，入于司兵。"《唐律》中有"没官"一刑，除没收财产外，还有家人、奴婢、部曲等，皆可能成为罚没对象。其罚没范围远大于一般的财产刑。

　　因篇幅所限，有关苦役刑、名誉刑、权力刑和能力刑从略。

第一编

旧五刑体系的形成阶段

第一章　唐虞时代的刑罚

我们所说的古代,是从原始社会的末期,到封建社会的终了。大体上是由唐虞始,到清帝逊位止。因此,中国古代刑罚史略要探讨的范畴亦由此而规范。

中国的奴隶制时代,一般史书认为,是从夏商开始,夏以前的唐虞时代,还属原始氏族公社时代。其晚期,则是由原始氏族公社向奴隶制过渡的时期。

考察最初的人类社会生活,我们会发现早期的人们过着一种原始的无须管理的生活。对于当时的社会生活状况,《礼记·礼运》有一段生动的描写:"大道之行也,天下为公。选贤与能,讲信修睦,故人不独亲其亲,不独子其子,使老有所终,壮有所用,幼有所长,矜寡孤独废疾者皆有所养,男有分,女有归。货恶其弃于地也,不必藏于己,力恶其不出于身也,不必为己,是故谋闭而不兴,盗窃乱贼而不作,故外户而不闭,是为大同。"在其他的文献中,我们依然可以发现类似的描述。

《韩非子·五蠹》:"古者丈夫不耕,草木之实足食也;妇人不织,禽兽之皮足衣也。不事力而养足,人民少而财有余,故民不争。是以厚赏不行,重罚不用,而民自治。"

《庄子·盗跖》:"古者禽兽多而人少,于是民皆巢居以避之,昼拾橡栗,暮栖木上,故命之曰'有巢氏之民'。古者,民不知衣服,夏多积薪,冬则炀之,故命之曰'知生之民',神农之世,卧则居居,起则于于。民知其母,不知其父,与麋鹿共处,耕而食,织而衣,无有相害之心。此至德之隆也。"

《商君书·画策》:"神农之世,男耕而食,妇织而衣,刑政不用而治,甲兵不起而王。"

《白虎通·号》:"古之时,未有三纲六纪,民人但知其母,不知其父,能覆前而不能覆后,卧之詓詓,起之吁吁,饥即求食,饱即弃馀,茹毛饮血,而衣皮韦。于是伏羲仰观象于天,俯察法于地,因夫妇,正五行,始定人道。画八卦以治下,治下伏而化之,故谓之伏羲也。"

我们可以看到,上古之民生活在一种无约束、无管理、无政令、无刑罚,远离人类"造作"而生的制度的环境当中。相对充足的自然资源在很大程度上避免了个人之间、群体之间的争夺与冲突,这使得强大的公共组织及其政令似乎完全不被大家所需要,人们可以欣然地生存在由早期社会内生秩序所营建出的简单状态中,内生的秩序就是他们解决纷争的最有力工具。正如恩格斯所说:"(他们)没有军队、宪兵和警察,没有贵族、国王、总督、地方官和法官,没有监狱,没有诉讼,而一切都是有条有理的……在大多数情况下,历来的习俗就把一切调整好了。"[1]在中国传统儒家的语境下,"历来的习俗"是比较接近于"礼"的,可见刑罚并不同人类相伴而生,而是在原始人类社会各个部落相互攻伐中出现的;而所谓正刑,即真正意义上的刑罚,则是在私有制、国家和法律出现之后才有的。

《尚书·吕刑》:"王曰:'若古有训,蚩尤惟始作乱,延及于平民……苗民弗用灵,制以刑。惟作五虐之刑曰法,杀戮无辜……皇帝哀矜庶戮之不辜,报虐以威,遏绝苗民,无世在下。'"由上述记载看来,刑缘于苗,并且把刑同法联系起来,称刑为法。人类社会,由原始社会到奴隶社会,是一种发展、一种进步。同样,人类社会,由无刑无法,到有刑有法,也是一种发展、一种进步。马克思说:"甚

---

① 恩格斯:《家庭、私有制和国家的起源》,《马克思恩格斯选集》第4卷,人民出版社,1972年版,第92—93页。

至对奴隶来说,这也是一种进步,因为成为大批奴隶来源的战俘以前都被杀掉,而在更早的时候甚至被吃掉,现在至少能保全生命了。"[1]。

《史记·五帝本纪》:"黄帝者,少典之子,姓公孙,名曰轩辕……轩辕之时,神农氏世衰,诸侯相侵伐,暴虐百姓,而神农氏弗能征。于是轩辕乃习用干戈,以征不享。诸侯咸来宾从。而蚩尤最为暴,莫能伐。炎帝欲侵陵诸侯,诸侯咸归轩辕。轩辕乃修德振兵,治五气,蓺五种,抚万民,度四方,教熊、罴、貔、貅、貙、虎,以与炎帝战于阪泉之野,三战然后得其志。蚩尤作乱,不用帝命。于是黄帝乃征师诸侯,与蚩尤战于涿鹿之野,遂禽杀蚩尤,而诸侯咸尊轩辕为天子。代神农氏,是为黄帝。"由以上记载可知,中国古代刑罚很可能是与战争有着密切关系的,蚩尤是第一个有史料记载的受刑之人。

历史进入夏以后,中国古代社会的政治状况有了巨大的变化,公天下变成了家天下。这就为奴隶制的发展搭建了平台。《史记·夏本纪》:"帝舜荐禹于天,为嗣。十七年而帝舜崩。三年丧毕,禹辞避舜之子商均于阳城。天下诸侯皆去商均而朝禹,禹于是遂即天子位。南面朝天下,国号曰夏后,姓姒氏。帝禹立而举皋陶,荐之,且授政焉,而皋陶卒。封皋陶之后于英、六,或在许。而后举益,任之政。十年,帝禹东巡狩,至于会稽而崩,以天下授益。三年之丧毕,益让帝禹之子启,而避居箕山之阳。禹子启贤,天下属意焉。及禹崩,虽授益,益之佐禹日浅,天下未洽。故诸侯皆去益而朝启,曰:'吾君帝禹之子也。'于是启遂即天子之位,是为夏后帝启。夏后帝启,禹之子,其母涂山氏之女也。有扈氏不服,启伐之,大战于甘,将战,作《甘誓》。"启为了保住自己的帝位,不惜杀害

① 恩格斯:《反杜林论》,《马克思恩格斯选集》第 3 卷,人民出版社,1972 年版,第 221 页。

其父禹禅让的益,并对反对派动用刑戮。《晋书·束皙传》引《竹书纪年》称:"益干启位,启杀之。"《尚书·甘誓》:"大战于甘,乃召六卿,王曰:'嗟,六事之人,予誓告汝,有扈氏威侮五行,怠弃三正,天用剿绝其命。今予惟恭行天之罚……用命赏于祖,弗用命戮于社,予则孥戮汝。'"到了夏启,禅让之制遂绝,帝位实行世袭。

生产力的发展、财富的积聚,使夏代社会告别了"民自治"的状况。社会分工的发展使得等级差别成为划分人群的标尺,管理者私欲的膨胀也使得等级之间在权力、财富占有等方面形成了无法弥合的沟堑。《抱朴子·诘鲍》:"降及秒季,智用巧生,道德衰败,尊卑有序。""民有所利,则有争心,富贵之家,所利重矣。""尚贤则民争利,贵货则盗贼起。见可欲则真正之心乱,势利陈则劫夺之途开。""贼杀并兼,起于自然,必也不乱,其理何居?"正如恩格斯所说:"从第一次社会大分工中,也就产生了第一次社会大分裂,即分裂为两个阶级:主人和奴隶、剥削者和被剥削者。"[①]

在夏代的社会生活中,人被分成两部分,一部分是"治人"者,一部分是"治于人"者。"治人"者骄奢淫逸,脑满肠肥;"治于人"者则"食不充口,衣不周身"。《抱朴子·诘鲍》:"况加赋敛,重以苦役,下不堪命,且冻且饥。""谷帛积则民有饥寒之俭""有司设则百姓困,奉上厚则下民贫"。由此,"治于人"者揭竿而起,"治人"者不得不"闲之以礼度,整之以刑罚"。

《汉书·刑法志》:"不仁爱则不能群,不能群则不胜物,不胜物则养不足,群而不足,争心将作……圣人既躬明渐之性,必通天地之心,制礼作教,立法设刑,动缘民情而则天象地。"

《庄子·天地篇》:"当尧之时,未赏而民劝,未罚而民畏,民不知怨,不知说(悦),愉愉其如赤子。今赏罚甚数,而民争利,且不

---

① 恩格斯:《家庭、私有制和国家的起源》,《马克思恩格斯选集》第4卷,人民出版社,1972年版,第157页。

服,德自此衰,刑自此作,后世之乱,自此始。"

于是刑罚产生了。

由此可见,随着社会分工的出现,人的社会地位发生了变化,出现了高低尊卑。统治者和被统治者的界限,日益明显。《左传·昭公七年》讲:"天有十日,人有十等。下所以事上,上所以共神也。故王臣公,公臣大夫,大夫臣士,士臣皂,皂臣舆,舆臣隶,隶臣僚,僚臣仆,仆臣台。"这里的皂至台,都是奴隶的名称,可见统治者不仅在阶级内部进行了上下尊卑的区分,甚至对被统治者阶层也设置了等级的区别。生产力的发展使消费之外还有剩余,对这些剩余财富的分配,开始同社会地位挂钩,位尊者多得,位卑者少得。相互对立的社会集团出现了,阶级形成了,阶级斗争产生了。统治阶级为了镇压被统治阶级的反抗,国家、法律、刑罚成为必要。恩格斯说:"社会分裂为剥削阶级和被剥削阶级、统治阶级和被压迫阶级,是以前生产不大发展的必然结果。当社会总劳动所提供的产品除了满足社会全体成员最起码的生活需要以外只有少量剩余,因而劳动还占去社会大多数成员的全部或几乎全部时间的时候,这个社会就必然划分为阶级。在这个完全委身于劳动的大多数人之旁,形成了一个脱离直接生产劳动的阶级,它从事于社会的共同事务:劳动管理、政务、司法、科学、艺术等等。因此,分工的规律就是阶级划分的基础。"[①]从政治意义上讲,刑罚也正是稳定阶级划分的有效工具,尤其对两大彼此对立、对抗的阶级而言,更是如此。

中国之刑罚,起于唐虞。唐虞之前,史无记载。《舜典》记录的刑罚,是尧舜禅位时候的事,那时,尧还在位。《史记·礼书》:"有不由命者,然后俟之以刑,则民知罪矣。故刑一人而天下服。罪人

---

①　恩格斯:《反杜林论》,《马克思恩格斯全集》第20卷,人民出版社,1971年版,第306页。

不尤其上，知罪之在己也。是故刑罚省而威行如流：无他故焉，由其道故也。故由其道则行，不由其道则废。古者，帝尧之治天下也，盖杀一人刑二人而天下治。传曰：'威厉而不试，刑措而不用。'"

按照中国的断代史，唐虞时代大体上是在公元前21世纪之前，那时国家还没有出现，基本上处在原始氏族公社制状态。

原始社会是一个没有阶级，没有国家，没有法律的社会。经过漫长的二十几个世纪的发展，随着生产力的不断提高，物质财富逐渐丰富，除了公社成员消费之外，还有剩余。最初，这些剩余物会被公平地分配给公社社员，他们储存起来，留着自己享用，这便产生了私有制。随着物质财富更加丰富，管理公社的上层人物所分得的财富比被管理者要多。这时，产生了特权，公社的成员分成了两类：一类是管人的，这就是孟子所说的"治人"；另一类是被人管的，这就是孟子说的"治于人"。这两大人群，各自有了不同的利益追求，社会出现了阶级。在上层的是统治阶级，在下层的是被统治阶级。在上层的就是奴隶主阶级，在下层的就是奴隶阶级。奴隶主们骄奢淫逸，奴隶们饥寒交迫，剥削与被剥削、掠夺与被掠夺，是一种对抗性的矛盾，是水火不相容的你死我活的关系。当这种矛盾发展到不可调和时，就需要有一种凌驾于社会之上的权力加以约束和控制，拥有这种权力的便是国家。

刑，作为虐杀手段，在原始社会就存在。统治阶级把它看成像星辰、日月、昼夜、阴阳那样的须臾不可离开的事物。《管子·正》："制断五刑，各当其名，罪人不怨，善人不惊。曰刑……如四时之不貣，如星辰之不变，如宵如昼，如阴如阳，如日月之明，曰法……法以遏之……遏之以绝其志意，毋使民幸……当故不改曰法……"当时的刑罚，对内是适应氏族公社内部管理的需要，惩戒那些不守规矩的人；对外是惩罚在同异族作战中被俘获的俘虏。早期的刑罚，对内都是象征性的，带有羞辱和规劝的性质。只有对外才动真格的,实施肉刑。

到了原始社会的晚期,奴隶社会开始萌芽,刑罚开始严酷起来,刑罚的种类多了,残酷的程度也提高了。《史记·律书》:"故教笞不可废于家,刑罚不可捐于国,诛罚不可偃于天下;用之有巧拙,行之有逆顺耳。"可见,刑罚俨然成为治理国家必不可少的手段。

唐虞时代的刑罚,见于史册者,首推黄帝李法。

《管子·任法篇》:"故黄帝之治也,置法而不变,使民安其法者也。"

《淮南子·览冥训》:"黄帝治天下……法令明而不暗。"

《天文志》:"左角李,右角将。"孟康注:"兵书之法也。"师古注:"李者,法官之号也,总主征伐刑戮之事也,故称其书曰《李法》。苏说近之。"

《通典·卷一百六十三·刑法一》:"黄帝以兵定天下,此刑之大者,陶唐以前,未闻其制。"刑之用,始于兵,始于征伐,用于惩罚被俘的异族人。

沈家本《历代刑法考》:"唐虞以前,刑法无闻,《黄帝李法》,仅此一条。《汉书·艺文志》不录其书,是全书亡矣。《管子》言'黄帝置法',《淮南》言'黄帝法令明',则其时之法律必已详备。《淮南》又言'神农无法制而民从',《路史·后记》云'神农氏谓赏在于成民之生,赏诚设矣,然不施于人而天下化。谓政无有弃法而成治,法诚立矣,然刑罚不施于人而俗善'。是神农时非无制令,特设而不用耳。《路史》又言'太昊氏明刑政',《左传》郯子言'少皞氏设刑官'。太昊、神农、黄帝、颛顼并有刑官,《通鉴前编外记》载之。有官必有法,特古时法令简质,不若后世之繁,书缺有间,不可考矣。"①

可见,关于黄帝李法,我们无法得到更多的详细资料,也无从

---

① 　沈家本:《历代刑法考》(下册),商务印书馆,2011年版,第26页。

深入了解，可以看到的是其作为军法的可能性很大，而皋陶作刑则改变了唐虞时代刑的地位。

《竹书纪年》："帝舜三年，命咎陶作刑。"

《尚书·舜典》："象以典刑，流宥五刑，鞭作官刑，扑作教刑，金作赎刑。眚灾肆赦，怙终贼刑。钦哉，钦哉，惟刑之恤哉！流共工于幽州，放欢兜于崇山，窜三苗于三危，殛鲧于羽山，四罪而天下咸服。"蔡传："示人以常刑，所谓墨、劓、剕、宫、大辟，五刑之正也。所以待夫元恶大憝，杀人伤人，穿窬淫放，凡罪之不可宥者也。"

《尚书·大禹谟》："帝曰：'皋陶，惟兹臣庶，罔或干予正。汝作士，明于五刑，以弼五教。期于予治，刑期于无刑，民协于中，时乃功，懋哉。'"

《尚书·皋陶谟》："天命有德，五服五章哉！天讨有罪，五刑五用哉！政事懋哉懋哉！""天聪明，自我民聪明。天明畏，自我民明威。达于上下，敬哉有土！"

《左传·昭公十四年》："《夏书》曰：'昏、墨、贼、杀，皋陶之刑也。'"[1]

《史记·夏本纪》："天讨有罪，五刑五用哉。吾言底可行乎？"禹曰："女言致可绩行。"

《史记·夏本纪》："皋陶于是敬禹之德，令民皆则禹。不如言，刑从之。舜德大明。"

《汉书·刑法志》："圣人既躬明哲之性，必通天地之心，制礼作教，立法设刑，动缘民情，而则天象地，故曰：先王立礼，'则天之明，因地之性'也。刑罚威狱，以类天之震曜杀戮也。温慈惠和，以效天之生殖长育也。《书》云'天秩有礼''天讨有罪'。故圣人因天秩而制五礼，因天讨而作五刑。大刑用甲兵，其次用斧钺，中刑用刀锯，其次用钻凿，薄刑用鞭扑。大者陈诸原野，小者致之市朝，其所

---

[1] 昏是"恶而掠美"，墨是"贪以败官"，贼是"杀人不忌"。这三种罪，都处以刑罚。

繇来者上矣。”

《后汉书·张敏传》:“建初中,上疏曰:‘孔子垂经典,皋陶造法律,原其本意,皆欲禁民为非。’”①

可见,作为主刑之官的皋陶氏出现后,刑已经从军旅之法脱胎而出,其作用也已不仅止于惩治被俘获的敌人。通过皋陶作刑,刑已经由一种军事报复手段转化为在部落政权内部惩罚、威慑罪臣罪民的有力工具。

以上仅为唐虞时代刑之大略,我们还可以通过几个特定的刑罚类型来观察这个时代的刑的特点。

一、生命刑

生命刑即死刑。在奴隶社会和封建社会,死刑被广泛采用,成为统治阶级镇压被统治阶级反抗的最重要的刑罚手段。常常是小过而诛,甚至是无过而诛。生命刑是法定刑,始于唐虞。

唐虞时代的生命刑有贼、殛、诛等。

(一)贼

古之贼字有三种意义:其一是杀,即杀人、伤害。郑玄注《尚书·舜典》曰:“群行攻劫曰寇,杀人曰贼。”《左传·昭公九年》注:“贼,伤害也。”其二是律名。如春秋时,李悝《法经》六篇中有《贼法》,汉《九章律》中有《贼律》,《唐律》中有《贼盗律》。其三是刑名。贼刑,就是死刑。该刑是古之法定刑,始于唐虞。

《左传·昭公十四年》:“《夏书》曰:‘昏、墨、贼、杀,皋陶之刑也。’”《逸书》:“三者②皆死刑。”沈家本注:“据《左传》所引,皋陶之

① 史游《急就篇》曰:“皋陶造狱,法律存。”

② 三者:指昏、贼、杀。

时,实有杀刑,杜注但言死刑,究为何者之刑？今无以定之。"①"此唐虞之科目,而夏后承之也,故见于《夏书》。"②

《史记集解》："郑玄曰:'怙其奸邪,终身以为残贼,则用刑之。'则五刑者,又所以待怙恶者也。若象刑,所以待平民者也。"这是说,五刑是对待怙恶者的,而象刑则是对待老百姓的。

（二）殛

殛即诛杀。这是古代对处死的一种称谓,仅见于唐虞。

《尚书·舜典》："殛鲧于羽山,四罪而天下咸服。"

《史记·五帝本纪》："殛鲧于羽山,以变东夷。"

《尚书·周书·洪范》："箕子乃言曰:'我闻在昔,鲧堙洪水,汩陈其五行。帝乃震怒,不畀洪范九畴,彝伦攸斁。鲧则殛死,禹乃嗣兴,天乃锡（赐）禹洪范九畴,彝伦攸叙。'"

《史记·夏本纪》："禹乃遂与益、后稷奉帝命,命诸侯、百姓兴人徒以傅土,行山表木,定高山大川。禹伤先人父鲧功之不成受诛,乃劳身焦思,居外十三年,过家门不敢入。"

对于殛,历史上有争议:一种认为殛就是杀,一种认为殛则是流。多数史籍记载,是把殛同死连在一起的。从司马迁的《史记·夏本纪》的记载来看,鲧的确是被舜所诛。这个"诛",分明是杀死的意思。

（三）诛

诛即杀戮。这是死刑的一种称谓,而非刑名。在史籍中,帝喾杀共工、重黎,是"诛"的首次记录。《史记·楚世家》："重黎为帝喾高辛居火正,甚有功,能光融天下。帝喾命曰'祝融'。共工氏作乱,帝喾使重黎诛之而不尽。帝乃以庚寅日诛重黎,而以其弟吴回为重黎后,复居火正,为祝融。"

---

① 沈家本:《历代刑法考》（上册）,商务印书馆,2011年版,第121页。
② 沈家本:《历代刑法考》（下册）,商务印书馆,2011年版,第28页。

二、身体刑

身体刑就是通常所说的肉刑，是使受刑人受到伤残，或遭受痛苦，以剥夺人的健康为目的的刑罚方法。身体刑又可分为破坏受刑人身体完整性的残废刑和使受刑人遭受肉体痛苦的肉刑。残废刑，有断裂犯人肢体、切割犯人器官、破坏犯人生殖机能等酷刑。如使受刑人斩指、断手、断腕、抽脚筋、刖足、斩胫、剔膑骨，或者割掉鼻子、耳朵、舌头、嘴唇，挖掉眼睛，阉割男性生殖器和消除女性生殖机能等。肉刑，则是以各式各样的极其残酷的方法折磨受刑人，使其遭受无法忍受的痛苦。如鞭、杖、棍、棒、拶、烤、炙、烙、拔发、穿颔、滚蒺藜、跪芒刺碎瓦、枷项、脑箍、站木笼、热油煎、开水烫等。

在奴隶社会和封建社会，残废刑和肉刑被广泛施用，成为奴隶主阶级和封建地主阶级镇压劳动人民的主要手段。肉刑的方法是多种多样的，这些惨无人道的刑罚方法，剥夺了受刑人的健康，常常将受刑人折磨得死去活来，轻者致残，重者致死。

沈家本《历代刑法考》：“《纬书》所谓三王肉刑也，两汉说者皆持此说，殆《尚书》家言，师承授受如此，非同无本之论。窃尝论之，唐虞以画象为常刑，兼用流宥鞭扑，而仍有杀罪。《书》所谓怙终贼刑，《传》所谓昏墨贼杀，皋陶之刑也。迨至夏后氏之时，人民浑朴之气渐逊于唐虞，因民之犯禁而采用肉刑。殷周承之，盖亦寓与时消息之义。《书》言‘蛮夷猾夏，寇贼奸宄’，下文接言‘五刑’及‘五流’，可见五流亦以处夫寇贼奸宄之徒。《书》传言降叛、寇贼、劫略、夺攘、挢虔者，其刑死；又言抉关梁、逾城郭而略盗者，其刑膑；奸宄盗攘伤人者，其刑劓；可见三王肉刑即以代唐虞之五流。以经文及传文互相参证，其制之沿革固有可考者，三王之世与唐虞之世异，其轻重自不必尽同。董子曰，三王之道，所祖不同，非其相反，将以捄(救)溢抉衰所遭之变然也。然则三王岂不知肉刑之惨？而采用之者亦与时为变通焉耳。其不用唐虞之五流者，必法久而弊故也。秦及汉初，沿用周制，至文帝乃除之宫刑，既除复用，至永初中，亦除。魏晋而降，虽间有用肉刑者亦不复全用，用之亦不久即除。惟晋天福中刺配之法宋以后相沿未改，故肉刑有四而其一尚存。世之人习焉不察，亦未深思汉文除肉刑之至意，此正议法所当加之意者也。今天子哀矜为念，删除重法数端，而刺字即居其一，媲美前皇，固举世所共钦佩。懿欤休哉！"[1]

法定肉刑本已很多，法外肉刑就更多，可以说无所不用其极。

（一）劓

《说文》："劓，刖鼻也。"《经典释文》："劓，鱼器反，截鼻也。"这是我国古代把犯人的鼻子割掉的酷刑，是法定刑，始于苗。它是奴隶制五刑之一，重于墨刑而轻于刖刑。

《尚书·周书·吕刑》："王曰：'若古有训，蚩尤惟始作乱，延及于平民，罔不寇贼，鸱义，奸宄，夺攘，矫虔。苗民弗用灵，制以刑，惟作五虐之刑曰法。杀戮无辜，爰始淫为劓、刵、椓、黥。越兹丽刑并制，罔差有辞。民兴胥渐，泯泯棼棼，罔中于信，以覆诅盟。虐威庶戮，方告无辜于上。上帝监民，罔有馨香德，刑发闻惟腥。皇帝哀矜庶戮之不辜，报虐以威，遏绝苗民，无世在下。乃命重黎，绝地天通，罔有降格。群后之逮在下，明明棐常，鳏寡无盖。'"

可见，在中国历史上"劓"刑诞生很早，而我们的祖先则把这种残忍且具有侮辱性的刑罚归结为"苗民"的暴戾恣睢，以刑虐民。从这里我们也可以看到，中国的传统观念最初是对"法"和"刑"保持这一审慎敬畏态度的。实际上，在古代印度文化中，《摩奴法典》《摩诃婆罗多》《利伦》等文献都描述过人类曾经生活在无犯罪无刑罚的时代，是私欲的泛滥和出于生物性的弱肉强食导致了自相残

---

① 沈家本：《历代刑法考》（上册），商务印书馆，2011 年版，第 147 页。

杀,以至于需要由国王执掌刑罚之鞭。由此可见,在我们的先民看来,刑罚只是无奈的选择,是在失去理想秩序之后迫不得已采取的举措。

（二）剕

剕,又称刖。《尔雅·释言》:"剕,刖也。"《说文》:"刖,断足也。"这是我国古代截断犯人脚的酷刑,是法定刑。它是奴隶制五刑之一,轻于宫刑而重于劓刑。始于苗。

《尚书·舜典》:"五刑有剕。"

《慎子》:"有虞之诛,以剕屦当刖。"

而我们已知的最早的关于剕刑的考古发掘资料来自洛阳矬李龙山文化遗址中,M1长方形竖穴。死者为男性,仰身直肢葬,身体大部分骨架保持完好,只有下肢胫骨和腓骨均为半截,无足骨,基本上可以证明这个死者在生前就被剁去了双腿。墓葬没有遭到盗掘,也没有随葬品,这更能说明死者可能是遭受剕刑的人。

（三）聅

聅,也称馘、折馘。《说文》:"聅,断耳也。"段玉裁注:"五刑之外有聅。"这是我国古代割去人的耳朵的酷刑,始于苗,是法定刑。相传为远古时期与华夏族人同时的苗族人所创。

《尚书·周书·吕刑》:"王曰:'若古有训,蚩尤惟始作乱,延及于平民,罔不寇贼,鸱义,奸宄,夺攘,矫虔。苗民弗用灵,制以刑,惟作五虐之刑曰法。杀戮无辜,爰始淫为劓、聅、椓、黥。'"

另外,在古代两河流域的《汉谟拉比法典》中也有这种刑罚的记载:如果奴隶打了自由民的耳光,那么这个奴隶就要被割去耳朵。[①]

（四）宫

宫,又称椓、腐、腐刑、阴刑、淫刑、下蚕室、阉割。这是我国古

---

① 何勤华,夏菲:《西方刑法史》,北京大学出版社,2006年版,第39页。

代男性被割去生殖器,女性被幽闭的刑罚。宫刑始于夏代苗族的椓刑,夏族袭用,秦汉时称腐刑、蚕室刑、淫刑。奴隶制五刑之一,法定刑,仅次于死刑。

所谓女子幽闭,古有两说:其一,为禁闭于宫。《周礼·秋官·司刑》郑康成注:"宫者,丈夫则割其势,女子闭于宫中,若今宦男女也。"《白虎通·五刑》:"宫者,女子淫,执置宫中不得出也。"其二,为用棍棒击打女性胸腹,使胃肠下垂,压抑子宫堕入腔(阴)道,以防交接。幽闭最早当是一种闭塞女性生殖器的肉刑,其目的就是破坏女性生殖机能。

孔颖达《尚书正义》:"伏生书传云:'男女不以义交者,其刑宫,是宫刑为淫刑也。'"

《白虎通》:"宫者,女子淫,执置宫中,不得出也。丈夫淫,割去其势也。"

马国翰《自耕帖》:"椓窍之法,用木槌击妇人胸腹,即有一物坠,而掩闭其牝户,只能溺便,而人道永废矣。"

《慎子》:"有虞之诛,以艾毕当宫。"有虞,当是指唐虞之世,尽管其行刑方法与后来不同,但毕竟在唐虞时,已经有了宫这种刑罚。艾毕:割去犯人衣服上蔽膝的部分。

宫刑最初用于惩罚奸淫罪,后来也适用于谋反、谋叛、谋逆等罪,并扩大到被株连的犯人子女。宫刑在奴隶社会,主要用于奴隶。秦统一六国后,宫刑被大量使用。

(五)鞭

鞭,鞭挞。鞭亦称扑,既是刑具,也是刑名。鞭,始用竹,后用皮革制成。这是我国古代以鞭抽打犯人的酷刑,始于唐虞,法定刑。

《尚书·舜典》:"象以典刑,流宥五刑,鞭作官刑,扑作教刑,金作赎刑。眚灾肆赦,怙终贼刑。钦哉,钦哉,惟刑之恤哉!"

《尚书·舜典》:"(鞭)以作为治官事之刑。"疏:"此有鞭刑,则用鞭久矣。"

《史记·五帝本纪·集解》:"马融曰:'为辨治官事者为刑。'"沈家本注:"马云辨治者,辨是办具之办,传言治官事之刑盖本于马。'办'本从刀,今作'办',从力,后起字。"

《汉书·刑法志》:"古人有云:'天生五材,民并用之,废一不可,谁能去兵?'鞭扑不可弛于家,刑罚不可废于国,征伐不可偃于天下。用之有本末,行之有逆顺耳。孔子曰:'工欲善其事,必先利其器。'文德者,帝王之利器,武威者,文德之辅助也。夫文之所加者深,则武之所服者大,德之所施者博,则威之所制者广。三代之盛,至于刑错兵寝者,其本末有序,帝王之极功也。"古人治国,是很懂得辩证法的。文武、德威、刑赏、刚柔相辅相成。

可见,鞭刑最早被用于惩处不法官员,后来从政治领域扩散到了家庭领域,在家族刑罚中也会采用鞭刑。

(六)笞

笞,始称扑,汉称"箠"。笞既是刑名,又是刑具。这是我国古代用小竹板、小荆条抽打犯人的臀、腿、背的酷刑,既用于拷讯,也用于刑罚。法定刑,封建制五刑之末,始于唐虞。

笞,小过而重罚,是一种很重的刑罚。连汉景帝都说:"加笞与重罪无异。幸而不死,不可为人。"《汉书·刑法志》也说:"谓不能自起居也。"笞而达到不能自起居,无法做人的程度,可见其残酷。

《尚书·舜典》:扑作教刑。传:"扑,榎楚也。不勤道业则挞之。"疏:"有扑作师儒教训之刑,《学记》云,榎、楚二物,以收其威。"郑玄云:"榎,掐也。楚,荆也。二物可以扑挞犯礼者,知扑是榎楚也。既言以收其威,知不勤道业则挞之。《益稷》云:挞以记之。又《大射》《乡射》皆云,司马援扑,则扑亦官刑。惟言作教刑者,官刑鞭扑俱用,教刑惟扑而已,故属扑于教。其实官刑亦当用扑,盖重者鞭之,轻者挞之。"

《尚书·益稷》:"庶顽谗说,若不在时,侯以明之,挞以记之。"

传："众顽愚谗说之人，若所行不在于是而为非者，当察之，当行射侯之礼，以明善恶之教。笞挞不是者，使记识其过。"疏："挞以记之，大学之夏（榎）楚也。工以内言，大司乐之以乐语教国子也。格则承之庸之，大乐正之造士也。否则威之，远方之寄棘也，则皆是教国子事也。"

《仪礼·乡射》："记射者有过则挞之。记谓惩义（鞭打）之俾不忘也。"

沈家本《历代刑法考》："扑即今之笞杖，三代以上不在五刑之列，惟学校典礼诸事用之，所谓教训之刑也。春秋时或用以治官事，如宋子罕之执扑以行筑者，《月令》之播扑释众则与鞭同用矣。杜注训扑为杖，乃后来之义。《说文》：'杖，持也。'凡可持之物皆曰杖，丧杖、齿杖、兵杖皆是，笞杖之杖亦可持者，故得袭其名耳。《说文》：'挞，《乡饮》酒罚不敬，挞其背。'扑挞之处，他书不言，惟许说之，当必有所受之也。"[1]

可见，虽然笞刑在唐虞时代就已经出现，但这种刑罚多数作为"教刑"和"家刑"，不会用于惩治刑事犯罪，因此它不具备典型的刑事处罚手段的特征。多数学者认为直到战国时代，笞刑才成为一种典型的刑罚。

（七）桎梏

桎梏，既是刑具，也是刑名。系在脚上的称桎，系在手上的称梏。即木制脚镣手铐，是现代脚镣手铐的雏形，也是我国古代拘系罪囚手脚的手段。始于唐虞。

《经典释文》："在足曰桎，在手曰梏。"

《山海经·海内西经》："贰负之臣曰危，危与贰负杀窫窳，帝乃梏之疏属之山（梏犹系缚也），桎其右足（桎，械也），反缚两手与发（并发合缚之也），系之山上木。"注："汉宣帝使人上郡发盘石，石室

---

① 沈家本：《历代刑法考》（上册），商务印书馆，2011年版，第322页。

中得一人,跣踝被①发,反缚,械一足,以问群臣,莫能知。刘子政按此言对之,宣帝大惊,于是,时人争学《山海经》矣。论者多以为是其尸象,非真体也。意着以灵怪变化论,难以理测,物禀异气,出于自(不)然,不可以常运推,不可以近数揆也。"沈家本注:"反缚桎足之说,释义以为终属荒唐,固也。而桎梏之名,其来甚古,可藉以证之。"②

《大荒南经》:"有宋山者,有木生山上,名曰枫木。枫木,蚩尤所弃其桎梏。"注:"蚩尤为黄帝所得,械而杀之,已,摘弃其械,化而为树也。"沈家本注:"此与上条同属荒唐,而此稍为近理。至其时之后先,可不必论也,但存古说可矣。"③远古之史,已不可考,有许多事,都是以神话等的形式流传下来,其未必不可信。

三、流　刑

流,又称放、窜、迁、徙。这是我国古代将罪犯遣送至边远荒蛮地区或指定地点服役或戍守,不得随意迁回原籍的刑罚。封建制五刑之一,重于徒刑,轻于死刑。法定刑,始于唐虞。

流放起源于原始氏族社会后期,当时是对氏族成员违反氏族规约的一种惩戒手段。进入奴隶社会以后,奴隶主阶级便用来作为一种刑罚,以维护其阶级统治。在中国法制史上,流刑是历代封建统治阶级采用的主要刑罚之一。

流刑的名称历代不同。帝尧时称流刑为放,一直沿袭到夏商周、春秋战国时。秦称迁,汉称迁徙或戍边,魏晋沿袭之。至南北朝时,北齐始将流作为正式法定刑,列入死、流、刑(耐)、鞭、杖五刑

---

① 被:古同披。
② 沈家本:《历代刑法考》(上册),商务印书馆,2011年版,第943页。
③ 沈家本:《历代刑法考》(上册),商务印书馆,2011年版,第943页。

之中,但流刑尚无里数之差。北周流刑分五等,以里数远近相区别,相对较重,以两千五百里为卫服,三千里为要服,三千五百里为荒服,四千里为镇服,四千五百里为蕃服,均有鞭笞等附加刑。隋律流刑改为一千里、一千五百里、两千里三等。应配役者分别居作两年、两年半、三年。唐律流刑又增加里数,分为两千里、两千五百里、三千里三等,三流皆役一年。此外,尚有加役流三千里,居作两年之制。宋则实行折杖法,流三千里者,决脊杖二十,配役一年;流两千五百里者,决脊杖十八,配役一年;流两千里者,决脊杖十七,配役一年,均不远流。这样,刺配法就成了实际上的流刑。流配地点加以固定,先是西北边区,后改配登州沙门岛、南通州海岛和广南地方。南宋时,流配分为十四等,有以地点定之者,有以里数定之者,凡流配令充军役者编入军籍,令服其他劳役者则配往官营、工矿服劳役。明用唐制,清沿明制,但均附加杖一百。此外,沿宋、元之制,还有刺配、充军之刑。

记载唐虞时的流刑的史料主要有以下几种。

《竹书纪年》:"五十八年,帝使后稷放帝子朱于丹水。"

《尚书·舜典》:"流共工于幽州,放欢兜于崇山,窜三苗于三危,殛鲧于羽山,四罪而天下咸服。"传:"宥,宽也,以流放之法宽五刑。"

《尚书正义》:"流谓徙之远方,放使生活,以流放之法宽纵五刑也。郑玄曰:'其轻者,或流放之,四罪是也。'王肃云:'谓君不忍刑杀,宥之以远方,然则知此是据状合刑,而情差可恕,全赦则太轻,致刑即太重,不忍以例刑杀,故完全其体,宥之远方,应刑不刑,是宽纵之也。'"

《尚书·舜典》:"帝曰:'皋陶,蛮夷猾夏,寇贼奸宄。汝作士,五刑有服,五服三就。五流有宅,五宅三居。惟明克允!'"传:"谓不忍加刑则流放之,若四凶者。五刑之流,各有所居,五居之差,有三等之居,大罪四裔,次九州之外,次千里之外。"《尚书正义》曰:

"五刑之流,各有所居,谓徙置有处也。五居之差,有三等之居,量其罪状为远近之差也。四裔最远,在四海之表,故大罪四裔,谓不犯死罪也。故《周礼·调人职》云'父之仇,辟诸海外',即与四裔为一也。次九州之外,即《王制》云:'入学不率教者,屏之远方,西方曰棘,东方曰寄。'注:'偪寄于夷狄也。与此九州之外同也。'次千里之外者,即《调人职》云'兄弟之仇,辟诸千里之外'也。《立政》云中国之外不同者,言中国者,据罪人所居之国定千里也。据其远近,其实一也。《周礼》与《王制》既有三处之别,故约以为言。郑玄云三处者,自九州之外至于四海,三分其地,远近若周之夷镇蕃也。然罪有轻重不同,岂五百里之校乎? 不可从也。"

《史记·五帝本纪》:"舜宾于四门,乃流四凶族,迁于四裔,以御螭魅,于是四门辟,言毋凶人也。"

《史记·五帝本纪·集解》:"马融曰:'谓在八议,君不忍刑,宥之以远。五等之差亦有三等之居,大罪投四裔,次九州之外,次中国之外。'"

《孟子》:"万章问曰:'象日以杀舜为事,立为天子则放之,何也?'孟子曰:'封之也;或曰,放焉。'……'敢问或曰放者,何谓也?'曰:'象不得有为于其国,天子使吏治其国,而纳其贡税焉,故谓之放。岂得暴彼民哉?'"注:"象不得施教于其国,天子使吏代其治而纳贡赋与之,比诸放也。"

邱濬《大学衍义补》:"虞廷五刑之下,有流而无徒,汉世除肉刑,完为城旦舂、鬼薪、白粲之类,皆徒刑也,而无流。"

人是一种群居动物。荀子说:"人,力不若牛,走不若马。牛马为用,何也? 人能群,彼不能群。"[1]人非常需要群体,尤其是在个人力量尚处在非常有限的情况下更是如此。在古代社会,由于生产力的低下,人还远远不具备依靠个人力量与自然抗争的能力。

[1] 《荀子·王制》。

如果一个人因触犯部族内部的习俗、禁忌或是族长的权威而被族人所流放,这样的处罚几乎就意味着受惩罚者人生和生命的终结。从人生的角度,他几乎失去了任何的发展机会,失去财富,失去亲人,一切旧有的社会关系可能就此终结。从生命的角度,遭遇流放的人要离开族人,前往边远地区,生活在人迹罕至的环境中,当他遭遇疾病,无人能救治他;当他缺衣少食,无人可以接济他;他可能被异族或野人杀死,也可能成为野兽的食物。总之,虽然他的族人未曾对他实施任何的生命刑或肉刑,但在判处流刑的时刻,他们就已经清楚,这个罪人永远无法活着返回部落。流刑保存了氏族成员的尊严,也展示了对自己人的宽容,但却从人生的意义上永远地断送了被惩罚者,并将他所代表的"恶"清出了氏族。

《说文解字》对"法"字水部的解释是"平之如水",取"法"公平、公正之义。然而,蔡枢衡先生认为,"法"字的水部其实并非以水为喻,这个水部其实说明早期的人类刑罚与水有关,甚至就是利用水来执行。这个"水"指的就是受处罚者要被置于舟楫之上,任其随波逐流,使之远离原本的生活区域。这样我们就能更好地理解"流放"二字的本来意味了。

在考察唐虞时代流刑的过程中,我们会注意到这样一个概念:流宥五刑。例如《尚书·舜典》就有"流宥五刑",对其中的"宥"的理解有两种:其一,"宥"为"宽五刑"。早期五刑均为肉刑,而对本族人、自己人执行这样残酷的处罚似乎是一种难以为充满血缘伦理色彩的早期人类社会组织所接受的尴尬,这样的处罚是对部族内部看似牢固的信任的打击,是对族人尊严的损害,连续性的肉刑产生的恐惧氛围会摧垮部族脆弱的和睦。因此,圣明之君以"流"的方式来避免对罪犯施以肉刑,同时又达到了惩治罪犯、隔离罪恶的目的。其二,"宥"为"待罪之稍轻"者。也就是说,"流"是为了处置这样一些罪犯:对他们处以肉刑似乎量刑过重,而处以鞭刑又似乎过轻。"流"就是为了弥补肉刑和一些较轻刑之间的刑罚空白的。随着历史的发展，"流"演变为一种独立的刑罚，用来惩治处以死刑则过重，处以徒刑又过轻的罪犯。

四、财产刑

作为财产刑的一种形式，赎免制度起源于唐虞之时。赎，也称金，是一种刑罚的赎买制度。我国古代有以交纳金钱、物质赎罪，以免除其所应受的刑罚的制度。它也是对统治阶级内部人士网开一面的刑罚制度。统治阶级的上层有钱，他们就可以用钱赎罪，既可以赎肉刑，也可以赎死刑。普通老百姓没有钱，只能受刑。这充分表现了奴隶制和封建制社会中，人在法律面前的不平等。

历代奴隶社会和封建社会中，赎刑和罚金往往同时存在，但赎刑和罚金的内涵不同。罚金是一种财产刑，人犯缴纳金钱后，并不能免除其被判的其他刑罚。赎则是用财产代替刑罚，可以免去所判的刑罚，但不能免去罪名。在秦简律文中，赀（罚金）和赎的区别很明显。

《尚书·舜典》："象以典刑，流宥五刑，鞭作官刑，扑作教刑，金作赎刑。眚灾肆赦，怙终贼刑。钦哉，钦哉，惟刑之恤哉！"

《尚书集注音疏》："江声曰：'意善功恶者，功谓事也，谓意本无恶而所为之事或不戒慎而有伤害，纵之则无所惩，刑之则恐枉滥，姑使出金赎之，故云坐不戒慎者。'"

蔡传云："按此篇专训赎刑，盖本《舜典》'金作赎刑'之语。今详此书，实则不然，盖《舜典》所谓赎者，官府学校之刑尔，若五刑，则固未尝赎也。五刑之宽，惟处以流；鞭扑之宽，方许其赎。今穆王赎法，虽大辟亦与其赎免矣。汉张敞以讨羌，兵食不继，建为入谷赎罪之法。初亦未尝及夫杀人及盗之罪，而萧望之等犹以为如此则富者得生，贫者独死，恐开利路以伤治化。曾谓唐虞之世而有是赎法哉？穆王巡游无度，财匮民劳，至其末年，无以为计，乃为此一切权宜之术以敛民财。夫子录之,盖亦示戒,然其一篇之书哀矜恻怛,犹可想见三代忠厚之遗意云尔。"

马端临《文献通考》:"《吕刑》一书,先儒蔡九峰以为《舜典》所谓赎刑者云云,愚以为未然。盖熟读此书,哀矜恻怛之意,千载之下犹使人为之感动且拳拳乎?讫富惟货之戒,则其不为聚敛征求设也审矣。鬻狱取货,末世暴君污吏之所以为,而谓穆王为之,夫子取之乎?且其所谓赎者,意自有在,学者不能详味经意而深考之耳。其曰'墨辟疑赦,其罚百锾',盖谓犯墨法之中疑其可赦者,不遽赦之而姑取其百锾以示罚耳。继之曰'阅实其罪',盖言罪之无疑则刑,可疑则赎,皆当阅其实也。其所谓疑者何也?盖唐虞之时,刑清律简,是以赎金之法止及鞭扑,而五刑无赎法。"

《大学衍义补·卷一百零五》:"或问朱子曰:'赎刑非古法欤?'曰:'古之所谓赎刑者,赎鞭扑耳。夫既已杀人伤人矣,又使之得以金赎,则有财者皆可以杀人伤人,而无辜被害者何其大不幸也?且杀人者安然居乎乡里,彼孝子顺孙之欲报其亲者,岂肯安于此乎?所以屏之四裔,流之远方,彼此两全之也。'"

《大学衍义补·卷一百零五》:"董鼎曰:'舜既以五流而宥五刑矣,鞭扑之轻者乃许以金赎,所以养其愧耻之心而开以自新之路。曰眚灾肆赦,则直赦之而已。穆王乃以刑为致罪,以罚为赎金。既谓五刑之疑有赦,而又曰其罚若干锾,则虽在疑赦,皆不免于罚赎。五刑尽赎,非鬻狱乎?自是,有金者虽杀人可以无死,而刑者相伴于道,必皆无金者也,中正安在哉?'"

《文献通考·卷一百七十一》:"致堂胡氏曰:'按《舜典》五刑之目,一曰象以典刑,二曰鞭作官刑,三曰扑作教刑,四曰金作赎刑,五曰怙终贼刑。何为设赎?谓罪之疑者也。三代相承,至周穆王其法尤密,乃有罚锾之数,皆为疑刑也。鞭施于官,盖胥吏徒隶也,扑施于教,盖学校夏楚也,是则鞭重而扑轻,鞭以痛惩,扑以愧耻而已。夫当官典刑教,临时之用,有何可疑而使赎乎?无疑而赎,则顽者肆怠者纵,法不严而人易犯,其末流乃至于惟赎之利,变乱正刑,其弊有不可胜言者。且使士流与卒伍同条,岂刑不上大夫之义乎?'案《虞书》言金作赎刑而已,九峰蔡氏则以为赎,特为鞭扑轻刑设,五刑本无赎法,而以穆王赎锾之事为非。致堂胡氏则以为赎本为五刑之疑者,而鞭扑轻刑则无赎法,二论正相反。然以《书》之本文考之,固未见其专为五刑设或专为鞭扑设也。愚尝论之五刑,刑之大者所以惩创其罪愆,鞭扑,刑之小者,所以课督其惰怠,五刑而许之论赎者,盖衿其过误之失。《书》所谓'罪疑惟轻',所谓五刑之疑有赦是也。鞭扑而许其论赎者,盖养其愧耻之心记。所谓刑不上大夫,东坡所谓鞭挞一行则豪杰不出于其间,故士之刑者不可用,用者不可刑是也,二者皆圣人忠厚之意也。"

　　沈家本《历代刑法考》对赎刑做出了以下评述。《虞书》:金作赎刑。传:"金,黄金。误而入刑,出金以赎罪。"[1]《尚书正义》曰:"此以金为黄金。《吕刑》'其罚百锾',传为'黄铁',俱是赎罪而金、铁不同者,古之金、银、铜、铁总号为金,别之,四名耳。此传'黄金',《吕刑》'黄铁',皆是今之铜也。古之赎罪者皆用铜,汉始改用黄金,但少其斤两,令与铜相敌,故郑玄《驳异义》言'赎死罪千锾'。锾,六两大半两,为四百一十六斤十两大半两铜,与金赎死罪金三斤为价相依附,是古赎罪皆用铜也。实为铜,而谓之金铁,知传之所言谓铜为金铁耳。汉及后魏赎罪皆用黄金,后魏以金难得,合金一两收绢十匹。今律乃复依古,死罪赎铜一百二十斤,于古秤为三百六十斤。孔以锾为六两,计千锾为三百七十五斤,今赎轻于古也。'误而入罪,出金以赎',即律'过失杀伤人,各依其状以赎论'是也。《吕刑》所言疑赦乃罚者,即今律'疑罪各从其实以赎论'是也。疑,谓虚实之证等,是非之理均,或事涉疑似,旁无证见,或虽有证见,事涉疑似,如此之类,言皆为疑罪,疑而罚赎,《吕刑》已用。

_____

　　[1]　《尚书·虞书》汉代孔安国传。

言误而输赎,于文不显,故此传指言误而入罪以解此赎。鞭扑加于人身,可云扑作教刑,金非加人之物,而言金作赎刑,出金之与受扑,俱是人之所患,故得指其所出以为刑名。"蔡传:"赎其罪也,盖罪之极轻,虽入鞭扑之刑,而情法犹有可议者也。据此经文,则五刑有流宥而无金赎,《周礼·秋官》亦无其文,至《吕刑》乃有五等之罚,疑穆王始制之,非法之正也。盖当刑而赎则失之轻,疑赦而赎则失之重,且使富者幸免,贫者受刑,又非所以为平也。"朱子曰:"金作赎刑者,使之入金而免其罪,所以赎,夫犯鞭扑之刑而情又轻者也。"[1]

可见,在赎刑诞生之初,"赎"只能在小错误、轻罪上发生作用,很多有识之士也反对以金钱或物资来赎重罪,但是随着时代的发展,我们却发现"赎"的力量越来越大,对刑罚的干涉力也越来越强,最终形成了富人有钱可以赎罪、穷人没钱只能受刑的局面。赎刑的出现,使得人在法律面前地位不平等的阶级本性表现得更加充分了,统治阶级镇压谁、袒护谁,一目了然。

五、耻辱刑

耻辱刑是以公开侮辱犯罪人的名誉和人格为内容的刑罚。在奴隶社会和封建社会,耻辱刑被广泛采用。耻辱的方法多种多样,如令犯人穿戴特制的衣服、鞋子、帽子,以示其犯罪,使所有人歧视的象刑。又如在犯人脸上用针刺字,涂之以墨,使之永久留存的黥刑(亦称墨刑)。再如剃去男犯须发的髡刑。另如把人犯的姓名和罪状书于帛或纸上,挂于人犯之背,使游街示众,以示辱的书罪。还如对犯有轻微过错的人,给予训斥或责骂以示羞辱等。

---

① 沈家本:《历代刑法考》(上册),商务印书馆,2011 年版,第 385 页。

（一）象

象，是中国社会最早的刑罚之一。传说上古时无肉刑，以特异的服饰象征五刑，以示耻辱，谓之象刑。象刑是一种象征性的刑罚。这种刑罚，不伤及身体，只伤及精神，具有耻辱刑的性质。

唐虞初时的刑罚叫象刑。象刑是一种象征性的刑罚，徒有肉刑之名，而无肉刑之实。

《尚书大传》："唐虞象刑，而民不敢犯，苗民用刑而民兴相渐。唐虞之象刑，上刑赭衣不纯，中刑杂屦，下刑墨幪，以居州里，而民耻之。"注："纯，缘也。时人尚德义，犯刑但易之衣服，自为大耻。屦，履也。幪，巾也。使不得冠饰。"

《慎子》："有虞之诛，以幪巾当墨，以草缨当劓，以菲屦当刖，以艾毕当宫，布衣无领以当大辟，此有虞之诛也。斩人肢体，凿其肌肤，谓之刑。画衣冠，异章服，谓之戮。上世用戮而民不犯也，当世用刑而民不从。"

《尚书·益稷》："帝曰：'迪朕德，时乃功，惟叙。皋陶方祗厥叙，方施象刑，惟明。'"

《孝经纬》："三皇无文，五帝画象，三王肉刑。画象者，上罪墨幪赭衣杂屦，中罪赭衣杂屦，下罪杂屦而已。"

《周礼·秋官·司圜》疏引《孝经纬》："三皇无文，五帝画象，三王肉刑。"又："弗使冠饰者，着墨幪，若古之象刑舆。"

《法言·先知篇》："唐虞象刑唯明，夏侯肉辟三千，不胶者卓矣。"

《白虎通》："五帝画象者，其衣服象五刑也。犯墨者蒙巾，犯劓者赭着其衣，犯膑者以墨幪其膑处而画之，犯宫专履杂扉，犯大辟者布衣无领。"

《汉书·武帝纪》："元光五年，武帝诏：'昔在唐虞，画象而民不犯。'"

《荀子·正论篇》："世俗之为说者曰：'治古无肉刑，而有象刑。

墨黥;慅婴;共,艾毕;菲,对屦;杀,赭衣而不纯。治古如是。'是不然。以为治邪？则人故莫触罪,非独不用肉刑,亦不用象刑矣。以为人或触罪矣,而直轻其刑,然则是杀人者不死,伤人者不刑也。罪至重而刑至轻,庸人不知恶矣,乱莫大焉。凡刑人之本,禁暴恶恶,且征其未也。杀人者不死,而伤人者不刑,是谓惠暴而宽贼也,非恶恶也。故象刑殆非生于治古,并起于乱今也。治古不然,凡爵列官职赏庆刑罚皆报也,以类相从者也。一物失称,乱之端也。夫德不称位,能不称官,赏不赏功,罚不当罪,不祥莫大焉。昔者,武王伐有商,诛纣,断其首,县[①]之赤旆。夫征暴诛悍治之盛也。杀人者死,伤人者刑,是百王之所同也,未有知其所由来者也。刑称罪则治,不称罪则乱。故治则刑重,乱则刑轻。犯治之罪故重,犯乱之罪故轻也。《书》曰'刑罚世轻世重',此之谓也。"

沈家本《历代刑法考》："荀子所称'治古',未明其为五帝之世抑三王之世,以汉人之说求之,自指唐虞也。其所称'乱今',当指周末言,荀子盖见当日七国政教之废失,有激而为此论。其所谓'治则刑重'者,世治则有罪者不能幸逃于法之外,故见为重,世乱则有罪者往往巧遁于法之中,故见为轻。若真以刑重为是,刑轻为非,则商、韩之流亚耳,荀子宗旨似尚不如此。"[②]

《画策篇》："神农既殁,以强胜弱,以众暴寡,故黄帝作为君臣上下之义,父子兄弟之礼,夫妇妃匹之合,内行刀锯,外用甲兵。故时变也。由此观之,神农非高于黄帝也,然其名尊者,以适于时也。故以战去战,虽战可也。以杀去杀,虽杀可也。以刑去刑,虽重刑可也。"

《汉书·刑法志》："所谓象刑惟明者,言象天道作刑,有菲屦赭衣者。"又："文帝诏:'有虞时,画衣冠异章服以为戮,而民不犯。'"

---

① 县:古同悬。

② 沈家本:《历代刑法考》(上册),商务印书馆,2011年版,第145页。

　　《后汉书·梁统传》："是以五帝有流、殛、放、杀之诛,三王有大辟、刻肌之法。"注:"刻肌,谓墨、劓、膑、刖。"沈家本注:"此统上疏语,亦主三王肉刑之说。"

　　从以上所引看,古人对唐虞时的肉刑,是有争议的。从无刑到有刑、刑轻到刑重的发展规律看,唐虞是中国古代刑罚之始,开始就墨、劓、剕、宫、大辟,是不客观的,是违反事物发展规律的。准此,沈家本的观点,是比较客观的。

　　总而言之,从以上典籍的记载来看,所谓象刑,并非对人的身体有什么伤害,而是使其衣服鞋帽异于常人,从而构成一种羞辱。这是中国刑罚之始,大概发生在原始社会与奴隶社会交替的时期。后来随着阶级的出现,刑罚越来越重,走出了一条从无到有、从轻到重,再从重到轻的道路。从社会发展的趋势来看,最终还是要复归于无的。

　　(二)墨

　　墨刑,亦称黥刑。《说文》:"黥,墨刑,在面也。"传:"墨刑,凿其额,涅以墨。"《经典释文》:"墨,刻其额而涅之墨。"这是我国古代在罪犯面部刻刺后涂以墨黑,使之永久保留的刑罚。以现在观点看,实乃毁容。它兼有羞辱刑和肉刑两种性质。墨刑为法定刑,源于奴隶制时代的苗族,为奴隶制五刑中最轻者。

　　《尚书》孔传:"刻其颡而涅之曰墨刑,疑则赦从罚。"疏:"《说文》云:'颡,额也。墨,一名黥。'"郑玄《周礼》注云:"墨,黥也。先刻其面,以墨窒之。言刻额为疮,以墨窒疮孔,令变色也。"

　　《尚书·周书·吕刑》:"苗民弗用灵,制以刑,惟作五虐之刑曰法。杀戮无辜,爰始淫为劓、刵、椓、黥。"传:"黥面。疏:'黥面即墨刑也。'郑玄云:'黥为黥人面。'郑意黥面甚于墨额,孔意或亦然也。墨辟疑赦,其罚百锾,阅实其罪。"

第二章 夏商两代的刑罚

在我国,大约在公元前 21 世纪,原始氏族公社就已经解体,奴隶社会和奴隶制国家就已经形成。据史料记载,夏禹死后,他的儿子启,一改以前的章程,摈弃了原始社会"禅让"的传统,自立为首领,建立了夏王朝。从此,"禅让"制度就为王位世袭制度所代替。这是社会发展过程中一次革命性的变革,使社会的发展上了一个新的台阶。它标志着原来的部落联盟已经发展成国家,社会已经进入第一个阶级社会即奴隶社会。

由原始社会到奴隶社会的演进,使社会分工更加细化,有组织的社会活动更加严密,强大的集中统一的政治意志形成并成功地介入社会生活,从而使社会生产力更快地发展。但所谓的奴隶制度,是一种极为残酷、极为野蛮的剥削制度。我国的奴隶制度,是以土地和奴隶都归奴隶主所有为特征的社会制度。《诗经·小雅·北山》:"普天之下,莫非王土;率土之滨,莫非王臣。"这是这一制度最好的写照。奴隶主依靠对奴隶敲骨吸髓的剥削和压榨,过着骄奢淫逸的生活,而创造社会财富的广大奴隶,却被压制在社会的最底层,过着牛马不如的生活。奴隶主把奴隶当作会说话的牲口,任意打骂、买卖和屠杀。奴隶主活着剥削欺压奴隶,死后还要用奴隶殉葬。在商代,为奴隶主殉葬,有的一次就多达数百人。在西周,在集市上,一匹马、一束丝,可以交换五个奴隶。奴隶地位之低,可想而知。奴隶主的残酷剥削和压迫,不断激起奴隶和平民的反抗。

历史进入夏代,象征性的象刑不见了,刑罚变成实打实的了。而且刑罚的种类也有所增加,除继承了唐虞时代的五刑和鞭、扑、流刑之外，又增加了赎刑，号称九刑。最主要的是，开了株连制度（如孥戮）的先河，出现了劓、剔、燔、炮烙、膑等极为残忍的酷刑。奴隶主为了镇压奴隶的反抗，运用国家权力，制定了一系列的行为规范，这就是法律。

在原始社会，没有法律，但是并不是没有规矩，没有对生活的规范和约束。原始社会存在对天、神和图腾的崇拜，并由此形成一些仪式和禁忌。这些仪式和禁忌，约束着人们可以干什么，不能干什么，实际上就是最初的社会规范。由于人们的认知能力有限，很多自然现象无法解释，就认为有一种超自然的力量，在冥冥中主宰着人间的一切。这就是天和神。恩格斯说："一切宗教都不过是支配着人们日常生活的外部力量在人们头脑中的幻想的反映，在这种反映中，人间的力量采取了超人间的力量的形式。"[1]

既然天命鬼神在很大程度上左右着人们的选择，规范着人们的行为，那么奴隶主阶级也就很自然地将原始宗教塑造为自己实行政治统治和社会控制的工具。《尚书·召诰》："有夏服（受）天命。"《论语·泰伯》也说："（夏禹）致孝乎鬼神。"由此可见，夏代的统治者已经利用宗教的力量，借天命和鬼神来进行统治。

在夏代，还只是说统治者也是人，只不过承天和鬼神的旨意来统治人间。到了商代，利用宗教迷信又向前发展了一大步，径直说自己就是神的后代，就是神。《诗经·商颂·长发》："有娀方将，帝立子生商。"这个帝，不是皇帝的帝，而是上帝的帝。这就是直白地宣布：商是上帝生的。《诗经·商颂·玄鸟》："天命玄鸟，降而生商。"之后，历朝历代的皇帝，都说自己是"受命于天""王权神授"。他们发布的所谓"圣旨"，第一句话都是"奉天承运，皇帝诏曰"。

既然帝都是上帝生的，他们的所作所为都是上帝的意思，所

---

[1]　恩格斯：《反杜林论》，《马克思恩格斯选集》第 3 卷，人民出版社，1972 年版，第 354 页。

以,对于奴隶的反抗,滥施酷刑,荼毒人生,进行残酷的镇压和剿灭,也是上帝的意思,被称为"天罚"。《尚书·甘誓》:"今予惟恭行天之罚。"《尚书·汤誓》:"有夏多罪,天命殛之……夏氏有罪,予畏上帝,不敢不正……尔尚辅予一人致天之罚。"也就是说,成汤剿灭夏桀,是请示了上帝的,上帝只告诉他一个人,去惩罚夏桀。甲骨卜辞:"贞,王闻不惟辟;贞,王闻惟辟。"这段话的意思是:王用刑或不用刑,都不是个人说了算的,而是请示了上帝,按上帝的指示办的。

就这样,凭借着所谓上帝的意志,奴隶主们的刑罚便名正言顺地出台了。

《左传·昭公六年》:"夏有乱政,而作禹刑。"国家的出现,为法律的产生奠定了基础。世袭的国家统治者,为了国家的利益,也是自己的利益,必然制定一套规矩,以规范国民的行为,这就是法律。法的概念,随时代的不同而有所变化。奴隶制时代的法,与刑是同义字。在历史文献中,"法""刑""辟"等字,都是通用的。刑,作为惩罚和虐杀的手段,在原始氏族公社时代就存在,只不过那时是针对敌对的异族人和俘虏。国家和法律出现以后,就不仅是针对异族和俘虏,也转向了本国的人民。这时,刑就成了统治阶级罚罪的手段了。

商朝的刑罚最残酷。特别是在商纣执政时期,开中国酷刑之先河。除继承了夏以前的所有刑罚外,又创设了斫胫、劓、珍、胥靡、夷三族、烹、醢、脯、菹、剖心、金瓜击顶、虿盆等酷刑。

甲骨文和其他的史料记录了商代的刑罚。

《粹》487:"叀王又作辟①。"

《乙》4604:"贞,王闻不惟辟;贞,王闻惟辟。"

---

① 辟:刑,法。

《佚》850："兹人井不？"①

尽管对此仍有争论，但甲骨文中的相关记载，仍有一定的探索意义。②

《尚书·康诰》："兹殷罚有伦。……罚蔽殷彝。"③

《左传·昭公六年》："商有乱政，而作汤刑。"

《孟子·万章上》："太甲颠覆汤之典刑。"

《荀子·正名》："刑名从商。"

《史记·殷本纪》："百姓怨望而诸侯有畔者，于是纣乃重刑辟，有炮烙之法。"

殷商时代出现了汤刑。《左传·昭公六年》："商有乱政，而作汤刑。"可见《汤刑》是殷商制定的刑法，但具体什么内容不详。尤其值得我们关注的是，殷商出现了专用于整治官吏的刑罚。其中包含生命刑、身体刑、资格刑、耻辱刑等多种刑罚。

《尚书·伊训》："制官刑儆于有位（言汤制治官刑法，以警戒百官）。曰敢有恒舞于宫，酣歌于室，时为巫风（常舞则荒淫。乐酒曰酣，酣歌则废德。事鬼神曰巫，言无政）。敢有殉于货色，恒于游畋，时谓淫风（殉，求也，昧求财货女色。常游戏畋猎，是淫过之风俗）。敢有侮圣言，逆忠直，远耆德，比顽童，时谓乱风（狎侮圣人之言而不行，拒逆忠直之规而不纳，耆年有德疏远之，童稚顽嚚亲比之。是荒乱之风俗）。惟兹三风十愆（音千，罪过），卿士有一于身，家必丧，邦君有一于身，国必亡。臣下不匡，其刑墨，具训于蒙士（臣不正君，服墨刑，凿其额，涅以墨）。"沈家本注："此官府之刑，汤所制也。"

---

① 井：通刑。兹人刑不：这个人要不要动刑？

② 李力：《寻找商代法律的遗迹：从传世文献到殷墟甲骨文》，载《兰州大学学报》第38卷，第4期，2010年7月。

③ 蔽：断。殷彝：殷之法。

官刑具体怎样执行,不甚了了,但它的范围却大得很,一人受刑,全家就完了,分封的小国之君受刑,这个国家就完了。同时,这也是把株连面扩大的一种制度。在夏时,株连仅及儿子;到了商,就扩展到全家了。《尚书·周书·泰誓上》:"今商王受弗敬上天,降灾下民,沈湎冒色,敢行暴虐,罪人以族,官人以世。"蔡传:"族,亲族也,一人有罪,刑及亲族也。"

一、株 连

夏代的株连,主要表现为孥戮。这是一种一人犯罪,株连子孙,并没收犯罪人家属及财产的刑罚,是连坐的雏形。被籍没的人,终身为奴。此刑源于奴隶制时代的夏,属非刑。

《尚书》的《甘誓》《汤誓》均有"予则孥戮汝"。郑玄注:"大罪不止其身,又孥戮其子孙。"《周礼·秋官·司刑》"罪隶"条,贾疏云:"古者身有大罪,身既从戮,男女缘坐,男子入于罪隶,女子入于舂槁。"

在奴隶社会和封建社会,被籍没的罪人子孙,终身为奴,被视为财产。拥有者,可以役使、交换、馈赠、出卖、蹂躏、杀戮。《说文·女部》:"奴婢,皆古之罪人也。"《说文·立部》:"童,男有罪曰奴,奴曰童,女曰妾。"沈家本主张,孥戮是缘坐的一种形式。孥有两解,其一是指儿子,其二是指妻子和儿子。把这两个字放在一块儿,是连妻子、儿子一块儿受刑的意思,既是一种死刑制度,又是一种株连制度。一人犯罪株连家人的制度,大约从此开始。

《尚书·甘誓》:"大战于甘,乃召六卿。……用命,赏于祖;弗用命,戮于社,予则孥戮汝。"传:"孥,子也。非但止汝身,辱及汝子,言耻累也。"

《史记·夏本纪》:"有扈氏不服,启伐之,大战于甘。将战,作《甘誓》,乃召六卿申之。启曰:'嗟!六事之人,予誓告女(汝),有扈氏威侮五行，怠弃三政，天用剿绝其命。今予维共行天之罚。左不攻于左，右不攻于右，女不共命。御非其马之政，女不共命。用命，赏于祖，不用命，僇于社，予则帑僇汝。'遂灭有扈氏。天下咸朝。"

《史记·殷本纪》："'女不从誓言，予则帑僇女，无有攸赦。'以告令师，作汤誓。"①

对于帑僇（孥戮），史书有不同解释。一种是说，孥戮，连儿子一块儿杀；一种是说，孥戮，不是杀，是把儿子没为官奴隶。

《尚书》孔传："孥，子也。非但止（其）汝身，辱及汝子，言耻累也。"从字面上分析，"辱及汝子"，好像还不是连儿子一块儿杀，而仅仅是为儿子带来一种污辱、一种耻辱。"言耻累"三字，已经定位在耻，而非杀。

《尚书正义》："《诗》云：'乐尔妻孥'对妻别文，是孥为子也。"疏："我则并杀汝子，以戮辱汝。"

沈家本《历代刑法考》："孥戮，先郑引作'奴戮'，说与孔传异；后郑则以为孥戮其子孙，注《周礼》则以为从坐，故论缘坐不得不先列此文。《魏志·毛玠传》大理钟繇诘玠曰：'自古圣帝明王，罪及妻子。《书》云："左不共左，右不共右，予则孥戮女。"'与后郑同。是汉时二说并行，其今古文之异欤？孔传谓'权以胁之'，殆以其说为未安而作此游移之语，第法有一定，无权胁之理，是其说尤不可通。"②

沈家本驳斥了孔传"权以胁之"之说，看来，他是倾向于连儿子一块儿杀戮之说的。

---

① 这里的女，皆作汝。帑僇与孥戮同。
② 沈家本：《历代刑法考》（上册），商务印书馆，2011年版，第71页。

二、生命刑

生命刑没有刑罚实质上的区别,横竖是一死,只有执行方法上的不同,即用什么方法把人处死。在奴隶社会和封建社会,生命刑的执行方法极其残酷,较普通的常刑,有贼、殪、诛、戮、死、杀、大辟、斩、弃市、枭首(以上都是杀头);特残忍的酷刑,有醢(把人剁成肉酱,或切成肉片)、脯(把人烤成肉干)、轘(把人的头和四肢分别拴在五辆马车上,打马向不同的方向奔驰,以撕裂人的身体)、刳(剖开胸腹)、剔(分离骨肉)、钉割(把人钉在墙上,一刀一刀地割死)、烹(把人放入大锅中煮死)、油煎(把人放在油锅里,活活煎死)、辜磔(分离肢体)、剖心(挖出心脏)、蛊盆(把人放入蛇池,任毒蛇啮咬而死)、抽肋(一条一条剔出肋骨)、凿颠(用钻、凿等工具,把人的头颅凿穿)、凌迟(也称剐,即把人千刀万剐)、剥皮(把人的皮肤活活剥离)、铁刷(用铁刷把人的皮肤刷下来)、剥面(把人的脸皮剥下来)、骑践(用成群的奔马踩踏而死)、击脑(用铁锤击碎头颅)、抽筋(也称挑筋,把人腿上的神经线抽出来)、饲虎豹(喂虎豹)、钩背(钩出脊骨,把人高悬于架)、炮烙(掘一深坑,上架铜柱,涂以油脂,下积燃碳,令人赤足走过铜柱,不耐时跌入深坑,活活烧死)、炮掷(装入炮膛,打出去)、烙(用烧红的烙铁,把人活活烙死)、焚(活活烧死)、铁笼(装入铁笼,外加火烤,炙烙致死)、熟铁锥(用烧红的铁锥,舂人之口,直至其死亡)、斵(也称斫胫,砍掉人的小腿)、金瓜击顶(用一种叫金瓜的兵器,把人的头颅打碎)、断脊(折断脊骨致死)、砂袋(用砂袋抛击脊骨,致其死亡)、囊扑(装入口袋,扎上口,乱棍打死)、掠杀(用鞭杖棍棒等刑具活活打死)、刭(割断脖子)、锯灼(用烧红的锯,锯掉头)、枷楔(加枷于头,再打入木楔,使脑浆崩裂)、汙潴(投入污水中,溺死)、射杀(用乱箭射死)、镞射(由多个射手同时放箭射杀)、环撞(卷刀捅死)、锯颈(锯掉脑袋)、斫(用斧砍掉脑袋）、手刃（亲手杀死）、投崖（从悬崖上抛下去摔死）、石击（用巨石砸死）、压杀（用巨石压死）、磬（绞死、勒死、吊死）、沉河（装进口袋，或坠以重物，抛入水中溺死）、阬（坑，活埋）、断食（不给饭吃，活活饿死）、饮药（强令喝毒药致死）、霹雳车（俗称骑木驴，是一种专用于女人的装置，骑用时，木橛插入女人生殖器，随着行进，反复绞动，致其死亡）、怖死（用极其恐怖的手段把人吓死）等。

可见，中国历史上的生命刑执行方式不可谓不多，夏代就已存在名目繁多的、名称和执行方式不同的生命刑。

（一）五刑

五刑，是死刑和肉刑兼而有之的刑罚。它是中国古代统治阶级对犯罪者使用的五种主要刑罚的总称，又可分为早期五刑和晚期五刑。

古之所谓五刑，其说不一。一是"大刑甲兵，次刑斧钺，中刑刀锯，其次钻笮，薄刑鞭扑"。[①] 其中，除"大刑甲兵"注为"诸侯逆命征讨之刑"之外，余无详解。二是墨、劓、剕、宫、大辟。早期五刑，指三代时使用的以肉刑为主的墨、劓、剕、宫、大辟；到周时，称墨、劓、宫、刖、杀，一直沿用到汉文帝除肉刑以前。五刑之立，当在舜时。有一种说法，五刑为黄帝所立，说在黄帝时代就有这么严酷的刑罚，颇为可疑。其一，黄帝是中国传说中最早的部落领袖，他的活动大约在公元前26世纪90年代，那时还是原始氏族公社，人们过着原始共产主义的生活，不可能有这么残酷的刑罚；其二，据史籍记载，传说黄帝打仗用玉，说明那时还没有金属器具，而黄帝五刑中许多刑具都是金属打造的，这根本不可能；其三，到了尧舜的时代，中国才出现象征性的象刑，仅伤及面子，并不伤及身体。怎么可能在六百多年之前，反而有那么残忍的刑罚呢？这违背历史发展的规律。晚期五刑，指以体刑为主的笞、杖、徒、流、死。

---

① 《国语·鲁语》。

五刑都是肉刑，由象刑演化而来。其实，在象刑实施的过程当中，肉刑已经在酝酿中了。《慎子》一书，在描绘象刑时，已经使用了诛、墨、劓、刖、宫、大辟、斩、戮这样的字眼。这些字眼所示的刑罚，都是施于人的肉体的，不过在当初并不实行，由衣服鞋帽代替而已。《白虎通》说的就是这个意思。五刑的创立，使肉刑进入实行的阶段。而夏代五刑，在相关史料中有明确的记载。

《史记·夏本纪》："非其人居其官，是谓乱天事。天讨有罪，五刑五用哉。"

《晋书·刑法志》："夏后氏之王天下也，则五刑之属三千。"

《周礼·秋官·司刑》郑玄注："夏刑大辟、膑辟、宫辟、劓、墨。大辟二百，膑辟三百，宫辟五百，劓墨各千。"

《隋书·经籍志》："夏后氏五刑有五，科条三千。"

可见，夏不仅继承了唐虞时代的五刑，而且把它发展了，就凭这"科条三千"，就知道有多可怕了。当时自然科学和社会科学都还不发达，人的思维和活动相对简单，就是在这种情况下，人的社会活动竟有三千种是要科以死刑或肉刑的，由此可见其残酷程度。

同唐虞时代的刑罚一样，这种刑罚对内对外是有区别的，这种肉刑主要适用于俘虏的奴隶，对本部落的同族人，往往用流放来代替。值得关注的是这样一种说法，《孝经·五刑章》："五刑之属三千，而罪莫大于不孝。"这五种刑罚，处罚最重的是不孝。这样看来，五刑又不仅仅是对外了。而且，我们需要特别关注夏代五刑所具有的血缘伦理色彩。至于商代五刑，全盘继承了夏的五刑，"殷因于夏礼，所损益可知也"。商之五刑，即墨、劓、刖、劓、宫。

（二）九刑

九刑是五刑的扩大。原来的五刑，加上流、赎、鞭、扑，成为九刑。这样，九刑就不全是肉刑了，因为加进了流和赎。

《通典》："据《左氏》载叔向所言，夏乱政而作九刑，三辟之刑兴，皆叔世也。言九刑，以墨一、劓二、刖三、宫四、大辟五，又流六、赎七、鞭八、扑九，故曰九刑也。三辟者，言三王始用五刑之法，故谓之三辟也。"班固说："五帝画象而人知禁，禹承尧舜之后，自以德衰，始制肉刑。汤武顺而行之，以俗薄于唐虞故也。"所谓三辟，是指五刑中的大辟、宫辟、膑辟。

（三）大辟

法定刑，始于夏。我国古代五刑之一，是秦汉以前死刑的通称。辟，罪。死刑为罪之大者，故称大辟，也称极刑。实际执行的刑罚，除法定刑（也称正刑）外，还有许多法外酷刑（也称非正刑），甚至私刑和非刑。

《周礼·秋官·司刑》："夏刑大辟二百，膑辟三百，宫辟五百，劓墨各千。"

《魏书·刑罚志》："夏刑则大辟二百，膑辟三百，宫辟五百，劓、墨各千。殷因于夏，盖有损益。"

（四）昏

昏弃，箴（灭）绝之意，是中国古代的一种死刑。

《左传·昭公十四年》叔向曰："己恶而掠美为昏（掠，取也；昏，乱也），贪以败官为墨，杀人不忌为贼（忌，畏也）。《夏书》曰：'昏、墨、贼、杀。'（《逸夏书》：'三者皆死刑。'）皋陶之刑也。"沈家本注："此唐虞之科目，而夏后承之也，故见于《夏书》。"[①]所谓三者皆死刑，是指昏、贼、杀，墨不在其中。

另有一说，昏，是宫刑。《诗·大雅·召旻》："昏椓靡共。"笺："昏、椓皆阉人也。昏，其宫名也。椓，椓毁阴者也。"

（五）戮

戮，含两层意思：其一是杀死示众，即生戮；其二是陈尸示众，即戮尸。这是我国古代对死刑犯于杀死前或杀死后，剖斩尸体，侮辱示众的执行方法。《周礼·叙官·掌戮》注："戮犹辱也，既斩杀

---

① 沈家本：《历代刑法考》（下册），商务印书馆，2011年版，第28页。

又辱之。"戮属于非刑,始于夏。

戮尸、剒尸,是我国古代对死刑犯尸体的处置。后来延及已死之人的尸体。各朝方法有所不同,有枭、焚、鞭、陈、悬、弃等。对活人用刑,对死人也用刑,可见奴隶制度和封建制度的残酷性。戮尸,属非刑。

《尚书·甘誓》:"左不攻于左,汝不恭命;右不攻于右,汝不恭命;御非其马之正,汝不恭命。用命赏于祖,弗用命戮于社,予则孥戮汝。"注:"天子亲征,又载社主谓之社。不用命奔北者,则戮之于社主前。"

《史记·殷本纪》:"帝武乙无道,为偶人,谓之天神,与之博,令人为行。天神不胜,乃僇辱之,为革囊盛血,仰而射之,命曰'射天'。"这简直是拿人命开玩笑。

（六）斩

《释名》:"斫头曰斩,斫腰曰腰斩。"《经典释文》:"脰,音豆,颈也。"别称殊死。这是我国古代使犯人身首分离的死刑执行方法,即通常所说的斩首。根据《释名》"斫头曰斩,斫腰曰腰斩"的解释,斩又可分为斩首与腰斩。砍头叫斩,拦腰切断叫腰斩。夏商周三代,大辟多用斩,如戮、枭首、腰斩、弃市等皆为斩刑。

《韩非子·饰邪》:"禹朝诸侯之君会稽之上,防风之君后至,而禹斩之。"与会稍迟,即遭斩刑,可见刑之残酷。

（七）刳、剔

刳和剔同为我国古代极其残酷的死刑执行方法,为夏商所用。刳的方法是剖开胸腹,使出五脏。剔的方法是分解骨肉,大卸八块。此两刑仅偶而用之,而非定制,属非刑,始于夏。

《淮南子·俶真训》:"夏桀殷纣,刳谏者,剔孕妇,攘天下,虐百姓。"

《尚书·泰誓上》:"惟宫室、台榭、陂池、侈服,以残害于尔万姓。焚炙忠良,刳剔孕妇,皇天震怒……"

（八）炮烙

炮烙，也称炮、炮格，是我国古代一种烙炙致死的酷刑。其办法是用一根铜柱，放在火坑上，涂上油，下用火烧，致红，让人赤脚在上边走，不耐时，掉在火坑里烧死。此刑为夏首创，非刑。

很多人认为，炮烙是暴虐的商纣王所发明的残酷刑罚，也就把炮烙当成了殷商时代才出现的事儿。今天可见的文献中也有很多相关的记载，如《史记·殷本纪》："帝纣……好酒淫乐，嬖于妇人。……百姓怨望而诸侯有畔者，于是纣乃重刑辟，有炮格之法。"《史记·周本纪》："西伯乃献洛西之地，以请纣去炮格之刑。纣许之。"但实际上，炮烙之刑是夏代人所创设的。

《太平御览》六百四十七："桀观炮烙于瑶台，谓龙逢曰：'乐乎？'龙逢曰：'乐。'桀曰：'观何无恻悯之心？'龙曰：'天下苦之，而君以为乐，臣，君之股肱，何不悦乎？'桀曰：'听子谏，谏得我改之，谏不得我刑之。'龙逢曰：'臣观君冠危石也，臣观君履春冰也，未有冠石而不压，蹈春冰而不陷。'桀笑曰：'是日亡则与俱亡，子知我之亡而不自知亡乎？子就炮烙之刑，吾观子。'龙逢趋而歌曰：'造物劳我以生息，我（以）炮烙故涉薪，我乐，而人不知。'赴火而死。"沈家本注："炮烙之法，纣所作也，此言桀有炮烙之刑。《韩非》《淮南》又兼桀、纣言之。"

《淮南子·俶真训》："夏桀殷纣，燔生人，辜谏者，为炮烙，铸金柱，剖贤人之心，析才士之胫。"燔，焚烧、烤。辜，分裂肢体，并进行陈列，是一种撕裂肢体的酷刑。析，分割。析胫，割掉小腿。

《韩非子·难势篇》："桀纣为高台深池，以进民力，为炮烙以伤民性。"

沈家本《历代刑法考》："此二书述炮烙事，并兼桀、纣二人言之，第纣作炮烙见《殷本纪》，而《夏本纪》不载桀事。《竹书纪年》亦言纣作炮烙之刑，而桀无之。"邹诞生言"纣见蚁布铜斗而为炮烙"，《淮南子·齐俗训》云"炮烙生乎热斗"，高诱注"庖人进羹于纣，热以为恶，以热斗杀之。赵国斗可以杀人，故起炮烙"。可见前无此刑，纣始作之也。罗泌《路史》发挥云："炮烙之事，考之书则纣之行，不闻其为桀也。大抵书传所记桀、纣之事多出模仿。如《世纪》等倒拽九牛，抚梁易柱，引钩申索，握铁流汤，倾宫瑶室，与夫璇台三里，金柱三千。车行酒，骑行炙，酒池糟丘，脯林肉圃，宫中九市，牛饮三千。丘鸣鬼哭，山走石泣，两日并出，以人食兽。六月猎西山，以百二十日为夜等事。纣为如是，而谓桀亦如是，是岂其俱然哉？"观于罗氏此说，则炮烙之事，可以类推矣。

沈家本是主张夏桀时代无炮烙之刑的，但证据也不是很足。特别是《太平御览》六百四十七中那样具体的描述，仅凭《夏本纪》《竹书纪年》和罗泌《路史》之说，是很难否定的。《夏本纪》和《竹书纪年》仅仅是没有著录桀的炮烙之刑，没有著录和没有此刑是两回事。不拿出充分确凿的证据，仅用有些书没有著录来否定有些书的著录，很难达到目的。

（九）烹

烹，《史记》《汉书》皆作亨。亨，古烹字。《释名》："煮之于镬曰烹，若烹鸟兽之为也。"镬烹就是我国古代把犯人投入鼎镬（大锅）中煮死的酷刑。此刑为夏首创，属非刑。

《左传·襄公四年》："羿犹不悛，将归自田，家众杀而亨之，以食其子。其子不忍食诸，死于穷门。"羿：传说中夏有穷氏之国君，因夏民而代夏政，名羿。

《帝王世纪》："囚文王，文王之长子曰伯邑考，质于殷，为纣御，纣烹为羹，赐文王，曰：'圣人当不食其子羹。'文王食之。纣曰：'谁谓西伯圣者，食其子羹尚不知也。'"沈家本注："烹人子以食其父，纣之暴虐滋甚，非殷之常法也。"

关于烹的用具，沈家本《历代刑法考》："烹人之器，或言鼎，或言镬。主父偃曰：'丈夫生不五鼎食，死即五鼎亨耳。'《新序》言：'田单处中牟，佛肸（音系）以中牟叛，置鼎于庭。致士大夫曰：与我者受邑，不吾与者烹。'并言鼎，文挚事亦言鼎，《释名》则言镬。《史记·蔺相如传》：'谓秦王曰：臣令人持璧归，知欺大王之罪当诛，请就汤镬。'亦言镬。郑叔詹事，一言鼎，一言镬，他书亦鼎、镬错杂。考《淮南子·说山训》：'尝一脔肉，知一镬之味。'高注：'有足曰鼎，无足曰镬。'然则鼎、镬乃有足无足之分，实一类。析言之，则鼎为鼎，镬为镬。浑言之，则镬亦得称鼎也。《唐书·魏元忠传》：'既诛贼谢天下，虽死鼎镬所甘心。'高适诗：'秦王转无道，谏者鼎镬亲。'皆鼎镬连言。"沈家本的观点是主张鼎、镬是一码事，是同一类器具。实际上，鼎、镬是不是一种器皿，对刑罚本身并没有影响，鼎也罢，镬也罢，都是煮东西的器具，关键在煮、煮活人，至于拿什么煮，并不重要。

（十）剖心

剖心是一种剖开胸膛、取出心脏的酷刑，属非刑。此刑始于夏。

《淮南子·俶真训》："夏桀殷纣，燔生人，辜谏者，为炮烙，铸金柱，剖贤人之心，析才士之胫。"

《史记·殷本纪》："纣愈淫乱不止。微子数谏不听，乃与大师、少师谋，遂去。比干曰：'为人臣者，不得不以死争。'乃强谏纣。纣怒曰：'吾闻圣人心有七窍。'剖比干，观其心。"

《尚书·泰誓下》："剖贤人之心。"传："比干忠谏，谓其心异于人而观之，酷虐之甚。"

沈家本《历代刑法考》："纣酷虐至剖大臣之心，尚不以此为刑也。后世用刑者，每以剖心祭仇为快，得不谓之为酷虐乎？乃当圣仁之世，明谕中外，废除重刑，而大吏尚有此种行为，殊可怪也。"[1]

（十一）辜

辜，也称磔、脯、肢解。《说文》："磔，辜也。"段注："凡言磔者，

---

① 沈家本：《历代刑法考》（上册），商务印书馆，2011年版，第131页。

开也,张也。剞其肋腰而张之,令其干枯不收。"《周礼·秋官·掌戮》注:"膊,谓去衣磔之。"辜刑是中国古代处决死刑犯的方法之一,是一种分裂肢体后悬首张尸示众的刑罚。膊是脱掉衣服,锯裂、肢解身体,然后示众,为法定刑。

《史记·殷本纪》:"九侯有好女,入之纣。九侯女不憙淫,纣怒,杀之,而醢九侯。鄂侯争之强,辨之疾,并脯鄂侯。西伯昌闻之窃叹,崇侯虎知之以告纣,纣囚西伯羑里①。"《史记集解》徐广注:"一作'鬼侯',邺县有九侯城。"《史记正义》:"《括地志》:'相州滏阳县西南五十里为九侯城,亦名鬼侯城,盖殷时九侯城也。'"

沈家本《历代刑法考》:"鬼侯之事,诸书皆言脯,独《史记》以为醢。梅伯之事,诸书相同,独《史记》不称梅伯。高诱又称以鬼侯之女为脯,而诸书皆不及,此并传闻之异辞。纣之暴虐,无所不至,故《书》云'纣之罪,浮于桀'也。"②

(十二)焚

焚也称燔、焚炙、焚如、热、炙,是夏代一种死刑执行方法,将人抛入火中烧死,属非刑。

《淮南子·俶真训》:"夏桀殷纣,燔生人,辜谏者,为炮烙,铸金柱,剖贤人之心,析才士之胫。"

(十三)劓殄

劓,是指割除;殄,是指灭绝。劓殄是一种将有不符合奴隶制规范行为的人早早杀掉,以断子绝孙的酷刑,属法定刑。此刑只殷商用之。

《尚书·商书·盘庚中》:"呜呼!今予告汝:'不易!永敬大恤,无胥绝远!汝分猷念以相从,各设中于乃心。乃有不吉不迪,颠越不恭,暂遇奸宄,我乃劓殄灭之。无遗育,无俾易种于兹新

---

① 羑里:古地名,在今汤阴以北。
② 沈家本:《历代刑法考》(上册),商务印书馆,2011 年版,第 781 页。

邑。'"传:"不恭,不奉上命,暂遇人而劫夺之。劓,割。育,长也。言不吉之人,当割绝灭之,无遗长其类,无使易种于此新邑。"疏:"无遗长其类,谓早杀其人,不使得子孙,有此恶类也。"

《左传·哀公十一年》:"《盘庚之诰》曰:'其有颠越不共,则劓殄无遗育,无俾易种于兹邑。'"杜注:"颠越不共,纵横不承命者也。劓,割也。殄,绝也。"

不吉利、不恭顺、不奉上命、不听官员的话,包括不听师长和家长的话,这些行为都是犯罪,这样的人都要杀掉。而且不吉、不恭、不奉上命,又没有标准可循,只能凭长官印象。所以,实际上就是只要看着不顺眼的人,就可以早早杀掉,使其断子绝孙,以便把这种劣种灭绝。

沈家本《历代刑法考》:"杜解:'颠越不共,纵横不承命者也。'盖叛逆之徒也。劓殄无遗育,则缘坐之法也。在外为奸,在内为宄,所包者广,本不专指劫夺言。如祇劫夺而已,法不应若是重也。"[1]

(十四)醢、脯

醢,也称菹、菹醢,是把人剁成肉酱或切成肉片,有时还入鼎镬煮熟,并强令人吃进肚子里的酷刑。此刑为殷纣王所创,属非刑。

《离骚》:"不量凿而正枘兮,固前修以菹醢。"王逸注:"菹醢,龙逢、梅伯是也。"沈家本注:"桀杀关龙逢,他书不言。菹醢,惟见此注。王逸,汉人,当别有所本,故放于首。"[2]

《离骚》:"后辛之菹醢兮,殷宗用而不长。"

《礼记·明堂位》:"昔殷纣乱天下,脯鬼侯以飨诸侯。"郑注:"以人肉为荐羞,恶之甚也。"孔疏:"脯鬼侯者,《周本纪》作九侯。'九'与'鬼'声相近。"

---

①　沈家本:《历代刑法考》(上册),商务印书馆,2011年版,第8页、第80页。
②　沈家本:《历代刑法考》(上册),商务印书馆,2011年版,第8页、第80页。

《吕氏春秋·行论篇》:"昔者纣为无道,杀梅伯而醢之,杀鬼侯而脯之,以礼诸侯于庙。"高注:"肉酱为醢,肉熟为脯。梅伯、鬼侯,皆纣之诸侯也。梅伯说鬼侯之女美,令纣取之,纣听妲己之譖,曰以为不好,故醢梅伯,脯鬼侯,以其脯燕诸侯于庙中。"

在古籍中,菹醢有时连用,有时把菹说成醢。实际上,菹和醢有共同点,就是都把人弄碎;但也有区别,菹是把人切成肉片,醢是把人剁成肉酱。

(十五)枭首

枭首,是很古老的一种执行死刑的方法。《说文》:"枭,不孝鸟也。"《史记集解》:"县首于木上曰枭。"钮树玉《说文解字校录》:"磔而县(悬)之于木也,因即谓之为枭者,凡磔而县之,皆像此鸟也。"此刑像枭鸟食母后剩下头颅吊悬于树枝一样,因而得名。就是把人的头割下来,挂在木杆上,使人身首异处。此刑为殷首创,属非刑。

《史记·殷本纪》:"甲子日,纣兵败。纣走入,登鹿台,衣其宝玉衣,赴火而死。周武王遂斩纣头,县之白旗,杀妲己。"

《世浮解》:"武王在祀,大师负商王纣,县首白旗,妻二首赤旗,乃以先馘入燎于周庙。"

《列女传》:"纣乃登廪台,衣宝玉衣而自杀,于是武王遂致天之罚,斩妲己头,悬于小白旗,以为亡纣者是女也。"

沈家本《历代刑法考》:"此疑战国策士造设之言,非真实也。《逸书》为孔子所删,其言不尽雅训,此则并非删定时原文,恐是后人羼入。齐宣王以汤放桀、武王伐纣问孟子,盖当未称东帝之时,策士早有劝进之辞假以为说,故宣王有此问也。《赵策·希写见建信君篇》有'武王羁于玉门,卒斩纣之头而县于大白者'云云,亦其一证。杨用修云:'武王伐纣,为天下除暴也,纣已死矣,又斩之以黄钺而县之白旗,何悖也?'贾子言,纣死,弃玉门之外,观者皆进蹴之,武王使人帷而守之,犹不止也。此近于事理。《容斋笔记》云:

'武王之伐纣,应天顺人,不过杀之而已。纣既死,至枭戮俘馘,且用之以祭乎？其不然者也。'顾亭林云:'上古以来,无杀君之事,汤之于桀也放之而已。使纣不自焚,武王未必不以汤之所以待桀者待纣,纣而自焚,此武王之不幸也。此言得圣人之心矣。夫友贞受到尚许全义之葬,从珂自焚亦入徽陵之封,岂武之圣转不如乱世之主乎？《列女传》但言斩妲己头悬之,以为亡纣者是女,而不言斩纣头,较为近理。顾野王以县首为秦法,而言县首者莫先于此事,故录之。"①

三、身体刑

（一）墨

《尚书·商书·伊训》:"敷求哲人,俾辅于尔后嗣,制《官刑》,儆于有位……臣下不匡,其刑墨,具训于蒙士（臣不正君,服墨刑,凿其额,涅以墨）。"

（二）劓

《尚书·盘庚》:"乃有不吉不迪,颠越不恭,暂遇奸宄,我乃劓殄灭之,无遗育,无俾易种于兹新邑。"蔡传:"乃有不善不道之人颠陨逾越不恭上命者,及暂时所遇为奸为宄掠行道者,我小则加以劓,大则殄灭之。无有遗育,毋使移其种于此新邑也。"

沈家本《历代刑法考》:"孔传训劓为割。孔疏五刑,截鼻为劓,故劓为割,不以为劓刑也。蔡传云'小则加以劓',是直以为劓刑矣。"②

（三）刵

刵,也称馘、折馘,是我国古代割去犯人耳朵的酷刑。此刑始

---

① 沈家本：《历代刑法考》（上册）,商务印书馆,2011 年版,第 108 页。
② 沈家本：《历代刑法考》（上册）,商务印书馆,2011 年版,第 187 页。

于殷商，属非刑。

《说文》："聝，断耳也。"段玉裁注："五刑之外有聝。"相传为远古时期与华夏族人同时的苗族人所创。

《尚书·吕刑》："苗民弗用灵，制以刑。惟作五虐之刑曰法。杀戮无辜，爰始淫为劓、刵、椓、黥。"

《尚书·康诰》："非汝封刑人杀人，无或刑人杀人。非汝封又曰劓刵人，无或劓刵人。"刵，截耳，即把人的耳朵割下来。把耳朵割掉，岂只是貌丑，它会使人失聪、残废。

（四）宫

沈家本《历代刑法考》："商之宫刑无考，商法多承于夏，既有肉刑，则有宫刑可知。"[①]

（五）殷商新出现的身体刑

除五刑之外，残酷的殷商刑罚中还增添了很多新的身体刑。

例如断手刑。这是一种把手砍断的刑罚，始于殷，属非刑。《韩非子·内储说上》："殷之法，刑弃灰于街者，子贡以为重，问之仲尼。仲尼曰：'知治之道也。夫弃灰于街必掩人（灰尘播扬，善播翳人也），掩人，人必怒，怒则斗，斗必三族相残也，此残三族之道也，虽刑之可也。且夫重罚者，人之所恶也，而无弃灰，人之所易也，使人行之所易，而无离所恶，此治之道也。'一曰，殷之法：'刑弃灰于公道者，断其手。'子贡曰：'弃灰之罪轻，断手之罚重，古人何太毅也（毅，酷也）。'曰：'无弃灰，所易也，断手，所恶也。行所易，不关所恶，古人以为易，故行之。'"沈家本注："此法太重，恐失其实，即前后两说已不甚同矣。"把做饭烧的灰倒在街上，本是小事，充其量，是道德缺失，竟至断手，孔子还为之辩护，可见奴隶主及其豢养的士治人的残忍。

又如斩胫之刑。斩胫，又称斮、斫、折胫。这是把人犯的小腿

---

① 沈家本：《历代刑法考》（上册），商务印书馆，2011年版，第165页。

截掉的刑罚，始于殷商，属非刑。

《淮南子·俶真训》：“夏桀殷纣……剖贤人之心，析才士之胫。”

《尚书·泰誓下》：“（纣王）斫朝涉之胫。”孔传：“冬月见朝涉水者，谓其胫耐寒，斩而视之。”在冬天看见有人淌水，就把人家的小腿砍下来，这叫什么理由？刑是对罪而言的，只有犯罪才可用刑，冬天淌水算是什么罪？竟至用此重刑，可见当时的纣王荒唐到什么地步。

除斩胫之外，还有剜眼之刑，也叫凿眼、去眼。这是我国古代把犯人的眼睛挖出来的酷刑，始于殷商，属非刑。《尚书·商书》记载，商纣时有剜眼之刑，大都施于农奴。

杖刑也起于殷商。这是用大竹板、大荆条、木棍等刑具击打人犯脊、背、臀、腿的刑罚，属封建制五刑之一。此刑重于笞刑，轻于徒刑。始于殷，属法定刑。《新书·君道篇》：“纣作梏数千，睨诸侯不谄己者，杖而梏之。文王桎梏于羑里，七年而后免。”沈家本注：“《广韵》云‘纣作梏’。然以前二事观之，恐非始于纣。”

胥靡是将二人连锁（铐）在一起的刑罚。《荀子·儒乡篇》：“乡也，胥靡之人。”杨倞注：“胥靡，刑徒人也，胥，相靡系也，谓锁相连相系。”晋灼《汉书音义》：“胥，相也。靡，随也。古者相随坐，轻刑之名。”沈家本《历代刑法考》：“胥靡为随坐，晋灼既有此说，故附见于此。”非常刑，极其少见，仅为殷商所用。

《吕氏春秋·求人》：“传说：殷之胥靡也。”注：“胥靡，刑罪之名也。”

《史记·殷本纪》：“是时说为胥靡，筑于傅险。”

《汉书·楚元王传》：“二人转谏，不听，胥靡之。”应劭注：“《诗》云：‘若此无罪，论胥以铺。’胥靡，刑名也。”师古注：“联系使相随而服役之，故谓之胥靡，犹今之役囚徒以锁联缀耳。晋说近之，而云随坐轻刑，非也。”沈家本注：“观此《传》下文‘衣之赭衣，使杵臼雅春于市'，则胥靡之解，自当以颜、杨为是，晋灼之注，不可从也。"

四、自由刑

作为自由刑的特定形式，"狱"和"囚"在夏代已经产生。古代的"狱"与现代监狱性质不同，古代的"狱"除了作为惩罚改造罪犯的场所外，还是收押嫌疑人的羁押所。在古时，狱有三义：其一，古时监禁囚犯的场所；其二，监禁囚犯的措施；其三，刑案诉讼。狱是国家司法机关之一，是强制他人服从国家意志的特殊强制机构。当时虽没有徒刑的名称，但是"狱"这种设施已经出现，把罪人关押在狱里的事已经存在。

（一）"狱"与"囚"

"狱"在夏代就已经存在了。《急就章》："皋陶造狱，法律存。"《竹书纪年》："夏帝芬三十六年，作圜土。"可见，夏代的"狱"被称为"圜土"，就是用土夯筑而成的圆形羁押场所。

《释名·释宫室》："狱，确也。实确人之情伪也。又谓之牢，言所在坚牢。又谓之圜土，土筑，表墙形，形圜也。又谓之图圄，图，领也，圄，遇也，领录囚徒禁御之也。"沈家本注："狱有二义。《国语·周语》：'夫君臣无狱。'注：'《左传·襄公十年》传：坐狱于王庭。'注并云：'狱讼也。'《周礼·大司寇》注：'狱谓相告以罪名者。'《左传·僖公二十八年》注：'狱讼皆争罪之事也。'《淮南子·氾论》：'有狱讼者。'注：'狱亦讼。'《诗·行露》疏：'此章言狱，下章言讼。《司寇》职云"两造禁民讼、两剂禁民狱"对文，则狱、讼异也。故彼注云"讼为以财货相告者，狱为相告以罪名"，是其对例也。散则通也，此诗亦无财、罪之异，重章变其文耳。'以上诸说，谓狱即讼也。"[1]

---

[1] 沈家本：《历代刑法考》（上册），商务印书馆，2011年版，第906页。

郑玄《驳五经异义》："狱者，埆也。囚证于埆核之处，《周礼》之圜土。然则狱者，实道理之名。皋陶造狱谓此也。既囚证未定，狱事未决，系之于圜土，因谓圜土亦谓狱。"

蔡邕《独断》："四代狱之别名：唐虞曰士官，《史记》曰皋陶为理，《尚书》曰皋陶作士。夏曰均台，周曰囹圄，汉曰狱。"沈家本注："皋陶造狱，而虞之狱名惟见此书，他无可证。《诗》有'宜狱'之言，其名亦未必始于汉。此言四代之狱，独无殷，未详其故。"

在夏商时代，因罪被关入"狱"被称为"囚"，也就是囚禁。《说文》："囚，系也。"《周礼·叙官·掌囚》注："囚，拘也。"非刑名，是一种拘扑后加以监禁的措施，是现代拘留的初始状态。

《尚书·泰誓》："囚奴正士。"传："箕子正谏而以为囚奴。"武成释："箕子囚。"沈家本注："据《史记》之文，囚、奴是两事，先囚而后奴也。"[①]

一般来说，奴隶社会时期的"狱"都是用来囚禁奴隶的，但实际上夏代的"狱"也会用于囚禁贵族，并被称为"夏台"。《史记·夏本纪》："夏桀不务德而武伤百姓，百姓弗堪，乃召汤而囚之夏台。"《史记索隐》："狱名，夏曰均台。皇甫谧云，地在阳翟是也。"沈家本注："夏台狱名，与应劭之说合。《左传》昭四年，夏启有均台之享。"注："河南阳翟县南有均台陂，盖启享诸侯于此。《竹书纪年》亦云，夏启元年，大飨诸侯于钧台。均钧文通，地又同在阳翟。既为宴享之所，不应与狱同名，索隐盖用《独断》之说，恐有误。《竹书》亦言桀囚商侯履于夏台。"[②]

（二）圄

从国家政权的角度来讲，商代的政权比夏代更为成熟健全，商代的奴隶制度也较夏代更为发达。发达的政权与社会形态催生了

---

① 沈家本：《历代刑法考》（上册），商务印书馆，2011年版，第290页。

② 沈家本：《历代刑法考》（上册），商务印书馆，2011年版，第908页。

更为详尽的刑罚措施。据甲骨文记载，商代有牢狱称"圉"。《墨子·尚贤篇》讲："昔者傅说居北海之洲，圜土之上，衣褐戴锁，庸筑于傅岩之城……"傅说是商王武丁的臣子，他就曾经是商朝监狱中的囚徒。另外，《史记·殷本纪》讲"纣囚文王羑里"，羑里就是今天的河南汤阴，曾经是殷商王朝监狱所在地。

《风俗通》："《周礼》：'三王始有狱，夏曰夏台，言不害人，若游观之台，桀拘汤是也，殷曰羑里，言不害人，若于闾里，纣拘文王是也。周曰囹圄，圄令也，圄举也，言令人幽闭思愆，改恶从善，因原之也，今县官录囚，皆举也。'"沈家本注："史游云皋陶造狱，而此云三王始有狱，说相乖异。蔡邕亦言唐虞有狱，恐应氏之言未足凭也。《史记》桀囚汤夏台，纣囚文王羑里，并与此同。《郑志》以囹圄为秦狱名，则与此异。此盖师说之传授不同，汉儒往往有此。惟所言三代命名之意，设狱原非以害人，其'幽闭思愆''改恶为善'二语，以感化为宗旨，尤与近世新学说相合。可以见名理自在天壤，今人之所衿为创获者，古人早已言之，特无人推阐其说，遂致湮没不彰，安得有心人搜寻追讨，以与新学说家研究之乎。"[①]

五、流 刑

中国传统社会自诞生起就有强烈的宗族观念，中国历史的发展也证明，宗族观、家族观是支撑传统社会连续发展的一种重要因素，因为这种因素的影响，中国人古时候就有崇拜祖先的泛宗教意识，安土重迁，难舍故土。而流刑这种刑罚方式所针对的恰恰是中国人所具有的这种特征，它割裂人与家庭的联系，割裂人与家族、宗族，乃至祖先的联系，使一个人完全失去人群的支持，使人遭遇一种莫大的痛苦。夏商两代的流刑已经非常普遍。《史记·夏本

---

① 沈家本：《历代刑法考》（上册），商务印书馆，2011年版，第908页。

纪》：“流者,流行无城郭常居”“汤遂率兵以伐夏桀。桀走鸣条,遂放而死”。

夏商流刑还没有固定的流放地点,但对流放的距离已经有了简单的规定。《尚书·禹贡》：“五百里要服,三百里夷,二百里蔡。五百里荒服,三百里蛮,二百里流。”传：“蔡,法也。法三百里而差简。流,移也。言政教随其俗。”《尚书正义》曰：“蔡之为法,无正训也。上言三百里夷,夷训平也,言守平常教耳。此名为蔡,义简于夷,故训蔡为法。法则三百里者,去京师弥远差复简易,言其不能守平常也。流如水流,故云移也。其俗流移无常,故政教随其俗,任其去来,不复蛮来之也。”

沈家本《历代刑法考》：“蔡传以二百里蔡、二百里流为流放罪人之地,与古说不同。窃谓‘蔡’当以郑说为是,‘流’当以马说为是,蔡说并非也。五服之内,同归覆帱,乃独此要、荒二服,各分二百里,专为流放罪人之地,则此二百里者将有人民乎?无人民乎?有人民则居此区域内者未有罪戾,而亦膺流放之名,同居覆帱之中,何独薄视此区域之人民也,无人民则安得如许空闲之地为罪人居,又当声教四讫之时,又安得如许罪人也,近来讲汉学者,仍尊古说,惟蔡传久行于世,既有流放之说,仍录之而辨之如此。”[1]

在商代,还存在对国君的放逐。《史记·殷本纪》：“帝太甲既立三年,不明,暴虐,不遵汤法,乱德,於是伊尹放之于桐宫。三年,伊尹摄行政当国,以朝诸侯。帝太甲居桐宫三年,悔过自责,反善,於是伊尹乃迎帝太甲而授之政。帝太甲修德,诸侯咸归殷,百姓以宁。伊尹嘉之,乃作太甲训三篇,褒帝太甲,称太宗。”几千年的历史,都是君放臣,这却是臣放君。当然,这次放逐的目的其实是为了使太甲能够反省自身的错误,而不在于废除他的统治权。这一案例的发生,只能是由原始公社向奴隶社会过渡的时期,人们的民

---

① 　沈家本：《历代刑法考》(上册),商务印书馆,2011 年版,第 243 页。

主意识还没有完全丧失殆尽。臣也敢，君也受。

六、财产刑

（一）赎

赎免制度起源于唐虞之时。《世本》："夏作赎刑。"《尚书·吕刑》："穆王训夏赎刑。"[1]可见夏代也是存在赎刑的。

《尚书》序："吕命穆王训夏赎刑，作吕刑。"传："吕侯以穆王命作书，训畅夏禹赎刑之法，更从轻。"疏："夏法行于前代，废已久矣，今复训畅夏禹赎刑之法，以周法伤重，更从轻。以布告天下。"

吕侯所制赎刑的具体办法是：墨辟罪疑罚百锾（当时的一种货币单位），劓辟加倍，剕辟罚五百锾，宫辟罚六百锾，大辟罚千锾。从"墨辟罪疑罚"的文义看，赎刑仅限于疑罪。赎刑适用罪名的范围，涵盖了五刑的全部。即"墨罚之属千，劓罚之属千，剕罚之属五百，宫罚之属三百，大辟之罚，其属二百，五刑之属三千"。三千种罪名，都可以用钱赎。其中，墨罚百锾，劓罚二百，剕罚五百，宫罚六百，大辟罚一千。这对奴隶主来说，是多么可观的一笔财富。

殷商仍然沿用赎刑。如《墨子·非乐》："汤之官刑有之，曰：'其恒舞于宫，是为巫风，其刑。君子出丝二卫，小人否似。'"卫，丝的单位。否似，不行，不可以。这一段的意思是：天天跳舞，是一种巫风，要受处罚。有头有脸的人，出丝二卫，就没事了，老百姓可不行。

又《汉书·地理志》记载了箕子[2]在朝鲜规定的犯禁处罚条款："相杀以当时偿杀，相伤以谷偿，相盗者男没入为其家奴，女子

---

[1] 穆王训畅夏禹赎刑之法。

[2] 箕子，名胥余，商朝末年遗臣。见商朝大势已去，箕子带部分商民迁居朝鲜。周天子顺水推舟，便将朝鲜封给箕子。箕子在朝鲜半岛上建立了第一个王朝，颁布了成文法《乐浪朝鲜民犯禁八条》。此成文法条虽残缺不全，但反映了当时的历史情况。

为婢。欲自赎者,人五十万,虽免为民,俗犹羞之。"这又从一个侧面反映了殷商时代刑罚的影响并未因其灭亡而终结。

（二）罚

罚,又名赀,即罚金,属法定刑。可以是主刑,也可以是附加刑,可以单处或并处。单处时,对于犯罪的人,处以一定的金钱或有价物。并处时,是在主刑之外,附加罚金。它同赎的区别是:罚,缴了钱,所判正刑还要执行;赎,缴了钱,就完了,所判刑罚就不执行了。此刑始于夏。殷商时代也存在罚刑。史籍仅见《尚书·康诰》"兹殷罚有伦……罚蔽殷彝",其具体执行方法不详。

《尚书大传》:"夏后氏不杀不刑,死罪罚二千馔。禹之君民也,罚弗及强而田下治。一馔,六两。"注:"所出金,铁也。死罪出三百七十五斤,用财少尔。"郑注:"三百七十五斤,适合千馔六千两之数。"

《路史·后纪》:"夏后氏罪疑惟轻,死者千馔,中罪五百,下馔二百。罚有罪而民不轻,罚轻而贫者不致于散,故不杀不刑,罚弗及强而天下治。"《夏书》:"禹之君民也,罚弗及强而天下治。"郑玄云:"所出金,铁也,死罪出三百七十五斤,用财少尔。"沈家本注:"此二条乃夏后之赎法。"古之赎、罚是有区别的,上述记载,明言谓罚,沈家本却训为赎,不知有何根据。存疑。

沈家本《历代刑法考》:"是夏代刑轻,尚有唐虞之化,不杀不刑,其殆用象刑之法欤?"[1]

（三）奴

《论语》:"箕子为之奴。"《殷本纪》:"箕子惧,乃佯狂为奴,纣又囚之。"皇侃《论语义疏》:"箕子者,纣之诸父也,时为父师,是三公之职,屡谏不从,知国必殒,已身非长,不能辄去,职任寄重,又不可死,故佯狂而受因为奴。"这里的受因为奴,与后代的徒隶役有密切关系。

---

[1]　沈家本:《历代刑法考》（上册）,商务印书馆,2011年版,第8页。

《周礼·秋官·司厉》："其奴,男子入于罪隶,女子入于舂槁。"注:"郑司农云,谓坐为盗贼而为奴者,输于罪隶、舂人、槁人之官也。由是观之,今之为奴婢,古之罪人也。故《书》曰'予则孥戮汝',《论语》曰'箕子为之奴',罪隶之奴也,故《春秋传》曰,斐豹隶也,著于丹书。请焚丹书,我杀督戎,耻为奴,欲焚其籍也。玄谓奴从坐而没入县官者男女同名。"疏:"先郑《尚书》'予则孥戮汝'及《论语》'箕子为之奴',皆与此经奴为一。若后郑义《尚书》'奴',奴为子,若《诗》'乐尔妻奴',奴即子也,后郑不破者,亦得为一义。"沈家本注:"《甘誓》《汤誓》并有'孥戮'之文,孔传训'孥'为'子',当是旧说,第古者罚弗及嗣,夏商开创之初,恐未必有此不正之法。先郑训为罪隶之奴,其说较长。《匡谬正俗》说与先郑同,是古说如是。后郑《司厉》注以为从坐没入,而不破先郑之说,《正义》谓亦得为一义,乃模棱之见。文王治岐,罪人不孥,《康诰》又称'父子兄弟罪不相及',周之家法如是。《周礼》为元公所作,岂能显然违背哉?近儒江氏、段氏、孙氏,皆非后郑而从先郑,自是定论。"

以上的史料,是古人对"予则孥戮汝"的理解,或者说解释。一共五个字,其中对"予""汝""则"三个字,没有分歧,谁都承认,予是我的意思,汝是你的意思,则是要的意思。关键是"孥"和"戮",对孥,先郑后郑都认为是奴,是罪隶,没有分歧。分歧在于:奴,是只限于奴的本身,还是包括他的妻子。先郑主张只限于奴本身,后郑则认为不仅奴本人,还包括他的妻子。对戮,戮是刑,是杀戮,没有分歧。分歧在于:是必然,还是或然。"予则孥戮汝",是解释成"我则杀掉你",还是"我则杀掉你或者把你没为奴隶"。古人见仁见智,沈家本是非后郑而从先郑的,也就是认为只及于奴本身,所谓戮,是或杀或奴,未必定杀。依笔者的看法,对这句话的理解,要结合当时的案例,看当时是怎么处理的,是只把一人没为奴隶,还是把他的妻子也没为奴隶；是杀掉了（包括他的妻子），还是仅仅没为奴隶。从史籍记载的当时的事例看，似乎属于后者。

《汉书·地理志》记载了箕子在朝鲜规定的犯禁法条："相杀以当时偿杀，相伤以谷偿，相盗者男没入为其家奴，女子为婢。欲自赎者，人五十万。"这也从一个侧面说明了在夏商时代存在奴刑。

小　结

夏商两代，无论是其社会、文化形态还是其政权形态，都还没有完全摆脱原始社会的特征。因此，夏商两代的刑罚体系也就体现出了更多的原始社会的特征。夏朝的刑罚制度受原始社会习惯的影响，生命刑和身体刑在整个刑罚体系中占据了非常大的比例，主要以残杀生命和残害身体作为惩罚犯罪的手段，我们在先秦时期经常看到的以墨、劓、剕、宫、大辟为主的五刑体系在夏商时代已经基本形成。夏代的刑罚种类已经较多，《尚书大传》讲"夏刑三千余"，东汉郑玄认为是"大辟二百，膑辟三百，宫辟五百，劓墨各千"[①]，可见，夏代刑罚除生命刑之外基本都是身体刑，流刑、自由刑虽然存在，但比重较小。商朝的刑罚因袭夏朝，《晋书·刑法志》讲"夏后氏之王天下也，则五刑之属三千。殷周于夏，有所损益"，可见殷商王朝仍然实行以死刑和肉刑为主的刑罚。甲骨文中的"杀""辟""劓""刖"也证明了商朝是实行五刑的。可见，夏商承接中国的唐虞时代，在刑罚特征上还具有前代的惯性，其刑罚的设置还没有体现出对人的生命价值的重视，因此也就不可能发现惩治犯罪和重视生命价值之间的平衡点。夏商的统治者们显然更加关

① 郑玄注，贾公彦疏：《周礼注疏·卷三十六》，见《十三经注疏》，上海古籍出版社，2010年版。

注如何用残忍的生命刑和身体刑来震慑异族和奴隶,维护自己的
地位与权威,保护自己的家族与财富。与此相对应的是,当贵族犯
罪(即使罪行较重)时,夏商的统治者却在尽可能地争取以某些处
罚相对轻、相对有尊严的方式来进行处置。因此,夏商的刑罚是典
型的统治工具,而不是一种良性社会秩序的促进剂。

第二编

旧五刑体系的成熟与消解

第三章 西周时代的刑罚

周代的刑罚,除了继承夏商的刑制以外,本身也有很大的发展。西周首先是制礼,以礼治国。礼是什么?《左传·昭公二十五年》:"子产曰'夫礼,天之经也,地之义也,民之行也',天地之经,而民实则之。则天之明,因地之性。"《礼记·曲礼上》:"夫礼者,所以定亲疏,决嫌疑,别同异,明是非也""道德仁义,非礼不成;教训正俗,非礼不备;分争辩讼,非礼不决;君臣上下,父子兄弟,非礼不定;宦学事师,非礼不亲;班朝治军,莅官行法,非礼威严不行;祷祠祭祀,供给鬼神,非礼不诚不庄"。由此可见,礼的作用之大,实为安邦治国的总纲;礼的范围之广,涵盖社会生活的一切方面。所以,周的礼,实际上就是法,它体现了统治阶级的意志,代表了统治阶级的利益。在中国,礼是法的基础,法由礼演化而来。《尚书大传》:"礼者,禁于将然之前;而法者,禁于已然之后。"《后汉书·陈宠传》:"礼之所去,刑之所取,出礼则入刑,相为表里。"《论语·为政》:"道之以政,齐之以刑,民免而无耻。道之以德,齐之以礼,有耻且格。"《盐铁论·周秦》:"礼周教明。不从者,然后等之于刑,刑罚中,民不怨。"以上这些古籍的记载,充分证明了礼、法、刑三者之间的关系,它们都是维护统治阶级内部秩序的工具和加在劳动人民身上的枷锁。

由礼到刑,有一个过渡时期,也就是在一个相当长的时期内,礼、刑并存。这就形成了奴隶主的两手:对待统治阶级的上层,使用礼;对待奴隶,使用刑。这就是所谓"礼不下庶人,刑不上大夫"。《荀子·富国》:"由士以上则必以礼乐节之,众庶百姓则必以法数制之。"《礼记·曲礼》:"礼之所制,贵者始也,故不下庶人;刑之所加，贱者使也，故不上大夫……故刑罚恶者也……大夫以德爵者也。无德不得为大夫，何恶之惩，故不及焉。"孔颖达《礼记》疏："制五刑三千之科条，不设大夫犯罪之目也。"《白虎通·德论》："刑不上大夫者，据礼无大夫刑。"这就充分证明了法律是统治阶级意志的反映。

当然，所谓"礼不下庶人，刑不上大夫"，只是一个纲、一项阶级原则。在具体执行上，并非庶人都不受礼的约束，"礼"同样是奴隶主统治人民的工具。《左传·庄公二十三年》："夫礼，所以整民也"，就是证明。也不是大夫都不犯罪，都不受刑罚。首先，大夫并不一定都有官职，古时的"士"，其实就是老百姓。"民"，同现在民的概念也不一样，是同奴隶有区别的一个阶层，史称平民，虽然社会地位比奴隶高，但也是老百姓。其次，大夫犯了罪，也不是都不处理，而是同对奴隶的处理有所区别。即按照礼制处理，不诉诸刑罚。《孔子家语》说："是故大夫之罪，其在五刑之域者，闻而遣发，则白冠厘缨，盘水加剑，造乎阙而自请罪，君不使有司执缚牵掣而加之也；其有大罪者，闻命则北面再拜跪而自裁，君不使人卒引而刑杀之也。"孔子虽然这么说，但从历史上的案例看，真正这么做的，微乎其微。还有一种说法，刑是对付外族人即"夷"的。《左传·僖公二十五年》："德以柔中国，刑以威四夷。"中国者，中国人也，同族人，同部落人。"柔中国"，凡是国人，都在"柔"的范围，都处在"刑不上"的地位。四夷，外族人，是真正"礼不下"的对象，同时也是"刑上"的对象。但实际上，也不是那么回事，对中国的奴隶从来就没有"柔"过。

那么，是不是对大夫都"刑不上"呢？绝对不是。统治阶级内部，也有犯罪，而且"犯法为逆以成大奸者，未尝不从尊贵之臣也"[1]。对于这些人，如果不加惩治，统治秩序就无法维持。事实

----

[1] 《韩非子·备内第十七》。

上，史籍记载的受过刑事处罚的，大都是大夫以上之人，因为奴隶是不可能被载入史书的。杀了多少有名有姓的奴隶，史书一个不录。

从唐虞、夏商周刑罚的发展来看，总的趋势是，前朝的刑种积淀下来，本朝的刑种又层出不穷。就这样，像滚雪球一样，越滚越多。于是，中国成了刑的大国、刑的王国。中国的人民，陷入了水深火热之中。像一人犯罪株连全家的"族"刑，一人犯罪株连三族的"屋诛"，极其残酷的惩罚方法如磬、弃市、腰斩、磔、脯、辜、车裂、射鬼箭、绞、焚、烹、沉河等，都是周的发明。

关于周代的刑罚，周穆王曾提出过一套理论。《史记·周本纪》："诸侯有不睦者，甫侯言于王，作修刑辟。王曰：'吁，来，有国有土，告汝祥刑。在今，尔安百姓，何择非其人，何敬非其刑，何居非其宜与？两造具备，师听五辞。五辞简信，正于五刑。五刑不简，正于五罚。五罚不服，正于五过。五过之疵，官狱、内狱，阅实其罪，惟钧其过。五刑之疑有赦，五罚之疑有赦，其审克之。简信有众，惟讯有稽。无简不疑，其严天威。黥辟疑赦，其罚百率，阅实其罪。劓辟疑赦，其罚倍洒，阅实其罪。膑辟疑赦，其罚倍差，阅实其罪。宫辟疑赦，其罚五百率，阅实其罪。大辟疑赦，其罚千率，阅实其罪。墨罚之属千，劓罚之属千，膑罚之属五百，宫罚之属三百，大辟之罚，其属二百：五刑之属三千。命曰甫刑。'"

可见，早在西周时，中国就有一套相对完备的刑事立法和司法制度。

五刑和九刑的设置，于周一朝依然存在。

《尚书·周书·吕刑》："王曰：'吁！来，有邦有土，告尔祥刑。在今尔安百姓，何择，非人？何敬，非刑？何度，非及？两造具备，师听五辞。五辞简孚，正于五刑。五刑不简，正于五罚。五罚不服，正于五过。五过之疵：惟官，惟反，惟内，惟货，惟来。其罪惟均，其审克之！五刑之疑有赦，五罚之疑有赦，其审克之！简孚有众，惟貌有稽。无简不听，具严天威。墨辟疑赦，其罚百锾，阅实其罪。劓辟疑赦，其罪惟倍，阅实其罪。剕辟疑赦，其罚倍差，阅实其罪。宫辟疑赦，其罚六百锾，阅实其罪。大辟疑赦，其罚千锾，阅实其罪。墨罚之属千，劓罚之属千，剕罚之属五百，宫罚之属三百，大辟之罚其属二百。五刑之属三千。上下比罪，无僭乱辞，勿用不行，惟察惟法，其审克之！上刑适轻，下服；下刑适重，上服。轻重诸罚有权。刑罚世轻世重，惟齐非齐，有伦有要。罚惩非死，人极于病。非佞折狱，惟良折狱，罔非在中。察辞于差，非从惟从。哀敬折狱，明启刑书胥占，咸庶中正。其刑其罚，其审克之。狱成而孚，输而孚。其刑上备，有并两刑。'"

《汉书·刑法志》："昔周之法，建三典以刑邦国，诘四方：'一曰，刑新邦用轻典。二曰，刑平邦用中典。三曰，刑乱邦用重典。五刑：墨罪五百，劓罪五百，宫罪五百，刖罪五百，杀罪五百。所谓刑平邦用中典者也。凡杀人者踣诸市，墨者使守门，劓者使守关，宫者使守内，刖者使守囿，完者使守积。其奴，男子入于罪隶，女子入舂槁。凡有爵者，与七十者，与未龀者，皆不为奴。'"

《左传·昭公六年》："周有乱政而作《九刑》。"韦昭注："谓正刑五，及流、赎、鞭、扑也。"

杜佑《通典》：九刑"以墨一、劓二、剕三、宫四、大辟五，又流六、赎七、鞭八、扑九"。

《左传·文公十八年》："先君周公作《誓命》曰：'毁则为贼，掩贼为藏，窃贿为盗，盗器为奸，主藏之名，赖奸之用，为大凶德，有常无赦，在九刑不忘。'"[①]

《春秋左传正义·卷二十》云：谓之九刑，必其诸法有九，而九刑之书今亡，不知九者何谓。服虔云，正刑一，议刑八，即引《小司

---

① 毁：坏法、破坏法律。掩：藏匿、窝藏。贿：财物。器：祭器、礼器等国家用器。主藏之名：以窝藏为名。赖奸之用：使用奸器。奸器：不符合礼教规格的器物。

寇》八议议亲、故、贤、能、功、贵、勤、宾之辟，此八议者，载于《司寇》之章，周公已制之矣。后世更作，何所复加？且所议八等之人，就其所犯正刑，议其可赦以（与）否，八者所议，其刑一也，安得谓之八刑？

《周礼注疏·卷三十六》云："'言九刑者，郑注《尧典》云，正刑五，加之流宥、鞭、扑、赎刑，此之谓九刑者，贾、服以正刑一，加之以八议。'昭六年云'周有乱政而作《九刑》'，而云周公作者，《郑志》云：'三辟之兴，皆在叔世，受命之王所制法度，时不行耳。世末政衰，随时自造刑书，不合大中，故叔向讥之。作刑书必重其事，故以圣人之号以神其书耳。'若然，九刑之名是叔世所作，假言周公，其实非周公也。"

沈家本注："九刑，旧说二。服虔之说，疏已驳之。康成据《虞书》为说，则是唐虞已有九刑，何至周，方名为九？是其说亦未可从。窃谓《逸周书》言刑书九篇，是周初旧有九篇之名，后世本此为书，故谓之九刑，非为刑有九也。"[①]

有没有九刑，古人的观点并不一致。有的说有九种刑罚，有的说一刑加八议，有的说有九篇刑书而非九种刑罚。但有一个不争的事实，即据史籍统计，周代之刑远远超过九种。故此，争论有没有九刑，没有什么实际意义。

一、株　连

所谓株连是指一人犯罪而连带他人共同受罚的刑罚制度。周代的株连有：连坐、保任、屋诛（族诛）等。

（一）连坐

连坐亦称相坐、缘坐。这是我国古代法律中因一人犯罪而株

连其亲族、邻里及其主管官吏，要其承担刑事责任的制度。始于周，法定刑。《周礼·地官·大司徒》讲："令五家为比，使之相保""相保相受，刑罚相共"。这是目前我们可以看到的关于连坐的最早记载。

《文献通考·职役考》："秦人所行什伍之法，与成周一也。"从商鞅变法所采用的连坐制度中，我们可以了解到周代连坐的基本状态。

（二）保任

保任是法定刑，始于周。它是一种连保连任的担保制度，以使居民互相监督，一家一人犯罪，其他人家要承担连带责任，受到株连。可见，保任的组织基础与连坐是相同的，这两种制度都是以家庭为最基本的单位，将家庭组织在"什伍"之中，以更好地实现对社会的控制。但实际上，保任和连坐也是存在区别的。

《周礼·地官·族师》："五家为比，十家为联；五人为伍，十人为联；四闾为族，八闾为联；使之相保相受，刑罚庆赏，相及相共。"注："相共，犹相救，相赒（赒，周济、帮助）。"疏："云使之相保者，谓相保不为愆负。云相受者，谓宅舍有故，相受寄托。云刑罚庆赏相及者，案赵商问：'《族师》之义，邻比相坐，《康诰》之说，门内尚否？《书》《礼》是错，未达皆趣？'郑答：'族师之职，周公新制礼，使民相共救之法。《康诰》之时，周法未定，又新诛三监，务在尚宽，以安天下。先后异时，各有云为，乃谓是错。'李叔宝注：'《族师》，联比其民而欢黻其心，使之有相保相受之法。而于刑罚亦相及，则苟有一为不善者，必为众庶所弃，而其身不得以自容，圣人善俗之道端在于此。'马端临注：'秦人什伍之法与成周一也，然周之法则欲其出入相友，守望相助，疾病相扶持，是教以相率而为仁厚之君子。秦之时，一人有奸，邻里告之，一人犯罪，邻里坐之，是教以相率而为苛刻之小人。比长各掌其比之治，五家相受相和亲，有罪奇哀亦相及。'"疏："云五家相受者，宅舍有故崩坏，相寄托。云相和亲者，案

《尚书》云'尔室不睦,尔惟和哉',五家之内有不和亲,则使之自相和亲。云有罪奇衺则相及者,五家有罪恶则连及,欲使不犯,故注云'衺,犹恶也'。"金氏谣曰:"有罪奇衺,犯奇衺之恶也。相及,以警其觉察,即所谓相保也。"

沈家本《历代刑法考》:"相保之义,旧说或以为即秦之连坐,然连坐之法,创自商鞅,《史记·商君传》有明文。周初盛时,恐不如是。郑注训'保'为'任',任非连坐之谓也。比长之相及,贾疏以为连及,金氏谓即相保,然'保'与'及'义实不同,当为二事。保先而及后,既相保即负责任,既负责任而比中犹有罪过之人,是为不负其责任,即不能不引为咎。此事之相因者,而未可遽混为一。相保之事,有纠察,有劝导,皆其责任也。则其相及,岂连及之谓哉?且连坐者,罪与之同,乃秦之酷法。相及者,对其责任亦不过若后世之失察而已,必不失之苛也。"[①]

可见,连坐对罪犯和有牵连的人员使用同样的处罚,死刑连带死刑,宫刑连带宫刑。秦代的赵高就是一个被连坐所殃及的人。而保任指的是与罪犯相关、相近的人员要负有连带责任,至于所受处罚则与罪犯本人有所不同。对于"保任"的功能和作用,史家是有争议的。保,即互保、互相监督之意,争议不大。关键是任。沈家本训"任"为"责任"。既然是责任,出了问题,岂有不追究之理?如果出了问题也不追究,那互保岂不是形同虚设?这岂不是失去了设立保任制度的意义?

(三)屋诛

屋诛即族诛,是一人犯罪株连三族的酷刑。

《周礼·秋官·司烜》郑司农注:"屋诛谓夷三族。无亲属收葬者。"沈家本注:"无亲属收葬,则是并母族、妻族尽诛矣。"郑玄注:"'屋'读为'其刑剧'之'剧',剧诛谓所杀不于市,而以适甸师

---

① 沈家本:《历代刑法考》(上册),商务印书馆,2011年版,第78页。

者也。"

刑罚由夏商时代的劓剹发展到屋诛,由仅仅株连妻子,到株连父、母、妻三族,在残酷的程度上,又上了一个台阶。

二、生命刑

所谓生命刑是指直接处死罪犯的各种刑罚。周代生命刑的执行方法有死、大辟、诛、剹、斩、腰斩、踣、镬、磬、射、焚、炮烙等。

（一）死

周代的死刑较夏商两代更为规范,具有更强的法制意味。例如,在周代,死刑的执行不可以随意选择时间。《礼记·月令》:"孟冬之月,是察阿党,则罪无有掩蔽。"沈家本注:"《月令》一篇,即《吕览》之十二纪,为吕不韦宾客之所纂集,其所采者,多先王之旧典,非秦制也。古者行刑在于何时？他书无可考见。惟此言孟秋剹有罪,仲秋斩杀必当,季秋毋留有罪,是行刑之实在秋令,当为古法如是,康成所谓顺秋气也。季秋既曰毋留,则凡死罪之应行刑者,皆在三秋,而秋后即无复有斩杀之事。至孟冬之是察阿党,乃考核之事,非行刑之事。邱氏谓古人断决死刑皆在孟冬之月,恐未然也。曰剹,曰斩杀,曰毋留,可知死罪之当决者,三秋之月皆可施行。过此,则非其时矣。"[①]"非其时"则不可执行死刑,这就是对生命刑的一种制度约束。

另外,对于执掌生杀大权的官员以及死刑的具体执行办法,周代刑罚体系中也有相关的规定。《周礼·天官·甸师》:"甸师掌帅其属而耕耨王藉,以时入之,以共齍盛。王之同姓有罪则死刑焉。"郑司农注:"王同姓有罪当刑者,断其狱于甸师之官也。"《文王世

---

① 察阿党:调察核实官吏徇私枉法的事实。沈家本:《历代刑法考》(上册),商务印书馆,2011年版,第556页。

子》曰：“刑于隐者，不与国人虑兄弟。”疏：“必在甸师氏者，甸师氏在疆场，多有屋舍，以为隐者，故就而刑焉。若刑兄弟于市朝，则是与国人虑兄弟，令于隐处者，则是不使国人虑兄弟。彼是诸侯法，引之以证王之同姓。刑于甸师，亦是隐刑①者也。”可见，甸师氏手中就操有生杀之柄，即使是王之同姓犯罪，甸师氏也可依法进行惩治。当然，对于王之同姓，周代刑罚还是给予了关照，对他们的处罚不能安排在公共场合，需要在相对隐秘的场所进行。虽然周代并没有绝对意义上的“刑不上大夫”，但对于贵族，周代的刑罚的确是有照顾的。

《尚书·费誓》孔传：“汝则有乏军兴之死刑。”《尚书正义》：“兴军征伐，而有乏少，谓之乏军兴。”这里的乏军兴就是对军队的后勤供给不到位。也就是说，军事上的失职可能导致死刑的处罚。

（二）大辟

周代存在大辟之刑，且我们可以把“大辟”看作周人对死罪所应受到的惩罚的概括。《礼记·文王世子》：“狱成，有司谳于公。其死罪，则曰某之罪在大辟。”

为了避免商纣暴虐乱政的结局，周人参照夏代刑罚进行了刑罚体系的修改。《史记·周本纪》：“诸侯有不睦者，甫侯言于王，作修刑辟。……大辟之罚，其属二百：五刑之属三千。命曰甫刑。”《尚书·周书·蔡仲之命》：“王曰：‘呜呼！嗣孙，今往何监，非德？于民之中，尚明听之哉！哲人惟刑，无疆之辞，属于五极，咸中有庆。受王嘉师，监于兹祥刑。’”沈家本注：“杀罪五百，当为周初之制，尚承用殷法。大辟二百，乃穆王训夏所改，夏刑轻于殷，故大辟少也。”②

但即使是这种较殷商为轻的刑罚，实际上也是在周穆王时期

---

① 隐刑：隐藏，不公开施刑。
② 沈家本：《历代刑法考》（上册），商务印书馆，2011年版，第567页。

制定的。制定这种刑罚的目的在于规范"既衰"的"周道"。为了解决社会上越来越多的问题以及政治上的各种矛盾冲突,周穆王制定了较重的刑罚。《汉书·刑法志》:"周道既衰,穆王眊荒,命甫侯度时作刑,以诘四方。墨罚之属千,劓罚之属千,膑罚之属五百,宫罚之属三百,大辟之罚,其属二百。五刑之属三千。盖多于平邦中典五百章,所谓刑乱邦用重典者也。"可见相比而言,我们可以了解到周初的刑罚应该是更为轻省的。这也在一定程度上反映了周代统治者的治国思想和法治思想。

(三)诛

诛即杀戮,是死刑的一种称谓,而非刑名。在史籍中,经常以"诛"记录将人处死的刑罚。

从政治统治的角度而言,"诛"是一种政治、军事威慑。《国语·周语》:"犯王命必诛,故出令不可不顺也。"王命不可违,违者必死。《史记·周本纪》:"成王少,周初定天下,周公恐诸侯畔,周公乃摄行政当国。管叔、蔡叔群弟疑周公,与武庚作乱畔周。周公奉成王命,伐诛武庚、管叔,放蔡叔。以微子开代殷后,国于宋。"

从具体刑罚手段而言,周人也规定了"诛"的基本范围。《周礼·秋官·司寇·禁暴氏》:"掌禁庶民之乱暴力正者,挢诬犯禁者,作言语而不信者,以告而诛之。"这里的暴力,是指暴乱、起义、造反;挢诬是指造谣、说谎、言而无信。对于这些人,一经告发,都要杀掉。

《周礼·秋官·司寇·野庐氏》:"若有宾客,则令守涂地之人,聚柝之,有相翔者,则诛之。"整段话的意思是:如果有国宾,让打更的人,拿着梆子巡逻、守夜,如有人窥视国宾住处,就把他杀掉,以免国宾被盗。这在古时叫"防盗准杀"。

《周礼·秋官·司寇·调人》:"掌司万民之难而谐和之。凡过而杀伤人者,以民成之,鸟兽亦如之。凡和难,父之雠辟诸海外,兄弟之雠辟诸千里之外,从父兄弟之雠不同国。君之雠视父,师长之雠眡兄弟,主友之雠眡从兄弟,弗辟则与之瑞节而以执之。凡杀人有反杀者,使邦国交雠之。凡杀人而义者,不同国,令勿雠,雠之则死。凡有斗怒者成之,不可成者则书之,先动者诛之。"[1]

（四）戮

戮,含两层意思:其一是杀死示众,即生戮;其二是陈尸示众,即戮尸。《周礼·秋官·掌戮》:"戮,犹辱也,既斩杀,又辱之。"这是我国古代对死刑犯于杀死前或杀死后,剖斩尸体,侮辱示众的执行方法。戮尸,剉尸。周称肆,这是中国古代对死刑犯人尸体的处置,后来延及已死之人的尸体。

周代已经设置了专门司"戮"的职官。《周礼·秋官·掌戮》:"掌斩杀贼谍而搏之。凡杀其亲者,焚之;杀王之亲者,辜之。"郑注:"斩以斧钺,若今腰斩也,杀以刀刃,若今弃市也。"

对于"肆"的时间选定和行刑时长,周人都有相关的规定。《礼记·月令》:"仲春之月……命有司,省囹圄,去桎梏,毋肆掠,止狱讼。……《周礼》曰'肆之三日'。掠,谓捶治人。"沈家本注:"考囚乃不得已之事,任意笞筜,即属非法,常时当禁,何待仲春?此仍以孔疏之说为妥。且以文法论之,上文之囹圄、桎梏,下文之狱讼,皆是骈字,不应此忽异也。《淮南·时则训》作'毋笞掠',《淮南》书多取诸前人,或《月令》'肆'字有误,然《吕览》亦作'肆'。考囚之事起于何时,书传未详,《月令》乃周末儒生所纂,疑周时即有之也。"[2]

《经典释文》:"掠,音亮,考捶。"疏:"肆,陈也,谓陈尸而暴之。然春阳既动,理无杀人,何得更有死尸?而禁其陈肆者,盖是大逆不孝罪甚之徒,容得春时杀之,杀则埋之,故禁其陈肆。"应氏(镛)曰:"肆,纵也。肆掠,任意笞棰。虽轻刑不可纵也,桎梏且欲去之,

---

[1]　成之:和解。雠:同仇。辟:躲避。眡:音式。书之:书写于市,犹今之曝光。

[2]　肆:死刑暴尸。沈家本:《历代刑法考》(上册),商务印书馆,2011年版,第456页。

况敢暴尸乎？且陈尸与掠治并言，亦轻重不伦矣。"

《周礼·秋官·司寇·禁暴氏》："凡国聚众庶，则戮其犯禁者以徇；凡奚隶聚而出入者，则司牧之，戮其犯禁者。"[①]这是周代严禁百姓和奴隶聚会的酷法。对待这些人，就像放羊一样，有不听招呼的，就杀了他，并示众。

《周礼·秋官·司寇·士师》："大师，帅其属而禁，逆军旅者与犯师禁者，而戮之。"大师，大军。禁，师禁、军纪、一些禁止性的规定。逆军旅，违抗将令。连起来的意思是：在军队里，将帅规定了军纪，不听将令和违犯军纪的人，要杀掉。

《史记·周本纪》："（幽王）三年……后宫之童妾既龀而遭之，既笄而孕，无夫而生子，惧而弃之。宣王之时童女谣曰：'檿弧箕服，实亡周国。'于是宣王闻之，有夫妇卖是器者，宣王使执而戮之。"可见，"戮"在周代的使用是相当多的。

（五）斩

斩刑在周代多表现为军旅刑罚。我们可以看到在技术落后、协同困难的条件下，古人为了实现军事行动的统一性，对严苛的刑罚具有非常强的依赖性。《史记·周本纪》："遂兴师。师尚父号曰：总尔众庶，与尔舟楫。后至者斩！"

《史记·齐太公世家》："文王崩，武王即位。九年，欲修文王业，东伐以观诸侯集否。师行，师尚父左杖黄钺，右把白旄以誓，曰：'苍兕，苍兕，总尔众庶，与尔舟楫。后至者斩。'"

（六）腰斩

腰斩也称要斩。古时要、腰不分，实际是腰斩。这是周以来，以断腰为杀戮方式的一种死刑执行方法，办法是从腰间把人切断。此刑属法定刑，始于周。

《释名·释丧制》："斫头曰斩，斫腰曰腰斩。"

---

① 奚：女奴隶；隶：男奴隶。

《周礼·秋官·掌戮》："掌斩杀贼谍而搏之。"郑注："斩以铁钺，若今要斩也。"当时的斩同后来的斩不同，后来的斩是杀头，当时却是断腰。

《礼·王制》："诸侯赐弓矢，然后征，赐斧钺，然后杀。"说明斧钺是杀人的器具。斩以斧钺，就是用斧钺来砍。若今要斩，要，古腰字。若今要斩，就像当时的腰斩。然而，腰斩是拦腰砍断，斩则是砍头。从这种解释来看，周代的斩同后来的斩不同，不是砍头，而是把人拦腰砍断，砍头的刑罚叫杀。

（七）踣

踣，僵扑、破灭的意思。周人把将人摔死的刑罚称为踣。此刑始于周，属非刑。

《周礼·秋官·司寇·掌戮》："凡杀人者，踣诸市，肆之三日。"从这一规定看，与弃市颇类。在闹市杀掉以后，还要陈尸三天。

《汉书·刑法志》："……所谓刑平邦用中典者也。凡杀人者踣诸市，墨者使守门，劓者使守关，宫者使守内，刖者使守囿，完者使守积……"目前我们还只能了解到"踣"是对杀人罪犯的处罚方式，"踣"后要戮尸，但仍无法具体考证这种刑罚是如何具体执行的。

（八）轘

《说文》："轘，车裂人也。"《释名》："车裂曰轘。轘也者，散也，支体分散。"轘也称车裂、轘裂、车磔、体解，俗称五马分尸。这是我国古代以五车分裂犯人四肢和头的死刑执行方法，即把犯人的四肢和头分别拴在五辆向不同方向奔驰的马车上，以撕裂其肢体，并示众，因而得名。此刑属法定刑，为周所创。

《周礼·秋官·条狼氏》："凡誓，执鞭以趋于前，且命之，誓仆右曰杀，誓御曰车轘。"注："誓者，谓出军及将祭祀时也。出军之誓，誓左右及御，则《书》之《甘誓》备矣。车轘，谓车裂也。"

《淮南子·氾论训》："昔者苌弘，周室之执数者也。天地之气，日月之行，风雨之变，律历之数，无所不通，然而不能自知车裂而死。"沈家本注:"《左传》第云周人杀苌弘,不言车裂。《庄子·胠箧篇》:'苌弘胣。'徐:'敕纸反。'崔云:'胣,裂也。'淮南子曰:'苌弘铍裂而死。'司马云:'胣,剔也。'一曰刳肠曰胣。《韩非子·难言篇》:'苌弘分胣。'注:'磔,裂也。敕氏反。'据司马所引,《淮南》本作'铍裂',今本'车'字,伪也。"

沈家本《历代刑法考》:"轘,见《周礼》,当为周制。郑注谓军中之誓用之,是为军中特设徇示于众之刑,非常刑也。高渠弥、夏征舒并关军事,夏征舒、商鞅、赵高并先杀而后轘,嫪毐先枭首而后车裂,苏秦亦死后车裂,可以见此刑之制,实为既杀之后分裂其尸,以徇于众。《说苑》谓始皇取毐四肢,分裂之。观起之事,亦谓分裂其尸,以徇于四竟也。秦后,此事不多见。"[1]

(九)磬

磬,也称绞,缢杀之。《释名》:"县绳曰缢,是磬刑必县,如县磬然也。"又:"县绳曰缢,缢,扼其颈也,曲颈闭气曰雉经,如雉之为也。"这是一种执行死刑的方法,是用绳子把人勒死,或悬吊起来,悬在空中,窒息而亡。磬的本义是古代的一种乐器,这种乐器由石材或玉制成,演奏时需要将其悬挂起来,进行敲击。周人因此就把这种缢死罪犯的刑罚称为"磬",以像其悬挂之状。这种刑罚始于周,即后来的绞刑,属法定刑。

《说文·手部》:"摎,缚杀也。"段注:"缚杀者,以束缚杀之也。且县死者曰缢,亦曰雉经。凡以绳帛等物杀人者曰缚杀,亦曰摎,亦曰绞。"

《礼记·文王世子》:"公族其有死罪,则磬于甸。"郑司农注:"县缢杀之曰磬。"这里的"县",即古"悬"字,"悬缢",用绳子吊死。

《周礼·秋官·掌戮》:"公族其有死罪,则磬于甸人,其刑罪,则纤剸,亦告于甸人。"

又："凡有爵者与王之同族,奉而适甸师氏以待刑杀。"甸人,也称甸师,是管理荒野地区的官吏。磬于甸人,是弄到荒野之处吊死。这应该是将罪犯弄到荒郊野外挂在树上吊死,因为在那里,有非常方便的进行悬挂的条件。

沈家本《历代刑法考》："郑解磬曰县缢,《释名》县绳曰缢,是磬刑必县,如县磬然也。至绞刑如何?未有明文,疑如今绞刑,但以绳绞颈,气闭则毙,不必县也。"[①]以沈家本之见,磬是挂起来吊死,绞则是用绳子勒死,不必吊起来。

（十）射

射,古称射鬼箭。这是一种刑杀的方法,是把人绑在柱子上,用乱箭射死。此刑始于周,属非刑。

《礼志·军仪》："出师以死囚,还师以一谍者,植柱缚其上,于所向之方乱射之,矢集如猬,谓之射鬼箭。"

（十一）焚

焚,也就是火刑。焚可能是生焚,也可能是焚尸。但无论是其中哪一种,在中国的古人看来都是一种酷刑。将人活活烧死,其残忍程度绝不逊于"炮烙"。如果是焚尸,那么这种刑罚就在一定程度上具有"戮"的性质。中国的古人没有火葬的习俗,焚尸在人们看来是对死者的极大侮辱。显然,"焚"这种重刑是人们处罚最让人难以忍受的罪大恶极者的方式。《周礼》中就有相关的记载。《周礼·秋官·掌戮》："……凡杀其亲者焚之……"郑注："亲,缌服以内亲。焚,烧也。"《易》曰："焚如,死如,弃如。"贾疏："亲为五服。五服多,故云凡杀其亲。据人之亲与王之亲,皆为五服之内知者。……卫侯毁灭邢,《公羊传》曰:何以名绝,曷为绝之,灭同姓也。灭同姓尚绝之,况杀缌麻之亲,得不重乎?以此而言,故知亲谓缌以上也。……不孝之罪,五刑莫大焉,得用议贵之辟刑之,若

如所犯之罪。焚如,杀其亲之刑。死如,杀人之刑也。弃如,流宥之刑。"

沈家本《历代刑法考》:"焚如之刑太惨,古三代胜时何以有此?殊属可疑。至《易·离卦》九四:'焚如,死如,弃如。'《九家易》荀爽曰:'阴以不正,居尊乘阳,历尽数终,天命所诛。位丧民畔,下离所害,故焚如也。以离入坎,故死如也。火息灭损,故弃如也。'荀说与郑不同,可见汉儒师说,不尽同康成也。"①

（十二）炮烙

《史记·周本纪》:"西伯乃献洛西之地,以请纣去炮烙之刑,纣许之。"沈家本注:"纣因天下怨畔而重刑辟,肆其暴虐,而终于灭亡。文王献地,请去炮烙之刑,而周室以兴,一兴一亡,肇于仁暴,后之议刑者,当知此意。"②可见,周王朝对殷商时代的酷刑还是有所取舍的。

三、身体刑

所谓身体刑是指以摧残、损毁罪犯身体为手段的刑罚制度。西周时代的身体刑包括劓、刵、刖、宫、鞭、笞、掠等多种刑罚。

（一）劓

《周礼》记载了周代劓刑的基本情况。《周礼·秋官·司刑》:"掌五刑之法,以丽万民之罪。墨罪五百,劓罪五百,宫罪五百,刖罪五百,杀罪五百。"沈家本注:"此正五刑,乃周初之目略,《尚书·周书·吕刑》云'五刑之属三千',是穆王时,其制已变矣。"可见,劓刑在西周是一种适用比较广泛的刑罚,而且随着周穆王对刑制的调整,其适用有扩大的趋势。

---

① 沈家本:《历代刑法考》(上册),商务印书馆,2011年版,第86页。
② 沈家本:《历代刑法考》(上册),商务印书馆,2011年版,第84页。

在周代,有司对受过劓刑的人有一种特定的处置。《周礼·秋官·掌戮》讲"劓者使守关"。注:"截鼻亦无妨,以貌丑远之。"疏:"此则王畿五百里上面有三关十二关门,劓者守之。"受过劓刑的人,还要被官府役使。

（二）刵

在周代,刵刑和劓刑同样被视为比较轻的刑罚,其刑罚目的只是以示惩戒。《尚书·周书·康诰》:"非汝封刑人杀人,无或刑人杀人。非汝封又曰劓刵人,无或劓刵人。"传言:"得刑杀罪人,无以得刑杀人,而有妄杀无辜者。劓,截鼻。刵,截耳。刑之轻者亦言所得行,所以举轻以戒为人轻行之。"疏:"以国君故得专刑杀于国中而不可滥。其刑即墨、劓、荆、宫也。"传:"刵,截耳,刑之轻者。"疏:"劓在五刑,为截鼻,而有刵者,《周官》五刑所无,而《吕刑》亦云劓刵。"

（三）刖

程树德《九朝律考》:"刖盖本周制。"沈家本《历代刑法考》:"周之刖刑,见于《周官》,当为周初所定。"另外,在周代,夏商时期执行的膑刑也被改为刖刑。《周礼·秋官·司刑》有"刖刑"。注云:"周改膑作刖,夏刑用膑,去其膝骨也;用刖,断足也。"注引《书》传:"决关梁逾城郭而略盗者,其刑膑。夏刑膑辟三百,宫辟五百。"疏:"膑本亦苗民虐刑,咎繇改膑作腓,至周改腓作刖,《书》传言膑者,举本名也。"

《尚书·周书·吕刑》:"刖罚之属五百……五刑之属三千。……狱成而孚,输而孚。其刑上备,有并两刑。"和受过劓刑的人一样,受过刖刑的人虽然不能完全正常地劳动,但也还有一定的利用价值。《周礼·秋官·掌戮》有"刖者使守囿"。注:"断足驱卫禽兽,无急行。"守囿就是看仓库。与膑刑相比,受过刖刑的人可以用装置假肢(踊)的方式保持行动能力,因此受过此刑的人,还要被奴隶主役使。

（四）宫

宫刑早在唐虞时代就已经存在，最初只是一种惩戒淫乱的刑罚。随着时代的发展，宫刑与惩戒淫乱之间的联系越来越少，转而具有越来越多的巩固统治、镇压民众乃至大施淫威的属性。《周礼》中记载了周代宫刑的基本情况。《周礼·秋官·司刑》有"宫罪五百"。注："宫者，丈夫则割其势，女子闭于宫中。"《尚书大传》："男女不以义交者，其刑宫。"《周礼·司刑》疏："以义交，谓依六礼而婚者。"《太平御览》六百四十八："《尚书刑德放》：'宫者，女子淫乱，执置宫中，不得出也。割者，丈夫淫，割其势也。'"从以上史料中，我们可以看到，周代的宫刑还是更多地保留了夏商宫刑的特征及属性。

虽然受过宫刑的人失去了生殖能力，但依然可以正常地参加劳动，因此周人也会安排受过宫刑的人充做奴仆。《周礼·秋官·掌戮》有"宫者使守内"。内就是内宫，是皇帝和嫔妃的居所。

（五）鞭

1975 年 2 月陕西岐山县出土的西周青铜器"𣪘匜"铭文有"我义鞭汝""鞭汝千""鞭汝五百"的记载，证明周代确有鞭刑存在。

鞭刑在周代常作为军旅用。《周礼·秋官·条狼氏》："誓大夫曰敢不关，鞭五百，誓师曰三百。"鞭已经是酷刑，而其数少则三百，多则五百，人是很难忍受这样的刑罚的。

此外，鞭刑也是一种维护公共场所秩序的手段。《周礼·秋官·朝士》："掌建邦外朝之法……帅其属而以鞭呼趋且辟。"注："趋朝辟行人，执鞭以威之。"《周礼·地官·司市》："掌市之治教政刑，量度禁令。凡市入则胥（市中执鞭役者）执鞭度，守门市之群吏平肆，展成奠贾，上旌于思，次以令市，市师莅焉，而听大治大讼。胥师贾师，莅于介次，而听小治小讼。"注："胥守门察伪诈也，必执鞭度，以威正人众也。度谓殳也，因刻丈尺耳。"疏："鞭以威人众，度以正人众，故并言之也，则一物以为二用，若以系鞘于上则为鞭，以长丈二,因刻丈尺则为度。"又:"胥各掌其所治之政,执鞭度而巡其前,掌其坐作出入之禁令,袭其不正者。凡有罪者,挞戮而罚之。"疏:"此鞭度谓以殳为鞭而量物也。"沈家本注:"鞭以挞人,度以量物,鞭度当分为二,疏谓一物二用。又谓以殳为鞭,恐未是,鞭与殳形状不同也。"[1]由此可见,于朝于市,鞭都是一种秩序的符号,宋元明清大型朝会的"鸣鞭""静鞭"就是如此。

（六）笞

周代的笞刑更多地表现为教育惩戒的办法,其运用是非常广泛的。其一为市刑。《周礼·地官·司市》:"市刑,小刑宪罚,中刑徇罚,大刑扑罚。"注:"扑,挞也。"

其二为教刑。《仪礼·乡射礼》:"遂适阶西,取扑搢之以反位。"[2]又:"射者有过,则挞之。"注:"过则矢扬中人,凡射时,矢中人当刑之,今乡会众贤,以礼乐劝民,而射者中人,本意在侯,去伤害之心远,是以轻之以扑,挞于中庭而已。"

其三为军刑。《礼记·月令》:"季秋之月,命仆及七驺咸驾,载旌旐,授车以级,整设于屏外,司徒搢扑,北面誓之。"注:"誓众以军法也。"

沈家本《历代刑法考》:"扑即今之笞杖,三代以上不在五刑之列,惟学校典礼诸事用之,所谓教训之刑也。春秋时或用以治官事,如宋子罕之执扑以行筑者,《月令》之搢扑释众则与鞭同用矣。杜注训扑为杖,乃后来之义。《说文》:'杖,持也。'凡可持之物皆曰杖,丧杖、齿杖、兵杖皆是,笞杖之杖亦可持者,故得袭其名耳。《说文》:'挞,《乡饮》酒罚不敬,挞其背。'扑挞之处,他书不言,惟许说之,当必有所受之也。"[3]

---

① 沈家本:《历代刑法考》(上册),商务印书馆,2011年版,第341页。

② 郑玄注:扑,所以挞犯教者。《书》云"扑作教刑",疏引《书》者,彼谓教学之刑,此为教射法,教虽不同,用扑是一,故引为证也。

③ 沈家本:《历代刑法考》(上册),商务印书馆,2011年版,第322页。

（七）掠

掠又称榜、榜掠、肆掠，是用鞭、杖等刑具抽打犯人身体的刑罚。这种刑罚主要用于刑讯犯人，以逼取口供。此刑始于周，属非刑。

《经典释文》："掠，音亮，考捶。"疏："肆，陈也，谓陈尸而暴之。然春阳既动，理无杀人，何得更有死尸？而禁其陈肆者，盖是大逆不孝罪甚之徒，容得春时杀之，杀则埋之，故禁其陈肆。应氏（镛）曰：'肆，纵也。肆掠，任意笞棰。虽轻刑不可纵也，桎梏且欲去之，况敢暴尸乎？且陈尸与掠治并言，亦轻重不伦矣。'"①

（八）桎、梏、拲

桎、梏、拲都是古代刑具，虽然三者在用途方面比较相似，但区别还是存在的。

《礼记·月令》："仲春之月，去桎梏。"注："桎梏，今械也。在手曰梏，在足曰桎。"《经典释文》："桎，今械也。梏，今杻也。"《周礼·秋官·掌囚》："及刑杀，告刑于王。奉而适朝，士加明梏，以适市，而刑杀之。"注："士，乡士也。乡士加明梏者，谓书其姓名及其罪于梏而著者也。囚时虽有无梏者，至于刑杀皆设之。以适市，就众也。庶姓无爵者，皆刑杀于市。"疏："……王之同族及有爵，囚时并无梏也。"

《王制》："屏之四方。"注："《虞书》曰：'五流有宅，五宅三居是也。'"《经典释文》："有宅，王肃注《尚书》如字，郑音知嫁反，惩艾也。"疏："《虞书·舜典》文。郑注云，宅读咤，惩刈之器。谓五刑之流皆有器。惩刈五咤者，是五种之器，谓桎一，梏二，拲二。"卢文弨云："按梏二、拲二与桎一，是五种，从宋本是。"江声曰："五种之器，而以桎一、梏二、拲三当之，为数不符。案《掌囚》，上罪梏拲而桎，中罪桎梏，下罪梏，王之同族拲，有爵者桎。盖梏拲而桎一也，桎梏

---

① 沈家本：《历代刑法考》（上册），商务印书馆，2011年版，第456页。

二也，梏三也，拲四也，桎五也。"沈家本注："古者梏拲之制不传。如云梏二，拲二，必一名而有二制，无以证之。江说亦有见，故备录之。"其实，庐说与江说并不矛盾，庐说的是刑具，五种刑具，即"五种之器"。江说的是刑罚，是五种刑罚，其中，有三种刑具施于一身者，有两种刑具施于一身者，有一种刑具施于一身者。施刑时，根据罪行的轻重和犯人的地位，各不相同。如果此说成立，那梏和拲，就各有两种。从后来的刑具枷杻来看，虽然名称相同，尺寸、分量却不同，即规格不同，施于人身，造成的痛楚不同，就不能算一种。

《周礼·秋官·掌囚》："掌守盗贼。凡囚者，上罪梏拲而桎，中罪桎梏，下罪梏，王之同族拲，有爵者桎，以待弊罪。盖梏拲而桎，一也；桎梏，二也；梏，三也；拲，四也；桎，五也。"桎、梏、拲都是刑具。桎是加在脚踝上的刑具，即后来的镣。梏是加在脖子上的刑具，即后来的枷。拲是加在手腕上的刑具，即后来的铐。这些规定说明，坐牢，也不能舒舒服服地坐，还要戴上刑具，特别是上罪，即重罪，手、脚、脖子都戴刑具。我们看京剧《苏三起解》，苏三戴的枷，是把手和脖子连在一起的，这是明代的刑罚，不知在周代有没有。按照以上说法，桎、梏、拲、桎梏、梏拲而桎是五种不同的刑罚。头等罪用梏、拲、桎三种刑具加身，实际上是把脖子和两手枷在一起（就是京剧《苏三起解》中苏三所戴的那种枷），外加一副木脚镣。中罪用梏、桎两种刑具加身。轻罪只用梏或拲或桎一种刑具。但王之同族，不管罪行大小，只用拲；有爵者犯罪，不管罪行轻重，只用桎，充分体现了不同地位的人在法律面前的不同待遇。

（九）校

校，木囚之具，是用木制器械限制人的活动自由的刑具。大致就是后来的木笼。始于周。

对于"校"的解说有几种。其一，"校"为木栅。《说文》："囚，系也。从人在口中。口，回也，凡围绕周围字，当作口。人在口中，不仅如桎梏之状,今世狱中,有以木作栅,四面如墙,拘罪人其中,谓之木笼,疑即古之木囚也。”

其二,“校”为木枷。《说文》:“校,木囚也。段注:‘囚,系也。木囚,以木羁之也。《易》曰,屦校灭趾,何校灭耳。屦校,若今军流人犯新到,着木鞲。何校,若今犯人带(戴)枷也。’”

其三,“校”是木笼,押解转移和囚禁人犯的器具。沈家本注:“木囚,王菉友谓以木作之,如墙,其说较长。《说文》,囚,系也,从人在口中。口,回也,凡围绕周围字,当作口。人在口中,不仅如桎梏之状,今世狱中,有以木作栅,四面如墙,拘罪人其中,谓之木桄,疑即古之木囚也。《噬嗑》之校当如王说。桎梏围其手足,故亦得校名。”①

（十）徽纆

《经典释文》:“三股曰徽,两股曰纆。”徽纆是合股的绳子,用于捆绑人犯。它既是刑具,也是拘系犯人的措施。此刑始于周。

《易·坎》:“上六,系用徽纆,寘于丛棘,三岁不得,凶。”王注:“险峭之极不可升也,严法峻整难可犯也,宜其囚执,寘于思过之地。三岁,险道之夷也,险道乃返,故三岁不得,自修三岁,乃可以求复,故曰三岁不得,凶也。”疏:“上六居此险峭之处,犯其峻整之威,所以被系,用其徽纆之绳,置于丛棘,谓囚执之处,以棘丛而禁之也。”

《周易集解》:“虞翻曰:‘徽纆,黑索也。观巽为绳,艮为手,上变入坎,故系用徽纆。寘,置也,坎多心,故丛棘,狱外种九棘,故称丛棘。二变则五,体剥,剥伤坤杀,故寘于丛棘也。不得,谓不得出狱,艮置坎狱乾为岁,五从乾来,三非其应,故曰三岁不得,凶矣。’”远古中国,刑由卦出。这是一证。

四、自由刑

所谓自由刑是指以多种方式限制罪人人身自由的刑罚制度。西周时代的自由刑包括圜土、嘉石、髡钳、春、执等。

（一）圜土

圜土就是监狱，是把人监禁在一种叫作舍的房子里，使之在一定时间丧失人身自由的刑罚。《周礼·秋官·司圜》注："郑司农云：'圜谓圜土也，圜土谓狱城也，今狱城圜。'《司圜》职中言，凡圜土之刑人也，以此知圜谓圜土也。"疏："狱城圜者，东方主规，规主仁恩，凡断狱以仁恩求之，故圜也。"

《周礼·秋官·大司寇》："以圜土聚教罢民。凡害人者，置之圜土而施职事焉，以明刑耻之。其能改者，返于中国，不耻三年。其不能改而出圜土者，杀。"又："凡害人者，弗使冠饰而加明刑焉，任之以事而收教之。能改者，上罪三年而舍，中罪二年而舍，下罪一年而舍。其不能改而出圜土者，杀。虽出，三年不耻。凡圜土之刑人也不亏体，其罚人也不亏财。"这一段话，已经把"圜"的功能讲得很透彻了。"圜"就是教育改造"民"的地方，凡害人的，放在圜里关起来，重罪关三年，中罪关两年，轻罪关一年。改好了的，放出来，还要过三年被人不耻的羞辱的生活；改不好的，杀掉。"不亏体"，不动肉刑；"不亏财"，不罚钱。这是对坐牢的人的限制性规定。

（二）嘉石

嘉石是一种有纹理的石头，同时也是一种刑罚的名称。周代在外朝门左侧立嘉石，强令罪人身戴桎梏坐在上面示众。《周礼·秋官·大司寇》："桎梏而坐诸嘉石。"视罪行的轻重，有坐三日、五日、七日、九日、十三日之分。

《周礼·秋官·大司寇》："以嘉石平罢民。"注："嘉石，文石也。

树之外朝门左。平，成也，成之使善。"疏："嘉，善也。有文乃称嘉，故知文石也。欲使罢民，思其文理以改悔自修。""凡万民之有罪过而未丽于法，而害于州里者，桎梏而坐诸嘉石，役诸司空。重罪旬有三日坐，期役；其次九日坐，九月役；其次七日坐，七月役；其次五日坐，五月役；其下罪三日坐，三月役。使州里任之，则宥而舍之。"注："有罪过，谓邪恶之人所罪过者也。丽，附也。未附于法，未著于法也。役诸司空，坐日讫，使给百工之役也，役月讫，使其州里之人任之，乃赦之宥宽也。"疏："云未丽于法，祇谓入圜土为法，此坐嘉石之罢民，未入圜土，差轻故也。云害于州里者，谓语言无忌，侮慢长老。云桎梏而坐嘉石者，谓坐时坐日满，役诸司空则无桎梏也。云使州里任之者，乃恐习前为非而不改，故使州长里宰保任乃舍之，以稍轻，入乡即得与乡人齿，亦无垂萎五寸之事也。"王安石注："州里任之则宥而舍之，则无任者终不舍焉，是乃使州里相安也，非特如此而已，司空之役不可废也。与其徭平民而苦之，孰若役？此以安州里之为利也。"邱濬注："此后世役罪人以工庸而里正相保伍者，其原出于此。"

《周礼·地官·司救》："掌万民邪恶、过失而诛让之，以礼防禁而救之。"注："邪恶，谓侮慢长老，语言无忌，而未丽于罪者。过失亦由之邪恶，酗訔好讼，若抽拔兵器误以行伤害人丽于罪者。诛，诛责也，古者重刑且责怒之，未即罪也。"疏："此经与下文二经为总目也，则云邪恶谓坐嘉石之罢民不入圜土者，过失谓不坐嘉石入圜土者。云酗訔者，孔注《尚书》云'以酒为凶曰酗'，此据字，酒旁为凶，是因酒为凶者也。若然，訔者，荣下作酉，小人饮酒一醉，日富亦因酒为荣，俱是'酒'之省'水'之字也。"又："凡民之有邪恶者，三让而罚，三罚而士加明刑，耻诸嘉石，役诸司空。"注："罚谓挞系之也。加明刑者，去其冠饰，而书其邪恶之状，着之背也。"又："其有过失者，三让而罚，三罚而归于圜土。"注："过失近罪，昼日任之以事而收之，夜藏于狱，亦如明刑以耻之，不使坐嘉石，其罪已着，未忍刑之。"疏："云收者,以其罪重,使人收敛之,不使漫游。"

《周礼·地官·司救》："凡民之有邪恶者,三让而罚,三罚而士加明刑,耻诸嘉石,役诸司空。"

以上两段话,综合起来的意思是:万民有罪,没有经过司法程序,但对州里有害的人,披枷戴锁坐在嘉石旁边示众,然后在露天地里服劳役。重罪十天里有三天示众,其余时间服劳役一年;其次一次性示众九天,服劳役九个月;其次一次性示众七天,服劳役七个月;其次一次性示众五天,服劳役五个月;下罪(轻罪)一次性示众三天,服劳役三个月。然后由州里叫作伍的组织保出来,加以监督,教令其不得再犯。由此可见,嘉石后来演变为一种劳役刑。

(三)髡钳

这是我国古代剃去犯人头发,并以铁钳锁颈的刑罚。后因常附加于徒刑,因此又成为徒刑的简称,是一种身体刑和耻辱刑并处的刑罚。此刑属法定刑,始于周。

《说文》段玉裁注："髡,剃发也。不剃须发,仅去其鬓,是曰耐,亦曰完,谓之完者,言完其发也。"

《周礼·秋官·掌戮》："髡者使守积。"注："郑司农云:髡当为'完',谓但居作三年,不亏体者也,玄谓此出五刑之中,而髡者必王之同族不宫者,宫之为翦其类,髡头而已。守积,积在隐者宜也。"

《汉书·刑法志》："昔周之法……完者使守积。"

髡、完,都是剃发。守积,看仓库。居作,服劳役。不亏体,不受肉刑之苦。受过髡刑的人,还要为奴隶主看三年仓库。

(四)舂

舂是使女犯舂米的劳役。后成为有期徒刑的一种。应劭曰:"城旦者,旦起行治城,舂者,妇人不豫外徭,但舂作米。"此刑属法定刑,始于周。

《周礼·秋官·司厉》："其奴,男子入于罪隶,女子入于舂槁。"郑司农注："谓坐为盗贼而为奴者,输于罪隶、舂人、槁人之官也。"

沈家本注:"此女奴之能舂者,故入于舂人,尚非以舂为罪之名。汉时之城旦舂,则竟以其所任之事为罪名矣。"可见,舂是对女性囚犯的一种特殊对待,但恐怕这种刑罚的设置并非出于对女性的怜悯和关注,而是女性囚犯力量不及男性,因此把相对土木工程来说较轻的劳役交给女性来做。

在周代,舂刑是有适用范围的,年老者和年幼者皆不用此刑。《汉书·刑法志》:"昔周之法……其奴,男子入于罪隶,女子入舂槀。凡有爵者,与七十者,与未龀者,皆不为奴。"由此我们可以发现,在周代刑罚体系中相对人性化的细节开始出现。

(五)执

执即拘捕,不是刑名,是抓起来、关起来的措施,约相当于现代的拘留或逮捕。始于周。

《说文》:"执,捕罪人也。"

《尚书·召诰》:"徂厥亡,出执。"

《礼记·檀弓下》:"君之臣不免于罪,则将肆诸市朝,而妻妾执。"

五、流　刑

所谓流刑是指将罪犯从人口众多、繁荣富足的地方放逐到人迹罕至的穷乡僻壤,就犹如水从高处流向低处,这可以算是对流刑的一种比较形象的说明。在周代,流刑有这样几种作用。

其一,惩治作乱的贵族。《史记·鲁周公世家》:"管、蔡、武庚等果率淮夷而反。周公乃奉成王命,兴师东伐,作大诰。遂诛管叔,杀武庚,放蔡叔。……诸侯咸服宗周。"流放作乱者,使诸侯团结,拱卫宗周,这便是流刑的宗旨。

其二,维护礼乐之制。《礼记·王制》:"变礼易乐者,为不从。不从者,君流。"礼,就是奴隶主的法律,是佛爷的眼珠,动不得。

乐,是供皇家消遣娱乐的,是不能改的。改动了这些东西,就是不从王命。不从王命当然是犯罪,所以要流放。

其三,缓和族群内部的矛盾。《周礼·地官·调人》:"凡和难父之仇,辟诸海外,兄弟之仇,辟诸千里之外,从父兄弟之仇,不同国。"注:"和之使辟,于此不得就而仇之。"疏:"杀人之贼,王法所当讨,即合杀之,但未杀之间虽已会赦,犹当使离乡辟仇也。"沈家本注:"《唐律》移乡之意,实本于此。"

六、财产刑

所谓财产刑是指针对罪犯查抄、没收、征敛其财产的刑罚手段。西周时代的财产刑包括孥戮、赎、罚等。

(一)孥戮

在不同的时代,隶有不同的身份、不同的地位,最低的如徒隶、罪隶、役隶,是籍没吏民而来,由人变成物,是一种刑事处罚。在周代,也有一些虽名隶,但实际上是管理者,执掌一些低级的管理事务。

《尚书》的《甘誓》及《汤誓》均有"予则孥戮汝"。郑玄注:"大罪不止其身,又孥戮其子孙。"《周礼·秋官·司刑》"罪隶"条,贾疏云:"古者身有大罪,身既从戮,男女缘坐,男子入于罪隶,女子入于舂槁。"因为在奴隶社会和封建社会,奴隶被视为财产,拥有者可以役使、交换、馈赠、出卖、蹂躏、杀戮,所以归入财产刑。

《麦尊铭文》:"雩王在庭,己夕,侯锡诸㚢臣二百家。"㚢臣即女奴。

《周礼·秋官·司厉》:"其奴,男子入于罪隶,女子入于舂槁。"注:"郑司农云,谓坐为盗贼而为奴者,输于罪隶、舂人、槁人之官也。由是观之,今之为奴婢,古之罪人也。故《书》曰'予则孥戮汝',《论语》曰'箕子为之奴',罪隶之奴也,故《春秋传》曰,斐豹隶也,著于丹书。请焚丹书,我杀督戎,耻为奴,欲焚其籍也。玄谓奴从坐而没入县官者男女同名。"沈家本注:"《甘誓》《汤誓》并有'孥戮'之文,孔传训'孥'为《子》,当是旧说,第古者罚弗及嗣,夏商开创之初,恐未必有此不正之法。先郑训为罪隶之奴,其说较长。《匡谬正俗》说与先郑同,是古说如是。后郑《司厉》注以为从坐没入,而不破先郑之说,《正义》谓亦得为一义,乃模棱之见。文王治岐,罪人不孥,《康诰》又称'父子兄弟罪不相及',周之家法如是。《周礼》为元公所作,岂能显然违背哉?近儒江氏、段氏、孙氏,皆非后郑而从先郑,自是定论。"

《周礼·天官·酒人》:"女酒三十人,奚三百人。"郑注:"女酒,女奴晓酒者。古者,从坐男女没入县官为奴,其少才知以为奚。今之侍史官婢或曰奚官女。"沈家本注:"酒人以下,女酒等凡八百八十余人,如皆为没官之女奴,安得如此之多数?恐不然也。"沈家本的怀疑是有道理的。实际上,据记载,以上这些女人,都是在朝的官员,分别执掌相关的事务。官和奴的身份,应辩证地看:对民来说,她们是官;对王来说,她们就是奴。这些人同其他贱隶的区别在于,贱隶是被相对较低级的官员或者地主役使,而这些女人,则是被王役使。

(二)赎

周代的赎刑是参照夏代刑罚制定出来的,而其具体的规范则更为清楚,更为细致。《尚书·周书·吕刑》:"王曰:'吁!来,有邦有土,告尔祥刑。……墨辟疑赦,其罚百锾,阅实其罪。'"

《尚书·周书·吕刑》:"吕命穆王训夏赎刑,作《吕刑》。"《尚书正义》曰:"吕侯以穆王命作书,训畅夏禹赎刑之法,更从轻以布告天下。"疏:"经言陈罚赎之事,不言何代之礼,故序言'训夏',以明经是夏法。王者代相,革易刑罚,世轻世重。殷以变夏,周又改殷。夏法行于前代,废已久矣,今复训畅夏禹赎刑之法,以周法伤重,更从轻以布告天下。以其事合于当时,故孔子录之以为法。《周礼·

职金》'掌受士之金罚、货罚，入于司兵'，则周亦有赎刑，而远训夏之赎刑者，《周礼》惟言'士之金罚'，人似不得赎罪，纵使亦得赎罪，赎必异于夏法，以夏刑为轻，故祖而用之。"

《职金》疏："《考工·冶氏》云，戈戟重三锊。夏侯欧阳说云'墨罚疑赦，其罚百率'，古以六两为率。古《尚书》说'百锾'，锾者，率也。一率十一铢二十五分铢之十三也，百锾为三斤，郑玄以为古之'率'多作'锾'。郑注《冶氏》云，许叔重《说文解字》云'锊，锾也'。今东莱秤或以大半两为钧，十钧为锾，锾重六两大半两。若然，锊、锾一也。言大半两，是三分两之二，郑意以此为正，故不从诸家，以六两为锾。"沈家本注："今文古文《尚书》二说，多寡之数悬殊。古文说锾者，十一铢二十五分铢之十三，百锾为三斤，其数轻；今文说锊者六两三分两之二，百锊为四十一斤十两三分两之二，其数重。王氏（鸣盛）《尚书后案》是今文而非古文，谓四十斤十两三分两之二，以赎墨罪不为重，等而上之至千锾，亦只四百十六斤十两三分两之二，约计今铜价，仅值白金一百二三十两。如百锾为铜三斤，可赎黥面之罪，推之大辟，只用铜三十斤，就今铜价，仅值白金五六两，以赎死罪，有是理乎？江氏（声）《尚书集注音疏》则是古文而非今文，谓百锊为四十一斤十两三分两之二太重，窃谓古今物价之贵贱不能尽同。《左传》僖十八年，郑伯始朝于楚。楚子赐之金，既而悔之，与之盟曰：'无以铸兵！'故以铸三钟。杜注：'古者以铜为兵。'是此传之所谓金乃铜也。夫三钟之铜，为数几何？而贵重之如此，是必当时铜少而贵，不与今同也。然则据今之价，以论古法，未必符也。《舜典》疏引郑《驳异义》云'云与金赎死罪金三斤为价相依附'，'与金'之'金'，陈氏《异义疏证》改作'今'，是也。今谓汉时，似郑说较长。"

(三) 罚

罚刑是周代用于惩治较轻罪行的一种方式。《说文》："罚，罪之小者，从刀詈，未以刀有所贼，但持刀骂詈则应罚。"

《尚书·吕刑》:"五刑不简,正于五罚。五罚不服,正于五过。五过之疵:惟官,惟反,惟内,惟货,惟来。"孔传:"五过之所病,或尝同官位,或作反囚辞,或内亲用事,或行贿枉法,或旧相往来。""尝同官位",用钱卖官。"作反囚辞",袒护罪犯。"内亲用事",假公济私,拉拉扯扯。"旧相往来",立小圈子,编织关系网。其中,除作反囚辞和行贿枉法是犯罪之外,其余都是当今所谓不正之风。周朝的统治者把这些叫作"五过之疵",是科处罚金的对象。

沈家本《历代刑法考》:"旧说罚金即赎刑,然以《吕刑》之文考之,则罚与赎,当为二事。言五罚,是罚有五等,五罚次于五刑,则五刑当各有罚,此五罚常刑也,非疑而赦者也,五罚有疑则赦从免矣。《职金》之金罚,当亦常刑,乃周之旧制。穆王训夏作赎刑,专谓五刑之疑赦者,与旧制之金罚各为一法。蔡九峰谓鞭扑之可议者许赎,夫可议者即可疑者也,以此文论之,则从免矣,尚何赎之有哉?"[1]

在周代,罚刑具有非常广泛的适用性。《周礼·地官·司市》:"凡市伪饰之禁,在民者十有二,在商者十有二,在贾者十有二,在工者十有二。郑司农云:'所以俱十有二者,工不得作,贾不得粥,商不得资,民不得畜。'玄谓《王制》曰:'用器不中度,不粥于市;兵车不中度,不粥于市;布帛精粗不中数,幅广狭不中量,不粥于市;奸色乱正色,不粥于市;五谷不时,果实未熟,不粥于市;木不中伐,不粥于市;禽兽鱼鳖不中杀,不粥于市。'亦其类也……国君过市,则刑人赦。夫人过市,罚一幕。世子过市,罚一帟。命夫过市,罚一盖。命妇过市,罚一帷。"

《周礼·秋官·职金》:"掌受士之金罚、赀罚,入于司兵。"

沈本《历代刑法考》:"罚金之名,始见于《职金》,而详于《管子》,罪之最轻者用之……五罚轻于五刑,罚为犯法之小者,而刑为

犯法之重者。凡言罚金者,不别立罪名,而罚金即其名,在五刑之外自为一等。"[1]由此可见,我们经常用到的"刑罚"一词,可以被理解为两个独立的概念,也就是对重罪的"刑"和对轻罪的"罚"。

七、资格刑

所谓资格刑是指免除罪犯官职、爵位,对其进行一定限制的刑罚制度。西周时代的资格刑包括废、除名、禁锢等。

(一)废

这是我国古代将犯罪官吏或失宠后妃免除刑罚,谪为平民的处罚手段。此刑始于商殷,属法定刑。

《史记·周本纪》:"幽王以虢石父为卿,用事,国人皆怨。石父为人佞巧善谀好利,王用之。又废申后,去太子也。申侯怒,与缯、西夷犬戎攻幽王。"

(二)除名

除名也称除籍。这是中国古代一种废除犯人的官职和爵位的刑罚。可以单处,也可以并处。此刑属法定刑,始于周。

《尚书·周书·蔡仲之命》:"惟周公位冢宰,正百工,群叔流言。乃致辟管叔于商;囚蔡叔于郭邻,以车七乘;降霍叔于庶人,三年不齿。蔡仲克庸祗德,周公以为卿士。叔卒,乃命诸王邦之蔡。"孔传:"罪轻,故退为众人,三年之后乃齿录,封为霍侯。"疏:"降黜霍叔于庶人,若今除名为民,三年之内,不得与兄弟年齿相次。"沈家本注:"降为庶人,则官籍无名,故疏以除名为比。"

(三)禁锢

这是我国古代禁止犯罪人和其他特定身份的人及其亲族、朋友等人为官的制度。始于周。

---

[1]　沈家本:《历代刑法考》(上册),商务印书馆,2011年版,第298页。

《礼记·王制》:"命乡简不帅教者以告耆老,皆朝于庠,元日习射上功,习乡上齿,大司徒帅国之俊士与执事焉。……不变,屏之远方,终身不齿。……西方曰棘,东方曰寄,终身不齿。"郑注:"齿,犹录也。"沈家本注:"录,第也。不得与帅教者,以长幼相次第也;帅教者,可与俊秀之选;不齿者,终身屏弃,不复见录。此虽无禁锢之名,而即禁锢,勿令仕。汉时之禁锢,亦有徙之边方者,其法盖原于古。"①

程树德《九朝律考》:"《左传》成公时,屈巫奔晋,子反,请以重币锢之。又,襄三年,会于商任,锢栾氏也。禁锢盖本周制。"

八、耻辱刑

所谓耻辱刑是指在罪犯的身体上刻印标记以示羞辱罪犯的刑罚制度。西周的耻辱刑包括墨、书罪等。

(一)墨

墨刑的关键在于给罪犯的身体留下难以去除的印记,以昭示其罪。人的皮肤分为表皮、真皮和皮下组织。其中的表皮是处于不断脱落、不断更新的过程中的,而真皮则不是这样,"真皮由于结构上的差别,可分为乳头层和网状层两层,两层纤维交错,并无截然的界限。真皮乳头层中有丰富的血管或神经末梢,前者含有毛细血管祥,后者含有触觉小体。网状层内含较大的血管、淋巴管、神经以及皮肤内含组织等。"②因此,墨刑必须借助刑具刺入人皮肤的真皮层,这样才能使留下的印记难以去除。《周礼·秋官·司刑》:"掌五刑之法,以丽万民之罪。墨罪五百,劓罪五百,宫罪五百,刖罪五百,杀罪五百。"注:"墨,黥也。先刻其面,以墨窒之。"

---

① 沈家本:《历代刑法考》(上册),商务印书馆,2011年版,第447页。
② 刘辅仁:《实用皮肤科学》,人民卫生出版社,1984年版,第8页。

周人给受过墨刑的罪犯安排了特定的工作。《周礼·秋官·掌戮》："墨者使守门。"注："黥者无妨于禁御。"

由《周礼》文献，我们也可以发现，墨刑也可以处置那些不守信用的人。在契约文化尚未形成的先秦时代，我们的先民更为看重人的诺言、誓言，认为人与人之间可以建立起一种较为淳朴的信任。但在政治生活中，不履约、不守信的情况是非常多见的，因此我们的先民也想到了一种羞辱无信之人的方式。《周礼·秋官·司寇·司约》："司约掌邦国及万民之约剂……凡大约剂，书于宗彝；小约剂，书于丹图。若有讼者，则珥而辟藏，其不信服者，墨刑。"就是说，对于不信守盟约的，处以墨刑。

（二）书罪

书罪是一种把人的姓名和罪状写在帛或纸上，挂在背上以示辱的刑罚。此刑始于周，又见于汉。

《周礼·秋官·司烜》注："楬头明书其罪，法疏明用刑，以板书其姓名，及罪状，着于身。"

小　结

与夏商时代的刑罚相对比，周代的刑罚体系对于以大辟为代表的生命刑给予一定程度的限制，但是在限制极刑的同时，周人也发展了肉刑、劳役刑、自由刑和其他的刑罚。我们看到，周代的墨、劓、刖、宫等肉刑实际上都在一定程度上与劳役刑联系在一起，或守门，或守关，或守内，这就使夏商以生命刑、肉刑为核心的刑罚传统发生了动摇，周人的刑罚体系设计得更具理性，更能体现出对劳动力价值的重视，无疑这是周代刑罚较夏商刑罚相对进步的地方。在削弱生命刑和肉刑地位的同时，西周刑罚发展了流刑、徒刑，尤其是对于拘役刑，周人已经有了非常详尽的规定。《通典》记载："周有乱政，而作九刑。三辟之兴，皆叔世也。言九刑，以墨一、劓

二、劓三、宫四、大辟五,又流六、赎七、鞭八、扑九,故曰九刑也。"除了生命刑和肉刑之外,圜土服劳役的期限为一年至三年;嘉石坐石时间三日至十三日,劳役时间为三个月至一年五等级不同。这样,西周时期就已基本形成了死刑、肉刑及无期徒刑、有期徒刑、流、鞭、扑这样的刑罚结构。其中,死刑又分成若干不同轻重的刑罚,据《刑书释名》载,周代的大辟分为七等:斩、杀、搏、焚、辜磔、踣、磬。但此时的刑罚结构系统并不完善,肉刑下一级刑罚为圜土之制,最长期限只有三年,与无期徒刑相比差距过大,流刑并未成为一种常用刑,不能弥补此间的差距;鞭扑刑的具体数目也未有明确规定,其刑罚力度较其他刑罚很难比较。

可以说,在刑罚制度的建设方面,周人已经远远超越了前代。我们也可以发现周代文明之所以被看成中国奴隶制时代的巅峰,不仅仅是因为"制礼作乐",肃杀的刑罚也同样如此。

第四章　春秋时代的刑罚

公元前 770 年,西周已经失去对各路诸侯的控制,周平王被迫迁都洛邑,史称东周。从此出现了诸侯争霸、方伯主政的动乱局面。从平王迁都到敬王辞世,这一历史时期,被史家断代为春秋时代。春秋时代是我国奴隶制开始崩溃,逐步向封建制转变的大动荡时代。群雄并起,百家争鸣,诸侯、方伯各自为政。春秋时,周之刑事立法已经失灵,各个诸侯各搞一套,刑罚更多更滥,五花八门。

不过,即使对于"礼崩乐坏"的春秋社会而言,秩序也是必需的。《左传·昭公二十六年》:"(晏子)对曰:'在礼,家施不及国,民不迁,农不移,工贾不变,士不滥,官不滔,大夫不收公利。'公(齐侯)曰:'善哉,我不能矣。吾今而后知礼之可以为国也。'对曰:'礼之可以为国也久矣。与天地并。君令臣共,父慈子孝,兄爱弟敬,夫和妻柔,姑慈妇听,礼也。君令而不违,臣共而不贰,父慈而教,子孝而箴,兄爱而友,弟敬而顺,夫和而义,妻柔而正,姑慈而从,妇听而婉,礼之善物也。'公曰:'善哉,寡人今而后闻此礼之上也。'"可见,以礼为核心构建维系社会的主流秩序是当时一部分贵族阶层的愿望。然而,春秋时期的社会状况已经完全不同于西周时代,礼治所依赖的社会基础已经被颠覆,因此,刑与法便成为人们必须思考的一个重要问题。

可以说,春秋时期礼刑并用,而且成文法开始出现。郑、晋两国先后"铸刑鼎"终结了刑罚神秘化的奴隶制法律形态,向人们展示出一套相对公开透明的法律文件。

《左传·昭公六年》:"三月,郑人铸刑书。"

《左传·昭公二十九年》:"冬,晋赵鞅、荀寅帅师城汝滨,遂赋晋国一鼓铁,以铸刑鼎,着范宣子所为刑书焉。"

《左传·昭公六年》曾记载:"叔向使诒子产书,曰:'始吾有虞于子,今则已矣,昔先王议事以制,不为刑辟,惧民之有争心也,犹不可禁御。是故闲之以义,纠之以政,行之以礼,守之以信,奉之以仁。制为禄位以劝其从。严断刑罚以威其淫,惧其未也,故诲之以忠,耸之以行,教之以务,使之以和,临之以敬,莅之以强,断之以刚。犹求圣哲之上,明察之官,忠信之长,慈惠之师。民于是乎可任使也,而不生祸乱。民知有辟,则不忌于上。并有争心,以征于书,而徼幸以成之,弗可为矣。夏有乱政而作《禹刑》,商有乱政而作《汤刑》,周有乱政而作《九刑》。三辟之兴,皆叔世也。今吾子相郑国,作封洫,立谤政,制参辟,铸刑书,将以靖民,不亦难乎?《诗》曰"仪式行文王之德,日靖四方",又曰"仪刑文王,万邦作孚",如是,何辟之有?民知争端矣,将弃礼而征于书,锥刀之末,将尽争之。乱狱滋丰,贿赂并行,终子之世,郑其败乎!肸闻之,国将亡,必多制,其此之谓乎。'"可见,对于春秋时期的立法活动,不乏反对之声,以叔向为代表的一部分贵族对郑国铸刑书持反对态度,他们认为"刑""制"是乱世败国的重要原因,"义"和"礼"才是最佳的治国办法。虽然如此,但出于稳定政权的需要,各国统治者还是非常重视对"法"和"刑"的建设,而礼崩乐坏的社会背景又的确给"法"和"刑"的发展提供了相当大的空间。

春秋各国的刑事立法,大体如下。

1.晋之常法

《左传·文公六年》:"春,晋搜于夷,舍二军。使狐射姑将中军,赵盾佐之。阳处父至自温,改搜于董,易中军。阳子,成季之属也,故党于赵氏,且谓赵盾能,曰:'使能,国之利也。'是以上之。宣子于是乎始为国政,制事典,正法罪,辟狱刑,董逋逃,由质要,治旧洿,本秩礼,续常职,出滞淹。既成,以授太傅阳子与太师贾佗,使行诸晋国,以为常法。"可见,春秋时期的统治者已经开始把稳定的法律法规和治国之要联系起来,定"常法"已经成为强国的必然选择。

2.郑之刑书

在郑人铸刑书之前,法律文书刑罚规定的文献往往藏于宫室、官府,统治者并不会主动向人们公布、展示与法有关的文件。当然,这样做的好处是,在面对具体案例的时候,司法者可以很灵活地运用刑罚,从刑种到轻重,随心所欲。这种刑罚神秘主义的特征到春秋战国时期才被突破。公元前536年,郑国执政子产把以往藏于官府的刑书浇铸在铁鼎上,使国人均可看到"刑"的内容。在当时,这样的行为引起了相当大的争议。

沈家本对"铸刑书"提出了自己的见解。《历代刑法考》:"叔向探原立论,实与夫子道德齐礼之旨相同,其所望于子产者,在于行先王之道,乃时世所迫,子产亦无可如何,但为此补救之法,叔向深有慨乎?先王之道以子产之才尚不能行之,故发奋而为此书。左氏载之,留此一段议论于天壤间,庶或旦暮遇之也。春秋时,据此等识见者能有几人?此等崇论竑议乌可使之湮没而不彰?班固采入《刑法志》中,颇为有见。杜佑乃议左氏所载为未公,是未知先王之道在德礼,不在刑政也。至《周礼·大司寇》'县刑象于象魏,使万民观之',王氏(昭禹)谓因事以制刑,亦当因时而为之变通,量时而有轻重。正月之吉,布刑于邦国都鄙为是故也。盖先王之法若江河,贵乎易避而难犯,若匿为物而愚不识,其陷于罪又从而刑之,不几于罔民乎?其使民观象者,亦使知所避而已。邱氏(濬)曰:'设法令以待天下,固将使民易避而难犯,顾乃深藏于理官法家,自典正执掌之官犹不能遍知其所有,洞晓其所谓,况愚夫细民哉!闾阎之下,望朝廷之禁宪,如九地之于九天,莫测其意响(向)之所在,乃陷乎罪,从而刑之,是罔民也。岂圣王同民出治之意乎?'此皆本郑昌'愚民知避'一语演而为说,与议事以制之意若相反。窃谓月吉县象与议事以制,实两不相妨且两相成也。《秋官》:'布宪掌宪邦之刑禁,正月之吉,执旌节以宣布四方,而宪邦之刑禁。'注:'刑禁者,国之五禁,所左右刑罚者。司寇正月布刑于天下,正岁又县其书于象魏,布宪于司寇。布刑则以旌节出,宣令之于司寇。县书则亦县之于门闾,及都鄙邦国。'是所布所县者五禁也。司寇所布所县当亦不出乎是。夫象魏之上,六象同县,其所著于象者,亦举其大者要者而已,细微节目,不能备载也。五刑三千,科目繁重,若必并细微节目而亦载之,即刑象之多,象魏必已有不能容之势,况兼六国之象而并县之哉?"

"惟举其大者、要者,使民知所避,其中情之同异,罪之轻重细微节目,仍在临时之拟议,其权上操之而民不得而争也,此两不相妨者一也。《太宰》:'正月之吉,始和。'注:'凡治有故,言始和者,若改造云尔。'夫法令既定,虽未必时有所改造,而未必遂无因时变通之事,故以始和为言。其变通之制,自上议之,下不得而与闻,此两不相妨者又其一也。必始和而后布,斯议事之权,不为法所移法,必为共见共闻之法,斯议事之人,不得曲说于法之外,此其两相成者也。若铸之于器,则一成而不可易,故民可弃礼蒸书,争及锥刀。若欲变法,必先毁器,岂不难哉?当时郑国,族大宠多,子产患法之难行,故为此。刑书之铸,必先与众议,而后定此书,书成而铸之,使众议不能复挠,其救世之苦心,有出于不得已者,叔向岂不知之?特以先王之道,自此无复有能行之者,不得不一吐其衷曲耳。叔向以《禹刑》《汤刑》《九刑》为出于叔世,则三代始盛之时,尚议事以制,刘颂属之上古,其说不符杜佑之言,则未会其通也。"[1]

孔颖达《春秋左传正义》:"子产铸刑书而叔向责之,赵鞅铸刑鼎而仲尼讥之,如此传文,则刑之轻重不可使民知也。而李悝作法,萧何造律,颁于天下,悬示兆民,秦汉以来,莫之能革,以今观之,不可一日而无律也。"

---

① 沈家本:《历代刑法考》(下册),商务印书馆,2011年版,第50页。

可见,在当时的社会环境下,将"刑书"公之于众,是顺应时代潮流的举措,在某种程度上也为新兴的国家力量和社会阶层突破贵族政治的羁绊起到了相当重要的作用。当然,这样的行为与西周沿袭下来的贵族政治传统有悖,但从春秋列国纷纷效法的状况来看,实际的法治和治国效果才是统治者们最关心的事情。

3.晋之被庐之法

《左传·昭公二十九年》:"冬,晋赵鞅、荀寅帅师城汝滨,遂赋晋国一鼓铁,以铸刑鼎,着范宣子所为刑书焉。仲尼曰:'晋其亡乎! 失其度矣。夫晋国将守唐叔之所受法度,以经纬其民,卿大夫以序守之,民是以能尊其贵,贵是以能守其业。贵贱不愆,所谓度也。文公是以作执秩之官,为被庐之法,以为盟主。今弃是度也,而为刑鼎,民在鼎矣,何以尊贵? 贵何业之守? 贵贱无序,何以为国? 且夫宣子之刑,夷之搜也,晋国之乱制也,若之何以为法?'蔡史墨曰:'范氏、中行氏其亡乎? 中行寅为下卿,而干上令,擅作刑器,以为国法,是法奸也。又加范氏焉,易之,亡也。及其赵氏,赵孟与焉。然不得已,若德,可以免。'"

沈家本注:"春秋之时,各国多自为法,如晋之被庐、刑鼎,郑之刑书、竹刑,楚之仆区,皆非周法。晋国启以夏政,强以戎索,是本不全用周法矣。"[①]

4.晋之戎索

《左传·定公四年》子鱼曰:"······分唐叔以大路,密须之鼓、阙巩、沽洗、怀姓九宗,职官五正。命以《唐诰》而封于夏虚,启以夏政,疆[②]以戎索。"

沈家本注:"索,法也。启以夏政,疆以戎索,即唐叔所受之法度也。"

---

① 沈家本:《历代刑法考》(下册),商务印书馆,2011年版,第47页。

② 疆:同彊,同强。

5.郑之竹刑

《左传·定公九年》:"郑驷歂杀邓析,而用其《竹刑》。"杜注:"邓析,郑大夫。欲改郑所铸旧制,不受君命而私造刑法,书之竹简,故言竹刑。"

形诸竹简的刑书,所能容纳的内容远比"铸刑鼎"为多,它包含了更多的"刑法"信息,虽然邓析被杀,但"竹刑"最终成为郑国国法。不能不说,邓析与商鞅是生活在不同时代,但际遇非常相似的两位政治家。

虽然春秋是中国历史上的分裂时期,各国刑制形态多样,但从总体上而言,我们还是可以找到春秋刑罚的一般性特征的。有学者认为春秋刑罚具有四个方面的主要特征,它们是非法定性、非必行性、非规范性和半国家性。[1] 所谓的非法定性,是讲在这个时代,刑与法往往脱节,有用刑而未必有遵法,刑罚的适用很少受到法律的约束。所谓的非必行性,是讲春秋刑罚的效力往往受到割据的政治形势的影响,或者可以说,刑罚的控制范围往往是由政治力量或军事力量的控制范围决定的。所谓的非规范性,是讲春秋时代缺乏各种量刑标准,且各种刑罚无法形成完整的刑罚体系,即使是传统的"五刑"系统都变得非常混乱。所谓的半国家性,是讲刑罚本应是以国家为主体的暴力机器实施的惩戒,但由于春秋时代的特殊社会环境,刑罚具有非完全的国家性,家族性和个人性是其重要特点。可以说,这种观点为我们认识春秋时期的刑罚提供了一个很好的视角。

一、株　连

春秋时的株连有:保任、连坐、族诛、夷三族、诛灭族党、逐

---

[1]　徐祥民:《略论春秋刑罚的特点》,《法学研究》,2000 年第 3 期。

族等。

（一）保任

所谓保任是一种连保连任的担保制度，以使居民互相监督，一家一人犯罪，其他家人要承担连带责任，受到株连。此刑始于周，属法定刑。

清人惠士奇《礼说·刑罚庆赏相及相共条》："管子治齐，因《地官》比、闾、族、党、州、乡之法，变为什伍、游宗、里尉、州长、乡师、士师之名，乃师其遗而意加详焉。《地官》之教也，德行、道艺、贤能为一书，孝弟、睦姻、有学者为一书，敬敏、任恤、和亲为一书，过恶为一书，有罪奇邪为一书。善相劝，恶相纠，庆赏相共，刑罚相及。而管子之法，凡孝弟、忠信、贤良、隽材，则其下以次复于上，长家复于什伍，什伍复于游宗，游宗复于里尉，里尉复于州长，州长以计于乡师，乡师以著于士师。计者，比也，是为比法。著者，书也，是为书法。凡有过恶，则其下以次及于上，家属及于长家，长家及于什伍之长，什伍之长及于游宗，游宗及于里尉，里尉及于州长，州长及于乡师，乡师及于士师。及者，坐也，下有罪，坐其上也。故曰有不孝不弟而不以告，谓之下比，其罪五，然则《族师》所谓相及者，比长及闾胥，闾胥及族师，族师以上，罚皆相及可知矣。三月一复，六月一计，十二月一著。凡上贤不过等，使能不兼官，罚有罪不独及，赏有功不专与，即《族师》所谓赏相共，罚相及之意。而五家为比，十家为联，五人为伍，十人为联，即管子所谓什伍之长也。用其法而变通之，一则为王，一则以霸。商鞅相秦，命民为什伍，而相牧司连坐。一家有罪，九家举发，若不纠举，连坐九家。说者以为本《族师》之政而益之以暴，故赵商问曰《康诰》门内尚宽，《族师》邻比相坐，《书》《礼》不同，盖疑之也。愚谓管子法《周官》，事类相近焉，且民有过恶，州长纠之，党正戒之，闾胥挞而罚之，比长圜土内之，未已也，又读法以教之。州长一年四，党正七，族师十有四，闾胥读无时。射于序而观之德，饮于序而训之礼，师田行役，诛不用命者而示之法。如是而民犹有过恶，不亦鲜乎？若夫族师什伍其民，非若后世之孳孳求奸惎惎用刑以为事也。人与人相保，家与家相受，少相居，长相游，祭祀相福，死丧相恤，祸患相忧，居处相乐，行作相和，哭泣相哀，则骄躁淫暴哀恶之风于是乎革，孝友睦姻任恤之化于是乎兴。大司徒以三物教万民，乡大夫以五物询众庶，礼明乐备，仁渐义摩，其道实始于此，成于此，而谓暴秦收司连坐之法亦于是乎出，谬矣。"

可知，在春秋时期特定的社会背景和军事背景下，列国为保证政权稳定，并谋求称霸诸国，在社会组织制度方面都有相应的举措。不论是首霸的齐国还是变法而强的秦国，都采用了"保任"的社会组织方式。当然，从严格的角度讲，"保任"并非刑罚，但这种社会组织方式使"刑"的控制力蔓延到社会上的每一个人，无论你是否有犯罪的欲望、犯罪的可能，都有可能被这种制度纳入惩处的范畴。不管你是个老实本分的农夫，还是欲行欺诈的商贾；不管你是戍边的士卒，还是作坊里的匠人，都毫无例外地处于"刑"的网络当中。这种制度将整个社会整合成一个普遍联系的"刑"网，同时又使整个国家看起来更像是一支随时能够战斗的军队。不能不说，这是那个时代人们可以想象得到的最有效的社会整合手段。

（二）连坐

连坐亦称相坐、缘坐，是我国古代法律中因一人犯罪而株连其亲族、邻里及其主管机关官吏，要其承担刑事责任的制度。此刑始于周，属法定刑。

《公羊传·僖公十九年》何休注："梁君隆刑峻法，一家犯罪，四家坐之。"

（三）族诛

族诛亦称族夷、族灭，即一人犯罪株连全族的酷刑。此刑始于唐虞，属法定刑。

春秋时代的族诛往往是惩治所谓的"政治犯罪"，受刑者一般是在与国君或者国中的其他大家族争权斗争中的失败者。因政治上的失败，导致了家族的被灭。在施行这种刑罚的过程中，刑罚的运用往往丝毫不受限制，政治斗争的胜利者会毫不留情地采用全族尽灭的方式来彻底根除政治对手的势力。另外，通敌罪、丧师罪都可能遭受族诛的惩罚。

《史记·楚世家》："(楚庄王)九年(公元前 605 年)，相若敖氏。人或谗之王，恐诛，反攻王。王击灭敖若氏之族。"

《史记·晋世家》："(晋景公)四年(公元前 596 年)，先縠以首计而败晋军河上，恐诛，乃奔翟，与翟谋伐晋。晋觉，乃族縠。縠，先轸子也。"

《史记·晋世家》："(晋景公)十六年(公元前 584 年)，楚将子反怨巫臣，灭其族。巫臣怒，遗子反书曰：'必令子罢于奔命！'乃请使吴，令其子为吴行人，教吴乘车用兵。吴晋始通，约伐楚。"

《史记·晋世家》："(晋景公)十七年(公元前 583 年)，诛赵同、赵括，族灭之。韩厥曰：'赵衰、赵盾之功，岂可忘乎！奈何绝祀。'"

（四）夷三族

这是我国古代因一人犯罪而诛灭父母妻三族亲属的酷刑。此项刑罚源于奴隶制时代之孥戮，始于春秋，属法定刑。

《史记·秦本纪》："(文公)二十年(公元前 746 年)，法初有三族之罪。"《史记集解》张宴注："父母、兄弟、妻子也。"如淳注："父族、母族、妻族也。"沈家本注："卫鞅之前，秦自有法，鞅亦不尽变也，如三族之罪是。"[①]

《史记·秦本纪》："武公元年(公元前 697 年)，伐彭戏氏，至于华山下，居平阳封宫。三年(公元前 695 年)，诛三父等而夷三族，以其杀出子也。郑高渠眯杀其君昭公。十年，伐邽、冀戎，初县之。十一年，初县杜、郑。灭小虢。"

---

① 沈家本：《历代刑法考》(下册)，商务印书馆，2011 年版，第 56 页。

（五）诛灭族党

诛灭族党是一人犯罪而诛灭一姓全族的酷刑。此刑仅见于春秋，属非刑。

《左传·襄公二十三年》："晋人克栾盈于曲沃，尽杀栾氏之族党。""族党"一词，无边无沿，但有"栾氏"这个前提，范围还没有出与栾姓有关的血亲、姻亲。

（六）逐族

逐族是将某一家族全部赶出国境。宗族既然已经全部被驱逐，宗庙无人祭祀，封邑从此荒废，在以血缘为最重要社会纽带的社会环境中，这是一种相当严厉的处罚。从某种角度来说，这种刑罚的存在深刻地体现了春秋刑罚的半国家性特征。

《左传·文公十八年》："宋武氏之族道昭公子，将奉司城须以作乱。十二月，宋公杀母弟须及昭公子，使戴、庄、桓之族攻武氏于司马子伯之馆，遂出武、穆之族。"

《左传·宣公四年》载，郑公子归生（子家）弑厉公。公元前599年，子家卒。"郑人讨幽公之乱，斫子家之棺，而逐其族。"

在春秋时代，政治斗争往往也直接反映为家族之间的斗争，是各个家族围绕最高政治权力归属的残酷竞争。贵族的封地及私人武装也为这种以家族为集团的政治斗争、军事斗争提供了可能。斗争的直接参与者往往是家族成员，而非雇佣士兵，在某种意义上，他们是在共同的家族长的率领下，为自己的家族争夺权力、利益和荣誉，他们与家族有着"共荣共辱"的关系，这种关系反映在特定的刑罚上就是，一旦斗争失败，受到惩治的往往不仅仅是家族长个人，胜利者会采用更为"彻底"的手段对付失败者。家族被逐，宗祠失祀，这意味着失败的家族不仅被逐出了政治斗争的舞台，同时也意味着他们在某个共同"姓氏"中消失。

二、生命刑

（一）诛

《史记·晋世家》："（晋昭侯）七年（公元前 740 年），晋人共立昭侯子平为君，是为孝侯。诛潘父。"

《史记·秦本纪》："武公元年（公元前 697 年），伐彭戏氏，至于华山下，居平阳封宫。三年（公元前 695 年），诛三父等而夷三族，以其杀出子也。郑高渠眯杀其君昭公。十年，伐邽、冀戎，初县之。十一年，初县杜、郑。灭小虢。"

《史记·卫康叔世家》："卫君黔牟立八年（公元前 689 年），齐襄公率诸侯奉王命共伐卫，纳卫惠公，诛左右公子。卫君黔牟奔于周，惠公复立。惠公立三年出亡，亡八年复入，与前通年凡十三年矣。"

"诛"应为春秋时代最具有非规范性、非法定性、半国家性的刑罚。我们从各种史料中都可以发现，春秋时代"诛"刑的运用极为随意，几乎不需要任何的"法"作为前提，只要具备实力（往往是武力）即可对所谓的罪人实施诛杀。诛杀可以用于清除某个人，也可以用于清除某个家族，没有审判，没有法律的依据，可以说，这几乎就是一种纯粹的杀戮。

《史记·孔子世家》："（鲁）定公十年（公元前 500 年）春，及齐平。夏，齐大夫黎锄言于景公曰：'鲁用孔丘，其势危齐。'乃使使告鲁为好会，会于夹谷。鲁定公且以乘车好往。孔子摄相事，曰：'臣闻有文事者必有武备，有武事者必有文备。古者诸侯出疆，必具官以从。请具左右司马。'定公曰：'诺。'具左右司马。会齐侯夹谷，为坛位，土阶三等，以会遇之礼相见，揖让而登。献酬之礼毕，齐有司趋而进曰：'请奏四方之乐。'景公曰：'诺。'于是，旄旄羽祓，矛戟剑拨，鼓噪而至。孔子趋而进，历阶而登，不尽一等，举袂而言曰：

'吾两君为好会,夷狄之乐何为于此！请命有司。'有司却之,不去。则左右视晏子与景公。景公心怍,麾而去之。有顷,齐有司趋而进曰:'请奏宫中之乐。'景公曰:'诺。'忧倡侏儒为戏而前。孔子趋而进,历阶而登,不尽一等,曰:'匹夫而营(荧)惑诸侯者,罪当诛！请命有司。'有司加法焉,手足异处。"

鲁、齐两国会盟于夹谷,因为齐之礼乐节目,让孔子挑了理,竟致于杀人。从这件事可以看出:其一,齐国之有司,孔子言诛,他们就把无辜的乐人"手足异处",说明齐鲁两国有共同的礼乐制度,其必源于周礼。其二,刑源于礼,从中我们可以看出礼和刑的关系。

(二)戮

戮即戮尸、剉尸,是我国古代对死刑犯尸体的处置。后来延及已死之人的尸体。各朝方法有所不同,有枭、焚、鞭、陈、悬、弃等。对活人用刑,对死人也用刑,可见奴隶制度和封建制度的残酷和无人性。戮尸,属非刑。

《左传·襄公三年》:"晋侯之弟扬干乱行于曲梁,魏绛戮其仆。晋侯怒,谓羊舌赤曰:'合诸侯,以为荣也。扬干为戮,何辱如之?'"可见,作为一种生命刑,"戮"是带有羞辱性的。《周礼·秋官·叙官·掌戮》就讲:"戮犹辱也,既斩杀又辱之。"《史记·郑世家》也说:"祭仲反杀雍纠,戮之于市。"之所以要在"市"执行这种刑罚,其目的就是要在大量的围观者面前处死罪犯,并对其尸体施行非人道的处置,颇有杀鸡儆猴的意味。对死者非人道的处置办法可能有多种,例如《左传·文公十八年》:"齐懿公之为公子也,与邴歜之父争田,弗胜。及即位,乃掘而刖之。"注:"断其尸足。"沈家本注:"此是戮尸之意,但断足而非枭首。"

又如《左传·昭公十四年》:"邢侯怒杀叔鱼与雍子于朝,宣子问其罪于叔向,叔向曰:'三人同罪,施生戮死可也。'……乃施邢侯而尸雍子与叔鱼于市。"这里的"施",是杀的意思。沈家本注:"戮尸之文,此二事最为明著,古者杀人,必陈尸于市三日。《周礼·秋官·叙官·掌戮》：'戮犹辱也，既斩杀又辱之。'叔鱼事，《晋语》作：'杀其生者而戮其死者。'韦昭注：'陈尸为戮。'然则，此二《传》亦陈尸之谓，《传》文明言尸于市，非必于既死之尸，犹枭其首也，与后来戮尸枭首之事微有不同。管仲之令亦陈尸以示辱耳，否则棺之过度乃当丧者之罪，但以示辱尚可，若必施以枭示之刑，死者何辜枉受此惨祸哉？必不然矣。"[1]

再者，《吴越春秋》："伍子胥不得昭王，乃掘平王之墓，出其尸，鞭之三百。左足践腹，右手抉其目，诮之曰：'谁使汝用谗陷之口杀我父兄，岂不冤哉？'"

《越绝书》："荆平王已死，子胥将卒六千，操鞭棰笞之平王之墓，而数之曰：'昔者吾先人无罪而子杀之，今此报子也。'"

沈家本对此的评价是："太史公曰：'怨毒之于人，甚矣哉！'子胥之报楚，既偿其志矣，而必为掘墓鞭尸之举，似不近情理，恐是战国时人造设之辞，未足信也。平王卒于鲁昭公二十六年（公元前516年），柏举之役在鲁定公四年（公元前506年），相距凡十一年，楚地沮洳，岂平王之尸尚完善无恙，以待胥之鞭棰，且践腹而抉目哉？此事理之难信者也。《越绝》以为笞墓，似为近之。"[2]

当然，在春秋时代也存在曝露尸体以示羞辱的刑罚，这和"戮"的刑罚内涵颇为接近。《左传·襄公二十八年》："癸巳，天王崩，未来赴，亦未书，礼也。崔氏之乱，丧群公子，故钼在鲁，叔孙还在燕，贾在句渎之丘。及庆氏亡，皆召之，具其器用而反其邑焉。与晏子邶殿，其鄙六十，弗受。子尾曰：'富，人之所欲也，何独弗欲。'对曰：'庆氏之邑足欲，故亡，吾邑不足欲也，益之以邶殿，乃足欲。足欲，亡无日矣。在外不得宰吾一邑，不受邶殿，非恶富也，恐失富也。且夫富如布帛之有幅焉，为之制度。使无迁也。夫民生厚而

---

① 沈家本：《历代刑法考》（上册），商务印书馆，2011年版，第114页。
② 沈家本：《历代刑法考》（上册），商务印书馆，2011年版，第116页。

用利,于是乎正德以幅之,使无黜嫚,谓之幅利。利过则为败,吾不敢贪多。所谓幅也。'与北郭佐邑六十,受之。与子雅邑,辞多受少。与子尾邑,受而稍致之。公以为忠,故有宠。释卢蒲嫳于北竟,求崔杼之尸,将戮之,不得。叔孙穆子曰:'必得之。武王有乱臣十人,崔杼其有乎,不十人,不足以葬。'既,崔氏之臣曰:'与我其拱璧,吾献其枢。'于是得之。十二月乙亥朔,齐人迁庄公,殡于大寝。以其棺尸崔杼于市。国人犹知之,皆曰:'崔子也。'"杜注:"崔氏弑庄公,又葬不如礼,故以庄公棺着崔杼尸边,以彰其罪。"

崔杼在中国历史上被看作"弑君""杀史"的跋扈政客,他作为齐国执政,曾经两立齐君,权力熏天,但最终也躲不过悲惨的结局。古往今来,贪权恋富者常常如此,遂成良吏忠臣之名。

(三)杀

《史记·晋世家》:"(晋)孝侯八年(公元前 732 年),曲沃桓叔卒,子胛桓叔,是为曲沃庄伯。孝侯十五年(公元前 725 年),曲沃庄伯弑其君晋孝侯于翼。晋人攻曲沃庄伯,庄伯复入曲沃。晋人复立孝侯子郄为君,是为鄂侯。"

《春秋》:"隐公四年(公元前 719 年),九月,卫人杀州吁于濮。"

《春秋》:"桓公六年(公元前 706 年),八月,蔡人杀陈佗。"

《谷梁传》:"陈佗者,陈君也。其曰陈佗何也?匹夫行,故以匹夫称之也。其匹夫行奈何?陈侯喜猎,淫猎于蔡,与蔡人争禽,蔡人不知其为陈君也,而杀之。何以知其是陈君也?两下相杀不道,其不地,于蔡也。"

《左传·桓公十五年》:"祭仲杀雍纠,尸诸周氏之汪。"注:"汪,池也。周氏,郑大夫。杀而暴其尸,以示戮也。"又,沈家本注:"周氏之汪非市也,尸于此以示戮,是古人陈尸有不于市朝者。"

《春秋》:"襄公二十七年(公元前 546 年),卫杀其大夫宁喜。"

(四)斩

《左传·文公十一年》:"齐襄公之二年,郑瞒伐齐,齐王子成父获其弟荣如，埋其首于周首之北门。"

《左传·僖公三十三年》先轸曰："匹夫逞志于君而无讨，敢不自讨乎？"免胄入狄师，死焉。狄人归其元（元，首也。意把人头还回来），面如生。"

沈家本《历代刑法考》："此分斩杀为二事。"《公羊传·文公十六年》注："杀人者刎头。"何休注："刎，割也。"

《左传·成公二年》："春，齐侯伐我北鄙，围龙。顷公之嬖人卢蒲就魁门焉。龙人囚之……杀而膊诸城上。……韩献子将斩人，郤献子驰，将救之。至，则既斩之矣，郤子使速以徇。"

《公羊传·襄公七年》何注："古者保辜。辜内当以弑君论之，辜外当以伤君论之。疏：其弑君论之者，其身枭首，其家执之；其伤君论之，其身斩首而已。罪不类家。汉律有其事。"

《史记·孙子吴起列传》："孙子武者，齐人也。以《兵法》见于吴王阖庐（公元前514—公元前496年在位）。……孙子曰：'约束不明，申令不熟，将之罪也。既已明而不如法者，吏士之罪也。'乃欲斩左右队长。吴王从台上观，见且斩爱姬，大骇。……遂斩队长二人以徇，用其次为队长。于是复鼓之，妇人左右前后跪起皆中规矩绳墨，无敢出声。"

春秋时代的"杀"与"斩"有着较为密切的关系。《周礼·秋官·掌戮》："掌斩杀贼谍而搏之。"郑玄注："斩以铁钺，若今腰斩也；杀以刀刃，若今弃市也。"弃市从诛杀过程本身而言即斩首惩罚。我们可以看到郑注认为，斩刑分为腰斩和杀。腰斩，身分异处，是斩刑最高的刑罚等级；杀，包括弃市，身首异处，斩刑次等刑罚。周时，又称"斩首"为"折首"。《尔雅·释诂》曰："斩，杀也。"以"杀"释"斩"。由春秋史料看出，如果单从死刑与肉刑区别的角度来讲，"杀"等同于"斩"，都是处死，是剥夺人的生命刑。但依郑注来看，"斩"与"杀"所用的刑具是有区别的。"斩"刑往往利用斧钺斩罪犯首级，而"杀"往往是利用刀刃取人性命。通过对史料的收集,我们还可以发现,"斩"刑的运用在春秋时代往往和军事行动密切相关,即使是孙子见吴王演练兵法时采用的刑罚也是"斩"刑。

(五)枭首

《公羊传·襄公七年》何注:"古者保辜。辜内当以弑君论之,辜外当以伤君论之。疏:其弑君论之者,其身枭首,其家执之;其伤君论之,其身斩首而已。罪不类家。汉律有其事。"

《公羊传·文公十六年》:"何休注:'无尊上,非圣人,不孝者,斩首枭之。'"

《左传·昭公五年》:"竖牛惧,奔齐。孟仲之子杀诸塞关之外,投其首于宁风之棘上。"沈家本注:"此非枭首而近于枭首者。"斩、杀同枭首的区别,是斩、杀只止于死,而枭首则是把头割下来。真正意义上的枭首,是在人活着的时候把头割下来,而死后再把头割下来,就不太符合规格了,所以沈家本说"非枭首而近于枭首。"

(六)辜、磔、支(肢)解

《左传·僖公二十八年》:"曹人尸诸城上。"杜注:"磔晋死人于城上。"师古注:"张其尸也。"这一例,严格地说并非磔,因为磔是肢解活人,而这一例则是磔晋死人。

《左传·成公二年》:"齐侯伐我北鄙,围龙。顷公之嬖人卢蒲就魁门焉。龙人囚之……杀而膊诸城上。"杜注:"膊,磔也。"

《左传·成公二年》:传"韩献子将斩人,郤献子驰,将救之。至,则既斩之矣,郤子使速以徇"。

《韩非子·内储说上》:"荆南之地,丽水之中生金,人多窃采金,采金之禁,得而辄辜磔于市。"

(七)断脊

断脊,是我国古代打断人的脊椎以使人毙命的酷刑。此刑始于春秋,属非刑。

《商君书·赏刑篇》:"晋文公将欲明刑,以亲百姓,于是合诸侯大夫于侍千宫,颠颉后至,(吏)请其罪,君曰:'用事焉。'吏遂断颠颉之脊以殉。"一个国家宠臣,因为他迟到了,就施以断脊的酷刑。何等残酷!"晋国之士稽焉皆惧,曰:'颠颉之有宠也,断以殉,况于我乎?'"

颠颉是重耳出逃时的同行者,是重耳重获晋国政权的功臣,对他施以如此刑罚,显然是扬刀立威之举,然而,施以酷刑的原因却很可能并非晚至,当与焚僖负羁之家有关。

(八)抽肋

这是我国春秋时一种将犯人肋骨剔出,致其死亡的酷刑。此刑属非刑,始于春秋。

《汉书·刑法志》:"陵夷至于战国,韩任申子,秦用商鞅……增加肉刑。大辟,有凿颠、抽肋、镬烹之刑。"春秋时期的严刑峻法借此一刑展露无遗。

(九)轘

轘,也称车裂、轘裂、车磔、体解,俗称"五马分尸"。这是我国古代以五车分裂犯人四肢和头的死刑执行方法。即在犯人生时或被杀后将其四肢和头分别拴在五辆向不同方向奔驰的马车上,以撕裂其肢体,并示众,因而得名。此刑属法定刑,为周所创,在春秋时期,这是一种较为常见的酷刑。

《左传·桓公十八年》:"而轘高渠弥。"杜注:"车裂曰轘。"

《左传·宣公十一年》:"冬,楚子为陈夏氏乱故,伐陈。谓陈人无动,将讨于少西氏。遂入陈,杀夏征舒,轘诸栗门。"

《左传·襄公二十二年》:"轘观起于四竟。"杜预注:"轘,车裂以徇。"

《孔丛子·对魏王第十三》:"齐王行车裂之刑,群臣诤之,弗听。子高见齐王曰:'闻君行车裂之刑,无道之刑也,而君行之,臣切以为下吏之过也。'王曰:'寡人尔民多犯法,为法之轻也。'子高曰:'然,此诚君之盛意也,夫人含五常之性,有喜怒哀乐,喜怒哀乐,无过其节,过则毁于义。民多犯法,以法重,无所措手足。今天下悠悠，士无定处，有德则往，无德则去。欲规霸王之业，与众大国为难，而行酷刑以惧远近，国内之民将叛，四方之士不至，此乃亡国之道。君之下吏，不具以闻，徒恐逆主意以为忧，不虑不谏之危亡。其所衿者小，所丧者大，故曰下吏之过也。臣观之，又非徒不净而已也，必知此事之为不可，将有非议在后，则因曰君忿意实然。我谏净，必有龙逢、比干之祸，是为虚自居于忠正之地，而暗推君主使同于桀、纣也。且夫为人臣见主然而不净，以陷主于危亡，罪之大者也。人主疾，臣之弼，已而恶之，责臣以箕子、比干之忠，惑之大者也。'齐王曰：'谨闻命。'遂除车裂之法焉。"这段史料反映了在春秋时期的齐国，"辕"是存在的。但文中对此刑的态度则是坚决反对的，在某种程度上讲，"车裂"的确是一种残忍的刑罚，会引起人们普遍的反感。但在这里，文章的作者借引齐国取消"车裂之刑"一事，其主要目的是想要阐明"刑"的局限性，借此宣扬儒家以"仁"和"礼"为主导的治国理念。

（十）射杀

《史记·楚世家》："（楚）共王十六年（公元前 575 年），晋伐郑，郑告急。共王救郑，与晋兵战鄢陵。晋败楚，射中共王目。共王召将军子反，子反嗜酒，从者竖阳谷进酒，醉。王怒，射杀子反。遂罢兵归。"

（十一）焚

沈家本在《历代刑法考》中认为三代时期焚刑已经极为少见甚至消失，其实不然。《汉书·五行志》："（昭公二十一年，公元前521年）晋魏舒合诸侯之大夫于翟泉，将以城成周。魏子莅政，卫彪傒曰：'将建天子，而易位以令，非谊也。大事奸谊，必有大咎。晋不失诸侯，魏子其不免乎！'是行也，魏献子属役于韩简子，而田于大陆，焚焉而死。"

《左传·昭公二十二年》："辛卯，郏阫伐皇，大败，获郏阫，壬辰焚诸王城之市。"杜注："焚郏阫。"沈家本注："春秋时言焚者，仅此事。"

《左传·昭公二十七年》:"将师退,遂令攻郤氏,且爇之。子恶闻之,遂自杀也。国人弗爇。令曰:'不爇郤氏,与之同罪。'或取一编菅焉,或取一秉秆焉,国人投之,遂弗爇也。令尹炮之。"杜注:"烧燔郤宛。"服虔云:"民不肯爇也,鄢将师称令尹使女燔炮之。燔,炮,爇,皆是烧也。"沈家本注:"郤宛自杀,杜注云'烧燔郤宛',似为烧其尸在。然依《传》文,乃是烧郤宛之家,非烧郤宛。杜语微欠分晓。"[1]

(十二)炮格

1.炮格,即指古代烤肉用的铜格。《韩非子·喻老》曰:"纣为肉圃,设炮烙,登糟丘,临酒池。"俞樾《诸子平议·韩非子》:"盖为铜格,布火其下,欲食者于肉圃取肉,置格上炮而食之也。"

炮格作为刑罚,亦称炮烙,是殷纣王所用的一种酷刑。此刑是用炭火烧热铜柱或铜格,令人在上面爬行,不能坚持时即坠炭火上烧死。亦有观点认为,此刑是将人绑缚在铜柱或铜格之上,再用炭火烧红铜柱或铜格,将人烧烤至死。

《左传·昭公二十七年》:"令尹炮之,尽灭郤氏之族党。"

2.《荀子·议兵》曰:"纣刳比干,囚箕子,为炮烙刑。"《史记·殷本纪》:"百姓怨望而诸侯有畔者,于是纣乃重刑辟,有炮格之法。"裴骃集解引《列女传》:"膏铜柱,下加之炭,令有罪者行焉,辄堕炭中。妲己笑,名曰炮烙之刑。"

(十三)烹

"烹"作为一种酷刑,在春秋依然存在。《史记·伍子胥列传》:"叶公闻白公为乱,率其国人攻白公。白公之徒败,亡走山中,自杀。而虏石乞,而问白公尸处,不言将烹。石乞曰:'事成为卿,不成而烹,固其职也。'终不肯告其尸处。遂烹石乞,而求惠王复立

---

① 沈家本:《历代刑法考》(上册),商务印书馆,2011年版,第85页。

之。"沈家本《历代刑法考》:"烹事盛行于周及秦、汉之间……春秋
之后,如齐威王烹阿大夫,及左右尝誉者皆并烹之,见《史记·齐敬
仲完世家》。中山之君烹乐羊之子,而遗之羹,见《韩非子·说
林》。"

(十四)醢

《离骚》:"不量凿而正枘兮,固前修以菹醢。"王逸注:"菹醢,龙
逢、梅伯是也。"沈家本注:"桀杀关龙逢,他书不言。菹醢,惟见此
注。王逸,汉人,当别有所本,故放于首。"《吕氏春秋·行论篇》高
注:"肉酱为醢,肉熟为脯。"

"醢"就是将人捣成或者剁为肉酱的酷刑。一般施于犯有弑
君、作乱、叛国之罪且严重破坏了宗法等级秩序的贵族。《离骚》中
的诗句从另一角度说明"不迎合君王,正是前贤们遭受此等酷刑的
原因"。

《史记·齐太公世家》:"(桓公元年,公元前685年)秋,与鲁战
于乾时,鲁兵败走,齐兵掩绝鲁归道。齐遗鲁书曰:'子纠兄弟,弗
忍诛,请鲁自杀之。召忽,管仲雠也,请得而甘心醢之,不然,将
围鲁。'"

《左传·庄公十二年》:"宋人请猛获于卫。……卫人归之。亦
请南宫万于陈,以赂。陈人使妇人饮之酒,而以犀革裹之,比及宋,
手足皆见。宋人皆醢之。"杜注:"醢:肉酱。并醢猛获,故言皆。"沈
家本注:"二人转弑君之贼,故宋人醢之,非常刑也。"

(十五)囊扑

囊扑是一种把人装在口袋里,封上口,用乱棍打死的酷刑。此
刑始于春秋,属非刑。

《史记·秦本纪》注:"以囊盛受刑人,扑而杀之。"

(十六)磬

《左传·文公十年》:"子西缢而县绝。"

《左传·昭公二年》:"秋,郑公孙黑将作乱,欲去游氏而代其

位,伤疾作而不果。驷氏与诸大夫欲杀之,子产在鄙,闻之,惧弗及,乘遽而至,使吏数之曰:'伯有之乱,以大国之事,而未尔讨也。尔有乱心无厌,国不女(汝)堪。专伐伯有,而罪一也,昆弟争室,而罪二也,薰隧之盟,女(汝)矫君位,而罪三也。有死罪三,何以堪之?不速死,大刑将至。'""七月壬寅,缢,尸诸周氏之衢(衢,道也),加木焉(书其罪于木,以加尸上)。"

沈家本《历代刑法考》:"郑解磬曰县缢,《释名》县绳曰缢,是磬刑必县,如县磬然也。至绞刑如何?未有明文,疑如今绞刑,但以绳绞颈,气闭则毙,不必县也。"[①]以沈家本之见,磬是挂起来吊死,绞则是用绳子勒死,不必吊起来。

《左传·哀公二年》:"若其有罪,绞缢以戮,桐棺三寸,不设属辟,素车朴马无入于兆,下卿之罚也。"杜注:"所以缢人物。"沈家本注:"杜注以绞为缢人之物,当为绳带之类。《仪礼·丧服》传:绞带者,绳带也。贾公彦疏:以绞麻为绳作带,故云绞带也。此以绞缢为下卿之罚,当为周制。"

沈家本《历代刑法考》:"绞罪之名,汉以前未见,春秋时多曰缢,其见于《左传》者,如莫敖缢于荒谷、夷姜缢、太子申生缢于新城、楚成王缢,此皆自缢者也。公子入问王疾,缢而弑之。"杜注:"缢,绞也。"孙卿曰:"以冠缨缢之,此人缢之者也。亦曰雉经,《晋语》申生乃雉经于新城之庙。"

(十七)沉河

沉河,也叫沉渊、水淹,是我国古代一种刑杀方法,把人捆绑起来,坠以重物,投入深水或河水中淹死。此刑始于春秋,属非刑。

《左传·成公十一年》:"郤犨来聘,求妇于声伯,声伯夺施氏妇以与之……生二子于郤氏。郤氏亡,晋人归之施氏。施氏逆诸河,沉其二子。"杜注:"沉之于河。"但是,沈家本认为,"此亦沉河也,而

---

①　沈家本:《历代刑法考》(上册),商务印书馆,2011年版,第125页。

事属私家,栾缴之事则竟以为官刑矣。后来唯元魏有沉渊之刑,他无所见"。施氏沉其二子,不管出于什么动机和目的,都不是刑罚。古之史家把它归入刑罚适当否,还应进一步讨论。

(十八)饮药

一种强迫人喝毒药,致中毒而死的刑罚。此刑始于春秋,属非刑。

《国语·鲁语》:"温之会,晋人执卫成公归之于周,使医鸩之,不死,医亦不诛。"可见,在古代社会,由于客观条件的限制,即使是刑罚的执行也会出现意外的状况,鸩之不死,恐怕古人就要归因于天命庇佑此人了吧。

三、身体刑

(一)五刑

从夏至春秋,都有五刑,虽称五刑,但内容各不相同。春秋之五刑,主要是死刑。

《国语·鲁语》:"臧文仲言于僖公曰:'夫卫君殆无罪矣。刑五而已,无有隐者,隐乃讳也。大刑用甲兵,其次用斧钺,中刑用刀锯,其次用钻笮,薄刑用鞭扑,以威民也。故大者陈之原野,小者致之市朝,五刑三次,是无隐也。今晋人鸩卫侯不死,亦不讨其使者,讳而恶杀之也。有诸侯之请,必免之。臣闻之:班相恤也,故能有亲。夫诸侯之患,诸侯恤之,所以训民也。君盍请卫君以示亲于诸侯,且以动晋?夫晋新得诸侯,与亦曰:鲁不弃其亲,其亦不可以恶。'公说,行玉二十瑴,乃免卫侯。"

(二)劓

《易·睽》六三:"其人天且劓。"疏:"克额为天,截鼻为劓。既处二四之间,皆不相得。其为人也,四从上刑之,故黥其额,二从下刑之,又截其鼻,故曰其人天且劓。"

《左传·昭公十三年》记载楚乾溪之乱，公子比派观从通告楚灵王的部属：“先归复所，后者劓。”虽然文献中没有交代劓的事实，但以劓刑来威胁王的部属已经没有疑问了，说明春秋时存在劓刑。而在春秋时代之后，劓刑成为普遍的刑罚。

（三）聝

《尚书正义·卷十四》：“《易·噬嗑》：上九云‘何校灭耳’。郑玄以臣从君坐之刑，孔意然否未明。要有聝而不在五刑之类。”

《左传·僖公二十二年》：“示之俘聝。”杜注：“聝，所截耳。”

沈家本《历代刑法考》：“王氏《尚书后案》：‘郑曰，聝者，臣从君坐之刑者。僖二十八年《左传》，卫侯与元咺（咺）讼，针庄子为坐，卫侯不胜，聝针庄子。是周世有臣从君坐之刑，但彼用聝，而郑于此注以聝当之者，春秋之法不尽周初之制也。’”①

《大雅》：“攸馘安安。”传：“馘，获也。不服者，杀而献其左耳。”

除聝之外，春秋还有一种和耳有关的肉刑，《左传·僖公二十七年》：“子玉复治兵于蒍，终日而毕，鞭七人，贯三人耳。”此刑的方法是用箭把人的耳膜穿透，使成聋子的刑罚。始于春秋，属非刑。

（四）刖

刖，即砍掉脚的酷刑，亦称荆。春秋时，各国都有刖刑。齐景公时，受刖者颇多。《左传·昭公三年》：“晏子曰：‘国之诸市，屦贱踊贵’。于是，景公繁于刑，有鬻踊者。故对曰：‘踊贵屦贱。’景公为是省于刑。”注：“踊，刖足者屦。言刖多。”《经典释文》：“踊，音勇，刖足者之屦也。”晏婴说“踊贵履贱”，景公为之损刑。

《左传·庄公十六年》：“郑伯治与于雍纠之乱者，九月，杀公子阏，刖强锄。”

《左传·文公十八年》：“齐懿公之为公子也，与邴歜之父争田，弗胜。及即位，乃掘而刖之，而使歜仆。纳阎职之妻，而使职骖乘。

---

① 沈家本：《历代刑法考》（上册），商务印书馆，2011 年版，第 175 页。

夏五月，公游于申池。二人浴于池，歜以扑挟职，职怒。歜曰：'人夺女（汝）妻而不怒，一挟女（汝）庸何伤？'职曰：'与刖其父而弗能病者，何如？'乃谋弑懿公，纳诸竹中。归，舍爵而行。齐人立公子元。"

《说苑·杂言》："卫国之法，窃驾君车者，罪刖。"

《孔子家语·致思第八》："季羔为卫之士师，刖人之足。"

从以上史料来看，"刖"刑似乎更多地适用于身份较为低贱的人，但在春秋时代也存在对贵族用"刖"刑的例子。例如，前文所书，《左传·僖公二十八年》载，卫侯与元咺讼，卫侯不胜，则刖诉讼代理人针庄子之例。

（五）宫

早期的宫刑是以宫役为基本特征的。这种刑罚的基本逻辑就是罪人（男性）入宫为奴，必先去势（割势）。因此，春秋时期的宫刑不仅意味着对罪犯身体的摧残，还意味着对罪犯长期的奴役和侮辱。齐国的寺人披、寺人貂，卫国的寺人罗等，都是受宫刑之后而服宫役的。《左传·昭公五年》："及楚，楚子朝其大夫，曰：'晋，吾仇敌也。苟得志焉，无恤其他。今其来者，上卿、上大夫也。若吾以韩起为阍，以羊舌肸为司宫，足以辱晋，吾亦得志矣。可乎？'"可见楚灵王非常想以"宫"的方式侮辱晋人，以解其愤。

对于女性罪犯，宫刑则指禁闭宫中，基本不会带来直接的肉体痛苦。《左传·襄公十九年》："妇人无刑。虽有刑不在朝市。"杜注："无黥刖之刑。"孔颖达疏："妇人淫则闭之于宫，犯死不得不杀。而云妇人无刑，知其于五刑之中无三等刑耳，三等墨劓刖也。"这也就是说，春秋时期的宫刑对于女性而言，更多地表现为长期幽禁宫中，甚至是终身服役。

（六）鞭

《左传·庄公八年》："公惧，坠于车，伤足，丧屦。反，诛屦于徒人费。弗得，鞭之，见血。走出，遇贼于门，劫而束之。费曰'我奚御哉'，袒而示之背，信之。"

《左传·庄公三十二年》："雩，讲于梁氏，女公子观之。圉人荦自墙外与之戏。子般怒，使鞭之。"

《左传·僖公二十七年》："子玉复治兵于蒍，终日而毕，鞭七人，贯三人耳。"

程树德《九朝律考》："《左传》鞭徒人费。鞭师曹三百。其源甚古。"

春秋时期的鞭刑依然延续着在周代作为军刑的传统，同时也是贵族惩罚下层民众的主要方式。作为军刑，其行刑有一定的数量规定，但作为贵族的家刑，其行刑则具有更强的随机性。

（七）笞

《左传·文公十八年》："歜以扑抶职。"杜注：扑，捶也。抶，击也。《左传·襄公十七年》："子罕闻之，亲执扑以行筑者，而抶其不勉者。"杜注：扑，杖。《史记·卫康叔世家》："（卫）献公十三年（公元前564年），公令师曹教宫妾鼓琴，妾不善，曹笞之。妾以幸恶曹于公，公亦笞曹三百。"

沈家本《历代刑法考》："扑即今之笞杖，三代以上不在五刑之列，惟学校典礼诸事用之，所谓教训之刑也。春秋时，或用以治官事，如宋子罕之执扑以行筑者，《月令》之揥扑释众则与鞭同用矣。杜注训扑为杖，乃后来之义。《说文》：'杖，持也。'凡可持之物皆曰杖，丧杖、齿杖、兵杖皆是，笞杖之杖亦可持者，故得袭其名耳。《说文》：'挞，《乡饮》酒罚不敬，挞其背。'扑挞之处，他书不言，惟许说之，当必有所受之也。"[①]可见，春秋时期的笞刑主要为家刑，与《孔子家语》中"小杖则受，大杖则走"中的"小杖"极为类似。

（八）桎梏

所谓桎梏，作为古代刑罚，即为锁住人的脖子或手脚。

---

① 沈家本：《历代刑法考》（上册），商务印书馆，2011年版，第322页。

《左传·庄公三十年》："楚公子元归自伐郑，而处王宫，斗射师谏，则执而梏之。"杜注："足曰桎，手曰梏。"

《左传·襄公六年》："子荡怒，以弓梏华弱于朝。"杜注："张弓以贯其颈，若械之在手，故曰梏。"

《列子·杨朱》："重囚累（来）梏。"注："梏，手械也。"

王安石《周官新义》："梏在胻，桎在足，拳在手。《左传》子荡以弓梏华弱于朝，则梏在胻明矣。"刘氏敞曰："梏者，校也，在头曰梏。谓之梏者，以其在首，犹牛马梏者。"沈家本注："在手曰梏，在足曰桎，唐以前无异说。此自古相传，其说有所授受者也。安石独为异，取《左传》为证。杜注固云贯其颈若械之在首，是不足为在胻之证也。刘氏谓在首犹牛马牿（音固），说亦未允。《易》'童牛之牿'，《九家》作'告'。《说文》：'告，牛触人，角着横木，所以告人。《易》曰童牛之告。'许用《九家》说。虞翻云：'坤为牛告，谓以木楅（音必，拴在牛角上的横木）。其角。大畜，畜物之家恶其触害，艮为手，为小木，巽为绳，绳缚小木，横着牛角，故曰童牛之告。'《说文》：'衡牛触，横大木，其角楅以木，有所畐（音必）束也。'《鲁颂》：'夏而楅衡。'《传》：'楅横，设牛角以楅之也。'《周礼·封人》：'设其楅衡。'杜子春云：'楅衡所以持牛，令不得抵触人。'然则楅衡者，牛马之梏，与梏人之梏，意亦相通，而其形状则绝不相同，亦不足为在首之证也。郑氏谓施梏于前足，此郑易作'梏'，与许异，王弼本作'牿'。牿，《说文》：'牛马牢也，《周书》曰今惟牿牛马。'与《易》义异。王弼注云：'能止健，初距不以角。'是其意亦与许同。其字不当从牿也。"[1]沈家本广征博引，意在驳斥王安石的梏在胻论。沈家本是对的，在古时，加在头（或项）上的刑具，叫钳，而非梏。梏就是加在手上的。

---

① 沈家本：《历代刑法考》（上册），商务印书馆，2011年版，第941页。

（九）缧绁

所谓缧绁，作为古代刑罚，是将人用绳索捆绑起来。

《论语》：“虽缧绁之中，非其罪也。”注：“缧，黑索。绁，挛也。所以拘罪人。”

《左传·僖公三十三年》：“君之惠，不以累臣衅鼓。”杜注：“累，囚系也。”又，《左传·成公三年》：“两释缧囚。”杜注：“缧，系也。”又，《襄公二十五年》：“使其众男女别而缧，以待于朝。”杜注：“缧，自囚系以待命。”

沈家本《历代刑法考》：“古者拘系罪人，并以索、徽、缰、缧，皆是其字，皆从系。其用铁索，不详始于何时。观《西域》《王莽》二传，是汉时已用之矣。”[①]

（十）鈇

鈇，既是刑具，也是刑名。其是一种把人的双脚铐在一起的刑具，也是用以拘系犯人的刑罚。作为刑具，鈇即后来所用脚镣的雏形。古时械系人犯，在颈曰钳，在足曰鈇。始于春秋。

《说文解字》：“鈇，铁钳也。”桂馥《说文解字义证》：“以铁锗头曰钳，锗足曰鈇。”《太平御览》引作“胫钳”也。

《周礼·掌囚》：“‘在手曰梏，在足曰桎。’梏亦械类。以是推之，则以此当云‘在手曰镙，在足曰鈇’矣。”《管子·幼官篇》：“刑则交寒害鈇。”刘积注：“鈇，钳械人足也。”《史记·平准书》：“敢私铸铁器煮盐者，鈇左趾，没入其器物。”《史记集解》注释引韦昭曰：“鈇，以铁为之，著左趾以代刖也。”《史记索隐》：“按：《三苍》云‘鈇，锗脚钳也’。”

---

① 沈家本：《历代刑法考》（上册），商务印书馆，2011年版，第956页。

四、自由刑

所谓自由刑,是指以剥夺人行动自由的基本权利为内容的刑罚。其主要方式是在一定设施内拘禁受刑者。

春秋时期,自由刑主要包括狱、囚、执、拘、锢、监禁、因诸等。

（一）狱

《易·噬嗑》:"亨,利用狱。"《周易·大象》:"君子以明庶政,无敢折狱……君子以明慎用刑,而不留狱……君子以议狱缓死。"并是此义也。《荀子》:"狱犴不治,不可刑也,罪不在民故也。"《诗经·小雅·小宛》:"哀我填寡,宜岸宜狱。"《诗经·朱熹集传》:"岸,亦狱也。《韩诗》作'犴'。乡亭之系曰犴,朝庭曰狱。"

《独断》:"四代狱之别名:唐虞曰士官。《史记》曰:皋陶为理。《尚书》曰皋陶作士。夏曰均台,周曰囹圄,汉曰狱。"

段玉裁《说文解字注》与朱熹解释相同:"狱,从㹜、从言。二犬所㠯守也,说从狱之意。韩诗曰宜犴宜狱,乡亭之系曰犴,朝庭曰狱。"

《公羊传·昭公二十一年》:"宋华亥、向宁、华定,自陈入于宋南里以畔(叛)。宋南里者何? 若曰因诸者然。"何休注:"因诸者,齐故刑人之地。公羊子,齐人,故以齐喻也。"徐彦疏:"旧说云,即《博物志》云,周曰囹圄,齐曰因诸是也。"《玉篇》:"囹圄,狱也。"从注解看,齐把狱叫"因诸"。

（二）囚

《左传·僖公二十八年》:"执卫侯,归之于京师,置诸深室。"注:"深室,别为囚室。"沈家本注:"此与后世之监禁无异。"

《管子·大匡》:"凡庶人欲通,乡吏不通,七日,囚。士出欲通,吏不通,五日,囚。贵人子欲通,吏不通,三日,囚。"沈家本注:"此似即后世监禁之法,乃其最轻者,故以七日、五日、三日为限。"

《左传·宣公二年》："春，郑公子归生受命于楚，伐宋。宋华元、乐吕御之。二月壬子，战于大棘，宋师败绩，囚华元，获乐吕。"

《吴越春秋·卷七》："吴王知范蠡不可得为臣，谓曰：'子既不移其志，吾复置子于石室之中。'范蠡曰：'臣请如命。'吴王起，入宫中，越王范蠡趋入石室。吴王曰：'诛讨越寇，囚之石室。'"

可见，在春秋时期，"囚"是一种缺乏规范的刑罚，很少有人指明触犯何种法应该处以"囚"刑，"囚"犯"囚"于何处也无定制，经常是依照当权者的意志随机选择囚禁之所，而囚所如何管理、由何人管理、依照何种方式来进行管理更是无人理会。

（三）执

《史记·晋世家》："晋侯缗四年（公元前703年），宋执郑祭仲而立突为郑君。晋侯十九年（公元前688年），齐人管至父弑其君襄公。"

《左传·桓公十一年》："九月，宋人执郑祭仲。"

《左传·庄公十七年》："春，齐人执郑詹。"

"执"也是利用一定的方式手段在特定的时间里限制某些人的自由。春秋时期，"执"绝非一种法定刑罚，其应用极为常见且随意，这充分反映了春秋刑罚的非法定性。

（四）拘

所谓拘，也是一种把人短时间拘留羁押起来的措施，始于春秋。

《史记·孔子世家》："（孔子）将适陈，过匡，颜刻为仆，以其策指之曰：'昔吾入此，由彼缺也。'匡人闻之，以为鲁之阳虎。阳虎尝暴匡人，匡人于是遂止孔子。孔子状类阳虎，拘焉五日。颜渊后，子曰：'吾以汝为死矣！'颜渊曰：'子在，回何敢死。'匡人拘孔子益急，弟子惧。"

可见，虽然在记载春秋时期历史的文献中，"拘"刑已经出现，但这时的"拘"与后代出现的"拘"是有区别的，春秋时代的"拘"基本不属于合法的"拘",而是使用暴力将某人羁押,"拘"于何处、何时释放均无定制。

五、流　刑

春秋时期多见的流刑为"放"。而此时之"放"与"流"同义。春秋时期放逐的对象多为王公贵胄,放逐的地点都是偏远荒凉的地方,如吴、越、桐宫、鸣条等地,而且被放逐者似乎很难有赦免的可能。在"刑不上大夫"的传统下,对于王公贵族而言,"放"是极重的刑罚,而不是一般的贬谪,被放逐者生还的可能性极小。

《左传·襄公二十九年》:"齐公孙虿、公孙灶放其大夫高止于北燕。"杜注:"放者,宥之以远。"

《春秋·宣公元年》:"晋放其大夫胥甲父于卫。"

《公羊传·宣公元年》:"放之者何?犹曰无去是云尔。然则何言尔?近正也。此其为近正奈何?古者大夫已去,三年待放,君放之非也,大夫待放正也。"注:"古者刑不上大夫,故有罪,放之而已。"

六、财产刑

所谓财产刑,是指以剥夺受刑人财产为手段的刑罚。春秋时期,财产刑主要包括籍没、赎、罚等。

（一）籍没

对于"籍没"一刑在什么时代出现,学界有诸多不同的认识。有相当一部分学者认为,"籍没"应当出现于奴隶制逐步解体、封建制生产关系逐步确立的战国时代,也就是说,只有当新兴地主阶级、小自耕农和其他小生产者出现后,没收私产才成为可能,"籍没"才能具有普遍的适用性。但是也有一些学者认为,财产刑起源于周朝。西周王朝代表着中国奴隶制的鼎盛时期,以井田制、宗法制、分封制和礼乐制度为基础,西周的农业、手工业、畜牧业以及商品经济有了一定发展,尤其是随着生产和分封制经济的发展,西周时期奴隶的经济地位也在逐步发生变化,一部分奴隶结束了彻底的一无所有的状态,演变成农奴。所谓的农奴在满足奴隶主剥削的前提下,可以拥有少量的生活和生产资料。而且,由于剩余产品被大量创造出来,奴隶主贵族的财富进一步得到积累,这为财产刑的适用奠定了一定的社会物质基础。从以下史料中,我们便可以发现春秋时期"籍没"之刑的端倪。

《左传·文公六年》:"众隶赖之,而后即命,圣王同之。"沈家本注:"《列子·仲尼篇》'隶人之生',注:'隶,犹群辈也。'"众隶之隶当为群辈之义,众民也,亦曰萌隶[1]、氓隶[2]、民隶[3]。民隶者,犹言人民耳,与隶役之义异。

《左传·定公四年》:"且夫祝,社稷之常隶也。"注:"隶,贱臣也。"《国语·晋语》:"其犹隶农也。"韦昭注:"隶,今之徒也。"

《左传·定公十年》:"武叔聘于齐,齐侯享之,曰:'子叔孙!若使郈在君之他境,寡人何知焉?属与敝邑际,故敢助君尤之。'对曰:'非寡君之望也。所以事君,封疆社稷是以。敢以家隶勤君之执事。'"沈家本注:"家隶谓家臣。是时,郈马正侯犯以郈叛。郈,叔孙、武叔之邑也,侯犯奔齐,齐人致郈,武叔往谢,故有此语。"

(二)赎

自赎刑产生,几乎历代刑制中均有此刑,春秋时期各国也不例外。

《国语·齐语》:"制重罪赎以犀甲一戟,轻罪赎以鞼盾一戟。"

---

[1]　乐毅《报燕王书》:"所以能循法令,顺庶孽,施及萌隶。"
[2]　贾谊《过秦论》:"然而陈涉,瓮牖绳枢之子,氓隶之人,而迁徙之徒也。"
[3]　马融《延光四年日蚀上书》:"上以应天变,下以安民隶。"

《左传·宣公二年》:"宋人以兵车百乘、文马百驷以赎华元于郑。"沈家本注:"此俘虏之赎,非常法。"

《吕氏春秋·察微》:"鲁国之法,鲁人为人臣妾于诸侯,有能赎之者,即其金于府。子贡赎鲁人于诸侯,来而让,不取其金。孔子曰:'赐失之矣。从今以往,鲁人不赎人矣。'"臣妾者,奴隶也。赎之,即用金钱换取奴隶的自由。

由上述材料可见,兵争之世,除了"金作赎刑"外,各种军事装备也可以充做赎刑之资。而从"鲁国之法"中,我们可以看到鲁国政令对于"本国人"的照顾,为赎回在他国成为奴隶的本国人,鲁国提供了相应的补贴金,我们可以把这看成是鲁国统治者维系政权稳定的一项特殊政令。同时,我们也可以发现,在春秋各国之间,"赎"的行为是时有发生的。通过"赎"可以解救被俘的军人,可以使被奴役的国人脱罪,在当时以血缘为主要社会纽带的历史背景下,这样的情况是可以理解的。

(三)罚

《管子·中匡》:"对曰:'不可,甲兵未足也。请薄刑罚,以厚甲兵。'于是死罪不杀,刑罪不罚,使以甲兵赎。死罪以犀甲一戟,刑罪以胁盾一戟(既出盾,又令出一戟也),过罚以金钧(过误致罪,出金以赎之),无所抑而讼者,成以束矢。"《管子·小匡》:"制重罪入以兵甲犀胁二戟,轻罪入兰盾鞈革二戟(兰即所谓兰锜,兵架也。鞈革,重革,当心着之,可以御矢),小罪入以金钧(三十金曰钧),分宥薄罪,入以半钧,无坐抑而讼狱者,正三禁之而不直,则入一束矢以罚之(谓其人自无所坐,而被抑屈为讼者,正当禁之三日,得其不直者,则令入束矢也)。"沈家本注:"疑赦而赎,衿之,非利之也。管子以甲兵未足而使以甲兵赎,则真利之矣。此霸者之政,与王者异也。富者得生,而贫者如何处分?所未详也。"沈家本注:"此管仲之制,详赎下。其法死罪、刑罪以甲兵赎,小罪则罚金,似以赎、罚分轻重矣。"

《国语·齐语》:"小罪谪以金分。"韦昭注:"今之罚金是也。"

沈家本《历代刑法考》:"罚金之名,始见于《职金》,而详于《管子》,罪之最轻者用之,罚与赎义有别。《说文》:'罚,罪之小者,从刀詈,未以刀有所贼,但持刀骂詈则应罚。'赎,贸也,贸易财也。五罚轻于五刑,罚为犯法之小者,而刑为犯法之重者。凡言罚金者,不别立罪名,而罚金即其名,在五刑之外自为一等。凡言赎者,皆有本刑,而以财易其刑,故曰赎,赎重而罚金轻也。古者辞多通用,罚亦可称刑,凡经传之言刑者,罚亦该于其内,赎亦可称罚。《吕刑》之五刑疑赦,皆曰其罚若干锾,浑言之,则义本相通,析言之则各自有别,不容混也。汉以罚金为常法,而赎则武帝始行之,下逮魏晋六代南朝,并承用斯法。北朝魏及齐、周并有赎而无罚金,隋唐承之,于是,罚金之名无复有用之者。近日东瀛刑法有罚金一项,其事则采自西方,其名实本之于古,论者不察,辄诋为欧人之法,不宜于中华,曷勿陈,故籍而一考之。"[1]

可见,在春秋时期,以刑等而论的"罚金"之刑就已经初具规模。在此时期,"罚"已经分为"金罚"和"物罚",当然"物罚"所需的物资要远远少于"赎","无所抑而讼者,成以束矢",只不过是"束矢"而已。

七、资格刑

春秋多见的资格刑即为禁锢。

《左传·成公二年》:"及共王即位,将为阳桥之役,使曲巫聘于齐,且告师期。巫臣尽室以行。及郑,使介反弊,而以夏姬行。遂奔晋,而因却至,以臣于晋。晋人使为邢大夫。子反请以重弊锢之。"杜注:"禁锢,勿令仕。"沈家本注:"子反之请虽未行,而春秋时

---

[1] 沈家本:《历代刑法考》(上册),商务印书馆,2011年版,第298页。

禁锢之事各国皆有，此法非始于晋锢栾氏，于此可见。"

《左传·襄公二十一年》："会于商任，锢栾氏也。"

《孟子·离娄下》："今也为臣，谏则不行，言则不听；膏泽不下于民；有故而去，则君搏执之，又极之于其所往。"赵岐注："搏执其亲族也。极者，恶而困之也。"朱熹《孟子集注》："极，穷也。穷之于其所往之国，如晋锢栾盈也。"

可见，由于各国权力集团和各利益团体之间的争斗，"禁锢"已经成为统治阶级排除异己、排斥持有不同政见者的政治策略和高压工具。掌权势力集团为打击异派，便诬其他势力为奸党、朋党或异端，利用手中的权势对其进行打击，这样的打击甚至可以超越当时的国界，这对一个人或一个家族的政治生命都会造成极大的影响。

小　结

春秋时代是中国历史上的一个分裂时期，也可以说，它是一个重要的分裂时期。在这个时期，中国社会经历着转变的痛苦，也孕育着更多新的因素。在西周宗法制那种分权式统一走到末路的时候，新社会模式的产生便成了一个重要的问题。摆脱"宗周"的控制之后，在寻求"霸主"地位的过程中，各诸侯国掌权者逐渐发现，新的环境需要一种新的秩序，而刑罚就是一种构建权威秩序的必需品。当然，对这种用以构建新秩序的工具的探索在最初是缺乏依据的，有时是盲目的、无章法的。通过对春秋时期刑罚内容的分析，我们就可以看到春秋刑罚制度尚处于初步发展的阶段，不如战国刑罚体系完备，在这方面，春秋与战国有很大的差别。两者之间存在着一条明显的时代分界线：春秋刑罚尚存在原始性和家族性，刑罚的神秘性依然很强；而战国刑罚有较大进步，透明性增强。春秋刑罚往往不由法定，而战国的刑罚则逐步法定化。春秋刑罚尚未规范化，存在不确定性；而战国刑罚则逐步规范，有较明显的确定性。

第五章　战国时代的刑罚

　　战国时代是中国古代社会中先秦时期的最后一个历史阶段，是一个由分裂走向统一的时代，长期积累的统一的趋势在这个阶段终于汇成了强悍的、具有决定性的力量，并最终促成了一个强大的中央集权国家的形成。同时战国又是一个分裂格局达到顶点，社会大动荡、大变革的时代，列国之间大规模的战争此起彼伏，接连不断，每个称霸一方的政权都在竭尽所能，希望在这迈向统一的最后冲刺中力压对手。我们可以看到，为了增强国家的政治、经济和军事实力，各国的变法运动如火如荼，而由于社会震荡期各阶层的此消彼长，社会矛盾也日益复杂尖锐。刑罚恰恰是一种整合社会力量、维持社会秩序、控制越轨行为、推行政令的有力工具，这都导致了战国时代的刑罚必然具备相当耐人寻味的时代特征。

　　众所周知，战国时代魏国李悝的《法经》是新兴地主阶级推行法治所采用的法律依据。很多学者将其视为中国历史上第一部比较完整的成文法典。《法经》主张取缔旧贵族的特权，维护新兴地主阶级的利益，可以说，这是一部可以为新兴地主阶级奠定政权基础的法律文书，并为后来的吴起、商鞅变法开创了先例，其中所涉及的刑罚也是我们需要关注的。由于《李子》失传，我们只能通过《故唐律疏》看到《法经》基本上包括六个篇目。《故唐律疏》："魏文侯师于里（李）悝，集诸国刑典，造《法经》六篇，一盗法，二贼法，三囚法，四扑法，五杂法，六具法。"另外，《晋书·刑法志》等文献也记录了《法经》的部分内容，为我们了解《法经》提供了线索。《晋书·刑法志》："秦汉旧律，其文起自魏文侯师李悝。悝撰次诸国法，著《法经》。以为王者之政莫急于盗贼。故其律始于《盗贼》，盗贼须劲扑,故著《囚》《扑》二篇,其轻狡、越城、博戏、借假不廉、淫侈、逾制,以为《杂律》一篇,又以《具律》具其加减。是故所著六篇而已,然皆罪名之制也。商君受之以相秦。"可见,《法经》的一个重要特征就是对"盗贼"的格外关注。需要说明的是,《晋书·刑法志》中虽然"盗"和"贼"连用,但实际上两者是存在差别的。《晋书·刑法志》也讲:"盗贼并言者,盗谓盗取人物,贼谓杀人曰贼。"但无论是"盗"还是"贼",都是《法经》重点打击的对象,因为这两种犯罪行为都对人的生命权和财产权构成了直接的威胁,而这两种权利也是新兴地主阶级为了巩固自己已经拥有的政治地位和社会地位所必须依靠的。

沈家本《历代刑法考》:"战国时,各国各有刑法,惺不过集而自成为一家言。《汉书·艺文志》法家有《李子》三十二篇,《法经》当在其中,此书为秦法之根源,必不与杂烧之列,不知何时其书始亡,恐在董卓之乱,故《隋书·经籍志》已不著其名,《晋志》但存目次,他无考焉,邱氏之言,乃臆测之词也。《史记·孟子荀卿列传》魏有李悝尽地力之教,《汉书·食货志》亦言李悝为魏文侯尽地力之教,所述尽地力之事甚备,而《法经》则无述之者,此学之不讲,自古然矣。"[①]可见沈家本对《法经》的评价并不甚高,但如果从秦汉以后的封建法典来看,《法经》是具备初期蓝本意义的。

最能够代表战国时代刑罚特征的就是商鞅变法中涉及的一系列刑罚。《史记·商君列传》:"商君者,卫之诸庶孽公子也,名鞅,姓公孙氏,其祖本姬姓也。鞅少好刑名之学。……闻秦孝公下令国中求贤者……遂西入秦,因孝公宠臣景监以求见孝公。……孝公既用卫鞅,鞅欲变法,恐天下议己。卫鞅曰:'疑行无名,疑事无功。且夫有高人之行者,固见非于世,有独知之虑者,必见敖于民。愚者闇于成事,知(智)者见于未萌。民不可与虑始而可与乐成。

---

① 沈家本:《历代刑法考》(上册),商务印书馆,2011年版,第55页。

论至德者不和于俗,成大功者不谋于众。是以圣人苟可以强国,不法其故,苟可以利民,不循其礼。'孝公曰:'善。'甘龙曰:'不然,圣人不易民而教,知(智)者不变法而治。因民而教,不劳而成功,缘法而治者,吏习而民安之。'卫鞅曰:'龙之所言,世俗之言也。常人安于故俗,学者溺于所闻。以此两者居官守法可也,非所与论于法之外也。三代不同礼而王,五伯不同法而霸。智者作法,愚者制焉;贤者更礼,不肖者拘焉。'杜挚曰:'利不百(十),不变法,功不十,不易器。法古无过,循礼无邪。'卫鞅曰:'治世不一道,便国不法古。故汤武不循古而王,夏殷不易礼而亡。反古者不可非,而循礼者不足多。'孝公曰:'善。'以卫鞅为左庶长,卒定变法之令。令民为什伍,而相牧司连坐。不告奸者腰斩,告奸者与斩敌首同赏,匿奸者与降敌同罚。民有二男以上不分异者,倍其赋。有军功者,各以率受上爵,为私斗者,各以轻重被刑大小。僇力本业,耕织致粟帛多者复其身。事末利及怠而贫者,举以为收孥。宗室非有军功论,不得为属籍。明尊卑爵秩等级,各以差次名田宅,臣妾衣服以家次。有功者显荣,无功者虽富无所芬华。令既具,未布,恐民之不信,已乃立三丈之木于国都市南门,募民有能徙置北门者,予十金。民怪之,莫敢徙。复曰:'能徙者予五十金。'有一人徙之,辄予五十金,以明不欺。卒下令。令行于民期年,秦民之国都言初令之不便者千数。于是太子犯法。卫鞅曰:'法之不行,自上犯之。'将法太子。太子,君嗣也,不可施刑,刑其傅公子虔,黥其师公孙贾。明日,秦人皆趋令。行之十年,秦民大说(悦),道不拾遗,山无盗贼,家给人足。民勇于公战,怯于私斗,乡邑大治。秦民初言令不便者,有来言令便者,卫鞅曰:'此皆乱化之民也。'尽迁之于边城。其后民莫敢议令。"

可见,在商鞅说服秦孝公施行变法之前,秦国的很多贵族都是反对变法的,而他们重要的理由就是所谓的"俗"和"礼"。可以说,这些秦的旧贵族代表的就是秦国的旧秩序和贵族们的利益,他们希望保持旧有的"俗"和"礼",而不希望看到反映新兴地主阶级利益的"法"主导秦国的发展。但最终秦孝公的有力支持促成了商鞅变法的推行,一整套更具有国家整合力的刑罚应运而生。

另外,我们可以看到,为了推行新法,商鞅采取了不少措施。从其变法的推行来看,这些措施是立竿见影的,但从这些措施本身来讲,其形式以及可能产生的副作用是值得商榷的。秦民说新令的坏话,可以惩罚,说新令的好话,何以也扣上"乱化之民"的帽子,迁之于边城呢?"其后民莫敢议令",原来民在奴隶主眼里,只是会喘气的工具,对于王令,说好说坏,都是不行的。孔子说"民可使由之,不可使知之",盖即此也。

沈家本《历代刑法考》:"《唐律旧疏》云,商鞅改法为律,谓改李悝之六法为盗律、贼律、囚律、扑律、杂律、具律也。此《传》不言受之于悝及改律之事,而收司连坐、告奸、匿奸、私斗被刑、怠贫收孥诸法为鞅之所创,实改律之事,乃变法之大者也。其他科目,恐亦有改悝之旧者,不可考矣。至二男分异,将使人人有自立之才,力庶不惰而后不贫,此实强民之本计。今时泰西父子异居,实具此意,勿谓彼法之异于中国也,特中国此时则不能行耳。"[1]

一、株　连

株连是指一人有罪,要牵连他人共同受罚的刑罚制度。战国时的株连有连坐、族诛、夷三族、夷九族、夷宗、灭里、夷乡等。

（一）连坐

春秋时秦之连坐,经商鞅发展,有同居连坐、邻伍连坐、军伍连坐、职务连坐等。战国时期的秦国,由于连坐之刑恶性蔓延,致使

---

[1]　沈家本:《历代刑法考》(下册),商务印书馆,2011年版,第57页。

"相连坐者不可胜数……刑者相伴于道，而死人日成积于市。"[1]然而在战国时期，连坐制度并非秦一国独有，魏、齐等国也施行连坐。目前我们还不能证明秦国是最早建立连坐制度的战国政权。

《韩非子·定法篇》："公孙鞅之治秦也，设告相坐而责其实。"

《史记·商君列传》："以卫鞅为左庶长，卒定变法之令。令民为什伍，而相牧司连坐。不告奸者腰斩，告奸者与斩敌首同赏，匿奸者与降敌同罚。"司马贞《史记索隐》："牧司谓相纠发也。一家有罪，而九家连举发，若不纠举，则十家连坐。恐变令不行，故设重禁。"惠氏栋曰："相收者，彼此相拘管，犹《周礼·司圜》'收教罢民'之收；相司者，相督察以告奸也。"王念孙《读书杂志》："'收'当为'牧'字之误也。"《方言》："监，牧察也。"郑注："《周官》禁杀戮曰：'司，犹察也。凡相纠察谓之牧司。'《周官》禁暴氏曰：'凡奚隶聚而出入者，则司牧之，戮其犯禁者。'《酷吏传》：'置伯格长，以牧司奸盗贼。'皆其证也。"

关于古文献中"牧司"与"收司"的辨析，沈家本曰："《索隐》本作'牧司'，注云：'牧司谓纠发也，一家有罪，则九家连举发。'然则，必先司察而后举发，举发而后收扑，不得先言收后言司矣。《索隐》之'牧司谓相纠发'，后只亦依正义改为'收司'，而不知'收'非纠发之谓也。"沈家本又云："此文以王说为是，《酷吏传》尤为确证。惠说分收司为二，近于望文生义。彼此自相拘管，自来无此政体。且商君之宗旨，权者君之所独制，岂有令民自相拘管之理，必不然也。"[2]

触犯国法者应该受到国法制裁，没有犯罪的人就不应该受到惩罚，这本应是天经地义的事情。然而在连坐制之下，没有犯罪的人却要因别人的罪行而受刑，这显然是不合理的。一个政权之所

①　《史记·李斯列传》。

②　沈家本：《历代刑法考》（上册），商务印书馆，2011年版，第75页。

以做出这种不合理的规定，自然是有其特殊的考虑的：首先，连坐制加大犯罪成本，使得秦人不敢犯罪。以常人之情，亲属朋友无疑是生活中最重要的人、最可信赖的人、最值得依靠的人，情感的联系使这个小群体中充满了温情，很少有人愿意为了一时的利益而牺牲亲属朋友，我们可以看到人们常常会为了保全自己的亲友而宁愿牺牲自己。从这个意义上来讲，连坐其实是一种"绑架"，是政府把每个人的亲友作为人质，来要挟其遵守既定的社会秩序。其次，连坐制有鼓励告发奸邪的政策作为辅助，一旦发现犯罪的行径，每一个人都应该积极地向有司检举和揭发，这样就达到了及时制止犯罪，使犯罪者无处可逃的目的。一个人在未犯罪时，其犯罪行为往往会表现出某种端倪，而亲友是最容易发现这种端倪的群体；一个人犯了罪，当他希望逃过法律惩处的时候，最先想到的庇护所就是亲友的居住地，而亲友就成了有司快速抓获犯罪者的最佳线索。那么目前，摆在罪犯亲友面前的局面就是这样：你熟悉的人将要犯法，你如果不揭发他的企图，东窗事发后，连坐刑将使你死无葬身之地。你熟悉的人犯法后就躲藏在你家中，你如果不告发他，会触犯国法；告发他，国家可能会对你进行奖励。更可怕的是，你不告发他，但别人可能正在谋划着告发，而这个人可能就在你的家中。

连坐往往会使个人的犯罪行为演变为整个家庭甚至整个家族的灾难，因而会迫使人们谨慎行事，避免犯罪。但是这种把无辜者也牵涉其内的刑罚对于防范犯罪、维护社会秩序、稳定政权到底能够起到多大的作用是值得商榷的。从一个社会发展的长远视角看，这种刑罚无疑会给社会笼上一层恐怖、疑惧的阴影，使得人人自危的情绪充满社会，良好的人际关系将会受到破坏，人与人之间自然的、淳朴的信任将会荡然无存。连坐给社会带来的危害还不仅限于此，广泛的牵连只是有可能防范犯罪，但同时也可能促使犯罪群体在特定的情况下扩大，而这种扩大很可能形成波纹效应，犯罪群体的人员数量可能以几何倍数增长，最终对国家乃至整个社会构成摧毁性的打击。

正如马端临所讲："秦人所行什伍之法与成周一也。然周之法则欲其出入相友，守望相助，疾病相扶持，是教其相率而为仁厚辑睦之君子也。秦之法，一人有奸，邻里告之；一人犯罪，邻里坐之，是教其相率而为暴戾刻核之小人也。"[①]

（二）同居连坐

同居连坐也就是举家连坐。《史记·商君列传》："事末利及怠而贫者，举以为收孥。"程树德《九朝律考》："故秦法一人有罪，并坐其家室。"另外，《论衡》也讲："秦有收孥之法。"孥，指妻子儿女。所谓收孥是指古代一人犯罪，妻子和儿女连坐，没为官家奴婢。

（三）邻伍连坐

《史记·商君列传》："卒定变法之令。令民为什伍[②]，而相牧司连坐。不告奸者腰斩，告奸者与斩敌首同赏，匿奸者与降敌同罚。"什伍是中国古代国家设置的一种基层编制，五人为一伍，设伍长；二伍为一什，设什长，就是把老百姓按照军队的编制组织起来，实行军事化管理。所谓连坐法，就是在什伍内部如果有一人犯法，则其他人都要治罪。实行这种方法是让大家互相监督，互相举报。

（四）军伍连坐

《商君书》："一人羽，而轻（倾）其四人。"羽者，飞走，逃亡也。轻者，倾也。这段史料的意思是：同伍之中，有一人逃亡，其他的人也都处死。这是秦人为了巩固自己的军事力量所设置的军旅刑罚。逃跑必死，而且累及他人，不如共同对抗敌人，以求生存。

（五）职务连坐

《商君书》："守法守职之吏，有不行王法者，罪死不赦，刑及三

---

① 马端临：《文献通考》，卷十二《职役一》，中华书局，1986 年版，第 124 页。

② 什伍：是指把一片的住户编在一起，连保连坐的组织。一人犯罪，都受株连。

族。"秦国连坐之法,可谓天网恢恢。为了保证"法"对整个国家形成严密的控制,不仅社会上的普通人处于连坐刑的威慑之下,连执法官员也在连坐之列。对于藐视国法的"吏",秦政权不仅要处罚其本人,连"三族"也要进行处罚。

(六)族诛

《汉书·刑法志》:"秦用商鞅,连相坐之法,造参夷之诛……"师古注:"参夷,夷三族。"

《法经》:"正律略曰:'杀人者诛,籍其家及其妻氏。杀二人,及其母氏。'"

《新论》:"盗符者诛,籍其家,盗玺者诛,议国法令者诛,籍其家及其妻氏。"又:"大夫之家有侯物,自一以上者,族。"

《史记·商君列传》:"后五月,而秦孝公卒,太子立。公子虔之徒告商君欲反,发吏扑商君。商君亡至关下,欲舍客舍。客人不知其是商君也,曰:'商君之法,舍人无验者坐之。'商君喟然叹曰:'嗟乎! 为法之敝,一至此哉。'去之魏。魏人怨其欺公子卬而破魏师,弗受。商君欲之他国。魏人曰:'商君,秦之贼,秦强而贼人入魏,弗归,不可。'遂内秦。商君既复入秦,走商邑,与其徒属发邑兵北出击郑。秦发兵攻商君,杀之于郑黾池。秦惠王车裂商君以徇,曰:'莫如商君反者。'遂灭商君之家。"

中国最早的变法者商鞅,就这样被他自己所变之法毁掉了,落了个车裂夷家的下场。法律是统治阶级意志的反映。一旦变法者所变之法损害了统治阶级本身的利益,统治阶级就会回过头来收拾变法者,使其死无葬身之地。

(七)夷三族

《商君书·赏刑》:"守法守职之吏,有不行王法者,罪死不赦,刑及三族。"

《史记·李斯列传》:"二世二年七月,具斯五刑……而夷三族。"

《汉书·刑法志》："秦用商鞅，连相坐之法，造参夷之诛……"

（八）夷宗

这是将整个宗族夷灭的酷刑。

《史记·孙子吴起列传》："楚悼王素闻起贤，至则相楚。……及悼王死，宗室大臣作乱而攻吴起，吴起走之王尸而伏之。击起之徒因射刺吴起，并中悼王。悼王既葬，太子立，乃使令尹尽诛射吴起而并中王尸者。坐射起而夷宗死者七十余家。"

（九）夷乡及族

这是一人犯罪，株连全族，甚至全乡的酷刑。始于战国，非刑。

《新论》："越城，一人则诛，自十人以上，夷其乡及族。"又："大夫之家有侯物，自一以上者，族。"

二、生命刑

战国时代，各国为了加强法制对国家、社会的控制力度，普遍增加了生命刑的比重，利用严刑峻法巩固内部，进而外取。战国时代，生命刑执行方法可以概括为以下十六种。

（一）大辟

《汉书·刑法志》："陵夷至于战国，韩任申子，秦用商鞅，连相坐之法，造参夷之诛，增加肉刑大辟，有凿颠、抽肋、镬亨（烹）之刑。"可见，法家学派的代表人物一旦有机会进入国家政治生活的实际操作过程中，他们所采取的手段往往都是增加刑罚的种类和惩处力度。对于秦国这样一个法制相当粗疏简陋的国家来讲，法家的措施带来了法制的系统化，也带来了严酷的重刑主义。

（二）诛

《法经》："正律略曰：'杀人者诛，籍其家及其妻氏。杀二人，及其母氏。'"又："大盗，戍为守卒，重则诛。"

《战国策·齐策》："田忌战而不胜，曲挠而诛。"

由此可见,在战国时代,"诛"的适用比较广泛,从普通的杀人罪到战争责任罪,都可以采用这种刑罚来处置。

(三)戮

于盛庭先生在《"戮尸"刑义索解》中,分析了"戮"的具体执行过程。他认为:"对于活人来说,所谓'戮'也就是示众使之受辱,这种活人受'戮'的现象恰恰可以从另一方面来证明'戮尸'就是用死者的尸体示众。"①可见,在先秦时代,"戮"并不完全意味着死,或者说"戮"还不能将死的结果纳入自己的概念范畴中。活人可以受戮,但受戮的结果并不一定是死亡,而死人也可以受戮,这是一种令受戮者饱受侮辱的手段。以下三段史料都记述了对已死者尸体的摧残。尤其是《田单列传》中记载的"戮",我们可以由此直接发现"戮"刑对人们产成的心理影响。

《史记·田单列传》:"单又纵反间曰:'吾惧燕人掘吾城外冢墓,戮先人,可为寒心。'燕军尽掘垄墓,烧死人。即墨人从城上望见,皆涕泣。其欲出战,怒自十倍。"

《史记·刺客列传》:"(聂政)杖剑至韩,韩相侠累方坐府上,持兵戟而卫侍者甚众。聂政直入,上阶刺杀侠累,左右大乱。聂政大呼,所击杀者数十人。因自皮面决眼,自屠出肠,遂以死。韩取聂政尸暴于市,购问莫知谁子。于是韩购县(悬)之,有能言杀相侠累者予千金。久之,莫知也。"

《史记·秦始皇本纪》:"八年,王弟长安君成蟜将军击赵,反,死屯留,军吏皆斩死,迁其民于临洮。将军壁死,卒屯留,蒲鶡反,戮其尸。"《史记索隐》:"高诱云:屯留,上党之县名。谓成蟜为将军而反,秦兵击之,而蟜壁于屯留而死。屯留、蒲鶡二邑之反卒虽死,犹戮其尸。"

---

① 于盛庭:《"戮尸"刑义索解》,《徐州师范大学学报》(哲学社会科学版),1984年第1期。

（四）斩

与春秋时代相同,战国时代的斩刑依然与战争行为有着密切联系。当然,在战争过程中杀死敌人的方式有很多种,不可能完全体现为斩首,但是由于战国时期各国积累军功的方式普通体现为斩获敌人首级的数量,所以使斩首成为比较突出的手段。因此,与其说斩首是一种刑罚,不如说它是一种野蛮的统计战果的手段。在这个过程中,我们看不到刑罚的法定性和规范性,反而发现战国时期的刑罚在某种程度上回归到刑罚最初产生的时期——刑出自军旅。《史记·秦本纪》:"(惠文君)五年(公元前333年),阴晋人犀首为大良造。六年,魏纳阴晋,阴晋更名宁秦。七年(公元前331年),公子印与魏战,虏其将龙贾,斩首八万。"《史记·秦本纪》:"(惠文改元后)七年(公元前318年),乐池相秦。韩、赵、魏、燕、齐帅匈奴共攻秦。秦使庶长疾与战修鱼,虏其将申差,败赵公子渴、韩太子奂,斩首八万二千。"《史记·赵世家》:"(赵武灵王)九年(公元前317年),与韩、魏共击秦,秦败我,斩首八万级。"

《史记·平原君虞卿列传》:"平原君家楼临民家,民家有躄者槃散行汲,平原君美人居楼上,临见,大笑之。明日,躄者至平原君门,请曰:'臣闻君之喜士,士不远千里而至者,以君能贵士而贱妾也。臣不幸有罢癃之病,而君之后宫临而笑臣,臣愿得笑臣者头。'平原君笑应曰:'诺。'躄者去,平原君笑曰:'观此竖子,乃欲以一笑之故,杀吾美人,不亦甚乎!'终不杀。居岁余,宾客门下舍人稍稍引去者过半,平原君怪之,曰:'胜所以待诸君者,未尝敢失礼,而去者何多也?'门下一人前对曰:'以君之不杀笑躄者,以君为爱色而贱士,士即去耳。'于是,平原君乃斩笑躄者美人头,自造门进躄者因谢焉。"躄,就是跛足。平原君之美人笑其瘸,含轻侮之意,固然不对,然罪不至死,何竟索头?平原君也不对,为了招贤纳士的浮名竟杀爱妾,足见封建时代的王侯者流,视人为草芥。为了不值当的一些小事,竟动杀机。

（五）腰斩

《史记·商君列传》："令民为什伍，而相牧司连坐。不告奸者腰斩，告奸者与斩敌首同赏，匿奸者与降敌同罚。民有二男以上不分异者，倍其赋。有军功者，各以率受上爵；为私斗者，各以轻重被刑大小。僇力本业，耕织致粟帛多者复其身。事末利及怠而贫者，举以为收孥。宗室非有军功论，不得为属籍。明尊卑爵秩等级，各以差次名田宅，臣妾衣服以家次。有功者显荣，无功者虽富无所芬华。"

《秦策·范子因王稽入秦篇》："今臣之胸不足以当椹质，要（腰）不足以待斧钺。"沈家本注："古者斩人，大多是要（腰）斩，故往往以要领并言。"《管子·小匡》管仲曰："斧钺之人，幸以获生，以属其要领，臣之禄也。"《檀弓》："是全要领以从先大夫于九京也。"注："全要领者，免予刑诛也。"[①]

《史记·李斯列传》："具斯五刑，论腰斩咸阳市。"

腰斩刑具体实施方法为：行刑之时，犯人脱掉上衣，伏于铁锧上，行刑人员手持斧钺之类的利器用力挥下，把犯人从腰部斩为两截。腰斩并非秦国所创，其存在的历史可以追溯到春秋时期。《公羊传·昭公二十五年》记载："君不忍加之以铁锧，赐之以死。""铁锧"是腰斩行刑的工具，在此借指对其施以腰斩。《史记》载："优倡侏儒为戏而前。孔子趋而进，历阶而登，不尽一等，曰：'匹夫而荧惑诸侯罪当诛！请命有司！'有司加法焉，手足异处。"[②]这些手足异处的优倡侏儒显然是被腰斩的。

商君之法，涉及大量腰斩的刑罚。一家犯法，邻里不告则受连坐，要处腰斩。秦人在渭水边处死犯人，死者鲜血把渭水都染红了，可见腰斩之刑的惨烈。

---

① 沈家本：《历代刑法考》（上册），商务印书馆，2011年版，第104页。
② 《史记·孔子世家》。

（六）弃市

《史记·六国年表》："秦昭王五十二年取西周王，王稽弃市。"

《史记·秦本纪》："秦昭王五十二年，河东守王稽坐与诸侯通，弃市。"

为何弃市一定要在闹市中执行？我们不难发现这种刑罚设计的目的就是为了在尽可能多的人面前制造出令人胆寒的残酷的杀人场面，以达到威吓的效果。如此可知，制造出刀光血影的流血场景对于这种刑罚希望产生的政治效应和社会效应是非常关键的。因此，弃市的执行方式很可能就是斩首或腰斩。

（七）斫击

斫击，一种把头砍下来的酷刑。

《史记·孟尝君列传》："孟尝君过赵，赵平原君客之。赵人闻孟尝君贤，出观之，皆笑曰：'始以薛公为魁然也，今视之，乃眇小丈夫耳。'孟尝君闻之，怒。客与俱者下，斫击杀数百人，遂灭一县以去。"[1]

（八）凿颠

凿颠是指我国战国时期，以钻、凿等打孔工具钻凿犯人头颅，致其死亡的刑罚。属非刑。

《汉书·刑法志》："陵夷至于战国，韩任申子，秦用商鞅……增加肉刑。大辟，有凿颠、抽胁、镬烹之刑。"可见，凿颠源于商鞅变法，是一种新增的肉刑。从其执行效果来看，受凿颠之人基本上了无生路。颠指的是人的头顶，是人头部非常脆弱的地方，经不起猛烈的打击。而凿则是打孔的金属器具，用凿来敲击人的头顶，后果如何，可以想象。只需要一下重击，受刑者必然毙命。有很多人认为凿颠是一种酷刑，但实际上，如果我们把凿颠和绞刑进行对比的

---

[1]　公元前 299 年，据《史记》载为齐湣王二十五年；据《辞海》载为齐湣王二年；据齐湣王生平文献载，当年齐湣王年龄约为虚岁 25 岁。

话,受刑者在绞刑执行过程中所受的痛苦显然要大过凿颠之刑。

（九）擢筋

擢筋即抽筋,这是一种把人体内的神经线抽出来的酷刑。非刑,始于战国。

《史记·范雎蔡泽列传》:"崔杼、淖齿管齐,射王股,擢王筋,县之于庙梁,宿昔而死。"

（十）烹

《吕氏春秋·至忠篇》载有齐国贤士文挚用巧方医好齐湣王毒疮之事,然而最终良医却遭遇暴君烹杀的事件。齐湣王之父齐威王也曾经使用烹刑。《史记·田敬仲完世家》:"威王初即位……召阿大夫语曰:'自子之守阿,誉言日闻。然使使视阿,田野不辟,民贫苦。昔日赵攻甄,子弗能救。卫取薛陵,子弗知。是子以币厚吾左右以求誉也。'是日烹阿大夫,及左右尝誉者皆并烹之。"可见,虽然同为烹刑,齐威王处罚的却是惰政的大夫以及企图蒙蔽君主视听的贪官。对惰政者、渎职者采取如此重的刑罚是否合法合理,另当别论,但似乎更多的人每每阅读到这段史料时,都有一种大快人心的感觉。

《战国策·齐策》:"臣请三言而已矣,益一言,臣请烹。"

《汉书·刑法志》:"陵夷至于战国,韩任申子,秦用商鞅……增加肉刑。大辟,有凿颠、抽肋、镬烹之刑。"可见在战国时代,"烹"的使用还是较为常见的。

（十一）辗

《战国策·秦策》:"孝公已死,惠王代后,莅政有顷,商君告归。人说惠王曰:'大臣太重者国危,左右太亲者身危。今秦妇人婴儿,皆言商君之法,莫言大王之法。是商君反为主,大王更为臣也。且夫商君,固大王仇雠也,愿大王图之。'商君归还,惠王车裂之,而秦人不怜。"

沈家本《历代刑法考》:"辗,见《周礼》,当为周制。郑注谓军中之誓用之，是为军中特设徇示于众之刑，非常刑也。高渠弥、夏征舒并关军事，夏征舒、商鞅、赵高并先杀而后辒，嫪毐先枭首而后车裂，苏秦亦死后车裂，可以见此刑之制，实为既杀之后分裂其尸，以徇于众。《说苑》谓始皇取毐四肢，分裂之。观起之事，亦谓分裂其尸，以徇于四竟也。秦后，此事不多见。"[1]

作为一个忠实的法制推行者，一个呼吁"王子犯法与庶民同罪"的执法者，商鞅的结局是悲惨的。秦孝公的去世使商鞅失去了最可靠的政治依托，他遭遇到了政敌的攻击，不得已出逃，但最终还是难逃被车裂的命运，因此也有人讲，商鞅是作法自毙者的代表。然而，商鞅的命运不能抹杀他对秦国发展做出的贡献，商鞅的身体虽然被酷刑摧毁，但他为秦国所定的法却推动着国家战争机器日益走向强大，并最终使秦统一六国。

（十二）枭首

《史记·秦始皇本纪》载："长信侯毐作乱而觉……尽得毐等。卫尉竭、内史肆、左弋竭、中大夫令齐等二十人皆枭首。车裂以徇，灭其宗。"在《史记》所记载的这个嫪毐集团谋反案中，谋反集团的骨干分子都被处以枭首刑。枭首最突出的特点是，把犯人被斩掉的头颅悬挂到木杆之上。斩掉犯人头颅时，也就永久性地结束了犯人的痛苦，将犯人的头颅挂到木杆上，是不能再给犯人带来任何伤痛的。但是，悬犯人之首于木杆的做法并不是毫无意义的。这样做是对犯人的侮辱，会给犯人的亲友带来羞辱和痛苦，能够对有类似犯罪倾向的人产生震慑作用。

（十三）磬

《战国策·秦策》："甘罗曰：'应侯欲伐赵，武安君难之，去咸阳七里，绞而杀（死）之。'"

沈家本《历代刑法考》："郑解磬曰县缢，《释名》县绳曰缢，是磬

---

[1]　沈家本：《历代刑法考》（上册），商务印书馆，2011年版，第94页。

刑必县，如县磬然也。至绞刑如何？未有明文，疑如今绞刑，但以绳绞颈，气闭则毙，不必县也。"[1]以沈家本之见，磬是挂起来吊死，绞则是用绳子勒死，不必吊起来，与现代的绞刑不同。

（十四）坑

坑，也称生埋。这是一种挖掘大坑，把人扔进去，覆之以土，使人窒息死亡的死刑执行方法。始于战国，非刑。

战国时代最令人瞠目的"坑"为《史记·白起王翦列传》所记录。"（秦昭王）四十七年，赵括出锐卒自搏战，秦军射杀赵括。……赵卒反复，非尽杀之，恐为乱。乃挟诈而尽坑杀之，遗其小者二百四十人归赵。前后斩首虏四十五万人，赵人大震。"战国是兵争之世，"坑"作为一种可以大量处置罪犯的残忍方式，也很自然地被引入战争中。有人认为白起坑杀赵军是因为无法有效控制如此多的战俘，担心俘虏作乱。实际上，赵军一直是秦军最为强悍的对手，在长平之战中由于"纸上谈兵"的统帅——赵括的糟糕指挥才被秦军击败。秦人马上抓住这个难得的机会，用非常残忍的方式消灭了赵军大部分的有生力量，同时也对赵国形成了强大的心理震慑。

（十五）沉河

《史记·白起王翦列传》："（秦）昭王三十四年，白起攻魏，拔华阳，走芒卯，而虏三晋将，斩首十三万。与赵将贾偃战，沉其卒二万人于河中。"可见，虽然我们常说"兵来将挡，水来土掩"，"水"和"土"似乎是两种完全相克的事物，但对于古代刑罚而言，"水"和"土"却同样可以充当特殊的刑具。白起沉赵军两万于河，河水成了最直接、最方便的杀人工具。由此我们又可以发现，白起向来有着杀戮俘虏的嗜好。当然，我们也可以把这种所谓的"嗜好"看成一个将领惯常使用的军事策略。

---

① 沈家本：《历代刑法考》（上册），商务印书馆，2011年版，第125页。

（十六）饮药

《史记·申不害韩非列传》："韩王始不用非，及急，乃遣非使秦。……李斯、姚贾害之，毁之曰：'韩非，韩之诸公子也。今王欲并诸侯，非终为韩不为秦，此人之情也。今王不用，久留而归之，此自遗患也，不如以过法诛之。'秦王以为然，下吏治非。李斯使人遗非药，使自杀。韩非欲自陈，不得见。秦王后悔之，使人赦之，非已死矣。"

另外，秦国的白起就是被秦昭王赐死的。白起是秦国功勋显赫的著名将领，为秦国力战沙场，攻城拔寨，在军队里拥有非常强的影响力。从韩非、白起之死，我们可以看到当时赐死的对象多为对国家政治、军事生活有重要影响的、曾立下重要功勋的大臣和贵族。在某种程度上讲，执政者更希望他们能安安静静、不为人知地死掉，不希望他们的死带来意外的、不必要的波澜。当然，对犯有死罪的重臣进行赐死是带有礼遇大臣性质的。许仲毅先生在《赐死制度考论》中指出，赐死是对大臣的优礼，通过赐死可以减少犯人死亡时的痛苦，在一定程度上维护其人格尊严。[1]

三、身体刑

（一）劓

《战国策·秦策》："商君治秦，法令至行，公平无私，罚不讳强大，赏不私近亲，法及太子，黥劓其傅。"这一处罚体现了"王子犯法与庶民同罪"的执法原则。公子虔是秦国贵族，同时又是太子的老师，负责教导和辅佐太子，地位崇高。对他进行的劓刑处罚在秦国引起了极大的轰动，但也为商鞅后来悲惨的结局埋下了祸根。

《史记·田单列传》也记录了田单为了激发国人对燕军的仇

---

① 许仲毅：《赐死制度考论》，《学术月刊》，2003 年第 7 期。

恨,竟造谣说燕军劓齐降卒、掘墓焚尸,从而提醒、诱使燕军劓齐降卒、掘墓焚尸,结果造成降者尽劓、墓掘尸焚的惨状。似这样以牺牲大量本国军民和人民受辱为筹码而换取战争胜利的事情,在古代史中,也极为鲜见。

《睡虎地秦墓竹简》也有这样的记载:"当黥城旦而以完城旦诬人,可(何)论? 当黥劓。"[1]这就是说,罪犯先犯了应该处以黥城旦刑的罪,而后又犯了应处以完城旦刑的罪,结果两罪并罚,判处该人黥劓刑。

(二)斩左趾

《睡虎地秦墓竹简·法律答问》有:"五人盗,臧(赃)一钱以上,斩左趾,有(又)黥以为城旦。"[2]可见,在秦国是存在斩左脚的刑罚的。但实际上,这种刑罚与秦国"耕战"为要的治国策略是有冲突的。无论是农业生产还是行军作战,秦人都需要健康的、身体健全的男子,但如果一个人被斩去一脚,那么他就无法从事农业生产,也无法被编入行伍。因此很多人认为,秦虽然有此刑罚,但实际上在司法实践中较少运用。

通过其他史料,我们又可以看到,战国时代还存在与斩左趾类似的刑罚,也就是斩胫。斩胫又称斩、斫、折胫。《战国策·赵策》:"天崩地坼,天子下席,东藩之臣田婴齐后至,则斮之。"

(三)膑

桓谭《新论》记述李悝之法曰:"窥宫者膑。拾遗者刖。"可见,膑刑在春秋战国之交仍然存在。"膑"是人的膝盖骨,膑刑就是用刑具挖去人的膝盖骨。战国时期著名的军事家孙膑就曾由于庞涓的陷害而身受此刑。孙膑本名孙宾,由于受过膑刑,后来才被称为

---

① 《睡虎地秦墓竹简》整理小组:《睡虎地秦墓竹简》,文物出版社,1990年版,第122页。

② 《睡虎地秦墓竹简》整理小组:《睡虎地秦墓竹简》,文物出版社,1990年版,第93页。

孙膑。虽然如此，但残酷的刑罚并没有使孙膑就此消沉，这才有了《史记》中"孙子膑脚，兵法修列"之事。而膑刑给孙膑带来的最大影响就是，他自认为受刑是莫大的羞辱，从而拒绝充任军队统帅，一直以参谋或高级幕僚的角色参与并影响着齐国的对外战争。学界还有一说，膑与刖同，都是断足。

（四）宫

宫又被称为腐刑、隐刑。这种刑罚不仅构成对人身的直接伤害，而且在心理方面也极大地伤害着人的自尊。《法经》"妻有外夫则宫"，可见在战国时代，女性婚外有染，要遭遇幽闭。而对于男性来说，宫刑的惩戒则更为严重。《列子》："孟氏之一子之秦，以术干秦王。秦王曰：'当今诸侯力争，所务兵食而已。若用仁义治吾国，是灭亡之道。'遂宫而放之。"男性遭遇宫刑，需要去势，在生殖器官被割去之后，人的各种生理特征也会随之产生变化，例如男子的胡须将不会继续生长，因此宫刑也具备一定的耻辱刑的功能。另外，这里需要说明的是，宫刑是可以"赎"的，称为赎宫。《睡虎地秦墓竹简·法律答问》："臣邦真戎君长，爵当上造以上，有罪当赎者，其为群盗，令赎鬼薪鋈足；其有府（腐）罪，（赎）宫。"也就是说，少数民族的贵族以及本国爵至上造的人，是可以通过缴纳财物的方式来赎宫刑的。在这里我们可以看到，对宫刑的赎也是区分等级的，是不平等的。虽然即使给予平民赎的机会，平民也未必可以交得起赎刑的财物，但在这种法律规定中，平民是连赎的机会都没有的。

（五）拶指

拶指是我国古代惩治犯人的一种刑罚方法。其方法是：用绳联结小木棍五根，棍长各七寸，径圆各五分，套入犯人手指间，用力收紧，使受刑者皮裂骨断，痛不欲生。始于战国，非刑。

《庄子·天地篇》："则是罪人交臂历指，而虎豹在于囊槛，亦可以为得矣。"

《庄子集释·释文》："《交臂历指》司马云：'交臂，反缚；历指，犹历楼貌。'"

《说文解字》:"栎,栎撕,椑指也。"

《尉缭子》:"束人之指而讯囚之情。"

《系传》:"以木椑十指而缚之也。"

沈家本《历代刑法考》:"指刑,俗呼捘,穿小木以绳系十指间束缚之。"[1]

根据多种文献的记载,我们可以发现捘指的刑罚在中国很早就产生了,而且一直到清朝,这种刑罚还在使用,是一种非常有效也令人极难忍受的刑讯手段。

(六)笞

《法经》:"太子博戏则笞,不止,则特笞,不止,则更立。"更立,就是把太子废掉,剥夺他继承皇(王)位的权力,另立太子。

《史记·张仪列传》:"张仪已学而游说诸侯,尝从楚相饮。已而,楚相亡璧,门下意张仪,曰:'仪贫无行,必此盗相君之璧。'共执张仪掠笞数百。不服,醳(同释)之。其妻曰:'嘻!子毋读书游说,安得此辱乎?'张仪谓其妻曰:'视吾舌尚在不?'其妻笑曰:'舌在也。'仪曰:'足矣。'"

《史记·范雎蔡泽列传》:"须贾为魏昭王使于齐,范雎从。……魏齐大怒,使舍人笞击雎,折肋折齿。雎佯死,即卷以箦(竹席),置厕中。"

笞刑在战国时期是各国普遍使用的一种刑罚。这种刑罚只是使人在一段时间内遭受剧烈的痛苦,但在受刑之后又完全具备复原的可能,依然可以作为劳动力和战斗者为国家进行生产和作战,既不损失人力资源,又可以惩戒罪犯,因此各国的执法者都会运用这种刑罚对一般性的罪行进行处罚。当然,同样是笞刑,在执行过程中,行刑的轻重还是可以由人来把握的。我们看到的《法经》中

---

① 沈家本:《历代刑法考》(上册),商务印书馆,2011年版,第965页。

对太子施行的笞刑,最多就是一种形式化的惩罚,有司不可能真的用很重的刑罚去对待王储。而后面对张仪和范雎施行的笞刑则更接近于这种刑罚的真实状况。尤其是魏齐对范雎的迫害,笞击以致折肋,这恐怕是魏齐的家丁在刑具上都动了手脚,使得范雎一度昏死过去。由此,我们也可以得知,笞刑在战国时代是不具备基本的规范性的,虽然列入《法经》,但其细节内容却没有更多的规定。

（七）悬梁

悬梁是指把人头朝下悬吊在房梁上的刑罚,始于战国。

《史记·范雎蔡泽列传》:"崔杼、淖齿管齐,射王股,擢王筋,县之于庙梁,宿昔而死。"

（八）钳

钳,既是刑具,也是刑名。其以铁束颈,是我国古代给人犯脖子上套铁箍来拘禁犯人的刑具,也是用铁箍锁住脖颈以限制犯人自由的刑罚方法。法定刑,始于战国,非刑。

《说文解字》:"钳,以铁有所劫束也。"段玉裁注:"劫者,以力胁止也。束者,缚也。"

史游《急就篇》:"鬼薪、白粲、钳、釱、髡。"颜师古注:"以铁锴头曰钳,锴足为釱。"

我国山西侯马发掘的春秋战国时期的墓葬中曾出土过"钳"这种刑具,这种由一根直铁条和一根弯铁条组成的"D"字形器物被佩戴在殉葬者的脖颈上。

（九）械

械,木制刑具的总名,包括桎、梏、桁、杨、接、楔等,均为拘系罪囚之用。《太平御览》六百四十四引《风俗通》:"械,戒所以警戒,使为善也。此从戒之意,故许先之也。一曰持也。"《广雅·释宫》:"械谓之桎。"《疏证》:"桎之言窒,械之言硋,皆拘止之名也。"可见"械"的作用是管制在押的罪犯,减少反抗,防止发生混乱、越狱等情况。

《说文解字》："桎，手械也。梏，足械也。械，桎梏也。"《月令》注："桎梏，今械也。然则械为在手在足之通称也。"可见，桎梏之别在于足手之间。

《一切经音义》："《通俗文》云：'拘罪人曰桁、械。谓穿木加足曰械，大械曰桁。'"桁、械有大小之别。

《庄子·在宥篇》："今世殊死者相枕也，桁杨者相推也，刑戮者相望也，而儒墨乃始离支攘臂乎桎梏之间，意甚矣哉，其无愧而不知耻也甚矣。吾未知圣知之不为桁杨接习也，仁义之不为桎梏凿柄也。"注：桁杨以接习为管，而桎梏以凿柄为用。

可见，械所包括的诸般刑具都是为了限制人的自由而产生的，都给人带来了更多的痛苦，至于什么样的罪犯使用什么样的刑具，在战国时代还没有明确的规定，直到唐代，这样的问题才得到解决。中国刑罚史上刑具的发明和制造令人眼花缭乱，各种刑具的异同也纷繁复杂，我们不能说这是一种令人赞叹的创造，只能讲，为了维护政治统治的稳定和社会秩序的安定，历代的统治阶级可以说是绞尽了脑汁。

四、自由刑

（一）囹圄

《尉缭子》："今夫决狱，小圄不下十数，中圄不下百数，大圄不下千数。"

《韩非子·三守》："至于守司囹圄，禁制刑罚，人臣擅之，此谓刑劫。"

可见在战国时代，较为成熟的牢狱已经产生，并存在大小之别，由一定的官吏来看守，已经成为各国刑罚体系中不可或缺的一环。

（二）囚

《史记·范雎蔡泽列传》："崔杼、淖齿管齐，射王股，擢王筋，县之于庙梁，宿昔而死。李兑管赵，囚主父于沙丘，百日而饿死。"

赵武灵王（赵雍）是战国中后期一位非常有作为的国君。即位伊始，他就在肥义的帮助下，顺利地退走五国之兵。赵武灵王从赵国游牧文化重于农耕文化的实际出发，通过采取以胡服骑射为代表的一系列措施，对赵国的政治、军事、经济、文化领域进行了一次大改革，使赵国消除了分裂的内在隐患，在人力、物力上得以优化配置。赵武灵王在位期间消灭了长期为赵国心腹大患的中山国，消除了赵国分裂的外在威胁，使赵国强大起来。他赶走了林胡，击败了楼烦，夺得它们的大片好牧场，亲自立了秦昭王与燕昭王两位国王，成为战国时代举足轻重的一代霸主。

虽然赵武灵王在处理继承人的事情上出了问题，自己最后也死于非命，但这场政变恰恰是由于赵王何牢固地掌握着经赵武灵王改造加强的王权，才没有使赵武灵王之死演变成全国性的大叛乱，赵国才没有因此而实力大损。赵国一跃成为当时的超级强国，与秦国共同成为战国后期争霸战的主角。

（三）幽

幽不是刑名，而是一种长时间关押软禁的措施。多用于帝王或皇亲国戚。始于战国。

《史记·范雎蔡泽列传》："当是时，昭王已立三十六年。南拔楚之鄢郢，楚怀王幽死于秦。秦东破齐。愍王尝称帝，后去之。数困三晋。厌天下辩士，无所信。"

五、流　刑

（一）迁

《史记·秦本纪》："（秦昭王）二十一年，错攻魏河内，魏献安邑，秦出其人，募徙河东赐爵，赦罪人迁之。"

"二十八年，大良造白起攻楚，取鄢、邓。赦罪人，迁之。"

"三十四年，秦与魏韩上雍地为一郡，南阳免臣迁居之。"

"五十年，十月，武安君白起有罪，为士伍，迁阴密。张唐攻郑，拔之。十二月，益发卒军汾城旁。武安君白起有罪，死。"

《史记·商鞅传》："乱化之民，尽迁之于边城。"

《史记·秦始皇本纪》："（始皇）十二年，文信侯不韦死，窃葬。其舍人临者，晋人也，逐出之，秦人六百石以上夺爵，五百石以下不临，迁，勿夺爵。自今以来，操国事不道如嫪毐，不韦者，籍其门，视此。"司马贞《史记索隐》："谓籍没其一门皆为徒隶。"《史记正义》："若是秦人哭临者，夺其官爵，迁移于房陵。不哭临不韦者，不夺官爵，亦迁移于房陵。"沈家本注："此三事皆有罪而迁。"

可见，在战国时代，秦国经常使用"迁"刑。有时秦军占领了新的土地城池，秦国便把经过赦免的罪人迁到新获得的地盘上，有时秦国会直接将作乱之民迁到某地以达到惩罚的效果。无论哪种做法，在一定程度上都能达到既将罪犯迁离统治核心地区，又实现边远地区、新占领区生产发展的双重目的。

（二）逐

逐是指战国及秦时，秦对外来游说者及外籍人士所采取的驱逐出境的惩罚。仅见于秦。

《史记·李斯列传》："会韩人郑国来间秦，以作注溉渠，已而觉，秦宗室大臣皆言秦王曰：'诸侯人来事秦者，大抵为其主游间于秦耳，请一切逐客。'"

《史记·秦始皇本纪》："十年，大索，逐客，李斯上书说，乃止逐客令。"

和"迁"对比而言，"逐"更接近所谓的行政处罚，其刑罚性质并不是非常明显。

六、财产刑

（一）收孥

这是根据连坐之律，一人犯罪，拘系妻子、籍没家属子女为奴的刑罚。始于战国，非刑。

《史记·商君列传》："卒定变法之令。令民为什伍，而相牧司连坐。不告奸者腰斩，告奸者与斩敌首同赏，匿奸者与降敌同罚。民有二男以上不分异者，倍其赋。有军功者，各以率受上爵；为私斗者，各以轻重被刑大小。僇力本业，耕织致粟帛多者复其身。事末利及怠而贫者，举以为收孥。"

《论衡》："秦有收孥之法。"

收孥实质上是把犯罪者家人的身份从自由民变成奴隶的刑罚，原本小康之家的主妇，可能因此刑转而变为他人家的奴婢，官宦家子也有可能突然转为他人做苦役。卫鞅在秦国变法时规定："事末利及怠而贫者，举以为收孥。"意思是说，秦人从事工商业并且因懒惰而导致贫困的，要把他及他的妻子、儿女一同罚为奴隶。颁布这条法令的目的是为了重农抑商，但是仅仅因为人们从事工商业而导致贫困，就罚该人及其妻子、儿女为奴隶，既不合理，也不人道。秦律中亦有关于收孥的规定，"隶臣将城旦，亡之，完为城旦，收其外妻、子。子小未可别，令从母为收。可（何）谓'从母为收'？人固买（卖），子小不可别，弗买（卖）子母谓殹（也）。"[①]这条法律表明，隶臣带领城旦劳动，如果城旦逃亡了，就要把隶臣罚为完城旦并且把他的妻子、子女罚为奴隶。这种把平民变为奴隶的刑罚，是和历史发展的潮流相悖的，在当时既会给人们带来痛苦，

---

① 《睡虎地秦墓竹简》整理小组：《睡虎地秦墓竹简》，文物出版社，1990年版，第121页。

又会阻碍社会的繁荣进步。

（二）倍赋

倍赋是指对违法之民，征收双倍赋税的制度。始于战国，非刑。

《史记·商君列传》："令民为什伍，而相牧司连坐。……民有二男以上不分异者，倍其赋。"

（三）罚

《法经》："博戏罚金三币。"

《法经》："（受）金自镒^①以下，罚不诛也。"

可见，对于一些比较轻的罪行，《法经》采取了收取一定量的罚金进行惩戒的处置方式，既警戒了不良的社会行为，又达到了充裕国库的目的。

七、资格刑

（一）士伍

所谓士伍是一种免除官爵，与士卒为伍，降为普通士兵的刑罚。相当于后来的夺爵或除名。法定刑，始于战国。

《史记·秦本纪》："（秦昭王）五十年，十月，武安君白起有罪，为士伍，迁阴密。张唐攻郑，拔之。十二月，益发卒军汾城旁。武安君白起有罪，死。"《史记集解》如淳注："尝有爵，而以罪夺爵，皆称士伍。"

程树德《九朝律考》："《史记·秦本纪》：武安君有罪，为士伍。"

可见士伍仅适用于有爵位的人。在军功爵制的影响下，爵位对于秦人来说意义重大。有爵位才能享有当官为吏、乞庶子的特权；可以用爵位赎罪、减刑、免刑；官吏按照爵位的高低享有不同的

---

① 镒：货币单位。受贿一镒以下，只罚不杀。

生活上的优待。总之,爵位是秦国区别贵贱,分配政治、经济及其他特权的依据。一旦爵位被剥夺,也就意味着与该爵位相联系的特权不复存在了。爵位是国君所赐,是作为对臣下忠诚于君主、为君主效劳的报答,因此,臣下一旦不服从君主的命令,就难逃被夺爵的厄运。武安君白起在长平之战后,本想乘机攻灭赵国,应侯怕他取得大功后会取代自己的地位,想方设法把他调回秦国。后来秦国又想攻打赵国,于是命白起领兵出征。白起认为秦国已经错过了灭亡赵国的良机,在赵国做好充分的军事和外交准备后攻赵,秦军难以取胜,因而坚决拒绝秦王要他领兵攻打赵国的命令。秦王在多次劝说和命令武安君不果的情况下,为挽回国君的尊严,夺了武安君的爵,将其降为士伍。在谋反案中从反的人也会被夺爵。在秦长信侯嫪毐谋反案中,嫪毐的许多门客受到牵连被夺爵迁蜀。有时秦王为打击政敌也会使用夺爵刑。文信侯吕不韦在秦国权势熏天,被秦王政视为严重的威胁,在吕不韦死后,秦王将其门客中参加葬礼的六百石以上者夺爵并且迁往边地或荒僻之地。被错误授爵的,在查明实情后也会被夺爵。"战死事不出,论其后,有(又)后察不死,夺后爵,除伍人;不死者归,以为隶臣。"[1]意思就是说,在战争中被认定为英勇战死的人,就要赐给他的后代爵位,后来发现该人并未死,就要把所赐的爵位收回。

(二)免

免,即免去犯罪者的职务,属于一种行政处罚。

《史记·秦本纪》:"(秦昭王)十年,楚怀王入朝秦,秦留之。薛文以金受免。楼缓为丞相。""三十四年,秦与魏韩上雍地为一郡,南阳免臣迁居之。"

《史记·秦本纪》:"(秦昭王)十二年,楼缓免,穰侯魏冉为相。

---

① 《睡虎地秦墓竹简》整理小组:《睡虎地秦墓竹简》,文物出版社,1990年版,第88页。

予楚粟五万石。"

《史记·秦本纪》:"(秦昭王)二十四年,与楚王会鄢,又会穰。秦取魏安城,至大梁。燕、赵救之,秦军去。魏冉免相。"

《史记·魏世家》:"(魏幽缪王迁)七年,秦人攻赵,赵大将李牧、将军司马尚将击之。李牧诛,司马尚免。赵忽及齐将颜聚代之。赵忽军破,颜聚亡去,以王迁降。八年十月,邯郸为秦(国灭)。"[①]

(三)废

《史记·廉颇蔺相如列传》:"赵王迁(考成王)七年,秦使王翦攻赵,赵使李牧、司马尚御之。秦多与赵王宠臣郭开金,为反间,言李牧、司马尚欲反。赵王乃使赵葱及齐将颜聚代李牧。李牧不受命,赵使人微捕,得李牧,斩之。废司马尚。"

《史记·卫康叔世家》:"(卫)君角九年,秦并天下,立为始皇帝。二十一年,二世废君角为庶人,卫绝祀。"[②]

在战国时代,"免"与"废"非常相似,都是对官员贵族的一种行政处罚,其结果往往是受处罚者暂时或永久失去某种政治权利、政治机遇。战国时代,各国在处置无能、贪腐的官吏时,经常采用这两种刑。

(四)更立

所谓更立,是指剥夺王子或太子其王(皇)位嗣权的一种处罚。始于战国。

《法经》:"太子博戏则笞,不止,则特笞,不止,则更立。"更立,

[①] 魏幽缪王迁,应为魏景愍王。八年国灭之说不确,秦之灭魏,是在魏假王三年,即公元前 225 年。

[②] 此处时间有误。据《史记·秦始皇本纪》,卫君角元年应为秦王政(始皇)六年(公元前 241 年);卫君角二十一年(公元前 221 年),秦王政统一天下,立为始皇帝;卫君角三十三年(公元前 209 年),秦二世废卫君角。此处所述"君角九年"应为卫君角九岁之年;"二十一年"应为秦二世二十一岁之年。

即把太子废掉,也就是取消太子嗣位的资格,剥夺他继位的权力。当然,王国大位必须有人继承,更立的意思也就是另立太子。

(五)禁锢

《战国策·韩策》:"公仲数不信于诸侯,诸侯锢之。南委国于楚,楚王弗听,苏代为谓楚王曰:'不若听而备于其反也。朋之反也,常仗赵而叛楚,仗齐而叛秦。今四国锢之,而无所入矣,亦甚患之。此方其为尾生之时也。'"

可见,虽然在战国时代,由于平民阶层政治地位的提高,人才在各国之间的流转是非常自然的,且多数诸侯都出于"求贤若渴"的考虑,大量地收留具有一定潜力、本领的"外国人",但实际上,人才的流转也是受到限制的。我们所看到的"禁锢"之刑,类似于今天的"黑名单",一旦有人为人臣而不忠信,就会被列入禁锢之列,而且"禁锢"的影响又不止于一国之内,相互结盟的几个国家可以同时将某一人禁锢。如果说一个人想要在战国时代谋求政治上的发展,想实现自己的政治抱负,但却被赵、楚、齐、秦四个大国禁锢,那么我们可以想见,此人的政治生命基本上也就完结了。

八、耻辱刑

(一)墨

墨刑,亦称黥刑、黥面,即在罪人面部或额头刺字、染墨,作为受刑人的标志。此刑在战国时代也有着广泛的应用。《史记·孙子吴起列传》:"庞涓既事魏……乃阴使召孙膑。膑至,庞涓恐其贤于已,疾之,则以法刑断其两足而黥之,欲隐勿见。"沈家本《历代刑法考》:"孙膑史逸其名,其称孙膑者,犹英布之称黥布,当时有此习也。此两足同时并刖而又加以黥,盖非常刑矣。"

《史记·范雎蔡泽列传》:"令两黥徒夹而马食之。"以黥徒夹食已是大辱,更何况身受此刑。

《战国策·秦策》:"商君治秦,法令至行,公平无私,罚不讳强大,赏不私亲近,法及太子,黥劓其傅。"高诱注:"刻其额以墨实其中曰黥。"鲍彪注:"墨涅其额曰黥。"

（二）谇

谇是对犯有轻微过错的人,所给予的一种问讯、训斥、责骂的处罚。始于战国。

《庄子·山木》:"捐弹而反走,虞人逐而谇之。"

可见,"谇"更接近于我们今天所说的行政处罚,而不能构成刑事处罚。虽然这种刑罚也可以令有过错的人感到羞耻,产生悔过之心,但其惩罚的力度要远逊于墨刑。

小　结

通过对战国时代各种刑罚的介绍分析,我们已经可以看到,战国时代的刑名非常全面,刑罚类型繁多。死刑、肉刑、徒刑、流刑、身份刑、耻辱刑都已具备,并且在每一个刑种之下还有着较为具体的刑罚分类。当然,由于当时分裂的格局,战国诸强之间在刑罚方面还存在着一定的区别,但是增强刑罚在司法体系中的作用,加强刑罚的控制和惩治力度,用刑罚来实现对社会的控制,这成了当时各个国家的共同愿望。也就是说,随着生产力的发展、社会环境的变化、新兴地主阶级的出现及其政治统治模式的逐步成熟,"法"以及"法"指导下的"刑"成了每个国家谋求发展的必由之路,虽然具体的做法有区别,但各国在总体的方向上还是一致的。另外,需要我们注意的是,战国时代的刑罚虽然还没有消除春秋刑罚那种缺乏规范性的特征,但是为了实现"法"对全社会的控制、保证新兴地主阶级的利益,战国时代的刑罚还是在一定程度上改变了"刑不可知,则威不可测"①的状态,较为公开透明地向全社会宣布了国家刑罚的基本内容及规定。孔子讲:"刑罚不中,则民无所措手足。"②战国时代刑罚特征的变化为统一社会力量、加强国家实力铺就了一条较为平坦的道路,沿着这条道路,有些国家找到了实现一统的希望。

---

① 孔颖达:《春秋左传正义》,北京大学出版社,2000年版,第1413页。
② 《论语·子路》。

第六章　秦代的刑罚

秦孝公时期的商鞅变法使秦国获得了整合社会力量、富国强兵的政治制度和法律制度基础，这架战争机器也逐渐走向强大，引起了东方其他国家的高度关注。在战胜了"合纵"势力的攻击后，秦国开始采取"远交近攻"的外交、军事策略，逐步地削弱、消灭周边政权，一步步地将中国推向又一个统一，使华夏大地进入一个全新的历史时期。

从历史的角度来讲，秦始皇的功绩在于消灭六国，建立了中国历史上第一个统一的封建王朝。他创造出了与统一国家相匹配的拥有绝对权威的"皇帝"制度，并用一整套完整的官僚机构实现了从中央到地方的政治控制，使中国成为一个君主集权的专制国家。为了在政治、经济、文化等各个领域消除六国的影响，新建立的秦朝采用了各种手段。首先就是驰道的修筑，以便使皇帝的命令能够尽快地到达帝国的每一个角落，同时又能实现军队的快速调动，以便随时镇压反叛的地方势力。其次是文字的统一，不仅能消除六国文化的影响，更能为整个国家设置一套规范统一的政令传达系统，使得中央到地方的信息沟通变得比较准确且便利。更需要我们关注的是，新帝国建立了严厉的法律制度，用以维持帝国的统治秩序。尤其是严苛的秦朝刑罚，犹如一柄利剑悬于每一个臣民的头上，使他们必须时时提防、刻刻小心。由于秦代刑罚残酷，因此世称暴秦。它不仅继承了前代的酷刑，而且有了很大的发展，创造出了许多新花样、新刑种，残酷苛烈，令人惨不忍睹。这在一定程度上也导致了秦朝的最终灭亡。

由于历史久远，秦之刑事立法，大都湮灭，史籍录载者寥寥。

《史记·秦始皇本纪》："二十六年,秦初并天下……丞相绾、卿史大夫劫、廷尉斯等皆曰:'昔者五帝地方千里,其外侯服异服,诸侯或朝或否,天子不能制。今陛下兴义兵,诛残贼,平定天下,海内为郡县,法令由一统,自上古以来未尝有,五帝所不及。'"

《史记·秦始皇本纪》："(始皇三十四年)丞相李斯曰:'五帝不相复,三代不相袭,各以治;非其相反,时变异也。今陛下创大业,建万世之功,固非愚儒所知。且越言乃三代之事,何足法也。异时诸侯并争,厚招游学。今天下已定,法令出一,百姓当家则力农、工,士则学习法令辟禁。今诸生不师今而学古,以非当世,惑乱黔首。丞相臣斯昧死言:古者,天下散乱,莫之能一,是以诸侯并作,语皆道古以害今,饰虚言以乱实,人善其所私学以非上之所建立。今皇帝并有天下,别黑白而定一尊。私学而相与非法教,人闻令下则各以其学议之。入则心非,出则巷议,夸主以为名,异取以为高,率群下以造谤:如此弗禁,则主势降乎上,党与成乎下。禁之便。臣请史官非秦记皆烧之,非博士官所职,天下敢有藏诗、书、百家语者,悉诣守、尉杂烧之;有敢偶语诗、书者,弃市;以古非今者,族;吏见知不举者,与同罪;令下三十日不烧,黥为城旦。所不去者医药、卜筮、种树之书。若欲有学法、令,以吏为师。'制曰:'可。'"沈家本注:"春秋战国之时,诸侯各自为法令,势难统一。秦并天下,改封建为郡县,法令遂由一统,当必有统一法令之书,史不详也。《传》言'定律令,同文书',《始皇纪》言'欲学法令,以吏为师',其有书也明矣。"[①]

从秦王朝君臣的言论来看,新的帝国从建立之初就格外重视法律制度的建设。甚至可以说,秦王朝是将"法"作为规范社会秩序、维持国家稳定的唯一标准,帝国君臣深信"法"的力量与"刑"的威慑,认为在"法令"的规范下,帝国必将保持永久的强盛和统一。

---

① 沈家本:《历代刑法考》(下册),商务印书馆,2011年版,第59页。

"法"当然是一种有力的治国工具,但如果帝国统治者手中只有这样一种工具,其结果又会如何呢?沈家本在《历代刑法考》中就记录了人们对于这个问题给出的答案。

沈家本《历代刑法考》:"秦自商鞅变法修刑,唐虞钦恤之风久已歇绝,迨始皇兼并六国,刚戾自用,以为自古莫及己者。《本纪》载侯生卢生之言曰:'上乐以刑杀为威,天下畏罪持禄,莫敢尽忠。上不闻过而日骄,下慑伏谩欺以取容。'班固《刑法志》之言曰:'秦始皇兼吞战国,遂毁先王之法,灭礼谊之官,专任刑罚,躬操文墨,昼断狱,夜理书,自程决事,日县(悬)石之一。而奸邪并立,赭衣塞路,囹圄成市,天下愁怨,溃而叛之。'观于斯言,则重刑之往事大可鉴矣,世之用刑者,慎勿若秦之以刑杀为威,而深体唐虞钦恤之意也。"[1]

一、株　连

秦时的株连有连坐、族诛、籍门、夷三族、夷七族、夷九族等。

秦朝法律的蓝本主要形成于秦国的商鞅变法,并且在商鞅变法后就有了"依法治国"的法律原则,因此在某种意义上可以说,封建法律的奠基人是商鞅。商鞅在李悝《法经》六篇的基础上将其改为六律,即《盗律》《贼律》《囚律》《捕律》《杂律》《具律》,这就是秦律的开端。提到秦朝的法律制度就不得不说连坐制,秦孝公时期,商鞅进行变法时提到了"令民为什伍,而相牧司连坐。不告奸者腰斩,告奸者与斩敌首同赏"[2],这就是后来秦朝的"连坐法",连坐制在秦朝法律中占据的地位是十分重要的。

① 沈家本:《历代刑法考》(上册),商务印书馆,2011年版,第14页。
② 司马迁:《史记·商君列传》,中华书局,1982年版,第2230页。

（一）连坐

秦之连坐，有同居连坐、邻伍连坐、军伍连坐、职务连坐等。

《史记·秦始皇本纪》："见知不举者，与同罪。"

《史记·李斯列传》："二世燕居，乃召高与谋事……赵高曰：'此贤主之所能行也，而昏乱主之所禁也。臣请言之，不敢避斧钺之诛，愿陛下少留意焉。夫沙丘之谋，诸公子及大臣皆疑焉……且陛下安得为此乐乎？'二世曰：'为之奈何？'赵高曰：'严法而刻刑，令有罪者相坐诛，至收族，灭大臣而远骨肉；贫者富之，贱者贵之；尽除去先帝之故臣，更置陛下之所亲信者近之。此则阴德归陛下，害除而奸谋塞；群臣莫不被润泽，蒙厚（恩）德，陛下则高枕肆志宠乐矣。计莫出于此。'二世然高之言，乃更为法律。于是，群臣、诸公子有罪，辄下高，令鞫治之。杀大臣蒙毅等，公子十二人僇死咸阳市；十公主矺（分裂人肢体的酷刑，同磔），死于杜；财物入于县官，相连坐者不可胜数。"沈家本注："二世更为法律，又重于始皇之时。"[1]

可见，赵高其人其言和秦二世时期刑罚的加重有着直接的关系。如果我们对赵高的身世进行考察，就会发现，原来赵高本人就是"连坐"的受害者。赵高的父亲曾因罪被处以宫刑，虽然赵高的母亲后来改嫁，但因为当时赵国实现"妻权夫授"，即使女子改嫁，所生儿子依然要姓赵。更糟糕的是，按照当时的刑罚制度，改嫁后生的儿子也要被连坐，这样赵高自小就被阉割。而恰恰是这个刑余之人推动了秦二世的暴政，这不能不说是历史的一种讽刺。

（二）族诛

《史记·秦始皇本纪》："（始皇三十四年）丞相李斯曰：'五帝不相复，三代不相袭，各以治；非其相反，时变异也。今陛下创大业，建万世之功，固非愚儒所知。……以古非今者，族；吏见知不举者，

---

① 沈家本：《历代刑法考》（下册），商务印书馆，2011 年版，第 60 页。

与同罪……'"可见,族诛在秦朝是一种重要的言论控制工具,对那些敢于怀念旧国、存有不臣之心的人进行残酷的打击。

《史记·李斯列传》:"二世燕居,乃召高与谋事……赵高曰:'严法而刻刑,令有罪者相坐诛,至收族,灭大臣而远骨肉……'"从这里我们可以看到,"连坐"和"族诛"虽然都殃及无辜,但实质上还是存在区别的。"族诛",《汉书·高帝纪》讲:"父老苦秦苛法久矣,诽谤者族,偶语者弃市。"颜师古注:"族,谓诛及其族也。"沈家本注:"此'族'字,未必便是三族,故注但云'诛及其族'。"可见,族诛对于每一个受刑者来说是死刑,而"连坐"则不是这样,充军、流放、阉割都是可能的后果。

(三)夷三族

《睡虎地秦墓竹简·法律答问》:"守法守职之吏,有不行王法者,罪死不赦,刑及三族。"

贾谊《新书》:"秦所尚书,告语也,刑罚也。故赵高傅胡亥而教之狱,所习者非斩劓人,则夷人之三族也。"

《史记·六国年表》:"(二世三年)赵高反,二世自杀,高立二世兄子婴。子婴立,刺杀高,夷三族。诸侯入秦,婴降,为项羽所杀。"

秦法治吏之严苛,由此可见。

(四)夷七族

《史记·邹阳列传》:"然则荆轲之湛七族。"《史记集解》应劭注:"荆轲为燕刺秦始皇,不成而死,其族坐之湛没。"张宴注:"七族,上至曾祖,下至曾孙。"《史记索隐》:"又一说云:'父之族,一也;姑之子,二也;姊妹之子,三也;女子之子,四也;母之族,五也;从子,六也;及妻父母凡七。'"《汉书·邹阳传》无"荆"字。颜师古注:"湛七族,无荆字也。寻诸史籍,荆轲无湛族之事,不知阳所云定何人也。"周寿昌《汉书注校补》:"邹阳不过甚其辞,以明秦酷,何关事实也?"

（五）夷九族、灭里

王充《论衡·语增篇》："秦王诛轲九族，复灭其一里。"王充在后汉时因邹阳此言，有很多学者认为此说无法坐实。而沈家本注则讲："秦政之暴，何所不至？邹阳在汉初，必有所据，恐非虚造。"

二、生命刑

秦代执行生命刑的方法有十三种。

（一）死

死，既是死刑的简称，也是史籍记载死刑的用语，其中可能包括各式各样将人杀死的死刑。而秦帝国的统治者为了加强刑罚的威慑力，在死刑执行的方式上可谓无所不用其极。

《史记·秦始皇本纪》："行所幸，有言其处者，罪死。始皇帝幸梁山宫，从山上见丞相车骑众，弗善也。中人或告丞相，丞相后损车骑。始皇怒曰：'此中人泄吾语。'案问莫服。当是时，诏捕诸时在旁者，皆杀之。自是后莫知行之所在。"可见，在始皇帝的统治下，刑罚在春秋战国时期所具有的非规范性和野蛮性依然存在。

（二）诛

《史记·秦本纪》："秦王政立二十六年，初并天下为三十六郡，号为始皇帝。始皇帝五十一年而崩，子胡亥立，是为二世皇帝。三年，诸侯并起叛秦，赵高杀二世，立子婴。子婴立月馀，诸侯诛之，遂灭秦。其语在始皇本纪中。"

《史记·秦始皇本纪》："三十六年，荧惑守心。有坠星下东郡，至地为石。黔首或刻其石曰：'始皇帝死而地分。'始皇闻之，遣御史逐问，莫服，尽取石旁居人诛之，因燔销其石。"可见秦代的"诛"具有较强的随意性，基本上不具备法定刑的特征，是否执行这一刑罚，完全取决于执掌军政大权的实力人物，与国家法律的规定无关。

（三）戮

《睡虎地秦墓竹简·法律答问》："誉适以恐众心者,戮。戮者可如？生戮。戮之已乃斩之之谓也。"这一段话的意思是：赞誉美化敌人,造成军心动摇的,要受戮。怎么戮？生戮。戮就是杀而示众的意思。

《说苑》："秦始皇取太后,迁之咸阳宫,下令曰：'以太后事谏者,戮而杀之,蒺藜其脊。'"根据这两条史料,我们可以看到,戮刑的执行是先对罪犯进行羞辱,然后将其当众杀死。当然在秦朝,也存在戮尸的情况。

如前文所述,《史记·秦始皇本纪》曰,秦始皇八年,秦王弟长安君成蟜率军攻打赵国时在屯留造反,结果成蟜及其下属皆被杀死,并被鞭戮尸体。由于成蟜及其下属已死,因此戮刑的执行就发生了变化。为了惩治反叛者,秦人对死者的尸体进行了刑辱。不能生辱其人,也要死辱其尸。

（四）杀

秦代的"杀"有时表现为法定刑,有时表现为非法定刑。《睡虎地秦墓竹简·封诊式》："某里士五(伍)甲告曰：'甲亲子同里士五(伍)丙不孝,谒杀,敢告。'即令令史己往执。"谒杀就是请求官府处以死刑。执也就是抓捕。可见这里的"杀"是在执行法定刑。

《汉书·陈胜项籍传》："胜初立时(秦二世元年,公元前209年),凌人秦嘉、铚人董绁、符离人朱鸡石、取虑人郑布、徐人丁疾等皆特起,将兵围东海守于郯。胜闻,乃使武平君畔为将军,监郯下军。秦嘉自立为大司马,恶属人,告军吏曰：'武平君年少,不知兵事,勿听。'因矫以王命杀武平君畔。"这里的"杀"则是伪托王命,也就是伪造出法定刑的文书或指令,以除掉某人。

《史记·魏豹彭越列传》："(秦二世三年)郦生说豹。豹谢曰：'人生一世间,如白驹过隙耳。今汉王慢而侮人,骂詈诸侯群臣如骂奴耳,非有上下礼节也,吾不忍复见也。'于是汉王遣韩信击虏豹于河东,传诣荥阳,以豹国为郡。汉王令豹守荥阳。楚围之急,周苛遂杀魏豹。"周苛杀掉魏豹的理由是"反国之臣,难与共守"[1],可见这里的"杀"也非法定刑。

（五）斩

《睡虎地秦墓竹简·法律答问》:"生戮,戮之已乃斩之之谓也。"

《睡虎地秦墓竹简·法律答问》:"甲曰伍人乙贼杀[2]人,即执乙,问不杀人,甲言不审,当以告不审论。且以所辟?以所辟论,当也。"执乙,逮捕乙。问,审讯。不审,不实。所辟,诬告反坐。秦律诬告反坐,杀人者斩,所以"以所辟论"就是当斩。

可见,在秦朝的刑罚体系中,斩是一种死刑的执行办法,可以用来惩治犯有"诬告""杀人"罪的罪犯,同时又可以和"戮"组合在一起使用。

（六）弃市

秦朝大量使用弃市之法,也就是说,秦人更习惯于使用这种当众执行的死刑,其目的无疑在于增强死刑的威慑力。那么什么样的罪犯会遭受"弃市"刑呢?《睡虎地秦墓竹简·法律答问》:"士伍甲无子,其弟子以为后,与同居,而擅杀之,当弃市。"又:"同母异父相与奸,何论?弃市。"

《史记·秦始皇本纪》:"(始皇三十四年)丞相李斯曰:'五帝不相复,三代不相袭,各以治;非其相反,时变异也。今陛下创大业,建万世之功,固非愚儒所知。……有敢偶语诗、书者,弃市;以古非今者,族……'"

《汉书·高帝纪》:"父老苦秦苛法久矣,诽谤者族,偶语者

---

① 班固:《汉书·卷三十三魏豹田儋韩王信传第三》,中华书局,1962年版,第342页。

② 贼杀:秦律把杀人分为很多种,如谋杀、斗杀、误杀、贼杀等。

弃市。"

（七）腰斩

秦代的腰斩是使用斧头作为刑具，将罪犯的身体一斫为二，因此在执行这种刑罚时需要锋利的刑具和技术非常熟练的刽子手。而就刑罚本身来说，腰斩要比一般的斩首更为残忍。

《史记·李斯列传》："二世二年七月，具斯五刑论，腰斩咸阳市。"

李斯为赵高陷害，与自己的儿子同受腰斩，三族被夷灭。如果李斯能够及早退出秦国政坛，也许能够得到一个更好的结果。

（八）辜、磔、支解

《史记·秦始皇本纪》："（始皇）二十年，燕太子丹患秦兵至国，恐，使荆轲刺秦王，秦王觉之，体解轲以徇，而使王翦、辛胜攻燕。"

《通典》："后又体解荆轲。"

《史记·秦始皇本纪》和《通典》都说荆轲是被体解的。但《史记·刺客列传》描述荆轲行刺过程甚详，只言"杀轲"，并无体解之说。从情理上说，在当时混乱的情形下，体解荆轲，不大可能，因为最要紧的，是把荆轲杀死，以解除对秦王的威胁。如说体解，恐怕也是死后体解。

（九）辗

《史记·陈涉世家》："宋留以军降秦，秦传留至咸阳，车裂留以徇。"宋留是陈胜的部将，他在得到陈胜死去的消息后，没有继续执行安排好的进军计划，而是向秦军投降。但叛变没有给叛变者带来好处，甚至没有保住他的性命，宋留被秦人以相当残酷的车裂刑处死。而宋留之死也把秦法之烈生动地展现在我们面前。

（十）烹

《史记·项羽本纪》："居数日，项羽引兵西屠咸阳，杀秦降王子婴，烧秦宫室，火三月不灭；收其货宝妇女而东。人或说项王曰：'关中阻山河四塞，地肥饶，可都以霸。'项王见秦宫皆以烧残破，又心怀思欲东归,曰:'富贵不归故乡,如衣绣夜行,谁知之者!'说者曰:'人言楚人沐猴而冠耳,果然。'项王闻之,烹说者。"

沈家本《历代刑法考》:"烹事盛行于周及秦、汉之间,秦并设为常刑,秦法之惨,此其一端也。春秋之后,如齐威王烹阿大夫,及左右尝誉者皆并烹之,见《史记·齐敬仲完世家》。中山之君烹乐羊之子,而遗之羹,见《韩非子·说林》。周苛见《汉书·高帝纪》。郦食其见本《传》。高祖欲烹蒯通,见《通传》。侯竟南奔,高澄命先剥景妻子面皮,以大铁镬盛油煎杀之,见《南史·景传》。石勒执刘寅,以镬汤煮之,见《晋中兴书》。董卓攻得李旻,张安,毕圭苑中,生烹之,二人临入鼎,相谓曰:'不同日生,乃同日烹。'此外即罕见矣。"①

(十一)坑

坑,即将罪人活埋。

《睡虎地秦墓竹简·法律答问》:"疠者有罪,定杀。定杀可(何)如?生定杀水中之谓也。或曰生埋,生埋之异事也。"疠:麻风病人。所谓疠者,病而已,何罪之有,竟要活埋。

《史记·秦始皇本纪》:"(始皇)十九年,王翦、羌瘣尽定取赵地东阳,得赵王。引兵欲攻燕,屯中山。秦王之邯郸,诸尝与王生赵时母家有仇怨,皆坑之。"秦始皇竟把姥姥家的人都活埋了,岂不是畜生。

《史记·秦始皇本纪》:"(始皇三十五年)始皇闻亡(候生、卢生),乃大怒曰:'吾前收天下书,不中用者尽去之。悉召文学、方术士甚众,欲以兴太平;方士欲练以求奇药。今闻韩众去不报,徐市等费以巨万计,终不得药,徒奸利相告日闻。卢生等吾尊赐之甚厚,今乃诽谤我,以重吾不德也。诸生在咸阳者,吾使人廉问,或为妖言以乱黔首。'于是使御史悉案问诸生,诸生转相告引,乃自除犯

---

① 沈家本:《历代刑法考》(上册),商务印书馆,2011年版,第90页。

禁者四百六十余人，皆坑之咸阳，使天下知之以惩后。益发谪徙边。"这就是秦始皇焚书坑儒，秦王朝也因此史称暴秦。

《史记·项羽本纪》："(秦二世二年)项梁前使项羽别攻襄城，襄城坚守不下。已拔，皆坑之。还报项梁。"这是说连军带民统统活埋。

《史记·秦楚之际月表》："(秦二世三年十一月)(楚项)羽诈坑杀秦降卒二十万人于新安。"

（十二）定杀

定杀是指一种把患病的罪人抛入水中溺死或者活埋窒息死亡的酷刑。始于秦，非刑。

《睡虎地秦墓竹简·法律答问》："疠者有罪，定杀。定杀可(何)如？生定杀水中之谓也。或曰生埋，生埋之异事也。"

又："甲有完城旦罪，未断，今甲疠，问甲可(何)以论？当迁疠所处之。或曰当迁迁所定杀。"这里涉及"定杀"的对象是患有麻风病的病人。而"定杀"的方式有两种，其一为杀于水中，其二为杀于土中。投人入水使其溺死就需要在人的身上绑缚重物，这恐怕就是"定杀"名称的由来。

（十三）赐死

《史记·秦始皇本纪》："七月丙寅，始皇崩于沙丘平台。丞相斯为上崩在外，恐诸公子及天下有变，乃秘之，不发丧。……立子胡亥为太子。更为书赐公子扶苏、蒙恬，数以罪，赐死。"有些人犯有死罪，当处以死刑，但由于罪犯身份特殊，或为皇族，或为权贵，或为情由可悯者，因此给予他们一个自行了结生命的机会，这就是赐死。这里的"赐"代表了一种等级色彩浓厚的恩遇。

三、身体刑

秦代肉刑，有劓、刵、宫、菹醢、剕足、掠、笞等七种。或作为主刑，或作为附加刑，甚至有两种肉刑同时科处的。如"斩左趾又黥以为城旦"，这里就包括了三种刑罚：斩左足、黥、城旦。

汉初用秦法，汉文帝十三年（公元前 167 年）废除肉刑。以髡、钳、城旦、舂代黥，笞三百代劓，笞五百代斩左趾，弃市代斩右趾。其后又除宫刑。但过后不久，斩右趾等刑又在实际上恢复。从东汉至魏晋，虽一直进行着废止肉刑与恢复肉刑的争论，但实际上肉刑一直不断。

唐代曾一度将部分死罪改为斩右趾，不久又废除了，改为加役流。五代时，后晋创刺配之法，先行黥刺后再配役。宋元明清皆沿袭之。

（一）劓

《睡虎地秦墓竹简·法律答问》："不盈五人，盗过六百六十钱，黥劓以为城旦。"又："当黥城旦而以完城旦诬人，可（何）论？当黥劓。"

《睡虎地秦墓竹简·封诊式》："丙焊，谒黥劓丙。"

贾谊《新书》："秦所尚书，告语也，刑罚也。故赵高傅胡亥而教之狱，所习者非斩劓人，则夷人之三族也。"可见肉刑叠加是秦代身体刑的特征之一。

（二）剕

剕，又称刖。秦称斩左趾、斩右趾，仅用于附加刑。《说文》："刖，断足也。"

《睡虎地秦墓竹简·法律答问》："五人盗，臧（赃）一钱以上，斩左趾，有（又）黥以为城旦。"又"群盗赦为庶人，将盗械囚刑罪以上，亡，以故罪论，斩左趾为城旦"。

很多学者认为，虽然秦代有"剕刑"，但由于边疆需要守御的军队士卒，国内各种各样的大型工程需要劳力，秦人是不可能给大量的罪犯执行这种致人失去劳动力的刑罚的。

（三）宫

秦时称宫为腐刑。

《睡虎地秦墓竹简·法律答问》："臣邦真戎君长，爵当上造以上，有罪当赎者，其为群盗，令赎鬼薪鋈足；其有府（腐）罪，（赎）宫。"可见宫刑可赎，但要依受刑者的身份而定。

《史记·吕不韦传》："吕不韦进嫪毐，诈令人以腐罪告之。"秦宫（简）中宦者、宫隶、宫令人、宫皇人、宫狡士等，都受过宫刑。

张守节《史记正义》："余刑见于市朝。宫刑，一百日隐于阴室，养之乃可，故曰隐宫，下蚕室是。"

《史记·蒙恬列传》："赵高昆季数人皆生隐宫。"司马贞《史记索隐》："刘氏云：'盖其父犯宫刑，妻子没为官奴婢，妻后野合所生子皆承赵姓，并宫之，故云兄弟生隐宫。谓隐宫者，宦之谓也。'"

可见，宫刑在秦代是一种常见的刑罚。《史记·秦始皇本纪》讲"隐宫徒刑者七十万"被征发修建阿房宫和骊山陵，虽然七十万可能只是虚指，但由此可见在秦代受过宫刑的人很多。

（四）蒺藜

蒺藜是一种把蒺藜放入人的脊背上，并取卧姿，滚动身体，以使蒺藜刺入肉中的酷刑。始于战国，非刑。

《说苑》："秦始皇取太后，迁之咸阳宫，下令曰：'以太后事谏者，戮而杀之，蒺藜其脊。'"顺序有点颠倒，应是先"蒺藜其脊"，后"戮而杀之"。

（五）鋈足

鋈足是秦时在犯人脚上施加白铜械具的拘系方法。其类似汉代以后的钛足。当是脚镣的雏形。

《睡虎地秦墓竹简·法律答问》："葆子□□未断而诬告人，其罪当刑城旦，耐以为鬼薪鋈足。"

《睡虎地秦墓竹简·法律答问》："臣邦真戎君长，爵当上造以上，有罪当赎者，其为群盗，令赎鬼薪鋈足；其有府（腐）罪，

（赎）宫。"

这两例，都是把鋈足当作鬼薪的附加刑使用的。

《睡虎地秦墓竹简·封诊式》中有士伍甲告发官府要求鋈其亲生儿子之足，并迁徙蜀郡边县的记载。这里是作为主刑使用的。

（六）掠

掠又称榜、榜掠、肆掠，是一种肉刑。这是用鞭、杖等刑具抽打犯人的身体并暴尸示众的刑罚。这种刑罚主要用于刑讯犯人，以逼取口供。始于周，非刑。

《史记·李斯列传》："（秦二世三年，公元前 207 年）于是二世乃使高案丞相狱，治罪，责斯与子由谋反状，皆收捕宗族宾客。赵高治斯，榜掠千馀，不胜痛，自诬服。"

（七）笞

笞刑是使用刑具抽打犯人的刑罚。

《睡虎地秦墓竹简·治狱程序》："爰书：以某数更言，无解辞，笞讯某。"笞讯：拷打讯问，逼取口供。

《睡虎地秦墓竹简·秦律杂抄》："城旦为宫殿者，治（笞）人百。大车殿，赀司空啬夫一盾，徒笞五十。"

《睡虎地秦墓竹简·法律答问》："城旦为宫殿者，治（笞）人百。"

又："城旦春毁折瓦器、铁器、木器，为大车折轑，辄治（笞）之。直（值）一钱，治（笞）十，直（值）二十钱以上，孰（熟）治（笞）之。"熟笞：往死里重打。

又："隶臣妾觳（系）城旦春，去亡，已奔，未论而自出，当治（笞）五十备觳（系）日。"觳：同擊，拴住，本用于拴牛。《周礼·地官·司门》有"祭祀之牛牲觳焉"。在这里，觳是系狱的意思。这一段的意思是：隶臣妾关在监狱里，脱逃，已经跑了，还没有抓住他，决定怎么处理时，他自己回来了，应当抽他五十下，还关起来。

四、自由刑

秦代自由刑有城旦舂、鬼薪、白粲等。

沈家本认为，秦代的自由刑还不被称为徒刑。《史记·秦始皇本纪》："'轻者为鬼薪。'李斯曰：'臣请史官非秦纪皆烧之。非博士官所职，天下敢有藏《诗》《书》百家语者，悉诣守、尉杂烧之。令下三十日不烧，黥为城旦。'"沈家本注："鬼薪、城旦，并徒役之事，此秦之徒刑也，而其名则曰鬼薪、城旦，可以见秦时并不名徒，前条'徒刑'语未可信也。"①

《史记·秦始皇本纪》："作宫阿房，故天下谓之阿房宫。隐宫、徒刑者七十余万人，乃分作阿房宫，或作丽（骊）山。"沈家本注："徒，使也，众也。《周礼·地官·司徒》：'疏郑目录云：司徒主众徒。《诗·绵》：'乃召司徒。'笺：'司徒，役之事。'《荀子·王霸篇》注：'人徒谓胥徒，给徭役者也。'《易·象上》传：'舍车而徒。'崔注：'徒，尘贱之事也。古者供役使者谓之徒，其人本庶人，故亦训众，其事为人下，故亦曰尘贱之事，非有罪之人也。'三代以上，罪无徒名，若战国时之刑徒、黥徒，犹曰受刖之人、受黥之人耳，即《汉书·叙传》之'布实黥徒'，《卫青传》之'有一钳徒相青'，语意亦如是，非指徒罪言也。秦汉始有徒称，然其刑之名为鬼薪、城旦之属，不名为徒，第以此等人供役使之事，故当时称之为徒耳。《唐律疏义》始云'徒者，奴也'，盖奴辱之，其说不知何本，实于古义不合。《论衡·四讳篇》云'被刑谓之徒'，王充虽汉人，亦徇于后起之义，非古也。"

又："徒刑"二字，始见于此，然此文颇有可疑，隐宫之解说者分歧。《黥布传》："及壮，坐法黥……布已论输丽山（《史记正义》言：

'布论决受黥竟,丽山作陵也。时会稽郡输身徒。'),丽山之徒数十万人,布皆与其徒长豪桀交通……"所谓"丽山之徒",犹《游侠传》言"布衣之徒",《过秦论》言"迁徙之徒",谓徒众也。布受黥刑,非徒刑而亦"输丽山"。《汉书·高帝纪》"送徒丽山,徒多道亡",乃解纵所送徒,此"徒"字明是徒众,可见"丽山之徒"不皆曾论徒刑者。秦虽暴虐,亦何至犯徒刑者七十余万之多?此《纪》先言"始皇大怒,使刑徒三千人皆伐湘山树,赭其山",其文作"刑徒",此"徒刑"恐有伪。

(一)城旦春

城旦春是我国秦汉时期徒刑名称之一。源于周之春,属刑徒之最重者。法定刑,始于秦,终于汉。同种刑罚,男女异名,男犯称城旦,女犯称春。这种名称,源于囚犯服劳役的性质与方式。男犯筑城,所以称城旦;女犯春米,所以称春。《史记·秦始皇本纪》应劭注:"城旦者,旦起行治城,春者,妇人不豫外徭,但春作米。"

其实,服役的人,不仅是筑城和春米,什么苦活、脏活、累活都干。城旦春是主刑,有时还附加肉刑,如黥、劓、斩趾等,作为从刑。例如《史记·秦始皇本纪》:"(始皇三十四年)丞相李斯曰:'……有敢偶语诗、书者,弃市;以古非今者,族;吏见知不举者,与同罪;令下三十日不烧,黥为城旦。'"

这种徒刑的刑期,有两种说法:其一,秦时为五至六年,汉时为四至五年。其二,秦之城旦春为无期徒刑,到汉文帝十三年改制,才改为有期。《睡虎地秦墓竹简·法律答问》:"又系城旦六岁。"

那么犯有何种罪行可能被处以城旦春的刑罚呢?《睡虎地秦墓竹简·法律答问》:"擅杀子,黥为城旦春。"又:"殴大父母,黥为城旦春。"又:"五人盗,臧(赃)一钱以上,斩左趾,有(又)黥以为城旦。不盈五人,盗过六百六十钱,黥劓以为城旦。不盈六百六十到二百二十钱,黥为城旦。"又:"士伍甲盗……赃值过六百六十……甲当黥为城旦。"又:"人奴妾,盗主牛,当城旦黥之。"可见,城旦春惩罚的多数为较轻的罪行,而且多数受刑者同时要遭受"髡"刑。

卫宏《汉旧仪》:"秦制:凡有罪,男髡钳为城旦,城旦者,治城也。女为舂,舂者,治米也。皆作五岁,完四岁。"沈家本注:"城旦,秦制,汉因之。应、如二说并言四岁刑,而卫宏云作五岁,完四岁,《汉志》亦分完城旦舂,髡钳城旦舂为二,后汉仍之。城旦为徒役之事,而罪之应充徒役者,不止城旦,魏世有髡刑、完刑、作刑之分,北周始定名为徒,后世亦称徒为城旦者,岂以徒役之事城旦居首矣。"

（二）鬼薪、白粲

鬼薪、白粲是我国秦汉及曹魏时期刑徒名称之一。同种刑罚,男女异名,男称鬼薪,女称白粲。《汉旧仪》讲:"鬼薪者,男当为祠祀鬼神伐山之蒸薪也;女为白粲者,以为祠祀择米也。"男犯砍柴,所以称鬼薪;女犯择米,所以称白粲。刑阶轻于城旦舂。轻则轻矣,但毕竟是服苦役,所从事的劳动一定不止砍柴、择米,鬼薪、白粲是什么重活、脏活、累活都干。出土秦铜戈铭文:"工①鬼薪。"这种刑罚的刑名源于其所从事的劳役的性质和方式。鬼薪、白粲为主刑,常附加肉刑作为从刑,如耐、鋈足等。法定刑,始于秦。

《睡虎地秦墓竹简·秦律十八种·司空律》:"鬼薪白粲、群下吏毋耐者,人奴妾居赀赎债于城旦,皆赤其衣,枸椟欙杕,将司之。其或亡之,有罪。"

《睡虎地秦墓竹简·秦律十八种·仓律》:"城旦舂、舂司寇、白粲以操土功,参食之,不操土功,以律食之。"这里的土功就是干土方活,重体力劳动。参食之就是供给三顿饭。律食之就是按法律规定吃饭。

其实,鬼薪、白粲的刑期,有两种说法:其一,秦为四岁刑,汉为三岁刑;其二,秦为无期,至汉文帝十三年改制,才改为有期。《汉旧仪》:"秦制:鬼薪三岁。"沈家本注:"鬼薪,秦制,汉因之。"《史

① 工:从事手工业。

记·秦始皇本纪》：“九年，彗星见，或竟天。……令相国昌平君、昌文君发卒攻毐。……卫尉竭、内史肆、佐弋竭、中大夫令齐等二十人皆枭首。车裂以徇，灭其宗。及其舍人，轻者为鬼薪。及夺爵迁蜀四千馀家，家房陵。是月寒冻，有死者。杨端和攻衍氏。彗星见西方，又见北方，从斗以南八十日。十年，相国吕不韦坐嫪毐免。”应劭注：“取薪给宗庙为鬼薪也。”如淳注：“《律说》：鬼薪作三岁。”沈家本注：“此嫪毐之舍人。毐反，吏灭其宗，其舍人重者刑戮，轻者罚徒役三年也。”

（三）隶臣妾

隶臣妾是秦汉时强制罪犯服劳役的一种刑罚。本人或亲属犯罪，或在战争中被俘，充当官奴婢者，男人称隶臣，女人称隶妾，都要从事无限期的劳役。始于秦，非刑。

《睡虎地秦墓竹简·法律答问》：“耐为隶臣。”

又：“司寇盗百一十钱，先自告，可（何）论？当耐为隶臣，或曰赀二甲。”

又：“甲乙雅不相知，甲往盗丙，才到，乙亦往盗丙，与甲言，即各盗，其赃值各四百，已去而偕得，其前谋，当并赃以论，不谋，各坐赃。”

又：“隶臣将城旦，亡之，完为城旦，收其外妻子。”

又：“完为隶妾。”

又：“黥颜頯为隶妾。”把女人的脸刺字后，没为奴隶。

又：“主擅杀，刑。髡其子，臣妾。”髡其子就是将儿子剃光了头，去坐牢。臣妾就是将其女眷没收，去当隶妾。但如果告发自己的丈夫，妻子得免，如《睡虎地秦墓竹简·法律答问》：“夫有罪，妻先告，不收。”

《睡虎地秦墓竹简·封诊式》：“妻媵、臣妾、衣器当收不当收？不当收。”

（四）司寇

司寇是秦汉时一种两年期的有期徒刑。此刑轻于城旦舂，甚至轻于隶臣妾但重于候。被刑为司寇的人是尚能被统治者信任的一部分刑徒，他们往往被派去监管其他刑徒如城旦舂等。

《汉旧仪》："罪为司寇。司寇，男备守，女为作，如司寇。皆作二岁。"

《睡虎地秦墓竹简·法律答问》："司寇盗百一十钱，先自告，可（何）论？当耐为隶臣，或曰赀二甲。"

又："当耐为司寇，而以耐为隶臣诬人，可（何）论？当耐为隶臣，又司系城旦六岁。"

又："当耐为司寇，又司系城旦二岁。"

又："当耐为候（脱一字）罪诬人，可（何）论？当耐为司寇。"

（五）候

候是一种一年期的徒刑，是秦徒刑中刑期最短的一种，受刑者被发往边地充当斥候。《说文解字》："候，伺望也。"《尚书·禹贡》疏："斥候谓检行险阻，伺候盗贼。"斥候是专司放哨、侦查的人。其刑比司寇为轻。只施于秦。从这种刑罚，我们可以看到，秦帝国对于吏的管理是非常严格的。《睡虎地秦墓竹简·秦律杂抄》："当除弟子籍不得，置任不审，皆耐为候。"就是说，如不适当地将子除名，或任用保举弟子不当者，当耐为候。可见，"候"这种刑种很可能是秦国为了惩治和预防国家公务人员渎职犯罪而规定的一种刑罚。

《睡虎地秦墓竹简·法律答问》："当耐为候（脱一字）罪诬人，可（何）论？当耐为司寇。"

《内史杂》："候、司寇及群下吏，勿敢为官府佐、史及禁苑宪盗。"

（六）夺劳

夺劳也称弃劳，是我国秦汉时剥夺官吏劳绩并给予一定期限监禁的一种处罚。

《睡虎地秦墓竹简·秦律杂抄·中劳律》："敢深益其劳岁数

者,赀一甲,弃劳。"

五、流　刑

（一）迁、徙

在秦代史料中我们经常可以看到"迁"或"徙"的刑罚。

《睡虎地秦墓竹简·法律答问》："啬夫不以官为事,以奸为事,论可（何）也？当迁。"我们可以看到,如果你在秦帝国做类似今天的"公务员"工作,如果你在工作中营私舞弊、失职渎职,那么你将受到的处罚绝不仅仅是扣工资或降级别。这样的人在秦朝会被作为可能威胁秦帝国统治、危害秦代社会安全的分子流放到边远地区,无指令不得私自迁回原籍。

又："百姓不当老,至老时不用请,敢为诈伪者,赀二甲,典,老弗告,赀各一甲,伍人户一盾,皆迁之。"可见,对于在"免老"问题上弄虚作假的人,秦人不仅要对其执行罚刑,还要将涉事的一干人等尽数迁往边远地区。

在秦朝,我们也可以发现很多规模很大的迁徙。例如对于长信侯嫪毐谋反事件,始皇帝赢政除了采取车裂、灭族等酷刑外,还将与此事有关的犯有轻罪的人员迁往蜀地。《史记·秦始皇本纪》："及其舍人,轻者为鬼薪,及夺爵迁蜀四千余家,家房陵。"

"三十四年,秦与魏、韩上雍地为一郡,南阳免臣迁居之。"

"三十五年,于是立石东海上朐①界中,以为秦东门。因徙三万家丽邑,五万家云阳,皆复不事十岁。"

可见在秦朝,因为刑罚处置所产生的大规模迁徙是比较常见的。就当时的自然环境和社会环境来讲,这种迁徙也存在一定的促进边远地区发展的可能性。

---

① 朐:秦置郡,在今连云港市境内。

（二）谪戍

谪戍又称戍、谪戍、戍边、补兵、充军。这是我国古代一种将罪犯流放到边远地区军中守边服役的刑罚。实际上，这是流刑的一种。法定刑，始于秦。

沈家本《历代刑法考》："《说文》：'戍，守边也。从人持戈。'《诗·序·采薇》：'遣戍役也，遣戍役以守卫中国。'笺云：'戍，守也。'《扬之水》：'不与我戍申。'传云：'戍，守也。'庄十七年《公羊解诂》：'以兵守之曰戍。'古者，封建之世，以兵守之皆曰戍，见于《春秋》者多矣，不独戍边也。秦灭六国，天下混一，斥诸胡戎，边地空虚，遣发罪人以守卫，始有戍边之事。其人充菏戈之役，与军士无异，即后代之充军，第其制不同耳。此等戍卒，皆仰给于官朝。错所谓'戍者死于边，输者偾于道'，其弊如此。迨错上屯戍之议，农戍兼修，文帝用其策。终汉世，皆踵行之，洵守边至计也。"[1]

《史记·秦始皇本纪》："三十三年，发诸尝逋亡人、赘婿、贾人略取陆梁地，为桂林、象郡、南海，以适（谪）遣戍。……又使蒙恬渡河取高阙、阳山、北假，中筑亭障，以逐戎人。徙谪，实之初县。"《史记集解》徐广曰："五十万人守五岭。"《史记正义》；"适音直革反。戍，守也。"司马贞《史记索隐》："徙有罪而谪之，以实初县，即上'自榆中属阴山，以为三十四县'是也。故汉七科谪亦因于秦。"沈家本注："此亦有罪而迁，为实边计。高帝十一年诏曰'秦徙中县之民南方三郡，使与百粤杂处'，即此事也。此策汉亦用之。后世言实边者，多主此策，然经理不得其宜，利害亦复相因，是在得其人矣。"

可见，"谪戍"和"迁"虽然都是以强制手段使罪犯远徙，但实质上两者还是存在区别的。"迁"是一种独立的刑罚，是将罪犯迁移至边远地区，它可以与其他的刑罚并行使用；而"谪戍"往往针对那些已经被判处某些刑罚的罪犯和特定的社会阶层人员（如尝逋亡

① 沈家本：《历代刑法考》（上册），商务印书馆，2011年版，第256页。

人、赘婿、贾人等），往往是出于某种政治或社会需要（如守边、实边）而实施。更为关键的区别在于，被判处"迁"刑的罪犯在未得到允许的情况下，禁止返回原籍，实际上这些人一生都生活在边远地区；而"谪戍"之人在完成"谪戍"任务后或"谪戍"期满后是可以回到原籍的。《睡虎地秦墓竹简·秦律杂抄》："不当禀军中而禀者，非吏也，赀戍二岁。"

六、财产刑

（一）籍没

秦之籍没，也称收。

《睡虎地秦墓竹简·法律答问》："隶臣将城旦，亡之，完为城旦，收其外妻子。"

《汉书·王莽传》："莽曰：'秦为无道，置婢奴之市，与牛马同兰（栏）。制于臣民，颛断其命。奸虐之人因缘为利，至略卖人妻子，逆天心，悖人伦，谬于天地之性人为贵之义。'《书》曰'予则孥戮汝'，唯不用命者，然后被此辜矣。今更名奴婢曰'私属'，皆不须卖买。"沈家本注："买卖奴婢，实始于秦，有《莽传》可证。汉接秦弊，其俗未改，王莽禁之，不得谓其非也，惟莽遇事操切，转病民耳。"

可见，籍没刑的核心内容是"没"，也就是收缴犯罪者的所有财产、物品。在古代社会，"妻子"也被作为个人的"财产"来看待，因此，秦代籍没的执行也就导致了有规模的婢奴买卖的发生。按照沈家本的看法，王莽禁绝这种"秦弊"是正确的，但其政策的执行却出现了问题，以致惠民之举成了害民之政。

（二）赎

秦的赎刑，分成金赎、役赎、赀赎三种。

1.金赎

金赎是一种以金钱赎罪的刑罚。

《睡虎地秦墓竹简·法律答问》:"真臣邦君公有罪,致耐罪以上,令赎。"

《睡虎地秦墓竹简·法律答问》:"臣邦真戎君长,爵当上造以上,有罪当赎者,其为群盗,令赎鬼薪鋈足;其有府(腐)罪,(赎)宫。"

又:"内公孙毋(无)爵者,当赎刑,得比公士赎耐不得?得比焉。"

前一段的意思是:臣属于秦的少数民族首领,犯了应处耐以上刑罚的罪,让他花钱赎罪。后一段的意思是:宗室的后裔没有爵位的人犯了罪,也可以同有公士爵位的人一样,用钱赎免吗?可以比照处理。

可见,从刑罚本身来看,金赎对每一个人都是适用的,但是从实际的执行来看,金赎会因每个人特定的社会地位和身份而发生变化,也就是说,"赎"是有区别的。其实,在秦朝"赎"只是对有产者才是有意义的,而对于无产者来说,恐怕就要寄希望于"役赎"了。

2.役赎

役赎是一种为国家服劳役赎罪的制度。

《睡虎地秦墓竹简·秦律十八种·司空律》:"有罪以赀赎及有责(债)于公,以其令日问之,其弗能入及赏(偿),以令日居之。日居八钱,公食者,日居六钱。"其意为:有罪和欠公家债的人,可以以干活顶账,按天算,一天顶八个钱,如果吃公家饭,一天顶六个钱。

《睡虎地秦墓竹简·秦律十八种·司空律》:"百姓有赀赎责(债),而有一臣若一妾,有一马若一牛,而欲居者,许。"债,欠官府或者奴隶主的钱。臣,隶臣;妾,隶妾,都是奴隶。居,住在官府或者奴隶主家里干活。这一段的意思是:百姓欠官府或者奴隶主的债,你如果有男女奴隶和马牛,愿意顶账去干活,允许。

3.赀赎

赀赎是我国秦律中对较轻犯罪科处的以交纳钱物为主的财产刑。《说文》："小罚，以财自赎也。"实际上不是赎，而是直接判处的罚金刑。秦律中的赀刑分三类：其一，是赀物，包括赀甲、赀盾。其二，是赀金，包括赀布、赀钱。其三是赀劳役，包括赀徭、赀戍。赀刑仅为秦所用，是法定刑。

（1）所谓赀盾、赀甲，即罚缴盾牌、铠甲。

《睡虎地秦墓竹简·效律》："衡不正，十六两以上，赀官啬夫一甲。不盈十六两到八两，赀一盾。"

《睡虎地秦墓竹简·秦律杂抄》："伤乘舆马，夬（决）革一寸，赀一盾，二寸，赀二盾。过二寸，赀一甲。"

《睡虎地秦墓竹简·法律答问》："廷行事鼠穴三以上，赀一盾，二以下，谇。"

《睡虎地秦墓竹简·秦律杂抄·除吏律》："任废官者为吏，赀二甲。"

《睡虎地秦墓竹简·秦律杂抄·傅律》："百姓不当老，至老时不用请，敢为诈伪者，赀二甲，……伍人，户一盾，皆迁之。"

（2）所谓赀布，即罚金。布，布币，在秦时是交换流通的货币。

《睡虎地秦墓竹简·法律答问》："邦客与主人斗，以兵刃、殳梃、拳指伤人，抵以布，何谓赀？赀布入公，如赀布，入赀钱如律。"

所谓赀徭，即无偿服一定时间劳役的处罚。

《睡虎地秦墓竹简·法律答问》："或盗采人桑叶，赃不盈一钱，可（何）论？赀徭三旬。"

（3）所谓赀戍，即罚戍边守土。

《睡虎地秦墓竹简·秦律杂抄》："军人买禀，禀及所过县，赀戍二岁，同车食，屯长，仆射弗告，戍一岁。"

七、资格刑

（一）除名

除名也称除籍、废。秦亦称削籍。这是我国古代一种废除犯人的官职和爵位的刑罚。可以单处，也可以并处。法定刑，始于周。

《睡虎地秦墓竹简·法律答问》："廷行事吏为诅伪，赀盾以上，行其论，有（又）废之。"

又："游士在，亡符，居县赀一甲。卒岁，责之。有为故秦人出，削籍。"

《睡虎地秦墓竹简·秦律杂抄》："为（伪）听命书……不避席立，赀二甲，灋（废）。"又："任灋（废）官为吏，赀二甲。"

《史记·蒙恬传》："赵高者，诸赵疏远属也。高有大罪，秦王令蒙毅法治之。毅不敢阿法，当高死罪，除其宦籍。"沈家本注："宦籍者，仕宦之人书名于籍也，罪重者，除而去之。"

（二）免

《睡虎地秦墓竹简·秦律十八种·军爵律》："欲归爵二级以免亲父母为隶臣妾者一人，及隶臣斩首为公士，谒归公士免故隶臣妾一人者，许之，免以为庶人。"

《睡虎地秦墓竹简·秦律十八种·司空律》："百姓有母及同生为隶妾，非谪罪也，欲为冗边五岁，毋偿兴日，以免一人为庶人，许之。"

（三）籍门

籍门是秦时对于犯过罪的官吏，籍录其子孙，永不叙用的制度。

《史记·秦始皇本纪》："十二年，文信侯不韦死，窃葬。其舍人临者，晋人也，逐出之；秦人六百石以上夺爵，迁；五百石以下不临，迁,勿夺爵。自今以来,操国事不道如嫪毐、不韦者籍其门,视此。秋,复嫪毐舍人迁蜀者。"注:《史记正义》曰"籍录其子孙,禁不得仕宦"。

(四)反坐

诬告反坐,既不是罪名,也不是刑名。它是我国封建社会对诬告他人犯罪者处以其所诬告之罪刑罚的制度。始于秦。

《睡虎地秦墓竹简·法律答问》:"今甲曰伍人乙贼杀人,即执乙,问不杀人,甲言不审,当以告不审论?且以所辟?以所辟论当也。"

八、耻辱刑

(一)墨

《睡虎地秦墓竹简·法律答问》:"殴大父母,黥为城旦舂。"孝的观念一直是中国社会中一种比较稳定的伦理原则,历代刑罚出于维护社会稳定的需要,一般都会比较积极地以相应的刑罚规定配合这种伦理原则,即使是在秦朝,也不例外。

《睡虎地秦墓竹简·法律答问》:"女子为隶臣妾,有子焉,今隶臣死,女子别其子,以为非隶臣子也,问女子论何也。或黥颜頯①为隶妾。"

《睡虎地秦墓竹简·法律答问》:"人奴妾治子,子以膏死,黥颜頯,畀主。"这一段的意思是:女奴打他的儿子,伤到心脏,死了。把女奴的脸上刺字后,还给她的主人。可见,秦代刑罚对于墨刑的行刑部位是有所规定的。

《史记·秦始皇本纪》:"有敢偶语诗、书者,弃市;以古非今者,族;吏见知不举者,与同罪;令下三十日不烧,黥为城旦。"不烧,指

---

① 颜頯:脸颊。

烧书。秦始皇下令焚书，拒不烧者，视为犯罪，并处黥和城旦两种刑罚。《史记·张耳陈余列传》："（武信君武臣）乃引兵东北击范阳。范阳人蒯通说范阳令曰：'窃闻公之将死，故吊。虽然，贺公得通而生。'范阳令曰：'何以吊之？'对曰：'秦法重，足下为范阳令十年矣，杀人之父，孤人之子，断人之足，黥人之首，不可胜数。'"在秦帝国统治下，重至腰斩，轻至黥面，被刑者无数，这个国家看上去更像是一个巨型的监狱。

（二）髡钳

髡钳在秦朝是一种组合式的刑罚，其中的"髡"是剃发。《睡虎地秦墓竹简·法律答问》："擅杀，刑，髡其后子，谳之。"又："主擅杀，刑，髡其子，臣妾，是谓'非公室告'，勿听。而行告，告者有罪。"髡其子，把儿子剃光了头，去坐牢。臣妾者，女眷没收，去当隶妾。

《睡虎地秦墓竹简·法律答问》："髡钳城旦舂。""髡钳"是一种又剃发，又以铁圈束颈，又坐牢的集三刑于一身的刑罚。

《风俗通义·佚文》："秦始皇遣蒙恬筑长城，徒士犯罪依亡鲜卑山，后遂繁息，令皆髡头衣赭，亡徒之明效也。"

（三）耐

耐，也称完。《说文解字》段玉裁注："髡，剃发也。不剃须发，仅去其鬓，是曰耐，亦曰完，谓之完者，言完其发也。"

耐是我国古代一种剃去鬓毛和胡须，留着头发服劳役的刑罚。轻于髡刑。因多与徒刑并处，遂成为徒刑的代称。秦代的耐刑，既作为主刑适用，也作为附加刑适用。作为附加刑时，有耐为鬼薪，耐为隶臣，耐为司寇，耐为候等。法定刑，始于秦。

《睡虎地秦墓竹简·法律答问》："盗徙封，赎耐。何如为封？封即田阡陌。顷畔封也。且非是，而盗徙之，赎耐……"什么是封？封就是广袤田地的边界的界石。如果不听这一套，偷偷地移动田地的界石，就剃去你的鬓毛胡须，罚服劳役。

《睡虎地秦墓竹简·法律答问》："或斗，啮断人鼻若耳若指若唇,论各何也? 议皆当耐。"

《睡虎地秦墓竹简·法律答问》:"耐为隶臣。"

又:"隶臣将城旦,亡之,完为城旦,收其外妻子。"

又:"内公孙毋(无)爵者,当赎刑,得比公士赎耐不得? 得比焉。"意思是:宗室的后裔没有爵位的人,犯了罪,也可以同有公士爵位的人一样,用钱赎免吗? 可以比照处理。

(四)谇

这是秦代对于犯有轻微过错的人所给予的训斥、责骂性处罚。非刑,始于秦。

《睡虎地秦墓竹简·法律答问》:"甲贼伤人,吏论以为斗伤人,吏当论不当? 当谇。"

《睡虎地秦墓竹简·法律答问》:"廷行事鼠穴三以上,赀一盾,二以下,谇。"秦帝国的吏治极为严厉,掌管粮仓的官员如果因玩忽职守致使仓库受到鼠害,有司就要根据现场发现鼠洞的数量对掌库官员进行处罚:三个以上,赀发;两个以下,进行申斥。

《睡虎地秦墓竹简·秦律十八种》:"御中发征,乏费行,赀二甲,失期三日到五日,谇。"

《睡虎地秦墓竹简·效律》:"数而赢不备,直百一十钱到二百二十钱,谇官啬夫。"

可见,谇是一种有特定适用范围的刑罚。这种刑主要用于有官职有爵位的人,类似于现代的"训诫",其处罚效果值得商榷。

小 结

陆贾在《新语·无为》中将秦帝国迅速败亡的教训归结为"举措暴众而用刑太极故也"。可见秦朝的刑罚体系对这个王朝的命运产生了关键的影响。秦王朝的刑罚种类,特别是死刑的种类非常繁多,行刑的方式也非常残忍,丝毫没有"刑新国用轻典"①的趋势。这应该是始皇帝出于镇压六国诸侯残余势力的目的而做出的选择,但这种选择在打击潜在的反抗者的同时,也给秦代的社会和民众造成了沉重的负担。细密的"刑网"使人们生活在压抑和惊惧之中,这种对刑罚的恐惧极大地损害了社会领域、人际之间淳朴的信任,也从根本上排除了构建良性化、柔性化的社会秩序的可能,从而使秦帝国在失去政治控制能力之后,其社会体系也瞬间崩塌。

从其副作用来看,秦代的刑罚和其短命政权之间有着密切的关系。试想,如果陈胜、吴广在大泽乡有回旋的余地,或者那支队伍的多数人不会因延期而遭受死刑的威胁,那么摧毁帝国的星火就很难燃起。但如果我们从历史的角度来分析,实际上秦代的刑罚也具有历史的进步性。秦代刑罚的制度性和规范性都更强,不同的刑罚有明确的刑期设定,有不同的行刑标准,重罪重处,轻罪轻罚,在一定程度上减少了春秋战国时期刑罚的随意性和非规范性。由于秦帝国有建设大量大规模工程的需要,帝国的统治者也被迫对劳动力的价值加以认同,虽然很多苦役刑还要附加肉刑,但附加肉刑一般不会导致受刑者失去劳动力。也可以说,秦帝国的这种刑罚政策正是中国古代刑罚从以生命刑、肉刑为中心转向以自由刑为中心的一个重要标志。

---

① 《周礼·秋官·大司寇》。

第三编

新五刑体系的形成阶段

第七章　汉代的刑罚

汉代刑事立法，有一个由简到繁的过程。开始异常简单，归根到底，不过是刘邦的一句话，即"与父老约，法三章耳。杀人者死，伤人及盗抵罪"①。后来天下初定，由武治转向文治，萧何在参照秦律的基础上，立定罪及兴、厩、户等九篇，叔孙通立《傍章》十八篇，张汤立《越宫律》二十七篇，赵禹立《朝律》六篇，合计六十篇。加上收集起来的《令甲》三百篇，成书九百六十卷。仅用于断罪科刑的律条，就有二万六千二百七十二条、七百七十三万二千二百言之多，已经相当繁苛了。历史进入文景之治时，两帝删繁就简，省刑从宽，对前立苛法做了一些调整。但到武帝时，又有反弹，事关刑罪律令凡三百五十九章，仅大辟一种死刑，就达四百零九条、一千八百八十三事（即一千八百八十三种行为），死罪决事比一万三千四百七十二事（即法定科处各种死刑和参照科处各种死刑的行为，一万三千四百七十二种）。

孙膑杰、吴振兴编订的《刑事法学大词典》认为，汉律是两汉法规的总称，通常仅指西汉的法规。两汉法规繁多，一些主要法规均颁布于西汉前期，多采用"律"的形式，主要包括以下内容。

其一是《九章律》。《九章律》是汉代的基本法典，原文已经佚失。丞相萧何据秦代旧律制定。律有九篇，篇目是盗、贼、囚、捕、杂、具、兴、厩、户。前六篇沿袭秦律的旧体例，内容以刑为主，杂有审判、禁囚等规定。后三篇为萧何所创，是有关徭役、户籍、赋税和畜牧马牛等事项的法规，亦称"事律"。前六篇的《盗篇》是保护私

---

① 《史记·高祖本纪》。

有财产的法律，《贼篇》是保护人身安全的法律，《囚篇》《捕篇》两篇是逮捕、管教犯人的法律，《杂篇》包括了威胁罪、贪污罪、赌博、越狱等犯罪内容，《具篇》是对增加、减轻罪行的规定，《兴篇》是关于营造的法令，《厩篇》是对军邮、赋税等事务的规定，《户篇》是户籍方面的法规。

其二是《汉仪》。这是维护朝廷宗庙尊严、树立皇帝权威的一种有关礼仪的法规，由汉初叔孙通制定，即《傍章》十八篇。清人沈家本《汉律摭拾》辑有《汉仪》律目十七条，其中有"见姅变不得侍祠"（妇女月经期不得入神祠）、"予宁"（准许官吏在家持丧服）、"告归"（官吏请假回家）等。

其三是《越宫律》二十七篇。这是有关宫廷警卫制度的法规，汉武帝时由张汤制定，今佚。现知律目有三十余项。如规定无证件不得进宫殿门，不穿正式朝衣进入宫殿为不敬罪等。

其四是《朝律》六篇，又称《朝会正见律》。这是有关诸侯朝贺制度的法律，汉武帝时由赵禹和张汤制定。

以上四部法规，共六十篇，通称为汉律。此外，汉代较重要的法规还有：《金布律》，是有关财政制度的法规。《田律》，是维护乡间社会秩序、管理农事、征收田赋的法律，定于汉初。《钱律》，是关于货币管理制度的法律。《沉命法》，是关于督促地方官吏镇压农民暴动的法律，汉武帝时制定。该法规定："群盗起而不发觉，发觉而弗捕满品者，二千石以至小吏主者皆死。"还有令、科、比等。

东汉近二百年，律章无大增减。光武帝刘秀为缓和阶级矛盾，数次颁布减刑令，弛刑诏。但后来法令又逐渐繁密。至东汉末，共有律六十篇，令三百余篇，比六百余卷。因未予系统编纂整理，致使各种法令在量刑上"轻重乖异"，体例上"杂糅无常"。

汉之刑制，经诸多法家建议，天子下令增删修定，遂成比较完备的系统。其中，有几位皇帝蠲繁除苛，务求宽宥，剔除了一些酷刑，如惠帝、文帝、景帝、宣帝、元帝、成帝、哀帝都曾下诏省刑，有几位皇帝还比较重视对自身行为的约束，会尽力做到不以权乱法，汉文帝就是一个典型的代表。《汉书·张释之传》讲："上行出中渭桥。有一人从桥下走。乘舆马惊。于是使骑捕之，属廷尉释之治问。曰：'县人来，闻跸，匿桥下。久，以为行过，既出，见车骑，即走耳。'释之奏当：'此人犯跸，当罚金。'上怒曰：'此人亲惊吾马，马赖和柔，令它马，固不败伤我乎？而廷尉乃当之罚金！'释之曰：'法者，天子所与天下公共也。今法如是，更重之，是法不信于民也。且方其时，上使使诛之则已。今已下廷尉，廷尉，天下之平也，壹倾，天下用法皆为之轻重，民安所错其手足？唯陛下察之。'上良久曰：'廷尉当是也。'"

又："其后人有盗高庙座前玉环，得，文帝怒，下廷尉治。案盗宗庙服御物者为奏，当弃市。上大怒曰：'人亡道，乃盗先帝器！吾属廷尉者，欲致之族，而君以法奏之，非吾所以共承宗庙意也。'释之免冠顿首谢曰：'法如是足也。且罪等，然以逆顺为基。今盗宗庙器而族之，有如万分一，假令愚民取长陵一抔土，陛下且何以加其法乎？'文帝与太后言之，乃许廷尉当。"

由此二事，我们自然可以发现，张释之是一位勇敢、正直、严明、公正的执法者。但更为重要的是，汉文帝虽然是握有强大皇权的九五至尊，但在这种情况下仍能按下怒气，听从张释之的建议，把"法"看成"天子所与天下公共"的一种秩序，是比较难得的。我们要知道，如果汉文帝肆意地使用自己的权力，而不顾法律的规定，张释之将对此毫无办法。由此，我们不能不说汉代的皇帝们对于王朝的法制建设是做过不小的努力的。但我们也发现，这些努力做出的调整随即或不久，就会被自己或继任者恢复，甚至创设新的酷刑。所以，反反复复，削而复增，就像滚雪球一样，刑种越来越多，对人体的伤害程度越来越残酷，终成刑罚最酷的一代王朝。

一、株　连

汉之株连有:保任、连坐、率、夷三族、夷五族、夷九族、刑及旁人、灭宗等。其特点是一人有罪,处死多人,少则几人,多则几十人,甚至几百人。轻至子女家人,重至学生师长、上司下属、同乡同学、同事邻里,甚至一乡一城。

（一）保任

所谓保任,即指为某人担保,并对被担保人员有责任的一种刑罚手段。

《汉书·元帝纪》:“(初元五年,公元前44年)夏四月,有星孛于参。诏曰:‘朕之不逮,序位不明,众僚久旷,未得其人。元元失望,上感皇天,阴阳为变,咎流万民,朕甚惧之。乃者关东连遭灾害。饥寒疾疫,夭不终命。《诗》不云乎,“凡民有丧,匍匐救之”。其令太官毋日杀,所具各减半。乘舆秣马,无乏正事而已。罢角抵、上林宫,馆希御幸者,齐三服官、北假田官、盐铁官、常平仓。博士弟子毋置员,以广学者。赐宗室子有属籍者马一匹至二驷,三老、孝者帛,人五匹,弟者,力田三匹,鳏、寡、孤、独二匹,吏民五十户牛、酒。’省刑罚七十余事。除光禄大夫以下至郎中保父母同产之令。令从官给事宫司马中者,得为大父母、父母、兄弟通籍。”沈家本《历代刑法考》:“相坐法,文帝已除之。此相保法,当与相坐不同,似即《周礼》‘相坐’之意义。保,犹任也。……至保父母同产之令,以情理论,甚多窒碍。父母有过,为之子者但有几谏之道,而无责善之理,此而责其相保,岂非贼恩之大者乎?同产虽不同于父母,亦祗有规劝之方,而难纠察相责备。亲属相隐,圣人之教也。”

可见,汉代的保任基本上还是保留了此刑在先秦时代所具有的特征,由于此刑较“连坐”为轻,因此在文帝废止“连坐”刑之后依然在汉代运用。

（二）连坐

汉文帝时期，相坐之法被废止。《史记·孝文本纪》："（汉文帝元年，公元前179年）十二月，上曰：'法者，治之正也，所以禁暴而率善人也。今犯法已论，而使毋罪之父母、妻子、同产坐之，及为收孥，朕甚不取。其议之。'有司皆曰：'民不能自治，故为法以禁之。相坐坐收，所以累其心，使重犯法，所从来远矣。如故便。'上曰：'朕闻，法正则民悫，罪当则民从。且夫牧民而导之善者，吏也。其既不能导，又以不正之法罪之，是反害于民为暴者也。何以禁之？朕未见其便，其孰计之。'有司皆曰：'陛下加大惠，德甚盛，非臣等所及也。请奉诏书，除收孥诸相坐律令。'"《史记集解》应劭注："孥，子也。秦法一人有罪，并坐其家室，今除此律。"可见部分西汉统治者曾经较为理性地思考"连坐"刑罚是否有存在的必要，其减轻刑罚的倾向也是比较明显的。

但是汉文帝减轻刑罚的努力却没有彻底根除连坐刑，在汉代，这种刑罚还是不断出现。例如《汉书·王温舒传》："迁为河内太守，以九月至。令郡县私马五十匹，为驿自河内至长安。部吏如居广平时方略，捕郡中豪猾，相连坐千余家。上书请，大者至族，小者乃死，家尽没入偿臧。"《汉书·宣元六王传》："东平思王宇，甘露二年立。元帝即位，就国。壮大，通奸犯法，上以至亲贳弗罪，傅相连坐。"可见，累及无辜之人、无辜之家的连坐在特定条件下还是会发生，至于汉元帝更是名正言顺地恢复了连坐的刑罚。

到了王莽时期，连坐更是成为保证其新政推行的有力工具。《汉书·王莽传》："莽以钱币讫不行，复下书曰：'民以食为命，以货为资，是以八政以食为首。宝货皆重则小用不给，皆轻则僦载烦费，轻重大小各有差品，则用便而民乐。'于是造宝货五品，语在《食货志》。百姓不从，但行小大钱二品而已。盗铸钱者不可禁，乃重其法，一家铸钱，五家坐之，没入为奴婢。"对于封建时代的统治者来说，法治只是一种工具，远非一种精神、理念，只要现实政治生活有需要，他们就不会介意把严酷的刑罚搬出来，用以满足权力的欲望。

（三）率

率是指家长犯罪，株连幼童的刑罚。非刑，仅见于汉与三国时代。

《史记·万石君传》："孤儿幼年，未满十岁，无罪而坐率。"服虔注："率，坐刑法也。"如淳注："率家长也。"师古注："幼年无罪，坐为父兄所率，而并徙。如说近之。"

（四）夷三族

汉初，除约法三章外，族诛刑也被保留下来。而且汉初的族诛还相当残忍，甚至得名"具五刑"。《汉书·刑法志》："汉兴之初，虽有约法三章，网漏吞舟之鱼，然其大辟，尚有夷三族之令。令曰：'当三族者，皆先黥，劓，斩左右趾，笞杀之，枭其首，菹其骨肉于市（师古注"菹谓醢也"）。其诽谤詈诅者，又先断舌。'故谓之具五刑。彭越，韩信之属，皆受此诛。"

《史记·高祖本纪》："高祖之东垣，过柏人，赵相贯高等谋弑高祖。高祖心动，因不留。……九年，赵相贯高等事发觉，夷三族，废赵王敖为宣平侯。"这里的"心动"讲的是刘邦认为柏人这个地名很不吉利，于是就没有留宿。贯高等人的预谋就此未能得逞，而且事后遭人告发，贯高等人被捕，当时的赵王张敖也受到殃及。虽然贯高在狱中受到了严刑拷打，但他最终还是没有做出赵王有涉的供述，最终赵王被释放，而贯高被夷灭三族。

汉初另外一场载于史册的夷族是韩信案。《史记·淮阴侯列传》："信由此日夜怨望，居常鞅鞅，羞与绛、灌等列。……信入，吕后使武士缚信，斩之长乐钟室。信方斩，曰：'吾悔不用蒯通之计，乃为儿女子所诈，岂非天哉！'遂夷信三族。"

刘邦死后，吕后曾一度废除"夷三族""妖言令"。《汉书·高后纪》："元年春正月，诏曰：前日孝惠皇帝言欲除三族罪、妖言令，议未决而崩。今除之。"然而不久之后此刑复举。《汉书·刑法志》："至高后元年，乃除三族罪。其后，新垣平为逆，复行三族之诛。"文帝复行夷族之刑，很可能与一个较为偶然的事件有关。新垣平是一个文帝极为信任的术士，由于笃信鬼神之事，文帝对这个人可谓言听计从，甚至封其为上大夫。后来有人检举了新垣平对文帝的欺骗行为，文帝在盛怒之下，将新垣平三族夷灭。

　　《文献通考》："文所行，独新垣平一事，为盛德之玷。然此事所关甚重，盖其宠新垣平也。惑于求仙希福之说，而淫谄之祀迄汉世而未能正者以此，其诛新垣平也。复行收孥相坐之律，而滥酷之刑迄汉世而未能除者亦以此。帝恭俭、仁贤之主，而此二事，失礼失刑，遂令后嗣尊而守之，以为汉家制度不敢革正，惜哉！"沈家本《历代刑法考》："新垣平后，如主父偃、郭解等，本《传》但言族，未必即是三族。上官桀等之变，并父母同产当坐者，亦免为庶人而不杀。昭、宣以后，用刑为轻矣。"洪迈《容斋随笔》："汉族诛之法，每轻用之。袁盎陷晁错，但云'方今计，独有斩错耳'，而景帝使丞相以下劾奏，遂至父母妻子同产无少长皆弃市。主父偃陷齐王于死，武帝欲勿诛，公孙丞相争之，遂族偃。郭解客杀人，吏奏解无罪，公孙大夫议，遂族解。且偃、解二人本不死，因议者之言，杀之足矣，何遽至族乎？用刑之滥如此！"沈家本《历代刑法考》："此论甚当，偃、解之狱，主于公孙，律不应死，而遽族之，酷吏当以弘为首。汉代三族之诛，韩、彭外，惟新垣平。东汉之末，董卓贼臣也，李傕卓党也，它不多见。至若董承、王服、种辑、耿纪、韦晃、金祎皆谋诛曹操，则汉室之忠臣马腾亦异于操者，司马氏踵其智，曹爽、王凌、毋丘俭、诸葛诞之徒，并蒙此祸。诛除异己，以遂其篡逆之图，岂尚可以常法言哉？"[①]可见夷三族等惨烈的刑罚在汉代实际上更多地被作为政治斗争的工具使用，而非常用的刑事处罚。

---

　　① 沈家本：《历代刑法考》（上册），商务印书馆，2011年版，第68页。

(五)夷五族

这是一人犯罪,株连斩衰、齐衰、大功、小功、缌麻五属的酷刑。非刑,始于汉。服制始见于礼,后入于律,成为中国封建法律的重要内容。为了维护宗法统治,中国古代法律赋予服制以强大的法律效力。于礼,服制五等,轻重有差,亲者、近者其服重,疏者、远者其服轻。于律,亲者、近者受被刑更重,疏者、远者较轻。然而对于"夷五族"来说,表示亲属关系的五种丧服就成为定罪的依据,服制也就成了一个划定杀伐范围的残忍办法。

《汉书·王温舒传》:"人有变告温舒受员骑钱,他奸利事,罪至族,自杀。其时两弟及两婚家,亦各自坐他罪而族。光禄勋徐自为曰:'悲夫,夫古有三族,而王温舒罪至五族乎!'"师古注:"温舒与弟同三族,而两妻家各一,故为五也。"

(六)刑及旁人

这一刑罚是指一人犯罪,不仅刑及门生、故吏,连门生、故吏之父兄,也要受株连。

《后汉书·李膺传》:"乃谐诏狱。考死,妻子徙边,门生故吏及其父兄并被禁锢。"沈家本注:"本《传》言'转蜀郡太守,以母老乞不之官',则膺父早没,《传》亦不言其有兄,此所谓父兄,乃门生、故吏之父兄,株连之祸,一至如此。"

刑及门生、故吏之父兄,可见此种刑罚已远远超越了惩戒犯罪之人的范围,似乎更为关注惩罚所产生的威吓,以致不顾罪与非罪。

(七)灭宗、夷宗

这一刑罚是指一人犯罪,殄灭全宗多族的酷刑。非刑,始于战国。在汉代,此刑在镇压叛乱和清除政治异己的过程中大行其道,对于维护刘氏政权起到了重要的作用。

《汉书·彭越传》:"吕氏令其舍人告越复谋反。廷尉奏请,遂夷越宗族。"

《史记·酷吏列传》："王温舒者，阳陵人也。……为吏，以治狱至廷史，事张汤，迁为御史。督盗贼，杀伤甚多，稍迁至广平都尉。择郡中豪敢任吏十余人，以为爪牙。皆把其阴重罪，而纵使督盗贼，快其意所欲得。此人虽有百罪，弗法。即有避，因其事夷之，亦灭宗。"有此行径，实堪酷吏之名。

（八）夷乡及族

这一刑罚是指一人犯罪，株连全族，甚至全乡的酷刑。始于战国，非刑。

《后汉书·郭伋传》："光武初骑牛，杀新野尉，乃得马。进屠唐子乡，又杀湖阳尉。"

二、生命刑

通过对相关史料的分析，我们可以发现汉代死刑异常繁苛。

《汉书·刑法志》："其后，奸猾巧法，转相比况，禁罔寝密，死罪决事比万三千四百七十二事。文书盈于九阁，典者不能遍睹。是以郡国承用者，驳或罪同而论异，奸吏因缘为市。所欲活则傅生议，所欲陷则予死比。……武帝河平中，下诏曰：'今大辟之刑千有余条，奇请他比，日以益兹。'又：于定国为廷尉，集诸法律，凡九百六十卷，大辟四百九十条，千八百八十二事。死罪决比凡三千四百七十二条。决诸断罪当用者，合二万六千二百七十二条。"汉代死刑之烈，可见一斑。

（一）死

"杀人者死"，这是汉初对死罪的最早规定。这种规定粗疏简易，带有比较典型的原始的复仇观念，但正是由于规定简易，并符合多数人所认可的社会观念，因此能广为人知，并容易被人接受。甚至是今天，我们的潜意识中还存有这样一种观念。《史记·高祖本纪》："还军霸上。召诸县父老豪杰曰：'父老苦秦苛法久矣，诽谤者族,偶语者弃市。吾与诸侯约。先入关者王之,吾当王关中。与父老约,法三章耳:杀人者死,伤人及盗抵罪。'"

沈家本《历代刑法考》:"三章之约,极为简要,李悝盗贼二法已骇之矣。秦法之酷,必非李悝之旧,《纪》云'余悉除去',则荡涤繁苛。秦民如出水火而登衽席,与项羽之屠咸阳,杀秦降王子婴,烧秦宫室,火三月不灭,收其货宝妇女者,仁暴之分,得失判焉。论者往往右项而左刘,何哉?杀人者死,当谓有心杀人者,汉时有谋杀而无故杀,有所谓贼杀者,当即今律之故杀。《传》曰'杀人不忌为贼,皋陶之刑罪当至死',夫曰不忌,有心之谓也。其无心者,自不得同论死矣。两相斗而伤人,其伤有轻重,有伤而死者,有伤而不死者,伤而未死者无论已,其伤而死者,既先无致死之心,起衅又有曲直之别,此与杀人不忌者上下比罪,衡情酌理,岂得同科?后之说者,辄谓杀人不死,尧舜亦不能治天下。辞无别白,何哉?"①可见刑法之立,虽简亦有所失。

死刑在汉代适用广泛。例如,盗窃皇室宗庙物品,要处以死刑。《尚书正义》引《汉律》:"敢有盗郊祀宗庙之物,无多少,皆死。"

逆伦淫乱,处以死刑。《汉书·蒯伍江息夫传》:"齐遂绝迹亡,西人关,更名充。诣阙告太子丹与同产姊及王后宫奸乱……书奏,天子怒,遣使者诏郡发吏卒围赵王宫,收捕太子丹,移系魏郡诏狱,与廷尉杂治,法至死。"

对他人施以巫蛊,处死刑。《汉书·武帝纪》:"(征和二年)春,闰月,诸邑公主、阳石公主皆坐巫蛊死。"

天人合一思想对汉代的司法体制产生了较为重要的影响。《后汉书·章帝纪》:"元和二年秋七月庚子,诏曰:'律十二月立春不以报囚。《月令》冬至之后,有顺阳助生之文,而无鞫狱断刑之政。朕咨访儒雅,稽之典籍,以为王者生杀宜顺时气,其定律,无以

---

① 沈家本:《历代刑法考》(下册),商务印书馆,2011年版,第60页。

十一月、十二月报囚。'"这一段的意思是,杀人不得在春夏。《太平御览》六百四十二:"《会稽典录》曰:盛吉拜廷尉。吉性多仁恩,务在哀衿,每至冬月,罪囚当断,夜省刑状,其妻执烛,吉持笔,夫妻相向垂泣。妻尝谓吉曰:君为天下执法,不可使一人滥死。"沈家本注:"《初学记》二十引谢承《后汉书》作'盛大吉',冬月作'冬节'。据此,则汉之决囚,惟在冬月,秋令不行刑也。其作冬节者,谓冬至前也,然与元和之诏冬初十月之制未尽合。"

（二）大辟

整个汉代,大辟之刑有增多的趋势。《汉书·刑法志》:"且除肉刑者,本欲以全民也,今去髡钳一等,转而入于大辟,以死罔民,失本惠矣。"又:"河平中,诏曰:'甫刑云:五刑之属三千,大辟之罚,其属二百。今大辟之刑,千有余条。律令烦多,百有余万言。'"

《汉书·刑法志》:"孝武即位,律令凡三百五十九章。大辟四百九条,千八百八十二事,死罪决事比万三千四百七十二事。至成帝河平中,诏曰:'今大辟之刑,千有余条。'"沈家本注:"汉祖入关,蠲削繁苛,孝文务在宽厚,刑罚大省,断狱四百,斯时死罪条目虽无可考,必不繁多。迨孝武信任张、赵,而见知故纵。监临部主之法行,禁网寝密,大辟之多,在此时也。条凡四百九,而事至千八百有奇,则每条中实具数事。成帝诏言千余条,是又增多于孝武时矣。顾元帝以下,屡有蠲除轻减之诏。《东观记》称,元帝初元五年,轻殊死刑三十四事。哀帝建平元年,轻殊死刑八十一事,梁统于建武中,上重刑之疏,方以孝武为是,而元、哀为非,不应死罪,反多于孝武之世。疑孝武时之所谓条者,一条具数事,河平诏之所谓条者,一条举一事,后之千有余条,较前之千八百余事,为轻减矣。夫以孝武时之刑狱繁重,后世方以为讥,元哀之轻殊死刑,实为惠政,况当建武时,寇难初平,疮痍满目,正宜与民休息,岂可再事重刑?梁统之议,宜为当时所不取也。"

实际上,我们可以把高祖的轻刑政策看成一种过渡性的策略。

汉朝建立之初，统治者的治国策略、治国经验都尚待充实，对于如何治理庞大的国家这样一个难题，统治阶级内部的各个派系仍在寻觅可靠的答案，因此他们只能先确定一个简单易行的方式以保证政权的初期发展。随着政权的稳定，越来越多的政治问题、社会问题就出现在统治者的视野中，刑罚的系统化、具体化也就成了一个必然的趋势。

（三）诛

《汉书·刑法志》："缓深故之罪，急纵出之，诛。"注："孟康曰：'孝武欲急刑，吏深害及故入人罪者，皆宽缓。'"师古注："吏释罪人，疑以为纵，则急诛之。"

《史记·平准书》："新秦中，或千里无亭徼，于是，诛北地太守以下，而令民得畜牧边县。"

《后汉书·陈敬王传》："酺等奏，愔职在匡正。而所为不端，迁诬告其王，罔以不道，皆诛死。"

《史记·汉兴以来诸侯王年表》："（汉高祖十年，梁王彭越六年）（梁王）来朝，反，诛。"

《史记·汉兴以来诸侯王年表》："（汉高祖十年），淮南王反，诛。"

由以上文献可见，"诛"似乎并非单纯的刑罚，很可能怀有某种对大逆不道者的愤恨，具有某种政治意味。

（四）戮

在汉代，戮刑经常被用于惩治敢于犯上作乱的人。《汉书·王商传》："左将军丹，奏商执左道以乱政，甫刑之辟，皆为上戮。"《汉书·王莽传》："敕令掘单于知墓，棘鞭其尸。"鞭尸之刑即为"戮"刑包含双重意味的典型代表，既包含刑杀之意，又显然是对受刑对象的侮辱。

《后汉书·灵帝纪》："中平元年冬十月，皇甫嵩与黄巾贼战于广宗，获张角弟梁。角先死，乃戮其尸。"注："发棺断头，传送马市。"沈家本注:"此云'发棺断头',与后来戮尸枭示之事相符。"①
《后汉书·皇甫嵩传》:"于是发天下精兵,博选将帅,以嵩为左中郎
将……嵩、儁各统一军,共讨颍川黄巾。……角先以病死,乃剖棺
戮尸,传首京师……"这些都是镇压农民运动,大规模杀戮起义者
的记录。

(五)杀

《史记·卫将军骠骑列传》:"元光五年,青为车骑将军,击匈
奴,出上谷。太仆公孙贺为轻车将军,出云中。太中大夫公孙敖为
骑将军,出代郡。卫尉李广为骁骑将军,出雁门。军各万骑。青至
龙城,斩首虏数百。骑将军敖,亡七千骑。卫尉李广为虏所得,得
脱归。皆当斩,赎为庶人。贺亦无功。"

汉匈之战,连续数年,杀虏以数十万计。其中,当然有战死的,
但也有不少是被虐杀的俘虏和平民。秦汉以来,战将以拓边和斩
首的数量为计功、晋爵、封侯的依据。在这种政策的鼓励下,滥杀
无辜就成为必然。

(六)不赦

不赦实质上也是一种死刑。凡言不赦者,都是杀掉。

《汉书·淮南王钦传》:"王舅张博,数遣王书,所言悖逆无道,
王不举奏,到与金钱,辜至不赦。"

《汉书·杜延年传》:"皆以为桑迁坐父谋反,而侯史吴臧之。
非匿反者,乃匿为随者也。即以赦令除吴罪。后侍御史治实,以桑
迁通经术,知父谋反而不谏争,与反者身无异。侯史吴,故三百石
吏,首匿迁不与庶人匿随从者等,吴不得赦。"可见,为了避免某些
特殊人物因大赦而逃过被杀的命运,汉代刑罚也有相应的规定。

(七)斩

《汉书·晁错传》:"错衣朝衣斩东市。"在《汉律》《史记》《汉书》

---

① 沈家本:《历代刑法考》(上册),商务印书馆,2011年版,第114页。

中，"斩（斩首）"和"腰斩"是有明确区分的，不会混淆在一起。因此，我们可以说晁错是死于斩首刑的。

在汉代，斩刑经常被用于惩治在军事行动中负有主要责任的将领。《汉书·霍去病传》："合骑侯敖，博望侯骞，坐行留，当斩。"《汉书·张骞传》："骞后期，当斩。"

《汉书·景帝纪》："（初元）三年冬十二月，诏曰：襄平侯嘉子恢说不孝，谋反，欲以杀嘉，大逆无道。其赦嘉为襄平侯，及妻子当坐者复故爵。论恢说及妻子如法。"这里的"如法"即斩。

《史记·惠景间侯者年表》："（犁侯）以齐相召平子，侯。千四百一十户。元封六年，侯延坐不出持马，斩，国除。"

《后汉书·张让传》："中军校尉袁绍说大将军何进，令诛中官，以悦天下。谋泄，让、忠等因进入省，遂共杀进。而绍勒兵斩忠，捕宦官无少长悉斩之。让等数十人劫质天子走河上。追急，让等悲哭辞曰：'臣等殄灭，天下乱矣。惟陛下自爱。'皆投河而死。"沈家本注："此自投河者。"意为投河并非刑罚。然杀进斩忠，宦官无少长皆斩，也不是刑罚吗？

《后汉书·马援传》："交址女子征侧及女弟征贰反，攻没其郡。于是玺书封援伏波将军，南击交址。十八年春，军至浪泊上，与贼战，破之。明年正月，斩征侧、征贰，传首洛阳。击九真贼征侧余党都羊等，自无功至居风，斩获五千余人，峤南悉平。援条奏越律与汉律驳者十余事，与越人申明旧制，以约束之，自后骆越奉行马将军故事。"驳，乖桀。骆，越的别名。征侧、征贰，农民起义领袖。马援的征讨，实际上是对农民起义的血腥镇压，不仅把两个女农民起义领导人杀害了，还杀掉五千余人。封建统治阶级对农民起义的镇压，从来都是不手软的。此其一例。

（八）殊死

殊死有广狭两义。狭义，指斩首之刑。根据沈家本的考证，殊死就是斩。广义，两汉也以之代称所有死刑。

《汉书·高祖纪》:"五年春正月,赦天下殊死以下。"颜师古注:"殊,绝也,异也,言其身首离绝而异处也。"沈家本注:"殊死,斩刑也,刑之重者。重者赦,则无不赦者矣。"

《后汉书·光武纪》:"(建武)二十九年,诏令天下系囚,自殊死已下及徒,各减本罪一等,其余赎罪、输作各有差。"沈家本注:"此死罪与徒并减,又有赎罪者赦之,又一例也。东汉赎法屡行,西汉赎法,不尽因赦。"在这里,殊死泛指死刑。

《后汉书·明帝纪》:"中元二年十二月甲寅,诏曰:'方春戒节,人以耕桑。其敕(诏命)有司,务顺时气,使无烦扰。天下亡命殊死以下,听得赎论:死罪入缣二十匹,右趾至髡钳城旦春,十匹,完城旦春至司寇作,三匹,其未发觉,诏书到,先自告者,半入赎。'"自告也就是自首,半入赎就是按规定赎金的半数缴纳赎金。

沈家本《历代刑法考》:"后魏大辟四等,殊死在腰斩、弃市之间。自当为断首之刑。颜师古《匡谬正俗》殊死条:'每见赦书,或云殊死以下,或云死罪以下,为有异否? 何谓殊死?'董勋答曰:'殊,异也,死有异死者,大逆族诛、枭首、斩腰。《易》由焚如之刑也。汉高帝初兴之际,死罪已下是为异死者,不赦也。世祖时起,赦殊死以下,是谓异死者皆赦也。按称殊死、绝死,谓斩刑也。'《春秋传》曰:'断其木而不殊。'班书《韩延寿传》云:'门下掾自到,人救不殊。殊者训绝,而死有斩、绞,故或云殊死,或云死。但云死者,绞缢刑也。云殊死者,身首分离,死内之重也,非取殊死为名。又汉高帝五年,赦天下殊死以下。何言不赦乎?'段注:'凡汉诏云殊死者,皆为死罪也。死罪者,首身分离,故云殊死。……'《史记·苏秦传》:'刺苏秦,不死,殊而走。'按弗殊者,谓不绝也。不死,殊而走者,谓人虽未死,创已决裂也,皆断之说也。宣帝诏曰:'骨肉之亲,粲而不殊。'凡言殊异、殊绝皆引申之义。桂氏《义证》云:'《后汉书·光武纪》:罪非犯殊死,一切勿案。'注云:'殊死,谓斩刑殊绝也。'魏之《陈群传》:'汉律所杀殊死之罪。'《增韵》汉律殊死谓斩刑。愚按:以上各说,并以殊死为斩刑,后魏改斩之名为殊死亦必用旧说也。惟据郑氏《掌戮》注,汉有腰斩、弃市(即斩首)二刑,而无绞刑,师古分殊死于死为二,似尚未确。腰斩亦殊绝者,不得但云身首分离也。"经过论证,沈家本的意见是:殊死就是斩。[①]

(九)弃市

汉代死刑曾经大量采用"磔"。到景帝时期,《汉书·景帝纪》:"(中元)二年春二月……改磔曰弃市。"应劭注:"先此诸死刑皆磔于市,今改曰弃市,自非妖逆不复磔也。"师古注:"磔,谓张其尸也。弃市,杀之于市也。谓之弃市者,取刑人于市,与众弃之也。"沈家本认为,在汉代弃市过程中处死罪犯的方式是斩首。《汉书·高祖纪》:"偶语者弃市。"《史记索隐》:"按《礼》云:'刑人于市,与众弃之。'故今律谓绞刑为弃市也。"沈家本注:"此秦法也。秦法弃市为何等?刑书无明文,以汉法推之,当亦斩刑。"

《汉书·景帝纪》:"(中元)六年,定铸钱伪黄金弃市律。"足见在所谓的黄老之治的总体思想下,西汉的统治者依然非常重视对相关经济犯罪的惩处,弃市处罚,量刑不轻。

《汉书·五行志》:"元鼎二年三月,雪,平地厚五尺。是岁,御史大夫张汤有罪自杀,丞相严青翟坐与三长史谋陷汤,青翟自杀,三长史皆弃市。"

《汉书·宣帝纪》:"(神爵四年)十一月,河南太守严延年有罪,弃市。"

《汉书·宣帝纪》:"(五凤元年,冬十二月)左冯翊韩延寿有罪,弃市。"

《汉书·百官公卿表》:"(神爵三年)东郡太守韩延寿为左冯翊,二年(五凤元年)下狱,弃市。"

《汉书·元帝纪》:"建昭二年,淮阳王舅张博,魏郡太守京房,

---

① 沈家本:《历代刑法考》(上册),商务印书馆,2011年版,第118页。

坐窥道诸侯王,以邪意泄露省中语,博要斩,房弃市。"

从以上文献来看,伴君如伴虎,其言不虚。

《后汉书·光武帝纪》:"是年十月,诏除奴婢射伤人弃市律。"

《太平御览》九百五十四引《三辅旧事》:"汉诸陵皆属太常人,有盗柏,弃市。"

《贾谊新书》:"天子宫门曰司马,阑入者,为城旦。殿门阑入者,弃市。"

《汉书·魏相传》:"为茂陵令,御史大夫桑弘羊,客诈称御史止传承,不以时谒,客怒,缚丞相。疑其有奸,收捕。按致其罪论,弃客市。"

由以上四条文献可见,对于特定的社会阶层,汉代刑罚基本上具备轻罪重罚的特征,虽有部分统治者在具体量刑的环节上做出了调整,但并不能改变汉代刑罚的总体特征。

（十）枭首

中国古人认为"枭"是一种不孝的鸟。雌枭会喂养巢中幼枭,但当雌枭虚弱得无法继续喂养的时候,幼枭会啄食雌枭,雌枭因体力不济而无法逃避,只能咬住树枝,任幼枭啄食,最后树枝上剩下的就是雌枭的头了。因此,枭首在中国古代经常被用来惩治那些对父母大不敬的人。《太平御览》六百四十六:"廷尉决事曰:'河内太守上民张太有,有狂病,病发,杀母弟,应枭首。遇赦,谓不当除之,枭首如故。'"沈家本注:"杀母弟者,杀母及弟,故应枭首。遇赦,不当除,即后来十恶不赦之意。陈忠议狂易杀人得减重论,在永初中,此当是永初以前事。"《太平御览》六百四十:"董仲舒决狱曰:甲父乙与丙争言相斗,丙以佩刀刺乙,甲即以杖击丙,误伤乙,甲当何论? 或曰:'殴父'当枭首。论曰:臣愚以父子至亲也,闻其斗,莫不有怵怅之心,扶杖而救之,非所以欲诟父也,《春秋》之义许止。父病,进药于其父而卒。君子原心赦而不诛甲,非律所谓殴父,不当坐。"沈家本注:"殴父枭首,汉律也,即上条之不孝。此不孝刑之枭首。"

另外，在汉代枭首也是具五刑的组成部分。《汉书·刑法志》："令曰：当三族者，皆先黥，劓，斩左右趾，笞杀之，枭其首，菹其骨肉于市。"沈家本注："此三族刑之枭首。"[①]

《汉书·孝武陈皇后传》："后又挟妇人媚道，颇觉，元光五年，上遂穷治之，女子楚服等坐为皇后巫蛊祠祭祝诅，大逆无道，相连及诛者二百余人。楚服枭首于市。"沈家本注："此大逆不道之枭首，即何休之所谓无尊上者也。屈牦但腰斩，而不言枭首，或因非正犯欤？"

《太平御览》六百四十六："《续汉书》：'张济为河南令，中常侍段圭奴乘轸车于道，济即收捕之，枭首，悬尸圭门。'"沈家本注："奴乘轸车，何以应即枭首？未详其故。汉法之枭首，当以何休所言为断，其余如薛况，原涉诸人，皆非律应枭首者，特任意逞威耳。"

可见，汉代枭首之刑似乎传达着某种对受刑人憎恶、厌弃的意味，并且有明显的逞酷法之威的用意。同时，我们又可以发现一旦某种罪行与血缘伦理相关，有司在量刑过程中就会有特定的考虑。如果罪行对血缘人伦构成严重的侵犯，刑罚必重，而如果出于亲情而作奸犯科，量刑则有可能较轻。

（十一）腰斩

汉行腰斩刑时，都要脱掉衣服，伏卧在垫物上（一般都是较大的木质垫板）。《史记·张丞相列传》："（张）苍坐法当斩，解衣伏质。"汉承秦制，也规定腰斩，赵广汉、刘届牦皆受此刑。

汉简《二年律令·贼律》："以城邑亭障反，降诸侯，及守乘城亭障，诸侯人来攻盗，不坚守而弃之若降之，及谋反者，皆要（腰）斩。"

《晋书·刑法志》引汉《贼律》："大逆无道，要斩。"

《史记·武帝纪》如淳注引军法："行退留，畏懦者要斩。"

---

①　沈家本：《历代刑法考》（上册），商务印书馆，2011年版，第109页。

《汉书·景武昭宣元成功臣表》："(乃侯陆强,子)侯则嗣,孝武后元年(孝武无此年号,应为孝景后元年),坐祝诅上,要斩。"

《汉书·外戚恩泽侯表》："(乐通侯栾大)(建元)四年四月乙巳封,五年。(元光三年)坐罔上,要斩。"

我们从以上文献中又可以发现,汉代"腰斩"常与大逆之罪关联,这也说明了触犯最高政治权威在封建社会必然会付出异乎寻常的代价,其结果往往是非常悲惨的。这也让我们看到,汉代统治者为了谋求稳定的最高政治权力基础,通常不会吝惜极刑,轻刑慎罚在王座安全面前往往不值一提。这种刑罚一直延续到清康熙年间。

(十二)溃胸、抽肋

溃胸是一种剖开胸膛致人死亡的酷刑,始于汉,非刑。抽肋是一种活活抽去肋骨致人死亡的酷刑,始于汉,非刑。

《汉书·王莽传》："初,五威将帅出,改句町王以为侯,王邯怨怒不附。莽讽牂柯大尹周歆诈杀邯。邯弟承起兵攻杀歆。先是,莽发高句骊兵,当伐胡,不欲行,郡强迫之,皆亡出塞,因犯法为冠。辽西大尹田谭追击之,为所杀。州郡归咎于高句骊侯骓。严尤奏言:'貉人犯法,不从骓起,正有它心,宜令州郡且尉安之。今猥被以大罪,恐其遂畔,夫馀之属必有和者。匈奴未克,夫馀、秽貉复起,此大忧也。'莽不尉安,秽貉遂反,诏尤击之。尤诱高句骊侯骓至而斩焉,传首长安。莽大说,下书曰:'乃者,命遣猛将,共行天罚,诛灭虏知,分为十二部,或断其右臂,或斩其左腋,或溃其胸腹,或抽其两肋。今年刑在东方,诛貉之部先纵焉。捕斩虏骓,平定东域,虏知殄灭,在于漏刻。此乃天地群神、社稷、宗庙佑助之福,公卿、大夫、士民同心将率虎虎之力也,予甚嘉之。其更名高句骊为下句骊,布告天下,令咸知焉。'于是貉人愈犯边,东北与西南夷皆乱云。"

（十三）磔、肢解

汉代的磔，除肢解活人外，还有肢解尸体。《汉书·景帝纪》："（中元）二年春二月……改磔曰弃市，勿复磔。"师古注："磔，谓张其尸也。弃市，杀之于市也。"

《汉书·王吉传》："凡杀人，皆磔尸车上。随其罪目，宣示属县。夏月腐烂，则以绳连其骨，周遍一郡。"《后汉书·阳球传》："僵磔王甫尸于夏城门。"又："曹节见磔，甫尸道次。"可见，为了加强刑罚的威慑效应，行刑结果的展示成了一个格外受到关注的程序，即使是在夏天，尸体腐坏的情况下，有司也一定要将肢解的尸体运载到各地，向人们显示刑罚的威严。

（十四）轘

轘即车裂。虽然很多研究者对汉代的车裂之刑没有什么特别的关注，但实际上，这种刑罚在汉代的运用还是比较普遍的，通常用于惩治谋反作乱者和败坏伦常者。

司马彪《续汉书》："张角别党马元义，为山阳所捕得，锁送京师，车裂于市。"《后汉书·皇甫嵩传》："中平元年，大方马元义等先收荆扬数万人，期会发于邺。元义数往来京师，以中常侍封谞、徐奉等为内应，约以三月五日，内外俱起。未及作乱，而张角弟子济南唐周上书告之，于是车裂元义于洛阳。灵帝以周章下三公司隶，使钩盾令周斌将三府掾属，案验宫省直卫及百姓有事角道者，诛杀千余人。"

崔鸿《前凉录》："姑臧民白兴以女为妻，复以妻为婢，轘杀于姑臧市。"

《前秦录》："左仆射封嵩言：'幕容超非太后所生。'超五车裂之。"又："池阳民妇唆其夫杀母，轘杀之。"又："人有盗其母之钱而逃者，太后轘而杀之。"

《风俗通》："司徒颍川韩演，伯南为丹阳太守，坐兄季朝为南阳太守刺探尚书，演法车征。"征，在这里读惩，惩罚的意思。车惩，就是车裂。

（十五）醢

汉代初期经常用醢刑惩治谋反等大逆之罪。具五刑中的"菹"就是醢刑。高祖在处理彭越案的过程中，族诛之外又附加了醢刑。《汉书·黥布传》："汉诛梁王彭越，盛其醢以遍赐诸侯。至淮南，淮南王方猎，见醢，因大恐。"师古注："反者被诛，皆以为醢，即《刑法志》所云'菹其骨肉'是也。"

沈家本《历代刑法考》："菹醢，秦法之极惨者也，汉承用之，并着于令。惠帝时虽已除之，而《吴王濞传》胶西王卬（同昂）之谒弓高侯曰'敢请菹醢之罪'，是其名尚在人心目间也。追新垣平又有夷族之事，重罚之难除也，如此。始作俑者，可胜诛哉！"[1]

（十六）射杀

射杀，古称射鬼箭，是一种刑杀的方法，即把人绑在柱子上，用乱箭射死。始于周，属非刑。

《汉书·李广苏建传》："广死军中时，敢从票骑将军。……敢以校尉从票骑将军击胡左贤王，力战，夺左贤王旗鼓，斩首多，赐爵关内侯，食邑二百户，代广为郎中令。顷之，怨大将军青之恨其父，乃击伤大将军，大将军匿讳之。居无何，敢从上雍，至甘泉宫猎，票骑将军去病怨敢伤青，射杀敢。去病时方贵幸，上为讳，云'鹿触杀之'。居岁余，去病死。"

《汉书·王尊传》："美阳女子告假子不孝，曰：'儿常以我为妻，妒笞我。'尊闻之，遣吏收捕验问，辞服。尊曰：'律无妻母之法，圣人所不忍书，此经所谓造狱者也。'尊于是出坐廷上，取不孝子县磔着树，使骑吏五人张弓射杀之，吏民惊骇。"沈家本注："假子，今之义子也。尊云律无妻母之法，是汉法视义母与生母同。"文献中的妻母，是以母为妻之意。县，是悬。磔，是一刀一刀地割。着树，是

---

① 沈家本：《历代刑法考》（上册），商务印书馆，2011年版，第82页。

捆在或吊在树上。假子,是养子。这位养子如此欺母,确实该杀,但不致用此酷刑。

（十七）焚

焚刑在汉代的使用并不像腰斩、弃市那样常见,但其残忍程度和刑罚威慑力却是很明显的。最受史家关注的一例焚刑发生在王莽执政期间。《汉书·匈奴传》:"和亲侯王歙者,王昭君兄子也。莽遣歙、歙弟骑都尉展德侯飒使匈奴,贺单于初立,赐黄金衣北缯帛,因购求陈良、终带等。单于尽收四人及手杀校尉刀护贼芝音妻子以下二十七人,皆械槛付使者,遣厨唯姑夕王富等四十人送歙、飒。莽作焚如之刑,烧杀陈良等。"应劭注:"《易》有焚如、死如、弃如之言,莽以此作刑名也。"如淳注:"焚如、死如、弃如者,谓不孝子也。不畜于父母,不容于朋友,故烧杀弃之,莽以此作刑名也。"沈家本注:"此《传》言莽作焚如之刑,是前此所无,至莽始造也。"这次事件可以算得上汉代历史中的一次"引渡",王莽成功地使匈奴将汉朝叛臣遣送回国,并以残忍的方式杀死。此外,王莽还引用《易》中"焚如、死如、弃如"之语对焚刑进行了命名,以至于后代很多人就将焚刑称为"焚如"。

《汉书·高五王传》:"赵王遂立二十六年,孝景时晁错以过削赵常山郡,诸侯怨,吴、楚反,遂与合谋起兵。其相建德、内史王悍谏,不听。遂烧杀德。"

桓谭《新论》:"男子毕唐杀其母。诏焚烧其尸,暴其罪于天下。"

可见,焚刑就其伦理意义而言是一种处罚不孝的酷刑,而就其政治意义而言是严惩叛逆的方式。当然在传统伦理政治的视角下,叛逆就是最严重的大逆不道,是最大的不孝。

（十八）烹

春秋战国时期,烹刑极为常见,即使是在秦汉之际,烹刑也经常被使用。刘邦的父亲就几乎为项羽所烹。郦生奉命劝降齐王,韩信大军趁齐王不备，兵临城下，郦生被烹。而在汉代建立之后，烹刑不再被列为法定常刑，其适用相对减少，但依旧没有消失。《汉书·景十三王传》："天子遣大鸿胪、丞相长史、御史丞、廷尉正杂治巨鹿诏狱，奏请逮捕去后昭信。制曰：'王后昭信、诸姬奴婢证者皆下狱。'辞服。有司复请诛王。制曰：'与列侯、中二千石、二千石、博士议。'议者皆以为去悖虐，听后昭信谗言，燔烧亨煮，生割剥人，距师之谏，杀其父子。凡杀无辜十六人，至一家母子三人，逆节绝理。其十五人在赦前，大恶仍重，当伏显戮以示众。制曰：'朕不忍致王于法，议其罚。'有司请废勿王，与妻子徙上庸。奏可。与汤沐邑百户。去道自杀，昭信弃市。"

《汉书·诸侯王表》："征和二年，王去嗣，二十二年。本始四年，坐亨姬①不道，废，徙上庸，予邑百户。"沈家本《历代刑法考》："烹事盛行于周及秦、汉之间……周苟见《汉书·高纪》。郦食其见本《传》。高祖欲烹蒯通，见《通传》。……董卓攻得李旻，张安，毕圭苑中，生烹之，二人临入鼎，相谓曰：'不同日生，乃同日烹。'"②

（十九）饲狼

饲狼是一种把人捆绑起来，投入狼池，任由豺狼啮咬撕扯吃掉的酷刑。其刑与纣之饲蛇类似。仅见于汉。

《汉书·景十三王传》："宫人姬八子有过者，辄令裸立击鼓，或置树上，久者三十日乃得衣；或髡钳以铅杵舂，不中程，辄掠；或纵狼令啮杀之，建观而大笑；或闭不食，令饿死。"

（二十）掠杀

掠杀也称笞杀、棰杀、棒杀、杖杀、重杖、鞭杀，是我国古代用竹板、荆条、木棒、皮鞭等物，把人活活打死的酷刑。笞杀之外，在健康刑中还有笞刑。二者之区别，在于笞杀无定数，打死为止；笞刑

---

① 亨姬：烹姬。
② 沈家本：《历代刑法考》（上册），商务印书馆，2011年版，第90页。

则有定数，根据罪行轻重，多寡不同。此外，所用刑具也不同，笞杀除竹板、荆条外，还有棍棒。始于汉，非刑。

程树德《九朝律考》："《太平御览》引《楚汉春秋》曰：上败彭城，降人丁固追上，被而顾曰'丁公何相逼之甚'，乃回马而去。上即位，欲陈功。上曰：'使项氏失天下，是子也。为人臣，用两心，非忠也。'使下吏笞杀之。"

《史记·吕太后本纪》："（吕后八年，公元前180年）辛酉，捕斩吕禄，而笞杀吕嬃。使人诛燕王吕通，而废鲁王偃。"

《汉书·景武昭宣元成功臣表》："（亚谷简侯卢它之）元光六年侯贺嗣，三十九年。延（应为征）和二年坐受卫太子，节，掠死。"

《后汉书·董宣传》："帝大怒，召宣，欲棰杀之。"

（二十一）考竟

我国古代严刑拷打人犯，致死于狱中，称考竟，也称瘐死。始于汉，非刑。

《释名》："狱死曰考竟。考竟者，考得其情，竟其命于狱中也。"

《功臣表》："澅清侯参天，汉二年，坐匿朝鲜亡虏，下狱瘐死。"

《汉书·文帝纪》："（文帝五年）秋九月，封齐悼惠王子七人为列侯。绛侯周勃有罪，逮诣廷尉诏狱。"

《史记·绛侯周勃世家》记录了这样一段历史。景帝心血来潮，赐食周亚夫，名曰赐食，实则拿他开涮，上大块儿的煮肉，却不给筷子。周亚夫因之"心不平"，"趋出"，没有好脸子，"怏怏"而去。这就得罪了景帝。得罪了皇帝，能有好吗！于是，景帝在周亚夫之子买葬器这件事上找碴儿，令吏将他下狱，自杀不成，瘐死狱中。廷尉，原指司法刑狱的官职，也可以指拘押未决犯的处所，与现代的看守所相似。在古代，下狱与下廷尉，没有什么区别。

（二十二）断食

断食是一种把人禁闭起来，不给饭吃，直至饿死的刑罚。仅见于汉，非刑。

《史记·吕太后本纪》："(吕太后七年)……太后怒,以故召赵王。赵王至,置邸不见,令尉围守之,弗与食。……丁丑,赵王幽死。"

《汉书·景十三王传》："宫人姬八子有过者,辄令裸立击鼓……或闭不食,令饿死。"

(二十三)赐死

在专制集权之下,赐死是一种相对而言更为体面的死法。赐死,可以不被有司押至闹市,在人群面前被斩杀,而且赐死可以由受刑者自己选择死去的方式,于是保留全尸就成为可能,而这一点对于中国古人而言是特别重要的。在汉代,赐死的案例比较常见。

《史记·平准书》："其明年,天子始巡郡国。东渡河,河东守不意行至,不辨,自杀。行西逾陇,陇西守以行往卒,天子从官不得食,陇西守自杀。"天子巡幸,也不打个招呼,太守因不知其来,而未置办迎驾事宜,这就赐死,也太残暴了。

《汉书·高祖纪》："(汉六年)初,田横归彭越。项羽已灭,横惧诛,与宾客亡入海。上恐其久为乱,遣使者赦横,曰:'横来,大者王,小者侯;不来,且发兵加诛。'横惧,乘传诣雒阳,未至三十里,自杀。上壮其节,为流涕,发卒二千人,以上礼葬焉。"

被赐死的人在自杀之前还要完成一定的仪节,以展示自己最后的忠诚。《汉书·贾谊传》："其有大罪者,闻命则北面而拜,跪而自裁。上不使捽抑而刑之也。"

赐死终归是死刑,但这种相对有尊严的死法也是争取来的,可见在封建专制下,为人臣子的悲哀。贾谊《陈政事疏》："廉耻节礼,以治君子,故有赐死而亡(无)辱戮,是以黥劓之罪不及大夫,以其离主上不远也。"

马端临《文献通考》："四年,绛侯周勃有罪,逮诣廷尉诏狱。贾谊上疏曰:'古者,廉耻节礼以治,君子故有赐死而无戮辱,是以黥劓之罪不及大夫。今自王侯三公之贵,皆天子所改容而礼之也。

而今与众庶同黥、劓、髡、刖、笞、伤、弃市之法。被戮辱者不大迫乎！夫尝已在贵宠之位，今而有过，废之了也，退之可也，赐之死可也，灭之可也。若夫束缚之，系樏之，输之司寇，编之徒官。司寇小官，詈骂而榜笞之，殆非所以令众庶见也。'是察，丞相周勃免就国。人有告勃谋反，逮及长安狱，治卒无事。故谊以此讥上，上深纳其言。是后大臣有罪皆自杀，不受刑。"

（二十四）饮药

饮药是我国古代一种责令犯罪人服毒自尽的刑罚。此刑罚与赐死无异。仅见于汉，非刑。

《史记·吕太后本纪》："孝惠元年，十二月，帝晨出射，赵王少，不能蚤起。太后闻其独居，使人持鸩饮之。黎明，孝惠还，赵王已死。"

《汉书·高五王传》："赵隐王如意，（高祖）九年立。（赵隐王）四年，吕太后征王到长安，鸩杀之。无子，绝。"

《汉书·成帝纪》："（绥和元年）冬十一月，定陵侯淳于长大逆不道，下狱死。廷尉孔光使持节赐贵人许氏药，饮药死。"

三、身体刑

秦代的身体刑，亦称肉刑，有墨、劓、斩左右趾、宫四种，或作为主刑，或作为附加刑，甚至有两种肉刑同时科处的。如"斩左趾又黥以为城旦"，这里边就包括了三种刑罚：斩左足、黥、城旦。汉初用秦法，汉文帝十三年（公元前 167 年）废除肉刑。以髡、钳、城旦、春代黥，笞三百代劓，笞五百代斩左趾，弃市代斩右趾。其后又除宫刑。但过后不久，斩右趾等刑又在实际上恢复。从东汉至魏晋，虽一直进行着废止肉刑与恢复肉刑的争论，但实际上肉刑一直不断。但可以确定的是，汉代的肉刑已经不再作为专门的刑罚单独使用，而是根据罪行的轻重，先处以肉刑而后再罚做劳役。从这个角度,我们可以说,在汉代的刑罚体系中,肉刑的地位已经开始下降。

在汉代刑罚体系发展的过程中,最具有代表性改革意义的事件就是汉文帝废除肉刑。而史学家历来将文帝废肉刑的举措和"缇萦救父"的故事联系在一起。

《史记·扁鹊仓公列传》:"文帝四年中,人上书言意(太仓令淳于意),以刑罪当传西之长安。意有五女,随而泣。意怒,骂曰:'生子不生男,缓急无可使者!'于是少女缇萦伤父之言,乃随父西。上书曰:'妾父为吏,齐中称其廉平,今坐法当刑。妾切痛死者不可复生而刑者不可复续,虽欲改过自新,其道莫由,终不可得。妾愿入身为官婢,以赎父刑罪,使得改行自新也。'书闻,上悲其意,此岁中亦除肉刑法。"

抱怨没有生出儿子以应付急事的太仓令淳于意最终还是获益于他勇敢的小女儿,缇萦最终以简单的道理和代父受罚的挚诚感动了汉文帝。

沈家本《历代刑法考》对汉文帝废肉刑的评价是:"举千数百年相沿之成法,一旦欲变而易之,此非有定识以决之,定力以行之,则众说之淆乱足以惑其聪明,众力之阻挠足以摇其号令,故变之难也。文帝因一女子之书发哀矜之念,出一令而即实行,其定识.定力为何如?后之议者,犹主张复古之肉刑,断断如也,何所见之固也?文帝言有肉刑三而奸不止,一言蔽之矣。止奸之道,在于教养,教养之不讲,而欲奸之格也难矣哉。"[1]

自汉文帝除肉刑之后,从汉至明,恢复肉刑之声不断,虽然也有相反的意见,但被文帝废除的肉刑基本上都恢复了,不仅恢复,还有发展,又出现了许多新肉刑。

这场争论,大体上如沈家本下文所述。

---

[1]　沈家本:《历代刑法考》(上册),商务印书馆,2011年版,第149页。

沈家本《历代刑法考》:"汉文除肉刑,千古之仁政也,班固首议其非。汉末大儒郑玄及名士崔寔、陈纪并有复古之议。建安初,荀彧申其说而孔融驳之。曹操又欲复之,钟繇迎合其旨,陈群亦申其父纪之论而王修驳之。太和中,繇复上疏申其说而王郎驳之。泊平江左刘颂言之,不省,卫展又言,而周𫖮、曹彦、桓彝等驳之。桓玄又申其议,而蔡廓、孔琳之又驳之,故事迄不行。溯自建安之初,迄平江左之季,议复者辩论锋起,而卒格于众议者,仁惨攸判,人有同心也。今试即诸家之说而综论之:班固以为死刑重而生刑轻,是以奸不止,民愈嫚。夫以斩右趾而改从弃市,乃由生入死,谓刑重则诚重矣。第既谓刑轻不足以塞奸,而肉刑更轻于死刑,遂可以塞奸乎?谓复肉刑则刑可畏,而禁易避,彼死且不畏,岂遂畏肉刑乎?推其意旨,自相凿枘,此固说之失也。崔寔以为右趾者既损其命,笞挞者往往致死,文帝乃重刑,非轻之,以严治平,非以宽治平也。夫黥、劓与左趾具去,不可谓非减重为轻。自景帝改定捶令,笞者亦未至戕其命,至右趾去死罪一间,虽汉律今不可考,其条目必不多,其情罪必较重,故文帝可两府之议。当其时,断罪四百,几至刑措,德化之隆,后代莫比,岂以严致平哉?盖寔以孝宣之严刑峻法为优,于孝文以除肉刑为苟全之政,其谓文帝以严致平,实有悖于哀矜之本旨,不过附会其词,以申其重刑之论耳,此寔说之失也。陈纪以为杀人偿死,伤人或残毁其体,是以刑为报施之事矣。先王之制,刑以止奸禁暴也,岂若寻常报施之事必两相当哉?谓淫者下蚕室,盗者刖其足,则永无奸放穿逾之奸。夫淫者有罪,何至遽令绝世,且治男子犹可,妇人将必闭诸宫中,设或淫风流行,又安得千百之室以处之?刖足艰于行,身即不能为盗,而可为盗之谋者,又岂刖足之所以能禁?此纪说之失也。钟繇以为蔽狱之时,讯问三槐九棘,群夷万民,其当弃市,欲斩右趾者许之,岁生三千人。夫以一人之罪而必聚群吏万民而讯问之,且岁有三千人,又必一一讯问之,其事极繁扰,势必有不能行者。繇谓孝文不合古道,而大魏继踪虞夏,谀词阿世,颠倒是非,悖谬孰甚？此鬷说之失也。刘颂以为亡者刖足,盗者截手,淫者割势,除恶塞源,莫善于此。其意略同陈纪,而截手之刑,古法所无,未免骇听。颂又谓残体为戮,终身作诫,人见其痛,畏而不犯,岂知利欲之诱,如蚁慕膻,生计一穷,铤而走险,骤欲禁遏之,断非肉刑之所能致效也。此颂说之失也。厥后王导,刁协诸人所持之说,大略相同。郑康成为汉末大儒,而其说不传,未知其意旨何如？盖自班固创于前,自此推波助澜,至东晋之末而犹未息,可为法家中之一大争端矣。推求其故,则张苍定律改斩右趾为弃市,系由生入死,人遂得据此以为言耳。在当日,定律之本旨必非无因,特其说不传,论者不察,并一切肉刑而亦议之,纷争不已,何其固也？驳复古之议者,王修但称时未可行,而其议不详。孔琳之辞未别白,荀悦.蔡廓不以复肉刑为是,而欲复斩右趾之法,惟孔融与周顗等所议最为切中事情。王郎所议,尤为通论,迨后唐贞观中,除断指法改加役流,与郎议实相吻合,此实可与张苍之法补救其未善者也。夫自皇风既邈,德化不修,习俗日颓(即颓),狂澜难挽,上之人不知本源之是务,而徒欲下之人之不为,非也。于是,重其刑诛谓可止奸而禁暴,究之奸能止乎？暴能禁乎？朝治而暮犯,暮治而晨亦如之,尸未移而人为继踵,治愈重而犯愈多,此皆明祖阅历之言着之《大诰》者也。然则欲以肉刑止奸而禁暴,其无效也可知矣。袁宏谓刑罚之用,不先德教之,益失之远矣,亮哉言乎！"[1]

（一）劓

《汉书·刑法志》："令曰:'当三族者,皆先黥,劓,斩左右趾,笞杀之,枭其首,菹其骨肉于市。其诽谤詈诅者,又先断舌。'故谓之具五刑。"

《太平御览》引《楚汉春秋》："王强数言事,有告之者,下廷

---

① 沈家本:《历代刑法考》(上册),商务印书馆,2011年版,第162页。

尉,劓。"

可见,在汉初劓刑的记录依然存在。但公元前167年,汉文帝下诏废肉刑,以笞三百代替了劓刑。因为笞三百的量刑过重,在景帝年间,改为笞二百。就此旧五刑中的劓不再是一种正式的刑罚。

（二）剕

剕刑,汉也称斩左右趾。文帝废肉刑,以笞五百代替斩左趾,弃市代替斩右趾。景帝年间笞五百又减为三百,直至二百。后来出现的钛刑又在一定程度上取代了剕刑。

程树德《九朝律考》:"汉时尚有以钛左右趾代剕之制。《食货志》:'私铸铁器,鬻盐者,钛左趾。'《刑法志》注:'臣瓒曰:文帝除肉刑皆有以易之。故以完易髡,以笞易劓,以钛左右趾易剕。'《史记·平准书》:'钛左趾。注:钛,锴脚钳。'张斐汉晋律序云:'状如跟衣,着足下,重六斤,以代剕。'《武帝纪》注引苍颉篇云:'钳,钛也。前书音义,钛,足钳也。'《朱穆传》:'臣愿黥首系趾。'注:'系趾,谓钛其足也,以铁着足曰钛。'《陈万年传》注:'钛在足,以铁为之。'"

此外,剕刑在汉代也有"赎"的方式。《后汉书·明帝纪》:"中元二年（光武帝年号,公元57年,时明帝已即位）十二月甲寅,诏曰:'方春戒节,人以耕桑。其敕（诏命）有司,务顺时气,使无烦扰。天下亡命殊死以下,听得赎论:死罪入缣二十匹,右趾至髡钳城旦春,十匹,完城旦春至司寇作,三匹,其未发觉,诏书到,先自告者,半入赎。'"[①]

（三）宫

《文献通考》一百六十三:"古者五刑,皆肉刑也。孝文诏谓今有肉刑三而奸不止。注谓黥、劓、斩止（趾）三者,独不及宫刑。至景帝元年,诏言孝文皇帝除肉刑,出美人,重绝人之世也,则知文帝

---

① 自告:自首。半入赎:按规定赎金的半数缴纳赎金。

并宫刑除之。至景帝中元年，赦徒作阳陵者，死罪欲腐者许之。而武帝时，李延年、司马迁、张安世兄贺皆坐腐刑，则是因景帝中元年之后宫刑复用，而以施之死罪之情轻者，不常用也。"

　　文帝除肉刑，是否包括宫刑？由此引发了一场争论。

　　王棠《知新录》："孝文诏谓有肉刑三，而注家谓黥、劓、斩止（趾）三事。但诏中断支（肢）体是指斩止、割鼻，刻肌肤是指黥，终身不息是指宫刑，只不言大辟，当是肉刑四，何以言肉刑三也。且景帝元年诏云'孝文皇帝除宫刑，重绝人之世'，则知文帝已除宫刑，正与诏相应，不识何以言三也。"沈家本注："文帝诏言'有以易之'，丞相等定律曰：'当黥者，髡钳为城旦舂；当劓者，笞三百；当斩左趾者，笞五百；当斩右趾，及杀人先自告，及吏坐受赇枉法，守县官财物而即盗之，已论命复有笞罪者，皆弃市。'是以髡钳城旦舂、笞、弃市易黥、劓、斩趾也，其文甚明白，注家亦本律文而言之耳。文帝'终身不息'一语，王棠以为指宫刑，然张苍等奏言'陛下明诏怜万民之一有过，被刑者终身不息'，是此语亦泛言肉刑，非必指宫刑也。张苍等议中，既无一语及宫刑，则文帝之除宫刑，当另为一事，史不言者，阙文也。"[1]

　　程树德《九朝律考》："《史记》宫刑作肉刑，据下重绝人之世云云，宫字不误，是宫刑。文帝已废之矣。然考之各传，如《李延年传》'当坐腐刑'。《周嘉传》：'高祖父燕，当下蚕室。'《陈忠传》：'忠请除蚕室刑。'既云文帝除之矣，何又有坐此罪者，又有除此刑者。意者，除之未久而复。果尔，则汉肉刑当有四也。"[2]

　　其实，这种争论意义不大。因为事实证明，在文帝之后，有许多实施了宫刑的案例。这些案例的出现，说明当时情况有三种可能：其一，文帝并未废除宫刑，所以继续执行。其二，文帝时确实废

<hr>

[1]　沈家本：《历代刑法考》（上册），商务印书馆，2011年版，第170页。
[2]　程树德：《九朝律考》，商务印书馆，2010年版，第50页。

除了宫刑，但在景帝时就恢复了，宫刑中断的时间很短。其三，文帝之废除宫刑，仅仅是从所谓正刑中除去，在非刑中还继续使用。总而言之，在汉文帝之后，仍有不少人受到宫刑的处罚，这是不争的事实。这些事实证明，宫刑在汉确实是存在的。正如《尚书正义》所载："汉除肉刑，宫刑犹在。"又崔浩《汉律序》："文帝除肉刑而宫不易。"张斐注："以淫乱人族类，故不易之。"

《史记·太史公自序》："于是论次其文，（太初）七年而太史公遭李陵之祸，幽于缧绁。"①太史公就是宫刑的直接受害者，这种刑罚对他而言是最大的耻辱。程树德《九朝律考》讲："司马迁报任少卿书：其次剔毛发婴金铁受辱，谓髡刑也，其次毁肌肤，断肢体受辱，谓肉刑也，最下腐刑，极矣，谓宫刑也。"酷刑的打击使他几乎选择自杀，但最终这位伟大的史官还是为了"重于泰山"的人生目标而活了下来。

《汉书·景帝纪》："元年诏曰：'孝文皇帝临天下，通关梁，不异远方。除诽谤，去肉刑，赏赐长老，收恤孤独，以遂群生，减耆欲，不受献，罪人不帑，不诛亡罪，不私其利也，除宫刑，出美人，重绝人之世。'"沈家本注："此诏'除肉刑，出美人'与晁错对语'后宫出嫁，除去阴刑'二句文意正同，可见文帝时宫刑实已除之矣。此诏分肉刑、宫刑为二事，与错对合，当不诬也。《史记·文帝纪》载此诏，'除宫刑'作'除肉刑'，与上文'去肉刑'之语既复，与下文'重绝人之世'一语亦不相贯，当是传写之伪。"沈家本的意思是说，是在文帝时把宫刑去除的。

然而景帝年间，宫刑又被恢复。《汉书·景帝纪》："中元四年秋，赦徒作阳陵者，死罪欲腐者许之。"注："苏林曰：'宫刑，其创腐

---

① 一般认为，李陵降匈奴，为汉武帝天汉二年（公元前99年）年底，司马迁受宫刑肯定在其后。因此，《史记》中所述"七年"（公元前98年）应为汉武帝太初七年，也即汉武帝天汉三年。

臭。'如淳曰：'腐，宫刑也。丈夫割势，不能复生子，如腐木不生实。'"沈家本注："死罪许腐，自是宫刑复行矣。东汉死罪募下蚕室，其法盖本于此。"

东汉时期，宫刑依旧是一种法定刑，直至陈忠上书去宫刑。《后汉书·光武纪》："(光武帝)建武二十八年冬十月癸酉，诏死罪击囚，皆一切募下蚕室，其女子宫。"沈家本注："东汉死罪下蚕室盖仿景帝之制，其后三十一年复行之。明帝永平八年，诏死罪减一等，其大逆无道者，募下蚕室。章帝建初七年，诏殊死募下蚕室，其女子宫。元和元年、章和元年、和帝永元八年同。安帝以后，此事未见，盖已用陈忠之议，除蚕室刑，故此制亦不行矣。"

（四）剜眼

《史记·吕太后本纪》："(孝惠元年)太后遂断戚夫人手足，去眼，辉(音晕，熏炙之意)耳，饮瘖药，使居厕中，命曰'人彘'。居数日，乃召孝惠帝观人彘。孝惠见，问，乃知其戚夫人，乃大哭。因病，岁余不能起。"

据《汉书·刑法志》和《史记》的记载，东汉有去眼的刑罚。去眼，就是剜眼，也都是施于老百姓。三国时吴国也有这种酷刑。

（五）灼目

这是一种用烧红的刀，把眼睛剜出来的酷刑。非刑，始于汉。

《汉书·景十三王传》："后去数召姬荣爱与饮，昭信复谮之，曰：'荣姬视瞻，意态不善，疑有私。'时爱为去刺方领绣，去取烧之。爱恐，自投井。出之未死，笞问爱，自诬与医奸。去缚系柱，烧刀灼溃两目，生割两股，销铅灌其口中。"

（六）辉耳

这是一种用燃烧物熏炙人的耳道的酷刑。非刑，仅见于汉，且仅见于吕后。

《史记·吕太后本纪》："(孝惠元年)太后遂断戚夫人手足，去眼，辉(音晕，熏炙之意)耳，饮瘖药，使居厕中，命曰'人彘'。居数日,乃召孝惠帝观人彘。孝惠见,问,乃知其戚夫人,乃大哭。因病,岁余不能起。"吕雉之心,毒于蛇蝎!

（七）断舌

断舌,也称割舌、抽舌,是我国古代把犯人的舌头割下来的酷刑。始于汉,非刑。

《汉书·刑法志》《史记·游侠列传》均有"诽谤诅咒者断其舌"的记载。断舌是汉之五刑之一。

（八）割唇

割唇,即一种割去嘴唇的酷刑。非刑,始于汉。

《汉书·景十三王传》:"后去立昭信为后,幸姬陶望卿为修靡夫人,主缯帛。崔修成为明贞夫人,主永巷。……去即与昭信从诸姬至望卿所,裸其身,更击之。令诸姬各持烧铁共灼望卿。望卿走,自投井死。昭信出之,椓杙其阴中,割其鼻唇,断其舌。谓去曰:'前杀昭平,反来畏我,今欲靡烂望卿,使不能神。'与去共支解,置大镬中,取桃灰毒药并煮之,召诸姬皆临观,连日夜靡尽。复共杀其女弟都。"

（九）封喉

封喉是一种将热熔的铅灌入人的嘴里,用以封死咽喉的酷刑。非刑,仅见于汉。

《汉书·景十三王传》:"后去立昭信为后……后去数召姬荣爱与饮,昭信复谮之,曰:'荣姬视瞻,意态不善,疑有私。'……去缚系柱,烧刀灼溃两目,生割两股,销铅灌其口中。爱死,支解以棘埋之。诸幸于去者,昭信辄谮杀之,凡十四人,皆埋太后所居长寿宫中。宫人畏之,莫敢复迕。"

（十）炙灼

炙灼是我国古代用火烤炙或烧燎犯人的一种刑罚。仅见于汉,非刑。

《汉书·景十三王传》:"后去立昭信为后……令诸姬各持烧铁

共灼望卿。望卿走，自投井死。昭信出之，椓杙其阴中，割其鼻唇，断其舌。谓去曰：'前杀昭平，反来畏我，今欲靡烂望卿，使不能神。'"

《后汉书·光武帝纪》："建武十一年，诏：'敢炙灼奴婢论如律。免所炙灼者为庶民。'"光武帝既诏禁炙灼奴婢，说明当时存在地主炙灼奴婢的酷刑。

（十一）劓刺

劓刺是一种刀割锥刺的酷刑。非刑，仅见于汉。

《史记·张耳陈余列传》："汉九年，贯高怨家知其谋，乃上变告之。于是上皆并逮捕赵王、贯高等。十馀人皆争自刭，贯高独怒骂曰：'谁令公为之？今王实无谋，而并捕王；公等皆死，谁白王不反者！'乃轞车胶致，与王诣长安。治张敖之罪。上乃诏赵群臣宾客有敢从王皆族。贯高与客孟舒等十馀人，皆自髡钳，为王家奴，从来。贯高至，对狱，曰：'独吾属为之，王实不知。'吏治榜笞数千，刺劓，身无可击者，终不复言。"

（十二）针

针，即用钢针刺入人的指甲缝的酷刑。十指连心，极其痛苦。始于汉。

《汉书·景十三王传》："后数月（本始四年），诏曰：'广川惠王于朕为兄，朕不忍绝其宗庙，其以惠王孙去为广川王。'去即缪王齐太子也……去与地馀戏，得袖中刀，笞问状，服欲与昭平共杀昭信。笞问昭平，不服，以铁针针之，强服。"

（十三）割股

这是一种把人的大腿肉割掉的酷刑。非刑，始于汉。

《汉书·景十三王传》："后去立昭信为后……后去数召姬荣爱与饮，昭信复譖之，曰：'荣姬视瞻，意态不善，疑有私。'时爱为去刺方领绣，去取烧之。爱恐，自投井。出之未死，笞问爱，自诬与医奸。去缚系柱，烧刀灼溃两目，生割两股，销铅灌其口中。"

（十四）断手足

《汉书·五行志》："高后八年三月，袯霸上，还过枳道，见物如仓狗，檄高后掖，忽而不见。卜之，赵王如意作祟。遂病掖伤而崩。先是，高后鸩杀如意，支断其母戚夫人手足，摧其眼，以为人彘。"

（十五）鞭

在汉代，鞭刑多用于惩治有官职的人员。以下几例都是如此。

《太平御览》六百四十九："《会稽典录》曰：谢夷吾为郡功曹吏，太守第五伦妻车马入府，无所关启。夷吾鞭功曹佐吏门阑，卒牵车马出之，收其人从，伦为解之，良久乃已。"

《汝宁先贤传》："许嘉年十三，父给亭治道，坐不敬，当得鞭，嘉扣头流血，请得免，由是感激读书。"

《汉书·刘宽传》："历典三郡，温仁多恕，虽在仓卒，未尝疾言遽色。尝以为'齐之以刑，民免而无耻'，吏人有过，但用蒲鞭罚之，示辱而已，终不加苦。"

鞭刑虽然是经常被用于惩治轻罪的刑罚，但鞭刑的结果也可能是很严重的。《太平御览》六百四十九引《汉晋春秋》："明帝勤于吏事，苛察愈甚，或于殿前鞭杀尚书郎。"可见小刑也可以实现重处。

（十六）掠

掠，即用棍棒毒打。《经典释文》："掠，音亮，考捶。"掠，在汉代是一种刑讯逼供的方法，所用的刑具主要是棍棒，行刑的时间、数量几无规范，经常是打到犯人开口招认为止，受刑者所受的折磨是可想而知的。

在整个汉代，考掠之刑从未停止。《汉书·陈咸传》："咸为御史中丞，公卿以下，皆敬惮之。是时，中书令石显用事颛权，咸颇言显短，显等恨之。时槐里令朱云残酷杀不辜，有司奏举，未下。咸素善云，云从刺侯，教令上书自讼。于是石显微伺知之，白奏咸漏泄省中语，下狱掠治，减死，髡为城旦。"沈家本注："陈咸以御史中丞,而亦掠治亦髡,汉法之严如此,因于秦也。"①《汉书·张耳传》:"贯高至,对狱,曰:'独吾属为之,王实不知。'吏治榜笞数千,刺剟,身无可击者,终不复言。"应劭云"以铁刺之,又烧灼之"。师古注:"榜,谓捶击之也,音彭。"《急就篇》:"盗贼系囚榜笞臀。"严注:"榜笞,捶系之也。"沈家本注:"李斯以丞相之贵而不免榜笞,诬服考掠之法,可畏如此,而世犹以考掠为必不可废,何也?"②刘邦虽然非常想借这个机会除掉赵王张敖,但却遇上了一个忠诚正直的硬骨头,贯高在酷刑之下受尽痛苦,始终不肯牵连赵王。

东汉时期,考掠之风也不曾缓和。《后汉书·虞延传》:"迁洛阳令。是时,阴氏有客马成者,常为奸盗,延收考之。阴氏屡请,获一书,辄加笞二百。"沈家本注:"考者,考掠也。观于下文'加笞'之文,可见宋本律文考囚之字并作'考'。"

《后汉书·周纡传》:"纡迁司隶校尉。六年夏旱,车驾自幸洛阳,录囚徒,二人被掠生虫,坐左转骑都尉。"《释名》:"槌而死者曰掠。掠,狼也,用威大暴如豺狼也。"沈家本注:"此以槌死为掠,自是别一义。掠者未必皆死,掠而至于死,其甚者矣。豺狼之喻,良不为过,唐有重杖处死之法,于汉无闻。"

《文献通考》:"自建武以来,虽履有省刑薄罚之诏,然上下相胥,以苛酷为能,而考囚之际,尤极残忍。"又:"楚王英坐反,诛其功曹陆续,主簿梁宏驷勋掠考,五毒肌肉消烂。"可见在东汉时期,虽然刑罚曾经一度减轻,但考掠一事始终未能取消。

(十七)杖

东汉之前,笞杖往往不分。到东汉时期,杖刑才成为一种正式的刑罚。《南史·肖琛传》:"郎有杖,起自后汉尔。"在东汉,杖刑又常被称为"鞭杖"。程树德《九朝律考》:"汉有鞭杖,始于世祖,然亦

① 沈家本:《历代刑法考》(上册),商务印书馆,2011年版,第457页。
② 沈家本:《历代刑法考》(上册),商务印书馆,2011年版,第458页。

仅施之郎官。"杖刑就此演变成了一种皇帝惩罚大臣的法外之刑。汉明帝就曾肆意地运用这种刑罚,袁宏《后汉纪》:"明帝时,政事严峻,故卿皆鞭杖。""卿"在汉代往往代表着位高权重、地位尊崇的政治人物,"卿皆鞭杖",可见皇权的肆无忌惮。

《后汉书·献帝纪》:"兴平元年,帝使侯汶出太仓米豆为饥人作糜粥,经日而死者无数。帝疑赋恤有虚,亲于御坐前量试,知非实。于是,尚书令以下,皆诣省阙,谢奏收侯汶考实。诏曰:'不忍致汶于理,可杖五十。'"

《北堂书钞》四十五:"《三辅决录》注云:丁邯,字叔春。选邯为郎,托疾不就,诏问实病否?邯对曰:'实不病,耻于孝廉为令史职耳。'世祖怒曰:'虎贲减头,杖之数十。'"

可见,汉代的杖刑虽然缺乏规范性,不属正刑,但被统治者运用得确实非常充分。

(十八)笞

笞刑在秦朝就已经成为一种法定刑。到了汉代,由于文帝取消肉刑,笞刑的运用就更为广泛和普遍了。《汉书·刑法志》引《箠令》:"笞者,箠长五尺,其本大一寸,其竹也,末薄半寸,皆平其节。当笞者,笞臀,毋得更人,毕一罪乃更人。"如淳曰:"然则先时笞背也。"《箠令》为汉景帝所定。文帝用一定量的笞刑代替了劓刑、斩左趾等刑罚,但实际上笞三百和笞五百这样的刑罚其实并不轻,笞刑数百,是完全可能造成受刑人死亡的。从这个意义上讲,文帝废肉刑虽然避免了人犯因肉刑留下永久的罪恶符号或失去劳动能力,但是笞刑数量过多也完全可能使轻刑变成重刑,甚至是更残忍的重刑。到景帝年间,景帝对笞刑数量进行了调整,改劓刑为笞一百,斩左趾为笞二百。另外,景帝还规定了笞刑的刑具规格、材料及行刑方法,特别是将笞刑的行刑部位由脊背改为臀部,笞背改为笞臀,看起来只是一个很小的调整,但是这个调整就使人的内脏、脊椎等关键部位避开了刑具的击打,从而使受刑者的生命得以保全。

《史记·田叔列传》："鲁相初到,民自言相,讼王取其财物百馀人。田叔取其渠率二十人,各笞五十,馀各搏二十,怒之曰:'王非若主邪?何自敢言若主!'鲁王闻之大惭,发中府钱,使相偿之。相曰:'王自夺之,使相偿之,是王为恶而相为善也。相毋与偿之。'于是王乃尽偿之。"田叔不顾是非曲直,为了袒护鲁王而鞭笞百姓,可见其对统治者的忠心。

关于笞刑,汉代还有一个较为传奇的案例。《太平御览》五百五十九引《汉记》:"上洛男子张卢,死二十七日,人盗发其冢,卢得苏起,问盗人姓名。郡县以盗元意奸轨,复由之而生,不能决。益州牧呼延谟以闻。诏曰:'以其意恶功善,论笞三百,不齿终身。'"原为盗墓掘财,却救了"墓主人"的性命,可谓奇迹。但盗墓毕竟是盗墓,虽然因为"功善"而受到宽宥,依然要受笞三百。这里我们需要注意的是,笞三百是可能死人的。

（十九）桎梏

桎梏与我们今天看到的手铐、脚镣非常近似,但其为木械。《汉书·刑法志》:"凡囚,上罪梏拲而桎。"《后汉书·钟离意传》:"意随于道解徒桎梏。"章怀太子注:"在手曰梏,在足曰桎。"《后汉书·陈蕃传》:"（朱震）收葬蕃尸,匿其子逸於甘陵界中。事觉系狱,合门桎梏。"可见在汉代,桎梏的使用基本沿袭秦制,而且比较普遍。

（二十）械

沈家本《历代刑法考》:"汉时狱具但称械。"[1]可见,"械"在汉代是各种木制狱具的一个统称。《太平御览》六百四十四引《风俗通》:"械,戒所以警戒,使为善也。此从戒之意,故许先之也。一曰持也。"这就是"械"的作用。

---

① 沈家本:《历代刑法考》（上册）,商务印书馆,2011年版,第946页。

《史记·萧相国世家》:"(汉十二年)上罢布军归……相国因为民请曰:'长安地狭,上林中多空地,弃。愿令民得入田,毋收稿为禽兽食。'上大怒,曰:'相国多受贾人财物,乃为请吾苑。'乃下相国廷尉,械系之。"

《后汉书·张盘传》:"被诬下廷尉,会赦见原,盘更牢持械自列。"

加械拘押或服刑,受刑者行动受限,自然非常痛苦。汉惠帝其人果然配得起谥号中的这个"惠"字,在他统治的时期,"械"的运用受到了一定的限制,有所宽缓。《汉书·惠帝纪》:"有罪当盗械者,皆颂系。"如淳注:"盗者逃也,恐其逃亡,故着械也。颂者容也,言见宽容,但处曹吏舍,不入狴牢也。"师古注:"盗械者,凡以罪着械皆得称焉,不必逃亡也。据《山海经》,贰负之臣,相柳之尸,皆云盗械,其义是也。古者颂与容同。"《山海经·海内经》:"北海之内,有反缚盗械,带戈常倍之佐,名曰相顾之尸。"注:"贰负臣危之类。"

(二十一)徽缠

徽缠,本义为绳索。《经典释文》:"三股曰徽,两股曰缠。"徽缠作为一种刑罚,是指将犯人用绳索捆绑起来。因此,这是为了限制罪犯行动自由所设的刑具,在汉代各种刑罚中被广泛使用。

《汉书·陈遵传》:"观瓶之居,居井之眉……不得左右,牵于缠徽。"颜注:"缠徽,井索也。"

(二十二)钛

《说文解字·金部》:"钳,以铁有所劫来也。钛,铁钳。"《汉书·陈万年传》:"或私解脱钳钛。"颜注:"钳在颈,钛在足,以铁为之。"此刑与秦朝的釱足非常类似。

沈家本注:"《汉志》:'文帝改当斩左趾者笞五百,当斩右趾,已论命复有笞罪者,弃市。景帝元年,减笞五百曰三百。中六年,又减笞三百曰笞二百。而不及钛刑,是景帝时尚未定,此法当在武帝之世,殆以笞二百尚有死者故改之欤?'斩右趾,已论命复有笞罪者,弃市,其无笞罪,定以何罪?《志》亦不详,疑'已论命而无笞罪者'即钛右趾,可由左趾而推,故史略之也。"①可见钛刑为汉武帝所设,设置这种刑罚的目的是为了取代某些斩脚趾的刑罚,以减少刑罚对人劳动能力的影响。《史记·平准书》就曾记载相关的案例:"其沮事之议,不可胜听,敢私铸铁器煮盐者,钛左趾,没入其器物。"《史记集解》引韦昭:"钛,以铁为之,着左趾以代刖也。"《史记索隐》:"按:《三苍》云'钛,锴脚钳也'。"

(二十三)钳

钳是一种锁颈的刑具。《急就篇》:"鬼薪、白粲、钳、钛、髡。"颜注:"以铁锴头曰钳,锴足为钛。"《汉书·楚元王传》:"楚人将钳我于市。"颜注:"钳,以铁束颈也。"

《后汉书·光武帝纪》:"建武二十二年,制诏:遣谒者案行,其役者,不得衣丝絮,今赦许之。"沈家本注:"死罪减而徒罪不减,但解钳②,衣丝絮而已,此赦之又一例也。"

(二十四)锁禁

锁禁又称锁、锒铛。这是我国古代以锁具拘系罪犯,以防止其逃亡的管束措施。其有广狭两义:广义的锁禁是指所有用戒具束缚犯人手足及其他部位的刑具和方法,包括法绳、木铁,如徽缰、钳、械、枷、桎梏、拲、杻、钛、锁、镣、铐等。狭义的锁禁是指以铁锁加于人犯的脖项或手足。狭义的锁始于汉。这个锁与现在锁的概念完全不同,实际上是一种锁链,由金属制成,加于人犯的颈项之上。

《说文解字》:"锒,锒铛,琐也。"段注:"琐俗作锁,非。琐为玉,声之小者。引申之,雕玉为连环不绝,谓之琐。汉以后罪人不用缧绁,以铁为连环不绝系之,谓之锒铛,遂制锁字。"

---

① 沈家本:《历代刑法考》(上册),商务印书馆,2011年版,第206页。
② 解钳:在狱中服刑的人,解除枷锁镣铐等刑具,而徒刑仍须执行。

《汉书·西域传》："后军候赵德使罽宾,与阴末赴相失,阴末赴锁琅当德。谓以长锁锁赵德也。"颜注:"琅当,长锁也,若今之禁系人锁矣。"

《汉书·王莽传》："民犯铸钱,伍人相坐,没入为官奴婢,其男女槛车,儿女子步,以铁锁琅当其颈,传谐钟官,以十万数。"颜注:"琅当,长锁也。"又:"展锁也,若今之禁系人锁矣。"

《汉书·食货志》："莽以私铸钱死,及非沮宝货投四裔,犯法者多,不可胜行。乃更轻其法,私铸作泉布者,与妻子没入为官奴婢,吏及比伍知而不举告,与同罪;非沮宝货,民罚作一岁,吏免官。犯者愈众,及五人相坐,皆没入郡国,槛车铁锁,传送长安钟室。"沈家本注:"段以《西域传》'锁'字为本无,然以《王莽传》及《食货志》参之,其说亦未甚确。王以琅当为形容之词。《西域》《王莽》二传,似是以锁锁之之意。《食货志》但言铁锁,不言银铛。《御览》六百四十四引宋躬《孝子传》缪斐事,其文有云:父忽得患,斐昼夜叩头,气息将尽。至三更中,忽有二神引锁而至,求哀曰:'尊府君昔经见侵,故有怒报,君至孝所感,昨为天曹所摄,锁银铛。'斐惊视,父已差,云云。亦有'锁银铛'之语,与《汉书》同也。苏子瞻狱中诗:'风动琅珰月向纸。'其字又作'琅珰'。"

(二十五)颂 系

颂系是一种有罪人狱而不加戴刑具的刑罚。对老幼宽容而不加桎梏,即唐之散禁。始于汉。

《汉书·惠帝纪》："爵五大夫,吏六百石以上及宦皇帝而知名者,有罪当盗械者,皆颂系。"如淳注:"盗者,逃也。恐其逃亡,故着械也。颂者,容也。言见宽容,但处曹舍,不入狴牢也。"颜师古注:"宦皇帝而知名者,谓虽非五大夫爵、六百石吏,而早事惠帝,特为所知,故亦优之。盗械者,凡以罪着械皆得称焉,不必逃亡也。古者颂与容同。"

《后汉书·光武帝纪》："建武三年秋七月庚辰,诏曰:男八十以上，十岁以下，及妇人丛坐者，自非不道，诏所名捕，皆不得系。当验问即就验。女徒顾山归家。"沈家本注："老小勿系，三诏老者，八十以上皆同。小者，景八岁以下，平七岁，光武十岁。平帝政出王莽，光武为宽矣。"①

（二十六）杻桎

杻桎也单称杻，古字杽。《康熙字典》："杻，本作杽。"杻是我国古代锁铐犯人双手的木制刑具，乃后世手铐的雏形。秦汉以前称梏，汉时则梏杻并称，南北朝之后，称杻的就多了。

《说文解字》："杽，械也。"段玉裁注："械当作梏，字从木手。则为手械无疑也。"《后汉书·蔡邕传》："抱钳杻，徙幽乔。"

（二十七）槛车

槛车是一种囚禁人的木制刑具，实际上就是装有轮子的木笼，常在押解人犯时使用。使用时，头在笼外，身在笼内。人在其中，极其痛苦。始于汉。

《汉书·张耳传》："贯高独怒骂曰：'谁令公等为之。今王实无谋，而并捕王公等，死，谁当白王不反者？'乃槛车与王谐长安。"颜师古注："槛车，车而为槛形，谓以板四周之无所通见。"沈家本注："车上施阑槛以防罪人之逸，《释名》说是。颜云以板四周之，与'槛'字之意不合。汉代官吏之有罪者，以槛车传送。"

《后汉书·循吏传》注："王莽春夏断人于市，一家铸钱，保伍人入没为官奴婢，男子槛车，女子步铁锁，琅珰其颈，愁苦死者，十七八。"

四、自由刑

汉代自由刑的刑名非常多，有徒、狱、城旦春、髡钳、耐、鬼薪、

---

① 沈家本：《历代刑法考》（上册），商务印书馆，2011年版，第300页。

白粲、司寇、夺劳、作、输作、囚、幽、顾山、禁锢、执、逮捕等。

（一）徒

汉无徒刑之名，这里之所谓徒，并非徒刑之徒，而是徒役之徒。徒役，是以各种名目被判处各种刑期的罪犯，让他们去干苦役，如修皇陵、建城垣。《汉书·景帝纪》："中四年，赦徒作阳陵者。"《后汉书·桓帝纪》："建和元年夏四月，诏曰：……其令徒作陵者，减刑各六月。"《汉书·成帝纪》："建始二年春正月，上始郊祀长安南郊。赦奉郊县长安、长陵及中都官耐罪徒。河平四年春正月，赦天下徒。鸿嘉元年春二月，行幸初陵，赦作徒。"颜师古注："徒人之在陵作役者。"

《汉书·平帝纪》："元始元年秋九月，赦天下徒。二年九月，赦天下徒。"沈家本注："汉代赦徒之典，文帝时曰'谪作'，其后曰'徒作'，曰'作徒'，曰'耐罪徒'，皆为有罪作役之人，其非刑名曰徒刑也。夷考其义，因其充徒役，故谓之徒。周之徒，庶人在官充役者也，汉之徒，有罪在官充役者也，其人异，其义同。故属于铁官者，曰铁官徒。[①] 属于三辅太常者曰三辅太常徒（《昭帝纪》《赵充国传》）。属于中都官者曰中都官徒（《后汉书·和帝纪》），亦曰三辅中都官徒（《宣帝纪》）。女曰女徒，笃癃老小女徒曰笃癃老小女徒，见充者曰见徒。《论衡》'被刑谓之徒'，张斐《律序》注'罪已定为徒'，自是，徒之名专属于有罪充役之人，而有罪未定囚禁之人亦谓之囚徒矣。"[②]

由此可见，汉代统治者尤其是汉初的统治者虽然采取了一定的措施减轻肉刑对人的摧残，但是随着帝国的发展、疆域的扩大以及权力欲望的扩张，徒刑在汉代刑罚体系中的重要性逐步提升。

---

① 《成帝纪》："阳朔三年夏六月，颍川铁官徒申屠胜等百八十人杀长吏，盗库兵，自称将军。永始三年，山阳铁官徒苏令等二百二十八人攻杀长吏，盗库兵，自称将军。"

② 沈家本：《历代刑法考》（上册），商务印书馆，2011年版，第306页。

今天我们在参观汉代大型工程遗址的时候经常会赞叹古人所创造的奇迹，实际上在技术条件十分落后的时代，浩大的工程、雄伟的王宫和帝陵在很大程度上都要归功于汉代成千上万的刑徒队伍。

刑徒做工，待遇自然较差，加之劳动繁重，缺乏保障措施，刑徒的死亡率自然较高。在汉代，患病的刑徒会得到一定的治疗。《太平御览》六百四十二：“孔融《肉刑论》：今之洛阳道桥，作徒困于厮役，十死一生，故国家尝遣三府请诏月一案行，又置南甄官使者主养病徒，仅能存之。语所谓洛阳豪徒韩伯密，加笞十中一，髡头至耳，发谐膝。此自为刑，非国法之意。”沈家本注：“作徒至于十死一生，情殊可悯，当时设官以案行之，病者养之，所以待之者亦云至矣，此汉法之善者也。此文《孔集》未收。汉之徒，大约多在本土，有事则征发之。钟离意辞大司徒府而送徒河内，此由都下发往外郡之证也。在本土，故逃亡者少，晋以后，情形盖不同矣。”沈家本认为“此汉法之善”；但从现代医学的角度看，这种做法也可能是为了防止疫病在刑徒队伍中大规模传染，导致更多的刑徒失去劳作能力，可能是一种防疫措施。

（二）狱

汉代的“狱”已经成为一种成熟的刑罚，从处所到官署，已经较为完备。《汉书·宣帝纪》：“望气者言长安狱中有天子气，上遣使分条中都官狱系者，轻重皆杀之。”注：“师古曰：‘中都官，凡京师诸官府也。’”沈家本注：“此长安狱，通中都官言之，不单指长安县狱。”[1]

《续汉书·百官志》“廷尉卿”本注：“孝武帝以下置中都官狱二十六所，各令长名。”从设狱之数量，可推知关押囚犯之众。

《汉旧仪》：“东市狱属京兆尹，西市狱属左冯翊。”《百官公卿表》：“京兆尹属官，有长安市厨两令丞，左冯翊属官，有长安四市长

---

① 沈家本：《历代刑法考》（上册），商务印书馆，2011年版，第913页。

丞。"沈家本注:"此官属于京兆尹,左冯翊而自为市狱,有市官主之。"

《续汉书·百官志》:"孝武帝以下,置中都官狱二十六所,各令长名,世祖中兴皆省,唯廷尉及雒阳有诏狱。"沈家本注:"世祖省并官寺,狱存二所,而时无废事,因由天下初平,亦政治清明之效。"

《后汉书·安帝纪》:"永初二年五月,旱。丙寅,皇太后幸洛阳寺及若卢狱,录囚徒,赐河南尹、廷尉卿及官属以下各有差。"沈家本注:"观赐河南尹、廷尉卿,洛阳寺属河南尹,若卢属廷尉,故皆获赐也。(元初)六年五月,则但幸洛阳寺,不至若卢,或其时若卢囚少之故。"

（三）城旦舂

这是秦汉时期徒刑名称之一。始于秦,在汉代广泛适用。《后汉书·韩棱传》注:"城旦,轻刑之名也。昼日伺寇虏,夜暮筑长城。故曰城旦。"应劭注:"城旦者,旦起行治城,舂者,妇人不豫外徭,但舂作米。皆四岁刑。"由此可知城旦舂的服刑时长。

在汉代,也有贵族、官员服此刑。《汉书·外戚传》:"高祖崩,惠帝立,吕后为皇太后,乃令永巷囚戚夫人,髡钳衣赭衣,令舂。"《高惠高后文功臣表》:"高后三年,侯不疑嗣,十年。孝文五年,坐与门大夫杀故楚内史,赎为城旦。"

城旦舂终结于汉代。《史记·外戚恩泽侯表》:"牧丘侯石德,坐为太常失法罔上,祠不如令,完为城旦。"沈家本注:"城旦舂、鬼薪、白粲、隶臣妾、司寇诸名,魏晋以降不具,盖已除之。兹录汉诸《表》城旦之事,髡完并有,可以见汉律之大略也。"

（四）髡钳

《汉旧仪》:"男髡钳为城旦。"《急就篇》颜师古注:"以铁锴头曰钳,锴足曰釱,剃发曰髡。"这是一种对男犯,又剃发,又以铁圈束颈,又坐五年牢的集三刑于一身的刑罚。

《汉书·刑法志》:"穿窬之盗,忿怒伤人,男女淫佚,吏为奸赃,若此之恶，髡钳之罚，又不足以惩。"

《汉书·高祖纪》："（汉九年）贯高等谋逆发觉，逮捕高等，并捕赵王敖下狱。诏敢有随王，罪三族。郎中田叔、孟舒等十人自髡钳为王家奴，从王就狱。王实不知其谋。春正月，废赵王敖为宣平侯。徙代王如意为赵王，王赵国。"

（五）耐

"耐"是去须髯的刑罚，但就"耐"本身而言，其羞辱性意义要超过惩罚本身，但是"耐"后需要服苦役，因此，我们可以说耐刑是一种复合刑。

《汉书·高帝纪》："令郎中有罪，耐以上，请之。"颜师古注引应劭曰："轻罪不至于髡，完其耏鬓，故曰耏。古耐字从彡，发肤之意也。"

《汉书·文帝纪》引苏林曰："一岁为罚作，二岁刑以上为耐。耐，能任其罪。"

程树德《九朝律考·汉律考》："按汉制，四岁刑至二岁刑，统称为耐罪。《史记·淮南王安传》注苏林[1]曰：'二岁以上为耐，耐能任其罪。'观《功臣表》，朝阳侯华当耐为鬼薪，深泽侯赵修有罪耐为司寇，可证也。耐或作耏。《说文》耏字下段注云：'耏之罪轻于髡。髡者，剃发也。不剃其发，仅去其鬓，是曰耏，亦曰完。谓之完者，言完其发也。'《高帝纪》注应劭曰：'轻罪不至于髡，完其耏鬓，故曰耏。古耐字从彡，发肤之意也。'杜林以为，法度之字皆从寸，后改如是。……如淳曰：'耐，犹任也，任其事也。'《礼记·礼运》注：'耐，古能字。'疏：'古者犯罪以髡其发，谓之耐罪。故字从寸，寸为法也。不亏形体，犹堪其事，故谓之耐。'《陈宠传》：'耐罪千六百九十八。此汉时耐罪总数之尚可考者。'"

---

[1] 疑此处有误。苏林乃曹魏时期《汉书》的注疏者。《淮南王安传》应载于《汉书》，苏林的注疏应是《汉书·文帝纪》。

（六）鬼薪、白粲

这是我国秦汉及曹魏时期刑徒名称之一，同种刑罚，男女异名，男称鬼薪，女称白粲。刑阶轻于城旦。刑名源于其所从事的劳役的性质和方式。男犯砍柴，所以称鬼薪；女犯择米，所以称白粲。其实，鬼薪、白粲不止是采薪和择米，什么重活、脏活、累活都干。鬼薪、白粲的刑期，有两种说法：其一，秦为四岁刑，汉为三岁刑；其二，秦为无期，至汉文帝十三年改制，才改为有期。鬼薪、白粲为主刑，常附加肉刑作为从刑。法定刑，始于秦。

卫宏《汉旧仪》："鬼薪者，男当为伺祀鬼神伐山之薪蒸也，女为白粲者，以为伺祀择米也。皆作三岁。"《汉书·惠帝纪》注引应劭曰："取薪给宗庙，为鬼薪。坐择米使正白，为白粲。皆三岁刑也。"

沈家本《历代刑法考》："粲为稻米之至精者，择之使正白，故以白粲为名。白粲与春原是一事，而一为四岁刑，一为三岁刑，罪分二等者，以米之精粗为差别，其工力亦有高下也。或谓白粲即春，混二为一，非是。导官主择米，则白粲必供役于导官，春何属，未详。西汉导官属少府，东汉改属大司农。《汉官》曰'员役百一十二人'，似其制已与西汉不同矣。"①

（七）司寇

这是秦汉时一种两年期的有期徒刑。此刑轻于隶臣妾而重于候。

《汉书·和帝纪》："永元八年，诏郡国中都官系囚，减死一等，谐敦煌戍。其犯大逆，募下蚕室，其女子宫。自死罪已下，至司寇作及亡命者，入赎，各有差。"沈家本注："死减，大逆宫，余罪赎，此赦中又一例。惟既云减罪谐戍，又云死罪赎，是一罪两歧，恐《纪》文有误。"

《汉旧仪》："罪为司寇。司寇，男备守，女为作，如司寇。皆作

---

① 沈家本：《历代刑法考》（上册），商务印书馆，2011年版，第267页。

二岁。"

《后汉书·张皓传》注:"司寇,二岁刑。输作司寇,因以为名。"

《后汉书·李章传》:"坐度人田不实,以章有功,但司寇论。"

《汉书·恩泽侯表》:"诸为人请求于吏以枉法而事,已行为听行者,皆为司寇。"

（八）夺劳

夺劳也称弃劳,是我国秦汉时剥夺官吏劳绩并给予一定期限监禁的一种处罚。

《汉书·冯唐传》如淳注引军法:"吏卒斩首,以尺籍书下县移郡,令人故行。不行,夺劳二岁。"

（九）作

作,有复作、罚作,是汉代一年期有期徒刑的名称。相同刑期,女犯称复作,男犯称罚作。

《汉旧仪》:"男为戍罚作,女为复作,皆一岁到三月。"

《史记·淮南衡山列传》引苏林曰:"一岁为罚作。"沈家本注:"罚作盖承秦制,而无'戍'字,与秦制稍异。"①

（十）输作

输作是汉代的一种宽宥罪犯后罚做苦工的处罚。

《蔡中郎集外传·上汉书十志疏》:"顾念元初中尚书郎张俊坐漏泄事当复重刑,已出毂门,复听读鞠,诏书驰救,一等输作左校。"

《后汉书·李膺传》:"延熹二年征(膺)再迁河南尹。时宛陵大姓羊元群罢北海郡,臧罪狼籍,郡舍溷轩有奇巧,乃载之以归。膺表欲案其罪,元群行赂宦竖,膺反坐,输作左校。"

《后汉书·韦彪传》:"坐论输左校。"注:"左校,署名。属将作也。"

《后汉书·庞参传》:"坐法输作若卢。"注:"若卢,狱名。"

---

① 沈家本:《历代刑法考》(上册),商务印书馆,2011年版,第274页。

《后汉书·光武纪》:"(建武)二十九年,诏令天下系囚,自殊死已下及徒,各减本罪一等,其余赎罪.输作各有差。"沈家本注:"此死罪与徒并减,又有赎罪者赦之,又一例也。东汉赎法屡行,西汉赎法,不尽因赦。"可见,输作亦有差等。

《后汉书·和帝纪》:"永元元年十月,令郡国弛刑输作军营。其徒出塞者,刑虽未竟,皆免归田里。"可见,输作也是当时的朝廷弥补军队或有司人力不足的重要办法。

（十一）囚

《汉书·外戚传》:"惠帝立,吕后为皇太后,乃令永巷囚戚夫人。"沈家本注:"《汉书·百官公卿表》:'少府属官有永巷令丞,武帝改永巷为掖庭。'《宣纪》:'暴室。'应劭曰:'宫人狱也',属于掖庭。《史记·外戚世家》:'拘弋夫人,送掖庭狱。'然则,永巷有狱焉,故今永巷囚戚夫人也。《续汉书·百官志》:'掖庭今有暴室丞一人,主中妇人疾病者,就此室治,其皇后、贵人有罪,亦就此室。'"

《史记·荆燕世家》:"汉六年春,会诸侯于陈。废楚王信,囚之,分其地为二国。"

（十二）幽

幽不是刑名,而是一种长时间关押软禁的措施。多用于帝王或皇亲国戚。始于战国。

《史记·外戚世家》:"高祖崩,诸御幸姬戚夫人之属,吕太后怒,皆幽之,不得出宫。"

《汉书·高后纪》:"四年夏,少帝自知非皇后子,出怨言,皇太后幽之永巷。"

《史记·齐悼惠王世家》:"哀王八年,高后割齐琅邪郡立营陵侯刘泽为琅邪王。其明年(高后七年,齐哀王九年)赵王友入朝,幽死于邸。三赵王皆废。高后立诸吕为三王,擅权用事。"

五、流　刑

所谓流刑，是指将罪犯遣送到偏远地区服劳役的刑罚。汉代的流刑包括徙、谪戍、工役等。

（一）徙

汉帝国的统治者非常重视"徙"这样一种刑罚。历代皇帝都曾颁布过有关徙刑的诏令。程树德《九朝律考》："（明帝）永平十六年，章帝建初七年，和帝永元八年，安帝元初二年，及冲帝、桓帝时，俱有徙边之令。"

《史记·齐悼惠王世家》："文帝十六年，复以齐悼惠王子安都侯志为济北王。十一年，吴楚反时，志坚守，不与诸侯合谋。吴楚已平，徙志王菑川。"

《汉书·武帝纪》："元狩五年，徙天下奸滑吏民于边。"

又："元封三年，武都氐人反，分徙酒泉郡。"沈家本注："此分徙，以离其党。"

《后汉书·光武纪》："二十三年春正月，南郡蛮叛，遣武威将军刘尚讨破之，徙其种人于江夏。"

《后汉书·光武十王列传》："阜陵质王延，建武十五年封淮阳公，十七年进爵为王。……延性骄奢而遇下严烈。永平中，有上书告延与姬兄谢弇（音延）及姊馆陶主婿驸马都尉韩光招奸猾，作图谶，词祭祝诅。事下案验，光、弇被杀，辞所连及，死徙者甚众。有司奏请诛延，显宗以延罪薄于楚王英，故特加恩，徙为阜陵王，食二县。"

《汉书·彭越传》："梁大仆有罪，亡走汉，告梁王与扈辄谋反。于是上使使掩捕梁王，囚之雒阳。有司治反形已具，请论如法。上赦以为庶人，徙蜀青衣。西至郑，逢吕后从长安东，欲之雒阳，道见越。越为吕后涕泣，自言亡罪，愿处故昌邑。吕后许诺，诏与俱东。

至雒阳，吕后言上曰：'彭越，壮士也，今徙之蜀，此自遗患，不如遂诛之。妾仅与俱来。'于是吕氏令其舍人告越复谋反。廷尉奏请，遂夷越宗族。"沈家本注："汉无流罪，此言徙者，乃由死罪减等，不忍诛而赦之也。越虽未至徙所，而汉世言徙者，自越始，此后淮南、济川诸王皆用此法。虽谋反大逆，亦得减死，亲亲之谊，与常人不同也。"①

可见，汉代的"徙"有多种功能：其一为实边，补充军队力量；其二为分化政治势力，使其无法对抗中央政权。相对于残忍的生命刑和肉刑，"徙"显然具有更明显的理性特征，也是为等级内部成员所设的一种特殊待遇。

（二）谪戍

谪戍又称戍、赀戍、戍边、补兵、充军，是我国古代一种将罪犯流放到边远地区军中守边服役的刑罚。实际上，谪戍是流刑的一种。法定刑，始于秦。

沈家本《历代刑法考》："汉代戍边之事，东京为多，其初为守边计，其后遂为死罪遇赦减等之法。始于永平，讫于永兴，盖已着于令甲矣。洎②乎建安，天下分裂，遂无此事。"

汉代的戍边制度已经相当完备。《汉书·昭帝纪》："元凤四年注：如淳曰：更有三品，有卒更，有践更，有过更。古者正卒无常人，皆当迭为之，一月一更，是为卒更也。贫者欲得顾更钱者，次直者出钱顾之，月二千，是为践更也。天下人皆直戍边三日，亦名为更，律所谓繇戍也。虽丞相子，亦在戍边之调。不可人人自行三日戍，又行者当自戍三日，不可往便还，因便住一岁一更。诸不行者，皆出钱三百入官，官以给戍卒，是为过更也。律说，卒践更者，居也，居更县中五月乃更也。后从尉律，卒践更一月，休十一月也。《食

① 沈家本：《历代刑法考》（上册），商务印书馆，2011 年版，第 224 页。
② 洎：音及，浸润之意。

货志》云云，此汉初因秦法而行之也。后虽改易，有谪乃戍边一岁耳。"

除谪戍之外，汉代还有戍边、还边、屯戍、田童等刑罚。这些刑罚往往是将罪犯发配到边疆戍农兼务。《汉书·赵充国传》："遂上屯田奏，愿罢骑兵，留弛刑应募，及淮阳、汝南步兵与吏士私从者，分屯要害处。冰解漕下，缮乡亭，浚沟渠，治湟陜以西道桥七十所，令可至鲜水左右。田事出，赋人二十亩。至四月草生，发郡骑及属国胡骑伉健各千，倅马什二，就草，为田者游兵。以充入金城郡，益积蓄，省大费。"沈家本注："谪戍者，发罪人以守边也，屯戍者，发罪人以实边，农戍兼修也，其事是一是二？秦之谪戍，一时之计，不以为常，汉之屯戍，时时行之，后且成为赦罪降等之常制。谪戍、屯戍二者，遂难区别，兹姑列为二门，互备参考。"

（三）工役

工役是一种发配徒隶到手工作坊服工役的惩罚措施。始于汉，非刑名。

《汉书·惠帝纪》："三年六月，发诸侯王、列侯徒隶二万人城长安。"沈家本注："《纪》称：'颍川铁官徒、山阳铁官徒。'《后汉书·郡国志》：'颍川郡属县阳城有铁。'西汉当有铁官，故有徒以供役，山阳无闻。"

六、财产刑

汉代的财产刑包括籍没、赎、顾山、罚等。

（一）籍没

在汉代，罪犯的亲眷依然被视为其个人财产，在其受到惩处后会被籍没入官。《魏志·毛玠传》："汉律，罪人妻子没为奴婢，黥面。"沈家本注："汉之奴婢有二类，一为官奴婢，如文武二《纪》所称，乃有罪而入官为奴婢者。汉律久亡，何罪当入官，已无可考。

《司厉》先郑注谓坐为盗贼而为奴,后郑谓从坐而没入县官,二者盖兼有之。《高纪》郎中田叔、孟舒等十人,自髡钳为王家奴。《田叔传》云'赭衣,自髡钳',此伪为官奴者,可见当日之官奴,必皆髡钳也。一为私家之奴婢,《高纪》五年,诏民以饥饿自卖为人奴婢者,皆免为庶人。此民间之自相买卖者,本非罪人。观于免为庶人之诏,则当日之奴婢,无论为官奴婢,为私家之奴婢,未尝令其世世为奴婢也。后世奴婢,但有主家放出及本人赎身之事,而国家无赦免之文,亦刑法中一缺典也。文帝已除黥刑,何以奴婢尚有黥面之律,证诸《毛玠传》,是魏世尚承用此法,岂缘坐之妻子特黥面以示别欤?《后汉书·朱穆传》有'臣愿黥首系趾'之语,殆此一事尚未除也。"[1]

《后汉书·安帝纪》:"永初四年二月乙亥,诏曰:自建初以来,诸妖言它过,坐徙边者,各归本郡;其没入官为奴婢者,免为庶人。"沈家本注:"桓帝建初(疑为建和之误)三年诏:'昔孝章帝愍前世禁徙,故建初之元,流徙者使还故郡,没入者免为庶民。'此年之赦,颇与相合,赦中之特恩也。惟《章纪》建初二年,但有还徙,而无免奴婢之文,疑范《纪》之疏也。"[2]

汉代奴婢的一个重要来源就是遭受籍没之刑者。官奴的待遇显然要比私奴糟糕很多,不仅要着特定服饰,还必须佩戴刑具,甚至可能需要黥面。但不管是官奴还是私奴,都会导致越来越多的劳动力脱离土地,从而导致土地兼并问题的加剧,这可以说是封建王朝发展过程中的一个巨大的潜在危机。

(二)赎

沈家本《历代刑法考》:"古者赎本以铜,汉始改用黄金,而武帝则或以钱,东京用缣,晋律收赎用绢,而赎罪用金。"晋《刑法志》引

---

① 沈家本:《历代刑法考》(上册),商务印书馆,2011年版,第351页。

② 沈家本:《历代刑法考》(上册),商务印书馆,2011年版,第798页。

汉《金布律》："罚赎以呈黄金为价。"[①]可见，汉代赎罪之物主要为黄金。汉末时，汉律赎罪条目多达二千六百八十一条。

《汉书·惠帝纪》："元年，民有罪，得买爵三十级，以免死罪。"应劭注："一级直钱二千，凡为六万，若今赎罪人三十匹缣矣。"颜师古注："令出买爵之钱以赎罪。"邱濬曰："《舜典》：金作赎刑，非利之也，而后世则利之矣。惠帝令民有罪得买爵以免死罪，则是富者有罪非徒有财而得免死，又因而得爵焉。呜呼！是何等赏罚耶？"沈家本注："据师古之注，是准买爵之钱以赎罪，非竟予之以爵也。"[②]

《汉书·卫青霍去病传》："公孙敖，义渠人，以郎事景帝。至武帝立十二岁，为骑将军，出代，亡卒七千人，当斩，赎为庶人。后五岁，以校尉从大将军，封合骑侯。后一岁，以中将军从大将军再出定襄，无功。后二岁，以将军出北地，后票骑期，当斩，赎为庶人。"两次赎死，需要多少"金"呢？

《汉书·司马迁传》："因为诬上，卒从吏议。家贫，财赂不足以自赎。"沈家本注："李广诸人皆以军法当斩而赎者，司马迁被宫刑，而与任安书言家贫不足自赎，是武帝时宫刑亦可赎也，何以宣帝时张敞之议又格不行，岂孝武时之赎乃特恩，非常制欤？"宫刑可赎，而史迁未免，可见在汉代刑罚面前，虽同犯一罪，但刑罚可能完全不同，这也是一种实际上的不平等。将军因赎得免的例子在汉代不少，但史无详文，我们不能了解到将军到底如何赎免，不能判断他们是否也需要支付如常人一样高额的赎金，但可以看到将军还是可以通过一定的渠道获得大笔金钱的。

到了两汉时期，帝国已经对赎刑的规定逐步系统化了，赎刑已有定制可循。程树德《九朝律考》："天汉四年，常使死罪人入五十万钱，减死罪一等。"又："赎罪之行，盖盛于东汉，明帝即位，诏天

---

① 沈家本：《历代刑法考》（上册），商务印书馆，2011年版，第406页。
② 沈家本：《历代刑法考》（上册），商务印书馆，2011年版，第395页。

下：亡命殊死以下，听得赎论。死罪入缣二十匹，右趾至髡钳城旦春十匹，完城旦春至司寇作三匹。永平十五年，改赎死罪缣四十匹，完城旦至司寇五匹。十八年，又改赎死罪缣三十匹。章帝建初七年，诏亡命赎死罪缣二十匹，与明帝即位时诏同。和帝、安帝、顺帝、桓帝、灵帝，俱有赎罪之令，自是，遂为定制。"

（三）顾山

顾山亦称雇山，是汉代妇女定罪科刑后赎刑的一种。顾山意为出钱雇人上山伐薪，以赎罪，是一种优待女犯的制度。程树德《九朝律考》："顾山之制，始于平帝，原非九章律所有。"

《汉书·平帝纪》如淳引《令甲》："女子犯罪，作如徒六月，顾山遣归。"

又："元始元年，天下女徒已论，归家，顾山钱月三百。"如淳注："已论者，罪已定也。令甲：女子犯罪，作如徒六月，顾山遣归。说以为当于山伐木，听使入钱顾功直，故谓之顾山。"应劭注："旧刑鬼薪，取薪于山以给宗庙，今使女徒出钱顾薪，故曰顾山也。"颜师古注："如说近之。谓女徒论罪已定，并放归家，不亲役之，但令一月出钱三百，以顾人也。为此恩者，所以行太皇太后之德，施惠政于妇人。"汉代之所以有优待女犯的制度，源于此。

（四）罚

在汉代，罚刑的适用极为广泛。

汉《宫卫令》："诸出入殿门公车司马门，乘轺传者皆下不如令，罚金四两。"

《汉书·哀帝纪》注："如淳引令甲：诸侯在国，名田他县，罚金二两。"

《汉书·张释之传》："释之奏：此人犯跸，当罚金。"如淳注引乙令（应为令乙）："跸先至而犯者，罚金四两。"又："如淳注引《宫卫令》：'诸出入殿门公车司马门，乘轺传者，皆下不如另，罚金四两。'"

沈家本《历代刑法考》："罚金之名，始见于《职金》，而详于《管子》，罪之最轻者用之，罚与赎义有别。《说文》：'罚，罪之小者，从刀詈，未以刀有所贼，但持刀骂詈则应罚。'赎，贸也，贸易财也。五罚轻于五刑，罚为犯法之小者，而刑为犯法之重者。凡言罚金者，不别立罪名，而罚金即其名，在五刑之外自为一等。凡言赎者，皆有本刑，而以财易其刑，故曰赎，赎重而罚金轻也。古者辞多通用，罚亦可称刑，凡经传之言刑者，罚亦该于其内，赎亦可称罚。《吕刑》之五刑疑赦，皆曰其罚若干锾，浑言之，则义本相通，析言之则各自有别，不容混也。汉以罚金为常法，而赎则武帝始行之，下逮魏晋六代南朝，并承用斯法。北朝魏及齐、周并有赎而无罚金，隋唐承之，于是，罚金之名无复有用之者。近日东瀛刑法有罚金一项，其事则采自西方，其名实本之于古，论者不察，辄诋为欧人之法，不宜于中华，曷勿陈，故籍而一考之。"[1]

七、资格刑

汉代的资格刑包括国除、削、夺、罢、除名、士伍、贬秩、禁锢等。

（一）国除

国除也称免国，是一种诸侯王犯罪，免除国号的刑罚。始于汉。

《史记·汉兴以来诸侯王年表》："（高祖五年）代王，降匈奴，国除为郡。"

《史记·汉兴以来诸侯王年表》："（汉高祖十一年，荆王刘贾六年）（荆王）为英布所杀，国除为郡。"

《史记·高祖功臣侯者年表》："（疆侯）以客吏初起，从入汉。以都尉击项羽、代，侯，比彭侯千户。（汉）十五年，侯服有罪，

---

[1]　沈家本：《历代刑法考》（上册），商务印书馆，2011年版，第298页。

国除。"

《汉书·张周赵任申屠传》："任敖,沛人也,少为狱吏。高祖尝避吏,吏系吕后,遇之不谨。任敖素善高祖,怒,击伤主吕后吏。及高祖初起,敖以客从为御史,守丰二岁。高祖立为汉王,东击项羽,敖迁为上党守。陈豨反,敖坚守,封为广阿侯,食邑千八百户。高后时为御史大夫,三岁免。孝文元年薨,谥曰懿侯。传子至曾孙越人,坐为太常庙酒酸不敬,国除。"

《史记·建元以来侯者年表》："(乐安侯)以轻车将军,再从大将军青击匈奴,得王,功侯。元狩五年,侯(李)蔡以丞相侵盗孝景园神道堧地罪,自杀。国除。"

可见,国除之刑在汉初使用的频率非常高,这显然与汉初特定的政治环境有密切关系。虽然汉帝国的统治者在政权建立的初期对功臣贵戚给予优厚待遇,摆出了摒弃秦朝弊政、恢复周人礼乐制度的姿态,但实际上,汉帝国的国家安全显然受到了各地方政权的威胁,动辄因小事、小罪而国除就显示出了帝国君主们的意图。国除之刑与汉代削藩有密切关系,是打击地方势力的有力工具。被国除者的下场往往是死亡,这反映了随着中央政权的日益加强,汉朝统治者在对待地方势力时的基本态度。

(二)削、夺、罢

这是一种因犯罪,被削降、夺土、罢职的刑罚。

夺土,即剥夺一部分诸侯国的土地或人口,归中央政权。夺爵,也称削爵,是对犯罪的有爵位的人,所采取的剥夺其爵位并使其成为庶民或对其谪降爵位的处罚。此刑多与迁徙并处。罢职,解除官职,削籍为民。

《汉书·王子侯表》："羹颉侯信,(汉)七年中封,十三年。高后元年有罪,削爵一级,为关内侯。"

《汉书·高惠高后文功臣表》："(孝文元年)南禖侯起,三月丙寅封,坐后父故,削爵一级,为关内侯。"颜师古注："会于廷中而随父,失朝亭以爵之序,故削爵也。"惠栋注:"廷中随父,何罪之有?后父疑即《仪礼》所谓继父也。"

《汉书·广陵厉王传》:"丞相博、御史大夫玄、孔乡侯晏有罪。博自杀,玄减死二等论,晏削户四分之一。"

《汉书·景十三王传》:"宣帝时(公元前73年—公元前49年在位)坐猎纵火燔民九十六家,杀二人,又以县官事怨内史,教人诬告以弃市罪,削八县,罢中尉官。"

(三)除名

除名在汉代是一种将罪犯从原属的社会阶层中清出的刑罚。除名意味着一个人社会地位的降低。《陈书·沈洙传》:"汉律:死罪及除名,罪证明白,考掠已至,而抵隐不服,处当列上。"沈家本注:"是除名之称始于汉世。周代已有除名之事,但不称除名,称'降'"。

(四)士伍

士伍是一种罢官遣送回家的刑罚。程树德《九朝律考》:"《史记·秦本纪》:武安君有罪,为士伍,汉盖沿秦制。"

《汉书·景帝纪》:"夺爵为士伍,免之。"

《汉书·高惠高后文功臣表》:"孝景中二年,侯左车以周昌孙绍封,八年,建元元年有罪,免。元康四年,昌曾孙沃侯国士伍,明诏复家。"

(五)贬秩

贬秩在汉代是一种降低官职品级的刑罚。

《汉书·百官公卿表》:"(建元四年)江都相郑当时为右内史,五年(元光三年)贬为詹事。"

《汉书·百官公卿表》:"(天汉元年)大司农桑弘羊,四年(太始元年)贬为搜粟都尉。"

《汉书·百官公卿表》:"(神爵三年)二(七)月甲子,大鸿胪萧望之为御史大夫,三年(五凤二年),贬为太子太傅。"

《汉书·百官公卿表》："（初元三年）光禄大夫周堪为光禄勋，三年（永光元年）贬为河东太守。"

《汉书·百官公卿表》："（建昭元年）尚书令五鹿充宗为少府，五年（竟宁元年），贬为玄菟太守。"

由此可见，汉代的"贬秩"刑罚通用于对官职和品级的降低，而没有做刻意的区分。

（六）禁锢

汉初，帝国的刑罚体系就有禁锢刑的存在。《汉书·武帝纪》："元朔六年六月，诏诸禁锢及有过者，咸蒙厚赏，得免减罪。"颜师古注："有罪者，或被释免，或得降减。"沈家本注："西汉初，即有禁锢之法，故诏书及之。此后赦文，有赦及禁锢者，有不及禁锢者，盖定于临时，不尽同也。《息夫躬传》'躬同族亲属素所厚者，皆免废锢'（师古注：终身不得仕）。汉法有本身终身禁锢者，有锢及同族亲属者，亦不一律。"

程树德《九朝律考》："文帝时，贾人赘婿及吏坐臧者，皆禁锢，不得为吏。及东汉，则臧吏禁锢，并及子孙。殇帝延平元年，诏自建武以来，诸犯俑锢，诏书虽解，有司持重，多不奉行。"可见禁锢的刑罚适用于禁止某些人做官，如："莽以为恶人党，皆当禁锢，不得仕宦。"[1]王莽以结党的罪名使吴章的弟子数千人失去了做官的资格，可见禁锢的法律效力在于剥夺人做官的权利，同时由于犯罪危害程度不同，处罚的力度和范围也不同。

汉代禁锢有所谓终身禁锢，但刑罚仅对受刑本人有效。《后汉书·刘恺传》："时征西校尉任尚以监利被征抵罪，尚曾副大将军邓骘，骘党护之，而太尉马英、司空李合承望骘旨，不复先请，即独解尚臧锢，恺不肯与议。后尚书按其事，二府并受谴咎，朝廷以此称之。"沈家本注："臧，古赃字，汉法以赃抵罪者，禁锢终身，故曰臧

---

[1] 《汉书·云敞传》。

锢。此云解之,使得复仕也。汉之待臧吏,严矣。"

另外一类禁锢是延及子孙乃至三族的。《后汉书·陈忠传》:"忠略依宠意,奏上二十三条,为《决事比》,以省请谳之敝。又上除蚕室刑,解臧吏三世禁锢。"沈家本注:"臧吏三世禁锢,盖汉旧法也,忠奏解之,则不复锢及三世矣。忠为尚书,司徒刘恺举之,恺为司徒,在元初二年,则忠上此事亦当在此时也。前条叔孙光之事,则在建光元年已后,恺为太尉之时,三世禁锢之法已除,故锢及其子谓之增锢,时从恺议,并二世之禁亦不行矣。"

《后汉书·章帝纪》:"一人犯罪,禁至三属。"三属讲的是父族、母族和妻族。

《后汉书·灵帝纪》:"二年,中常侍侯览,讽有司奏前司空虞放等,皆为钩党,下狱死者百余人。妻子徙边,附从者,锢及五属。"

《后汉书·刘恺传》:"叔孙光坐赃抵罪,遂增锢二世,衅及其子。"

可见汉代禁锢不仅可以波及亲族,也可以在时间上波及二世、三世,看似非常严厉,但汉代统治者也留下了除"锢"的空间,在汉代拥有解除禁锢权力的自然是帝国的最高统治者。《后汉书·五行志》:"到光和三年癸丑赦令诏书,吏民依党禁锢者赦除之。"又《后汉书·韩棱传》:"显宗知其忠,后诏特原之。由是征辟,五迁为尚书令。"可见,被禁锢的家族及个人重返帝国政治生活的希望就在于得到解锢的大赦。

八、耻辱刑

汉代的耻辱刑包括墨和髡罪。

(一)墨

文帝废肉刑,墨刑自然也不例外。公元前167年,汉帝国改黥面刑为"髡钳为城旦舂",虽然要剃发剃须、颈戴刑具,但毕竟须发都可以重新长出,曾经服刑的印记终可去除。两汉时期,墨刑很少见于史籍。

（二）书罪

书罪是一种把人的姓名和罪状写在帛或纸上,挂在罪人背上以示辱的刑罚。始于周。《周礼·秋官·司烜》注:"楬头明书其罪,法疏明用刑,以板书其姓名,及罪状,着于身。"汉代依然执行这种刑罚,惠栋《后汉书》补注:"大书帛于其背。"注:"贾山云:衣赭衣,书其背。汉之罪人如此。"

小　结

汉帝国对中国历史的发展有着重要的意义。当秦帝国用非常极端的方式终结先秦的贵族政治之后,汉帝国采取了更为现实的方式稳定了秦帝国为封建君主专制制度打开的局面,并进一步扫除了残余的先秦贵族政治势力,使一个巩固的中央集权帝国逐步强大起来。可以说,汉对于中国封建社会的历史有着先导性和示范性的价值。在刑罚体系方面,秦受法家影响很大,奉行重刑原则,刑罚制度原本就比较严厉,统一以后又吸收了六国的刑制,使秦朝的刑罚体系更为庞杂,手段更为残酷。汉初的统治者从秦二世而亡的教训中总结了重要的经验,确定了"罪大者罚重,罪小者罚轻"的刑罚原则。

汉代的刑罚有死刑、肉刑、徒刑、财产刑、资格刑等。由于西汉初年,统治者尊奉黄老之学,无为而治,轻徭薄赋,因此在刑罚方面采取了很多措施,以便为"休养生息"创造一个比较有利的法制环境。高祖晚年发布遗恩诏敕,赋予拥有特殊身份的人减罪的特权。

惠帝颁赎刑令，使当诛之人买爵三十级，即可免于死刑。文帝、景帝废除肉刑，以死刑、徒刑、笞刑代替以前残酷的肉刑。虽然改革中还存在很多问题，可能导致刑罚结构不均衡，形式上的轻刑酿成结果上的重处，但我们不得不承认汉代刑罚体系的调整完全可以形成中国古代刑罚由野蛮的血腥复仇阶段进入比较理性文明阶段的转折点。

第八章　三国时代的刑罚

三足鼎立是东汉末期三国时代总体的政治、社会特征,兵争之世引起的混乱虽然使得每个政权都力图富国强兵,但大部分的国家资源还是为战争服务的,加之政权更迭、社会动荡,因此能够完好保存下来的法律资料并不丰富。但实际上,三个政权出于发展国家和稳定内部的需要,在刑罚发展方面还是各具特点的。

魏的政权假托汉名,魏之刑制也是增删汉律而来。因为魏之祖,本是汉之臣,魏沿汉律,就是很自然的事了。但是为了使自己所创立的政权能走上稳定发展的道路,曹操还是对东汉的弊政进行了改革。抑制豪强、降低租赋都是其采取的有利于农民发展生产和巩固政权基础的措施。从刑罚体系的角度来看,魏律也较汉律处刑为轻。可见,魏的统治者对于刑罚体系的思考还是具备较为理性的倾向的。

《晋书·刑法志》:"魏武帝定甲子科,又嫌汉律太重,故令依律论者,听得科半,使从半减也。"沈家本注:"是时汉祚未移,故不欲公言改律,而别定科令。此操之诈也。"沈家本《历代刑法考》:"魏文帝受禅,时有大女刘朱,挝(音抓,敲打)子妇酷暴,前后三妇自杀,论朱减死输作尚方,因是下怨毒杀人减死之令。魏明帝改士庶罚金之令。"

《魏律》全文已经佚失,只有《晋书·刑法志》中保存了《魏律·序略》,目前我们已经无法确切地了解很多具体的律条了。《晋书·志·第二十章》:"其后,天子又下诏改定刑制,命司空陈群、散骑常侍刘劭、给事黄门侍郎韩逊、议郎庾嶷、中郎黄休、荀诜(音申)等删约旧科,傍采汉律,定为魏法,制《新律》十八篇,《州郡令》四十五篇,《尚书官令》《军中令》,合百八十余篇。其序略曰:旧律所难知者,由于六篇篇少故也。篇少则文荒,文荒则事寡,事寡则罪漏。是以后人稍增,更与本体相离。今制新律,宜都总事类,多其篇条。旧律因秦《法经》,就增三篇,而《具律》不移,因在第六。罪条例既不在始,又不在终,非篇章之义。故集罪例以为《刑名》,冠于律首。《盗律》有劫略、恐猲和买卖人,科有持质,皆非盗事,故分以为《劫略律》。《贼律》有欺谩、诈伪、逾封、矫制,《囚律》有诈伪生死,《令丙》有诈自复免,事类众多,故分为《诈律》。《贼律》有贼伐树木、杀伤人畜产及诸亡印,《金布律》有毁伤亡失县官财物,故分为《毁亡律》。《囚律》有告劾、传覆,《厩律》有告反逮受(讯),科有登闻道辞,故分为《告劾律》。《囚律》有囚系、鞫狱、断狱之法,《兴律》有上狱之事,科有考事报谳,宜别为篇,故分为《系讯》《断狱律》。《盗律》有受所监受财枉法,《杂律》有假借不廉,《令乙》有呵人受钱,科有使者验赂,其事相类,故分为《请赇律》。《盗律》有勃辱强贼,《兴律》有乏兴徭役,《具律》有出卖呈,科有擅作修舍事,故分为《兴擅律》。《兴律》有乏徭稽留,《贼律》有储峙不办,《厩律》有乏军之兴,及旧典有奉诏不谨、不承用诏书,汉氏施行有小愆乏及不如令,辄劾以不承用诏书乏军要(腰)斩,又减以《丁酉诏书》。《丁酉诏书》汉文所下,不宜复以为法,故别为之《留律》。秦世旧有厩置、乘传、副车、食厨,汉初承秦不改,后以资(费)广稍省,故后汉但设骑置而无车马,律犹着其文,则为虚设,故除《厩律》,取其可用合科者,以为《邮驿令》。其告反逮验,别入《告劾律》。上言变事,以为《变事令》,以警事告急,与《兴律》烽燧及科令者,以为《警事律》。《盗律》有还赃畀主,《金布律》有罚赎入责以呈黄金为偿(价),科有平庸坐赃事,以为《偿赃律》,律之初制,无免坐之文,张汤、赵禹始作监临部主。见知故纵之例,其见知而故不举劾,各与同罪,失不举劾,各以赎论,其不见不知,不坐也,是以文约而例通。科之为制,每条有违科,不觉不知,从坐之免,不复分别,而免坐繁多,宜总为免例,以省科文,故更制定其由例,以为《免坐律》。诸律令中,有其教制,本条无从坐之文者,皆从此取法。凡所定增十三篇,就故五篇,合十八篇,于正律九篇为增,于傍章科令为省矣。"

《魏律》十八篇,这已经构成我国历史上比较完整的一套刑法体系。《魏律》将《具律》改为《刑名》,开创了我国古代法典的先河。此外,一议亲、二议故、三议贤、四议能、五议功、六议贵、七议勤、八议宾的"八议"之说被列入《魏律》,这又是一个重要的创制。

又:"改汉旧律不行于魏者,皆除之,更依古义制为五刑。其死刑有三,髡刑有四,完刑、作刑各三,赎刑十一,罚金六,杂抵罪七,凡三十七名,以为律首。又改《贼律》,但以言语及犯宗庙园陵,谓之大逆无道,要(腰)斩,家属从坐,不及祖父母、孙。至于谋反大逆,临时捕之,或污潴,或枭菹,夷其三族,不在律令,所以严绝恶迹也。贼斗杀人,以劾而亡,许依古义,听子孙则追杀之。会赦及过误相杀,不得报仇,所以止杀害也。正杀继母,与亲母同,防继假之隙也。除异子之科,使父子无异财也。欧兄姊加至五岁刑,以明教化也。囚徒诬告人反,罪及亲属,异于善人,所以累之使省刑息诬也。改投书弃市之科,所以轻刑也。正篡囚弃市之罪,断凶强为义之踪也。二岁刑以上,除以家人乞鞠之制,省所繁狱也。改诸郡不得自择伏日,所以齐风俗也。斯则魏世所改,其大略如是。"

沈家本《历代刑法考》:"魏律修于何年,《魏志》《纪》《传》并无年月可考,《晋志》亦未详。《通鉴纲目》与立听讼观、置律博士同书于太和十年三月,盖以《明帝纪》太和十年冬十月,改平望观为听讼观,故连类及之。律博士之置,乃从卫觊(音及)之请,《魏志·觊传》亦不言何年也,《晋志》于置律博士之下,称'是时,钟繇求复肉刑,王郎议不同,又寝。其后,天子又下诏,改定刑制'云云。郎死于太和二年,则律博士之置,大约同在此时,而改定刑制,既云'其后',则必非一时之事。青龙二年,诏删定大辟,减死罪,修律之事,或在此时。"①

由此我们可以看到,从曹操的甲子科到曹魏政权的一系列律令调整,魏的刑罚发展都趋向轻刑省罚,希望创造稳定的内部政治、社会环境,应对外部的军事、政治压力。虽然对于割据政权而言,真正使每一个司法分支都能严格执行轻刑的制度非常困难,但这样的一些调整依然产生了较好的社会影响,对魏国政治、经济、社会甚至军事力量的发展都产生了优势效应。

至于三国之蜀,从建国到灭亡,连年战争,虽然诸葛亮被誉为以法治国、以法治军的优秀治国人才,强调"止如山,进退如风"②的治军原则,但史书没有创律的记载,仅有《科》《条》,而且军法较多。

《蜀志·伊籍传》:"后迁昭文将军,与诸葛亮、法正、刘巴、李严共造《蜀科》,《蜀科》之制,由此五人焉。"

《蜀志·诸葛亮传》:"《诸葛氏集》目录:'《法检》上,《法检》下,《科令》上,《科令》下,《军令》上,《军令》中,《军令》下。'"沈家本注:"《武侯集》已阙逸不完,今所传本有《军令》十五首,乃从他书辑录者。"

《玉海·卷六十五》:"《蜀汉诸葛武侯十六条》一卷。初,蜀主三访亮于草庐,既见,亮上便宜事,列之文武二篇,凡十六条。"沈家本注:"此伪书,今在集中。"

吴也无律,仅有科条。

《吴志·孙权传》:"黄武五年冬十月,陆逊陈便宜,劝以施德缓刑。于是令有司尽写科条,使郎中褚逢赍以就逊及诸葛瑾,意所不安,令损益之。"

《江表传》曰:"是岁将军翟丹叛如魏。权恐诸将畏罪而亡,乃

---

① 沈家本:《历代刑法考》(下册),商务印书馆,2011年版,第98页。
② 《三国志·蜀志·诸葛亮传》。

下令：'自今诸将有重罪三，然后议。'"

又："嘉禾五年春，铸大钱，一当五百。设盗铸之科。"

又："人言蜀、吴无律而刑。非无律，乃沿汉律。"

一、株　连

三国时的株连有率、族诛、夷三族、屋诛、屠城等。

（一）率

率是指家长犯罪，株连幼儿受刑的制度。仅见于汉与三国时代。

《史记·万石君传》："孤儿幼年，未满十岁，无罪而坐率。"服虔注："率，坐刑法也。"如淳注："率家长也。"颜师古注："幼年无罪，坐为父兄所率，而并徙。如说近之。"

《魏志·蒋济传》："民有诬告济为谋叛主，率者。"

（二）族诛

《魏志·文帝纪》："黄初四年春正月，诏曰：丧乱以来，兵革未戢，天下之人，互相残杀。今海内初定，敢有私复仇者，皆族之。"沈家本注："此禁人残杀，故特设此峻法。"用极刑反对极端化的私刑、复仇，这似乎能代表那个时代立法者的思维方式。而下一则案例似乎就只能说明一方军阀的滥权妄为了。《吴志·孙和传》："权欲废和立亮，无难督陈正、五营督陈象上书，称引晋献公杀申生，立奚齐，晋国扰乱，又据、晃固谏不止。权大怒，族诛正、象，据、晃牵入殿，杖一百。"[①]

（三）夷三族

夷三族之刑在曹魏时期发生了一定的变化，已经出嫁的妇女不会再因父母之刑而受到株连了。《魏志·毋丘俭传》有"夷俭三

---

① 据：朱据。晃：屈晃。

族"，毌丘俭因起兵反叛失败而要受夷三族之刑，其儿媳荀氏也在被诛杀之列，为了营救荀氏及荀氏之女，荀氏家族多方疏通求情。在司马氏家族和司隶校尉何曾的影响下，朝廷修改夷三族的刑律，使此刑不再株连已嫁之女。依靠世家大族的权力运作来改变一个国家的刑罚制度，从历史的偶然来看，这的确在某些情况下会给社会上的某一特殊群体带来好处，但从历史的长远发展来看，我们是不能依赖这样的权力与法律之间的互动方式的。

《蜀志·魏延传》："延独与其子数人逃亡，奔汉中。仪遣马岱追斩之，遂夷延三族。"

《吴志·孙权传》："赤乌八年秋七月，将军马茂等图逆，夷三族。"沈家本《历代刑法考》："吴时三族之夷屡见，步阐及同计数十人。……魏代夷三族不在律令，似因于汉。汉惠除三族罪，虽其后有行之者，迨亦非常之事。若主父偃、郭解等，本《传》言族而不言三族，当非三族者也。迨魏又减族诛之条，自是，此法稍宽。"①

《魏志》四："嘉平元年正月，有司奏：收黄门张当，付廷尉，考实其辞。爽实谋不轨。又尚书丁谧、邓飏、何晏、司隶校尉毕轨、荆州刺史李胜、大司农桓范皆与爽通奸谋，夷三族。"

由此可见，在三国时期，夷三族经常被用于惩治叛臣，而且在三国中的吴国尤为常见。

二、生命刑

曹魏在《新律》中明确规定死刑行刑方式有枭首、腰斩、弃市三种，但法外刑还有污潴、枭菹、夷三族。这些刑罚往往用于惩治谋反大逆，不在律令。如果我们详加考察会发现，三国时代生命刑的种类主要有死、大辟、戮、斩、枭首、弃市、沉河、污潴、焚、烧锯、环

---

① 沈家本：《历代刑法考》（上册），商务印书馆，2011年版，第21、64页。

撞、镮、剥面、考竟等。

（一）死

《魏志·陈思王植传》："植尝乘车行驰道中，开司马门出。太祖大怒，公车令坐死。"

《魏志·娄圭传》注引吴书："子伯少有猛志，后坐藏亡命，被系，当死。"

《魏书·高柔传》："是时，杀禁地鹿者，身死。财产没官。有能觉告者，厚加赏赐。"量刑颇重。

《三国志·乌丸传引魏书》："其约法：违大人言，死。盗不止，死。其相残杀，令部落自相报。相报不止，谐大人平之。有罪者出牛羊，以赎死命，乃止。自杀其父兄，无罪。其亡叛为大人所捕者，诸邑落不肯受，皆逐使至雍狂地。地无山，有沙漠流水草木，多蝮蛇……以穷困之。"又《三国志·魏志·东夷传》："用刑严急，杀人者死，没其家人为奴婢。窃盗，一责十二。男女淫，妇人妒，皆杀之。尤憎妒，已杀，尸之国南山上，至腐烂。女家欲得，输牛马乃与之。"从此时边疆少数民族政权的刑罚中，似乎可以看到中原政权的往昔，也可以发现，三国时期魏国的刑罚总体上还是减轻了。

（二）大辟

《吴志·孙权传》："（嘉禾）六年春正月，诏曰：'夫三年之丧，天下之达制，人情之极痛也，贤者割哀以从礼，不肖者勉而致之。世治道泰，上下无事，君子不夺人情，故三年不逮孝子之门。至于有事，则杀礼以从宜，要绖①而处事。故圣人制法，有礼无时则不行。遭丧不奔非古也，盖随时之宜，以义断恩也。前故设科，长吏在官，当须交待，而故犯之，虽随纠坐，犹已废旷。方事之殷，国家多难，凡在官司，宜各尽节，先公后私，而不恭承，甚非谓也。中外群僚，其更平议，务令得中，详为节度。'顾谭议：以为'奔丧（立科），轻则

---

① 绖：音碟，古代丧期系在头上或腰间的麻带。

不足以禁孝子之情,重则本非应死之罪,虽严刑益设,违夺必少。若偶有犯者,加其刑则恩所不忍,有减则法废不行。愚以为长吏在远,苟不告语,势不得知。比选代之间,若有传者,必加大辟。则长吏无废职之负,孝子无犯重之刑'。将军胡综议:以为'丧纪之礼,虽有典制,苟无其时,所不得行。方今戎事军国异容,而长吏遭丧,知有科禁,公敢干突,苟念闻尤不奔之耻,不计为臣犯禁之罪,此由科防本轻所致。忠节在国,孝道立家,出身为臣,焉得兼之?故为忠臣不得为孝子。宜定克文,示以大辟,若故违犯,有罪无赦。以杀止杀,行之一人,其后必绝'。丞相庸奏从大辟。其后吴令孟宗丧母奔赴,已而自拘于武昌以听刑。陆逊陈其素行,因为之请,权乃减宗一等,后不得以为比,因此遂绝。"沈家本注:"奔丧,孝子之至情也,予以大辟,何以教孝?衰世之律令往往如此。"

由此可知,刑罚的发展变化往往要服从于一个政权所处的客观环境,稳定统一的政权往往量刑适中,而当一个政权面对较为严峻的外部威胁时,其刑罚的制定往往会倾向于严厉。"忠节在国,孝道立家,出身为臣,焉得兼之?"由此可见,此种态度在当时的吴国占据了什么样的地位。

(三)戮

《诸葛亮传》:"戮谡以谢众。"而《马谡传》言瘐死狱中。京剧折子戏《斩马谡》是说杀掉的。马谡究竟是怎样死的,已不可考,但依照当时的特定环境而论,这里的"戮"应该是指当众杀掉。

《吴志·孙皓传》:"凤凰元年,何定奸秽发闻,伏诛。"注:"《江表传》:'定为子求少府李勖女,不许。定挟忿谮勖于皓,皓尺口诛之,焚其尸。'"吴国的孙皓是一个非常残忍的君主,他曾经使用过不少的酷刑,戮人尸体对他而言,应该不算什么出奇的事情。

《魏书·王凌传》:"朝议咸谓《春秋》之义,齐崔杼、郑归生皆加追戮,陈尸断棺,载在方策。浚、愚罪宜如旧典。乃发浚、愚冢,剖棺,暴尸于所近市三日,烧其印绶、朝服,亲土埋之。"沈家本注:"王凌饮药死,令狐愚先一年病死,亦可已矣,朝臣诌司马懿,故有发冢剖棺之举,此孔子所谓鄙夫无所谓不至者也。《传》文言用崔杼归生故事,而但云暴尸于市,而不言枭首,是尚于后来之戮尸者不同。"①虽然沈家本认为暴尸于市不可谓之戮,但实际上,从戮的本质而言,暴尸于人员众多的公开场所是会产生侮辱性的效应的,是对死者尊严的迫害,因此暴尸应算作戮刑。

（四）斩

斩刑是三国时期死刑的重要组成部分,而三国的"斩"多数意味着腰斩。沈家本《历代刑法考》:"曹魏刑制,史举其纲而未详其目。其死刑三,以晋制考之,枭首也,斩也,弃市也。晋承魏《志》也。髡刑有钛左右趾,完刑,作刑,自五岁刑以下凡五,余不详也。观于叙略之文,亦云详慎矣。明帝时,有减鞭杖之令,乞恩之诏,其于用刑非无矜恤之意,特尔时宫室盛兴,而期会迫急,帝亲召问,言犹在口,身首已分。又有杀禁地鹿抵死之法,岂议刑则明而用刑则昧欤?"②

沈家本《历代刑法考》:"此以枭首、斩、弃市为死罪之三等,曹魏刑也,枭首居首,是以斩为断首,弃市为绞矣。腰斩之刑,此时盖已除之,而史无明文。其后南朝皆尊行之,梁、陈则有枭首、弃市,而无斩刑。"③

（五）枭首

在三国时期,尤其是在曹魏,枭首是用来处置重刑犯的一种刑罚。晋代张斐的《律序》讲:"枭首者恶志长,斩刑者罪之大,弃市者罪之下。"程树德《九朝律考》:"《魏志·高柔传》:'公孙渊兄晃,数陈渊谋逆,帝不忍市斩。'柔上书曰:'叛逆之类,诚应枭首。'"这件

---

① 沈家本:《历代刑法考》(上册),商务印书馆,2011年版,第114页。
② 沈家本:《历代刑法考》(上册),商务印书馆,2011年版,第20页。
③ 沈家本:《历代刑法考》(上册),商务印书馆,2011年版,第118页。

事发生在明帝当政期间，由此我们可以看出曹魏有枭首、腰斩、弃市之刑。

《魏书·吕布传》："太祖有疑色。刘备进曰：'明公不见布之事丁建阳及董太师乎！'太祖颔之。布因指备曰：'是儿最叵信者。'于是缢杀布。布与宫、顺等皆枭首送许，然后葬之。"这就是我们在《三国演义》中熟知的那个吕奉先的结局，而刘备除了我们所了解的宽仁一面之外，也有一副厉害的面孔。

《吴志·孙皓传》："天玺元年，会稽太守车浚、湘东太守张咏不出算缗，就在所斩之，徇首诸郡。"注："《江表传》：'皓谓浚欲树私恩，遣人枭首。'"

（六）弃市

在曹魏政权的死刑中，弃市最轻，相关的史料记录不少。另外与汉代的"弃市"相比，三国时期弃市的执行方式改为绞刑，虽然执行过程中罪犯可能受到更多的痛苦，但能够保留全尸，这也是为什么在三国时期弃市比斩刑、枭首轻的原因。

《魏志·陈矫传》："曲周民父病，以牛祷，县结正弃市。"

《魏志·鲍勋传》："太子郭夫人弟，为曲周县吏，断盗官布法，应弃市。"

《蜀志·刘琰传》："琰妻胡氏入贺太后，太后令特留胡氏，经月乃出。胡氏有美色，琰疑其与后主有私，呼卒五百掴胡，至于以履搏面，而后弃遣。胡具以告言琰，琰坐下狱。有司议曰：'卒非掴妻之人，面非受履之地，琰竟弃市。'"

《魏志·卢毓传》："时天下草创，多逋逃，故重士亡法，罪及妻子。亡士妻白等，始适夫家数日，未与夫相见，大理奏弃市。毓驳之曰：'夫女子之情，以接见而恩生，成妇而义重。'故《诗》云：'未见君子，我心伤悲，亦既见止，我心则夷。'又《礼》：'未庙见之妇而死，归葬女氏之党，以未成妇也。'今日白等生有未见之悲，死有非妇之痛，而吏议欲肆之大辟，则若同牢合卺之后，罪何所加？且《记》曰

'附从轻',言附人之罪,以轻者为比也。又《书》云'与其杀不辜,宁失不经',恐过重也。苟以白等皆受礼聘,已入门庭,刑之为可,杀之为重。太祖曰:'毓执之是也。又引经典有意,使孤叹息。'"

卢毓只是针对脱逃士兵之妻白氏等,虽嫁入夫家,但从未见过当兵的丈夫,实际上属于尚未结婚,因此不应受刑这一点,引经据典,为无辜的妻子们进行辩护,根本不能撼动株连无辜这一残酷的封建社会的刑罚制度。

(七)沉河

沉河,也叫沉渊、水淹。此刑罚是将罪犯沉入深水中溺死。

《魏书·刑罚志》:"巫蛊者负羖羊拖犬沉诸渊。"沈家本注:"负羊拖犬,似是厌胜之事。"[1]

(八)污潴

污潴,是三国时曹魏的一种死刑执行方法。此刑是把犯人抛入污水中溺死。非刑。

《晋书·刑法志》:"改汉旧律不行于魏者,皆除之,更依古义制为五刑。……至于谋反大逆,临时捕之,或污潴,或枭菹,夷其三族,不在律令,所以严绝恶迹也。"

(九)焚

三国时期,焚刑依然存在,但各国的执政者在运用这种刑罚时还是相当慎重的。《吴志·阚泽传》:"初,以吕一奸罪发闻,有司穷治,奏以大辟,或以为宜加焚裂,用彰元恶。权以访泽,泽曰:'盛明之世,不宜复有此刑。'权从之。"沈家本注:"孙权犹能听阚泽之言,岂三代明王而设此惨毒之刑?所见转不如孙权也。"[2]

(十)烧锯

烧锯,也称锯灼,是三国时吴国的酷刑。此刑是用烧红的锯把

---

[1] 沈家本:《历代刑法考》(上册),商务印书馆,2011年版,第96页。

[2] 沈家本:《历代刑法考》(上册),商务印书馆,2011年版,第87页。

罪犯人头锯下来。始于三国,非刑。

《三国志·吴书·孙皓传》:"(凤凰)二年,皓爱妾或使至市劫夺百姓财物,司市中郎将陈声,皓素幸臣也,恃皓宠遇,绳之以法。妾以愬皓,皓大怒,假他事烧锯断声头。投其身于四望之下。"孙皓暴虐,可见一斑。

(十一)环撞

环撞,是三国时吴国刑戮人犯的手段。此刑罚是用刀在犯人身上乱捅,直至把人捅死为止。仅见于三国时,非刑。

《三国志·吴书·孙皓传》:"(天玺元年)尚书熊睦见皓酷虐,微有所谏,皓使人以刀环撞杀之。身无完肌。"

(十二)辕

辕,即用车子将犯人的身体拉抻撕裂,亦称车裂。这种酷刑在魏蜀两国的史料中并不多见。《魏书·武帝纪》:"又乞伏干归为兄子公府所弑,炽庆讨之,公府走,追擒,并其四子辕之于谭郊。魏范阳卢溥聚众攻掠,生擒副溥及其子焕,辕之。"而吴国的暴君似乎比较青睐这种酷刑。

《三国志·吴书·孙皓传》:"天纪元年,孙俶奸情发闻,伏诛。"注:"《江表传》:'俶奢淫无厌,取小妾三十余人,擅杀无辜,众奸并发,父子俱见车裂。'"

《三国志·吴书·孙奋传》:"民间或谓皓死,讹言奋与上虞侯奉当有立者。奋母仲姬慕在豫章,豫章太守张俊疑其或然,扫除坟茔。皓闻之,车裂俊,夷三族。"在对待最高权力的继承问题上,所有君主都可能采取审慎甚至是讳莫如深的态度,就如同一个手捧宝箱的人,不到最后一刻绝不会轻易撒手。张俊此人急于站队,结果恰恰触动了孙皓极度紧张的权欲神经,以致酷刑及身。

(十三)剥面

剥面,是三国时吴国一种极其惨毒的刑戮人犯的方法。此刑罚是把人的脸皮剥下来,致其死亡。始于三国,非刑。

《三国志·吴书·孙皓传》:"(天纪三年)初,皓每宴会群臣,无不咸令沉醉。置黄门郎十人,特不与酒,侍立终日,为司过之吏。宴罢之后,各奏其阙失,迕视之咎,谬言之愆,罔有不举。大者即加威刑,小者辄以为罪。后宫数千,而采择无已。又激水入宫,宫人有不合意者,辄杀流之。或剥人之面,或凿人之眼。"注:"吴平后,晋侍中庾峻等问皓侍中李仁曰:'闻吴主披人面,刖人足,有诸乎?'仁曰:'以告者过也。'又问曰:'云归命侯乃恶人横睛逆视,皆凿其眼,有诸乎?'仁曰:'亦无此事。'"沈家本注:"仁为其君讳也,皓之虐,闻于邻国,陈寿载于《传》,实当非虚语。"①

可见,三国时代的吴国不仅仍然使用历代曾用的酷刑,而且还屡有新创刑罚,这于魏蜀两国而言,还是很有差异的。

(十四)考竟

我国古代严刑拷打人犯,致死于狱中,称考竟。始于汉,非刑。

《三国典略》:"齐兖州刺史武城县公崔陵恃预旧恩,颇自矜,纵姜冯氏,假其威刑,恣情取纳,风正不立,为御史所劾,召收击廷尉考竟,遂死狱中。"

《魏志·文帝纪》注:"《魏略》:'王将出征,霍性上疏谏,帝怒,遣刺奸就考竟杀之。'"

《魏志·华佗传》:"太祖闻而召佗,佗常在左右。太祖苦头风,每发,心乱目眩,佗针鬲,随手而差。……佗之绝技,凡类此也。然本作士人,以医见业,意常自悔。后太祖亲理,得病笃重,使佗专视,佗曰:'此近难济,恒事攻治,可延岁月。'佗久远家,思归,因曰:'当得家书,方欲暂还耳。'到家,辞以妻病,数乞期不返。太祖累书呼,又敕郡县发遣。佗恃能,厌食事,犹不上道。太祖大怒,使人往检,若妻信病,赐小豆四十斛,宽假限日,若其虚诈,便收送之。于是传付许狱。考验首服。荀彧请曰:'佗术实工,人命所县(悬),宜

---

① 沈家本:《历代刑法考》(上册),商务印书馆,2011年版,第135页。

含宥之。'太祖曰：'不尤天下当无此鼠辈也。'遂考竟佗。佗临死，出一卷书与狱吏曰：'此可以活人。'吏畏法不受，佗亦不强，索火烧之。"医本是百姓之医，曹操意欲霸为专用，华佗不从，便加杀害。可惜一代名医，竟死于阿瞒之手。

《魏志·贾逵传》："为豫州刺史，到官数月，乃还，考竟其二千石以下，阿纵不如法者，皆举奏免之。帝曰：'逵真刺史也。'"又："太祖征刘备，先遣逵至斜谷观形势。道逢水衡，载囚人数十车，逵以军事急，辄竟重者一人，皆放其余。"沈家本注："是直以竟为杀矣。"[1]

三、身体刑

三国时代的身体刑包括刖、剜眼、断舌、拔发、杖、鞭、笞、械等。

（一）刖

刖，就是斩掉犯人的脚，亦称刖。

三国时期的曹魏政权基本上继承了汉代减轻肉刑的刑罚体系。沈家本《历代刑法考》："此文帝除肉刑，故斩左趾者以笞代，斩右趾者必再犯刖者，两足俱胭。其情重，故已论命复有笞罪者弃市也。"[2]《汉志》载，魏文帝时，"当斩左趾者，笞五百；当斩右趾，已论命复有笞罪者，弃市"。注臣瓒曰："文帝除肉刑，以鈦左右趾代刖。"而沈家本认为："臣瓒谓以鈦左右趾代刖，与《志》文不符，当别有说。"

因此，三国时代应该有刖刑，而魏文帝将其废除，改为笞和弃市。

---

①　沈家本：《历代刑法考》（上册），商务印书馆，2011年版，第130页。
②　沈家本：《历代刑法考》（上册），商务印书馆，2011年版，第180页。

（二）剜眼

《三国志·吴书·孙皓传》："（天纪三年）初，皓每宴会群臣，无不咸令沉醉。置黄门郎十人，特不与酒，侍立终日，为司过之吏。宴罢之后，各奏其阙失，迕视之咎，谬言之愆，罔有不举。大者即加威刑，小者辄以为罪。后宫数千，而采择无已。又激水入宫，宫人有不合意者，辄杀流之。或剥人之面，或凿人之眼。"注："吴平后，晋侍中庾峻等问皓侍中李仁曰：'闻吴主披人面，刖人足，有诸乎？'仁曰：'以告者过也。'又问曰：'云归命侯乃恶人横睛逆视，皆凿其眼，有诸乎？'仁曰：'亦无此事。'"沈家本注："仁为其君讳也，皓之虐，闻于邻国，陈寿载于《传》，实当非虚也。"

（三）断舌、拔发

断舌，也称割舌、抽舌。这是我国古代把犯人的舌头割下来的酷刑。始于汉，非刑。拔发是我国三国时吴国刑荼人犯的一种刑罚方法，就是把人犯的头发拔下来。

《晋书·石季龙载记》："韬所亲宦官郝稚、刘霸拔其发，抽其舌，牵之登梯，上于柴积。"抽舌比割舌更残酷，因为是用钳子生把舌头从嘴里拽出来。

（四）杖

《太平御览》六百五十："《晋阳秋》：'诸葛武侯杖二十以上亲决。宣王闻之，喜曰，吾无患矣。'"司马懿由此判断出了诸葛亮的辛劳程度。而我们可以从这段史料中看出，在三国时期蜀汉政权的刑罚中，杖刑是较为常见的，而且杖刑有一定的等次划分，二十杖应该为比较轻的杖刑。沈家本注："古者扑作教刑，自汉文帝除肉刑，劓及斩左趾者并改为笞，而笞为死刑之次，视城旦等刑为重。景帝所定棰令尚未有杖之名，亦无大小之别也。诸经之称杖者，齿杖、丧杖，无称刑杖者。《家语》云'舜之事父，小杖则受，大杖则走'，《韩诗外传》亦云'舜为人子，小棰则待笞，大杖则逃'，然此家庭之事，非官刑也。《晋语》言'范武子以杖击文子'，《左传》言'邾庄公夺杖敲闺',此仍是拄杖之杖,非刑杖之杖。世祖、明帝时始有杖之名,则笞刑之称杖当在东京矣。《晋阳秋》有'杖二十以上'之语,是当时决杖必有定数,然不可考矣。"①

曹操虽然在治国方面主要采取轻刑的政策,但却经常使用杖刑。《魏志·崔毛徐何邢鲍司马传》:"太祖性严,掾属公事,往往加杖;爕常畜毒药,誓死不辱,是以终不见及。"肉刑虽比大辟为轻,但是动辄"加杖"也会使很多罪不至死的人因熬刑不过而命丧当场。明帝时期便对此刑进行了限制。《魏志·明帝纪》:"青龙二年春二月,诏减鞭杖之制。冬十二月,诏有司删定大辟,减死刑。"沈家本注:"是年两下减刑之诏,疑改汉法为魏法,即是年事也。史文不具,无以明之。"②

《魏志·胡质传》注引《晋阳秋》:"质之为荆州也。威(质之子)自京都省之。临辞,质赐其绢一匹,为送路粮。质帐下都督阴以资装百余里。要之,每事佐助威,取向所赐绢答谢而遣之。具以白质,质杖其都督一百。"这个杖一百恐怕就会危及人的生命了。

《吴志·孙和传》:"权欲废和立亮,无难督陈正、五营督陈象上书,称引晋献公杀申生,立奚齐,晋国扰乱,又据、晃固谏不止。权大怒,族诛正、象,据、晃牵入殿,杖一百。"注:据,朱据。晃,屈晃。沈家本注:"此即后来之廷杖。"这可能是我们能发现的最早的廷杖记录。

（五）鞭

鞭刑也是三国时期经常使用的一种肉刑。我们在《三国演义》中看到蜀汉名将张飞为了讨伐吴国,为关羽复仇,严令部将范疆、张达在短时间内备齐全军的白棋白甲,两人因未能完成任务而受到张飞鞭三百的惩罚,结果两人恼羞成怒,刺杀张飞,投奔吴国。

---

① 沈家本:《历代刑法考》(上册),商务印书馆,2011年版,第323页。
② 沈家本:《历代刑法考》(下册),商务印书馆,2011年版,第98页。

这次惩戒是张飞对部下的最后一次鞭刑,且此前应该也有很多这样的事情,否则张飞也不会得了个暴躁的名头。《图书集成·祥刑典·鞭刑部》:"魏明帝太和年间,定鞭督之令。"沈家本注:"此事《魏志·明帝纪》不载。《晋志》云:'明帝改士庶罚金之令,妇人加笞还从鞭督之例。'玩其文意,似本有鞭督之例,妇人还从之,非明帝始创也,当再考。"

《吴志·孙亮传》:"注《江表传》:'亮使黄门以银碗并盖就中藏吏取胶州所献甘蔗饧。黄门先恨藏吏,以鼠矢投饧中,启言藏吏不谨。亮呼吏持饧器入,问曰:此器既盖之,且有掩覆,无缘有此,黄门将有恨于汝也?'吏叩头曰:'尝从某求宫中莞席,宫席有数,不敢与。'亮曰:'必是此也。'覆问黄门,具首伏。即于目前加髡,鞭,斥赴外署。"

(六)笞

在三国时期的刑罚体系中,笞刑当然不能算是重刑,但如果笞刑的数量过多,也会导致人犯死亡。顺应汉代初期减轻笞刑的趋势,曹魏的统治者也对笞刑进行了进一步的限制。例如,魏明帝就规定妇女受笞刑时,行刑者不可以击打妇女的臀部,只能打后背。之所以有这样的规定是因为受笞刑的妇女必须脱衣受刑,如果击打臀部有碍观瞻。《晋书·刑法志》:"魏明帝改士庶罚金之令,男听以罚代金,妇人加笞,还从鞭督之例,以其形体裸露故也。"但后来这种规定又发生变化,对妇女的笞刑依然要打臀部。可见,这种刑罚对于妇女来说,不仅是肉体的伤害,还是巨大的精神侮辱。

(七)械

械是给受刑者佩戴刑具。三国时代的刑徒们也需要佩戴木质的刑具。《三国志·魏书·田豫传》:"迁南阳太守。先时郡人侯音反,众数千人,在山中为群盗,大为郡患。前太守收其党羽五百余人,表奏,皆当死。豫悉见诸械囚,慰喻开其自新之路,一时破械遣之。"

《魏志·贾逵传》："太祖以逵送狱,吏以逵主簿也,不即着械。"贾逵是个聪明人,建安十九年,曹操谋划南征东吴,却正好赶上雨季,三军将士大部分都不愿意进军。曹操知道后恐有人要来劝谏,于是下令有谏者处死。贾逵与同僚三位主簿仍执意进谏,结果被曹操下狱。狱吏因他是丞相主簿,不敢上狱具。贾逵对狱吏说:"赶快给我上械。尊者(指曹操)怀疑我在他身边任职,会以此要挟你宽待于我,过一段时间他将遣人来视察。"狱吏于是给他上了狱具。后来曹操果真遣人探监,发现贾逵无恶意,便恢复了他的职位。

《吴志·陈表传》："诏以明付表,表便破械,沐浴,易其衣服。"

《太平御览》六百四十四:"《江表传》:孙策得太史慈,即敕破械,使沐浴。"由此我们可以看到,三国时期被俘获的军人也是要佩戴刑具的。

四、自由刑

三国时期的自由刑有狱、髡钳、耐、输作等。

(一)狱

狱即将人关进监狱。

《蜀志·刘焉传》注:"《英雄记》曰:范闻父焉为益州牧,董卓所征发皆不至,收范兄弟三人,锁械于郿坞,为阴狱以系之。"这里的阴狱与寻常的监狱不同,其具体的形式已不可考。但董卓暴虐无道,他所设置的阴狱也必然充满残酷之事。

《魏志·高柔传》："刘龟窃于禁内射兔,其功曹张京诣校事言之,帝匿京名,收龟付狱。"

(二)髡钳

髡钳是将罪犯剃光头发并用铁械束颈的刑罚。

三国时期的髡钳基本上因袭汉制。程树德《九朝律考》："汉律髡为五岁刑,晋律髡钳五岁刑、四岁刑、三岁刑、二岁刑凡四等。见《太平御览》。疑魏律当与晋同。《魏志·孙礼传》:'曹爽劾礼怨望,结刑五岁。'事在明帝定律以后,殆即髡刑也。又《常林传》注引魏略云:'沐并为成皋令,校事刘肇出过县,遣人呼县吏求索槁谷。是时蝗旱,官无有见,未辨之间,肇人从入,并之阁下,呴呼骂吏,并怒,因蹁履提刀而出,多从吏欲收肇,肇觉知,驱吏。具以状闻,有诏肇为司牧爪牙吏而并欲收缚,无所忌惮,自恃清名邪,遂收欲杀之,肇髡决减死刑,竞复吏。是髡为减死之刑,与汉制同。'"

《魏志·王凌传》:"为发干长,太祖辟为丞相掾属。"注《魏略》:"凌为长,遇事,髡五岁刑,当道扫除。时太祖车过,问此何徒?左右以状对。太祖曰:'此子师兄子也,所坐亦公耳。'于是主者选为骁骑主簿。"沈家本注:"计其时,在建安中,是汉末已有五岁刑矣。"[1]

《太平御览·曹瞒别传》:"太祖常行,经麦中,令士卒犯麦者死,骑士皆下马持麦以相传。时太祖马腾入麦中,敕主簿对以《春秋》之义,罚不加于尊。太祖曰:'制法而自犯之,何以率下,然孤为军帅,不可杀,请自刑。'因拔剑割发以置地。"沈家本注:"割发抵髡,操之诈。"[2]曹操的这次示范当然不能被看成标准的髡钳刑,但是我们可以看到须发对于古人有着什么样的意义。对于我们的先民们来说,生命最高的意义唯有人神共同体的永存,也就是自己本族的永存。而且,本族的永存并非一个抽象的概念,而是把从祖先那里世袭下来的财产和官职,以及生命的延续传递给子孙的实际行动。这个人神共同体生生不息,由生死交替来维持与完成。它的存续不仅以人的生存为前提,还以人的死亡为前提。祖先神依赖子孙的祭祀,而子孙的生存也依赖祖先神的守护,两者之间相互

<hr>

[1]　沈家本:《历代刑法考》(上册),商务印书馆,2011年版,第18页。
[2]　沈家本:《历代刑法考》(上册),商务印书馆,2011年版,第272页。

依存。于是人的肉体,在属于自己的同时,还是父母遗传下来的父母的肉体,不能随意损伤。这就是"身体发肤,受之父母"①的观念,在远古时代就成为当然的存在。本族的永存,就是这种不断重复的父子继承和上自始祖、下至子孙的生命连续,通过在自己肉体中的体现得到确认,并达到目的。自己的肉体不单是自己的,也是祖先的,还是子孙的。我国古代存在的类似髡刑的刑罚正是在这个意义上打击人的精神,摧毁人的尊严,以达到镇压犯罪的目的。

（三）耐

三国时期的耐刑又被称为"完"。《汉志》:"诸当完者,完为城旦舂。注:'臣瓒曰,文帝除肉刑,皆有以易之,故以完易髡,以笞代劓,以钛左右趾代刖。'"沈家本认为:"《后汉书·孝明纪》曰,髡钳城旦舂与完城旦舂分为二等,与此《志》同。魏亦分髡作、完作为二。"②我们今天已经无法详细地了解三国时期该刑罚的具体细节了。程树德《九朝律考》:"汉制:三岁刑,鬼薪白粲;二岁刑,司寇作;一岁刑,罚作、复作。均作刑也。魏制当与汉同。惟城旦舂、鬼薪白粲,晋以后无闻。魏是否仍袭汉制,今不可考。"又:"秦汉完均四岁刑,魏分三等,无考。"

沈家本《历代刑法考》:"曹魏刑制,史举其纲而未详其目。……髡刑有钛左右趾,完刑,作刑,自五岁刑以下凡五,余不详也。"③

（四）输作

这是一种宽宥罪犯后罚做苦工的处罚。

《魏志·王粲传》附刘桢:"桢以不敬被刑。"注引《典略》:"太子（曹丕）命夫人甄氏出拜,坐中众人咸伏,而桢独平视。太祖闻之,乃收桢,减死输作。"

---

① 《孝经·开宗明义章》。
② 沈家本:《历代刑法考》（上册）,商务印书馆,2011年版,第273页。
③ 沈家本:《历代刑法考》（上册）,商务印书馆,2011年版,第20页。

五、流　刑

从三国史料中，我们能了解到的主要流刑为"徙"。

《魏志·夏侯尚传》："徙允（许允）为镇北将军，假节督河北诸军事，未发，以放散官物，收付廷尉，徙乐浪道死。"

《魏志·杜畿传》："子恕为幽州刺史，加建威将军，使持节，护乌丸校尉。……喜于是劾奏恕，下廷尉，当死，以父畿勤事水死，免为庶人，徙章武郡。"

《吴志·虞翻传》："翻性疏直，数有酒失。权与张昭论及神仙，翻指昭曰：'彼皆死人，而语神仙，世岂有仙人邪！'权积怒非一，遂徙翻交州。"注："《吴书》曰：翻虽在徙弃，心不忘国，常忧五豁宜讨，以辽东海绝，听人使来属，尚不足取，今去人财以求马，既非国利，又恐无获。欲谏不敢，作表以示吕岱，岱不报，为爱僧所白，复徙苍梧猛陵。"沈家本注："魏吴并有徙者，用汉法也。"[①]虞翻是易学大家，也是吴国政坛的重要人物，但其为人过于耿直，以致命中多舛。叶适对虞翻的评价是："东国俊才，宦仕州郡。上不及预天下废兴之义，下不能为一身荣辱之防。虚效忠勤，轻招废放，惜哉，惜哉！"诚如是言，诚如是言。

六、财产刑

三国时代的财产刑主要有籍没、赎和罚等。

（一）籍没

为了解放生产力、促进农业的发展，曹魏的统治者也采取了一定的措施来限制籍没给社会造成的负面影响。《魏志·食货志》：

---

① 沈家本：《历代刑法考》（上册），商务印书馆，2011年版，第228页。

"孝文太和九年,下诏均给天下民田,诸男夫十五以上,受露田四十亩,妇人二十亩,奴婢依良。诸民年及课则受田,老免及身没则还田。奴婢、牛随有无以还受。诸初受田者,男夫一人给田二十亩,课莳余,种桑五十树,枣五株,榆三根。非桑之土,夫给一亩,依法课莳榆枣。奴各依良。诸麻布之土,男夫及课,别给麻田十亩,妇人五亩,奴婢依良。皆从还受之法。若始受田而身亡,及买卖奴婢、牛者,皆至明年正月乃得还受。十年,李冲上言云云,年十五以上未娶者,四人出一夫一妇之调,奴任耕,婢任绩者,八口当未娶者四,耕牛二十头当奴婢八。"沈家本注:"《志》言'奴婢依良',似奴婢亦得受田,又言买卖奴婢、牛,牛二十当奴婢八,则直以奴婢与畜产同论,何人之不幸也,然此风自秦汉已然。"在奴隶社会和封建社会,奴隶主和地主视奴婢为财产,不仅与牛等,也与其他任何物等,可以随意役使、买卖、赠予、交换、屠杀。

《魏志·少帝齐王纪》:"景初元年,即位,官奴婢六十已上,免为良人。正始七年秋八月戊申,诏曰:'属到市观见所斥卖官奴婢,年皆七十,或癃疾残病,所谓天民之穷者也。且官以其力竭,而复鬻之,进退无谓,其悉遣为良民。若有不能自存者,郡县振给之。'"注:"臣松之案,帝初即位,有诏:'官奴婢六十以上,免为良人。'既有此诏,则宜遂为永制。七八年间,而复货年七十者,且七十奴婢及癃疾残病,并非可货之物,而鬻之于市,此皆事之难解。"沈家本注:"衰世之政,有不可以常理论者,即位时虽有诏,奉行者不力,故甫七八年而尚有此等人,惟此等人不能力作,官方鬻之,而孰肯买之?此则真不可解者。"

(二)赎

三国时期的刑罚体系中是存在赎刑的,但其详情已无法考证。程树德《九朝律考》:"以晋梁诸律证之,赎死为一等,赎髡刑、完刑、作刑凡十等。故云赎刑十一。晋律金等不过四,魏金等无考。"

《魏志·明帝纪》:"太和四年十月,令罪非殊死,听赎,各有差。"

（三）罚

沈家本《历代刑法考》："罚金之名，始见于《职金》，而详于《管子》，罪之最轻者用之，罚与赎义有别。《说文》：'罚，罪之小者，从刀、詈，未以刀有所贼，但持刀骂詈则应罚。''赎，贸也'，贸易财也。五罚轻于五刑，罚为犯法之小者，而刑为犯法之重者。凡言罚金者，不别立罪名，而罚金即其名，在五刑之外自为一等。"①三国时期的罚刑基本上因袭汉代，以罚金为主，惩治小罪。程树德《九朝律考》："《高柔传》：'自黄初，数年之间，举吏民奸罪以万数。柔皆请惩虚实，其余小小挂法者，不过罚金。盖罚金本汉制，魏初已久行之。'《通典》一百六十三，明帝改士庶罚金之令，男听以罚代金，妇人加笞还从鞭督之例。是中叶后更为异制也。"

七、耻辱刑

三国史料中可见的耻辱刑主要为墨刑、髡钳，其中髡钳已在"自由刑"部分介绍，此处不再赘述。

就墨刑来看，三国基本上沿袭汉制，统治者也有意减少这种刑罚，但在统治阶层内部就墨刑以至于肉刑是否应当废止，实际上一直存在争论。《魏志·毛玠传》："后有白玠者：'出见黥面反者，其妻子没为官奴婢。'玠言曰：'使天不雨者盖此也。'太祖大怒，收玠付狱。大理钟繇诘玠曰：'自古圣帝明王，罪及妻子。'《书》云：'左不共左，右不共右，予则孥戮女（汝）。'司寇之职，男子入于罪隶，女子入于舂槁。汉律，罪人妻子没为奴婢，黥面。汉法所行黥墨之刑，合于古典。今真奴婢祖先有罪，虽历百世，犹有黥面供官，一以宽良民之命，二以宥并罪之事。此何以负神明之意，而当致旱？"沈

---

① 沈家本：《历代刑法考》（上册），商务印书馆，2011年版，第298页。

家本注:"毛玠之意,殆以妻子没官为非法,故有不雨之谪,钟繇之诘亦用康成之说,未必真为古典。父子兄弟罪不相及,春秋时犹行之,况三代盛时也? 至'祖先有罪,历百世犹有黥面'之语,尤为不典。繇本汉人,岂未知免为庶人之诏谓以宽良民之命? 夫既属良民,乌可黥面而使之为奴婢? 其辞虽辩,能令玠心折否? 第据此可为魏氏官奴婢之法。"[1]

小　结

东汉末期,因为大规模的战争和自然灾害比较频繁,社会环境遭到了严重的破坏,大量农地荒废,导致了经济衰退。部分豪强大族纷纷率领族人,建立坞堡以自卫,在其周围从事生产活动后,渐渐形成自给自足的庄园制度,而这就构成了三国时期政治、军事、经济乃至法制发展的社会背景,这种坞堡和庄园制度甚至影响了后来魏晋南北朝的经济模式。于是我们在研究三国刑罚问题的过程中就必须将士族的影响列为一项重要的影响因素,曹操屡次想废止肉刑,但终归未能成功,这与士族势力的干预是有密切关系的。到公元239年,明帝死后,政权从非士族的曹氏转移到士族司马氏手中,士族便彻底成为法制发展的主导力量。

从总体上看,三国的刑罚与汉代刑罚有密切关系,因袭成分比重很高。其刑制相对简约,重视自由刑、财产刑在刑罚体系中的作用。其刑罚结构在汉朝的基础上增加了五岁刑,稍微改变了死刑与劳役刑之间的差距,但总体上五年徒刑和死刑之间的差距仍然过大,刑罚结构依然存在比例失调的问题。

---

① 沈家本:《历代刑法考》(上册),商务印书馆,2011年版,第352页。

第九章　晋代的刑罚

　　较之三国时代各国的统治者,晋人更为重视法制建设,有较为系统完备的法律制度,而其刑罚以轻省为主要趋向。西晋《泰始律》一般也称《晋律》,是魏元帝咸熙元年(公元264年)修订而成的。《晋书·刑法志》:"文帝为晋王,患前代律令本注繁杂,陈群、刘劭虽改革,而科纲本密,又叔孙、郭、马、杜诸儒章句,但取郑氏,又为偏党,未可承用。于是,令贾充定法律,令典太傅郑冲、司徒荀颉、中书监荀勖、中军将军羊祜、中护军王业、廷尉杜友、守河南尹杜预、散骑侍郎裴楷、颖川太守周雄(权)、齐相郭颀、(骑)都尉成公绥、尚书郎柳轨及吏部令史荣邵等十四人典其事。"

　　《泰始律》以《汉律》和《魏律》为基础,初具封建刑法的规模,构成了两晋治国的基本法典。《晋书·刑法志》:"就汉九章增十一篇,仍其族类,正其体号,改旧律为《刑名》《法例》,辨《囚律》为《告劾》《系讯》《断狱》,分《盗律》为《请赇》《诈伪》《水火》《毁亡》,因事类为《卫宫》《违制》,撰《周官》为《诸侯律》,合二十篇。六百二十条,二万七千六百五十七言。"虽然《泰始律》以《汉律》为基础,但是《汉律》的问题在于过于繁复,尽管经过了曹魏的减省,但司马昭认为仍需删减。这样,最终形成的《泰始律》表现出的特点便是:"蠲其苛秽,存其清约,事从中典,归于益时。其余未宜除者,若军事、田农、酤酒,未得皆从人心,权设其法,太平当除,故不入律,悉以为令。施行制度,以此设教,违令有罪则入律。其常事品式章程,各还其府,为故事。"[①]《泰始律》是魏晋南北朝时期唯一一部通行全

---

　　①　《晋书·刑法志》。

国的成文法典，南朝宋、齐也沿用这部法典，因此这部法典共沿用二百三十多年，对中国刑罚体系的发展产生了重要的影响。

应该说《泰始律》对中国刑罚发展的最大贡献就是提出"峻礼教之防，准五服以制罪"①的原则。"五服"是中国古代以亲疏为差等的五种丧服，即按服制期限、丧服质地与制作的不同由重而轻、由粗而细分为斩衰、齐衰、大功、小功、缌麻，所表现的家族关系也依此由亲而疏、由近而远。"准五服以制罪"就是要参照服制的轻重和五服的等差所显示出来的亲疏关系作为定罪量刑的原则，对九族内亲属之间相互侵害的行为处以刑罚。在处置以下犯上的案件中，亲缘关系越近，则刑罚越重；以上犯下的案件则相反，亲缘关系越近，则刑罚越轻微。《泰始律》："减枭、斩、族、诛从坐之条，除谋反适养母出女嫁，皆不复还坐父母弃市，省禁锢相告之条，去捕亡、亡没为官奴婢之制。轻过误老小女人，当罚金杖罚者，皆令半之。重奸伯、叔母之令，弃市。淫寡女，三岁刑。崇嫁娶之要，一以下聘为正，不理私约。"②由此可见，这部法典特别强调封建社会中上下、尊卑、贵贱、亲疏的等级秩序，并且将中国传统社会以"礼""伦理"为主的内在秩序和以"法""刑""皇权"为主的外在秩序融合在一起，既确立了一套严密的刑罚体系，同时又对传统的伦理给予尊重和关照，从这个意义上讲，《泰始律》对于中国封建社会的法制发展具有格外重要的作用。

晋朝的刑罚制度与汉代非常相似。因袭汉代的三种死刑，即枭首、斩、弃市。汉代具有的各种徒刑、流刑、财产刑、资格刑在晋朝也基本上都存在。至于肉刑，虽然在晋朝仍有人提出恢复文帝所废止的肉刑，但类似的动议始终没有成为现实，可见随着时代的发展，取消肉刑已经成为社会领域的一种共识。

---

① 《晋书·刑法志》。
② 《晋书·刑法志》。

晋初著名的法学家张斐非常系统地阐述了《泰始律》对于中国古代刑罚体系的贡献。他在对《晋律》的注释中首先总括了《晋律》所确定的刑罚体系的基本精神："律始于《刑名》，其所以定罪制也，终于《诸侯》者，所以毕其政也。王政布于上，诸侯奉于下，礼乐抚于中，故有三才之义焉，其相须而成，若一体焉。《刑名》所以经略罪法之轻重，正如减之等差，明发众篇之多义，补其章条之不足，较举上下纲领。其犯盗贼、诈伪、请赇者，则求罪于此，作役、水火、畜养、守备之细事，皆求之作本名。告讯为之心舌，捕系为之手足，断狱为之定罪，名例齐其制。自始至终，往而不穷，变动无常，周流四极，上下无方，不离于法律之中也。"

接下来，张斐又十分清晰地对《晋律》中涉及的罪名和罪责进行了分辨："其知而犯之谓之故，意以为然谓之失，违忠欺上谓之谩，背信藏巧谓之诈，亏礼废节谓之不敬，两讼相趣谓之斗，两和相害谓之戏，无变斩击谓之贼，不意误犯谓之过失，逆节绝理谓之不道，陵上僭贵谓之恶逆，将害未发谓之戕，唱首先言谓之造意，二人对议谓之谋，制众建计谓之率，不和谓之强，攻恶谓之略，三人谓之众，取非其物谓之盗，货财之利谓之赃。凡二十者，律义之较名也。"

为了便于人们运用《晋律》对疑难罪行进行惩处，张斐还讲："夫律者，当慎其变，审其理。若不承用诏书，无故失之刑，当从赎。谋反之同伍，实不知情，当从刑。此故失之变也。卑与尊斗，皆为贼。斗之加兵刃水火中，不得为戏，戏之重也。向人室庐道径射，不得为过，失之禁也。都城人众中走马杀人，当为贼，贼之似也。过失似贼，戏以斗，斗而杀伤旁人，又似误，盗伤缚守似强盗，呵人取财似受赇，因辞所连似告劾，诸勿听理似故纵，持质似恐猲。如此之比，皆为无常治格也。"

张斐认为在对犯罪行为进行惩罚的过程中，定罪的过程需要非常慎重，不应该做简单的一刀切式的定罪量刑，应该慎重地区分一项罪行到底是暴力犯罪还是非暴力犯罪，要关注罪犯在犯罪过程中的主观意识以及犯罪行为造成的客观危害，这样才能做到正确定罪。"律有事状相似而罪名相涉者，若加威势下手取财为强盗，不自知亡为缚守，将中有恶言谓恐猲，不以罪名呵为呵人，以罪名呵为受赇，劫（召）其财为持质。此六者，以威势得财而名殊者也。即不求自与为受求，所监求而后取为盗赃，输入呵受为留难，敛人财物积藏于官为擅赋，加欧击之为戮辱。诸如此类，皆为以威势得财而罪相似者也。"

他还认为，刑罚制度应该排除个人感情的干扰："五刑不简，正于五罚，五罚不服，正于五过，意善功恶，以金赎之。故律制，生罪不过十四等，死刑不过三，徒加不过六，囚加不过五，累作不过十一岁，累笞不过千二百，刑等不过一岁，金等不过四两。月赎不计日，日作不拘月，岁数不疑闰。不以加至死，并死不复加，不可累者，故有并数，不可并数，乃累其加，以加论者，但得其加，与加同者，连得其本。不在次者，不以通论。以人得罪与人同，以法得罪与法同。侵生害死，不可齐其防，亲疏公私，不可常其教。"但他的刑罚思想依然没有跳出"刑不上大夫"的观念限制，他认为："礼乐崇于上，故降其刑，刑法闲于下，故全其法。是故尊卑叙，仁义明，九族亲，王道平也。"可见，在他看来，"礼"是专属于社会特定阶层的。

一、株　连

晋之株连有族诛、夷三族等。

（一）族诛

在晋统治时期，对于族诛这种残酷的刑罚，人们有很多的争议。这种刑罚处罚力度过重，如果定罪失当，显然会令很多无辜者遭池鱼之殃，即使定罪恰当，这样的刑罚也会给社会留下很多的负面影响。《晋书·刑法志》："裴頠表称：'虽陵兆尊严，唯毁废然后族之，此古典也。若登践犯损，失尽敬之道，事止刑罪可也。'去八年，奴听教加诬周龙烧草，廷尉遂奏族龙，一门八口并命。会龙狱翻，然后得免。考之情理，准之前训，所处实重。"沈家本《历代刑法考》："又如周龙之狱，烧草不过失火罪耳，乃遽拟族诛，且不知其被诬也。使非狱翻，则一门八口不皆冤死乎？"①

（二）夷三族

晋朝的夷三族并非《晋律》规定的正刑，而是一种法外的酷刑。《晋书·刑法志》："至于谋反大逆，临时捕之，或污潴，或枭菹，夷其三族，不在律令。"《晋书·武帝纪》："益州牙门张弘，诬其刺史皇甫宴反，杀之，传首京师。弘坐伏诛，夷三族。"

另外，虽然晋朝存在夷三族的刑罚，但由于《魏律》的影响，出嫁之女是不在夷族的范围之内的，而且晋的统治者又对这种刑罚进行了进一步的调整。晋惠帝年间，有一个叫解结的人被判处"夷三族"，而恰恰他的女儿第二天就要出嫁，为了挽救她的性命，未婚夫的家人们提出将婚礼提前，这样就可以"已嫁女"为由，使新娘避开惨祸，但解家女儿却执意与家人共赴刑场。此案引起了社会上很多人的同情，也引发西晋朝廷对于"夷三族"刑的进一步调整，新的规定是无论女子是否婚嫁，一律不得处死，只是充作奴隶。②

到东晋怀帝时期，"夷三族"曾被废止。《晋书·怀帝纪》："永嘉三年（公元309年）（亦说元年正月），除三族刑。"但实际上，"夷三族"被废止并不是晋朝轻刑主义刑罚思想的结果，而是特定政治环境引起的刑罚变化。晋朝的司马氏家族实际上是在门阀士族的支持下执掌晋朝政权的，尤其是王氏家族对晋朝政治生活的影响非常深刻，"王与马共天下"就是对这种特殊政治环境的描述。在

---

①　沈家本：《历代刑法考》（上册），商务印书馆，2011年版，第24页。
②　［日］西男太一郎：《中国刑法史研究》，北京大学出版社，1985年版，第156—158页。

这种局面下，由于家族在国家政治中的地位格外尊崇，家族之间存在复杂的政治博弈，因此针对家族的"夷三族"实际上很难执行。

一旦司马氏家族的政治地位得到巩固，拥有了足以抗衡王氏家族的力量，这样的政治生态就会被打破，反映在刑罚体系上就是"夷三族"被恢复。《晋书·明帝纪》："太宁三年（公元325年）二月，复三族刑。惟不及妇人。"沈家本《历代刑法考》："明帝太宁二年（公元324年），王敦反逆，事平后，诏王敦群从一无所问，盖为王导，故不坐。其时尚未复三族刑，至三年之复三族刑，是否为王敦之党，史亦不详。又《愍纪》建兴三年（公元315年）六月丁卯，地震。辛巳，敕雍州掩骼埋胔，修复陵墓，有犯者诛及三族。此事在太宁之前，是怀帝时虽曾除之，亦偶一设此厉禁也。"[①]

《晋书·张昌传》："张昌，本义阳蛮人，少为平氏县吏，武力过人。流寇蜀，昌潜遁，半年，聚党数千人……是岁（太安二年，公元303年）诏以宁朔将军、领南蛮校尉刘弘镇宛，弘遣司马陶侃、参军蒯桓、皮初等率众讨昌于竟陵。刘乔又遣将军李杨、督护尹奉总兵向江夏，侃等与昌苦战累日，大破之，纳降万计，昌及沉窜于下寯山。明年秋，乃擒之，传首京师，同党并夷三族。"可见，对于坐稳江山的统治者来说，"夷三族"的刑罚依旧是一种有力的统治工具。

二、生命刑

晋朝的生命刑包括死、大辟、诛、戮、斩、枭首、弃市、腰斩、磬、考竟等，与汉代大体相似。

（一）死

程树德《九朝律考》："近人太炎文录《五朝法律索隐》云：'晋律：众中走马者，二岁刑，因而杀人者，死。'"

《宋书·何承天传》："时有尹嘉者，家贫，母熊自以身贴钱，为嘉偿债，坐不孝，当死。"

《宋书·王弘传》："右承孔默之议：常盗四十匹，主守五匹，降死补兵，虽大存宽惠，以纾民命。然官及二千石及失节士大夫，时有犯者，罪乃可戮，恐不可以补兵也。谓此制可施小人，士人，自还用旧制。"

程树德《九朝律考》："据此知主守盗五匹，常偷四十匹，死，本系晋律旧制，至宋文帝时始改也。"①

可见在晋代，死刑依然广泛运用于惩治杀人、偷盗甚至不孝等罪行。

（二）大辟

在晋朝，大辟是死罪的代名词。《唐六典》："晋刑名之制，大辟之刑有三：一曰枭，二曰斩，三曰弃市。"

沈家本《历代刑法考》："此以枭首、斩、弃市为死罪之三等，曹魏刑也，枭首居首，是以斩为断首，弃市为绞矣。腰斩之刑，此时盖已除之，而史无明文。其后南朝皆尊行之，梁、陈则有枭首、弃市，而无斩刑。后魏大辟有殊死。"②

《南史·王弘传》："主守盗五匹，常偷四十匹，加大辟。"可见对于监守自盗者，晋人惩治的力度相当之重。但从总体上看，晋代的大辟之刑已属极简，具备轻刑的特征。

（三）诛

《说文解字》段玉裁注："诛，讨也。凡杀戮，纠责皆是。"我们恰恰可以从这个角度来看晋朝的"诛"。

《策府元龟》："贾苞为太庙吏，光熙中，盗太庙灵衣及剑，伏诛。"

---

① 程树德：《九朝律考》，商务印书馆，2010年版，第353页。
② 沈家本：《历代刑法考》（上册），商务印书馆，2011年版，第118页。

《南史·毛惠素传》："毛惠素仕齐，为少府。临事清刻，敕市铜官碧青一千二百二斤，供御画用，钱六十五万。有谗惠素纳利。武帝怒，敕尚书评价，贵二十八万余，有司奏，伏诛。"

《晋书载记》："咸康二年（公元336年），禁郡国不得私学星谶，有犯者，诛。"

《晋书·石季龙载记》："（公元340年）季龙志在穷兵，以其国内少马，乃禁畜私马，匿者腰斩。收百姓马四百余匹，以入于公。兼盛兴宫室，（公元342年）于邺起台观四十余所，营长安、洛阳二宫，作者四十余万人。又敕河南四州县南师之备，并、朔、秦、雍、严西讨之资。青冀幽州三五发卒，诸州造甲者五十万人，兼公侯牧宰竞兴私利，百姓失业十室而七。船夫十七万人，为水所没，猛兽所害，三分而一。贝丘人李弘因众心之怨，自言姓名应谶，遂连结奸党，署置百僚。事发诛之，连坐者数千家。"

可见，监守自盗、营私舞弊、私治谶学、勾结奸党等罪行都会遭到"诛"的惩罚。

（四）戮

戮刑在晋朝比较常见。《晋书·王敦传》："有司议曰：'王敦滔天作逆，有无君之心，宜依崔杼、王浚故事，剖棺戮尸，以彰元恶。'于是发瘗出尸，焚其衣冠，忌而行之。敦、充首同日悬于南桁，观者莫不称庆。"沈家本注："此用杼浚故事，彼但暴尸，此则枭示矣。后来戮尸之制，当仿于此。"

《晋书·姚苌载记》："苌乃掘苻坚尸，鞭挞无数，裸剥衣裳，荐之以棘，坎土而埋之。"

《晋书·慕容隽载记》："隽夜梦石虎啮其臂，觉，遂痛吾而恶之，命发其墓，剖棺出尸，蹋而骂之曰：'死胡安敢梦生天子。'遣其御史中尉阳约数其残酷之罪，鞭其尸而投之漳水。"

（五）斩

《晋书》张斐云："枭首者恶之长，斩刑者罪之大，弃市者死之下。"可见罪之大者，应受斩刑。

《太平御览》引《晋书》："楚王玮，矫诏解严，斩刑。"

《晋书·苏峻传》："峻司马任让等共立峻弟逸为主。……（管）商谐庾亮降，匡术举苑城降。……苏硕率骁骑数百，渡淮而战，于阵斩硕。晃等震惧，以其众奔张健于曲阿，门阨不得出，更相蹈藉，死者万数。逸为李汤所执，斩于车骑府。"[1]此事史称苏峻之乱，属地主阶级内部矛盾，与农民起义性质不同。

《晋书·石季龙载记》："（公元 340 年）季龙畋猎无度，晨出夜归，又多微行，躬察作役之所。侍中韦謏谏曰：'……今或盛功于耘艺之辰，或烦役于收获之月，顿毙属途，怨声塞路，诚非圣君仁后所忍为也。'季龙省而善之，赐以谷帛，而兴缮兹繁，游察自若……制征士五人车一乘，牛二头，米各十五斛，绢十匹。调不办者，以斩论。将以图江表。于是，百姓穷窘，鬻子以充军制，犹不能赴，自经于道路，死者相望，而求发无已。"

《晋书·吴道子传》："（公元 396 年）安帝践阼，有司奏道子宜进位太傅、扬州牧、中书监，假黄钺，备殊礼。固辞，不拜。又解徐州，诏内外众事动静谘之。帝既冠，道子稽首归政。王国宝始总国权，势倾朝廷。（公元 397 年）王恭乃举众讨之。道子惧，收国宝付廷尉，并其从弟琅邪内史绪，悉斩之，以谢于恭。恭即罢兵。"黄钺是一种宽口斧，饰以黄色。假是借的意思，假黄钺表示皇帝授权，可以专杀。

《宋书·武帝纪》："（晋义熙）七年（公元 410 年）正月……晋自中兴以来，治纲大弛，权门并兼，强弱相凌，百姓流离，不得保其产业。桓玄颇欲厘改，竟不能行。公[2]既作辅，大示轨则，豪强肃然，

---

① 苑城：台城，在石头城东，建康城北，为宫苑所在，今南京市东北部。渡淮：今南京市的秦淮河。曲阿：在今江苏省丹阳县。阨：隘、狭小之意。

② 公：指刘裕。

远近知禁。至是,会稽虞亮复藏匿亡命千余人。公诛亮,免会稽内史司马休之。"

（六）枭首

在晋朝,枭首刑象征着被处以这种刑罚的罪犯所犯下的罪行是十恶不赦的。《晋书·刑法志》:"张斐注律表,枭首者,恶之长,斩刑者,罪之大,弃市者,死之下。"因为十恶不赦,所以人犯死后还要将其头颅悬挂于高杆之上,警戒他人。

《北堂书钞》四十五:"晋律注:枭斩弃之于市者斩头也。令上不及天,下不及地也。"

《晋书·齐王冏传》:"骨肉遭枭夷之刑。"

《晋书·苏峻传》:"张健等遂降,并枭其首。"

（七）弃市

晋张斐云:"死刑不过三""弃市者,死之下"。弃市为三种死刑对罪犯最具侮辱性的一种,但也是死刑中最轻的一种。《太平御览》七百三十四引《晋令》:"误举烽燧,罚金一斤八两。故不举者,弃市。"《太平御览》引《晋书》:"咸和三年,勾容令孔恢罪,弃市。诏曰:'恢自陷刑纲,罪当大辟。'"

《晋书·周嵩传》:"嵩褒贬朝士,帝召嵩入,面责之。嵩跪谢曰:'昔唐虞至圣,四凶在朝。陛下虽圣明御世,亦安能无碌碌之臣乎。'帝怒,收付廷尉。廷尉华恒以嵩大不敬,弃市论。"

《晋书·庾敷传》:"廷尉刘颂奏敷等大不敬,弃市论。"

《晋书·王浚传》:"有司奏浚,表既不列前后所被七诏月日,又赦后违诏,不受浑节度,大不敬,付廷尉科罪。"

《晋书·敬王恬传》:"简文帝登祚未解严,大司马桓温屯中堂,吹警角。恬奏劾温大不敬,请科罪。"

以上四条中,有两条虽未明言弃市,但均属大不敬。按晋律,大不敬,当弃市。

《晋书·简文三子传》:"玄又奏道,子酺纵不孝,当弃市。"为不

297

孝之举,当以最有侮辱性的刑罚进行处置。

晋以后弃市为绞刑,隋唐以后无此刑,但斩、绞、凌迟均于闹市执行,实亦弃市也。

（八）腰斩

晋代张斐曰:"死刑不过三,'腰斩者罪之大',居枭首、腰斩、弃市三死刑之中。"

《新律序略》曰:"大逆无道腰斩。"此法一直延续到清康熙年间。

（九）磬

磬,作为一种刑罚,就是用绳索将人勒死或将人吊在空中绞死。《晋书·刑法志》:"周颛等复肉刑议,截头绞颈,尚不能禁。"沈家本《历代刑法考》:"汉之斩,要（腰）斩也,弃市,斩首也。惟《史记索隐》以弃市为绞罪,与郑氏《周礼》不合。据周颛等语,是晋时弃市已为绞罪,其斩曰截头,亦非要（腰）斩矣。此制何时所改,史未详。"[①]可见,沈家本认为,在魏晋之世,弃市刑的执行方式已经是绞刑了,而绞刑是保留全尸的,因此弃市在晋朝三种死刑中是最轻的一种。

（十）考竟

晋朝的"考竟"比较常见。《晋书》:"王豹上书曰'劝齐王冏与成都王颖如分陕之制,会长沙王乂至',冏案上见豹笺,谓冏曰:'小子间离骨肉,何不铜驼下打杀!'冏既不能嘉豹之策,遂纳乂言,乃奏:'为臣不忠、不孝、不义,辄都街考竟,以明邪正。'豹将死,曰:'悬吾头大司马门,见兵之攻齐也。'众庶冤之。俄而冏败。"从这段史料中,我们可以非常明确地发现晋人对待"考竟"之刑的态度。

《晋书·赵王伦传》:"收吴太妃赵粲及韩寿妻贾午等,付暴室考竟。"

---

① 沈家本:《历代刑法考》（上册）,商务印书馆,2011年版,第23页。

《晋书·愍怀太子传》:"以兵仗送太子妃王氏三皇孙于金墉城,考竟谢淑妃及太子保林蒋俊。"

《晋书·刘颂传》:"时尚书令史扈寅,非罪下狱,诏使考竟,颂执据无罪,寅遂得免。"

《晋书·魏舒传》:"其考竟友(刘友)以惩邪佞。"

三、身体刑

晋朝因袭汉和曹魏对待肉刑的基本态度,但在汉代废止的肉刑之外,晋朝历史中还是间或出现残酷的肉刑。

(一)剜眼、断手足、断舌、拔发、穿额

《晋书·石季龙载记》:"立其子宣为天王皇太子。宣素恶韬宠,使杨杯、牟皮、牟成、赵生等杀韬。季龙悲怒,幽宣于席库,以铁环穿其额而镊(同锁)。积柴邺北,树标于其上,标末置鹿卢,穿之以绳,倚梯柴积,送宣于标所,韬所亲宦宦者郝稚、刘霸拔其发,抽其舌,牵之升梯,上于柴积。郝稚以绳贯其额,鹿卢绞上,刘霸断其手足,斫眼溃腹如韬之伤。四而纵火,烟焰际天。季龙从昭议以下,数千登中台以观之,火灭,取灰分置诸门交道中。"

(二)抉唇

《晋书·赫连勃勃载记》:"勃勃凶殊好杀,有所嫌忿,便手自戮之,群臣忤视者毁其目,笑者抉其唇,谏者谓诽谤,先截其舌,而后斩之。"

(三)绞鹿卢

绞鹿卢是晋时一种极其残酷的刑罚,用铁环把人的额穿起来,加锁,然后系上绳子,用鹿卢绞起来,吊在空中。有时,甚至把下巴撕下来。非刑。

《晋书·石季龙载记》:"立其子宣为天王皇太子。……郝稚以绳贯其额,鹿卢绞上,刘霸断其手足,斫眼溃腹如韬之伤。四而纵火,烟焰际天。季龙从昭议以下,数千登中台以观之,火灭,取灰分置诸门交道中。"

以上介绍的诸般酷刑虽在晋代依然存在,但我们也可以看到,相关的记录是非常稀少的,这些刑罚并没有得到广泛的运用,出现的仅为独特个案。可见,从总体上来看,残酷的肉刑在晋代明显减少,下面的鞭刑、笞刑等运用得更多一些,其规定也更详细。

(四)鞭

晋朝对于鞭刑的规制比较清楚。《晋律》:"诸有所督罚,五十以下,鞭如令。平心无私而以辜死者,二岁刑。"《晋令辑存》四十篇:"十五曰鞭杖。"

对于鞭刑所使用的刑具,《晋令辑存》也有明确规定。《太平御览》六百四十九引《晋令辑存》:"应得法鞭者,执以鞭,过五十稍行之。有所督罪,皆随过大小。大过五十,小过二十。鞭皆用牛皮革廉成。法鞭,生革去四廉(棱角)。常鞭,用熟靼(柔软的皮革),不去廉。作鹄头纽,长一尺一寸,鞘长二尺二寸,广三分,厚二分,柄皆长二尺五寸。"

《太平御览》六百五十引《晋律》:"诸有所督罚,五十以下,鞭如令。平心无私而以辜死者,二岁刑。"这里的辜死是指我国古代对于伤人罪,设有保辜制度,即行凶者给受害者造成的伤害程度不按受伤当时定,而是给予一定的治疗时间,然后按保辜期满时的伤情科刑定罪。这里所说的平心无私是指过失伤人。

(五)杖

晋沿魏制,对于杖刑的刑具有具体规定。《北堂书钞》四十六:"《晋令》:杖皆用荆,长六尺,制度杖大头围一寸,尾三分半。"《晋令辑存》:"应得法杖者以小杖,过五寸者稍行之。应杖而髀,有疮者缓臀也。"沈家本注:"一本无'缓'字,固难解,'缓臀'二字亦费解,当有讹夺。《御览》六百五十引作'应受杖而体有疮者,督之也',在督门内,此'臀'字疑'督'字之讹。'髀'一本作'脾',恐亦传写之讹。《御览》作'体'，其字似当作'髀'。髀，股也。……杖本以臀受，有疮故督之，《御览》本是也。'五寸'乃'五十'之讹，梁律可证。"①

《太平御览》六百五十引王隐《晋书》："武帝以山涛为司徒，顿让不许出而往归家，左丞相褒又奏涛违诏，杖褒五十。"这里的杖刑应该就是所谓的"御杖"，也就是因为触怒皇帝或违逆皇帝的权威而被处以杖刑，执行的地点很可能就是朝堂或宫门。

《晋书·贾充传》："贾午考竟用大杖。"这是一次关于大杖行考竟，致人死命的记录。贾午是贾充的幼女。《晋书》中记述了一个带有一定谶纬性质的故事：贾充屯兵于项城攻打孙吴时，竟无故在军营中失踪。贾充帐下有个都督叫周勤，当时正是白天，他在睡觉时梦见一百多人在追捕贾充，抓住之后把他押入一条小道。周勤惊醒了，就听说了贾充失踪这件事，便出去寻找线索，竟然发现了梦见的那条小道，随即沿路去找，果然看见贾充走进一座官府，那里侍卫很多，壁垒森严。只见府中的长官坐在南面，声色俱厉地对贾充说："你要坏我们家的大事儿！你与尚书令荀勖勾结，既迷惑了我的儿子，又迷乱了我的孙子。这期间我派任恺罢免你，你却不离去；又派庾纯谴责你，你也不改。今天，孙吴之寇应当扫平，你就上表斩了张华。你的愚昧和蠢笨的伎俩，不过如此。如果再不思悔改而谨慎起来，早晚还会给你加刑。"贾充便连连磕头，脑袋都磕出了血。那长官又说："之所以为你延长了阳寿并使你有如此地位和名气，这都是因为你保卫朝廷有功啊。不过，你要记住，最后应当让孙太子死于钟虡的两侧之间，让你的大子死在药酒毒下，让你的小子被压于枯木之下。尚书令荀勖也与你大致相同。但他有才华并积下阴德，死在你的后面。数年之后，就要改朝换代了。"说完，他就让贾充离去。贾充突然回到军营，脸色憔悴，神志不清，整

① 沈家本：《历代刑法考》（上册），商务印书馆，2011年版，第324页。

天恍恍惚惚，过了好几天才恢复过来。而这些神秘的预言最终竟然成真。《晋书·贾充传》讲："谧死于钟下，贾后服金酒而死，贾午考竟用大杖。终皆如所言。"

（六）笞

张斐《律序》："累笞不过千二百。"沈家本注："笞至千二百，可谓酷矣。'千'字或引作'于'，然以《晋志》上下文观之，不得作'于'，且张序注云'五岁徒加六等，笞之一千二百'，是'千'字不误。惟《晋律》五岁刑笞二百，如以二百为一等，则六等之加当为千四百，与此数不符。张序上文云'因加不过五'，恐此注'六'乃'五'字传写之讹。笞至一千二百，不死才怪。"可见，在晋朝，笞刑还不是一种独立的刑罚，而是劳役刑的附加刑。我们还可以看到，虽然晋朝的统治者致力于减轻肉刑，但实际上，晋朝的笞刑还是非常厉害的，完全可能致受刑者死亡。

《太平御览》六百五十引束皙《劝农传》："乃有老闲旧猥，挟欺难觉，时虽被考，不过校督，欿对图圄，笑向桎梏。"沈家本注："《说文》：'督，察也。'《汉书·王衮传》：'如此，则使离娄督绳。'（颜师古注："督，察视也。"）此'督'字之本意也。《丙吉传》：'汝尝坐养皇曾孙不谨督笞，汝安得有功。'（颜师古注："督谓视察之。"）视察即察视督笞者，视察而笞之也。《晋律》言'督罚鞭如令'，则鞭督之意似与督笞同矣。然《晋令》云'体有疮者督之'，有疮则不能受杖，又似督则不实鞭者。观束皙之称校督曰'欿对图圄，笑向桎梏'，如实鞭者，岂能如此？《太平御览·刑法部》：'别立督一门，凡录四条，今仍之。'"[1]可见，笞在晋朝依然被看作轻刑，统治者将其作为督责工具来使用。

（七）拲

《说文解字》："两手同械也。从手从共，共亦声。《周礼》：'上

---

① 沈家本：《历代刑法考》（上册），商务印书馆，2011年版，第345页。

罪,桎拲而桎。'"《太平御览》六百四十四:"《晋令》:死罪二械加拲手。"沈家本注:"拲之名,晋时尚存,但加一手字耳。"①

（八）械

《晋书·范广传》:"为堂邑令,承刘荣坐事当死,郡劾以付县。县堂为野火所及,荣脱械救火,事毕还自着械。"

（九）鈦

张斐在《律序》中描述了"鈦"的形制:"状如跟衣,诸足足下,重六斤,以代膑,至魏武改以代刖也。"《太平御览》六百四十四:"《晋律》:'钳重二斤,翅长一尺五寸。'"沈家本注:"钳着于颈,其横出被于肩者,如鸟之翅也。"

《晋书·刑法志》:"魏武帝定甲子科,犯鈦左右趾者,易以木械。是时乏铁,故易以木焉。"

沈家本《历代刑法考》:"钳以束头。自曹魏易以木械,而钳与鈦,遂不复用矣。后世之枷,即古之钳也。但铁、木,大小、长短之不同耳。"②

（十）枷

《晋书·石勒载记》:"会建威将军阎粹说并州刺史东瀛公腾,执诸胡于山东卖充军实。腾使将军郭阳、张隆虏群胡,将谐冀州,两胡一枷,勒时年二十余,尚在其中。"沈家本注:"此文是晋时尚有枷名。而《隋志》梁、陈刑律,皆不言枷,岂当时世间有此名称,而官府尚未改欤? 两胡一枷,即后来二人连枷之始。"③

四、自由刑

晋时的自由刑包括狱、髡、加作、耐、幽等。

---

①　沈家本:《历代刑法考》(上册),商务印书馆,2011年版,第 942 页。
②　沈家本:《历代刑法考》(上册),商务印书馆,2011年版,第 959 页。
③　沈家本:《历代刑法考》(上册),商务印书馆,2011年版,第 950 页。

（一）狱

《晋书·武帝纪》："泰始四年（公元 268 年）十二月，帝临听讼，观录廷尉，洛阳狱囚，亲平决焉。"沈家本注："此晋初京师，惟有二狱。"[1]

太康五年（公元 284 年）六月，初置黄沙狱。《职官志》："晋置治书侍御史员四人，泰始四年，又置黄沙狱治书侍御史一人，秩与中丞同，掌诏狱及廷尉不当者，皆治之。后并河南，遂省黄沙治书侍御史。及泰康中，又省治书侍御史二员。"《高光传》："是时武帝置黄沙狱，以典诏囚，以光历世明法，用为黄沙御史。"《刘颂传》："中正刘友辟公府掾尚书郎黄沙御史。"沈家本注："黄沙狱，《志》言泰始四年置，《纪》言太康五年，玩《志》语，黄沙御史，太康中已省，《纪》《志》不同。高光为黄沙御史，当是初置狱时，《光传》一本作'长沙'者误。刘友作黄沙御史，不知在何年？"[2]

《晋书·职官志》："太子家令，主刑狱、谷货、饮食。县有狱小史、狱门亭长等员。"

可见，晋代的"狱"已经很健全，从中央到地方都有相应职官的设置。

（二）髡

晋之髡刑为二岁至五岁，分四等。

《晋书》："髡钳五岁刑。"

《晋书·刑法志》："诸重犯亡者，发过三寸辄重髡之。髡作者，刑之威。髡罪者，似秋凋落之变。"

《太平御览》六百四十二："《晋律》曰：髡钳五岁刑，笞二百（注：若诸主亡诈伪将吏、越武库垣、兵守逃回家、兄弟保人之属，并五岁刑也）。四岁刑（注：若复上阙沃殿问上变事、通露泄选举事、谋发

---

① 沈家本：《历代刑法考》（上册），商务印书馆，2011 年版，第 923 页。

② 沈家本：《历代刑法考》（上册），商务印书馆，2011 年版，第 924 页。

密事、欧兄姊之属,并四岁刑)。三岁刑(注:若伤人上而谤、伪造官印、不忧军事、戏杀人之属,并三岁刑也)。二岁刑(注:二岁刑减一等入罚金,三岁至五岁刑皆耐罪,皆越戍作窄、走马众中有挟天文图谶之属,并为二岁刑)。"张斐《律序》曰:"徒加不过六,囚加不过五(注:罪已定为徒,未定为囚)。累作不过十二岁(注:五岁徒犯一等加六岁,犯六等加为十二岁作)。累笞不过千二百(注:五岁徒加六等,笞之一千二百)。"沈家本注:"《晋律》久亡,此其仅存者。张斐,《晋志》作张裴,其《律序》见《晋志》而无注文。"

《晋书·刑法志》:"刘颂复肉刑表:'诸重犯亡者,发过三寸辄重髡之,此以刑生刑。'"[1]

（三）加作

加作是一种增加刑期的制度。

《晋书·刑法志》刘颂疏:"诸重犯亡者,发过三寸辄重髡之,加作一年。"

《晋书·刑法志》:"……加作一岁,此以徒生徒也……"

（四）耐

晋之耐刑,伴二岁至四岁的徒刑。

《晋书》:"四岁刑,三岁刑,二岁刑,为耐罪。"

程树德《九朝律考》:"近人太炎文录《五朝法律索隐》云:'晋律:众中走马者,二岁刑,因而杀人者,死。'"

（五）幽

《晋书·惠帝纪》:"永平九(九疑为元之误,因为晋惠帝永平只有一年。岁次也不是壬戌,而是辛亥。依史,壬戌一年有两个年号:既是永宁二年,又是太安元年)年十二月壬戌,废皇太子遹为庶人,及其三子幽于金墉城。"

《晋书·怀帝纪》:"永嘉元年十二月,东海王越矫诏囚清河王

---

[1]　沈家本:《历代刑法考》(上册),商务印书馆,2011年版,第308页。

罩于金墉城。"沈家本注:"惠怀之际,幽囚之事颇书于《纪》,几以金墉城为幽宫矣,此虽非监禁,而其事则与监禁无殊也。"

五、流　刑

晋代最常见的流刑就是徙边和谪戍。

《晋书·列传第二十四·陆机传》:"遂收机等九人,付廷尉,赖成都王颖,吴王晏,并救理之。得减死,徙边。"

《晋书·列传第三十·解系传》:"与二兄俱被害,妻子徙边。"

《晋书·列传第八·宣五王传》:"澹妻郭氏,贾后内妹也。初恃势无礼于澹母。齐王冏辅政,但母诸葛太妃表澹不孝。由是,澹与妻子徙辽东。"

《晋书·列传第四十七·殷浩传》:"兵败,桓温上梳罪浩,坐废为庶人,徙于东阳之信安县。"

《隋书·刑法志》:"自魏晋相承,死罪其重者,妻子皆以补兵。"

可见,由于疆域有限,晋朝对政治犯的流放受到了很大的限制,同时由于各少数民族政权带来的军事压力,晋朝的流刑就更多地表现为徙边和谪戍,以解决边境军事防御的切实问题。

六、财产刑

晋代的财产刑包括籍没、赎、罚等。

(一)籍没

历史上奴婢的来源多种多样,有籍没、继承、被俘、抵债、自卖、掖庭等。其中,籍没、继承与刑罚有关。其余的,虽非刑罚,却酷过刑罚。因为一旦入了奴婢籍,就是终身为奴,由人变成了财产,可任由主人役使、蹂躏、出卖、馈赠、杀戮。而在晋代,统治者虽然保留了官奴(亦有所动摇),但也开始出现奴隶复籍的现象,由此可见,晋人已经开始关注奴隶的存在对社会生产发展的阻碍作用,并开始着手消除其影响。

《晋书·苻坚载记》:"课后宫,置典学,立内司,以授于掖庭,选阉人及女隶有聪识者,置博士以授经。"女隶,籍没为隶之女奴。

《晋书·刑法志》:"去捕亡亡没为奴婢之制。"沈家本注:"第二'亡'字疑有误,此盖但去逃亡罪人妻子没官之制,非别条没官为奴婢之制,一律皆删。"①

《晋书·元帝纪》:"大兴四年五月诏曰:'昔汉二祖及魏武皆免良人,武帝时,凉州覆败,诸为奴婢亦皆复籍,此累代成规也。其免中州良人遭难为扬州诸郡僮客者,以备征使。'"沈家本注:"此僮客亦遭难流离者,非罪人也。魏武事不见于《魏志》,凉州事亦不见《晋书·武帝纪》。"

《晋书·姚兴载记》:"弘治元年,班命郡国百姓因荒自卖为奴婢者,悉免为良人。"

《酉阳杂俎》引《晋令》:"奴婢亡,加铜青若墨黥,黥两眼后。再亡,黥两颊上。三亡,横黥目下。"此可为晋有官奴婢之证。

《晋书·范坚传》:"挝登闻鼓,乞恩,辞求自没为奚官奴,以赎父。"

（二）赎

《北堂书钞》四十四引《晋律》:"赎死金二斤。"注:"谓其赎五岁以下一等减半,四岁以下一等减半也。凡诸侯上书言及不敬,皆赎论。诸侯应八议以上,请得减收留赎,勿髡钳笞也。"沈家本注:"收赎专就年刑言,月入绢一匹,五岁刑得月六十,入绢六十匹,四岁刑得月四十八,入绢四十八匹,三岁刑得月三十六,入绢三十六匹,二岁刑得月二十四,入绢二十四匹。后来梁律实本于此。赎死罪金二斤,梁亦同也。郑康成言汉赎死金三斤,而晋减为二斤,殆以其

---

① 沈家本:《历代刑法考》(上册),商务印书馆,2011年版,第352页。

时金价贵钦。观于晋、宋、齐兼用绢，梁、陈全用绢，北朝齐周亦皆用绢，隋又改用铜，此可以见金贵之故。"①

《晋书·刑法志》："泰始四年，班新律。其后，明法掾张斐又注律，表上之，其要曰：五刑不简，正于五罚，五罚不服，正于五过，意善功恶，以金赎之。金等不过四两，月赎不计日，日作不拘月。赎罚者，误之诫。"

沈家本《历代刑法考》："枭、斩、弃市，《晋志》所谓死刑，不过三也。髡四，赎五，杂抵五，《晋志》所谓生刑，不过十四等也。《六典》称一两以上为赎罪，是兵赎，罚为一。然赎是赎，罚是罚，实二事也。《晋志》言'金等不过四两'，谓赎死以下并以四两为一等之差，杂抵罪轻则有不及四两者。"②

《通鉴·晋记》三十三燕主盛引法例律："公侯有罪，得以金帛赎。"

这可以算作晋代统治者保护世家大族势力的一种表现了。当然晋朝刑罚对于弱者也给予了一定的关照。《晋律》载"其年老小笃癃及女徒，皆收赎。诸应受赎者，皆月入中绢一匹，老小女人半之"，但符合这个标准的人能否提供足够的赎金或物资则要另当别论了。

（三）罚

按晋律，罚金有十二两、八两、四两、二两、一两之数。

《太平御览》六百五十一引《晋律》："失赎罪囚，罚金四两也。以金罚相代者，率金一两以罚当十也。"《晋律》："金等不过四两。"

《太平御览》六百五十一："晋律曰：'除名，当三岁刑。吏犯不孝，谋杀其国王侯伯子男，官长，诬偷受财枉法及掠人和卖诱藏亡奴婢，虽余赦，皆除名为民。其当除名而所取饮食，所用之物，非以

---

① 沈家本：《历代刑法考》（上册），商务印书馆，2011年版，第404页。
② 沈家本：《历代刑法考》（上册），商务印书馆，2011年版，第23页。

为财利者,应罚金四两以下,勿除名。'"程树德《九朝律考》引《晋律》:"十二两、八两。注:《书钞》引臧荣绪《晋书》:凡民私酿酒酤,其有婚姻及疾病者,听之。余有犯,罚金八两、四两、二两。注:《南史·徐孝嗣传》:泰始中,以登殿不着袜,为书侍御史蔡准所奏,罚金二两、一两。"可见,晋朝的罚刑主要为罚金,这在一定程度上反映了那个时代社会经济的发展,以及晋朝国家政权对于特定物质资源的渴求。

七、资格刑

晋代的资格刑包括免、除名、禁锢等。

（一）免

免是对具有官职的人采取的一种惩罚,类似于我们今天的行政处罚。晋人对"免"已经做出了较为详细的规定。《太平御览》六百五十一引《晋律》:"有罪应免官,而有文武加官者,皆免所居官职。"又:"其犯免官之罪,不得减也。"又:"其当免官者,先上。"

《太平御览》六百五十一:"《晋律》曰:免官比三岁刑,其无真官而应免者,正刑召还也。有罪应免官而有文武加官者,皆免所居职官。其犯免官之罪,不得减也。其当免官者,先上。注:免官,谓不听应收治者也。"

《晋书·傅玄传》:"谒者以弘训宫,为殿内制。玄位在卿下,玄恚怒,厉声色而责谒者。谒者妄称尚书所处。玄对百僚而骂尚书以下御史中丞。庾纯奏玄不敬,玄又有表,不以实,坐免官。"

《南史·何承天传》:"上欲以为吏部郎已受密旨,承天宣漏之,坐免官。"

（二）除名

晋朝的除名制度已经较为具体。《太平御览》六百五十一:"《晋律》曰:'除名,当三岁刑。吏犯不孝,谋杀其国王侯伯子男,官长,诬偷受财枉法及掠人和卖诱藏亡奴婢,虽余赦,皆除名为民。其当除名而所取饮食,所用之物,非以为财利者,应罚金四两以下,勿除名。'"

对于不同级别、不同地域的官员,晋朝的除名有具体的规定。《晋书·刘颂传》:"除名,流徙,退免大事,台乃奏处,其余外官,皆专断之。"

《晋书·王彬传》:"敦(王敦)平,有司奏彬及兄子安成太守籍之,并是敦亲,皆除名。"《晋书·穆帝纪》六百五十一引《晋中兴书》:"胡母崇为永康令,多受货赂,政治苛暴。诏都街顿鞭一百,除名为民。"《晋阳秋》:"刘弘顾望,除名为民。"可见,"除名"在晋朝是一种惩治违法官员以及打击政敌的工具。

(三)禁锢

晋朝存在终身禁锢。《晋书·刘隗传》:"请除挺(宋挺)名,禁锢终身。"《晋书·王衍传》:"有司奏:'衍不能守死善道,即求离婚,宜加显责,以励臣节,可禁锢终身。'从之。"《晋书·周访传》:"明年诏原敦(王敦)党狱,抚(周抚)谐阙庆罪,有诏禁锢之。"但这一时期的禁锢已经有了一定的年限划分。《太平御览》六百五十二:"《晋令》曰:犯免官,禁锢三年。"沈家本注:"据此则免官无不禁锢矣,三年乃年限之最少者,或数年,或十年,或终身,盖亦有轻重之差。"[①]这样的刑罚可以使遭受禁锢的官员在禁锢期满后重新开始政治生涯。

此外,晋朝的皇帝也拥有解锢的权力。《晋书·武帝纪》:"泰始元年冬十二月丙寅,诏除旧嫌,解禁锢。"

---

① 沈家本:《历代刑法考》(上册),商务印书馆,2011年版,第451页。

八、耻辱刑

晋朝可见的耻辱刑为墨、髡钳和戮。后两者前文已述,无须赘言。

在晋朝,汉魏时代已经很少使用的墨刑又被运用了起来。但其应用有一定的范围设定。《太平御览》引《晋令》:"奴婢亡,黥两眼。"《酉阳杂俎》引《晋令》:"奴婢亡,加铜青若墨黥,黥两眼后。再亡,黥两颊上。三亡,横黥目下。皆长一寸五分,广五分。"此可为晋有官奴婢之证。

可见,墨刑在晋朝主要用来惩治敢于潜逃的奴婢,一逃、再逃、三逃,都会受到特定的墨刑。一旦面部被刺上鲜明的符号,那么即使一个奴婢能够逃出家主的搜捕,也很难被别人收留或找到谋生之路。

小　结

魏晋时期,九品中正制度得到确立,这种制度改变了汉制,将评价士人的权力收归政府。只有那些因品德才能、家世背景而获得品第的人才有资格为官。未经中正品评者,不得仕为品官。这样,士人就成了一个特定的社会阶层,凡九品以上官吏及得到中正品第者,都可为士,否则只能作为庶人。士人中,又出现凭借父祖官爵得以入仕并且累世为官的家族,这就形成了士族。士族与庶族对立的格局也就逐渐形成并在东晋达到极盛,至南北朝始衰。隋唐以后,士族逐渐退出历史舞台,但士作为一特定阶层的观念仍然保留。这样,九品中正制就从制度上维护士族地主在政治、经济、文化、社会生活等各方面的特权。西晋建立后,司马氏为取得世家大地主的支持,对他们继续实行放纵和笼络的政策,从而形成了典型的门阀政治。这样的政治生活特征，在很大程度上就决定了晋朝刑罚体系的形态和内在运行规律。那时士族门阀的势力足以与皇权并立，甚至超越皇权，皇帝都要依赖士族的支持，因此我们可以看到晋朝刑罚制度的制定与调整往往决定于皇权与族权的博弈，决定于各个世家大族之间的势力斗争。这一时期士族不仅在政治上拥有特权，而且在经济、文化等各个社会领域都居于主导地位。可以说，士族的存在是一种社会现象，它与当时的社会生产方式、国家政权对社会基层的控制力和统治方式都密切联系在一起，同时也对当时的刑罚体系产生了直接的影响。与魏相比，晋代刑罚进一步趋于简化，有大辟、身体刑、流刑、财产刑、资格刑等，并且注重对肉刑的减少，增加财产刑和徒刑的比重。这样的刑罚体系是与当时的社会环境相适应的，因此虽然两晋的政权先后被终结，但随即而起的南朝宋、齐律的篇目及刑名之制基本上沿袭《晋律》。晋朝经常被看作汉代以来中国文化的一个衰落期，但实际上在这个历史时期，中国的文化也进入一个重要的融合期，独尊儒术的格局被打破，多元文化的发展成为可能，由本土发展的玄学、道教及由印度东传的佛教都在这个时代找到了自身的发展空间，因此，在这个阶段形成的刑罚体系对于中华刑罚的发展，还是具备相当重要的历史意义和实践价值的。

第十章　南北朝时代的刑罚

　　南北朝时期(公元 420 年到公元 589 年)是中国古代史上的大分裂时期,起自公元 420 年刘裕取代东晋建立刘宋政权,终于公元 589 年隋灭陈。南北朝上承东晋、下接隋唐,南北两势虽然各有朝代更迭,但长期维持对峙,所以称为南北朝。

　　南朝是汉族政权在中国南方统治的延续,而恰恰是因为这样,士族的势力在南朝各政权中都有很大的影响力。就南朝的政治和社会发展而言,南朝的确出现过元嘉之治与永明之治等治世局面,出现过短时期的国力昌盛和社会繁荣;但是南朝的发展依然受制于皇权与士族权势的斗争,皇帝往往希望通过各自的政治改革和法制措施来稳定政权和发展国家,而士族地主们则更关心自己的利益。于是这两种权力的内耗导致南朝的国家发展和军事战略常常发生严重的错误,统治区域一再向南萎缩。侯景之乱后,士族地主彻底掌控了南朝政权,而其疆域也退到了长江南岸。

　　北朝各政权是胡汉融合的政治体。北魏皇室多为鲜卑族,在其统治过程中,皇室成员逐渐受到汉文化的熏陶,其中以北魏孝文帝的汉化运动最盛。北魏的国力曾经非常强盛,并曾对南方政权采取过大规模的军事行动,但由于北方柔然的牵制,使得北魏难以用全力进攻南朝。北魏后期政治逐渐败坏,六镇民变后国力大衰。最后分裂成东魏及西魏,并分别由北齐及北周取代。北齐的核心主要为六镇流民及关东世族,其军力比较强盛。由于其源头六镇流民偏向鲜卑化以及统治者为鲜卑化汉人的原因,使得北齐主要提倡鲜卑文化。北周在立国时鲜卑军不如北齐多,政治地位也不如北齐及南朝梁,所以制定关中本位政策,融合鲜卑及汉人以消除胡汉隔阂。最后,北周形成团结的关陇贵族集团,得以攻灭因政治混乱而衰退的北齐,而汉族也逐渐成为北周军队的主力之一,汉族逐渐占据统治地位及主体,取代鲜卑贵族,也为后来的杨坚建隋打好了基础。北周静帝禅让帝位于杨坚,隋朝建立。新政权于开皇九年灭陈,自西晋末南北分裂 300 余年的中国再度统一,南北朝正式退出历史舞台。

就刑罚而言,南朝的宋、齐、梁、陈基本都沿用《晋律》,所做的调整比较少,尤其是宋和齐基本上是因袭《晋律》的。沈家本《历代刑法考》:"《孝武纪》大明四年(公元 460 年),无改制之事,惟五年诏曰:'近籍改新制,在所承用,殊谬实多,可普更符下,听以今为始。'是当时实有改制之事也。《册府元龟》引此事,'改定'上有'请'字。《隋志》云'晋代刑宪,称为简易,宋、齐方驾躏其余轨',《唐六典》云'宋及南齐略同晋氏',是宋、齐二代刑制多仍晋制,即有改者,亦一二端而已。"

北朝的北魏是一个成功地由游牧民族国家转型为农耕民族国家的典型,这里我们所讲的转型不仅指生产方式的转型,而且也包括刑罚体系的转型。北魏的孝文帝对此做出了尤为突出的贡献。北魏的刑罚体系显然具有"隆礼义,慎刑罚"的特征。于礼义一节,北魏刑罚非常重视八议、官当等法律特权的履行,并用严格的刑罚来保证等级之间的差别和秩序,并把宽、免、孝、悌等社会伦理要素整合到其刑罚体系内。于慎刑一节,孝文帝强调"民由化穆,非严刑所制,防之虽峻,陷者弥甚"[①],可见儒家"明德慎罚"的思想对孝文帝有着重要影响。孝文帝采取了多种措施,使得北魏的刑罚体系不断地由"刑民"向"禁民"发展,从而令北朝刑罚进入礼法结合的全新阶段。北齐与其他各政权的刑罚体系相对特殊,以死、流、耐、鞭、扑五刑构成刑罚基本结构。其中的死刑分为轘、枭首、斩

---

① 《魏书·刑罚志》。

刑、绞刑四种。流刑一般都表现为戍边充军，不能充军的则服徒刑或女舂各六年。耐刑分为一到五年共五等，而这五等自由刑都不称为"徒"，可见在北齐的刑罚体系中，徒刑尚未成熟。成熟的徒刑始于北周，这是以强制劳动为内容的自由刑。北周的刑罚体系具有数量上的齐整性：杖刑五等，由十到五十杖，每等增加十杖；鞭刑从六十到一百，每等加十鞭；流刑分五等，最低限度流放两千里，其后每等增加五百里。其死刑较北齐增加了磐刑，有所加重。

一、株　连

《释名》："罪及余人曰诛。诛，株也。如株木根，枝叶尽落也。"一人被认定有罪，而牵连多人受刑，是为株连。

南北朝时之株连有孥戮、族诛、门诛、夷三族、夷五族等。

（一）孥戮

这是我国古代一人犯罪，株连子孙，并没收犯罪人家属及财产的刑罚，是连坐的雏形。被籍没的人，终身为奴。此刑历史悠久，源于奴隶制时代的夏，属于非刑。

《北史·陈奇传》引律："造榜书者，皆及孥戮。"

《魏书·酷吏传·张赦提》："其灵丘罗思祖，宗门豪溢，家处隘险，多止亡命，与之为劫。显祖怒之，孥戮其家。而思祖家党，相率寇盗。赦提应募求捕逐，乃以赦提为游徼将军，前后擒获，杀之略尽。"显祖即献文帝拓跋弘，是太武帝焘的曾孙，公元465年至公元470年是北魏皇帝。

《神元平文诸帝子孙列传》："隆超与元业等兄弟，并以谋逆伏诛。有司奏处孥戮，诏以不应连坐。但以先许不死之诏，听免死，仍为太原百姓。"

（二）族诛

族诛亦称族、族夷、族灭，是一种一人犯罪株连全族的酷刑。

孔传："一人有罪，刑及父母、兄弟、妻子，言淫滥。"在南北朝时期，中国古代的族诛之刑延续了两晋的发展趋势，开始规范化，由任意肆虐转向了制度化。

《魏书·刑罚志》："昭成建国二年（公元387年），犯大逆者，亲族男女，无少长皆斩。世祖神麚中，诏司徒崔浩定律令。大逆不道腰斩，诛其门籍，年十四以下腐刑女子没县官。正平元年（公元451年），改定律制门诛。高宗太安四年，增律门房之诛十有三。高祖延兴四年，诏自非大逆干犯者，皆止其身，罢门房之株。"

《隋书·刑法志》记录了南朝梁天监二年的律令："谋反、降叛、大逆以上皆斩。父子同产男，无少长皆弃市。母妻姐妹及应从坐弃市者妻子女妾，同补奚官为奴婢。"

《魏书·卢玄传》："初，道武诏秘书郎邓彦海着国记十余卷，编年次事，体例未成，逮于明元，废不著述。神麚二年（公元429年），诏集诸文人撰录国书，浩及弟览、高谠、邓颖、晁继、范享、黄辅等共参著作，叙成《国书》三十卷。著作令史太原闵堪、赵郡郄标素谄事浩，乃请立石，铭载国书，以彰直笔，并勒浩所注五经。浩赞成之，景穆善焉，遂营于天郊东三里，方百步，用功三百万乃讫。浩书国事，备而不典，而石铭显在衢路，北人咸悉忿毒，相与构浩于帝。帝大怒，使有司案取秘书郎及长历生数百人意状。浩服受赇。（太平）真君十一年（公元450年），六月诛浩。清河崔氏无远近，及范阳芦氏、太原郭氏、河东柳氏，皆浩之姻亲，尽夷其族，其秘书郎以下，尽死。"

可见，无论是北朝的北魏还是南朝的梁都对族诛的适用范围做出过调整，使得族诛刑仅适用于谋反、大逆等威胁封建政权的具有政治性的重罪，诛杀所针对的一般都是家族中的男性，而女性则被罚没为奴，这是对两晋族诛规范化发展的继承和巩固。尤其是北魏，我们通过文献可以很清晰地发现其刑罚规范化的过程。

（三）门诛

门诛亦称门房之诛，是族刑连坐的别称。此刑罚是一种一人有罪，诛戮亲族的酷刑。《魏书·显祖纪》："（延兴四年，公元474年）诏曰：门房之诛……亲戚一人为恶，殃及合门。"此刑名，仅见于南北朝时之魏，约与夷三族相当。法定刑。

北魏建国初期，门诛之刑曾经盛行。《魏书·刑罚志》："初，盗律：赃四十匹，致大辟。民多慢政，峻其法。赃三匹皆死。正平元年诏曰：'刑纲太密，犯者更众，朕甚愍之。其详按律令，务求厥中。有不便于民者，增损之。'于是，游雅与中书侍郎胡方回等，改定律制。盗律复旧，加故纵通情止舍之法及他罪，凡三百九十一条。门诛四，大辟一百四十，五刑二百二十一条。"

又："高宗初，仍尊旧式，又增律七十九章。门房之诛十有三，大辟三十，五刑六十二。"又："高祖驭宇，留心刑法。先是以律令不具，奸吏用法，致有轻重。诏中书令高闾集中秘官等，修改律文，随例增减。又敕群官参议厥衷，经御刊定。五年冬讫。凡八百三十二章，门房之诛十有六，大辟之罪二百三十，五刑三百七十七。除群行剽劫，首谋门诛，律重者，止枭首。"又："真君六年，改定律制，加门诛四。太安四年，增律门房之诛十有三。延兴四年，罢门房之诛。太和三年，修改律令，五年冬讫，门房之诛十有六。"

《魏书·高祖纪》："延兴四年六月乙卯，诏曰：'朕应历数开一之期，属千载光熙之运，虽仰严海，犹惧德化不宽，至有门房之诛。然下民凶戾，不顾亲戚，一人为过，殃及合门。朕为民父母，深所愍悼。自今以后，非谋反，大逆，干纪，外奔，罪止其身而已。今德被殊方，文规将一，宥刑宽禁，不亦善乎？'太和三年，诏中书令高闾集中秘官等修改旧文，随例增减。五年冬讫，凡八百三十二章，门房之诛十有六，十一年，诏曰：'前命公卿论定刑典，而门房之诛犹在刑策，违失《周书》父子异罪。推古求情，意甚无所取。可更议之，删除繁酷。'"又太和五年诏曰："法秀妖诈，乱常妄说，符瑞兰台。

御史张求等一百余人，招结奴隶，谋为大逆。有司科为族诛，诚合刑宪。且矜愚重命，犹所弗忍，其五族者，降至同祖，三族止一门，门诛止身。"

可见，经过多次的刑罚修改，北魏株连的范围日趋缩小，孝文帝对刑罚"罪止其身"的规范和约束是中国古代刑罚发展过程中值得关注的亮点。但同时需要注意的是，虽然株连的范围在法律上受到了约束，但实际上在司法实践过程中，这类刑罚的应用却有扩大的趋势。

二、生命刑

关于南北朝的生命刑或曰死刑，程树德在《九朝律考》中说："《魏书·刑罚志》：'神麚中，崔浩定律，分大辟为二科：死、斩。死入绞；大逆不道，腰斩；害其亲者，轘之。是死刑原分四等。高祖太和三年，改律。重者止枭首。'据《高祖纪》：'太和元年秋七月，定三等死刑。所谓三等者，盖即枭首、斩、绞。'《隋志》载北齐死刑，重者轘之，其次枭首，次斩刑，殊身首，次绞刑，死而不殊。北周死刑，亦有绞、斩、枭首，皆沿魏制。盖后魏死刑，世祖时，分四等，高祖时，分三等。世宗改律，于死刑，史无明文。然据《刘恺传》，天平中，恺遂遣奴害公主，乃轘恺于东市，妻枭首。事在世宗定律以后，是轘刑仍未尽废。惟腰斩之制，传不经见。意者，自高祖改律，而后遂不再用此制欤。"

南北朝时代的生命刑主要有大辟、斩、弃市、枭首、腰斩、辜、轘、磬、掠杀、剥面、霹雳车、焚、烙、烹、油煎、坑、赐死等。

（一）大辟

大辟是一种法定刑，始于夏。我国古代五刑之一，秦、汉以前死刑的通称。辟，罪也。死刑为罪之大者，故称大辟，也称极刑。实际执行的刑罚，除法定刑（也称正刑）外，还有许多法外酷刑（也称非正刑），甚至私刑和非刑。

北魏的大辟之刑有轘、腰斩、殊死、弃市（绞），其中殊死是斩刑，弃市就是绞刑。以上四种行刑方式在崔浩制定法典时都是法定行刑方式。《唐六典》注："（北魏）太武帝始命崔浩定刑名，于汉魏以来律，除髡钳五岁，四岁刑，增二岁刑。大辟有轘、腰斩、殊死、弃市四等，凡三百九十条。"太和元年（公元477年）修律中法定死刑行刑方式有三种，即枭首、斩和绞。此外，北魏时的极刑还有沉渊，即投水。北魏是在法律上明确规定绞刑的朝代。《魏书·刑罚志》："世祖即位，……定律令。……分大辟为二科：死，斩。死入绞。大逆不道腰斩，诛其同籍，年十四已下腐刑，女子没县官。害其亲者轘之。为蛊毒者，男女皆斩，而焚其家。巫蛊者，负羖羊抱犬沉诸渊。"

《魏书·刑罚志》："高祖太和三年（公元479年），修改刊定大辟之罪二百三十五。"沈家本注："六代南朝死罪之数，史不具，惟元魏颇详。此即《隋律》之根原，其时死罪已少矣。"可见，在沈家本看来，北魏刑罚已经在较大程度上减少了死刑，而这样的特征又被隋代的统治者所继承，这对隋代以后生命刑的变化产生非常重要的影响。

在北魏时期，大辟之刑经常被用于惩治具有政治性的犯罪。例如《魏书·侯刚传》："后刚坐掠杀，试射羽林，为御史中尉元匡所弹，廷尉处刚大辟。尚书令任城王澄，为之言于灵太后。侯刚历仕前朝，事有可取，纤芥之疵，未宜便致于法。灵太后乃引见廷尉卿斐延儁，少卿袁翻于宣光殿。问曰：'刚因公事掠人，邂逅致死，律文不坐，卿处其大辟，竟何所依？'翻对曰：'按律：邂逅不坐者，谓情理已露。而隐避不引，必须棰挞，取其款言，谓搒挞以礼之类。至于此人，问则具首，正宜依犯结案，不应横加棰朴。兼刚口唱打杀，捆筑非理，本有杀心，事非邂逅，处之大辟，未乖宪典。'"《魏书·高祖纪》："太和九年正月，诏曰：'图谶之兴，起于三季。既非经国之典，徒为妖邪所凭。自今图谶秘纬，及名为孔子闭房记者，一皆焚之。留者以大辟论。'"《魏书·肃宗纪》："熙平二年五月，重申天文之禁，犯者，以大辟论。"这些从文化、心理和技术方面质疑封建权威的行为都可能遭受极刑的惩治。

南北朝时期北齐的法定死刑行刑种类有四种，即轘、枭首、斩刑、绞刑。程树德《九朝律考》引《北齐律》："死。注：凡四等。死罪者，桁之，轘。枭首，注：陈尸三日，无市者，列于乡亭显处。斩，注：殊身首。绞，注：死而不殊。"又引《后周律》："死刑五：磬，绞，斩，枭，裂。"法外刑有棒杀、锯、镬等。《北齐律》中明确规定：一曰死，重者轘之。其次枭首，并陈尸三日；无市者，列于乡亭显处。再次斩刑，殊身首。再其次绞刑，死而不殊。北周行刑方式法定种类有五种，即磬、绞、斩、枭、裂。至于具体的死罪数量，今天已经难以考证。

南朝法定行刑方式多为枭首、弃市（绞）、斩三种，基本上还是继承两晋刑罚内容。例如，《梁律》法定死刑行刑种类有三种，即枭首、斩、绞，但其他的法外行刑种类还有赐死、赐自尽、焚尸、戮要、割腹、刳心、扬灰、污潴、脔割（割成肉片）、斧钺、杖杀、鞭杀、爇焚烧。

（二）斩

斩刑，别称殊死。按照沈家本的考证，殊死就是斩。《唐六典》："崔浩定大辟，有轘、腰斩、殊死、弃市四等。"沈家本《历代刑法考》："后魏大辟四等，殊死在腰斩、弃市之间。自当为断首之刑。颜师古《匡谬正俗》殊死条：'每见赦书，或云殊死以下，或云死罪以下，为有异否？何谓殊死？'董勋答曰：'殊，异也，死有异死者，大逆族诛、枭首、斩腰。《易》由焚如之刑也。汉高帝初兴之际，死罪已下是为异死者，不赦也。世祖时起，赦殊死以下，是谓异死者皆赦也。按称殊死、绝死，谓斩刑也。'《春秋传》曰：'断其木而不殊。'班书《韩延寿传》云：'门下掾自刭，人救不殊。'殊者训绝，而死有斩、绞，故或云殊死，或云死。但云死者，绞缢刑也。云殊死者，身首分离，死内之重也，非取殊死为名。又汉高帝五年，赦天下殊死以下。何言不赦乎？段注：'凡汉诏云殊死者，皆为死罪也。死罪者，首身分离，故云殊死。……'《史记·苏秦传》：'刺苏秦，不死，殊而走。'按弗殊者，谓不绝也。不死，殊而走者，谓人虽未死，创已决裂也，皆断之说也。宣帝诏曰：'骨肉之亲，粲而不殊。'凡言殊异，殊绝皆引申之义。桂氏《义证》云：'《后汉·光武纪》：罪非犯殊死，一切勿案。'注云：'殊死，谓斩刑殊绝也。'魏之《陈群传》：'汉律所杀殊死之罪。'《增韵》汉律殊死谓斩刑。愚按：以上各说，并以殊死为斩刑，后魏改斩之名为殊死亦必用旧说也。惟据郑氏《掌戮》注，汉有腰斩、弃市（即斩首）二刑，而无绞刑，师古分殊死于死为二，似尚未确。腰斩亦殊绝者，不得但云身首分离也。"经过论证，沈家本的意见是殊死就是斩。

中国古代腰斩一般要使受刑者伏铁锧，而在北魏时期，斩首也有伏铁锧的情况。《魏书·刑罚志》："高祖驭宇，留心刑法。故事，斩者，皆裸形伏锧。入死者绞。虽有律，未之行也。太和元年，诏曰：'刑法所以禁暴息奸，绝其命，不在裸形。其参详旧典，务从宽仁。'司徒元丕等奏，言圣心垂仁恕之惠，使受戮者免裸骸之耻。普天盛德，莫不幸甚。臣等佥议：'大逆及贼各弃市袒斩，盗及吏受赇，各绞刑，踣诸甸师。'又诏曰：'今犯法至死，同入斩刑，去衣裸体，男女裸见，岂齐之以法，示之以礼者也。今具为之制。'"

斩刑是北魏死刑中被运用得比较普遍的一种。其适用范围也很广泛。《魏书·刑罚志》："高宗增置内外侯官，伺察诸曹外部州镇，至有微服杂乱于府寺间，以求百官疵失。其所穷治，有司酷加讯恻，而多相诬违，辄劾以不敬。司官赃二丈，皆斩。"又："有司奏立严制：诸疆盗杀人者，首从皆斩，妻子同籍，配为乐户；其不杀人及赃不满五匹，魁首斩，从者死，妻子亦为乐户；小盗赃满十匹已上，魁首死，妻子配驿，从者流。"

《通典》一百六十四："太安中，以庶士多因酒醮致讼，制禁酿酒，酤饮皆斩。基凶宾亲，则开禁有呈日。"《魏书·宋弁传》："又敕，凡不达律令，见律有枭首之罪。乃生断兵手，以水浇之。然后斩决。"《赵郡王干传》："州表，斩盗马人，于律过重。"可见，从酿造私酒到盗马贼，斩刑都是适用的。实际上，这种情况不仅存在于北朝的北魏，在南朝，斩刑也是如此。各个政权的刑罚体系中不仅有斩刑，而且适用广泛。如《南史·宋明帝纪》："太始四年秋九月戊辰，诏定黥刖之制。有司奏：'自今凡劫窃执官仗、拒战逻司、攻剽亭寺及伤害吏人，并监司将吏自为劫，皆不限人数，悉依旧制斩刑。'"《南史·王峻传》："河清四年，坐违格，私度禁物，并盗截军粮，有司依格处斩，家口配没。"这些都证明了斩刑在南北朝刑罚中的地位。

（三）弃市

弃市作为一种生命刑，是我国古代于闹市行刑并加以陈尸示众的死刑执行方法。南北朝时期的宋、齐、梁、陈以及北朝的北魏都有弃市的刑罚，而其执行方式均为绞刑。如《隋书·刑法志》："《梁律》，其制刑为十五等之差，弃市已上为死罪，大罪枭其首，其次弃市。"又如《梁书·伏恒传》："请以恒大不敬论，以事详，法应弃市刑。"又《文献通考》一百六十八："宋制：为劫者身斩，家人弃市，同籍周亲谪补兵。"又《南史·王僧雯传》："时有前将军陈天福，坐讨唐寓之于钱唐，掠夺百姓财物，弃市。"

《隋书·刑法志》："保定三年《大律》，其制罪：一曰杖刑五……五曰死刑五，一曰磬，二曰绞，三曰斩，四曰枭，五曰裂。五刑之属各有五，合二十五等。不立十恶之目，而重恶逆，不道，大不敬，内乱之罪。凡恶逆，肆之三日。盗贼群攻乡邑及入人家者，杀之无罪。若报仇者，告于法而自杀之，不坐。经为盗者，注其籍。唯皇宗则否。"《大律》虽未列弃市为死刑，但言"凡恶逆，肆之三日"。这肆之三日，就是典型的弃市的死刑执行方法。

（四）枭首

枭首在南北朝时期是死刑中较为严酷的一种。在多数政权的刑罚体系中，枭首都是最重的死刑。沈家本《历代刑法考》："枭首、斩、弃市为死罪之三等，曹魏刑也，枭首居首，是以斩为断首，弃市为绞矣。腰斩之刑，此时盖已除之，而史无明文。其后南朝皆尊行之，梁、陈则有枭首而无斩刑，后魏大辟有殊死。"沈家本所讲的"此时"是指两晋时期，在此时期，枭首刑一度被废止，但在南北朝时期又被恢复。

《魏书·刑罚志》引贼律："谋反，大逆，枭首。"又："熙平中，有冀州妖贼延陵王买，负罪逃亡。赦书断限之后，不自归首。廷尉卿裴延儁上言：'法例律：诸逃亡，赦书断限之后，不自归首者，复罪如初。依贼律，谋反大逆，处置枭首。'"又："太和五年，大辟之罪，重者止枭首。"可见北魏是存在枭首刑的。

北齐、北周也有枭首刑，但枭首并非其刑罚体系中最重的死刑。《隋书·刑法志》："河清三年（公元564年），尚书令、赵郡王睿等，奏上《齐律》十二篇：……其制，刑名五：一曰死，重者辕之。其次枭首，并陈尸三日，无市者，列于乡亭显处。其次斩刑，殊身首。其次绞刑，死而不殊。凡四等。"《隋书·刑法志》引《后周律》："死刑五：磬，绞，斩，枭，裂。"

《隋书》："《梁律》：'弃市以上为死罪，大罪枭其首，其次弃市。'"可见，南朝的梁和陈也都采用枭首刑。

（五）腰斩

腰斩也称要斩。古时"要""腰"不分，实际是腰斩。腰斩是自周以来以断腰为杀戮方式的一种死刑执行方法，是从腰间把人切断。这种刑罚在南北朝时期依然使用，但出现了减少和去法定化的趋势。

《魏书·刑罚志》："昭成建国二年，犯大逆者，亲族男女，无少长皆斩。世祖神麚中，诏司徒崔浩定律令。大逆不道腰斩，诛其门籍,年十四以下腐刑女子没县官。正平元年,改定律制门诛。高宗太安四年,增律门房之诛十有三。高祖延兴四年,诏自非大逆干犯者,皆止其身,罢门房之株。"

沈家本《历代刑法考》:"魏、晋以后,南朝已无腰斩,而元魏尚用之。齐、周二代则并无此名,又不用矣。唐太和九年,王涯等腰斩。宋太平兴国三年,殿直霍琼坐慕兵劫民财,腰斩。熙宁八年,张靖武等腰斩。宋齐愈谋立异姓以危宗社腰斩都市。辽圣宗时,刘哥等腰斩。皆间或行之,非常法也。"①

可见,在南北朝时期,腰斩在各政权的刑罚体系中逐渐淡出。虽然北魏政权发展的早期使用这种刑罚,腰斩被列为四种大辟之一,但在太和五年之后,枭首成为北魏最重的死刑,而腰斩及轘刑已经不再见于其法律文本。

(六)辜

辜,也称磔、脯、支(肢)解。一般来讲,中国古代的辜刑是一种分裂肢体后悬首张尸示众的刑罚。脯是脱掉衣服,锯裂、肢解身体,然后示众。然而南北朝之磔,多为肢解尸体。

《北史·崔悛传》:"崔悛为东兖州刺史,其妻冯氏受纳狼籍,为御史劾,与悛俱召,诏付廷尉,诸囚多奸焉,狱中致竞。寻别诏斩冯氏于都市,支解为九段。"

《北齐书·琅琊王俨传》:"收伏连及高舍洛王子宜,刘辟疆,都督翟显贵于后园,帝亲射之,而后斩。皆肢解,暴之都街下。文武职吏,尽欲杀之。光以皆勋贵子弟,恐人心不安。赵彦深亦云'春秋责帅'。于是,罪之各有差。"

(七)轘

轘,也称车裂、轘裂、车磔、体解,俗称五马分尸。这是我国古代以五车分裂犯人四肢和头的死刑执行方法,即在犯人生时或杀

---

① 沈家本:《历代刑法考》(上册),商务印书馆,2011年版,第107页。

后,将其四肢和头分别拴在五辆向不同方向奔驰的马车上,以撕裂其肢体并示众,因而得名。法定刑,为周所创。

在南北朝时期有若干个政权把辗刑列入其刑罚体系,辗可谓南北朝时期死刑之首。我们可以看到北魏有辗刑的设置,在太和五年后取消。《魏书·太宗纪》:"(天兴)三年(公元340年),春正月,戊午,和突破卢溥于辽西,生获溥及其子涣,传送京师,辗之。"又《魏书·长孙肥传》:"生擒准。诏以儒肉食准,传送京师,辗之于市,夷其族。"

北齐、北周也有辗刑。《隋书·刑法志》:"保定三年(公元563年)《大律》,其制罪:……五曰死刑五,一曰磬,二曰绞,三曰斩,四曰枭,五曰裂。五刑之属各有五,合二十五等。不立十恶之目,而重恶逆,不道,大不敬,内乱之罪。凡恶逆,肆之三日。盗贼群攻乡邑及入人家者,杀之无罪。若报仇者,告于法而自杀之,不坐。经为盗者,注其籍。唯皇宗则否。"《隋志》:"齐河清三年(公元564年)《齐律》:其制,刑名五:一曰死,重者辗之。其次枭首,并陈尸三日;无市者,列于乡亭显处。再次斩刑,殊身首。再其次绞刑,死而不殊。凡四等。"

从以上资料中,我们可以看到在南北朝时期保留辗刑的多为北方政权,而这种刑罚基本上是用于惩治敌对势力、谋逆叛国、杀害至亲等重罪。我们虽然不能武断地做出这种情况与北方民族习俗有关的判定,但还是可以看到,北方政权在改革刑罚体系的过程中还是较为关注严酷刑罚的威慑力量的。

(八)磬

磬是指一种将人吊死的刑罚,亦称磬刑。

在南北朝时期,磬刑的适用较为广泛,尤其是在北周和北齐。《隋书·刑法志》:"保定三年(公元563年)《大律》,其制罪:……五曰死刑五,一曰磬,二曰绞,三曰斩,四曰枭,五曰裂。五刑之属各有五,合二十五等。"从这里我们可以发现,实际上磬和绞还是存在区别的。沈家本《历代刑法考》："《隋志》作'罄',罄、磬通也。……郑解磬曰县缢,《释名》县绳曰缢,是磬刑必县,如县磬然也。至绞刑如何? 未有明文,疑如今绞刑,但以绳绞颈,气闭则毙,不必县也。"①以沈家本之见,磬是挂起来吊死,绞则是用绳子勒死,不必吊起来。

沈家本《历代刑法考》："尚书周颙等议肉刑云:'截头绞颈,尚不能禁。'截头者斩,绞颈者弃市。晋之刑法,议自魏代,可以知魏之弃市亦绞刑也。南朝宋、齐、梁、陈,北朝魏并有弃市之名,皆谓绞刑。北周死刑五,二绞。北齐死刑四,有绞。绞刑之名,始见于周、齐二代。周律定于保定三年癸未,齐律定于河清三年甲申,相距先后只一年,而同时改弃市为绞……隋开皇律:'死罪斩绞。'"他又讲:"自此以后,绞为正刑,至今相沿不改。"②可见,对于绞刑这种具体刑罚的演变历程而言,南北朝是一个重要的过渡时期。

（九）掠杀

掠杀也称棰杀、棒杀、杖杀、重杖、鞭杀、笞杀,是我国古代用竹板、荆条、木棒、皮鞭等物,把人活活打死的酷刑。笞杀之外,在身体刑中还有笞刑。二者之区别在于:笞杀无定数,打死为止;笞刑则有定数,根据罪行轻重,多寡不同。此外,所用刑具也不同,笞杀除竹板、荆条外,还有棍棒。掠杀始于汉,非刑。

《周书·柳庆传》："广陵王元欣,其甥孟氏,屡为匈横。或有告其盗牛,庆捕推得实,令笞杀之。"

《隋书·刑法志》："(从事)清河房超为黎阳郡守,有赵道德者,使以书属超。超不发书,棒杀其使。文宣于是令守宰各设棒,以诛属请之出使。后都官郎中宋轨奏曰:'昔曹操悬棒,威于乱时,今施之太平,未见其可。若受使请赇,犹致大戮,身为枉法,何以加罪。'

---

① 沈家本:《历代刑法考》(上册),商务印书馆,2011年版,第125页。
② 沈家本:《历代刑法考》(上册),商务印书馆,2011年版,第122页。

于是罢之。"

（十）剥面

剥面，是三国时吴国一种极其残酷的刑戮人犯的方法。这一刑罚是把人的脸皮剥下来，致其死亡。始于三国，非刑。南北朝时期也偶有出现，但绝非正刑的一种。

《北史·齐本纪·后主纪》："初琅邪王举兵，人告者误云：'库狄伏连反。'帝曰：'此必仁威也。'又斛律光死后，诸武官举高思好堪大将军。帝曰：'思好喜反。'皆如所言。遂自以为策无遗算，及益骄纵。盛为无愁之曲，帝自弹胡琵琶而唱之，侍和之者以百数，人间谓之无愁天子。尝出见群厉，尽杀之。或杀人，剥面皮而视之。"琅邪王高俨，后主纬之弟，字仁威，他在武平二年（公元571年）七月杀死当权大臣和士开，举兵进宫。后主得到大将斛律光的支持，高俨兵败，随即被杀。思好，高思好，北齐宗室，朔州刺史，于武平五年（公元574年）起兵反对后主，兵败被杀。

（十一）霹雳车

霹雳车本是古代以机发石之战车，此处则是指一种毁坏女人外生殖器的车辆，用于惩罚淫妇。乡间也有这种刑具，称木驴。非刑，始于南北朝。

《隋书·刑法志》："保定三年（公元563年）《大律》，其制罪：……五曰死刑五，一曰磬，二曰绞，三曰斩，四曰枭，五曰裂。五刑之属各有五，合二十五等。不立十恶之目，而重恶逆，不道，大不敬，内乱之罪。凡恶逆，肆之三日。盗贼群攻乡邑及人人家者，杀之无罪。若报仇者，告于法而自杀之，不坐。经为盗者，注其籍。唯皇宗则否。……又作霹雳车，以威妇人。"

（十二）焚

焚也称燔、焚炙、焚如、热、炙。这是夏代一种死刑执行方法。这一刑罚是将人抛入火中烧死。非刑，始于夏。在南北朝时期也有出现。

《北齐书·后主纪》:"武平五年二月,南安王思好反,尚书令唐邕等大破思好,思好投水死,焚其尸,及其妻李氏。"南朝陈也有此刑,称热。

(十三)烙

烙是用烧红的铁器炙烙人犯的耳、臂的酷刑。非刑,仅见于南北朝时。

《隋志》:"北齐文宣时,有司折狱,又皆酷法。讯囚则用车辐抯(音抽,意同抽,束紧之意)杖,夹指压踝,又立之烧犁耳上,或使以臂贯烧车钉。既不胜其苦,皆致诬服。"沈家本注:"抯杖,当是手持以击人者;夹指,后世拶指也;压踝,后世之夹棍也。至于犁耳、车钉则非刑矣。文宣淫刑如此,宜齐祚之不长矣。"犁耳、车钉,都是火刑,约相当于烙刑。

(十四)烹

烹,《史记》《汉书》皆作亨。亨:古烹字。镬烹是中国古代把犯人投入鼎镬(大锅)中煮死的酷刑。有时还强制人吃进去。此刑为殷首创,属非刑。

《释名》:"煮之于镬曰烹,若烹鸟兽之为也。"《魏书·李静传》:"武定八年(公元 550 年),常侍侍讲荀济知帝意,乃与华山王大器、元瑾密谋,于宫内为山,而作地道向北城。至千秋门,门者觉地下响动,以告文襄。文襄勒马入宫,曰:'陛下何意反邪!臣父子功存社稷,何负陛下邪?'将杀诸妃嫔。帝正色曰:'王自欲反,何关于我。我尚不惜身,何况妃嫔!'文襄下床叩头,大啼谢罪,于是酣饮,夜久乃出。居三日,幽帝于含章殿,大器、瑾等皆见烹于市。"

《北齐书·后主纪》:"武平六年(公元 575 年)正月,烹妖贼郑子饶于都市。"

(十五)油煎

油煎即以沸油将人煎杀的酷刑。非刑,仅见于南北朝时。

沈家本《历代刑法考》:"侯景南奔,高澄命先剥景妻子面皮,以大铁镬盛油煎杀之,见《南史·侯景传》。"[1]

(十六)坑

坑,也称生埋。这是一种挖大坑,把人扔进去,覆之以土,使人窒息死亡的死刑执行方法。始于战国,非刑。

《魏书·尔朱天光传》:"其夜,庆云、道洛果便突出,驰马先进,不觉至枪,马各伤倒。伏兵便起,同时擒获。余众皆出城南,遇枪而止。城北军士,登梯上城,贼徒路穷乞降,至明尽收其仗。天光、岳、悦等议,悉坑之,死者万七千人,分其家口。于是三秦、河、渭、瓜、凉、鄯善咸来款顺。天光顿(屯)军略阳,诏复天光前官爵,寻加侍中,仪同三司,增邑至三千户。"

(十七)赐死

赐死是我国古代大臣受命自杀于家,而不由行刑机关执行死刑的制度。非刑,始于商殷。

这种自杀,与现代意义的自杀不同。现代意义的自杀,是自己决定结束自己的生命。古时史书上记录的自杀,有三种情形:其一,是由皇帝赐死,并非本人自愿。凡被赐死的,落个囫囵尸体,也算是皇帝的恩典。其二,是畏罪自杀,犯了依律当死的罪,不自杀,也定被处死,所以自杀。其三,是受了官府或豪强的污辱,无颜再生存,因而自杀。贾谊《陈政事疏》:"廉耻节礼,以治君子,故有赐死而亡辱戮。"可见在中国古代,对于有特定社会身份和地位的人群而言,赐死是一种相对有尊严的死法。

《宋书·前废帝本纪》:"越骑校尉戴法兴有罪,赐死。"

《陈书·杜僧明传》:"萧谄启子雄及扃,与贼交通,逗留不进。梁武帝敕,于广州赐死。"

《魏书·景穆十二王济阴王小新成附孙诞传》:"初,诞伯父郁以贪污赐死。"

---

① 沈家本:《历代刑法考》(上册),商务印书馆,2011年版,第90页。

三、身体刑

南北朝时代的身体刑主要包括劓、刵、宫、夹指、压踝、烧犁耳、烧车缸、测罚、断脚筋、夹棍、掠、鞭、杖、笞、拳、钳、枷、颂系等。

（一）劓

在秦王朝统治时期，劓刑曾经是一种极常见的刑罚，在某种程度上，这种刑罚也恰恰说明了秦刑罚的原始性和残酷性。随着时代的发展，这种刑罚时常被一些开明君主所取消，但也偶尔会被个别的统治者重拾，以镇压威慑犯罪。而南朝的统治者们则较好地继承了两晋刑罚对待"劓"的态度，从较为长远的视角认为这样的刑罚对于社会的稳定发展是不利的。《梁书·武帝纪》："天监十四年正月辛亥，诏曰：世轻世重，随时约法，前以劓、墨，用代重辟，犹念改悔，其路已壅，并可省除。"

（二）刵

刵刑在南北朝时期曾一度被重新启用，但其存在的时间是比较短的。

《南史·宋明帝纪》："泰始四年，诏定黥刵之刑。"

《宋史·明帝纪》："泰始四年九月，诏凡窃执官仗，拒战逻司，或攻剽亭寺及害吏民者，依旧制。五人以下相逼夺者，特赐黥刵，投畀四远，仍用代杀，方古为优。"沈家本注："黥刵者，刵而黥之。自汉文除肉刑，至是复行之矣，然用以代杀，固尔时矜恤之刑也。"

（三）宫

魏晋时期，宫刑曾经一度被废止。但在北朝的北魏，宫刑又重新出现在其刑罚体系中，后期有所减轻。《魏书·刑罚志》："昭成建国二年，犯大逆者，亲族男女，无少长皆斩。世祖神麚中，诏司徒崔浩定律令。大逆不道腰斩，诛其同籍，年十四以下腐刑，女子没县官。……高祖延兴四年……诏自今应宫刑者，直没官，勿刑。"程树德《九朝律考》：“魏宫刑，多用于谋反大逆之子孙，盖绝其后裔。较门诛为减等。”

北齐和西魏也曾经使用宫刑，但后来废止。《北齐书·后主纪》：“天统五年（公元566年）二月乙丑，诏应宫刑者，普免刑，为官口。”官口，官奴婢。沈家本注：“宫刑之免先见于西魏，各行其事，不相谋也。”[1]

而东魏则一直保留着宫刑。《隋书·樊叔略传》：“樊叔略，陈留人也。父欢，仕魏为南兖州刺史，阿阳侯。属高氏专权，将谋兴复之计，为高氏所诛。叔略时在髫龀，遂被腐刑，给使殿省。”沈家本注：“此东魏时事，承魏法有宫刑。”[2]

（四）夹指、压踝、烧犁耳、烧车钏

夹指，也称拶指，是用刑具夹住十指，用力绞结，使筋断骨折的刑罚。非刑，始于战国。

压踝，是用木杠碾压人犯踝骨的酷刑。为北齐所创。

烧犁耳是一种火刑，是让人赤足站立在烧红的犁耳上，用以烫烙人犯的酷刑。非刑，为北齐所创。

车钏是车毂中的孔，以金属为里，谓之钏，用以穿轴。烧车钏，是将车钏烧红，让人把手臂伸进去，烙烫致伤的酷刑。非刑，为北齐所创。

《隋书·刑法志》：“北齐文宣时，有司折狱，又皆酷法。讯囚则用车辐挡杖，夹指压踝，又立之烧犁耳上，或使以臂贯烧车钏。既不胜其苦，皆致诬服。”沈家本注：“挡杖，当是手持以击人者；夹指，后世拶指也；压踝，后世之夹棍也。至于犁耳、车钏则非刑矣。文宣淫刑如此，宜齐祚之不长矣。”

烧犁耳、烧车钏都是火刑，约相当于烙刑。

---

① 沈家本：《历代刑法考》（上册），商务印书馆，2011年版，第126页。
② 沈家本：《历代刑法考》（上册），商务印书馆，2011年版，第172页。

331

（五）测罚

测罚，又称测立。这是我国南北朝时梁和陈独有的惩治犯人的一种酷刑，是集测立、饥饿、械、杻、鞭、杖、笞于一体的极为残酷的综合性刑罚。

据《南朝陈朝刑法志》记载：测立是上土垛，加鞭笞，着械杻。

《隋书·刑法志》："凡系狱者，不即答款，应加测罚，不得以人士为隔。若人士犯罚，违扞不款，宜测罚者，先参议牒启，然后科行。断食三日，听家人进粥二升。女及老小，一百五十刻乃与粥，满千刻而止。……其问事诸罚，皆用熟靼鞭、小杖。……一用梁法。其有赃验显然而不款，则上测立。立测者以土为垛，高一尺，上圆劣，容囚两足立。鞭二十，笞三十讫，着两械及杻，上垛。一上测七刻，日再上三。七日上测，七日一行鞭。凡经杖，合一百五十，得度不承者，免死。"

很明显，犯人入狱，若不积极配合讯问，认罪态度不好，证据面前仍拒不认罪，则施加测罚。测罚之残酷，非常人能扛得住，因此，畏于酷刑，屈打成招、蒙受冤狱的现象不可避免。

《太平御览》六百四十九："《梁书》曰：'梁代旧律'测囚之法曰：一上起自晡鼓，尽于二更。及比部郎中泉刚定律令，以旧法测立持久，非人所堪，分其刻数，日再上。廷尉以为新制过轻，请集八座议之。'尚书周宏正议曰：'凡小大之狱，必应以情，岂可恣考掠以判刑罚？且测人时节，本非古制，近代以来，方有此法。起自晡鼓，迄于二更，岂是常人所能堪忍？所以重械之下诬枉者多，朝暮二时，同等刻进而求于事为哀。'"沈家本注："测罚之制，唯梁、陈用之，上测有时，行鞭有数，以视惨酷之无度者，实为胜之。隋以后此制废也。"[1]

---

① 　沈家本：《历代刑法考》（上册），商务印书馆，2011 年版，第 462 页。

（六）断脚筋

断脚筋即把人的脚筋挑断，使成残废的刑罚。非刑，始于南北朝时。

《南史·宋明帝纪》："太始四年秋九月戊辰，诏定黥刖之制。有司奏：'自今凡劫窃执官仗、拒战逻司、攻剽亭寺及伤害吏人，并监司将吏自为劫，皆不限人数，悉依旧制斩刑。若遇赦，黥及两颊"劫"字，断去两脚筋，徙付交、梁、宁州。五人以下止相逼夺者，亦依黥作"劫"字，断去两脚筋，徙付远州。若遇赦，原断徒犹黥面，依旧补冶士。家口应及坐，悉依旧结谪。'及上崩，其例乃寝。"沈家本注："古之刖者断足，此乃断去两脚筋，与古之刖名同而实异。肉刑，汉世已除，明帝偶行之，不久乃废。知议复肉刑者，其事终难行矣。"[1]

（七）夹棍

夹棍，是我国古代惩治犯人的一种刑罚方法。用两根木棍，一端打孔穿轴，令犯人跪于两棍之间，夹住犯人的小腿，用力剪压，夹得犯人皮开肉绽。非刑，始于南北朝时。

沈家本《历代刑法考》："邱氏濬谓酷虐之吏恣为刑具，如夹棍、脑箍、烙铁之类，是明代有夹棍名目，但未详始于何年？据邱氏之言，固例载之刑法也，今则纂为定例矣。南北朝时，有压踝杖桄之法，其形状不知何如？是即夹棍之意也。"[2]

（八）掠

掠又称榜、榜掠、肆掠、拷，一种肉刑。这是用鞭、杖等刑具抽打犯人的身体并暴尸示众的刑罚。这种刑罚主要用于刑讯犯人，以逼取口供。始于周，是一种比较典型的非刑。

北魏行拷掠之刑有一定的规范。《魏书·刑罚志》："神𪊍中，

---

① 沈家本：《历代刑法考》（上册），商务印书馆，2011年版，第186页。
② 沈家本：《历代刑法考》（上册），商务印书馆，2011年版，第965页。

定律令，拷讯不逾四十九。"永平元年，尚书令高肇等奏曰："谨按《狱官令》，诸察狱，先备五听之理，尽求情之意，又验诸证信，事多疑似，犹不首实者，然后加以拷掠。"然而这些都是法律文书中对拷掠的约束，在司法实践中，这种约束的实际效果是令人怀疑的。《魏书·尉古真传》载："太祖之在贺兰部，贺染干遣侯引乙突等谐行宫，将肆逆。古真知之，密以驰告，侯引等不敢发。染干疑古真泄其谋，乃执拷之，以两轴押其头，伤一目，不伏，乃免之。"又《魏书·卢度世传》："以崔浩事弃官，逃于高阳郑罴家，罴逆之。使者囚罴长子，遂被拷掠，至乃火热其体，因以物故。"

沈家本注："魏之《狱官令》当有所本，《唐六典》：'凡察狱之官，先备五听，又稽诸证信，有可征焉，而不首实者，然后考掠。'据《唐律疏议》《六典》所言，乃唐《狱官令》之文，与《魏志》所言大略相同。《魏志》有'谨按'之字，必当日律令之文如此。后魏律令，初亦承用魏、晋，魏、晋承于汉，疑此乃汉律之遗文也。夫令文如此，而仍有轴押火热之事，酷吏之所为真有无人心者。"①可见，北魏一朝虽法有明文，但肆意的刑讯并没有受到太多的限制。这样的现象当与封建政权的性质有关，在中国整个的封建时代，北魏刑罚呈现出的问题绝非个案，酷吏、严刑逼供一直是中国古代司法过程中浓重的阴影。

（九）鞭

鞭，既是刑具，也是刑名。鞭，始用竹，后用皮革制成。到南北朝时期，各政权刑罚体系中鞭刑的规定已经相当详细。

从刑具的角度来看，《北齐律》："鞭鞘皆用熟皮，削去廉棱，鞭疮长一尺。"《隋书·刑法志》："《梁律》：其鞭有制鞭、法鞭、常鞭，凡三等之差。制鞭，生革廉成。法鞭，生革去廉。常鞭，熟靼不去廉。皆作鹤头纽，长一尺一寸，鞘长二尺七寸，广三分，靶长二尺五

---

① 沈家本：《历代刑法考》（上册），商务印书馆，2011年版，第463页。

寸。……老小于律令当得鞭杖者，皆半之。其应得法鞭杖者，以熟粗鞭、小杖。……其问事诸罚，皆用熟粗鞭、小杖。其制鞭制杖，法鞭法杖，自非特诏，皆不得用。"

从以上资料可以看出，刑具的形制、材料等方面的规定实际上与刑罚的轻重有着密切的关系。同样是枷刑，也存在普通枷具、重枷以及魏忠贤常常用以惩治异己的"大枷"，给受刑者带来的痛苦是完全不同的，普通枷具只能限制人的活动，而"大枷"则可能要了人的性命。《梁律》将鞭分为三种，形制、材质都有所不同，自然是与不同的量刑相配合的。《北齐书·崔伯谦传》也记载了熟皮所制成的鞭的行刑效果："后除济北太守，恩信大行。乃改鞭用熟皮为之，不忍见血，示耻而已。有朝贵行过郡境，问人：'太守治政何如？'对曰：'府君恩化，古者所无。'因颂民为歌曰：'崔府君，能治政，易鞭鞭，布威德，民无争。'客曰：'既称恩化，何由复威？'曰：'长吏惮威，民庶蒙惠。'"沈家本注："伯谦之仕在文襄时，北齐之律定于武成时，鞭用熟皮，其即创于伯谦欤？"[①]

从刑名的角度来看，南北朝时期的鞭刑常作为其他刑罚的附加刑，有明确的数量等差。例如《隋书·刑法志》："《梁律》，其制刑为十五等之差……又制九等之差：有一岁刑，半岁刑，百日刑，鞭杖二百，鞭杖一百，鞭杖五十，鞭杖三十，鞭杖二十，鞭杖一十。有八等之差：一曰免官，加杖督一百；二曰免官；三曰夺劳百日，杖督一百；四曰杖督一百；五曰杖督五十；六曰杖督三十；七曰杖督二十；八曰杖督一十。论加者上就次，论减者下就次。……老小于律令当得鞭杖者，皆半之。其应得法鞭杖者，以熟粗鞭、小杖。过五十者，稍行之。……其制鞭制杖，法鞭法杖，自非特诏，皆不得用。"

程树德《九朝律考》曰："《隋志》载：'北齐鞭有一百，八十，六十，五十，四十，五等。后周鞭刑五，自六十至于百。魏鞭刑等无

---

① 沈家本：《历代刑法考》（上册），商务印书馆，2011年版，第960页。

考。据高阳王雍，薛野猪，刘芳诸传，及《礼制》可考者，仅一百，五十两种拟制，当于北齐同。神鹿中诏，当刑者赎，贫则加鞭二百。此因贫，不能赎，乃加鞭。非常例。'"又："鞭者，鞭背。《甄琛传》：赵修小人，背如土牛，殊耐鞭杖是也。魏时刑罚滥酷，鞭杖之数，虽有定律，而科处者，率意为轻重。《赵修传》：是日，修谐领军，旨决百鞭。其实三百。修素肥壮，腰背博硕，堪忍楚毒，了不转动。鞭讫，即召驿马，促之令发，出城西门。不自胜举，缚置鞍中，急驱驰之。其母妻追随，不得与语。行八十里，乃死。名决百鞭，而实三百，其酷如此。"又："论犯可死，原情可降鞭笞各一百。髡之投于四裔，以为兵卒。未有道里之差。其不合远配者，男子长徒，女配舂六年。"

（十）杖

杖刑是我国古代用大竹板、大荆条、木棍等刑具击打人犯脊、背、臀、腿的刑罚。封建制五刑之一，重于笞刑，轻于徒刑。南北朝时期的杖刑有明确的等差和形制规定。程树德《九朝律考》引《后周律》："杖刑五：杖十，杖二十，杖三十，杖四十，杖五十。"又引《北齐律》："杖，凡三等。杖三十，杖二十，杖十。杖长三尺五寸，大头径二分半，小头径一分半，决三十已下杖者，长四尺，大头径三分，小头径二分。"

《魏书·刑罚志》："显祖末年，尤重刑罚。理官鞠囚，杖限五十，而有司欲免之，则以细棰，欲陷之，则先大杖，民多不胜而诬引，或绝命于杖下。显祖知其若此，乃为之制，其捶用刑，平其节，讯囚者，其本大三分，杖背者二分，挞胫者一分，拷悉依令。皆从于轻简也。"北齐沿其制而减杖数，由十至三十。北周杖刑五等，由十至五十。隋文帝废鞭刑，以杖代，另增加笞刑以代杖刑，杖刑升格，形成死、流、徒、杖、笞五刑之制。杖数分五等：由六十至一百，逢十进一级。

无论是鞭刑还是杖刑，《梁律》的规定恐怕都是南北朝时期最详细的。《梁律》："杖皆用生荆条，长六尺，有大杖、法杖、小杖三等之差。大杖大头围一寸三分，小头围八分半；法杖围一寸三分，小头五分；小杖围一寸一分，小头极杪。诸督罚大罪无过五十，三十，小者二十。当笞二百以上者，笞半，余半后决，中分鞭杖。"

南北朝时期还有一种特殊的杖刑——天杖。《隋书·刑法志》："周宣帝《刑经圣制》：'鞭杖皆百二十为度，名曰天杖。其后又加至二百四十。其决人罪，云与杖者，即一百二十，多打者，即二百四十。'"北周宣帝宇文赟是个性情暴戾、习惯猜忌的暴君。大臣们稍有疏忽差池，动辄遭致杖刑。这种杖刑每次打人都是打一百二十杖，宇文赟美其名曰"天杖"，连他的近侍宫人甚至嫔妃也常常遭到杖责，宫廷里人人自危。北魏的杖刑也相当严酷，《魏书·高充传》："魏初法严，朝士多见杖罚。"随着北魏政治的发展，这种情况才逐渐得到改善。

（十一）笞

笞，始称扑，既是刑名，又是刑具。笞刑是我国古代用小竹板、小荆条抽打犯人的臀、腿、背的酷刑。这一刑罚既用于拷讯，也用于刑罚。法定刑，封建制五刑之末，始于唐虞。笞刑具有小过而重罚的特点，是一种很重的刑罚。轻者致残，重者致死。连汉景帝都说："加笞与重罪无异。幸而不死，不可为人。"《汉书·刑法志》也说："谓不能自起居也。"笞而达到不能自起居，无法做人的程度，可见其残酷。北朝北齐把笞作为徒刑的附加刑。北周徒、流都加笞刑。

《隋书·刑法志》："《梁律》，其制刑为十五等之差……有髡钳五岁刑，笞二百，收赎绢，男子六十匹。"

《隋书·刑法志》："齐河清三年（公元564年）《齐律》：其制，刑名五：一曰死……三曰刑罪，即耐罪也。有五岁，四岁，三岁，二岁，一岁之差。凡五等。各加鞭一百，其五岁者，又加笞八十，四岁者六十，三岁者四十，二岁者二十，一岁者，无笞。……"

（十二）拲

拲，即古"拱"字，手械，是我国古代用器械把人双手铐在一起的刑罚方法。古称两手共械，发展成后来的手铐。始于周。在周时，拲是木制的。后来随着铁器的出现，拲便由铜、铁制成。民国以后，"拲"这个名称就不见了，叫作手铐。这种刑罚从西周起，一直沿续到现在。现在，除去对犯人施刑以外，也作为逮捕人的戒具。

《隋书·刑法志》："北周，凡死罪，枷而拲；流罪，枷而梏；徒罪，枷；鞭罪，桎；杖罪，散以待断。皇族及有爵者，死罪已下，锁之。狱成将杀者，书其姓名及其罪于拲，而杀之市。惟皇族与有爵者，隐狱。"

《隋书·刑法志》："《陈律》：'死罪将决，乘露车，着三械，加壶手。至市，脱手械及壶手焉。当刑于市者，夜须明，雨须晴，晦朔、八节、六齐、月在张心日，并不得行刑。'"沈家本注：壶手，"《通典》《通考》引'壶'作'拲'。并注云，拲音拱，两手曰拲"①。

（十三）钳

钳，既是刑具，也是刑名。以铁束颈，既是我国古代给人犯脖子上套铁箍用来拘禁犯人的刑具，也是用铁箍锁住脖颈以限制犯人自由的刑罚方法。法定刑，始于战国，非刑。

《北齐书》："三日刑罪，并锁输左校而不髡。无保者，钳之。"着头为钳，钳是加在头上的刑具。

齐肖子良《净住子》："壁如牢狱重，囚具婴众苦。抱长枷，牢大械，带金钳，负铁锁。"

沈家本《历代刑法考》："无任者，着械防其逃也，北齐之钳，亦是此意。保即任也。"②

---

① 沈家本：《历代刑法考》（上册），商务印书馆，2011年版，第942页。
② 沈家本：《历代刑法考》（上册），商务印书馆，2011年版，第79页。

（十四）枷

枷，我国古代的一种刑具，也是刑罚。枷由木制，加于颈项之上。后来发展到将颈项和双手枷在一起，以限制人身自由。非刑，始于三国时。

北魏的枷刑曾经十分缺乏规范，致使受刑者遭受非常难以忍受的痛苦。北魏的统治者也一直在致力于规范这种刑罚。《魏书·刑罚志》："时法官及州郡县，不能以情折狱，乃为重枷。大几围，复以缒石，悬于囚颈，伤内至骨。更壮卒迭搏之，囚率不堪，因以诬服。吏持此以为能。帝闻而伤之，乃制：'非大逆，有明证，而不款辟者，不得大枷。'"又："永平元年秋七月，诏尚书检枷杖大小。违制之由，科其罪失。尚书令高肇等奏曰：'检杖之小大，鞭之长短，令有定式。但枷之轻重，先无成制。臣等参量，造大枷，长一丈三尺，喉下长一丈，通颊木，各方五寸。以拟大逆外叛杻械，以掌流刑。已上诸台寺州郡大枷，请悉焚之。枷本掌囚，非拷讯所用。从今断狱，皆依令尽听讯之理，量人疆弱，加之拷掠。不听非法拷人，兼以拷石。'自是，枷杖之制，颇有定准。未几，狱官肆虐，稍复重大。"

《魏书·世宗纪》："永平元年七月，诏曰：察狱以情，审之五听。枷杖大小，各宜定准。然比廷尉司州，河南洛阳，河阴及诸狱官，鞠讯之理，未尽矜恕，掠拷之苦，每多切酷。非所以祗宪量，衷慎刑，重命者也。推滥究枉，良轸于怀，可付尚书。精检枷杖违制之由，断罪闻奏。"

北魏历史上还存在一副具有传奇色彩的大枷。《魏书·宋翻传》："初，翻为河阴令，县旧有大枷，时人号曰'弥尾青'。及翻为县主，吏请焚之。翻曰：'且置南墙下，以待豪家。'未几，有内监杨小驹，谐县请事，辞色不逊，命请尾青以镇之。既免，入诉于世宗，世宗大怒，敕河南尹，杂治其罪。翻具自陈状。诏曰：'卿故违朝法，岂不欲作威以买名？'翻对：'造者非臣，买名者亦宜非臣。所以留者,非敢施于百姓,欲待凶暴之徒如小驹者耳。'于是威镇京师。"

（十五）颂系

颂系是一种有罪入狱而不加刑具的刑罚。对老幼宽容而不加桎梏,即唐之散禁。始于汉。

《隋书·刑法志》:"《梁律》,其制刑为十五等之差……耐罪囚八十以上,十岁已下,及孕者,盲者,侏儒当械击者,及郡国太守相,督尉,关中侯以上,亭侯以上之父母妻子,及所生坐非死罪,除名之罪,二千石已上非槛征者,并颂系之。"沈家本注:"老小不系,小以十岁为限,承东京之制。"[1]

《魏书·孝文纪》:"太和十一年(公元487年)十一月戊申,诏曰:朕惟上政不明,令民陷身罪戾。今寒气劲切,杖捶难任。自今月至来年孟夏,不听拷问罪人。又岁既不登,民多饥窘,轻系之囚,宜速决之,无令薄罪久留狱犴。"

《隋书·刑法志》:"北齐河清三年(公元564年),奏上《齐律》,自犯流罪以下合赎者,及妇人犯刑以下,侏儒、笃疾、癃残非犯死罪,皆讼系之。"沈家本注:"讼系即颂系。"[2]

可见,无论是南朝政权还是北朝政权的刑罚都对老幼采取了宽容的态度,而这种态度恰恰是与南北朝刑罚发展的总体趋势相一致的。

四、自由刑

南北朝时代的自由刑包括髡钳、耐、锁士、舂、工役、居作、烧炭、夺劳等。

---

[1] 沈家本:《历代刑法考》(上册),商务印书馆,2011年版,第301页。
[2] 沈家本:《历代刑法考》(上册),商务印书馆,2011年版,第272页。

（一）髡钳

髡钳是我国古代剃发并居作之刑，属于一种徒刑、辱刑并处的刑罚。法定刑，始于周。

从文献中我们可以看到，南朝的梁和北朝的北魏、北齐都有髡钳这种刑罚。《隋书·刑法志》："《梁律》，其制刑为十五等之差……刑二岁以上为耐罪，言各随伎能而任使之也。有髡钳五岁刑，笞二百，收赎绢，男子六十匹。又有四岁刑，男子四十八匹。又有三岁刑，男子三十六匹。又有二岁刑，男子二十四匹。"《隋书·刑法志》："北齐流刑：鞭笞各一百，髡之。刑罪，并锁输左校而不髡。"沈家本注："北齐流罪髡，而刑罪不髡，与古制异。完之名，晋以后无明文，当已废除。至北周以后，并无髡之名，盖亦废之矣。"[1]《魏书·刑罚志》："不逊父母，罪止髡刑。"

（二）耐

耐也称完。这是我国古代一种剃去鬓毛和胡须，留着头发服劳役的刑罚，轻于髡刑。因多与徒刑并处，遂成为徒刑的代称。秦代的耐刑，既作为主刑适用，也作为附加刑适用。作为附加刑时，有耐为鬼薪、耐为隶臣、耐为司寇、耐为侯等。法定刑，始于秦。

南北朝时，耐罪沿晋制，二岁至五岁刑为耐罪。例如《隋书·刑法志》："《梁律》，其制刑为十五等之差……刑二岁以上为耐罪，言各随伎能而任使之也。有髡钳五岁刑，笞二百，收赎绢，男子六十匹。又有四岁刑，男子四十八匹。又有三岁刑，男子三十六匹。又有二岁刑，男子二十四匹。"沈家本《历代刑法考》："梁自五岁刑至二岁刑，名曰耐罪，即后来之徒罪也。天监三年，景慈流于交州，《隋志》遂曰'至是复有徒流之罪'，此'徒'字恐有误。陈用梁法，仍为五岁刑至二岁刑，不名徒也。"[2]

---

① 沈家本：《历代刑法考》（上册），商务印书馆，2011年版，第272页。
② 沈家本：《历代刑法考》（上册），商务印书馆，2011年版，第310页。

《隋书·刑法志》："齐河清三年（公元 564 年）《齐律》：其制，刑名五：……三曰刑罪，即耐罪也。有五岁，四岁，三岁，二岁，一岁之差。凡五等。各加鞭一百，其五岁者，又加笞八十，四岁者六十，三岁者四十，二岁者二十，一岁者，无笞。并锁输左校而不髡。无保者，钳之。妇人配舂及掖庭织。"

（三）锁士、冶士

锁士是一种不定期拘系、囚禁之徒隶的称谓，而冶士是罚作冶炼金属的徒隶。

《隋书·刑法志》："《梁律》：劫身皆斩，妻子补兵。遇赦降死者，黥面为劫字，髡钳，补冶锁士终身。其下又谪运配材官冶士、尚方锁士，皆以轻重差其年数。其重者或终身。"沈家本注："此强盗遇赦之例。"

（四）舂、庭织

这是一种使女犯在法定的期限内舂米和纺织的劳役。舂，古之刑名，始于周。庭织，仅见于北齐。

《隋书·刑法志》："齐河清三年（公元 564 年）《齐律》：其制……其不合远配者，男子长徒，女子配舂，并六年。三曰刑罪，即耐罪也。有五岁，四岁，三岁，二岁，一岁之差。凡五等。各加鞭一百，其五岁者，又加笞八十，四岁者六十，三岁者四十，二岁者二十，一岁者，无笞。并锁输左校而不髡。无保者，钳之。妇人配舂及掖庭织。"

《隋书·刑法志》："北齐律刑罪五。其不合远配者，男子长徒，女子配舂，并六年。"又："刑罪：妇人配舂及掖庭织。"沈家本注："北齐刑名五，三曰刑，即耐罪，自五岁至一岁，乃后来之徒罪而不名徒。男子长徒者视五岁刑多一年，其作徒之年较长也。魏、晋以降，未见舂名，唯北齐有之。"[①]

_____

① 沈家本：《历代刑法考》（上册），商务印书馆，2011 年版，第 265 页，第 310 页。

（五）工役

工役属于非刑名。这是一种发配徒隶到手工作坊服工役的措施。

《隋书·刑法志》："《梁律》：劫身遇赦降死者，髡钳，补冶锁士终身。其下又谪运配材官冶士、尚方锁士。陈用梁法，常以三月，令御史中丞、侍御史、兰台令史，亲行京师诸狱及冶署，察理囚徒冤枉。"沈家本注："《隋书·百官志》：'梁少府卿，置材官将军、左中右尚方、东西冶等令丞。'《通典》：'宋有东冶、南冶，各置令丞一人，而属少府。齐因之。江南诸郡县有铁者，或置冶令，或置冶丞，多是吴所置。梁、陈有东、西冶，东冶重，西冶轻，其西冶即宋、齐之南冶。'据此是梁有东、西冶署，冶士、锁士盖供役于冶署者。观于陈之察理冶署囚徒，则当日囚徒之集于冶署者众矣。"

《魏书·道武帝纪》："天赐元年五月，置山东诸冶，发州郡徒谪造兵甲。"沈家本注："此即梁、陈冶士之制。"[1]

（六）居作

居作是一种在一定期限服劳役的刑罚。法定刑，始于汉代。

《隋书·刑法志》："《陈律》：五岁、四岁刑，若有官，准当二年，余并居作。其三岁刑，若有官，准当二年，余一年赎。若公坐过误，罚金。其二岁刑，有官者，赎论。一岁刑，无官亦赎论。"

（七）烧炭、苑囿、圊溷

烧炭、苑囿、圊溷等刑罚均是一种劳役。烧炭是烧木炭。苑囿是养护园林。圊溷是清扫厕所。均仅见于北魏。

《魏书·刑罚志》："世祖即位，以刑禁重，神䴥中，诏司徒浩，定律令。除五岁四岁刑，增一年刑。分大辟为二科：死、斩。死入绞。大逆不道腰斩，诛其同籍，年十四已下腐刑，女子没县官。害其亲者辗之。为蛊毒者，男女皆斩，而焚其家。巫蛊者，负羖羊抱犬沉

---

①　沈家本：《历代刑法考》（上册），商务印书馆，2011年版，第280页。

诸渊。当刑者赎，贫则加鞭二百。畿内民富者，烧炭于山，贫者役于圍溷，女子入春稿，其固疾不逮于人，守苑囿。王官阶九品，得以官阶除刑。"

（八）夺劳

夺劳也称弃劳。这是我国秦汉时剥夺官吏劳绩并给予一定期限监禁的一种处罚。

《宋书·武帝纪》："永初元年（公元 420 年）六月，大赦。有犯乡论清议、赃污淫盗，一皆荡涤洗除，与之更始。长徒之身，特皆原遣。亡官失爵，禁锢夺劳，一依旧准。"《文献通考》一百七十二："裴子野论曰：'昔重华受终，四凶流放，武王克殷，顽民迁洛，天下之恶一也。乡论清议，除之过矣。'"沈家本注："自九品中正之法行，而乡论清议，关乎仕进，故亦除之，此两汉所无者。"

五、流　刑

自汉末魏晋废肉刑之议始，肉刑的存废就是中国古代刑罚体系中一个颇具争议的问题。废除肉刑，自然能显示统治者清明仁慈的风范，但也会造成一个客观的问题：执法者在处罚罪犯的时候要么采用徒刑，要么采用死刑，而在司法实践中却存在徒刑往往量刑过轻而死刑又往往过重的问题，这就导致消除肉刑之后的刑罚体系中出现较为明显的轻重失衡的状况。那么如果继续在刑罚体系中保留肉刑，这显然又于君主的声名不利，容易遭到暴君之名，这是很多统治者所不愿意接受的。

应该说，最终采取较为合适的办法解决这一争议的是北朝的各政权，这个所谓的办法就是将流刑纳入正式的刑罚体系也就是五刑之内，用流刑来衔接徒刑和死刑，弥补徒刑和死刑之间的刑罚空白。

《北周·宣帝纪》："大象二年（静帝年号，公元 580 年）诏：见

（现）囚死罪，并降从流，流从徒，五岁刑以下，悉皆原宥。其反叛、恶逆、不道，及常赦所不免者，不在降例。"这里所提出的"降死从流"就是南北朝时期北朝各政权的一种典型的量刑原则，这样的量刑原则可以在一定程度上消除惨无人道的肉刑给社会发展造成的消极影响，又可以利用大量的本来可能被肉刑夺取劳动能力、社会生存能力的人员来支持国家的发展，例如充军戍边。在战争频繁的环境下，这种刑罚改革显然是一种明智的选择。

北朝各政权多用流刑。《魏书·宣武纪》："延昌二年（公元513年），诏：'杀人、掠卖人、群强盗首，及虽非首，而杀伤财主，曾经再犯公断道路劫夺行人者，依法行决。自余恕死。徒流以下，各准减降。'"《魏书·孝文纪》："太和十二年（公元466年）正月，诏曰：'镇戍流徙之人，年满七十，孤单穷独，虽有妻妾而无子孙，诸如此等，听解名还本。'"沈家本注："解名还本者，解除流罪名籍，还归本土也。观于此诏，可见当时流人尚非终身不返者。"

程树德《九朝律考》："《隋志》：北齐流刑，鞭笞各一百，髡之，投于边裔。后周流刑五，亦各加鞭笞。后魏流刑有无附加鞭刑，史无明文。据《刘辉传》：兄弟皆坐鞭刑，徙配敦煌为兵。《薛野䐗传》：张攀及子僧保，鞭一百，配敦煌，是流徙。《刑罚志》引《法例律》：诸犯死罪者，若祖父母，父母，年七十以上，无成人子孙，旁无期亲者，具状上请，流者鞭笞，留养其亲云云，是处流者，例加鞭笞。惟留养其亲者，免其远流，故仅与鞭笞也。《李崇传》：定州流人解庆宾兄弟，坐事俱徙扬州，弟思安背役亡归，庆宾惧后役追责，乃认城外死尸，诈称其弟为人所杀。又有女巫杨氏，自云见鬼，说思安被害之苦。数日之间，思安为人缚送崇，召女巫视之，鞭笞一百。疑后魏流刑，未有道里之差，加鞭笞各一百，与北齐同。"

《隋书·刑法志》："（北周）保定三年（公元563年）《大律》，其制罪：……四曰流刑五，流卫服，去皇畿二千五百里者，鞭一百，笞六十。流要服，去皇畿三千里者，鞭一百，笞七十。流荒服，去皇畿

345

三千五百里者,鞭一百,笞八十。流镇服,去皇畿四千里者,鞭一百,笞九十。流番服,去皇畿四千五百里者,鞭一百,笞一百。"北周流刑分五等,以里数相区别,分别称卫服、要服、荒服、镇服、番服。由二千五百里起,一等加五百,至四千五百里。判流刑者,均附加鞭、笞。这样的刑罚设置显然对隋唐时期的流刑产生了重要的影响。

南朝各政权的刑罚体系中大多无流刑。沈家本《历代刑法考》:"秦、汉以降,未有流刑。梁武天监三年,因任提女之子景慈证成母罪,流于交州。自此复有流刑,盖亦不在正刑之内。"[1]所谓的证成母罪是指在封建社会,法律规定亲亲相隐,尊亲犯罪,晚辈是绝对不能揭发的。如果揭发、证实,就构成犯罪,要受到惩罚。景慈因为证实了他母亲的犯罪,被处了流放交州的刑罚。沈家本注:"六代时,南朝惟梁有流刑,然亦不入五刑之内。北魏流刑亦称流徙。太和十六年,更定流徙限制。其狱官令亦年刑流徙并称,似其时流已列入正刑。北周之制,史始详耳。北齐流刑,投边为兵卒,有似后来之军,而于流稍不同。"[2]

至于南北朝时期具体的流刑刑名就是谪戍,也就是戍边、补兵、充军。这是中国古代一种将罪犯流放到边远地区军中守边服役的刑罚,是流刑的一种。而南北朝时期谪戍之所以被各政权普遍使用,其实是出于一种很具体且迫切的政治需要,再具体说就是军事需要。

《北史·源贺传》:"贺出为征南将军、冀州刺史。上书曰:'臣闻:人之所宝,莫宝于生全,德之厚者,莫厚于宥死。然犯死之罪,难以尽恕,权其轻重,有可衿恤。今勍(音倾,强,有力之意)寇游魂于北,狡贼负险于南,其在疆场,犹须防戍。臣愚以为自非大逆,赤

① 沈家本:《历代刑法考》(上册),商务印书馆,2011年版,第243页。
② 沈家本:《历代刑法考》(上册),商务印书馆,2011年版,第243页。

手杀人之罪,其坐赃及盗与过误之愆应入死者,皆可原命,谪守边境。是则已断之体,更受全生之恩,徭役之家,渐蒙休息之惠。刑措之化,庶几在兹。《虞书》曰:流宥五刑,此其义也。臣受恩深重,无以仰答,将违阙庭,豫增系恋,敢上瞽言,唯加裁察。'高宗纳之。已后入死者,皆恕死徙边。久之,高宗谓群臣曰:'源贺劝朕宥诸死刑,徙充北番诸戍,自尔至今,一岁所活殊为不少,生济之理既多,边戍之兵有益。卿等事朕,致何善意也? 苟人人如贺,朕治天下复何忧哉! 顾忆忠言,利实广矣。'"

《魏书・刑罚志》:"(太平)真君五年(公元 444 年),命恭宗总百揆,监国少傅游雅上疏曰:'帝王之于罪人,非怒而诛之,欲其徙善而惩恶。谪徙之苦,其惩亦深。自非大逆正刑,皆可从徙。虽举家投远,忻喜赴路,力役终身,不敢言苦。且远流分离,心成思善。如此,奸邪可息,边垂足备。'恭宗善其言,然未之行。"又:"高宗和平末,冀州刺史源贺,上言:'自非大逆,手杀人者,请原其命,谪守边戍。'诏从之。"又:"帝(高祖)哀矜庶狱,至于奏谳,率从降恕,全命徙边,岁以千计。"

可见,在战争需求的压力下,兵源是各政权迫切需要解决的问题,把大量原本可能遭受肉刑折磨的罪犯迁到国家对外战争的最前沿,不仅能充实边境的军事力量和生产力量,而且还能换得君主的仁慈之名,在南北朝的政治军事环境下,这种选择自然合理。由此我们也可以发现,刑罚虽为国家政权自上而下实施的强制措施,但这种强制的约束力也并非不会受到社会发展带来的影响,是刑罚改变了社会,还是社会改变了刑罚,这不是一个可以简单进行选择的问题。

六、财产刑

南北朝时代的财产刑包括籍没、乐户、驿户、杂户、营户、赎、罚、备等。

（一）籍没

籍没是我国古代籍录并没收犯罪人家属及财产的刑罚。被籍没的人，终身为奴。此刑源于奴隶制时代的孥戮，始于夏，属非刑。《梁律》中对籍没的规定非常详细。《隋书·刑法志》："《梁律》，其制刑为十五等之差……其谋反，降叛，大逆以上皆斩。父子同产男，无少长，皆弃市。母妻姊妹及应从坐弃市者，妻子女妾同补奚官为奴婢。资财没官。劫身皆斩，妻子补兵。遇赦降死者，黥面为劫字，髡钳，补冶锁士终身。其下又谪运配材官冶士、尚方锁士，皆以轻重差其年数。其重者或终身。陈用梁法。"沈家本注："本应弃市而为奴婢，此梁律轻于旧律者，而旧律之从坐为奴婢不知为何等罪。"[1]

北魏也有籍没的刑罚。《魏书·宿石传》："赫连屈子弟文陈之曾孙也。天兴四年（公元 401 年），文陈父子归阙。太祖嘉之，以宗女妻焉，赐奴婢数十口。"奴隶并不被作为独立且自由的人看待，而是一种财产，一旦拥有奴隶的人因为某种原因获罪，那么他的"财产"也很有可能被充公，而且这种"财产"的范畴还有可能延及罪犯的妻女。《魏书·刑罚志》："神麚中，定律令。大逆不道腰斩，女子没县官，巫蛊者，女子入舂槁。"沈家本注："此不言为奴婢，而仍是官奴婢之制。"[2]

《隋书·刑法志》："（北周）宣帝大象元年，广《刑书要制》，而更峻其法，谓之《刑经圣制》。宿卫之官，一日不直，罪至削除。逃亡者皆死，而家口籍没。"

《北齐书·神武帝本纪》："天平元年八月甲寅，齐神武帝入洛阳，收元士弼，杀之。籍没家口。"可见，北周、北齐等诸政权也都有

---

① 沈家本:《历代刑法考》(上册)，商务印书馆，2011 年版，第 353 页。
② 沈家本:《历代刑法考》(上册)，商务印书馆，2011 年版，第 353 页。

籍没刑。

（二）乐户

乐户是指男人犯罪，而将其妻子配为乐户的刑罚。所谓乐户，就是歌妓。非刑，仅见于北魏。

《魏书·刑罚志》："孝昌已后，强盗杀人者，妻子同籍，配为乐户；其不杀人及赃不满五匹者，妻子亦为乐户，小盗妻子配驿。"

《魏书·刑罚志》："有司奏立严制：诸疆盗杀人者，首从皆斩，妻子同籍，配为乐户；其不杀人及赃不满五匹，魁首，斩，从者，死，妻子亦为乐户；小盗赃满十匹已上，魁首死，妻子配驿，从者流。"

（三）驿户

驿户是指一人犯罪，将其全家配为驿站奴隶的刑罚。非刑，仅见于北魏。

《魏书·刑罚志》："孝昌已后，强盗杀人者，妻子同籍，配为乐户，其不杀人及赃不满五匹者，妻子亦为乐户，小盗妻子配驿。"

《魏书·刑罚志》："有司奏立严制：诸疆盗杀人者，首从皆斩，妻子同籍，配为乐户；其不杀人及赃不满五匹，魁首，斩，从者，死，妻子亦为乐户；小盗赃满十匹已上，魁首死，妻子配驿，从者流。"配驿，配给驿站，服劳役。

《隋书·刑法志》："《齐律》：盗及杀人而亡者，即县名注籍，甄其一房配驿户。"

（四）杂户

杂户是指一人犯罪，将其全家配为奴隶的刑罚。非刑，多见于北朝政权，后被废止。

《隋书·刑法志》引《后周律》："盗贼及谋反，大逆，降叛，恶逆，罪当流者，皆甄一房，配为杂户。其为贼盗，事发逃亡者，悬名注配。若再犯，徒三，犯鞭者，一身永配下役。"

《隋书·刑法志》："《齐律》：盗及杀人而亡者，即县名注籍，甄其一房配驿户。《周大律》：盗贼及谋反、大逆、降叛、恶逆罪当流者,皆甄一房配为杂户。"

《周书·武帝纪》:"(建德)六年(公元577年)八月壬寅,诏曰:以刑止刑,世轻世重,罪不及嗣,皆有定科。杂役之徒,独异常宪,一从罪配,百世不免。罚既无穷,刑何以措。道有沿革,宜从宽典。凡诸杂户,悉放为民。配杂之科,因之永削。"

（五）营户

营户是将在战争中俘获的人籍没为奴隶的刑罚。非刑,仅见于北魏。

《魏书·高祖纪》:"延兴元年(公元471年)十月,沃野、统万二镇敕勒叛。诏太尉、陇西王源贺追击,至枹罕,灭之,斩首三万余级,徙其遗迸于冀、相、定三州为营户。延兴二年(公元472年),三月,连川敕勒谋叛,徙配青徐齐兖四州,为营户。"沈家本注:"杂户之名,起于北朝,当时以为贱。《北史》:'咸阳王禧,太和九年封。时王国舍人应取八族及清修之门,禧取伍城五杂户为之,深为帝责。'又《孝文纪》:'诏厮养户不得与士庶为婚,有文武之才积劳应进者,同庶族例听之。'此其证也。唐制官奴婢再免方为杂户,是杂户与奴婢不同。若金时以女直为本户,汉人及契丹为杂户,则名同实异也。孝昌之乐户,盖充贱役,若唐之乐户属于太常,本是良人亦名同实异也。《元史·世祖纪》'振火少里驿户之乏食者',此驿户与魏、齐之驿户亦未必同,特未详其制耳。"

（六）赎

我们可以通过《梁律》看到南北朝时期赎刑的基本状况。《梁书·武帝纪》:"天监元年,诏曰:金作赎刑,有闻自昔,入缣以免,施于中世,民悦法行,莫尚乎此。永言叔世,偷薄成风,婴瞽入罪,厥涂匪一。断弊之书,日缠于听览,钳釱之刑,岁积于牢犴。死者不可复生,刑者无因自返,由此而望滋实,庸可致乎?朕夕惕思治,念崇政术,斟酌前王,择其令典,有可以宪章邦国,罔不由之。释愧心于四海,昭情愫于万物。俗伪日久,禁纲弥繁。汉文四百,邈焉已远。虽省事清心，无忘日用，而委冲废策，事未获从。可依周、汉旧典，有罪入赎，外详为条格，以时奏闻。"

南北朝时期赎罪之物较前朝有所变化。沈家本《历代刑法考》："古者赎本以铜，汉始改用黄金，而武帝则或以钱，东京用缣，晋律收赎用绢，而赎罪用金。《唐六典》谓宋、齐兼用绢，或不分别收赎与赎罪矣。梁律收赎用绢，自六十匹至二十四匹，凡四等，其数多。赎罪以金，而以绢代，自十六匹至二丈，凡十等，其数少。其法盖本于晋。而赎罪亦不用金，以绢一匹抵金二两，故赎死者金二斤，男子十六匹，余可类推也。北齐、北周，亦皆以绢代金，至隋又以铜代绢，复古制矣，唐、宋遂相沿不改。元以钞，明以铜钱。"①《唐六典》注引《后周律》："其赎罪，金绢兼用。"除此还有一种特殊的赎刑，即金马之赎。《魏书·刑罚志》："昭成建国二年，当死者，听其家献金马以赎。神麚中，崔浩定律令，当刑者赎。"沈家本注："昭成，代王什翼犍也。其时法度未备，故有金马之赎。迨崔浩定律令，当刑者赎，刑罪即年刑也，惟年刑许赎，则死罪不得赎，已不用金马之法矣。"②

梁朝的赎刑有较为详细的等差划分。《梁律》："收赎四等，赎五等。"沈家本注："梁收赎之法本于晋，说见前，其赎法当亦本于晋也。罚金自为五等，而梁律罚金一两以上为赎罪，是罚金亦统于赎罪矣。男子云云者，对于女子各半之，而言女子半之，亦晋制也。此天监元年八月修定之律，其时删定郎蔡法度取齐武时删定郎王植之集注张、杜旧律，就其本损益以为梁律，故其法多用晋，此律之源流可以讨寻者。"③

梁朝赎刑的具体规定可以在《隋书》中找到。《隋书·刑法

---

①　沈家本：《历代刑法考》（上册），商务印书馆，2011年版，第406页。

②　沈家本：《历代刑法考》（上册），商务印书馆，2011年版，第405页。

③　沈家本：《历代刑法考》（上册），商务印书馆，2011年版，第405页。

志》："《梁律》，其制刑为十五等之差……二岁以上为耐罪，言各随伎能而任使之也。有髡钳五岁刑，笞二百，收赎绢，男子六十匹。又有四岁刑，男子四十八匹。又有三岁刑，男子三十六匹。又有二岁刑，男子二十四匹。"又："其三岁刑，若有官，准当二年，余一年赎。若公坐过误，罚金。其二岁刑，有官者，赎论。一岁刑，无官亦赎论。寒庶人，准决鞭杖。"又："赎罪旧以金，皆代以中绢。死，一百匹；流，九十二匹；刑五岁，七十八匹；四岁，六十四匹；三岁，五十匹；二岁，三十六匹。各通鞭笞论。一岁，无笞。则通鞭二十四匹，鞭杖每十，赎绢一匹，鞭百则绢十匹。无绢之乡，皆准绢收钱。"又："合赎者，谓流。内官及爵秩，比视老小阉凝，并过失之属。"

北周也采用赎刑。沈家本《历代刑法考》："北周赎罪，杖、鞭、徒、流各五等，死刑为一等。北齐、北周之制，有赎而无罚金，虽轻罪至笞十亦名赎，盖已删罚金之名矣。梁死刑二，北齐死罪四，北周死罪五，而赎法则同，不复分等，盖即唐法二死同一减之意也。"[①]其具体规定也见于《隋书》。《隋书·刑法志》引《后周律》："赎杖刑五，金一两至五两；赎鞭刑五，金六两至十两；赎徒刑五，一年金十二两；二年十五两；三年一斤二两；四年一斤五两；五年一斤八两；赎流刑，一斤十二两，俱役六年，不以远近为差等。赎死罪，金二斤。"又："应赎金者，鞭杖十，收中绢一匹；流徒者，依限岁，收绢十二匹；死罪者，一百匹。其赎罪，死罪五旬，流刑四旬，徒刑三旬，鞭刑二旬，杖刑一旬。限外不输者，归于法，贫者，请而免之。"

（七）罚

罚刑在南朝有时作为主刑，有时也充作附加刑。《隋书·刑法志》引《梁律》："罚金五等。将吏已上及女人应有罚者，以罚金代之，其以职员应罚及律令指名制罚者，不用此令。"《隋书·刑法志》："《梁律》，其制刑为十五等之差……罚金一两以上为赎罪，赎

---

① 沈家本：《历代刑法考》（上册），商务印书馆，2011年版，第406页。

死者金二斤,男子十六匹;赎髡钳五岁刑笞二百者,金一斤十二两,男子十四匹;赎四岁刑者,金一斤八两,男子十二匹;赎三岁刑者,金一斤四两,男子十匹;赎二岁刑者,金一斤,男子八匹。罚金十二两者,男子六匹;罚金八两者,男子四匹;罚金四两者,男子二匹;罚金二两者,男子一匹;罚金一两者,男子二丈。女子各半之。"又:"若公坐过误,罚金。"由此可以看出,南朝的赎刑和罚刑紧密联系,具有本质上的一致性。

而在北朝则几乎没有罚刑。沈家本《历代刑法考》:"北朝魏及齐、周并有赎而无罚金,隋唐承之,于是,罚金之名无复有用之者。近日东瀛刑法有罚金一项,其事则采自西方,其名实本之于古,论者不察,辄诋为欧人之法,不宜于中华,曷勿陈,故籍而一考之。"[1]

（八）备

备是一种刑事赔偿制度。法定刑,始于南北朝时。

《魏书·刑罚志》:"昭成建国二年,盗官物,一备五,私则备十。"可见,备有等差,于公于私有所不同。沈家本《历代刑法考》:"备即《唐律》'有赃应备'之备。《疏议》有'备偿'之语,即今之赔偿也。古无赔字。"[2]

七、资格刑

南北朝时代的资格刑包括免、除名、夺爵、官当、禁锢等。

（一）免

免是中国古代将犯罪官吏免除刑罚,谪为平民的处罚手段。南北朝时期各政权几乎都有这种刑罚。

《魏书·世祖纪》:"（始光）四年（公元 427 年）,十有二月,行幸

---

[1] 沈家本:《历代刑法考》(上册),商务印书馆,2011 年版,第 298 页。

[2] 沈家本:《历代刑法考》(上册),商务印书馆,2011 年版,第 31 页。

中山,守宰贪污,免者十数人。"

《梁书·武帝纪》:"普通六年十二月戊子,邵陵王纶有罪,免官,削爵土。"

《隋书·刑法志》:"梁律有八等之差,一曰免官加督杖一百,二曰免官。"

《南齐书·王玄载传》:"永明元年,坐于宅杀牛,免官。"

《北史·裴延儁传》:"子泽颇有文学,历为中书侍郎,兼给事黄门侍郎,以漏泄免。"

《隋书·卢思道传》:"以擅用库钱免。"

(二)除名

除名是指官员犯轻罪,削除官籍,使成庶人的刑罚。南北朝时期各政权普遍使用此刑。

《南史·何远传》:"当时士大夫坐法皆不受测,远度已无罪,就测。三七日不款,犹以私藏禁仗,除名。"

《魏书·世宗纪》:"正始四年八月,中山王英,齐王萧宝,夤坐钟离败退,并除名为民。"又:"永平三年,江阳王继,坐事除名。"

《魏书·刑罚志》:"其年(延昌二年)秋,符玺郎中高贤弟,员外散骑侍郎仲贤叔,司徒府主簿六珍等,坐弟季贤同元愉逆,除名为民。"

(三)夺爵

夺爵也称削爵,是我国古代对有爵位的人犯罪所采取的剥夺其爵位,使其成为庶民的处罚。此刑多与迁徙并处。在南朝的司法实践中,我们常常看到这种刑罚。

《梁书·武帝纪》:"普通六年十二月戊子,邵陵王纶有罪,免官,削爵土。"

《南史·刘穆之传》:"邕卒,子彤嗣,坐刀斫妻,夺爵。"

《南史·向靖传》:"子植嗣,多过失,不受母训,夺爵。"

《南史·王亮传》:"子长嗣,坐骂母,夺爵。"

（四）官当

官当是我国古代刑罚中，允许官吏以官职抵罪的一种刑罚制度。官当是最具封建社会阶级特点的刑罚制度之一。这一刑罚制度袒护官吏，使各色人等在法律面前地位不平等。其始于晋代之免官比徒，至南北朝之陈，入律。法定刑。《隋书·刑法志》："陈律：五岁、四岁刑，若有官，准当二年，余并居作。其三岁刑，若有官，准当二年，余一年赎。若公坐过误，罚金。其二岁刑，有官者，赎论。一岁刑，无官亦赎论。"

（五）禁锢

禁锢是指我国古代禁止犯罪人和其他特定身份的人及其亲族、朋友等人为官的制度。南北朝时期的禁锢有明确的等差。《隋书·刑法志》："《梁律》，其制刑为十五等之差……士人有禁锢之科，亦有轻重为差。其犯清议，则终身不齿。"有禁锢五年的案例，《南史·谢绌传》："以家贫乞郡，辞旨抑扬，诏免官，禁锢五年。"也有禁锢十年者，《南史·王宴传》："坐畜妓，免官，禁锢十年。"也有禁锢终身的，《宋书·后废帝纪》："诸有虚增官号，为人发乱，罪从军法。若入格检覆，无名者，退为平民，终身禁锢。"

《宋书·武帝纪》："永初元年（公元 420 年）六月，大赦。有犯乡论清议、赃污淫盗，一皆荡涤洗除，与之更始。长徒之身，特皆原遣。亡官失爵，禁锢夺劳，一依旧准。"《文献通考》一百七十二："裴子野论曰：昔重华受终，四凶流放，武王克殷，顽民迁洛，天下之恶一也。乡论清议，除之过矣。"沈家本注："自九品中正之法行，而乡论清议，关乎仕进，故亦除之，此两汉所无者。"

《宋书·何承天传》："承天与尚书左丞谢元素不相善。太尉江夏王义恭岁给资费钱三千万，布五万匹，米七万斛。义恭素奢侈，用常不充，二十一年，逆就尚书换明年资费。而旧制出钱三十万，布五百匹以上，并应奏闻，元辄命议以钱二百万资给太尉。事发觉，为承天所纠。上大怒，遣元长归故里，禁锢终身。"沈家本注：

"元之所犯,特事应奏,不奏耳,非自身犯臧罪也,而罪至禁锢终身,可见国家之法,每有出于人主之一时喜怒者。"

可见,禁锢刑就是所谓解决统治阶级内部矛盾的一种强制性手段,当然它也是维护统治和政治斗争的工具。尤其是在九品中正制所营造的政治环境下,州郡长官自辟僚属的权力被剥夺,官吏的任免权尽归中央,有利于加强中央的权力。可以说,禁锢实际上就是封建中央政权统治基础的一种象征,任何一个个人或家族的政治前途完全掌握在中央,这对政权的稳定自然有帮助。然而,随着时间的推移,九品中正制的选拔标准也开始发生变化,仅仅重视门第出身,使得该制度失去了选拔人才的意义。选拔人才的中正官多由二品官吏担任,而被选拔的人才也多出自二品以上的大族,同时他们也往往出任高级官吏。久而久之,官吏的选拔权就被世家大族所垄断,形成了"上品无寒门,下品无士族"的门阀制度,这就使九品中正制成为世族地主操纵政权的工具。这样一种旨在保证皇权稳固的政策最终完全可能制造出可怕的颠覆皇权的势力,在这种情况下,该禁锢何人、禁锢哪一个家族,自然也不由皇帝说了算。

八、耻辱刑

在南北朝时期,早已废止的墨刑间或出现。我们可以看到《梁律》中有类似的刑罚。《隋书·刑法志》:"《梁律》,其制刑为十五等之差……劫身皆斩,妻子补兵。遇赦降死者,黥面为劫字,髡钳,补冶锁士终身。"

南朝的宋曾经使用墨刑。《南史·宋明帝纪》:"太始四年秋九月戊辰,诏定黥刖之制。有司奏:'自今凡劫窃执官仗、拒战逻司、攻剽亭寺及伤害吏人,并监司将吏自为劫,皆不限人数,悉依旧制斩刑。若遇赦,黥及两颊"劫"字,断去两脚筋,徙付交、梁、宁州。

五人以下止相逼夺者,亦依黥作"劫"字,断去两脚筋,徙付远州。若遇赦,原断徒犹黥面,依旧补冶士。家口应及坐,悉依旧结谪。'及上崩,其例乃寝。"沈家本注:"古之刖者断足,此乃断去两脚筋,与古之刖名同而实异。肉刑,汉世已除,明帝偶行之,不久乃废。知议复肉刑者,其事终难行矣。"[1]

小　结

南北朝时期的政治环境比较复杂,南北对峙,政权更迭频繁。这样的一种社会背景似乎是不利于制度建设和法制发展的。然而我们却发现,在这个分裂、对峙、战乱频发的时期,各政权的刑罚体系却实现了一定程度的发展,有些政权的刑罚体系甚至日臻完善。这也许恰恰说明,生存的压力可以使国家这样一种政治有机体产生更强劲向上的积极动力,外部的威胁恰恰能使掌握国家大权的统治者时刻保持较为清醒的头脑,而统治集团内部的矛盾也会因为共同的生存准则而在一定程度上消解。另外,南北朝时期是中国历史上一个比较典型的南北融合的阶段。无论是生产方式,还是政治、文化,抑或法制法规,都在这个时期形成了一种南北交流的态势。北方的少数民族从汉族长时间的统治经验中汲取了有价值的元素,并利用这些元素改造了自身相对原始的刑罚体系,其中最为典型的例子就是北魏。陈寅恪先生在评价北魏律时说过,"元魏刑律实综汇中原士族仅传之汉学及永嘉乱后河西流寓儒者所保持或发展之汉魏晋文化,并加以江左所承西晋以来之律学,此诚可谓集当日之大成者","故北魏前后定律能综合比较,取精用宏,所以成此伟业者,实有其广收博取之功,并非偶然所致也"。[2] 北魏

---

① 沈家本:《历代刑法考》(上册),商务印书馆,2011年版,第186页。
② 陈寅恪:《隋唐制度渊源略论稿》,河北教育出版社,2002年版,第112页。

刑罚中有很多鲜卑族的习惯法因素,但出于对新的占领区域的统治需要,北魏的统治者非常明智地将越来越多的汉民族法律元素纳入其刑罚体系中,从而形成了一种更具包容性和多元化的刑罚体系,这不仅给北魏的统治带来了更稳定的基础,而且还为隋唐的刑罚体系发展奠定了基础。标准的新五刑虽然在南北朝时期还未完全确定,但是各政权的刑罚体系已经颇为接近于新五刑。从北齐律、北魏律开始的刑制变革,正意味着中国古代刑罚体系向新五刑制度的转化,这种转化在唐律中得以确认并且影响到其后中国数千年的刑罚。因此,我们可以说,南北朝时期是中国古代刑罚体系发展的一个重要的过渡时期。

第十一章　隋代的刑罚

隋,虽立国三十七年而亡,但其《开皇律》上承汉典,下启《唐律》,在中国封建时代的法制和法治史上可谓重中之重。隋文帝在促成了中原地区苍生渴求已久的统一之后,明确了变革法制、减轻刑罚的方略:"更定新律。除死罪八十一条,流罪一百五十四条,徒、杖等千余条,定留唯五百条。凡十一卷。一曰名例,二曰卫禁,三曰职制,四曰户婚,五曰厩库,六曰擅兴,七曰贼盗,八曰斗讼,九曰诈伪,十曰杂律,十一曰捕亡,十二曰断狱。自是,刑纲简要,疏而不失。"[①]在刑罚方面,去除了枭镮等酷刑,保留绞、斩等死刑;缩短徒流年限及里程,去除鞭刑,以笞代鞭,使封建时代的五刑体系得到完善。应该说,隋代较宽缓的刑罚对于刚刚结束战乱的国家的经济发展起到一定的积极作用。

当然,我们也需要注意到,隋朝的统治者在减轻刑罚的同时,也加强了贵族和官员们的特权,设置有明确的"八议"和"官当"制度。另外,隋朝统治者修改了北齐时期设置的"重罪十条",设立了所谓的"十恶"大罪,即"一曰谋反,二曰谋大逆,三曰谋叛,四曰恶逆,五曰不道,六曰大不敬,七曰不孝,八曰不睦,九曰不义,十曰内乱",并规定"犯十恶及故杀人狱成者,虽会赦,犹除名"[②],这就是"十恶不赦"说法的来源。可见,虽然隋朝在中国历史上存在的时间相当短暂,但其刑罚体系的构建和特点都值得我们认真地去观察和研究。

---

① 《隋书·刑法志》。
② 《隋书·刑法志》。

一、株　连

隋代统治者去除的株连之刑有孥戮、夷三族、夷九族等。

（一）孥戮

沈家本在《历代刑法考》中讲："开皇律初修于元年，已删除枭、轘等酷刑，三年（公元583年），复删除死罪八十一条，流、徒、杖一千一百数十条，又除孥戮相坐之法，轻重得中。唐律本之，此律法之一大变更也。惜隋文意尚惨急，不能慎守此范围也。"①

《隋书·刑法志》："六年（公元586年），除孥戮相坐之法。"沈家本注："已除孥戮相坐之法，而又没家口入官，此法与事之不相符者也。因此事而遂立为法，尤非修律之本意。"②可见，孥戮在隋代已被去除。

（二）夷三族

沈家本《历代刑法考》："晋怀帝除夷三族之刑，明帝又复之，唯不及妇人。自是之后，凡从坐之母、妻、姊、妹等，皆得不死而没为官奴婢。故《隋志》自梁以后，遂无夷三族之刑。梁曰'从坐'，陈曰'缘坐'实即夷三族之意。今律犹沿用之，兹别出缘坐一门，以存其实。当时犯罪重者，皆坐父母妻子，梁除父母、祖父母之坐，而陈又复之，盖亦魏晋以后相承之法，隋始除之。"③

（三）夷九族

《隋书·刑法志》："炀帝即位，外惩四夷，内穷嗜欲，兵革岁动，赋役滋繁。穷人无告，聚为盗贼。帝乃更立严刑，敕天下窃盗已上，罪无轻重，不待闻奏，皆斩。百姓转相群聚，攻剽城邑，诛罚不

---

① 沈家本：《历代刑法考》（下册），商务印书馆，2011年版，第131页。
② 沈家本：《历代刑法考》（下册），商务印书馆，2011年版，第131页。
③ 沈家本：《历代刑法考》（上册），商务印书馆，2011年版，第73页。

能禁。帝以盗贼不息，乃益肆淫刑。九年，又诏：为盗者，籍没其家。自是，群贼大起，及杨玄感反，帝诛之，罪及九族。其尤重者，行轘裂枭首之刑。或磔而射之，命公卿已下，脔啖其肉。百姓怨嗟，天下大乱溃。"沈家本注："九族之诛，史传惟见此事。"

《唐六典》注："末年严刻，生杀任情，不复依例。及杨玄感反，诛九族，复行轘裂枭首，磔而射之。"九族的范围涉及外祖父、外祖母、从母子、妻父、妻母、姑之子、姐妹之子、女之子、己之同族，这样就几乎把罪犯所有的亲属都纳入株连的范围，令人不禁胆寒。作为一种酷刑，夷九族在隋代仅见一例，可见此刑应当已被废止。这种刑罚应该和族诛相同，仅用于大逆、谋反、叛者等触及封建政权稳定问题的严重罪行。而孥戮则彻底废除，可见隋代减少刑罚迫害范围的趋势还是非常明显的，这也是中国刑罚演变过程中的一个重要进步。

二、生命刑

隋朝《开皇律》将死罪定为绞、斩两种。《隋书·刑法志》："开皇元年（公元 581 年），更定新律，其刑名有五。一曰死刑二，有绞，有斩……而蠲除前代鞭刑及枭首，轘裂之法。"

程树德《九朝律考》引隋律："死刑二。注：死皆赎铜百二十斤。绞、斩。"这样，中国从隋朝开始进入死刑以法定行刑方式即以"绞""斩"为中心的时代。

隋朝在死刑刑种上进行了大规模缩减，在法典上明确规定仅有绞、斩两种。当然，隋朝时期非法定行刑种类还有棒杀、车裂、枭首等。隋朝在法律上废除了商朝以来各种不人道的行刑种类，"夫绞以致毙，斩则殊形，除恶之体，于期已极，枭首轘身，义无所取，不益惩肃之理,徒安表忍之怀"①。但是隋朝后期死刑行刑方式开始恢复和滥用,如隋文帝采用廷杖处死大臣,隋炀帝在杨玄感反叛时对其采取了"诛九族,复行轘裂枭首,磔而射之"②等酷刑。

隋代的生命刑主要包括大辟、诛、斩、弃市、凌迟、磬、焚、掠杀等。

（一）大辟

大辟在隋朝一般泛指所有死刑。《册府元龟》八十三:"隋炀帝大业八年(公元 612 年),大赦。诏大辟罪已下,已发觉未发觉,已结正未结正系囚见(现)徒,罪无轻重,皆赦除之。其常赦所不免,谋反大逆,妖言惑众,语及国家,并不在赦例。"

《隋书·柳庄传》:"尚书省常劾犯罪人,依法合流。而上处以大辟。庄奏曰:'法者,天子听与天下共也。今法如是更重之,是法不信于民心。帝不从。由是忤旨。'"

（二）诛

诛带有较为明显的谴责之意,在隋朝经常被用来惩治那些用心险恶、道德败坏的罪行。《隋书·刑法志》:"群贼大起,及杨玄感反,帝诛之,罪及九族。其尤重者,行轘裂枭首之刑。或磔而射之,命公卿已下,脔啖其肉。百姓怨嗟,天下大乱溃。"

《隋书·宇文化及传》:"化及遣人入番,私为交易,事发,当诛。"

《隋书·王世积传》:"有司奏:'左卫大将军元旻、右卫大将军元胄,左仆射高颎,并于世积交通,受其名马之赠。世积竟坐诛。'"

（三）斩

《隋书·刑法志》:"高祖性猜忌,素不悦学。既任智而获大位,因以文法自矜。明察临下,恒令左右监视内外。有小过失,则加以

---

① 《隋书·刑法志》。
② 《唐六典·刑部》。

重罪。又患令史赃污，因私使人以钱帛遗之，得犯，立斩。每于殿庭打人，一日之中，或至数肆。尝怒问事，挥楚不甚，即命斩之。"又："(开皇)十六年(公元596年)，有司奏：合川仓粟少七千石，命斛律孝卿鞠问其事。以为主典所窃。复令孝卿驰驿斩之，没其家为奴婢。鬻粟以填之。是后盗边粮一升已上，皆死，家口没官。"

《隋书·炀帝纪》："大业十二年(公元616年)，幸江都。奉信郎崔民象以盗贼充斥，于建国门上表，谏不易巡幸。上大怒，先解其颐，乃斩之。"

沈家本《历代刑法考》："隋开皇中，废除枭、辗诸重法，死刑存斩、绞二项，唐律承之，自是历代相沿，死刑仅此二项，虽有凌迟等项，并不入正刑之内。元代死刑有斩无绞，而凌迟以处恶逆之极者，盖亦不列入正刑，其死刑惟一矣，此元代之与历代不同者。"[①]

（四）弃市

隋朝法典中没有弃市之名，但在司法实践中却常见弃市之实。隋朝曾出现盗取一钱即行弃市之法，可见即使是在刑罚相对减轻的隋朝，刑罚大权仍掌握在集权者手中，而这种权力在缺乏有效约束的情况下，是可以对社会发展造成极大的破坏作用的，即便是明君圣王也不例外。

《隋书·刑法志》："京市白日，公行攫盗，人间强盗，亦往往而有。帝患之，问群臣断禁之法。杨素等未及言。帝曰：'朕知之矣。'诏：'有能纠告者，没贼家产业，以赏纠人。时月之间，内外宁息。'其后无赖之徒，侯富人子弟出路者，而故遗物于其前，偶拾取，则擒以送官，而取其赏。大抵被陷者甚众。帝知之，乃命盗一钱已上皆弃市。行旅皆宴起晚宿，天下懔懔焉。此后又定制，行署取一钱已上，闻见不告言者，坐至死。自此四人共盗一樗槦，三人同窃一瓜，事发即时行决。有数人劫执事而谓之曰：'吾岂求财者也，但

---

① 沈家本：《历代刑法考》(上册)，商务印书馆，2011年版，第119页。

为枉人来耳。而为我奏至尊。自古以来，体国正法，未有盗一钱而死也，而不为我以闻，吾更来，而属无类矣。'帝闻之，为停盗取一钱弃市之法。"

（五）凌迟

凌迟，也称剐，是中国古代一种以割离骨肉为形式的极其残酷的死刑执行方法。凌迟最早源于商纣时之菹醢，晋隋称脔割，南北朝时称锯裂，隋宋辽金元明均有此刑，到辽代正式作为刑名。隋朝司法实践中的凌迟刑较少。《隋书·斛斯政传》："于是，将政出金光门，缚政于柱。公卿百寮，并亲击射，脔割其肉，多有啖者。啖后烹煮，收其余骨，焚而扬之。"这里我们需要注意的是，至此"烹"这样一种刑罚在中国历史上就比较罕见了。另外，在隋朝，枭首、辜、磔、肢解、射杀、轘等一系列刑罚仅见于杨玄感叛乱。

（六）磬

磬，亦称罄，是一种将犯人吊起绞死的刑罚。

《隋书·刑法志》："开皇元年（公元 581 年）……其刑名有五。一曰死刑二，有绞，有斩。"

沈家本《历代刑法考》："尚书周颙等议肉刑云：'截头绞颈，尚不能禁。'截头者斩，绞颈者弃市。晋之刑法，议自魏代，可以知魏之弃市亦绞刑也。南朝宋、齐、梁、陈，北朝魏并有弃市之名，皆谓绞刑。北周死刑五，二绞。北齐死刑四，有绞。绞刑之名，始见于周、齐二代。周律定于保定三年癸未，齐律定于河清三年甲申，相距先后只一年，而同时改弃市为绞……隋开皇律：'死罪斩绞。'"[①]

（七）焚

《隋书·炀帝纪》："大业九年（公元 613 年）十二月甲申，车裂玄感弟朝请大夫积善及党与（羽）十余人，仍焚而扬之。"这说的是焚尸。

---

① 沈家本：《历代刑法考》（上册），商务印书馆，2011 年版，第 122 页。

（八）掠杀

掠杀即将罪犯用鞭、杖等刑具活活打死。这种相当残忍的死刑方式在隋朝也偶有出现，不属正刑。《隋书·刑法志》："楚州行参军李君才上言，帝宠高颖过甚，上大怒，以马鞭笞杀之。帝常发怒，六月棒杀人。大理少卿赵绰固争曰：'季夏之月，天地成长庶类，不可以此时诛杀。'帝报曰：'六月虽曰生长，此时必有雷霆，天道既于炎阳之时，震其威怒，我则天而行，有何不可。'遂杀之。仁寿中（公元 601 年—公元 604 年），用法益峻，帝既喜怒不恒，不复依准科律。时杨素正被委任。素又禀性高下，公卿股慄，不敢措言。素与鸿胪少卿陈延不平，经蕃客馆，庭中有马屎，又庶仆毡上樗蒲，旋以白帝。帝大怒曰：'主客令不洒扫庭内，掌固以私戏污败官毡，罪状何以如此。'皆于西市棒杀，而榜捶陈延，殆至于毙。"

三、身体刑

隋代的身体刑主要包括宫、掠、鞭、杖、笞、解颐、锁禁等。

（一）宫

隋朝史籍中唯一可见的宫刑记录如下。

《隋书·樊叔略传》："父欢，仕魏为南兖州刺使。属高氏专权，两谋兴复之计，为高氏所诛。叔略时在髫齿，遂被腐刑，给使殿省。"在隋朝开皇年间，隋文帝正式下诏废止宫刑，至此，宫刑作为一种正式刑罚的历史被终结了。

（二）掠、压踝杖桃

"文致于法，而每有枉滥"在一定程度上能概括隋朝司法实践中所遇到的问题。从法律文书、法律规范的角度，隋朝的刑罚似乎已经比较规范，但在实际运用刑罚的时候，"枉滥"的情况却时有发生，这在一定程度上与掠和压踝杖桃（用杖桃等刑具碾压踝骨）的存在有关。《隋书·刑法志》："开皇元年（公元 581 年）……自前代相承,有司讯考,皆以法外。或有大棒束杖,车辐鞵底,压踝杖桄之属,楚毒备至,多所诬伏。虽文致于法,而每有枉滥,莫能自理。至是,尽除苛惨之法,讯囚不得过二百,枷杖大小,咸为之程品,行杖者不得易人。"沈家本注:"隋文帝除苛惨之法,可谓善矣,然帝性惨急,其刑未尝平也。"

（三）鞭

鞭刑在隋朝正式刑罚中已被取消。《隋书·刑法志》:"开皇元年(公元581年)……而蠲除前代鞭刑及枭首、轘裂之法。"

但是法令终究无法高过封建君主的龙颜大怒,下文谈到的李君才虽然没有死在杖下,但还是死在了鞭下。因而,沈家本也将隋文帝称为沽名钓誉之徒。《隋书·刑法志》:"后楚州行参军李君才上言,帝宠高颖过甚,上大怒,命杖之。而殿内无杖,遂以马鞭笞杀之。自是,殿内复置杖。未几怒甚,又于殿庭杀人。"沈家本注:"隋文除鞭刑,而复以马鞭笞杀人,是其除重刑但慕虚名耳,非真能行仁政也。"

（四）杖

隋朝的杖刑颇多,而且其定制多为后世沿袭。《隋书·刑法志》:"……徒、杖等千余条,定留唯五百条。自是,刑纲简要,疏而不失。"沈家本注:"杖、笞古本不分,自隋除鞭,而分杖笞为二,杖重笞轻。唐以下承之,至今未改。"

《隋书·赵绰传》:"时上禁行恶钱。有二人在市,以恶钱易好者,武侯执以闻。上令悉斩之。绰进谏曰:'此人坐当杖,杀之非法。'"

《隋书·刘行本传》:"雍州别驾元肇言于上曰:'有一州吏,受人馈钱三百文,依律合杖一百。然臣下车之始,与其为约。此吏故违,加徒一年。'行本驳之曰:'律令之行,并发明诏,与民约束。今肇乃敢重其教命,轻忽宪章,非人臣之礼。'"

（五）笞

《唐六典》注：“隋文帝废除鞭刑，以杖代之，增笞为主刑。”从此，笞刑就成了新五刑体系中的一个重要组成部分。

《隋书·刑法志》：“开皇元年（公元 581 年）……其刑名有五。……五曰笞刑五，自十至于五十。……其品第九已上犯者，听赎。应赎者，皆以铜代绢。赎铜一斤为一负，负十为殿。笞十者铜一斤，加至杖百则十斤。”

（六）解颐

解颐是隋朝的一种肉刑方法，就是把下巴割下来。

《隋书·炀帝纪》：“大业十二年（公元 616 年），幸江都。奉信郎崔民象以盗贼充斥，于建国门上表，谏不宜巡幸。上大怒，先解其颐，乃斩之。”

（七）锁禁

《隋书·刑法志》：“凡死罪，枷而拲；流罪，枷而梏；徒罪，枷；鞭罪，桎；杖罪，散以待断。皇族及有爵者，死罪已下，锁之。狱成将杀者，书其姓名及其罪于拲，而杀之市。惟皇族与有爵者，隐狱。”

《隋书·刑法志》：“其髡鞭五岁刑，降死一等，锁二重，其五岁刑已下，并锁一重。”又：“囚并着械，徒兵着锁，不计阶品。”

四、自由刑

隋代的自由刑有徒、居作、夺劳等。

（一）徒

《开皇律》确定封建五刑制度之后，徒刑就成为正刑的一个重要组成部分。隋朝的徒刑一般来说是从一年到三年不等，等差为半年，其制为唐朝所因袭。《隋书·刑法志》：“开皇元年（公元 581 年）……其刑名有五。……三曰徒刑五，有一年、一年半、二年、二年半、三年。……其品第九已上犯者，听赎。应赎者，皆以铜代绢。

赎铜一斤为一负,负十为殿。笞十者铜一斤,加至杖百则十斤。徒一年,赎铜二十斤,每等则加铜十斤。三年则六十斤矣。……徒、杖等千余条,定留唯五百条。自是,刑纲简要,疏而不失。"

我们可以发现,隋朝的徒刑年限不长,与今天的徒刑远不可比。另外,隋朝的徒刑还对魏晋南北朝时期的徒刑做了一个重要的修改,那就是《开皇律》取消了对徒刑犯的鞭笞,使徒刑作为一种独立的刑罚,改变了南北朝时期一罪数刑的状况。这可以说是中国古代刑罚发展过程中的一个进步。

(二)居作

居作是一种附加的劳役刑。

《隋书·刑法志》:"开皇元年(公元581年)……其刑名有五。……二曰流刑三,有一千里、一千五百里、二千里。应配者,一千里,居作二年,一千五百里,居作二年半,二千里,居作三年。应住居作者,三流俱役三年。"

《隋书·刑法志》:"五岁、四岁刑,若有官,准当二年,余并居作;其三岁刑,若有官,准当二年,余一年赎。若公坐过误,罚金。其二岁刑,有官者,赎论。一岁刑,无官亦赎论。"

(三)夺劳

夺劳也称弃劳,是我国秦汉时剥夺官吏劳绩并给予一定期限监禁的一种处罚。

隋朝夺劳基本上沿袭南北朝旧制。《隋书·刑法志》:"夺劳百日,杖督一日。"

五、流　刑

隋代的流刑主要包括流、谪戍、配防等。

(一)流

沈家本《历代刑法考》:"开皇元年(公元581年)定律,流为五刑之一,实因于魏周。自唐以下,历代相沿,莫之改也。……隋分千里、千五百里、二千里三等。……"①

《隋书·裴蕴传》:"于是,犹承高祖和平之后,禁纲疏阔,户口多漏,或及成丁,犹诈为小,未至于老,已免租赋。蕴历为刺史,案知其情,因是条奏,皆令貌阅。若一人不实,则官司解职,乡正里长,皆远流配。"

《隋书·郎方贵传》:"开皇中(公元581年—公元600年),方贵尝因出行遇雨,淮水泛长,于津所寄渡,船人怒之。掴方贵,臂折。至家,其弟双贵惊问所由,方贵具言之。双贵恚恨,遂向津,欧击船人致死。守津者执送之。县官案问其状,以方贵为首,当死。双贵从坐,当流。"这是隋朝一个首犯处死、从犯流放的典型案例。

(二)谪戍、配防

隋朝完成了对中国的短暂统一,由于疆域的扩大、边境线的延长,隋政权显然需要更多的人力和物力充实到边疆地区,这样南北朝时期惯用的谪戍就理所当然地成了隋朝流刑的一个重要部分。《隋书·刑法志》:"开皇十三年(公元593年),改徒及流并为配防。"分配罪犯充边作防务,实际就是对充军的记载。

六、财产刑

隋代的财产刑主要包括籍没和赎等刑。

(一)籍没

《隋书·刑法志》:"开皇元年,定新律。唯大逆谋反叛者,家口没官。"

《隋书·元谐传》:"上大怒,滂鸾绪并伏诛。籍没其家。"

《隋书·李文忻传》:"谋泄,伏诛。家口籍没。"

---

① 沈家本:《历代刑法考》(上册),商务印书馆,2011年版,第244页。

《隋书·李子雄传》:"及玄感败,伏诛,籍没其家。"

《隋书·赵元淑传》:"元淑及魏氏俱斩于涿郡,籍没其家。"

由以上几条史料,我们不难看出,籍没之刑一般还是在触动皇权的重罪上才附加使用的,与十恶制度有密切关系。

(二)赎

隋代的赎刑又重拾汉代旧制,以铜赎罪。《隋志》:"炀帝即位,又敕修律令。时斗秤皆小旧二倍,其赎铜亦加二倍为差。杖百则三十斤矣。徒一年六十斤,每等加三十斤为差,三年则一百八十斤矣。流无异等,赎二百四十斤。二死同赎三百六十斤。其实不异开皇旧制。"

沈家本《历代刑法考》:"古者赎本以铜,汉始改用黄金,而武帝则或以钱,东京用缣,晋律收赎用绢,而赎罪用金。《唐六典》谓宋、齐兼用绢,或不分别收赎与赎罪矣。梁律收赎用绢,自六十匹至二十四匹,凡四等,其数多。赎罪以金,而以绢代,自十六匹至二丈,凡十等,其数少。其法盖本于晋。而赎罪亦不用金,以绢一匹抵金二两,故赎死者金二斤,男子十六匹,余可类推也。北齐、北周,亦皆以绢代金,至隋又以铜代绢,复古制矣,唐、宋遂相沿不改。元以钞,明以铜钱。"[1]

七、资格刑

隋朝的资格刑多数沿袭南北朝旧制,主要包括免、除名、官当等。

(一)免

《隋书·裴蕴传》:"于是,犹承高祖和平之后,禁纲疏阔,户口多漏,或及成丁,犹诈为小,未至于老,已免租赋。蕴历为刺史,案

知其情,因是条奏,皆令貌阅。若一人不实,则官司解职,乡正里长,皆远流配。"

《隋书·秦王俊传》:"有司劾浩,以诸侯交通内臣,竟坐废免。"

(二)除名

《隋书·刑法志》:"开皇元年(公元 581 年)……其刑名有五。……犯十恶及故杀人,狱成者,虽会赦,犹除名。"

《隋书·吐万绪传》:"有司奏绪,怯懦违诏,于是除名为民。"

《隋书·元胄传》:"蜀王秀之得罪,胄坐与交通,除名。"

《隋书·柳彧传》:"杨素奏彧以内臣交通诸侯,除名为民配戍怀远镇。"

(三)官当

隋朝刑罚加强了官当,将其列为正刑,增加了官僚们的特权。

《隋书·刑法志》:"开皇元年(公元 581 年)……犯私罪以官当徒者,五品以上,一官当徒二年;九品以上,一官当徒一年。当流者,三流同比徒三年。若犯公罪者,徒各加一年,当流者,各加一等。"

又:"五岁、四岁刑,若有官,准当二年,余并居作。其三岁刑,若有官,准当二年,余一年赎。若公坐过误,罚金。其二岁刑,有官者,赎论。一岁刑,无官亦赎论。"

小 结

隋朝虽然立国时间不长,但这个王朝是中国古代史中上承南北朝、下启盛唐的一个重要政权。为了稳固统治,隋政权对政治、经济、文化等多方面进行了比较深入的改革。其建立的各种制度都成为影响中国封建政权发展的重要因素。尤其是《开皇律》所构建的封建刑罚体系更是博采南北朝刑罚的优点,废除了鞭刑、枭首、车裂等酷刑,简而不失,成为后来封建政权刑罚制度的典范。

第十二章　唐代的刑罚

隋文帝结束了南北对峙局面,将中国统一为强大的专制帝国。随着统一的形成,中国古代的刑罚体系也进入新的时期。南北朝时期的酷法被隋政权所取消,而南北朝刑罚体系中的一些有价值的因素被隋所继承,这样中国古代的刑罚体系就进入一个以笞、杖、徒、流、死五刑为主的时代。继隋而起的唐帝国,是由李渊父子建立起来的,历经二百八十九年、二十一帝。^① 因唐帝国在政治、文化、制度等诸方面都继承隋制并有所发展,因此后世史家经常隋唐并称。

值得我们关注的是,唐帝国的统治者非常关注刑罚体系的构建。《旧唐书·刑法志》:"高祖初(公元618年)起义,师于太原,即布宽大之令。百姓苦隋苛政,竞来归附。旬月之间,遂成帝业。既平京城,约法为二十二条(疑为十二条之误)。惟制杀人,劫盗,背军,叛逆者死,余并蠲除之。及受禅,诏纳言刘文静与当朝通识之士,因开皇律令而损益之,尽削大业所用烦峻之法。又制五十三条格,务在宽简,取便于时。寻又敕尚书左仆射裴寂等撰定律令,大略以开皇为准。"可见初唐时期,《开皇律》是其刑罚的基础文本。

唐太宗掌握政权后,他主导的初唐的刑罚体系继承和发展了隋代刑罚。《旧唐书·刑法志》讲:"及太宗即位,又命长孙无忌、房玄龄与学士法官,更加厘改。戴胄、魏徵又言旧律令重,于是,议绞刑之属五十条。免死罪,断其右趾。应死者,多蒙全活。太宗寻又

---

① 　一般观点认为,从唐高祖李渊到唐哀帝李柷,包括武则天,唐代共有二十一位皇帝。

愍其受刑之苦，谓侍臣曰：'前代不行肉刑久矣，今忽断人右趾，意甚不忍。'……其后蜀王法曹参军裴弘献又驳律令不便于时者四十余事，太宗令参掌删改之。弘献于是与玄龄等建议，以为古者五刑，刖居其一。及肉刑废，制为死、流、徒、杖、笞。凡五等，以备五刑。今复设刖足，是为六刑。减死在于宽弘，加刑又加烦峻。乃与八座定议奏闻。于是又除断趾法，改为加役流三千里，居作二年。自是，比古肉刑，殆除其半。玄龄等遂于法司定律五百条，比隋代旧律减大辟者九十二条，减流入徒者七十一条。其当徒之法，唯夺一官，除名之人，仍同士伍。凡削烦去蠹，变重为轻者，不可胜数。"

　　唐太宗所设置的刑罚体系很好地保证了唐代土地制度、赋役制度、府兵制度的贯彻实施。当然随着唐代社会的发展，社会问题增多，唐帝国的统治者们因时制宜，不断制定新的法律规范，予以调整。这一调整过程大约开始于唐太宗统治中期。从传世的神龙二年（公元706年）修订的《散颁刑部格》残卷所载刑罚来看，在《唐律》之外，当时已经形成了一个刑罚补充体系。这一体系载于格中，以格的法律形式颁布。此后随着唐代社会的发展，这一补充体系得到进一步的充实和完善。

　　由于年代久远，传世的唐朝法典法规除《唐律疏议》外，仅剩一些残篇散条，这给我们今天全面了解和认识唐代法律造成很多困难。但从总体上来看，研究唐代刑罚的资料还是要胜于之前的各个王朝。沈家本《历代刑法考》："古今刑法，隋以前书多散失，惟《唐律》独存完全无阙。论者咸以唐法为得其中，宋以后皆尊用，虽间有轻重，其大段固本于唐也。"可见，唐代对宋代以后的刑罚发展也有很重要的影响。

　　从刑罚指导思想来看，唐代法律通过刑罚来惩治违法行为、维护社会稳定，其刑罚发展也受到了儒家思想的影响。实际上，儒家思想很早就对中国的法制建设起着指导作用，中国古代的法制也长期沿着礼法结合的道路发展，中国特有的历史文化传统决定了礼法结合对唐代刑罚的影响尤为突出。刑名在《唐律》中位于名例的篇首,《唐律疏议》中规定了刑罚的罪名,是规定五刑的体例。犯罪行为需要相应的罪名,而量刑需要根据行为的性质决定,因此把刑名放于名例的篇首。唐律中的五刑与之前朝代的刑罚相比要宽容,缩小了死刑范围,在肉刑方面也仅存笞、杖两种,其他都予以废除。唐律的刑罚制度中规定了十恶制度、上请制度、减赎刑、官当制度等,这些制度更好地保护了封建君主专制,打击了侵害纲纪伦常的犯罪和恶性的刑事犯罪,给予了特权阶层适当的减免刑罚的特权,这反映了礼法合一对唐代刑罚制度的影响。

从唐代君主的角度来看,擅权滥刑的例子较少。沈家本《历代刑法考》:"综论有唐一代,除武后之时,李林甫之时以及甘露之变,清流之祸,并由于阉宦之肆孽,其余诸帝,无有淫刑以逞者。贞观,开元之治,代宗之仁恕,无论矣。德宗之猜忌少恩,然用刑无大滥。宪宗之英果明断,然于用刑喜宽仁。穆宗之童呆,然颇知慎刑法。此皆其开创贻谋之善,故后嗣尚守其法。肃宗之治伪官,当时以为少过,然诸人中陈希烈,张均,张自牾,或任受钧衡,或亲联肺腑,心怀怨望,甘心从贼,此而不诛,政何以肃? 温公以六等议刑为可,实正论也。史称自高祖,太宗除隋孽乱,治以宽平,民乐其安,重于犯法,政治之美,几乎三代之盛时。考其推心恻物,其可谓仁矣! 斯言非溢美也。后代治律之士,莫不以唐为法,世轻世重,皆不能越其范围,然则,今之议刑者,其亦可定厥宗旨乎?"①

但是从执法的官僚来看,有唐一代,酷吏不少。沈家本《历代刑法考》:"夫法之善者,仍在有用法之人,苟非其人,徒法而已。观于唐室开创之初,布宽大,削烦峻。贞观四年,天下断死罪三十九人,刑轻而犯者少,何其盛也? 迨武氏肆虐,毒流宇内,初未改唐之律令,而用法者为周兴,来俊臣之徒,遂使朝士宗亲咸罹冤酷。玄

---

① 沈家本:《历代刑法考》(上册),商务印书馆,2011年版,第45页。

宗开元年间，号称治平，人罕犯法。（开元）二十五年（公元737年），刑部所断天下死罪五十八人。迨李林甫用事，信任罗希奭，吉温之徒，复起大狱，以诬陷所杀数十百人，如韦坚，李邕等皆一时名臣，天下冤之。益可知有其法者，尤贵有其人矣。大抵用法者得其人，法即严厉亦能使其仁于法之中，用法者其失人，法即宽平，亦能逞其暴于法之外。此其得失之故，实笰乎宰治者之一心，为仁为暴，朕兆甚微，若空言立法，则方策具在，徒虚器耳。"①可见徒法不足以自行，执法者的因素对刑罚体系的影响实际上也是不能忽视的。

从法制的基本形式来看，唐代刑法的名堂最多，有法、律、令、格、式、疏、例、敕、旨、制、手鉴等。《唐书·刑法志》："唐之刑书有四，曰律、格、令、式。令者，尊卑贵贱之等数，国家之制度也；格者，百官有司之所常行之事也；式者，其所常守之法也。凡邦国之政，必从事于此三者。其有所违及人之为恶而入于罪戾者，一断于律。律之为书，因隋之旧，为十有二篇：一曰名例，二曰卫禁，三曰职制，四曰户婚，五曰厩库，六曰擅兴，七曰贼盗，八曰斗讼，九曰诈伪，十曰杂律，十一曰捕亡，十二曰断狱。"

另外，在唐代的刑罚体系之中，还存在一套反复的赦免制度。

沈家本《历代刑法考》："唐代赦例甚繁，今节取各帝制诏之文，而备录律文于后，其大略可覩（睹）矣。大抵盛时赦少而例严，及其衰也，赦多而例亦宽矣。其常赦所不原之款略分四等：

"一会赦不原者：犯恶逆若部曲、奴婢殴及谋杀，若强奸主，见《断狱律》。赦诏中称十恶，已包恶逆在内，亦有十恶外称五逆者，未知为何者五项。诏有称奴杀主者，有称奴婢、部曲反主者，并与律文不尽相同，此一等也。

"一会赦犹流者：造畜蛊毒，见《贼盗律》。杀小功尊属、从父兄

---

① 　沈家本：《历代刑法考》（上册），商务印书馆，2011年版，第43页。

姊及谋反大逆,见《断狱律》。谋反大逆,十恶之首;造畜蛊毒,十恶之不道也;杀小功尊属,不睦也;皆包于十恶之内。从父兄姊,乃大功尊长,则不关十恶,诸赦诏,无及之者,盖包于常赦不免之中矣。此一等也。

"一会赦犹除名者:十恶、故杀人、反逆缘坐,见《名例》。开皇律犯十恶及故杀人,会赦犹除名,《唐律》承之。十恶已见前二等,并此分三等矣。赦诏多言谋杀,开元二十四年(公元736年)赦制始言故杀人,自此已后,皆为故杀矣。反逆缘坐,亦偶及之,此一等也。

"一会赦免所居官者:监临主守,于所监守内犯奸盗、略人,若受财枉法,见《名例》。受财枉法,主守自盗,赦诏有之。亦有称官人犯赃者,则无所不包,官吏犯奸,亦见赦诏,惟监守内犯略人,诏中未见。除名者,官爵悉除,免所居官者,但免所居之一官,视除名为轻矣,此一等也。

"以上皆常赦不原者也。又有赦后百日不首,故蔽匿,复罪如初者,诸略、和诱人,若和同相卖;及略、和诱部曲、奴婢,若嫁卖之,即知情娶买,及藏逃亡部曲、奴婢;署置官过限及不应置;诈假官、假与人官及受假者;若诈死,私有禁物。见《名例》。赦诏中未见明文。梁太清元年大赦,有开恩百日,各令自首,不问往罪之例,乃此律之所仿,此又一等,而不在常赦不原之例。又若赦诏有其目,而律无文者,曰妖言惑众,曰劫贼,曰谋杀人,曰造伪头首,曰犯名教,曰妖伪(开元二),曰劫贼杀财主(开元十一),曰妖讹,曰盗贼(开元十九,似是录囚),曰劫杀人,曰痕累人,曰宿宵人,曰伪造妖妄头首,曰攻劫,曰五逆(上元二),曰官典犯入已赃(太和元),曰劫狱,曰夺囚,曰持杖强劫(太和七),曰合造毒药,曰开发坟墓(咸通十二),曰光火持杖(咸通十四)。以上各项,皆律所不及,或出于临时之裁定,或由于故事之遵循,非皆常赦不原者也。大抵汉之赦例,每云谋反、大逆、道,不用此书,是以谋反、大逆、不道为重,唐之赦例，恶逆会赦不原，反逆会赦犹流，是恶逆视反逆为重。若官典犯赃、妖言惑众、造伪头首、谋故杀人，则往往不原，而反逆转有特原之事。自余款目，或此赦有，而彼赦无，或此赦增，而彼赦减，三百年中，参错不一，大旨本乎律，而亦不全用律，法之无定，盖自古然矣。"[1]

唐代的刑罚在继承发展先前朝代刑罚的基础上，主要体现为株连、生命刑、身体刑、自由刑、流刑、财产刑、资格刑等。

一、株　连

唐之株连有保任、连坐、族诛。

（一）保任

《唐书·睿宗纪》："景云元年（公元 710 年），大赦。长流，长任未达者，还之。"[2]

《玄宗纪》："开元十六年（公元 728 年）正月庚申，许徒以下囚，保任营农。"就是说，允许徒刑以下囚犯取保种田。

沈家本《历代刑法考》："前条长任，若今之取长保者，后条保任，《册府》八十三作'保放'。保任为一事，保放谓责保而放之，乃二事。"[3]"责保而放之"，就是说有了责任保，就可以释放。

（二）连坐

实际上，在中国古代的刑罚发展过程中，连坐和族诛长期混淆在一起，直到隋唐时期，两者的区别才逐渐分明。族诛为死刑，而遭受连坐则未必一定失去生命，也有可能因连坐而被流放、充军、为奴。《新唐书·刑法志》："故时律，兄弟分居，荫不相及，而连坐

---

①　沈家本：《历代刑法考》（上册），商务印书馆，2011 年版，第 826－828 页。

②　长流：长期流放。长任：长期责任担保。

③　沈家本：《历代刑法考》（上册），商务印书馆，2011 年版，第 79 页。

则俱死。同州人房疆以弟谋反当从坐，帝因录囚为之动容，曰：'反逆有二：兴师动众一也，恶言犯法二也。轻重固异，而均谓之反，连坐皆死，岂定法耶？'玄龄等议曰：'《礼》，孙为父尸，故祖有荫孙令，是祖孙重而兄弟轻。'于是令：'反逆者，祖孙与兄弟缘坐，皆配没；恶言犯法者，兄弟配流而已。'"

沈家本《历代刑法考》："《唐律》祖孙兄弟之不坐死，盖起于此。惟'恶言犯法'，《唐律》无此文，不知所指何条。"[①]

（三）族诛

唐代统治者极大地限制了族诛的范围，适用族诛的罪名只有"谋反"和"大逆"。《唐律》："诸谋反及大逆者，皆斩。父子年十六以上，皆绞。十五以下及母女、妻妾、祖孙、兄弟、姊妹，若部曲、资财、田宅，并没官。男夫年八十及笃疾，妇人年六十及废疾者，并免。伯叔，兄弟之子，并流三千里，不限籍之同异。即虽谋反，词理不能动众，威力不足率人者，亦皆斩。父子、母女、妻妾，并流三千里。缘坐非同居者，资财，田宅不在没限。虽同居，非缘坐及缘坐子孙应免流者，各准分法应还。若女许嫁已定，归其夫。出养，入道及配妻未成者，不追坐。出妻者，从所养坐。道士及妇人，若部曲，奴婢，犯反逆者，止坐其身。诸谋叛者，绞。已上道者，皆斩。妻、子流二千里。若率部众百人以上，父母、妻、子流三千里。"

《资治通鉴》："唐文宗太和九年（公元 835 年）十一月，李训将奔凤翔，为盩厔（县名，即周至，在陕西省）镇场使宋楚所擒，械送京师。至昆明池，训恐至军中更受酷辱，谓送者曰：'得我则富贵矣，闻禁兵所在搜捕，汝必为所夺，不若取我首送之。'送者从之，斩其首以来。左神策出兵三百人，以李训首引王涯，王璠，罗立言，郭行余，右神策出兵三百人，拥贾𫗧（音苏），舒元舆，李孝本献于庙社，徇于两市。命百官临视，腰斩于独柳之下，枭其首于兴安门外。亲

① 沈家本：《历代刑法考》（上册），商务印书馆，2011 年版，第 74 页。

属无问亲疏,皆死,孩稚无遗,妻女不死者,没为官婢。"

《新唐书·刑法志》:"故时律,兄弟分居,荫不相及,而连坐则俱死。同州人房疆以弟谋反当从坐,帝因录囚为之动容,曰:'反逆有二:兴师动众一也,恶言犯法二也。轻重固异,而均谓之反,连坐皆死,岂定法耶?'玄龄等议曰:'《礼》,孙为父尸,故祖有荫孙令,是祖孙重而兄弟轻。'于是令:'反逆者,祖孙与兄弟缘坐,皆配没;恶言犯法者,兄弟配流而已。'玄龄等遂与法司增损隋律,降大辟为流者九十二,流为徒者七十一,以为律;定令一千五百四十六条,以为令;又删武德以来敕三千余条为七百条,以为格;又取尚书省列曹及诸寺、监、十六卫计帐以为式。"可见,谋逆罪遭受的族诛仅限于父子,祖孙兄弟不会被诛杀,只是流放。

当然,由于封建政治权力集中在专制者手中,这种相对仁慈的刑罚规定也会不断遭到破坏。《旧唐书·王璠传》:"璠子遐休,直弘文馆。李训举事之日,遐休于馆中礼上,同职驾部郎中令狐定等五六人送之,是日悉为乱兵所执。定以兄楚为仆射,军士释之,独执遐休诛之。初璠在浙西,缮城壕。役人掘得方石,上有十二字,云:'山有石,石有玉,玉有瑕,瑕即休。'璠视莫知其旨,京口老人讲之曰:'此石非尚书之吉兆也。尚书祖名鉴,鉴生础,是山有石也。础生尚书,是石有玉也。尚书之子名遐休,休,绝也。此非吉征。'果赤族。"《新唐书》和《旧唐书》中都可以发现类似的"赤族",也就是满门抄斩。唐代酷吏来俊臣就死于"赤族"之下,无论来俊臣是不是一个至今我们都会指责的残忍官吏,这种大范围的族诛显然也是不符合唐代刑罚体系中的族诛规定的,可见封建君主权大于法,其言不虚。

二、生命刑

唐朝时死刑行刑种类主要有绞、斩、腰斩、车裂、枭首、重杖处死以及赐死,其中只有绞与斩为法定刑,其他皆非正刑,腰斩、枭首、车裂等也不是常用之刑。腰斩和枭首到甘露之变时才采用。《资治通鉴·唐纪六十》:"命百官临视,腰斩于独柳之下,枭其首于兴安门外。"《旧唐书·哀帝纪》:"敕:'张廷范性唯庸妄,志在回邪,不能保慎宠荣,而乃苞藏凶险。密交柳璨,深结玄晖,昼议宵行,欺天负地。神祇共怒,罪状难原。宜除名,委河南府于都市集众,以五车分裂。温蕴、裴碉、张茂枢并除名,委于御史台所在赐自尽。柳璨弟瑀、瑊,送河南府决杀。'"这些唐朝的法外刑在唐朝中后期几乎成为法定死刑行刑种类。《旧唐书·张嘉贞传》:"洛阳主簿王钧为嘉贞修宅,将以求御史,因受赃事发,上特令朝常集众决杀之。"唐朝元和三年(公元808年)五月四日敕文中规定:"或仇嫌潜肆烧爇,有情状巨蠹,推问得实,所烧舍房,不限多少,请决痛杖一顿处死。"

唐代生命刑的执行方法有大辟、戮、绞、斩、集众决杀、腰斩、辗、瓮、掠杀、枷楔、考竟、赐死等。

(一)大辟

唐代的大辟罪比隋朝有所减少。《旧唐书·刑法志》:"……玄龄等遂于法司定律五百条,比隋代旧律减大辟者九十二条,减流入徒者七十一条。其当徒之法,唯夺一官,除名之人,仍同士伍。凡削烦去蠹,变重为轻者,不可胜数。"又《唐六典》:"贞观初(公元627年),减开皇律大辟入流者九十三条,比古死刑,殆除其半。"

《唐六典》:"凡决大辟罪,皆于市。① 五品已(以)上,犯非恶逆已上,听自尽于家。七品已上,及皇族若妇人,犯罪非斩者,皆绞于

---

① 原注:古者决大辟罪,皆于市。自今上临御以来,无其刑,但存其文耳。

隐处。① 凡决大辟罪,在京者,行决之司五覆奏。在外者,刑部三覆奏。② 若犯恶逆已上,及部曲奴婢杀主者,唯一覆奏。③ 凡京城决囚之日,尚食蔬食,内教坊及太常皆徹乐。"沈家本注:"《唐六典》撰于开元年间,注中所称今上,谓玄宗也。弃市之制,当时已废。后世之市,既与古制不同,杀人于市,已与古制不能尽合。今时惟京师尚于市,各直省情形不同,有在教场者,有在城外旷地者。所谓杀人于市,亦虚有其文而已。"④

《册府元龟》:"(开元)十七年(公元729年),大赦。大辟罪已下,罪无轻重,已发觉未发觉、已结正未结正、系囚见(现)徒常赦所不免者,咸赦除之。自先天以来,有杂犯,经移近处,流人并配隶碛西瓜州者,并宜放还。其反逆缘坐,长流及城奴,量移近处,编附为百姓。左降官,量移近处。"⑤沈家本注:"常赦所不免者咸赦除之,景云元年赦书有此文,自余未用,至此赦又用之,自此以后即以为常矣。"⑥

(二)戮

尽管唐代正刑中没有"戮"的规定,但这种刑罚还是可以在相关史料中发现。《通鉴》:"唐文宗太(应为大)和九年(公元835年)时,崔潭峻已卒,亦剖棺鞭尸。"《旧唐书·窦怀贞传》:"与太平公主谋逆,既败,投水死,追戮其尸。"《新唐书·武三思传》:"睿宗立(公

---

① 原注:决大辟罪,官爵五品已上,在京者,大理正监决。在外者,上佐监决。余并判官监决。在京决者,亦皆有御史、金吾监决。若囚有冤滥灼然者,听停决,奏闻。

② 原注:在京者,决前一日二覆奏,决日三覆奏。在外者,初一日再覆奏,纵临时有敕不许覆奏,亦准此覆奏。

③ 原注:决大辟罪,皆防援,至刑所,囚一人防援二十人,每一人加五人。五品已上,非恶逆者,听乘车,并官给酒食,听亲故辞决,宣告犯状,仍日未后乃行刑。囚在外,奏报之日,不得驰驿行下。

④ 沈家本《历代刑法考》(上册),商务印书馆,2011年版,第552页。

⑤ 结正:案件审结。编附:户籍。

⑥ 沈家本《历代刑法考》(上册),商务印书馆,2011年版,第811页。

元 710 年），以父子皆逆节，斲棺暴尸，夷其墓。"

（三）绞、斩

《唐律》："死刑二：绞，斩。"沈家本《历代刑法考》："《唐律》每条中每该数事，死罪凡二百三十三事。内有斩绞同条者，若以条计，无此数也。《唐律》本于隋，《隋律》原于元魏。元魏《太和律》大辟二百三十五条，隋开皇除死罪八十一，唐贞观降大辟为流九十二，合只为一百七十三条，两相比较，已少四分之三，则所存当不及六十条，与《唐律》见（现）存之数不合。疑《太和律》之二百三十五条，条具数事，开皇、贞观所删降之条，条止一事，约略计之，尚得太和之半。故《唐六典》谓《贞观律》比古死刑，殆除其半也。"①

沈家本《历代刑法考》："隋开皇中，废除枭、环诸重法，死刑存斩、绞二项，唐律承之，自是历代相沿，死刑仅此二项，虽有凌迟等项，并不入正刑之内。元代死刑有斩无绞，而凌迟以处恶逆之极者，盖亦不列入正刑，其死刑惟一矣，此元代之与历代不同者。"②

《唐律·职制·指斥乘舆及对捍制使条》："诸指斥乘舆，情理切害者，斩。"就是说，以恶毒的言语斥骂皇帝行驾的人要被处以斩刑。这样的死刑由皇帝来裁决。

又："对捍制使，无人臣之礼者，绞。"即对着奉皇上制敕的使者撒野的人会被处以绞刑。

《谋叛条》："诸谋叛者，绞。已上道者，皆斩。"可见唐代对于大逆罪行的惩罚已经较隋代为轻。

《征人稽留条》："诸征人稽留者，一日杖一百，二日加一等，二十日，绞。即临军征讨而稽期者，流三千里。三日，斩。"

《主将守城弃去条》："诸主将守城，为贼所攻，不固守而弃去，及守备不设，为贼所掩覆者，斩。若连接贼寇，被遣斥候，不觉贼来

---

① 沈家本：《历代刑法考》（上册），商务印书馆，2011 年版，第 568 页。
② 沈家本：《历代刑法考》（上册），商务印书馆，2011 年版，第 119 页。

者，徒三年。以故致有覆败者，亦斩。"

《主将临阵先退条》："诸主将以下，临阵先退，若寇贼对阵，舍仗投军，及弃贼来降，而辄杀者①，斩。"

《谋杀制史府主等官条》："诸谋杀制史，若本属府主、刺史、县令及吏卒谋杀本部五品以上官长者，流二千里（工、乐及公廨户、奴婢与吏卒同）。已伤者，绞。已杀者，皆斩。"罪分三等，谋者流，伤者绞，杀者斩。

《欧制使府主刺史县令条》："诸欧制使、本属府主、刺史、县令及吏卒欧本部五品以上官长，徒三年。伤者，流二千里。折伤者，绞（折伤，谓折齿以上）。"同是斗殴罪，不同的伤害程度，科处不同的刑罚，是常制。而不同地位的侵害对象，科处不同的刑罚，则是封建社会的阶级特性。

《谋杀期亲尊长条》："诸谋杀期亲尊长、外祖父母、夫、夫之祖父母、父母者，皆斩。"

《部曲奴婢谋杀主条》："诸部曲奴婢谋杀主者，皆斩。谋杀主之期亲②及外祖父母者，绞。已伤者，皆斩。"

《谋杀故夫祖父母条》："诸妻妾谋杀故夫之祖父母、父母者，流二千里。已伤者，绞。已杀者，皆斩。部曲、奴婢谋杀旧主者，罪亦同。"③

《欧皇家祖免以上亲条》："诸皇家祖免亲而欧之者，徒一年。伤者，徒二年。伤重者，加凡斗二等。缌麻以上，各递加一等。死者，斩。"

《部曲奴婢良人相欧条》："诸部曲欧伤良人者（官户与部曲同），加凡人一等（加者，加入于死）。奴婢，又加一等。若奴婢欧良

---

① 辄杀者：将放下武器的降兵杀死者。
② 期亲：不在同一户口内的亲属。
③ 流二千里：只有谋的事实，分首从，首者流二千里，从者流一千五百里。绞：已伤者分首从，首者绞，从者流三千里。皆斩：不分首从。

人折跌肢体及瞎其一目者,绞,死者,各斩。"封建社会是等级社会。这些规定充分体现了阶级压迫以及人在法律面前地位不平等的阶级本质。

可见,在唐代以斩、绞为主的死刑有较为广泛的适用范围,常用于处罚侵犯皇帝等政治性犯罪,以及卑犯尊、幼犯长、奴犯主等其他罪行。从其犯罪性质和量刑等差等方面,我们都可以看出,唐代斩、绞二刑都是存在深刻的阶级性的。

(四)集众决杀

集众决杀是一种集聚众人当场斩决的行刑制度。颇似现代的召开宣判大会,执行死刑。唐无弃市,其义正与弃市同。非刑,始于唐。

《册府元龟》(刑法部):"又京兆府奏准建中三年(公元782年)三月敕节文,当府界内捉获强盗,不论有赃无赃及窃盗赃满三匹以上者,并准敕集众决杀;不满匹者,量事科决补充。所由犯盗人虽有官及属军等,一切并此例处分。"沈家本注:"唐律诸强盗不得财徒二年,十四及伤人者绞,杀人者斩;其持杖者虽不得财流三千里,五匹绞。此不论有赃无赃,一概决杀,治盗之重,以此为严矣。窃盗五匹徒一年,五匹加一等,五十匹加役流,无死罪,此三匹即决杀,亦可谓重矣。"[1]

《册府元龟》(刑法部):"文宗太和三年(公元829年),中书门下奏:'今请令:以铅锡钱交易者,一贯以下,州府行常杖,决脊二十,十贯以下,决六十,徒三年;过十贯已上,集众决杀。其受铅锡钱交易者,亦准此。'"沈家本注:"唐律诸私铸钱者流三千里,无以铅锡钱交易之文。交易较私铸为轻,受者尤轻,而法重如此。"[2]

---

① 沈家本:《历代刑法考》(下册),商务印书馆,2011年版,第158页。
② 沈家本:《历代刑法考》(下册),商务印书馆,2011年版,第159页。

（五）腰斩

腰斩在唐代虽非正刑，但其适用并不少见。沈家本《历代刑法考》："唐太和九年（太为大之误，大和九年为公元 855 年），王涯等腰斩。"

《新唐书·刑法志》："安史之乱，定伪官罪为六等，达奚珣，韦恒要斩。"沈家本《历代刑法考》："唐无要斩之法，此盖加重于律之外者。"[1]又："安史之乱，伪官陆大钧等背贼来归。……御史大夫李岘、中丞崔器等为三司使，而肃宗方喜刑名，器亦刻深，乃以河南尹达奚珣等三十九人为重罪。斩于独柳树下者十一人，珣及韦恒要（腰）斩，陈希烈等赐自尽于狱中者七人，其余决重杖死者二十一人。"

（六）辗

《通鉴》："唐昭宣帝天佑二年（公元 905 年）十二月癸丑，守司空兼门下侍郎、同平章事柳璨贬登州刺史，太常卿张廷范贬莱州司户。甲寅，斩璨于上车门外，车裂张廷范于都市。"沈家本注："张廷范党附朱全忠，而为全忠所杀，车裂之惨，自取之也。"[2]

（七）瓮

瓮刑，我国武周朝刑讯犯人的一种酷刑，为来俊臣所创。瓮刑的执刑方法是将人入瓮，瓮下和周遭加火，炙人皮肉焦黑而死。非刑，仅见于武周。

《旧唐书·刑法志》："时周兴、来俊臣等相次受制，推究大狱，乃于都城丽景门内别置推事使院，时人谓之'新开狱'。俊臣又于侍御史侯思止、王宏义、郭霸、李敬仁，评事唐玮、卫遂忠等招集告事数百人，共为罗织，以陷良善，前后枉遭杀害者不可胜数。又造'告密罗织经'一卷，其意旨皆网络前人，织成反状。俊臣等鞠囚，

---

① 沈家本：《历代刑法考》（上册），商务印书馆，2011 年版，第 43 页。

② 沈家本：《历代刑法考》（上册），商务印书馆，2011 年版，第 95 页。

无问轻重，多以醋灌鼻，禁地牢中，或盛之于瓮，以火围绕炙之。兼绝其粮饷。至有抽衣絮以啖之者。"

（八）掠杀

《文献通考》一百六十六："贞元八年（公元792年）敕，比来所断罪，拘守科条，或至死刑，犹先决杖，处之极法，更此伤残，恻隐之怀，实所不忍。今后罪至死者，先决杖宜停。按：鞭扑在有虞为至轻之刑，在五刑之下，至汉文帝除肉刑，始以笞代斩趾，而笞数既多，反以杀人。其后，以为笞者多死，其罪不至死者，遂不复笞，而止于流徒。魏晋以下，笞数皆多，笞法皆重。至唐而后，复有重杖、痛杖之律，只云一顿而不为之数，行罚之人得以轻重，其手欲活则活之，欲毙则毙之，夫生之与死，捶楚之与刀锯，亦大有闲矣。今重杖、痛杖之法乃出入乎生死之间，而使奸吏因缘为市，是何理也？至于当绞斩者，皆先决杖，或百或六十，则与秦之具五刑何异？建中时，始定重杖为死刑。贞元时，始令死刑不先决杖，盖革累朝弊法云。"沈家本注："《唐志》称德宗时以重杖代极法，死罪不先决杖。据《通考》，死罪不决杖在贞元八年，其重杖代极刑在建中三年，非同时事。既以重杖代死刑，则重杖之杖与先决之杖同一杖也，有何分别？贞元之停，亦空言耳。《唐律》无死罪决杖之文，敕云'拘守科条'，是当时已着为法，但不详始于何年，历代亦无此法。《通考》谓革累朝弊政，是未即二事而合观之也。"

《新唐书·刑法志》："剧贼高玉啖人数千，后擒获，会赦，代宗将贷其死，公卿议请为菹醢，帝不从，卒杖杀之。德宗性猜忌少恩，然用刑无大滥。刑部侍郎班宏言：'谋反、大逆及叛、恶逆四者，十恶之大也，犯者宜如律。其余当斩绞刑，决重杖一顿处死，以代极法。'"

《新唐书·刑法志》："安史之乱，伪官陆大钧等背贼来归。……陈希烈等赐自尽于狱中者七人，其余决重杖死者二十一人。"

沈家本《历代刑法考》:"斩绞而死与重杖而死,均死也,不足以言仁,且斩绞而死,其死也速,重杖而死,其死也迟,其所受之苦楚,转有甚于斩绞者,未足为良法也。至宪宗元和八年,诏两京、关内、河东、河北、淮南、山南东西道死罪十恶、杀人、铸钱造印、若强盗持仗劫京兆界中及他盗赃三匹者,论如故,其余死罪,皆流天德五城。由是,犯死罪有不死者不少矣。《唐书》纪传言杖杀者,与他史之言笞杀者不同,故不备录。"[1]

可见,除斩、绞两种死刑外,唐代还存在更残忍的死刑执行方式。掠杀之所以残忍,是因为罪犯被处死的过程加长,对罪犯构成了更痛苦的折磨。而且在整个唐代,掠杀之刑有泛滥的趋势。

(九)枷楔

枷楔是在人犯头部戴的枷上,打进木楔,直至脑浆崩裂而死的酷刑。

《旧唐书·酷吏传》序:"至载初(公元689年),右台御史周矩谏后曰:'凶人告讦,遂以为常,泥耳笼首,枷楔兼暴,拉肋签爪,县(悬)发熏目,号曰狱持,昼禁食,夜禁寐,敲扑撼摇,使不得眠,号曰宿囚。'"

《新唐书·索元礼传》:"元礼揣旨,即上书言急变,召对,擢游击将军,为推使。即洛州牧院为制狱,作铁笼系囚首,加以楔,至脑裂死。又横木关手足转之,号晒翅。或纺囚梁上,缒石于头。讯一囚,穷根柢,相索联至数百,未能讫,衣冠气褫。"

(十)考竟

《新唐书·酷吏传·来俊臣》:"后信之,诏于丽景门别置狱,敕俊臣等颛按事,百不一贷。王弘义戏谓丽景门为'例竟',谓入者例皆尽也。"沈家本注:"亦与考竟之意相似。"[2]

---

[1] 沈家本:《历代刑法考》(上册),商务印书馆,2011年版,第127页。
[2] 沈家本:《历代刑法考》(上册),商务印书馆,2011年版,第130页。

《虞延传》:"今考实未竟,宜当尽法。"沈家本注:"玩此辞意,竟字亦当作竟命解。"

（十一）赐死

《唐律疏议·断狱》:"五品以上犯恶逆以上,听自尽于家。"

《旧唐书·玄宗纪》:"(开元二十五年)夏四月……乙丑,皇太子瑛、鄂王瑶、光王琚并废为庶人。太子妃兄驸马都尉薛锈长流瀼州,至蓝田驿赐死。"

《旧唐书·刑法志》:"唐武宗会昌元年(公元 841 年)九月,库部郎中知制诰纥干泉等奏:'准刑部奏,犯赃官五品以上,合抵死刑,请准狱官令赐死于家者,伏请永为定格。'从之。"

《通鉴》:"唐昭宣帝天佑二年(公元 905 年)六月戊子朔,敕裴枢、独孤损、崔远、陆扆、王溥、赵崇、王赞等并所在赐自尽。"

三、身体刑

唐代的身体刑包括荆、劓、泥耳、笼首、灌鼻、熏目、毡罽、掠、鞭、杖、笞、杻、校、钳、大枷、锁、颂系等。

（一）荆

荆刑亦称刖刑。在唐代,荆属非正刑,仅有皇上诏敕,为唐律所不收。

《旧唐书·刑法志》:"高祖初(公元 618 年)起义,师于太原,即布宽大之令。……弘献于是与玄龄等建议,以为古者五刑,刖居其一。及肉刑废,制为死、流、徒、杖、笞。凡五等,以备五刑。"可见荆刑在唐代曾经短暂存在。

然而《旧唐书·刑法志》又载:"及太宗即位,又命长孙无忌、房玄龄与学士法官,更加厘改。戴胄、魏徵又言旧律令重,于是,议绞刑之属五十条。免死罪,断其右趾。应死者,多蒙全活。太宗寻又愍其受刑之苦,谓侍臣曰:'前代不行肉刑久矣,今忽断人右趾,意甚不忍。'"可见唐太宗对残忍的肉刑是持反感态度的。

又："谏议大夫王珪对曰：'古行肉刑，以为轻罪。今陛下矜死刑之多，设断趾之法，格本合死，今而获生。刑者幸得全命，岂惮去其一足？且人之见者，甚足惩诫。'上曰：'本以为宽，故行之。然每闻恻怆，不能忘怀。'又谓萧瑀、陈叔达等曰：'朕以死者不可再生，思有矜愍，故简死罪五十条，从断右趾。朕复念其受痛，极所不忍。'叔达等咸曰：'古之肉刑，乃在死刑之外。陛下于死刑之内，改从断趾，便是以生易死，足为宽法。'上曰：'朕意以为如此，故欲行之。又有上书言此非便，公可更思之。'其后蜀王法曹参军裴弘献又驳律令不便于时者四十余事，太宗令参掌删改之。弘献于是与玄龄等建议，以为古者五刑，刖居其一。及肉刑废，制为死、流、徒、杖、笞。凡五等，以备五刑。今复设刖足，是为六刑。减死在于宽弘，加刑又加烦峻。乃与八座定议奏闻。于是又除断趾法，改为加役流三千里，居作二年。"对于取消刖刑，有些大臣有不同的意见，但多数人与太宗意见相同，最终曾经一度恢复的刖刑被取消，代以加役流三千。

（二）劓

在唐代，劓属非刑，而且仅在少数民族地区施行。

《旧唐书·吐蕃传》："其刑虽小，罪必决目，或刖、劓，以皮为鞭抉之。"

（三）泥耳

泥耳是一种把人的耳朵灌上泥浆，破坏人的听觉系统，使人失聪的酷刑。其属非刑，为武周所创，多为酷吏所为。朝廷则听之任之。

《旧唐书·酷吏传》序："至载初（公元689年），右台御史周矩谏后曰：'凶人告讦，遂以为常，泥耳笼首，枷楔兼暴，拉胁签爪，县（悬）发熏目，号曰狱持，昼禁食，夜禁寐，敲扑撼摇，使不得瞑，号曰宿囚。'"

（四）笼首、拉肋、签爪

笼首是一种把人的脑袋罩上木笼的酷刑。签爪，是用竹签刺入手指、脚趾的酷刑。均属非刑，为武周所创，多为酷吏所为。朝廷则听之任之。

《旧唐书·酷吏传》序："至载初（公元 689 年），右台御史周矩谏后曰：'凶人告讦，遂以为常，泥耳笼首，枷楔兼暴，拉肋签爪，县（悬）发熏目，号曰狱持，昼禁食，夜禁寐，敲扑撼摇，使不得瞑，号曰宿囚。'"

（五）凤凰晒翅、悬首、犊子悬、灌鼻、灌尿、驴驹拔橛、仙人献果、玉女登梯、脑箍

凤凰晒翅是把人按倒于地，手足反缚，穿以橼子，由打手推着旋转的酷刑。

悬首、犊子悬是将人反缚倒悬，把脑袋缒以重石，长时间悬吊的酷刑。

灌鼻是缚住双脚，将人倒悬，以醋、辣椒水等物灌鼻的刑罚。

灌尿是将人的头浸入尿桶里，灌进尿液的酷刑。

驴驹拔橛是将人缚于固定物上，由人牵引木枷用力前移，以抻拉人的颈和腰，直至断折的酷刑。

仙人献果是一种让人跪地捧枷，在枷上擦以土坯若干的酷刑。

玉女登梯是一种让人站在高桩之上，枷尾缚以绳索，由人向下拽，直至摔下来的酷刑。

脑箍是在人犯头上加以铁箍，然后敲进木楔，直至脑裂髓出的酷刑。

以上刑罚均属非刑，为武周时所创，多为酷吏所为。朝廷则听之任之。

《旧唐书·来俊臣传》："俊臣鞫囚，不问轻重皆注醯（醯，醋也）于鼻，掘地为牢，或寝以匽溺（溺，尿也），或绝其粮，囚至啮衣絮以食，大抵非死终不得出。每赦令下，必先杀重囚以宣诏。又作大

枷，各为号：一，定百脉；二，喘不得；三，突地吼；四，着即臣；五，失魂胆；六，实同反；七，反是实；八，死猪愁；九，求即死；十，求破家。后以铁为冒（帽）头，被枷者宛转地上，少选而绝。凡囚至，先布械于前示囚，莫不震惧，皆自诬服。时有来子珣、周兴者，永昌初，子珣上书，擢监察御史，后倚以按狱，多徇后旨。兴少习法律，自尚书史积迁秋官侍郎，屡决制狱，文深峭，妄杀数千人。天授中，人告子珣、兴与丘神绩谋反，诏来俊臣鞫状。初，兴未知被告，方对俊臣食，俊臣曰：'因多不服，奈何？'兴曰：'易耳，内之大瓮，炽炭周之，何事不承。'俊臣曰：'善。'命取瓮且炽火，徐谓兴曰：'有诏按君，请尝之。'兴骇汗，扣头服罪。"

　　沈家本注："《通考》一百六十六载元礼等讯囚酷法，或以椽关手足而转之，谓之凤凰晒翅；或以物绊其腰，引枷向前，为之驴驹拔橛；或使跪捧枷，累坏（同坯）其上，谓之仙人献果；或使立高木之上，引枷尾向后，谓之玉女登梯；或倒县（悬），石缒其首；或以醋灌鼻；或以铁圈箍其首而加楔，至有脑裂髓出者。所称酷法，较史传为详。"[1]

　　《旧唐书·王旭传》："每治狱，囚皆逆服。制狱械，率有名，曰'驴驹拔橛''犊子县（悬）'等，以怖下，又缒发以石，胁臣之。"

　　（六）悬发、熏目、禁寐、禁食

　　悬发是把人的头发栓牢，高高吊起，使人悬于空中的酷刑。熏目是用草木杂以辛辣物质，如辣椒、芥末等，燃烧熏蒸人的眼睛的酷刑。禁寐是一种敲扑摇撼，搔扰不断，昼夜不让人睡觉的刑罚，俗称熬鹰。禁食是一种不给饭吃，使人饥馁而死的酷刑。以上四刑均属非刑，为武周时所创，多为酷吏所为。朝廷则听之任之。

　　《旧唐书·酷吏传》序："至载初（公元 689 年），右台御史周矩谏后曰：'凶人告讦，遂以为常，泥耳笼首，枷楔兼暴，拉肋签爪，县

---

[1]　沈家本：《历代刑法考》（上册），商务印书馆，2011 年版，第 467 页。

(悬)发熏目,号曰狱持,昼禁食,夜禁寐,敲扑撼摇,使不得瞑,号曰宿囚。'"

(七)毡罽

毡罽是一种在炎夏之时,将人犯关在一间小屋里,蒙上毡罽和蒿草,直至闷热窒息而死的酷刑。毡罽,一种毛织物,大约就是现代的炕毡。属非刑,为武周时所创,多为酷吏所为。

《旧唐书·王弘义传》:"再迁左台侍御史,与来俊臣兢惨刻。暑月系囚,别为狭室,积蒿施毡罽其上,俄而死。已自诬,乃舍他狱。每移橄州县,所至震褶。弘义辄诧曰:'我文橄如狼毒、野葛矣。'"

(八)掠

有唐一代,酷吏众多。来俊臣、索元礼、周兴都是唐代酷吏的代表。酷吏实际上是君主专制政治的产物,在某种程度上也可说是其牺牲品,皇帝用酷吏,是为了维护专制政治之威;杀酷吏,也是为了维护专制政治。而酷吏则通过罗织罪名来提升政绩,其实来俊臣之流罗织罪状的方法并不高明。具体做法是,招集无赖数百人,让他们共同罗织,千里响应。欲诬陷一人,即在各地同时告发,造成证据互补,欺上瞒下。他还与同党一起对告密深入研究,编撰出一本《告密罗织经》,从原理到技术都有详细的介绍。采用他们介绍的方法,诬告的成功率极高。一旦遇有无法落实的案件,人们都说:"只要交给来俊臣推勘,一定能查获实情。"于是这些人经常越级升迁,深得皇帝喜爱。尤其是武则天称帝以后,由于她仍然保持着强烈的防范心理,酷吏政治在武周初期以更大规模迅速发展,甚至到了不可控制的程度。可以说,酷吏其实就是一批政治投机者。不过,酷吏投机,这条路也不是那么好走的,虽然他们在官场常能平步青云,但最终的结局往往很悲惨。皇帝主子经常要把他们抛掉,来假装好人。可见,酷吏如果想保证投机的成功,首先要认准主子的喜好,其次就是要有足够的手段,以便罗织罪名。因此，唐代的"掠"，即杖棒拷打，就有泛滥的趋势。

《新唐书·吉温传》："林甫密遣吏擿其铨史伪选六十余人，帝命京兆与御史杂治，累日情不得。炅使温佐讯，温分囚廷左右，中取二重囚讯后舍，楚械捞掠，皆呻呼不胜，曰：'公幸留死，请如牒。'乃挺出。诸史迎慑其酷，及引前，不讯皆服。日中狱具，林甫以为能。温尝曰：'若遇知己，南山白额虎不足缚。'林甫久当国，权焦（音勖）天下，阴构大狱，除不附己者。先引温居门下，与钱塘罗希奭为奔走，椎锻诏狱。相勖以虐，号'罗钳吉纲'。"

《唐律》："诸应议请减，若年七十以上，十五以下及废疾者，并不合拷讯，皆据众证定罪，违者以故失论。"

又："诸应讯囚者，必先以情，审察辞理，反复参验，犹未能决，事须讯问者，立案同判，然后拷讯。违者杖六十。"

又："诸拷囚不得过三度，数总不得过二百：杖罪以下，不得过所犯之数。拷满不承，取保放之。"

又："若拷过三度及杖外以他法拷掠者，杖一百。杖数过者，反坐所剩。以故致死者，徒二年。"

又："即有疮病，不待差而拷者，亦杖一百。若决杖、笞者，笞五十，以故致死者，徒一年半。若依法拷决，而邂逅致死者，勿论，仍令长官等勘验。违者杖六十。"

又："诸监临之官，因公事自以杖捶人致死及恐迫人致死者，各从过失杀人法。若以大杖及手足殴击，折伤以上，减斗杀伤罪二等。虽是监临主司，于法不合行罚及前人不合捶拷而捶拷者，以斗杀伤论，致死加役流。即用刃者，各从斗杀伤法。"

《唐六典》："凡察狱之官，先备五听，又稽诸证信，有可征焉，而不首实者，然后拷掠，二十日一讯，三讯未毕，更移他司，仍须拷鞫，通计前讯以充三度。即罪非重害及疑似处少，不必备三。若囚因讯致死者，皆与长官及纠弹官对验。其拷囚及行决罚不得中，易人。"

可见，虽然唐代出现了一批以酷刑逼供闻名的酷吏，但这个群体多数存在于武周时期，而对于刑讯一事，唐代的统治者是非常审慎的，诚如沈家本所言。

（九）鞭

《旧唐书·太宗纪》："贞观四年（公元 630 年）十一月戊寅，除鞭背刑。"

《旧唐书·刑法志》："太宗尝临见《明堂针灸图》，见人之五脏皆近背，针灸失所，则其害致死，叹曰：'夫棰者，五刑之轻，死者，人之所重。安得犯至轻之刑而或致死？'遂诏罪人无得鞭背。"沈家本注："隋已除鞭刑而唐初复行之，总由居上之人情性粗暴，以挞人为足，以示己之威，而亦不致遽致人于死，遂轻于用之，世亦相习焉，而轻视之矣。太宗有感而除之，盛德也。"[①]

（十）杖

唐代杖刑，较之笞刑要重，适用相当广泛，特列举如下。

《旧唐书·刑法志》："凡杖，皆长三尺五寸，削去节目。讯杖，大头径三分二厘，小头二分二厘。常行杖，大头二分七厘，小头一分七厘。笞杖，大头二分，小头一分有半。"沈家本注："唐代拷囚之法最有节度，拷不过三度，数不过二百，二十日一讯，不得连日拷。拷不得中，易人。罪非重害，不必备三，法之善，勿逾此者。梁、陈立测之法，视此逊矣，然法立而不遵，亦徒法耳。索元礼、来俊臣之徒，都以非法拷人，其惨毒有不胜言者，此又关乎国，是不可以常法论。天宝之世，亦有吉温、罗希奭之属，用人者可不慎欤？"[②]

《唐六典》："……其决笞，腿、臀分受。杖者背、腿、臀分受，须数等拷讯。笞亦同。愿背、腿均受者，听。殿庭决杖者，皆背受。"

1.上书奏事不敬、讹误，用杖

---

① 沈家本：《历代刑法考》（上册），商务印书馆，2011 年版，第 344 页。
② 沈家本：《历代刑法考》（上册），商务印书馆，2011 年版，第 466 页。

《上书奏事犯讳条》：“诸上书若奏事，误犯宗庙讳者，杖八十，口误及余文书误者，笞五十。”

《上书奏事误条》：“诸上书若奏事而误，杖六十。口误，减二等（口误不失事者，勿论）。”①

《事应奏不奏条》：“诸事应奏而不奏，不应奏而奏者，杖八十。应言上而不言上（虽奏上，不待报而行，亦同），不应言上而言上，及不由所管而越言上，应行下而不行下及不应行下而行下者，各杖六十。”

2.官吏违规，用杖

《受制出使辄干他事条》：“诸受制出使，不返制命，辄干他事者，徒一年半。以故有所废阙者，徒三年。余使妄干他事者，杖九十。以故有所废阙者，徒一年。越司侵职者，杖七十。”

《乘官畜车私驮载条》：“诸乘官马、牛、驼、骡、驴，私驮物②，不得过十斤，违者，一斤笞十，十斤加一等，罪止杖八十。”

3.经济纠纷，用杖

《卖口分田条》：“诸卖口分田者，一亩笞十，二十亩加一等，罪止杖一百。地还本主，财没不追。即应合卖者，不用此律。”③

《占田过限条》：“诸占田过限者，一亩笞十，十亩加一等，过杖六十，二十亩加一等，罪止徒一年。若于宽闲之处者，不坐。”④

4.规范婚姻，用杖

《卑幼自娶妻条》：“诸卑幼在外，尊长后为定婚，而卑幼自娶

① 减二等：为笞四十。不失事：没有造成后果。
② 私驮物：因公乘官马等牲口，私自驮载自己或他人的物品。
③ 口分田：按人口分得的公田，与永业田和园宅不同，依律，不准出卖。二十亩加一等：到二十亩加一等，每增二十亩，加刑一等。罪止杖一百：到出卖一顷八十一亩，杖一百。亩数再多，也只杖一百。
④ 十亩加一等：到十亩加一等，每增十亩加刑一等。过杖六十：累加到杖六十之后。二十亩加一等：每增二十亩加刑一等。罪止徒一年：累加到一顷五十一亩时，徒一年。亩数再多，也只徒一年。宽闲之处：生荒地。

妻,已成者,婚如法,未成者,从尊长。违者,杖一百。"①

5.养牲不力,用杖

《大祀牺牲养饲不如法条》:"诸供大祀牺牲,养饲不如法,致有瘦损者,一杖六十,一加一等,罪止杖一百。以故致死者,加一等。"

6.军法相关,用杖

《拣点卫士征人不平条》:"诸拣点卫士(征人亦同),取舍不平者,一人杖七十,三人加一等,罪止徒三年。"

《征人稽留条》:"诸征人稽留者,一日杖一百,二日加一等,二十日,绞。即临军征讨而稽期者,流三千里。三日,斩。"②

7.窃盗,用杖

《盗园陵草木条》:"诸盗园陵内草木者,徒二年半。若盗他人墓茔内树者,杖一百。"③

《窃盗条》:"诸窃盗,不得财,笞五十。一尺杖六十,一匹加一等,五匹徒一年,五匹加一等,五十匹加役流。"④

8.私杀奴婢,用杖

《主杀有罪奴婢条》:"诸奴婢有罪,其主不请官司而杀者,杖一百。无罪而杀者,徒一年。"

如此这般,杖刑在唐代极为多见。从唐代的杖刑我们可以看到,唐代的统治者为了维护统治,可谓不遗余力,想法设法地把社会领域各种可能发生的有悖于国家发展、皇权稳定的罪行都纳入

---

① 卑幼:子孙弟侄等。在外:因公私事务,在外居留。尊长:祖父母、父母、伯叔父母、姑、兄姊。后为定婚:离家后为之定婚。自娶妻:在外自主娶妻。已成者:已经确定的。婚如法:按法定的程序结婚。未成者:没有确定的。从尊长:与尊长所定的女人结婚。

② 征人:应征入武的人。稽留:停顿,延滞。稽期:误期。流三千里:误期一日流三千里。

③ 园陵:帝王之墓。他人墓茔:皇陵之外的坟墓。

④ 窃盗:秘密窃取财物。一匹加一等:过一匹加一等,为一匹一尺,杖七十。五匹加一等:每五匹加一等,四十匹流三千里。

法制的网络之下。

（十一）笞

《唐律疏议·名例》："笞者，击也。又训为耻，言人有小愆，法须惩诫，故加捶挞以耻之。"

唐沿隋制，但把笞具改小。唐令规定：笞击所用杖，大头二分，小头一分五厘，皆削去节目。凡决笞者，腿、臀分受；愿背、腿分受者，听其便。

唐代笞刑是一种较杖刑为轻的刑罚，虽然惩戒较轻，但此刑也大量运用于惩治各种犯罪。当然，一般来讲，受笞刑的罪犯所犯的都是轻罪，为了减少对人的伤害，太宗还规定在执行笞刑的时候，不得击打背部。可见不论是刑具还是执行，笞刑都与杖刑有较大区别。

《唐律·卫禁·宿卫人上番不到条》："诸宿卫人，应上番不到及因假而违者，一日笞四十，三日加一等，过杖一百，五日加一等，罪止徒二年。疏议：一日笞四十，三日加一等（即三日笞五十）。满十九日，合杖一百。若过杖一百，五日加一等，罪止徒二年。计三十四日，即当罪止。"

《官人从驾稽违条》："诸官人从驾稽违及从而先还者，笞四十，三日加一等，过杖一百，十日加一等，罪止徒二年。侍臣，加一等。"

《大祀在散斋吊丧问疾条》："诸大祀在散斋而吊丧、问疾、判署刑杀文书及决罚者，笞五十。奏闻者，杖六十。致斋者，各加一等。"

《祭祀朝会等失错违仪条》："诸祭祀及有事于园陵，若朝会、侍卫，行事失错及违失仪式者，笞四十。"

《里正不觉脱漏增减条》："诸里正不觉脱漏增减者，一口笞四十，三口加一等，过杖一百，十口加一等，罪止徒三年（不觉脱户者，听从漏口法。州县脱口亦准此）。若知情者，各同家长法。"

《卖口分田条》："诸卖口分田者，一亩笞十，二十亩加一等，罪止杖一百。地还本主,财没不追。即应合卖者,不用此律。"

《占田过限条》:"诸占田过限者,一亩笞十,十亩加一等,过杖六十,二十亩加一等,罪止徒一年。若于宽闲之处者,不坐。"

《应复除不给条》:"诸应受复除而不给,不应受而给者,徒二年。其小徭役者,笞五十。"《唐律疏议》:"其妄给复除及应给不给,准赃重于徒二年者,依上条《妄脱漏增减以出入课役》,一口徒一年,二口加一等,赃重入己者,以枉法论,至死者,加役流,入官者,坐赃论。"

《输课税物违期条》:"诸部内输课税之物,违期不充者,以十分论,一分笞四十,一分加一等(州县皆以长官为首,佐职以下,节级连坐)。"《唐律疏议》:"假有当里之内,征百石物,十斛不宠,笞四十,每十斛加一等,全违期不入者,徒二年。"

《受官羸病畜产养疗不如法条》:"诸受官羸病畜产,养疗不如法,笞三十,以故致死者,一笞四十,三加一等,罪止杖一百。"

《丁夫差遣不平条》:"诸应差丁夫,而差遣不平及欠剩者,一人笞四十,五人加一等,罪止徒一年。即丁夫在役,日满不放者,一日笞四十,一日加一等,罪止杖一百。"

《唐律、贼盗、夜无故入人家条》:"诸夜无故入人家者,笞四十。主人登时杀者,勿论。若知非侵犯而杀伤者,减斗杀伤二等。"

(十二)杻、校、钳

杻、校、钳,既是刑具,又是上此刑具的刑罚。

《旧唐书·刑法志》:"杻、校、钳、锁,皆有长短广狭之制,量囚轻重用之。"《新唐书·刑法志》:"杻、校、钳、锁。居作者着钳若校,病者释钳、校。"沈家本注:"《旧唐书》及《唐六典》并言枷不言校,是唐时称枷不称校。《新书》改枷为校,殆当世尚有此称也。"[①]

《唐律疏议》二十九:"狱官令:禁囚死罪枷、杻,妇人及流以下

---

① 沈家本:《历代刑法考》(上册),商务印书馆,2011年版,第949页。

去枑，其杖罪散禁。"沈家本注："枙本手械之名，其后凡械皆以枙名之。《唐志》但有枙名，该（疑为盖之误）梏、挲、桎三者而言。盖其时梏、挲、桎之名已不行，此古今称名之异也。枙乃木名手械之字，本作'杼'，枙行而杼废矣。"[1]

（十三）大枷

这里专指唐酷吏来俊臣特制的大枷。大枷分十号，各有名目。以之刑人，必死无疑。非刑，仅见于唐武周。

《旧唐书·来俊臣传》："俊臣鞫囚，不问轻重皆注酰（酰，醋也）于鼻，掘地为牢，或寝以匦溺（溺，尿也），或绝其粮，囚至啮衣絮以食，大抵非死终不得出。每赦令下，必先杀重囚以宣诏。又作大枷，各为号：一，定百脉；二，喘不得；三，突地吼；四，着即臣；五，失魂胆；六，实同反；七，反是实；八，死猪愁；九，求即死；十，求破家。"

《旧唐书·敬羽传》："肃宗初（公元756年），擢监察御史。乃作巨枷，号'大尾榆'，囚人多死。又仆死于地，以门牡轹腹，掘地实棘，席蒙上，濒坎鞫囚，不服则济之坎，人多滥死。"[2]

《唐六典》："诸流、徒罪及作者皆着钳，若无钳者着盘枷，病及有保者听脱。枷长五尺已上，六尺已下；颊长二尺五寸已上，六寸已下，其阔一尺四寸已上，六寸已下，径头三寸已上，四寸已下。"据《唐律·断狱律》：凡死罪囚，均戴枷枙。

（十四）锁

锁作为唐代的刑具和刑罚，比枷还要大。《唐六典》："锁，长八尺以上，一丈二尺以下。"

《唐律·断狱律》："应议、请、减者，犯流罪以上及除免官当并锁禁，若应禁而不禁，应枷锁枙而不枷锁枙及脱去者，杖罪笞三十，

———————

①　沈家本：《历代刑法考》（上册），商务印书馆，2011年版，第944页。

②　门牡：在门内锁门的木杠，俗称门插关。轹：音力，敲打。掘地实棘：挖坑，内填荆棘等带刺的植物。坎：脱掉人犯的衣服，扔进去。

徒罪以上，逆加一等，若不应枷锁杻而枷锁杻者，杖六十。"

《新唐书·刑法志》："官品勋爵第七者，锁禁之。"

（十五）颂系

所谓颂系，是指对危害性较小的特殊犯人实施拘禁时不戴刑具的宽容做法。

《唐六典》："杖笞与公坐徒，及年八十、十岁、废疾、怀孕、侏儒之类，皆颂系以待断。"

四、自由刑

唐代的自由刑包括狱、徒、作等。

（一）狱

唐代狱的种类有多种。《唐六典》："凡京都大理寺、京兆河南府、长安万年、河南洛阳县，咸置狱，其余台省寺监卫，皆不置狱。"沈家本注："唐代京兆河南府皆有狱，长安万年又皆有狱，京师之狱，视六朝时为多。"《旧唐书·刑法志》："凡州县皆有狱，而京兆河南狱治京师，其诸司有罪及金吾扑者，又有大理狱。诸狱之长官五日以虑囚，夏置浆饮，月一沐之。疾病给医药，重者释械，其家一人入侍，职事散官三品以上妇女，子孙二人入侍。岁以正月遣使巡覆，所至阅狱囚杻校粮饷，治不如法者。"

大理寺是唐代的中央审判机构，负责审判重要的案件和案犯，主管朝廷百官犯罪以及京城内处杖刑以上的案件。大理寺设有监狱，是为大理狱，大理狱也就是唐朝的中央监狱。《旧唐书·刑法志》："高宗即位，遵贞观故事，务在恤刑。尝问大理卿唐临在狱系囚之数，临对曰：'见囚五十余人，惟二人合死。'帝以囚数全少，怡然形于颜色。"可见初唐时期，大理狱中的囚犯并不多，死刑犯更少，这在一定程度上能反映出其时刑罚的轻省。而到了武后临朝，"初欲大收人望。垂拱初年，令熔铜为瓯，四面置门，各依方色，共为一室。东面名曰延恩匦，上赋颂及许求官爵者封表投之。南面曰招谏匦，有言时政得失及直言谏诤者投之。西面曰申冤匦，有得罪冤滥者投之。北面曰通玄匦，有玄象灾变及军谋秘策者投之。每日置之于朝堂，以收天下表疏。既出之后，不逞之徒，或至攻讦阴私，谤讪朝政者"。大理狱因此也就人满为患了。

《旧唐书·酷吏传》："五载，因中官纳其外甥武敬一女为盛王琦妃，擢京兆府士曹。时林甫专谋不利于东储，以左骁卫兵曹柳勣杜良娣妹婿，令温推之。温追著作郎王曾、前右司御率府仓曹王修己、左武卫司戈卢宁、左威卫骑曹徐征同就台鞫，数日而狱成。勣等杖死，积尸于大理寺。"可见在李林甫当政时期，大理狱基本上就成了他消除异己的工具。

唐代中央也设有御史台狱，也就是国家监察机构的监狱。无论是从古代法治的概念上来讲，还是从现代法治的观念上来说，监察机构都是不必设置监狱的。但《新唐书·崔隐甫传》载："贞观时，李乾祐为大夫，始置狱，由是中丞、侍御史皆得系人。隐甫执故事，废掘诸狱。其后患囚往来或漏泄，复系之厨院云。台中自监察御史而下，旧皆得颛事，无所承谘。隐甫始一切令归禀乃得行，有忤意辄劾正，多贬绌者，台吏侧目，威名赫然。"可见，之所以在御史台设狱，主要是为了便于提审犯人，防止走漏消息；但这一举措也毫无疑问地增加了御史台的权威和监察权。御史台狱在唐代并非具有稳定性的常设狱，唐玄宗时期就曾废除此狱，而唐宪宗时期，台狱重开。可见，台狱在唐代是时废时兴的。

武则天统治时期，出于稳定政权的需要，她采用各种办法加强统治集团的力量，打击李唐宗族和忠于李氏的官僚，并且设置了一个所谓的新开狱，也称丽景门狱。《旧唐书·刑法志》："长寿年周兴、来俊臣等相次受制，推究大狱，乃于都城丽景门内别置推事使院，时人谓之'新开狱'。"《文献通考》一百六十六："又置制狱于丽景门内，入是狱者，非死不出，人戏呼为'例竟门'。"沈家本注："例竟之名,可云惨极。则天淫虐,固不可以常理论也。"①可见,这个新开狱中有各种刑讯逼供的残忍行为,有名的请君入瓮的故事就是在这里发生的。《太平广记》一百二十一:"唐秋官侍郎周兴,与来俊臣对推事。俊臣别奉进止鞫兴,兴不之知也。及同食,谓兴曰:'囚多不肯承,若为作法?'兴曰:'甚易也。取大瓮,以炭四面炙之,令囚人处之其中,何事不吐!'即索大瓮,以火围之,起谓兴曰:'有内状勘老兄,请兄入此瓮。'兴惶恐叩头,咸即款伏。"

此外,唐代还设有专门的女子监狱,称为掖庭,是对汉代掖庭局旧制的效仿。《新唐书·元王黎杨严窦传》:"王氏,河西节度使忠嗣女,悍骄戾沓,载匦禁。而诸子牟贼,聚敛无涯艺,轻浮者奔走。争蓄妓妾,为倡优亵戏,亲族环观不愧也。及死,行路无嗟隐者。籍其家,钟乳五百两,诏分赐中书、门下台省官,胡椒至八百石,它物称是。女真一,少为尼,没入掖庭。德宗时,始告以载死,号踊投地,左右呵止,帝曰:'安有闻亲丧责其哀殒乎?'命扶出。"另外,唐高宗与萧淑妃所生的义阳公主、宣城公主,以及武则天的宠臣上官婉儿都曾经被囚系在掖庭狱。

(二)徒

唐代徒刑的最突出特点是对徒刑犯几乎不加笞杖。《唐律疏议·名例》:"徒者,奴也,盖奴辱之。"说明徒刑是一种奴役、侮辱性的刑罚。唐代徒刑的适用非常广泛,列举如下。

《唐律·卫禁·阑入庙社及山陵兆域门条》:"诸阑入太庙门及山陵兆域门者,徒二年。"

又:"越垣者,徒三年。太社,各减一等。守卫不觉,减二等。"②

---

① 沈家本:《历代刑法考》(上册),商务印书馆,2011年版,第926页。
② 减一等:徒三年减一等,为徒二年半。减二等:徒三年减二等,为徒二年。

又："主帅又减一等①。"

《阑入宫殿门及上合条》："入上合(阁)内者,绞。"《唐律疏议》："其有不应入而入者,同阑入殿门,徒二年半,持仗者流二千里。"

《宫殿门无籍冒名入条》："诸于宫殿门无籍及冒充人名而入者,以阑入论。"《唐律疏议》："其无籍,不得人引,而诈言有籍,及冒承人名而入者,宫门,徒二年,殿门,徒二年半,持仗者,各加二等②。"

《宫殿作罢不出条》："诸在宫殿内作罢而不出者,宫内,徒一年,殿内,徒二年,御在所者,绞(辟仗应出而不出者,亦同)。"③

《车驾行冲队仗条》："诸车驾行,冲队者,徒一年。冲三卫仗者,徒二年(注:谓入仗、队间)。"《唐律疏议》："车驾行幸,皆作队仗。若有人冲入队间者,徒一年。冲入仗间,徒二年。其仗卫主司依上例,故纵与同罪,不觉减二等。"

《私度及越度关条》："诸私度关者,徒一年。越度者,加一等④(不由门为越)。"

《不应度关而给过所条》："诸不应度关而给过所⑤(取而度者,亦同),若冒名请过所而度者,各徒一年。"

《烽候不警条》："诸烽候不警,令寇贼犯边,及应举烽燧而不举,应放多燧而放少燧者,各徒三年。若放燧已讫,而前烽不举,不即往告者,罪亦如之。以故陷败户口、军人、城戍者,绞。"

又："即不应举烽燧而举,若应放少烽而放多烽,及绕烽二里内辄放烟火者,各徒一年。"

---

① 又减一等:从二年又减一等,为徒一年半。

② 各加二等:宫门加二等,为徒三年。殿门加二等,为流二千里。

③ 作罢:在宫殿里干活的人(如工匠、杂役之类)干完活。辟仗:宫殿里的仪仗人员。

④ 加一等:为徒一年半。

⑤ 过所:古时过关所持的凭证,犹今之通行证。

《部内田畴荒芜条》："诸部内（州、县各以长官为首，佐职为从）田畴荒芜者，以十分论，一分笞三十，一分加一等，罪止徒一年。户主犯者，亦计所荒芜五分论，一分笞三十，一分加一等。"①

《应复除不给条》："诸应受复除而不给，不应受而给者，徒二年。其小徭役者，笞五十。"《唐律疏议》："其妄给复除及应给不给，准赃重于徒二年者，依上条《妄脱漏增减以出入课役》，一口徒一年，二口加一等，赃重入己者，以枉法论，至死者，加役流，入官者，坐赃论。"②

《为婚妄冒条》："诸为婚，女家妄冒者，徒一年。男家妄冒，加一等。未成者，依本约；已成者，离之。"③

《有妻更娶条》："诸有妻更娶妻者，徒一年。女家，减一等。若欺妄而娶者，徒一年半。女家不坐。各离之。"④

《流外官以下殴议贵等条》："诸流外官以下，殴议贵者，徒二年。伤者，徒三年。折伤者，流二千里。"⑤

---

① 十分论：以全部田地为十分。一分：全部田地的十分之一。一分加一等：每增十分之一，加刑一等。至百分之九十以上，徒一年。罪止徒一年：至百分之百，也徒一年。五分论：以全部田地为五分。一分：全部田地的十分之二。一分加一等：每增田十分之二，加刑一等，也只徒一年。

② 复除：免除徭役。应受复除：应享受免除徭役的待遇。不给：不免除。不应受而给：不符合条件而免除。小徭役：充当脚夫杂役。准赃重于徒二年：因受赃以坐赃论，刑罚超过徒二年。一口：应给不给，不应给而给一口人。加一等：为徒一年半。赃重入己：受赃数额大，归个人所有者。以枉法论：其刑为一尺杖一百，一匹加一等，十五匹则绞。入官者：赃未归，供官府使用。坐赃论：为一尺笞二十，一匹加一等，十四徒一年，罪止徒三年。

③ 妄冒：冒名顶替。加一等：为徒一年半。未成：冒名顶替，未成为事实。依本约：还与原来婚书约定的人结婚。已成：冒名顶替，已结成夫妻。离之：离婚。

④ 有妻更娶：本有妻，又娶妻。妾不在内。女家：女家必须知情。减一等：为杖一百。欺妄：男方隐瞒事实真相，欺骗女方。

⑤ 流外官：勋品以下官员至庶人。议贵：文武职事官三品以上，散官二品以上及爵一品官。折伤者：折伤不同部位，科处不同刑罚。折一肢，流二千五百里；折二肢，流三千里，止流三千里。不至死。

《旧唐书·高帝纪》："太宗即位(公元 627 年),诏长孙无忌、房玄龄等复定旧令,议绞刑之属五十,皆免死而断右趾。……降大辟为流者九十二,流为徒者七十一,以为律;定令一千五百四十六条,以为令;又删武德以来敕三千余条为七百条,以为格;又取尚书省列曹及诸寺、监、十六卫计帐以为式。"

可见,唐代徒刑基本上继承隋制,是一种自由刑和劳役刑的结合体,徒刑犯除被剥夺自由外,还要被强制劳动。和隋朝相同,唐代的徒刑刑期也由一年到三年,分为五等,等差半年。

（三）作

作,有复作,罚作。汉代一年期有期徒刑的名称。相同刑期,女犯称复作,男犯称罚作。唐称居作。期限与汉不同,由一岁至三岁不等。

《旧唐书·高帝纪》："太宗即位(公元 627 年),诏长孙无忌、房玄龄等复定旧令,议绞刑之属五十,皆免死而断右趾。其后(贞观元年三月),蜀王法曹参军裴弘献驳律令四十余事,乃诏房玄龄与弘献等重加删定。于是除断趾法,为加役流三千里,居作二年。"

《刑法志》："已而又诏仆射裴寂等十五人更撰律令,凡律五百,丽以五十三条。流罪三,皆加千里,居作三岁至二岁半者悉为一岁。余无改焉。"

五、流　刑

唐沿隋制,流分三等,亦称三流,但各加五百里,分别为二千里、二千五百里、三千里。三流俱役一年。此外,还有加役流三千里,居作二年之制。这里我们需要注意,唐代的流刑是加杖的。

《新唐书·刑法志》："大和六年,兴平县民上官兴以醉杀人而逃,闻械其父,乃自归。京兆尹杜悰、御史中丞宇文鼎以其就刑免父,请减死。诏两省议,以为杀人者死,百王所守;若许以生,是诱之杀人也。谏官亦以为言。文宗以兴免父囚，近于义，杖流灵州，君子以为失刑。文宗好治，躬自谨畏，然阉宦肆孽不能制。至诛杀大臣，夷灭其族，滥及者不可胜数，心知其冤，为之饮恨流涕，而莫能救止。盖仁者制乱，而弱者纵之，然则刚强非不仁，而柔弱者仁之贼也。"流刑的判决看似比死刑要轻，但由于"杖流"的实际执行办法，很多人根本无法走上流配的道路，在出发之前他们就死在了杖下。当然，还是有些犯人可以熬过杖刑的摧残，但二千里、二千五百里甚至三千里的路程还在等着他们，在佩戴沉重枷锁的情况下长途跋涉，远赴岭南（唐代流人最集中的地区，距离长安三千七百多里），这足以让一个人在流放的路程中因病、劳累而死亡，流刑是真正的生离死别。

《唐律·卫禁·阑入庙社及山陵兆域门条》："诸阑入太庙门及山陵兆域门者，徒二年（注：阑，谓不应入而入者）。"《唐律疏议》："不应入而入，为'阑入'，各得二年徒坐。其入太庙室，即条无罪名，依下文'庙减宫一等'之例，减御在所一等，流三千里。若无故登山陵，亦同太庙室之坐。"

《擅兴律》："私有甲一领，弩三张，流二千里。稍一张，徒一年半。私造者，各加一等。"

《逆父母及夫等丧条》："诸闻父母若夫之丧，匿不举哀者，流二千里。丧制未终，释服从吉，若忘哀作乐（自作、遣人等），徒三年。杂戏，徒一年。即遇乐而听及参预吉席者，各杖一百。"

《征讨告贼消息条》："诸密有征讨，而告贼消息者，斩。妻、子流二千里。其非征讨，而作间谍，若化外人来为间谍。或传书信与化内人，并受及知请容止者，并绞。"①

《口陈欲反之言条》："诸口陈欲反之言，心无真实之计，而无状可寻者，流二千里。"

---

① 密有征讨：秘密的军事行动。化外人：外域、外国人。化内人：中国人。

《唐律·贼盗律》:"诸谋叛者,绞。已上道者[1],皆斩。妻子流二千里。"

《劫囚条》:"诸劫囚者,流三千里。伤人及劫死囚者,绞。杀人者,皆斩。"

《盗禁兵器条》:"诸盗禁兵器者,徒二年。甲、弩者,流二千里。"

在唐代还有一种特殊的流刑,即加役流,是加长流刑犯人居作(服劳役)时间的刑罚。唐律,流刑分为三等,即二千里、二千五百里、三千里,都附加居作一年,称"三流"或"常流"。常流如有议、请、减的情节,是可以赎的。《唐律疏议·名例》:"诸应议、请、减及九品以上之官,若官品得减者之祖父母、父母、妻、子、孙,犯流罪以下,听赎。"

改加役流之后,流刑还是三等,而附加居作的时间则延长至二至三年。最重要的是不能再行减赎。《唐律疏议·名例》:"其加役流、反逆缘坐流、子孙犯过失流、不孝流及会赦犹流者,各不得减赎,除名、配流如法。"这是因为,加役流之刑,原是死刑,武德时改为斩右趾,贞观时又改为加役流。重刑已改轻,故不得减赎。

唐代的流刑包括移乡、安置、充军等。

(一)移乡

唐代首创移乡的刑罚,是把犯人及其家属发配到边远的地方去,以规避仇怨的刑罚。非刑,始于唐。

《唐律·贼盗·杀人移乡》:"诸杀人会赦免者,移乡千里外。其工、乐、杂户及官户、奴,并太常音声人,虽移乡,各从本色。"[2]《唐律疏议》:"杀人应死,会赦免罪,而死家有期以上亲者,移乡千里外为户。其有特赦免死者,亦依会赦例移乡。"沈家本注:"后来

---

① 上道者:着手实施者。

② 太常音声人:在太常寺举行郊庙社稷礼乐活动时,演唱奏乐的人,地位同奴。各从本色:社会地位不变,奴还是奴,工户还是工户。

迁徙之法本此。"

又:"若群党共杀,止移下手者及头首之人。若死家无期以上亲,或先相去千里外,即习天文业已成,若妇人有犯及杀他人部曲、奴婢,并不在移限(部曲、奴婢自相杀者,亦同)。违者徒二年。"①

(二)安置

安置是指官吏被贬谪后,举家发配到边远的地方居住的一种处罚。实际上就是流,只是史籍记载的另一种说法而已。如果说与流有什么不同,则安置只针对官吏之流。普通百姓之流,绝不称安置。

沈家本《历代刑法考》:"安置之名,见于《旧唐书》,《通鉴》从之。长孙无忌,《新书·纪》曰流,《传》曰置,《旧传》亦曰流,《旧纪》方曰安置,是安置即流也。郇王,《新传》曰徙置,《旧纪》《传》并曰安置。泽王,《新传》曰徙置,《旧传》曰安置,是安置即徙也。零陵王,《新传》《旧传》并曰徙。太平公主,《新传》《通鉴》并曰安置。然则唐之安置乃临文之异,非当时有安置之名也。"②

《唐书·长孙无忌传》:"遂下诏,削官爵封户,以扬州都督一品俸置于黔州,所在发兵护送。"

《旧唐书·高宗本纪》:"太尉、扬州都督、赵国公无忌带扬州都督于黔州安置。"

从以上三处记载看,流、置、安置是一码事。

《旧纪》:"郇王素节削户三分之二,于袁州安置。"

《旧传》:"袁州安置,禁锢终身。仪凤二年(公元 677 年),又改于岳州安置。"

①　下手者:下手杀人者。头首之人:头目,领导人。不在移限:被害之家无期以上亲、被害人家属先已去了千里之外、妇女犯杀人罪、杀他人的部曲和奴婢,这几种情况,不在移乡范围之内。自相杀者,亦同:也不在移乡的范围内。违者:应移乡而不移,不应移乡而移,为违。

②　沈家本《历代刑法考》(上册),商务印书馆,2011 年版,第 251 页。

《太平公主传》："玄宗以太子监国，使宋王、岐王总禁兵。主恚（音会）权分，乘辇至光范门，召宰相白废太子。于是，宋璟、姚元之不悦，请出主东都，帝不许，诏主居蒲州。"沈家本注："《通鉴》云：蒲州安置。"

（三）充军

充军在唐代虽然不属于明文规定的刑罚，但罪犯被发配边疆当兵镇守或服役劳作等，已经存在。这就为后世充军成为法定刑罚建立了基础。

《旧唐书·刑法志》："贞观十四年（公元640年），又制流罪三等，不限以里数，量配边恶之州。其后虽存宽典，而犯者渐少。十四年，又徙死罪以实西州，流者戍之，以罪轻重为更限。"沈家本注："此有更限，亦非常流。"[1]《说文》："戍，守边也。从人持戈。"庄十七年《公羊解诂》："以兵守之曰戍。"[2]

《新唐书·刑法志》："居作者著钳若校，京师隶将作，女子隶少府缝作。旬给假一日，腊、寒食二日，毋出役院。病者释钳校，给假，疾差陪役。凡役，男子入于蔬圃，女子入于厨糈。"玄宗诏曰："徒非重刑，而役者寒暑不释械系。杖，古以代肉刑也，或犯非巨蠹而捶以至死，其皆免，以配诸军自效。"沈家本注："此杖徒充军之始，盖不独明法为然矣。时方以此为恩，而后世则以为重，此古今情形之不同也。"[3]

（四）罚镇

镇，戍守。唐代充军的另一种形式称罚镇，即罚去边镇戍守。此为唐之称谓，实与充军并无二致。

《册府元龟》："（开元）二十年（公元732年）二月，制：应天下囚

① 沈家本：《历代刑法考》（上册），商务印书馆，2011年版，第245页。
② 沈家本：《历代刑法考》（上册），商务印书馆，2011年版，第256页。
③ 沈家本：《历代刑法考》（上册），商务印书馆，2011年版，第310页。

徒，罪至死者，特宽宥，配隶岭南远恶处。其犯十恶及造伪头首，量决一百，长流远恶处。流罪罚镇三年。其徒已下罪，并宜释放。其有官吏犯赃，推未了者，仍推所实，收定名讫，然后准降例处分。计赃一匹以上，及与百姓怨仇者，并不须令却上。"沈家本注："推未了者仍推，以犯赃者不可宽也，古人之于贪吏，严惩也如此。流罪罚镇之例，始见于此。"

六、财产刑

唐代的财产刑主要包括籍没和赎。

（一）籍没

唐代籍没制因袭魏晋南北朝旧制，《旧唐书·刑法志》："谋反者，男女奴婢没为官奴婢，隶司农，七十者免之。凡役，男子入于蔬圃，女子入于厨糈。"《唐律》："诸谋反及大逆者，皆斩。父子年十六以上，皆绞。十五以下及母女、妻妾、祖孙、兄弟、姊妹，若部曲、资财、田宅，并没官。"

值得我们注意的是，唐代的统治者似乎很看重籍没刑对于保持政权稳定的作用。在唐代，较大规模的籍没时有发生。

《旧唐书·长孙无忌传》："唐高宗显庆四年（公元 659 年），中书令许敬宗遣人上封事，称监察御史李巢与无忌交通谋反，帝令敬宗与侍中辛茂将鞠之。敬宗奏言无忌谋反有端，帝曰：'我家不幸，亲戚中频有恶事。高阳公主与朕同气，往年遂与房遗爱谋反，今阿舅复作恶心。近亲如此，使我惭见万姓。'敬宗曰：'房遗爱乳臭儿，与女子谋反，岂得成事？且无忌与先朝谋取天下，众人服其智，作宰相三十年，百姓畏其威，可谓威能服物，智能动众。臣恐无忌知事露，即为急计，攘袂一呼，啸命同恶，必为宗庙深忧。诚愿陛下断之，不日即收捕，准法破家。'帝泣曰：'我决不忍处分与罪，后代良史道我不能和其亲戚，使至于此。'敬宗曰：'汉文帝汉室明主，薄昭即是帝舅，从代来日，亦有大勋，与无忌不别。于后惟坐杀人，文帝惜国之法，令朝臣丧服就宅，哭而杀之，良史不以为失。今无忌忘先朝之大德，舍陛下之至亲，听受邪谋，遂怀悖逆，意在涂炭生灵。若比薄昭罪恶，未可同年而语，案诸刑典，合诛五族。臣闻当断不断，反受其乱，大机之事，间不容发，若少迟延，恐即生变，惟请早决！'帝竟不亲问无忌谋反所由，惟听敬宗诬构之说，遂去其官爵，流黔州，仍遣使发次州府兵援送至流所。"长孙无忌的最终命运是被迫自杀，家口尽没。因此事被累及的还有高宗王皇后的亲舅柳奭，鸩死，家口籍没。韩瑗去世，被发棺验尸，籍没家口。这样，武则天夺取政权道路上的最大绊脚石就已清除。

《旧唐书·文宗本纪上》："辛丑，帝夜猎还宫，与中官刘克明、田务成、许文端打球，军将苏佐明、王嘉宪、石定宽等二十八人饮酒。帝方酣，入室更衣，殿上烛忽灭，刘克明等同谋害帝，即时殂于室内，时年十八。群臣上谥曰睿武昭愍孝皇帝，庙号敬宗。大和元年七月十三日葬于庄陵。……其大逆魁首苏佐明等二十八人，并已处斩，宗族籍没。妖妄僧惟贞、道士赵归真等或假于卜筮，或托以医方，疑众挟邪，已从流窜。其情非奸恶，迹涉讹误者，一切不问。凶徒既殄，寰宇乂康，载举令猷，用弘庶绩。布告中外，知朕意焉。"可见在唐代，籍没之刑甚至存在延及宗族的情况。

（二）赎

沈家本《历代刑法考》："古者赎本以铜……北齐、北周，亦皆以绢代金，至隋又以铜代绢，复古制矣，唐、宋遂相沿不改。"[①]在唐代，五刑皆有赎的可能。《唐六典·尚书刑部》："凡赎罪以铜。自笞十铜一斤至杖一百则铜十斤，徒一年二十斤至徒三年则六十斤，流二千里铜八十斤至流三千里则百斤。绞与斩铜止一百二十斤。"

唐代五刑赎法各有等差，且作为一种替代刑，赎刑的轻重与其

---

① 　沈家本：《历代刑法考》（上册），商务印书馆，2011年版，第406页。

主刑的轻重具有正相关的关系。《唐律疏议》："笞刑五：笞一十赎铜一斤，二十二斤，三十三斤，四十四斤，五十五斤；杖刑五：杖六十赎铜六斤，七十七斤，八十八斤，九十九斤，一百十斤；徒刑五：一年赎铜二十斤，一年半三十斤，二年四十斤，二年半五十斤，三年六十斤；流刑三：二千里赎铜八十斤，二千五百里九十斤，三千里一百斤；死刑二：绞、斩，赎铜一百二十斤。"沈家本注："唐法悉本开皇，三流里数加而赎铜之数则同也。"①

大逆、不孝不得减赎。《唐律·名例》："应议请减条：其加役流、反逆缘坐流、子孙犯过失流、不孝流及会赦犹流者，各不得减赎，除名、配隶如法。《疏议》：'案《贼盗律》云：造畜蛊毒，虽会赦，并同居家口及教令人，亦流三千里。《断狱律》云：杀小功尊属、从父兄姊及谋反大逆者，身虽会赦，犹流二千里。此等并是会赦犹流。其造畜蛊毒、妇人有官无官，并依下文，配流如法。有官者，仍除名，至配所免居官。'"

唐代刑罚在赎刑一项，对年老、年幼和身有残疾的人有所关照。《唐律·名例》："诸年七十以上、十五以下及废疾，犯流罪以下，收赎（犯加役流、反逆缘坐流、会赦犹流者，不用此律。至配所，免居作）。"《唐律疏议》："加役流者，本是死刑，元（原）无赎例，故不许赎。反逆缘坐流者，逆人至亲，义同休戚，处以缘坐，重累其心。此虽老疾，亦不许赎。会赦犹流者，为害深重，虽会大恩，犹从流配。此等三流，特重常法，故总不许收赎。至配所免居作者，矜其老小，不堪役身，故免居作。其妇人流法与男子不同，虽是老小，犯加役流，亦合收赎。反逆缘坐流，依《贼盗律》，亦免流配。妇人犯会赦犹流，唯造畜蛊毒，并同居家口仍配。"

玄宗年间，可以钱代铜。《通考》一百七十一："唐玄宗天宝六载（公元 747 年），敕节文：其赎铜如情，愿纳钱，每斤一百二十文。

---

① 沈家本：《历代刑法考》（上册），商务印书馆，2011 年版，第 407 页。

若欠负官物,应证正赃及赎物,无财以备,官役折庸。其物虽多,限三年,一人一日折绢四匹。若会恩,其物合免者,停役。"沈家本注:"此以庸抵赎,即后来以工作折罚之意。"[1]

七、资格刑

唐代的资格刑包括除名、免、官当、禁锢、反坐等。

（一）除名

除名在唐代是对犯罪官员的惩罚措施。其结果是使犯罪者官爵尽失。《唐律》:"诸除名者,官爵悉除,课役从本色。"《唐律疏议》:"若犯除名者,谓出身以来官爵悉除。课役从本色者,无荫同庶人,有荫从荫例,故云各从本色。又依令,除名未叙人,免役输庸,并不在杂徭及点防之限。"

《唐律》:"诸除名者,比徒三年。免官者,比徒二年。免所居官者,比徒一年。流外官,不用此律。"

（二）免

免就是指撤销官员的职事官职、散官官职、卫官官职以及勋官官职,但免是保留爵位的。唐代刑罚对免的规范比较清楚。唐代官员一旦犯有奸罪、盗罪、受财枉法罪、犯流罪而逃亡、父母被囚期间作乐婚娶,都会处以免官的刑罚。当然在这些情况下,免官多为附加刑。需要注意的是,唐代对官员犯罪附加免官并不是指官员在撤销官职的基础上受五刑惩罚。因为官员犯规定撤销官职罪以外的罪,可以受刑而不免官。同时即使被免除官职,官员的资格仍被保留,过一定的期限后可以按照规定降级重新为官。因此,撤销官职对于官员继续担任官职尤其是保留官员身份是没有直接的影响的。

《唐律》:"免所居官及官当者,期年之后,降先品一等叙。"《唐律疏议》:"免所居官及官当,罪又轻,故至期年听叙。称期者,匝四时曰期,从敕出解官日至来年满三百六十日也。"《唐律》:"免官者,三载之后,降先品二等叙。"《唐律疏议》:"降先品二等,正四品以下,一阶为一等,从三品以上及勋官,正、从各为一等。假有正四品上免官,三载之后,得从四品上叙。上柱国免官,三载之后,从上护军叙。是为三载之后,降先品二等叙。"

《唐律》:"其免官者,若有二官,各听依所降品叙。(注:若勋官降一等者,从上柱国削授柱国。降二等者,削授上护军之类。即降品卑于武骑尉者,听从武骑尉叙。)"《唐律疏议》:"二官,谓职事等带勋官。若犯免官,职事、勋官并免。假从正六品上职事免官,降至从六品上叙。又带上柱国亦免,从上护军叙。此是各听依所降品叙。故注云:若勋官降一等者,从上柱国削授柱国。降二等者,削授上护军之类。即降品卑于武骑尉者,听从武骑尉叙。"

(三)官当

官当是我国古代法律中,允许官吏以官职抵罪的一种刑罚制度。其是最具封建社会阶级特点的制度之一。这一刑罚袒护官吏,使各色人等在法律面前不具有平等地位。该刑始于晋代之免官比徒,至南北朝之陈,入律。法定刑。

《唐律》:"若犯公罪者(注:公罪者,谓缘公事致罪而无私、曲者),各加一年当。"《唐律疏议》:"私、曲相须。公事与夺,情无私、曲,虽违法式,是为公坐。各加一年当者,五品以上,一官当徒三年,九品以上,一官当徒二年。"

《唐律·名例二·应议请减》:"(此名赎章)诸应议、请、减及九品以上之官,若官品得减者之祖父母、父母、妻、子、孙,犯流罪以下,听赎。"《唐律疏议》:"应议、请、减者,谓议、请、减三章内人。亦有无官而入议、请、减者,故不云官也。及九品以上官者,谓身有八品、九品之官。若官品得减者,谓七官(原文如此,疑应为品)以上之官，荫及祖父母、父母、妻、子、孙，犯流罪以下并听赎。"

又："若应以官当者，自从官当法。"《唐律疏议》："议、请、减以下人身有官者，自从官当除免，不合留官，取荫收赎。"

（四）禁锢

唐代的禁锢经常与发遣等流刑一起使用。《旧唐书·宪宗本纪下》："宰相于頔男太常丞敏专杀梁正言奴，弃溷中。事发，頔与男季友素服待罪。贬頔恩王傅。于敏长流雷州，锢身发遣。"

《旧唐书·文宗本纪下》："己丑，诏兴元监军使杨叔元宜配流康州百姓，锢身递于配所。"

唐代还存在禁锢洗涤之说。《册府元龟》："德宗大历十四年（公元 779 年）即位，大赦。罪无轻重，常赦不原者，咸赦除之。宝应元年（公元 762 年）以后，痕累禁锢及反逆缘坐等，一切洗涤。"沈家本注："此赦宥禁锢一项。"

《册府元龟》："兴元元年（公元 784 年）正月制，先有痕累禁锢、反逆缘坐承前恩赦不该者，并宜洗雪。亡官失爵，放归勿齿，量加收叙。"沈家本注："唐代禁锢之名，始见此制，贞元元年（公元 785年）、二十一年（公元 805 年）、元和十五年（公元 820 年）、太和元年（公元 827 年）赦制并有禁锢洗涤之文。"

（五）反坐

反坐是唐代对诬告他人者的惩罚。《唐律疏议·斗讼》："诸诬告人者，各反坐。即纠弹之官，挟私弹事不实者，亦如之。"

唐对诬告反坐的规定比较具体。根据被诬告人所受刑罚的轻重，科处诬告人的刑罚。如诬人死罪，判决已执行的，处死。未执行的，减死一等。诬告人犯反、逆之罪，不管是否执行，都处死。诬告贱民、奴婢及老、小、废疾不处以真刑，而处以加杖或处以赎刑者，也按照加杖法或赎法处理，不科处笞、杖、徒、流、死等真刑。无官位及庇荫的白丁，诬告官吏及有荫者，不得减、赎，处以真刑。诬告数罪，以不同情节分别科处。告发一人二罪以上，重罪为实，轻罪为诬的,不以反坐论;告发二罪量刑相等的,只要有一是实,也不以反坐论;告发二罪,轻罪是实,重罪为诬的,按重罪反坐。告发二人以上犯罪,有一人不实,不论轻重,以重罪反坐。

小　结

对于封建政权的发展而言,唐代的刑罚体系不但较为有效地维护了皇帝对国家的最高统治权、最高军权,同时还保证了皇帝在司法方面的最高权威。除此之外,唐代刑罚还全面地维护了皇帝的尊严不受任何行为的侵犯,加强了封建王朝的吏治,有意识地完善了对官僚阶层的制约,从根本上压制了社会各阶层的反抗和篡权行径。从较为广泛的社会控制角度来说,唐代的刑罚为阶级社会的等级秩序提供了强有力的保障,很好地维护了宗法制度、等级制度以及官僚和贵族的特权,全面加强了封建的父权、夫权。从社会经济发展的角度来说,唐代刑罚为大一统王朝的经济发展提供了一个比较完备的法制支撑,是唐朝尤其是中唐之前经济繁荣的重要影响因素。

唐代刑罚体系是在继承和发展前代刑罚建设成果的基础上建立起来的,其影响远非有唐一代所能局限,宋、元、明、清各代都是以《唐律疏议》为蓝本制定和解释封建法典的。这套完整、详尽、宽平、适中的刑罚体系对中国古代刑罚的发展起到了重要的作用,可谓中国古代封建刑罚体系的典型代表。

第四编

新五刑体系的成熟与终结

第十三章 五代的刑罚

　　藩镇是唐帝国自安史之乱后产生的具有极高风险的毒瘤,但单纯将唐朝的覆灭归因于藩镇似乎也有些轻率。实际从军事上来讲,唐政权所受到的威胁来自藩镇、镇压黄巢起义过程中发展起来的地方军阀、沙陀贵族李克用以及朱温的军队。逐鹿中原的后果之一是更为强大的朱温势力夺得了唐帝国的天下,建立了梁朝,史称后梁。由此,中国历史上的一个分裂阶段——五代十国就开始了。所谓的五代有后梁、后唐、后晋、后汉和后周。这五个政权的立国基础无一例外都是对强大的职业化军队的拥有,其政治合法性的基础是赤裸裸的暴力,其经济基础往往非常脆弱,因此这五个政权都非常关注刑罚在社会控制上的作用,甚至把军队和刑罚看成唯一有效的统治工具,因此它们在法制建设方面投入了比较大的力量。其成果为宋王朝所继承,对宋代刑罚体系的发展产生了重要的影响。

一、五代刑法概要

　　五代各王朝多用重典。梁、唐、晋、汉、周五个政权多为军人创立,其统治基础甚为薄弱,为了尽快稳定秩序、巩固统治、镇压反抗势力,五个政权的立法虽然多承唐制,但刑罚普遍严酷。这是五代时期的一个总体特征,而这一特征又为终结五代的宋所继承。

　　(一)后梁刑法

　　后梁政权建立之后,很快就展开了自身的立法活动。《五代会要》:"梁开平三年(公元909年)十月,敕太常卿李燕、御史司宪萧顷、中书舍人张衮、尚书户部侍郎崔沂、大理寺卿王鄯、尚书刑部郎中崔诰共删定律令格式。四年(公元910年)十二月,中书门下奏:'新删定《令》三十卷,《式》二十卷,《格》一十卷,《律》并目录一十三卷,《律疏》三十卷,共一百三卷。'"

《宋史·艺文志》:"《梁令》三十卷,《梁式》二十卷,《梁格》十卷。"

《通志略》:"《梁令》,朱良时修。"沈家本注:"此即开平四年所修之令、式、格也,《通志略》出有此目,似南宋时此书尚在。"

新的法律文书《大梁新定格式律令》在公元911年颁布。朱温在新令颁布的诏书中说:"立法垂制,详刑定科,传之无穷,守而勿失。中书门下所奏新定格式律令,已颁下中外,各委所在长吏切务遵行,尽革烦苛,皆除枉滥,用副哀矜之旨,无违钦恤之言。"[①]可见,《梁令》为这个政权提供了基本的合法性。

(二)后唐刑法

后唐统治者以唐王朝的真正继承者自居,在立法方法推翻了《梁令》,全面恢复了唐代旧制。《五代会要》:"(后唐)天成元年(公元926年)九月二十八日,御史大夫李琪奏:'奉八月二十八日敕,以大理寺所奏见管四部法书内有《开元格》一卷,《开成格》一十一卷,故大理卿杨遘所奏行伪梁格并目录一十一卷,与《开元格》微有舛误,未审祇依杨遘先奏施行,为复别颁圣旨,令臣等重加商较,刊定奏闻者。今莫若废伪梁之新格,行本朝之旧章,遵而行之,违者抵罪。'至其年十月二十一日,御史台、刑部、大理寺奏:'奉九月二十八日敕:宜依李琪所奏,废伪梁格,施行本朝格令者。'伏详敕命,未该律令。伏以开元朝与开成隔越七帝,年代既深,法制多异,且有重轻。律无二等,若将两朝格文并行,伏虑重叠舛误。况法者,天下之大理,非一人之法,天下之法也,故为一代不变之制。又敕:

---

① 《旧五代史·梁书·太祖纪》。

'立后格合破前格。'若将《开元格》与《开成格》并行,实难检举。又有《大和格》五十二卷、《刑法要录》一十卷、《格式律令事类》四十卷、《大中刑法格后敕》六十卷,共一百六十一卷,久不检举,伏请定其予夺。奉敕:'宜令御史台、刑部、大理寺同评定一件格施行者。'今集众商量,《开元格》多定条流公事,《开成格》关于刑狱,今欲且使《开成格》。从之。"

《册府元龟》六百十三:"长兴四年(公元 933 年)六月,敕御史中丞龙敏、给事中张鹏、中书舍人卢尊、刑部侍郎任赞、大理卿李延范详定《大中刑法统类》。"沈家本注:"《大中刑法统类》,不言何人之书,(后)晋天福二年(公元 937 年)大理寺见管《统类》一十二卷,与张戣之书卷数相符,是五季时张书实相沿行用,此时所详定,必亦张书也。"[1]

(三)后晋刑法

后晋政权基本上还是运用后唐的立法,并在后唐法令基础上编制了《天福编敕》。《五代会要》:"(后)晋天福三年(公元 938 年)六月,中书门下奏:'伏睹天福元年(公元 936 年)十月敕节文,唐明宗朝敕命法制,仰所在遵行,不得改易。今诸司每有公事,见执清泰元年(公元 934 年)十月十四日编敕施行,称《明宗朝敕》,除编集外,并已封锁不行。臣等商量,望差官将编集及封锁前后敕文并再详定,其经久可行条件,别录奏闻。'从之。遂差左谏议大夫薛融、秘书监丞吕琦、尚书驾部员外郎知杂事刘皞、尚书刑部郎中司徒诩、大理正张仁琢同参详。至四年(公元 939 年)七月,薛融等上所详定编敕三百六十八道,分为三十一卷,令有司写录,与格式参用。"

沈家本认为《天福编敕》实际上少有新令,只是对后唐律令的汇编而已。《宋志》:"《天福编敕》三十一卷。"沈家本注:"三十一卷

---

① 沈家本:《历代刑法考》(下册),商务印书馆,2011 年版,第 167 页。

与《会要》同，内一卷当是目录，《崇文目》作三十卷者，不数目录也。石晋所行用唐法为多，此书亦多采后唐也。"①

（四）后汉刑法

《册府元龟》六百十三："（后）汉高祖即位，称天福十二年（公元947年），八月敕：'应天下凡关贼盗捕获，不计赃多少，按验不虚，并宜处死。俾其重法，斯为爱民。'"

《旧五代史·刑法志》："（后）汉之滥刑也如是。"可见，由于后汉统治时间特别短暂，因此尚未把立法活动列入国家重大活动的日程中，因此其执法过程、刑罚施行也少有规范，为了尽快稳定统治基础，一味滥刑。

（五）后周刑法

后周立法集唐代、后梁、后唐、后晋律令之大成。《旧五代史·刑法志》："周太祖广顺元年（公元951年）六月，敕侍御史卢亿、刑部员外郎曹匪躬、大理正段涛同议定重写法书一百四十八卷。先是，汉隐帝末，因兵乱，法书亡失，至是大理奏，重写律令格式、统领编敕，凡改点画及义理之误字二百一十有四，以晋、汉及国初事关刑法敕条，凡二十六件，分为二卷，附于编敕，目为《大周续编敕》，命省、寺行用焉。"可见，在后周的立法过程中吸纳了前代的经验，但其最终形成的刑罚体系并没有解决五代刑罚普遍严苛的弊端。《册府元龟》（刑法部）："广顺二年（公元952年）八月，敕承前所立盐曲条法，每犯，至少尽处极刑。近年以抵罪甚重，兼以邑居人户随税请盐，既不许带入城隍，又不容向外破卖，立法之弊，一至如斯，爰自新朝，尚沿旧制。"可见，后周刑罚依然较重。

从总体上说，五代刑罚已经改变了汉唐刑罚逐渐减轻的趋势，进入一个转折时期。之所以说转折，是因为五代刑罚对后来的宋代刑罚产生了直接的影响，使宋代刑罚的基本特征有别于唐代。

①　沈家本：《历代刑法考》（下册），商务印书馆，2011年版，第168页。

尤其是后周的《显德刑统》更是对宋代立法形成了重要影响。

《旧五代史·刑法志》:"世宗显德四年(公元957年)五月,中书门下奏:'准宣,法书行用多时,文意古质,条目繁细,使人难会,兼前后敕格互换重叠,亦难详定。宜令中书门下并重删定,务从节要,所贵天下易为详究者。伏以刑法者御人之衔勒,救弊之斧斤,故鞭扑不可一日弛之于家,刑法不可一日废之于国,虽尧舜淳古之代,亦不能舍此而致理矣。今奉制旨删定律令,有以见圣君钦恤明罚救法之意也。窃以律令之书,政理之本,经圣贤之损益,为古今之章程,历代以来,谓之彝典。今朝廷之所行用者一十二卷,律疏三十卷,式二十卷,令三十卷,《开成格》一十卷,《大中统类》一十二卷,后唐以来至汉末编敕三十二卷及皇朝制敕等。折狱定刑,无出于此。律令则文辞古质,看览者难以详明,格敕则条目繁多,检阅者或有疑误。加之边远之地,贪猾之徒,缘此为奸,寝以成弊。方属圣明之运,宜申画一之规,所冀民不陷刑,吏知所守。臣等商量,望准圣旨施行,仍差侍御史知杂事张湜、太子右庶子剧可久、殿中侍御史帅汀、职方郎中邓守中、仓部郎中王莹、司封员外郎贾玭、太常博士赵砺、国子博士李光赞、大理正苏晓、太子中允王伸等一十人编集,勒成部帙。律令之有难解者,就文训释;格敕之有繁杂者,随事删除。止要谐理省文,兼且直书易会。其中有轻重未当,便于古而不便于今,矛盾相违,可于此而不可于彼,尽宜改正,无或牵拘。候编集毕日,委御史台、尚书省四品以上及两省五品以上官参详可否,送中书门下议定,奏取进止。'诏从之。自是,湜等于都省集议删定,仍令大官供膳。五年(公元958年)七月,中书门下奏:'侍御史知杂事张湜等九人,奉诏编集刑书,悉有条贯,兵部尚书张昭等一十人,参详旨要,更加损益。臣质、臣溥据文评议,备见精审。其所编集者,用律为正,辞旨之有难解者,释以疏意,义理之有易了者,略其疏文。式令之有附近者,次之。格敕之有废置者,又次之。事有不便与该说未尽者,别立新条于本条之下,其有文理深古、虑人疑惑者,别以朱字训释。至于朝廷之禁令,州县之常科,各以类分,悉令编附。所冀发函展卷,纲目无遗,究本讨原,刑政咸在。其所编集,勒成一部,别有目录,凡二十一卷。刑名之要,尽统于兹,目之为《大周刑统》,欲请颁行天下,与律疏令式通行。其《刑法统类》《开成格》《编敕》等,采掇既尽,不在法司行使之限,自来有宣命指挥公事及三司临时条法,州县见(现)今施行,不在编集之数。应该京百司公事,逐司各有见(现)行条件,望令本司删集,送中书门下详议闻奏。'敕宜依,仍颁行天下。乃赐侍御史知杂事张湜等九人各银器二十两,杂彩三十匹,赏删定《刑统》之劳也。"沈家本注:"《显德刑统》,《宋刑统》之所本也,其体例当与《宋刑统》无异。《宋刑统》一书,今尚有钞本,可以见《周刑统》之大略也。"[①]

二、株　连

五代的族诛范围显然要比唐代有所扩大,这不能不说是一种刑罚的倒退。复杂的政局和军阀统治双重因素的叠加,的确使统治者们更容易接受相对残忍的社会控制方式。《文献通考》一百六十六:"时四方盗贼多,朝廷患之,故重其法,仍分命使者捕逐。苏逢吉自草诏意'贼及四邻同保,皆全族处斩',众以为盗犹不可族,况邻保乎?逢吉故争,不得已但省去'全族'字。由是捕贼使者张令柔杀平阴十七村民。"

三、生命刑

五代生命刑的执行方法有大辟、戮、斩、集众决杀、腰斩等十几种。

---

① 　沈家本:《历代刑法考》(下册),商务印书馆,2011年版,第174页。

（一）大辟

五代的死刑极多，而且量刑标准很低，动辄小罪重处，肆意杀伐。由此，我们也可以看到五代统治者们因急于稳定统治基础，而将社会秩序纳入政权、军权控制范围内的意向。就其刑罚严苛程度而言，似乎秦法尚有所不及。《五代会要》："周显德五年（公元958年）七月，新定《刑统》，眩诱良口，勾引逃亡奴婢与货卖所资衣装者，其眩诱勾引之人伏请处死，良口奴婢并准律格处分。如是居停主人，元不是勾引之人，请行重断。其或分受赃物，至三匹以上者，处死。如有将良口于番界货卖者，居停主人明知卖于番界不告官者，亦请处死。"沈家本注："此法极严，为一时惩创之用，未可奉为永制也。"[1]

《册府元龟》六百十三："天福五年（公元940年）十月癸丑，诏曰：'朕自临区夏，每念生灵恶杀，为心实慈是务。凡于狱讼，尝切哀矜，况时渐兴文，民皆知禁，宜申轻典，用缓峻刑。今后窃盗赃满五匹处死，三匹以上决杖配流，以盗论者，依律文处分。'"

《册府元龟》六百十三："（后）汉高祖即位，称天福十二年（公元947年），八月敕：'应天下凡关贼盗捕获，不计赃多少，按验不虚，并宜处死。俾其重法，斯为爱民。'"

可见，五代时期在死刑制度上改变了前代形成的减少种类和减轻残酷程度的努力。各政权的刑罚开始出现种类和残酷程度增加的发展趋势，甚而凌迟刑成为法定行刑方式。所以说，从死刑的行刑种类发展趋势上看，五代时期是中国古代生命刑演变过程中的反动期。

（二）戮

虽然戮刑在五代不列为正刑，但是其使用颇多，这与五代刑罚的总体变化趋势也是吻合的。《五代史·朱守殷传》："明宗诏幸汴

---

[1]　沈家本：《历代刑法考》（上册），商务印书馆，2011年版，第363页。

州,守殷尤不自安,乃杀都指挥使马彦超,闭城反。明宗遣范延光驰兵傅其城,汴人开门纳延光,守殷自杀其族,乃引颈命左右斩之。明宗至汴州,命鞭其尸,枭首于市。"

《新五代史·闽世家》:"曦自昶世倔强难制,昶相王倓每抑折之。新罗遣使聘闽以宝剑,昶举以示倓曰:'此将何为?'倓曰:'不忠不孝者斩之。'曦居旁色变。曦既立,而新罗复献剑,曦思倓前言,而倓已死,命发冢戮其尸,倓面如生,血流被体。"

又:"国计使陈匡范增算商之法以献,曦曰:'匡范人中宝也。'已而,岁入不登其数,乃借于民以足之,匡范以尤死。其后知其借于民也,剖棺断尸,弃之水中。"

(三)斩

五代时期,斩刑依然是法定正刑。《五代会要》:"(后)晋天福三年(公元938年)八月,大理寺奏:'左街(史)韩延嗣为百姓李延晖冲者,本街使连喝不住,殴击致死。准律,斗殴者原无杀心,因相斗殴而杀者,依故杀人者斩。其韩延嗣准律合斩。准《刑法统类》节文,绞刑决重杖一顿处死。'敕:'法寺定法,比不因斗殴故伤人,辜内死者依杀人论。盖微相类,且非本条,罪有可疑,法当在宥。徒二年半,刺而配华州,发运务收管。'"

(四)集众决杀

五代的集众决杀基本上因袭了唐代旧制,只是这种刑罚所惩罚的对象已经不是犯有杀人等大罪的罪犯,窃盗的赃物达到绢三匹就要受此重刑。《旧五代史·刑法志》:"周太祖广顺二年二月,中书门下奏:'准元年正月五日敕书,凡今后应犯窃盗赃及和奸者,并依晋天福元年已前条制施行,诸处犯罪人等,除反逆罪外,其余罪并不籍没家产、诛及骨肉,一依格令处分者。请再下明敕,颁示天下。'乃下诏曰:'敕书节文,明有厘革,切虑边城远郡,未得审详,宜更申明,免致差误。其盗贼,若是强盗,并准自来格条遣断,其犯窃者,计赃绢满三匹已上者,并集众决杀,其绢以本处上估价为定,不满三匹者,等第决断。'"

（五）腰斩、醢、铁笼、铁刷

五代称斧锧,也称斧质,就是腰斩。锧,铁砧,古刑具。腰斩就是将人置于砧上用斧拦腰砍断。铁笼,我国五代时一种刑戮人犯的酷刑。它是把人装入铁笼,外加火烤,使铁笼成红色,将人烙炙而死。非刑,仅见于五代。

《五代史·刘守光传》:"为铁笼、铁刷,人有过者,坐之笼中,外燎以火,或刷剔其皮肤而死。械梁、晋使者下狱,置斧锧于庭,令曰:'敢谏者死。'孙鹤进曰:'沧州之败,臣蒙不杀,今日之事不敢不谏。'守光怒,推之伏锧。令军士割而啖之。鹤呼曰:'不出百日,大兵当至。'命窒其口而醢之。"醢,即把人剁成肉酱。可见残忍之极。

（六）锯颈

锯颈是中国晋代出现的一种把人的头从脖子处锯下来的刑杀方法。五代时袭用,非刑。

《新五代史·南汉世家》:"龚性聪悟而奇酷,为刀锯、支解、剔剔之刑,每视杀人,则不胜其喜,不觉朵颐,垂涎呀呷,人以为真蛟蜃也。"视杀戮为享受的人在封建社会不乏其人,可见当时的政治环境和制度环境并没有催生出有效限制酷刑滥罚的因素。

（七）重杖

重杖是用加粗的棍棒等刑具掠人至死的酷刑。非刑,始于五代。

在关于五代刑罚的记录中,我们经常可以看到这样一种判决——"决重杖一顿处死"。但这种刑罚在唐代就已经产生。唐德宗时期就有以重杖一顿处死代替绞刑、斩刑:"谋反、大逆及叛、恶逆四者,十恶之大也,犯者宜如律,其余当斩、绞刑者,决重杖一顿处死,以代极法。"[①]也就是说,除了犯有谋反、谋大逆、谋叛及恶逆

---

① 《新唐书·刑法志》。

这四种十恶之中最严重的犯罪行为之外，其余被判斩刑、绞刑者，都可"决重杖一顿处死"。用重杖代替斩、绞，这实际上不意味着刑罚的减轻，这种变化会使受刑者承受比斩刑、绞刑更大的痛苦，尤其是当统治者在公开场合执行这种刑罚的时候，其残酷性和威慑力显然是要超过斩、绞的。

《册府元龟》(刑法部)："(后)晋天福二年(公元937年)四月，敕应在京及诸道监临主当仓库官吏等，当受纳时例破加耗，及交替日岂合亏悬。自今后如得替交割及非时检点，无故妄称欠少者，并准(后)唐长兴二年(公元931年)敕条，计赃绢五十匹，决重杖一顿处死，所有钱物家业尽底通纳，余外不征，其有自盗及私专用擅借，各依格律本条处分。"

《五代会要》："(后)晋天福三年(公元938年)八月，大理寺奏：'左街(史)韩延嗣为百姓李延晖冲者，本街使连喝不住，欧击致死。准律，斗欧者原无杀心，因相斗欧而杀者，依故杀人者斩。其韩延嗣准律合斩。准《刑法统类》节文，绞刑决重杖一顿处死。'敕：'法寺定法，比不因斗欧故伤人，辜内死者依杀人论。盖微相类，且非本条，罪有可疑，法当在宥。徒二年半，刺而配华州，发运务收管。'"

(八)辗

辗，即车裂。五代刑罚虽烈，但车裂作为一种酷刑，在记录五代历史的文献中却相对少见。《旧五代史·李存孝传》："存孝泥首请罪，缚载后车，至太原，车裂之以徇。"沈家本注："唐后车裂之刑仅见此事。"[1]

(九)辜

辜也称磔、肢解、剐或剔。《新五代史·汉家人蔡王信传》："信所至黩货，好行杀戮，军士有犯法者，信召其妻子，对其刴剔支解，

---

[1] 沈家本：《历代刑法考》(上册)，商务印书馆，2011年版，第96页。

使自食其肉，血流盈前，信命乐饮酒自如。"

《新五代史·南汉世家》："龚性聪悟而奇酷，为刀锯、支解、剥剔之刑，每视杀人，则不胜其喜，不觉朵颐，垂涎呀呷，人以为真蛟蜃也。"

《资治通鉴·后梁纪四》："以沁州刺史李存进为天雄都巡按使。有讹言摇众及强取人一钱已上者，存进皆枭首磔尸于市。旬日，城中肃然，无敢喧哗者。"

作为一种非正刑，辜刑在五代时期又重新被大量使用。在（后）晋官员李存进手中，辜刑实现了"城中肃然，无敢喧哗者"的效果。而从五代各政权的角度来看，统治者们可能更想通过这样的刑罚实现"国中肃然"的效果。

（十）剖心

《新五代史·吴越世家》："润州牙将刘浩逐其帅周宝，宝奔常州，浩推薛朗为帅。廖遣杜棱等攻常，取周宝以归，宝病卒。棱等进攻润州，逐刘浩，执薛朗，剖其心以祭宝。"

《旧五代史·张彦泽传》："耶律德光至京师，闻彦泽劫掠，怒，锁之。都人争投状数其恶，乃命高勋监杀之。行至北市，断腕出锁，然后用刑，勋剖其心祭死者，市人争破其脑，取其髓，脔其肉而食之。"

由此可见，五代酷刑较前代愈演愈烈。

（十一）磬

磬，即将犯人绞缢窒息而死。五代时期的磬刑作为正刑和唐代差别不大。《册府元龟》六百十三："清泰三年（公元 936 年）五月，中书门下奏：'刺史位列公侯，县令为人父母，只合倍加乳哺，岂合自至疮痍？一昨张宗裔胥吏讼，论合当极刑，法司据律罪止徒流，向来此法极严，才可存其躯命，即一二十年不复还乡。却缘近日赦宥稍频，迁易颇数，致其凶物不顾严刑。臣窃维立法稍严则人不敢犯，其见行法律望下所司更加详酌。'及下御史台，刑部大理议云：'旧律枉法赃十五匹绞，天宝元年(公元 742 年)加至二十匹，请今后犯枉法赃十五匹准律绞。不枉法赃，旧律三十匹加役流，受所监临，五十匹流二千里。今请依《统类》不枉法赃过三十匹，受所盗赃过五十匹。'从之。"

(十二)凌迟

五代时期很多酷刑都被重新启用，而且出现频率不低。其中凌迟的启用对后代刑罚发展产生的影响最为显著。

凌迟，又被称为"剐刑"，民间常说的千刀万剐就是源于这种刑罚。此刑是用利刃一刀刀地割破受刑者的肌肤、残害肢体，使受刑人在极端痛苦中慢慢死去的刑罚。凌迟行刑到最后阶段，受刑者"肌肉已尽，而气未绝，肝心联络，而视听犹存"[1]，可见凌迟算得上中国古代生命刑中最为残酷的一种刑罚。

陆游讲："伏睹律文，罪虽甚重，不过处斩。盖以身首异处，自是极刑，惩恶之方，何以加此。五季多故，以常法为不足，于是始于法外特置凌迟一条。"[2]

在记录五代时期历史的文献资料如新旧《五代史》《五代会要》中并没有直接的凌迟的记载，但是已经存在"剐割"的记录。如《旧五代史·刑法志》："后晋开运三年十一月丁未，左拾遗窦俨上疏：'绞者筋骨相连，斩者头颈异处，大辟之目，不出两端，淫刑所兴，近闻数等。盖缘外地，不守通规，肆率情性，或以长钉贯参人手足，或以短刀剐割人肌肤，乃至累朝半生半死，俾冤声而上达，致和气以有伤。'"可见，"剐割"虽然在名称上与凌迟不同，但从整个行刑过程来看，就是凌迟无疑。

我们也可以从陆游的话中推知，在五代时期，凌迟实质上已被列为正式刑罚。可以说，这是宋代凌迟发展的一个先导。

---

[1] 《渭南文集》。
[2] 《渭南文集》。

四、身体刑

五代的身体刑包括杖、情杖、合欢杖、随年杖等。

（一）杖

五代的杖刑在相当长的一段时间内都非常混乱，缺乏法律约束，直到后唐时期才形成了相对固定的杖刑。另外，五代的杖刑适用有非常明显的扩大趋势。《五代会要》："（后）晋天福六年，尚书刑部员外郎李象奏：'请今后凡是散官，不计高低，若犯罪，不得当赎，亦不得上请。'详定院复奏：'内外文武官，有品官者自依品官法，无品官，有散使官者，应内外带职廷臣宾从、有功将校等，并请同九品官例。其京都军巡使及诸道州府衙前职员，内外杂任镇将等，并请准律，不得上请当赎。其巡司马步司判官，虽有曾历品官者，亦得同流外职。准律，杖罪以下依决罚例，徒罪以上仍旧当赎法。'"

《册府元龟》六百十三："天福五年（公元 940 年）十月癸丑，诏曰：'朕自临区夏，每念生灵恶杀，为心实慈是务。凡于狱讼，尝切哀矜，况时渐兴文，民皆知禁，宜申轻典，用缓峻刑。今后窃盗赃满五匹处死，三匹以上决杖配流，以盗论者，依律文处分。'"

在五代时期，重杖可以替代斩、绞，而杖刑则可以替代徒、流。《五代会要·议刑轻重》讲："……赃满三匹以上决杀，不及三匹量情杖。本朝以量情之文不定，诏御史中丞龙敏等议。赃满三匹，准旧法；一匹以上，决徒一年半；一匹以下，量罪以杖。大理寺又以量罪之文不定，申奏集寺重议。今议定赃满一匹，徒二年半，不及一匹，徒一年半；不得财，杖七十……"从这段文献来看，徒二年可以折合为杖脊十八，徒一年半相当于杖十五，杖七十可以折合为杖臀十五。这与《宋刑统》中的折杖法已经非常类似，足见五代杖刑对宋代刑罚的影响。

（二）情杖

情杖是指杖数不定，量情节轻重而决的刑罚。仅见于五代。这种刑罚显然给予堂官以较高的量刑自由度，从积极的方面讲，可以避免固定的杖数给犯有小过但要受杖刑的罪犯以较重的伤害；但从消极的层面看，"情"的尺度是很难把握的，一旦情形难以判断，很多执法者就会采用宁枉勿纵的原则，用比较重的杖刑来处置罪犯。这种刑罚的存在也给五代的滥刑提供了一个基本的条件。

《五代会要》："周显德五年（公元 958 年）七月敕，州县自官已下，因公事行责情杖，量情状轻重用，不可过臀十五杖。因责情杖致死者，具事由闻奏。"情杖之名仅见于此，其意如何，未详。

（三）合欢杖

合欢杖是五代时期特有的刑罚，所谓的合欢就是指"每杖一人，必两杖俱下，谓之合欢杖"[1]。这种刑罚显然是为了增加受刑者的痛苦而设置的，使得受刑者不得喘息之机，数量较多的合欢杖完全可以致人死亡。从这种刑罚的命名来看，"合欢"一词充满了戏谑的意味，以戏谑的态度对待刑罚这种需要严格法律规范的强制措施，这也是酷刑时代一种极大的讽刺。

（四）随年杖

随年杖，杖随年。这种刑罚也是五代时期特有的刑罚。由其刑名可知，打多少杖的依据是受刑者的年龄。《新五代史·刘铢传》："民有过者，问其年几何，对曰若干，即随其数杖之，谓之随年杖。"按年龄杖责，这显然又是一种荒谬的量刑逻辑，不问罪责，而问年龄，五代滥刑由此可知。

---

① 《新五代史·刘铢传》。

五、流　刑

五代流刑最主要的特点是刺配正式入刑。其具体的内容就是在发配罪犯去边疆服苦役之前，先要在犯人身上刺字。宋元明清多所因袭。明人邱濬的《大学衍义补》一百五十载："流配，旧制止于远徙，晋天福中始创刺面之法，遂为敢奸重典，宋因其法。"

《册府元龟》（刑法部）："长兴四年（公元933年）八月制：在京天下州府见（现）禁囚徒，已结正未结正，已发觉未发觉，罪无轻重，常赦所不原者，咸赦除之。长流人并诸色徒流人，不计年月远近，已（未）到配所，并放还。或有亡命山泽及为事关连逃避人等，并放归乡，一切不问。如过百日不归，首者复罪如初。按：百日不归，首者复罪如初之法，本于《唐律》，第《唐律》不指亡命者耳。"

《五代会要》："后唐清泰三年，尚书刑部郎中李元龟奏：'准《开成格》，应断天下徒流人到所流处，本管画时申御史台，候年月满日申奏，方得放还本贯。近年凡徒流人，所管虽奏，不申御史台报大理寺，所以不知放还年月。望依律格处分。'从之。"沈家本注："据此，则五季之时，流人年满放还，仍用唐法。"

可见，在流刑方面，五代基本上继承了唐代定制。但我们需要注意的是，由于五代诸王朝统治区域相对有限，在其流刑过程中无法实现动辄两千里、三千里的流放里程。

（一）加役流

五代沿用唐代的加役流。改加役流之后，流刑还是三等，而附加居作的时间则延长至二到三年。

《册府元龟》六百十三："清泰三年（公元936年）五月，中书门下奏：'刺史位列公侯，县令为人父母，只合倍加乳哺，岂合自至疮痍？一昨张宗裔胥吏讼，论合当极刑，法司据律罪止徒流，向来此法极严，才可存其躯命，即一二十年不复还乡。却缘近日赦宥稍频,迁易颇数,致其凶物不顾严刑。臣窃维立法稍严则人不敢犯,其见行法律望下所司更加详酌。'及下御史台,刑部大理议云:'旧律枉法赃十五匹绞,天宝元年(公元742年)加至二十匹,请今后犯枉法赃十五匹准律绞。不枉法赃,旧律三十匹加役流,受所监临,五十匹流二千里。今请依《统类》不枉法赃过三十匹,受所盗赃过五十匹。'从之。"

(二)移乡

《五代会要》:"(天福)六年(公元941年)八月制:'诸色罪犯,已结正未结正、已发觉未发觉,罪无轻重,常赦所不原者,咸赦除之。其持杖行劫并杀人贼,免罪移乡,仍配逐(诸)处军都收管。其犯枉法赃人,虽免罪,即不得再有任用。或始因罪犯,久处审流,特行洗涤之恩,各逐(诸)归还之。愿应配流人并已前逢赦不在放还人等,并放还,徒罪年限未满者,并放。按:此亦大赦也,强盗仍移乡配发,又一例。'"[1]

《五代会要》:"显德元年(公元954年)正月制:'其杀人者,放罪移置他处。诸流配人,并任逐(诸)便。如刺面配军收管者,不在此例。按:杀人移乡,唐法也。刺配者,有应充之军役,故不得逐(诸)便。此赦书又云,草寇避法隐藏者,所有巡简人谕以恩赦招呼,令归农,如愿在军,亦听。可见军事方重,即草寇亦许从军也。'"[2]

六、财产刑

(一)籍没

五代的籍没刑基本上因袭唐代旧制。《五代会要》:"周显德五

① 沈家本:《历代刑法考》(上册),商务印书馆,2011年版,第831页。
② 沈家本:《历代刑法考》(上册),商务印书馆,2011年版,第832页。

年七月,新定《刑统》,眩诱良口,勾引逃亡奴婢与货卖所资衣装者,其眩诱勾引之人伏请处死,良口奴婢并准律格处分。如是居停主人,元不是勾引之人,请行重断。其或分受赃物,至三匹以上者,处死。如有将良口于番界货卖者,居停主人明知卖于番界不告官者,亦请处死。"

沈家本《历代刑法考》:"周太祖广顺元年(公元951年)制:今后应犯盗贼及和奸者,并依(后)晋天福元年(公元936年)已前条制施行。应诸处犯罪人等,除反逆罪外,其余罪,并不得籍没家产,诛及骨肉,一依格令处分。按:观此赦书,可见石晋时用法之重,天福元年已前条制,大都仍循唐法也。此年制书又云,诸处有犯罪逃亡之人,及山林草寇等,咸许自新,一切不问,各还乡里,自务营生。是草寇且得归还,流人更宜放免矣。五季至后周,亦气运得转之时,即此一端,正由乱而治之机关也。近人文云,凋弊之余,承以严酷,则其亡愈速,此石晋之谓也。"[1]

由此可见,五代时期籍没刑罚因袭唐代,虽然普遍减轻,但对反逆罪,仍旧实施家产籍没之刑罚。

(二)赎

就总体而言,五代时期的赎刑循唐代旧制,但后晋时期有一定的调整。《五代会要》:"(后)晋天福六年(公元941年),尚书刑部员外郎李象奏:'请今后凡是散官,不计高低,若犯罪,不得当赎,亦不得上请。'详定院复奏:'内外文武官,有品官者自依品官法,无品官,有散使官者,应内外带职廷臣宾从、有功将校等,并请同九品官例。其京都军巡使及诸道州府衙前职员,内外杂任镇将等,并请准律,不得上请当赎。其巡司马步司判官,虽有曾历品官者,亦得同流外职。准律,杖罪以下依决罚例,徒罪以上仍旧当赎法。'"也就是说,后晋刑罚对赎刑适用的范围做了调整,缩小了赎刑的适用范

---

① 沈家本:《历代刑法考》(上册),商务印书馆,2011年版,第832页。

围,规定官员犯徒刑以下不得赎,徒刑以上才能用赎法。当然这种调整只是对官员有效。

小 结

五代是中国古代刑罚发展的重要阶段。虽然这一阶段为宋王朝刑罚体系的完善奠定了基础,但我们不能说五代给中国古代刑罚发展带来了更多的积极因素。从中国古代刑罚发展的总进程来看,宋王朝时期是中国封建社会刑罚体系的成熟阶段,这一方面是由于中国封建时代的法制在唐朝已经日臻完善;另一方面也是因为宋王朝的统治者在立法过程中吸纳了五代刑罚的一些定制。从这个意义上说,五代刑罚对于整个中国古代刑罚体系的发展有重要影响,在这个时期形成的一些刑罚一直被后代王朝所运用,直到中国的封建专制制度被终结。但是,我们可以较为明显地发现,五代刑罚严苛,多用残酷的法外生命刑惩治罪犯,凌迟等酷刑在这个时代又死灰复燃,甚至被后代王朝沿用不止,这是与五代时期中国历史、中国政治和中国社会的发展特征密不可分的。我们可以说,五代是中国封建社会刑罚由轻变重的重要转折点。

第十四章　宋代的刑罚

　　宋帝国,说到底也是武人建立的政权。后周世宗柴荣死后,继位的是个小皇帝。宋王朝的建立者赵匡胤当时恰是后周禁军将领,于是发动陈桥兵变,黄袍加身,这是很多封建政权建起之初的历史缩影,五代政权的建立也大体如此。与五代政权不同的是,赵匡胤及时地采取了各种措施,防止了军阀力量的增长,为宋代的发展创造了相对稳定的政治环境。最为人们熟知的就是所谓的"杯酒释兵权",军权被收归中央,将企图篡逆的政治势力与军队隔绝开来。当然,随着军权的回收,财权、司法权也都重新回到宋代朝廷,一系列以文官为核心的地方行政体系被建立起来。应该说,赵匡胤是一个很好地解决了中央和地方关系,使其符合封建中央集权政治趋势的政治家。统一强大的新帝国除了要解决军事和行政上的问题,还必须及时建立起一套能够为中央集权服务的,能够给封建王朝奠定合法性基础的法律制度。宋代的刑罚体系就是在这个背景下发展起来的。沈家本《历代刑法考》:"宋代刑法本于唐,其凌迟之法虽沿于五代,然不常用也。史称其'士初试官,皆习律令。其君一以宽仁为治,故立法之制严,而用法之情恕。'国既南迁,累世犹知以爱民为心,虽其失慈弱,而祖宗之遗意犹未泯焉。则一朝之得失可以见矣。"[①]

　　总体来看,宋代刑罚有几个基本的特点:

　　其一,宋代刑罚具备很典型的预防性特征。太祖由兵变而得天下,不管是其个人还是整个王朝的政令制度都带有"居安思危"

---

① 沈家本:《历代刑法考》(上册),商务印书馆,2011年版,第47页。

的色彩。不论是对斗殴盗窃等较轻的犯罪活动,还是对谋叛大逆等动摇政权根本的重罪,宋代的刑罚体系中都有非常明确具体的处置措施,力求镇压社会上所有的不稳定因素,保证皇权不致旁落。

《宋史·太祖纪》:"建隆二年(公元 961 年)二月已丑,定窃盗律。三年二月已亥,更定窃盗律。"

《宋史·太祖纪》:"建隆二年(公元 961 年)四月庚申,班私炼货易盐及货造酒曲律。"

《宋史·太祖纪》:"建隆三年(公元 962 年)十二月丙戌,诏县置尉一员,理盗讼,置弓手,视县户为差。庚子,班捕盗令。开宝元年(公元 968 年)三月庚寅,班县令、尉捕令。"

《玉海》六十六:"建隆三年(公元 962 年)十二月庚午,有司上捕盗条,颁行之。开宝元年(公元 968 年)五月庚寅,增修令尉捕盗功过令,颁行之。"沈家本注:"建隆三年十二月,有庚子,无庚午,《玉海》讹也。"

《宋史·太祖纪》:"干德元年(公元 963 年)三月癸酉,班新定律。"沈家本注:"《玉海》云:'是年三月癸酉,始定折杖法,是《纪》所书新定律,即折杖法也。'"

《宋史·太祖纪》:"干德元年(公元 963 年)七月已卯,颁《复位刑统》等书。"

《燕翼诒谋录》:"干德二年(公元 964 年)正月已巳,诏应论诉人不得蓦越陈状,违者科罪。"

南宋王应麟《玉海》六十六:"国初,用唐律、令、格、式外,有后唐《同光刑律统类》《清泰编救》《天福编救》《周广顺类救》《显德刑统》,皆参用焉。建隆四年(公元 963 年)二月五日,工部尚书、判大理寺窦仪言:'《周刑统》科条繁浩,或有未明,请别加详定。'乃命仪与权、大理少卿苏晓等同撰集、凡削出令式宣救一百九条,增入制救十五条,又录律内余条,准此者凡四十四条,附于名例之次,并目录成三十卷。取旧削去格令宣敕及后来续降要用者，一百六十条，为《编敕》四卷。其厘革一司、一务、一州、一县之类，不在焉。至八月二日上之，诏并模印颁行，一本建隆四年七月已卯工部尚书、判大理寺窦仪进建隆《复位刑统》三十卷，《编敕》四卷，诏付大理寺刻板摹印，颁行天下。仪表云：'臣与大理少卿苏晓、正奚玙、丞张希逊等同考详旧二十一卷，今并目录增为三十一卷。旧疏议节略今悉备，文字难识者音于本字之下，义似难晓并例具别条者，悉注引于其处，有今昔寝异，轻重难同，禁约之科，刑名未备，臣等起请总三十二条，其格令宣敕削出及后来至今续降要用者，凡一百六条，今别编分为四卷，名曰《新编敕》。'（《刑统》：凡三十一卷，二百十三门，律十二篇，五百二条，并疏令格式敕条一百七十七，起请条三十二。）先是，建隆三年（公元962年）十二月，乡贡明法张自牧，尝上封事，驳《刑统》之不便者凡五条，诏下有司，参议而厘正之，诏仪等撰集。端拱二年（公元989年）十月，诏赐宰臣《刑统》各一部，诏中外臣僚，常读律书。天圣七年（公元1029年），学士孙奭（音士）奉诏校定《刑统》，作《律文音义》一卷。天圣四年十一月辛亥，诏国子监摹印律文并疏，颁行。"

《宋史·刑法志》："熙宁四年（公元1071年），立《盗贼重法》。凡劫盗罪当死者，籍其家资以赏告人，妻子编置千里；遇赦若灾伤减等者，配远恶地。罪当徒、流者，配岭表；流罪会降者，配三千里，籍其家资之半为赏，妻子递降等有差。应编配者，虽会赦，不移不释。凡囊橐之家，劫盗死罪，情重者斩，余皆配远恶地，籍其家资之半为赏。盗罪当徒、流者，配五百里，籍其家资三之一为赏。窃盗三犯，杖配五百里或邻州。虽非重法之地，而囊橐重法之人，以重法论。其知县、捕盗官皆用举者，或武臣为尉。盗发十人以上，限内捕半不获，劾罪请旨。若复杀官吏，及累杀三人，焚舍屋百间，或群行州县之内，劫略江海船栿之中，非重地，亦以重论。凡重法地，嘉佑中，始于开封府诸县，后稍及诸州。以开封府东明、考城、长垣县、京西滑州、淮南宿州、河北澶州、京东应天府、濮、齐、徐、济、单、兖、郓、沂州、淮阳军，亦立重法，着为令。至元丰时，河北、京东、淮南、福建等路皆用重法，郡县寝益广矣。(元佑)敕，重法地分，劫盗五人以上，凶恶者，方论以重法。绍圣后，有犯即坐，不计人数。复立妻孥编管法。至元符三年(公元1100年)因刑部有请，诏改依旧敕。先是，曾布建言：'盗情有重轻，赃有多少。今以赃论罪，则劫贫家情虽重，而以赃少减免，劫富室情虽轻，而以赃重论死。是盗之生死，系于主之贫富也。至于伤人，情状亦殊。以手足殴人，偶伤肌体，与夫兵刃汤火，固有间矣，而均谓之伤。朝廷虽许奏裁，而州郡或奏或否，死生之分，特幸与不幸尔。不如一变旧法，凡以赃定罪及伤人情状，不至切害者，皆从罪止之法。其用兵刃汤火，情状酷毒，及污辱良家，或入州县镇砦行劫，若驱虏官吏巡防人等，不以伤与不伤，凡情不可贷者，皆处以死刑，则轻重不失其当矣。'及布为相，始从其议，诏有司改法。未几，御史陈次升言：'祖宗仁政，加于天下者甚广，刑法之重，改而从轻者至多。惟是，强盗之法，特加重者，盖以禁奸宄而惠良民也。近朝廷改法，诏以强盗计赃应绞者，并减(增)一倍；赃满不伤人，及虽伤人而情轻者，奏裁。法行之后，民受其弊。被害之家，以盗无必死之理，不敢告官，而邻里亦不为之擒捕，恐怨仇报复。故贼益逞，重法地分尤甚。养成大寇，以贻国家之患，请复行旧法。'布罢相，翰林学士徐绩复言其不便，乃诏如旧法，前诏勿行。"沈家本注："曾布之议颇为平允，不可以人而废言也。"[1]

其二，宋代君臣普遍关心法制建设，苦心经营王朝刑罚。

《宋史·刑法志》："初，太祖将祀南郊，诏：'两京、诸道，自十月后，犯强窃盗，不得预郊祀之赦。所在长吏告谕，民无冒法。'是后，必先申明此诏。天圣五年(公元1027年)，马亮言：'朝廷虽有是

---

① 沈家本：《历代刑法考》(下册)，商务印书馆，2011年版，第211页。

诏，而法官断狱，乃言终是会赦，多所宽贷，惠奸失诏旨。'遂诏：'已下约束而犯劫盗，及官典受赃，勿复奏，悉论如律。'"沈家本注："窃盗亦在不免之律，此宋法之严于唐者，然自十月为限，亦非全不免也。"[1]

又："仁宗在位久，明于人之情伪，尤恶讦人阴事，故一时士大夫习为惇厚。久之，小人乘间密上书，疏人过失，好事稍相与人唱和，又按人赦前事。翰林学士张方平、御史吕诲以为言，因下诏曰：'盖闻治古，君臣同心，上下协穆，而无激讦之俗，何其德之盛也！'朕窃慕焉。嘉与公卿大夫，同底斯道，而教化未至，浇薄日滋。比者中外群臣，多上章言人过失，暴扬难验之罪，或外托公言，内缘私忿，诋欺暧昧，苟陷善良。又赦令者，所以与天下更始，而有司多举按赦前之事，殆非信令（命），重刑罚，使人洒心自新之意也。今有上言告人罪，言赦前事者，讯之。至于言官，宜务大体，非事关朝政，自余小过细故，勿须察举。"

又："神宗即位，又诏曰：'夫赦令，国之大恩，所以荡涤瑕秽，纳于自新之地，是以圣王重焉。中外臣僚，多以赦前事，捃摭吏民，兴起狱讼，苟有讹误，咸不自安，其非持心近厚之义，使吾号令不信于天下。其内外言事、按察官，毋得依前举劾，具按取旨，否则，科违制之罪。御史台觉察弹奏，法寺有此奏按，许举驳以闻。'知谏院司马光言曰：'按察之官，以赦前事兴起狱讼，禁之诚为大善。至于言事之官，事体稍异。何则？御史之职，本以绳按百僚，纠摭隐伏。奸邪之状，固非一日所为。国家素尚宽仁，数下赦令，或一岁之间至于再三，若赦前之事，皆不得言，则其可言者无几矣。万一有奸邪之臣，朝廷不知，误加进用，御史欲言，则违今日之诏，若其不言，则陛下何从知之。臣恐因此言者得以借口偷安，奸邪得以放心不惧。此乃人臣之至幸，非国家之长利也。请追改前诏，刊去言事二

---

[1]　沈家本：《历代刑法考》（上册），商务印书馆，2011 年版，第 836 页。

字。'光论至再，帝谕以'言者好以赦前事诬人'，光对曰：'若言之得实，诚所欲闻，若其不实，当罪言者。'帝命光送诏于中书。"沈家本注："赦后不得言赦前事，定法也。若如温公所言，法亦有不可过泥者矣。此事自汉以来，论之者多，其弊则在于赦之数，赦数则犯法者多，已赦而得言是法不信也，不得言而人易犯法，是法害法也，赦之害如此，赦数何为哉？"

《宋史·刑法志》："仁宗尝问辅臣曰：'或谓先朝诏令不可轻改，信然乎？'王曾曰：'此憸人惑上之言也。咸平之所删，太宗诏令十存一二，去其繁密以便于民，何为不可？'于是诏中外言《敕》得失，命官修定，取《咸平仪制令》及制度约束之在《敕》者，五百余条，悉附《令》后，号曰《附令敕》。天圣七年（公元 1029 年）《编敕》成，合《农田敕》为一书，视《祥符敕》损百有余条。其丽于法者，大辟之属十有七，流之属三十有四，徒之属百有六，杖之属二百五十有八，笞之属七十有六。又配隶之属六十有三，大辟而下奏听旨者七十有一。凡此，皆在律令外者也。既颁行，因下诏曰：'敕令者，治世之经，而数动摇，则众听滋惑，何以训迪天下哉？自今有司，勿得辄请删改。有未便者，中书疏密院以闻。'然至庆历，又复删定，增五百条，别为《总例》一卷。后又修《一司敕》二千三百一十七条，《一路敕》千八百二十七条，《一州》《一县敕》千四百五十有一条。其丽于法者，大辟之属总三十有一，流之属总二十有一，徒之属总百有五，杖之属总百六十有八，笞之属总十有二。又配隶之属总八十有一，大辟而下，奏听旨者，总六十有四。凡此，又在《编敕》之外者也。"

其三，宋代刑罚较前代更为刚猛，但也经常有大赦之举。

《文献通考》一百六十七："（绍兴）三年，诏自今犯私盐并依《绍兴敕》断，其去年十二月甲午赦旨及今年六月辛丑尚书省批送指挥，更不施行。先是，殿中侍御史常同入对，论私犯刑名太重，其略曰：'《绍兴敕》私有盐一斤，徒一年，三百斤，配本城，煎炼者，一两比二两,刑名不为不重。后来复降指挥,又因官司申请,不以赦原减,虽遇特恩不原,为法可谓尽矣。去年之冬,因大军所屯,尝有军卒私贩,百姓因之,故有亭户不以多寡,杖脊配广南指挥,盖一时禁止,非通天下永久之法也。昨因榷货务看详,以为诸路亦合一体施行,遂批状行提领官张纯一堂吏耳,但欲附会去相之意,朝廷不谋之廷臣,不付之户部、不禀之圣旨,遂以批状行之,何其易哉?自此法之行,州郡断配,日日有之,破家荡产,不可胜计。主议之臣,但曰刑不峻不足以致厚利,夫峻刑而不恤民害,此蔡京、王黼之术也,奈何今遂用之?自古及今,刑之所犯,必称罪之轻重,岂有罪无等降一用重刑之理?今私盐一斤至杖脊配广南,则孰不相率而为百千斤之多哉?祖宗仁德,在人犹人之元气,今天下之势,可为病矣,奈何遂欲伤元气乎?法令之行,系乎国本,不使有识搢绅之士议之,而使刀笔之吏弄其文墨,非国之福也,望付三省熟议。故有是诏。'”

由此一例即可看出,对于王朝刑罚的酷厉保持警惕的不乏其人。为了保持总体刚猛的刑罚制度的相对平衡,宋代常有大赦的举措。

沈家本《历代刑法考》:“宋太祖开宝元年(公元968年)十一月,大赦,十恶、杀人、官吏受赃不原。四年(公元971年)十一月,大赦,十恶、故劫杀、官吏受赃者不原。九年(公元976年)四月,大赦,十恶、故杀者不原。按:此三赦三例。传曰杀人不忌为贼,大约古之言杀人者,皆指故意者言,故可以杀人该之。此三例,实一事。惟九年之赦无受赃一项耳。”[①]

又:“六年(公元973年)十月,特赦诸官吏奸赃。按:是年赦官吏奸赃,故九年赦文遂无官吏受赃一项,亦一时之特恩也。”

又:“端拱元年(公元988年)正月,大赦。除十恶、官吏犯赃至

---

①　沈家本:《历代刑法考》(上册),商务印书馆,2011年版,第832页。

（及）杀人者不赦外。"

又："淳化五年（公元 994 年）四月，赦，除十恶、故劫杀、官吏犯正赃外，降死罪以下囚。"

又："九月，大赦，除十恶、故谋劫杀、斗杀、官吏犯正赃外，诸官先犯赃罪，配隶禁锢者，放还。按：斗杀无不免之例，此赦增入斗杀，严矣。而犯赃者得放还，又视太平兴国三年（公元 978 年）之赦为宽。"

又："十一月（真宗咸平二年，公元 999 年），大赦，《通考》云：'诏如闻小民，知有恩赦，故为劫盗，自今不在原免之限。'"按："唐时赦例，亦时有劫贼一款，宋世咸平以前，无此款，后遂时有之。"

又："大中祥符元年（公元 1008 年）十月，大赦天下，常赦所不原者，咸赦除之。"按："宋世之赦，唯即位诏有'常赦不原咸赦'之文，余并无之。自是年天书出，而赦例宽，是月以封禅而赦，此后'常赦不原咸赦'之文，遂屡见矣。"①

又："孝宗淳熙九年（公元 1182 年），赦。大理卿王尚之言：'近以民间词诉，官司按劾，多有连及赦前事者，复送有司根勘，如此，则与不曾经大赦无以异，非所以示信也。请降指挥，应今复选所司推勘者，只合将大赦后罪犯依法结断，若所犯在大赦前，苟非恶逆以上，并不许推究。'从之。"沈家本注："此事历代以来，言者自言之，而所司仍违之，甚不可解。或者曰罪虽免，事须明白。夫罪既免矣，事之明白与否，有何关系？而必求其明白，牵累无辜，蒲服公庭，亦不过为胥吏益囊橐耳。此其中，唯后事之根于前事，不能不问，否则赦文明明言不许告言，而独许推究，此何理也？近尝与人言之，而人终不悟，甚矣，晓事人之寡也。"②

又："光宗绍熙五年（公元 1194 年），是岁五月，以孝宗大渐，尝

---

① 沈家本：《历代刑法考》（上册），商务印书馆，2011 年版，第 834 页。
② 沈家本：《历代刑法考》（上册），商务印书馆，2011 年版，第 840 页。

肆赦。七月，上登基。九月，宗祀明堂。尚书契勘，一岁之间三行赦放，恐有凶恶累犯之人指恩作过。内曾犯徒流罪，已经登基赦恩免罪，后再犯徒流，以情理深重者，未曾断道，别听朝廷指挥，与赦文同降，但以白纸连书于黄牒前云，盖前此所未有。"沈家本注："此赦中之变例。是岁为甲寅，此云三赦，而《容斋笔记》以为岁至四赦者，是年尚有曲赦一次也。"①

应该说，宋朝初期的法律思想表现为以文制武，儒道兼用。在这一阶段，宋代统治者在刑罚的适用上强调慎刑，强调"不敢以诛夷待旧勋"，"不敢以苛法督现吏民"。② 在重用文官的同时，宋代统治者还沿用了中国古代各王朝对官僚阶层的严厉律条，对敢于作奸犯科、贪污腐败的官员给予惩处。这是宋代统治者对维护封建社会经济正常发展，维护封建法纪，缓和阶级矛盾所做的努力。由此可知宋王朝统治时期的刑罚量刑特征，统治者一方面对某些犯罪适用较为轻缓的刑罚，但是另一方面，在对待严重危害国家安全和统治秩序的犯罪上，仍然适用了较为严厉的判罚，尽可能维护封建政权的稳定性，保持其统治基础不被动摇。但是在南宋以后，由于战乱及其导致的社会动荡，使刑罚又变得严苛起来。

一、株　连

宋代株连主要反映为族诛。

《宋史·太祖纪》："乾德四年九月，虎捷指挥使孙进，龙卫指挥使吴环等二十七人，坐党吕翰乱，伏诛，夷进族。……十二月，妖人张龙儿等二十四人伏诛，夷龙儿、李玉、杨密、聂赟族。……开宝二年，散指挥都知杜延进等谋反伏诛，夷其族。"

---

① 沈家本：《历代刑法考》（上册），商务印书馆，2011 年版，第 840 页。
② 见王夫之的《宋论·太祖篇》。

《宋书·武帝纪》："（永初二年，公元421年）冬十月丁酉，诏曰：'兵制峻重，务在得宜。役身死叛，辄考傍亲，流迁弥广，未见其极。遂令冠带之伦，沦陷非所。宜革以宏泰，去其秘科。自今犯罪充兵合举户从役者，便付营押领。其有户统及随止一身者，不得复侵滥服亲，以相连坐。'"

《宋史·太宗纪》："太平兴国三年（公元978年）五月戊申，以泰州节度判官李若愚子飞雄矫制乘驿至清水县，缚都巡检周承瑨及刘文裕、马知节等七人，将劫守卒据城为叛，文裕觉其诈，禽缚飞雄按之，尽得其状，诏诛飞雄及其父母妻子同产，而哀若愚宗奠无主，申戒中外臣庶，自今子弟有素怀凶险、屡戒不悛者，尊长闻诸州县，锢送阙下，配隶远处，隐不以闻，坐及期功以上。"

可见，在族诛刑方面，宋代统治者，尤其是宋初的统治者较好地借鉴了前代刑罚发展的积极成果，对族诛刑进行了较为有效的约束，当时大规模的族诛较少发生，这与宋初统治者们的刑罚建设是有关系的。

二、生命刑

宋代的生命刑因袭唐代，有大辟、诛、死、斩、弃市、枭首、腰斩、辜、醢、凌迟、剖心、磔、掠杀、赐死等。

（一）大辟

北宋时期，正式的生命刑有斩、绞两种。《宋刑统》："死刑二：绞，斩。赎铜一百二十斤，并决重杖一顿。"南宋时的《庆元条法事类·刑狱门·决遣·断狱式》中记录有，在某路提点刑狱司法定的按时上报本路死刑案件的格式中，把死罪分为"凌迟、斩、处死（绞刑）"。

虽然宋代的死刑基本上因袭唐代旧制，但是就其适用性来说，则较唐代更强。《天圣编敕》："大辟之属十有七，庆历增为三十一，嘉佑增六十。"沈家本注："《宋刑统》全用《唐律》，而当时行用以编敕为准，此编敕大辟之数系在律外者，是死罪已多于唐矣。"①

《宋史·刑法志》："仁宗尝问辅臣曰：'或谓先朝诏令不可轻改，信然乎？'王曾曰：'此恂人惑上之言也。咸平之所删，太宗诏令十存一二，去其繁密以便于民，何为不可？'于是诏中外言《敕》得失，命官修定，取《咸平仪制令》及制度约束之在《敕》者，五百余条，悉附《令》后，号曰《附令敕》。……其丽于法者，大辟之属十有七，流之属三十有四，徒之属百有六，杖之属二百五十有八，笞之属七十有六。又配隶之属六十有三，大辟而下奏听旨者七十有一。"可见，经过一定的讨论，宋代统治者最终还是增加了死刑的罪名，扩大了这种刑罚的打击范围。

《文献通考》一百七十："乾道六年（公元 1170 年），臣僚言：'国家立法议罪，最为详备，大抵共殴杀伤人必有首、有从，甲为首，则乙以下皆从，甲于法合坐死罪，自乙而下，并当先次决遣在外州郡，如甲情理可悯，方许奏裁。如驻跸之地，凡罪应死者必奏，徒流以下，申御史台取旨施行，此定制也。今有司，不务遵行成法，才事涉大辟，不问首从具奏。又流徒以下，多作情重，看详取旨，则合先次，决遣之人岂得不例遭禁系？请今后大辟，只许以为首坐应死罪者奏，为从而不应坐死者，先次决遣流徒，不许牵引情重取旨，不然则坐以不应奏而奏之罪。'从之。"首从原则已经在这里体现得十分清楚了。

（二）诛

《续资治通鉴》："辛酉，辽政事令耶律寿远、太保库阿布等谋反，伏诛。"

《宋史·太宗纪》："至道元年（公元 995 年）四月辛丑，遣使分决诸路刑狱，劫贼止诛首恶，降流罪以下一等。"沈家本按："此虑囚

────────────

① 沈家本：《历代刑法考》（上册），商务印书馆，2011 年版，第 568 页。

也,劫贼止诛首恶,视今时强盗之分法无可贷,情有可原者为更宽,第宋世偶一行之,不为常例耳。"①虑囚是宽宥囚犯的一种措施,它是赦、免、降、虑四等中之一等。虑也是降,但它与降有区别,虑的个案须经朝廷核准,而降不用,只要有皇上的赦诏即可。

（三）死

宋代的死刑适用较为广泛,而且对具体的犯罪量刑很重,不逊五代。《宋史·太宗纪》:"太平兴国二年五月丙寅,诏继母杀子及妇者同杀人论。"②

《宋史·太祖纪》:"乾德四年（公元966年）八月,枢密直学士冯瓒、绫锦副使李美、殿中侍御史李楫为宰相赵普陷以赃,论死,会赦,流沙门岛,逢恩不赦（还）。"沈家本注:"宋初治赃吏最严,故普特陷以赃罪,逢恩不还。尔日之赦例如是也。"③

宋代刑罚往往以赃论罪,十贯以上论死就是一个典型的例子。《宋史·刑法志》:"（太平兴国）八年,广州言:'前诏窃贼至死者奏裁,岭南遐远,覆奏稽滞,请不俟报。'帝览奏,恻然曰:'海隅习俗,贪犷穿窬,故其常也。'因诏:'岭南民犯窃盗,赃满五贯至十贯者,决杖、黥面、配役,十贯以上乃死。'"

《文献通考》一百七十:"中书舍人葛邲言:'乾道六年（公元1170年）,指挥强盗并依旧法,议者以为持杖胁人以盗财者,亦死,是胁人与杀人等死,恐非所以为良民地（疑为也之误）,后来遂立六项,并依旧法处断外,余听以刑名,疑虑奏裁。自此指挥已行之后,非特刑名疑虑者不死,而在六项④亦为不死。法出奸生,徒为胥

---

① 沈家本:《历代刑法考》(上册),商务印书馆,2011年版,第833页。

② 杀子及妇:杀继子及其妻。同杀人论:宋律杀人斩、绞,因此,以杀人论,必死无疑。

③ 沈家本:《历代刑法考》(上册),商务印书馆,2011年版,第836页。

④ 六项者:谓为首及下手伤人、下手放火,因而行奸、杀人加功、已曾贷命再犯之人也。

吏受赃之地，若犯强盗者，不别轻重，而一于死，则死者必多，又非所以示好生之德也。乞下有司详议，立为定法。'从之。"

可见，在宋代犯有杀人罪、强盗罪以及赃物相对较多的盗窃罪都是要被判处死刑的。

（四）斩

宋代的斩刑基本上沿袭了前朝制度，被列为正刑。《宋刑统》："死刑二：绞、斩。赎铜一百二十斤，并决重杖一顿。"

《宋史·太宗纪》："雍熙二年（公元985年）十月，汴河主粮胥吏坐夺漕军口粮，断腕徇于河畔三日，斩之。"沈家本注："赃吏犯罪，律有正条，斩之而先断腕，实不足以为法，此太宗之过举也。观于后条，岂宋时遂奉为定制欤？"[1]这是一次较为特殊的斩刑，对于克扣军粮的官吏，宋人采取了先断腕示众，三日后再斩首的处罚方式。这种刑罚当然不属于宋代正刑。断腕是要显示出此人所犯罪行的罪大恶极，也可以表现出对官吏营私舞弊的厌恶。这样示众显然是展示给漕军士兵们看的，与三国曹操斩杀粮官稳定军心之例特别相似。由此我们也可以看到，虽然宋代有以文制武的政治控制特征，但在涉及军队稳定的时候，统治者还是格外重视对相关问题的处置的。

宋初的统治者对赌博的行为也实施严酷的刑罚。《宋史·太宗纪》："淳化二年（公元991年）闰月乙丑，诏京城蒲博（即赌博）者，开封府捕之。犯者斩。"沈家本注："此法太重，犹今康熙中，旗人犯赌拟绞之比，究非常法。"[2]

强盗罪一直是宋代统治者格外重视并严厉打击的犯罪。《文献通考》一百六十八："宋制：为劫者身斩，家人弃市，同籍周亲谪补兵。"《宋史·刑法志》："熙宁四年（公元1071年），立《盗贼重

---

① 沈家本：《历代刑法考》（上册），商务印书馆，2011年版，第185页。

② 沈家本：《历代刑法考》（下册），商务印书馆，2011年版，第184页。

法》。……劫盗死罪，情重者斩，余皆配远恶地，籍其家资之半为赏。"

（五）弃市

《礼记》："刑人于市，与众弃之。"即在人众集聚的闹市，对犯人执行死刑，以示为大众所弃的刑罚。隋唐时期，这种刑罚已经很少被使用。但在宋代，这种刑罚又被重新启用且适用较为广泛。《宋史·刑法志》："唐建中（公元780年—公元783年）令，窃盗赃满三匹者死。武宗时（公元841年—公元846年），窃盗赃满千钱者死。宣宗立（公元847年），乃罢之。汉乾佑（公元948年）以来，用法益峻，民盗一钱抵极法。周初（公元951年），深惩其失，复遵建中之制。帝犹以其太重，尝增为钱三千，陌以八十为限。既而诏曰：'禁民为非，乃设法令，临下以简，必务哀矜。窃盗之生，本非巨蠹。近朝立制，重于律文，非爱人之旨。自今窃盗赃满五贯足陌者死。'旧法，强盗持杖，虽不伤人，皆弃市。又诏：'但不伤人者，止计赃论。'"

《宋史·太宗纪》："太平兴国八年（公元983年）十一月，除川峡民祖父母、父母在，别籍异财弃市律。"沈家本注："此法太重，当为一时一地而设，故太宗除之。"[1]

《宋史·太宗纪》："太平兴国八年（公元983年）十月已巳，诏伪作黄金者，弃市。"

《宋史·太宗纪》："（太平兴国）二年（公元977年）丁酉，禁江南诸州新小钱，私铸者弃市。"

《文献通考》一百六十八："宋制：为劫者身斩，家人弃市，同籍周亲谪补兵。"

《宋史·刑法志》："凡岁饥，强民相率，持杖劫人仓廪，法应弃市，每具狱上闻，辄贷其死（此太宗时）。真宗时，蔡州民三百一十

---

[1] 沈家本：《历代刑法考》（下册），商务印书馆，2011年版，第180页。

八人有罪，皆当死。知州张荣、推官江嗣宗议，取为首者杖脊，余悉论杖罪。帝下诏褒之。"

（六）枭首

枭首刑在宋代并不是法定刑罚，但是其使用记录却不少，可以说枭首的启用是宋代刑罚走向重刑主义的一个标志。《宋史·太宗纪》："太平兴国三年，秦州言，戎酉王泥猪寇八狼戍，巡检刘崇让击败之，枭其首以徇。"

《宋史·钦宗纪》："靖康元年，枭童贯首于市。"

《宋史·宁宗纪》："开禧三年，诛吴曦，传首诣行在，枭三日。"

（七）腰斩

腰斩在宋代并不是法定正刑，但其运用较前代为多。《文献通考》："熙宁八年，沂州民朱唐告越州余姚县主簿李逢有逆谋，提点刑狱王廷筠等言其无迹，但谤讟朝政，语涉指斥及妄说休咎，请法外编配。仍治告人之妄。帝疑之，遣权御史推直言官蹇周辅劾治，中书以廷筠等所治不当，并劾之，廷筠惧，缢死。逢辞连右羽林大将军，秀州团练使世居，医官刘育等，诏捕系。御史台狱令范百禄，徐禧杂治差官，即世居及育家索图谶简牍。狱具，世居赐死，逢，育及河中府观察推官徐革并陵迟处死。将作监簿张靖，武举进士郝士宣皆腰斩。"

沈家本《历代刑法考》："宋太平兴国三年，殿直霍琼坐慕兵劫民财，腰斩。熙宁八年，张靖武等腰斩。宋齐愈谋立异姓以危宗社，腰斩都市。辽圣宗时，刘哥等腰斩。皆间或行之，非常法也。"[①]

（八）辜、磔、肢解

辜、磔之刑是将犯人身体肢解并弃之于市的刑罚。

沈家本《历代刑法考》："宋太（祖）（宗）淳化五年五月，磔李顺

---

① 沈家本：《历代刑法考》（上册），商务印书馆，2011年版，第107页。

党八人于凤翔市。八月,贝州言骁捷卒劫库兵为乱,推都虞侯赵咸雍为帅,转运使王嗣宗率屯兵击败之,擒咸雍,磔于市。仁宗庆历八年闰月,贝州平,磔王则于都市。"①

(九)醢

据《宋刑统》《玉海》《宋史·刑法志》《九朝律考》等书记载,宋有醢脯之刑。

南宋李攸《宋朝事实》十六:"欧希范,环州思恩县人,谋为乱。庆历四年,遂领众三千余人破环州。明年,转运使杜杞大领兵至环州,使摄官欧晔、进士曾子华、宜州押司官吴香诱其党六百余人,始与之盟,置曼陀花酒中。既昏醉,稍呼起,问劳至,则皆推于后庑下,尽擒杀之。后三日,得希范等十数人,剖其腹,绘五脏图,仍醢之以赐诸溪洞。"沈家本注:"剖腹绘图,已无所取,醢以赐诸溪洞,尤骇听闻。当时梅挚曾劾其诱降之罪,仅止赐书申戒,而在事者仍行赏有差,宋法之宽如此。"②

(十)凌迟

凌迟,即陵迟,指将人身上的肉一刀刀割去而使人慢慢痛苦致死的刑罚。

沈家本《历代刑法考》:"陵迟之义,本言山之由渐而高,杀人者欲其死之徐而不速也,故亦取渐次之义,至其行刑之法,《读律佩觿》所言同于菹醢,至为惨毒,岂明制如此钦?律无明文,不能详也。今律亦不言此法。相传有八刀之说,先头面,次手足,次胸腹,次枭首。皆刽子手师徒口授,他人不知也。京师与保定亦微有不同。似此重法,而国家未明定制度,未详其故。今幸际清时,此法已奉特诏删除,洵一朝之仁政也。"③由此可知,凌迟之制,到清末

---

① 沈家本:《历代刑法考》(上册),商务印书馆,2011年版,第103页。
② 沈家本:《历代刑法考》(上册),商务印书馆,2011年版,第82页。
③ 沈家本:《历代刑法考》(上册),商务印书馆,2011年版,第99页。

才退出刑纲。

《宋史·刑法志》："御史台尝鞫杀人贼，狱具，知杂王随请脔剐之，帝曰：'五刑自有常制，何为惨毒也。'入内供奉官杨守珍使陕西，督捕盗贼，因请'擒获强盗致死者，望以付臣陵迟，用戒凶恶'。诏：'捕贼送所属，依法论决，毋得陵迟。'陵迟者，先断其支体，乃决其吭，当时之极法也。盖真宗仁恕，而惨酷之刑，祖宗亦未尝用。"

《文献通考》："仁宗天圣六年，诏如闻荆湖杀人祭鬼，自今首谋若加功者，凌迟斩。"此为宋代凌迟先例，在此之前，宋代史料中未见凌迟。

马端临《文献通考》曰："陵迟之法，昭陵以前虽凶强杀人之盗，亦未尝轻用，自诏狱既兴，而以口语狂悖者，皆厉此刑矣。诏狱盛于熙丰之间，盖柄国之权臣，藉此以威缙绅。祖无择之狱，王安石私怨所诬也，郑侠、苏轼之狱，杜绝忠言也，世居之狱，则吕惠卿欲文致李士宁以倾王安石，陈士儒之狱，则贾种民欲文致世儒妻母吕以倾吕公者。至王安石欲报吕惠卿，而特勘张若济之狱，蔡确欲勘吴充，而特勘潘开之狱。其事皆起于纤微，而根连株逮，坐累者甚众，盖其置狱之本意，自有所谓非深竟党与不能以逞其私憾，而非中以危法则不能以深竟党与。此所以滥酷之刑至于轻施也。"

可见仁宗之后，凌迟之刑逐渐进入正规刑罚的序列，成为常见且普遍使用的刑罚，特别是熙宁以后，颇为盛行。凡犯口语狂悖的，多用凌迟处死。这样的变化对于后代统一王朝此刑的使用产生一定的影响。

陆游《渭南文集·条对状》："伏观律文，罪虽甚重，不过处斩。盖以身首异处，自是极刑，惩恶之方，何以如此。五季多故，以常法为不足，于是始于法外特置陵迟一条。肌肉已尽，而气未绝，肝心联络，而视听犹存。感伤至和，亏损仁政，实非圣世所宜尊也。议者习熟见闻，以为当然，乃谓如支解人者，非陵迟无以报之。臣谓不然，若支解人者，必报以陵迟，则盗贼盖有灭人之族者也。盖有发人之丘墓者矣,则亦将灭其族,发其丘墓以报之乎？国家之法,耐何必欲称盗贼之残忍哉？若谓斩首不足禁奸,则臣亦有以折。昔三代以来用肉刑,而隋、唐之法杖脊,当时必亦谓非肉刑杖脊不足禁奸者。乃汉文帝、唐太宗一日除之,而犯法者乃益稀少,几至刑。仁之为效,如此其昭昭也。欲望圣慈,特命有司除陵迟之刑,以明陛下至仁之心,以增国家太平之福,臣不胜至愿。"沈家本注:"放翁此状,仁人之言,亦可见尔时亦常用此刑。"①

（十一）剖心

宋代的剖心刑经常用做军法。《宋史·高帝纪》:"建炎二年七月,禁军中抉目剖心之刑。"沈家本注:"当时军中以剖心为常,故禁之,可见此刑之不可为训也。"②作为刑罚,剖心即剖开胸腔,将心脏挖出。此刑作为军法,残酷至极。

（十二）磬

磬刑在宋代是法定正刑。《宋刑统》:"死刑二:绞,斩。赎铜一百二十斤,并决重杖一顿。"

在宋代,磬刑即绞刑,其量刑要比斩刑为轻。《宋史·刑法志》:"熙宁四年(公元1071年),立《盗贼重法》。……劫盗死罪,情重者斩,余皆配远恶地,籍其家资之半为赏。"这里的死罪实际上就是绞死。

宋代刑罚对强盗罪有特别严厉的制裁,犯强盗罪的罪犯,本应获绞刑,可能会被判为斩首。《宋史·刑法志》:"未几,侍御史陈次升言:'祖宗仁政,加于天下者甚广。刑法之重,改而从轻者至多。惟是强盗之法,特加重者,盖以禁奸宄而惠良民也。近朝廷改法,诏以强盗计赃应绞者,并增一倍;赃满不伤人,及虽伤人而情轻者奏裁。法行之后,民受其弊,被害之家,以盗无必死之理,不敢告

---

① 沈家本:《历代刑法考》(上册),商务印书馆,2011年版,第99页。

② 沈家本:《历代刑法考》(上册),商务印书馆,2011年版,第131页。

官,而邻里亦不为之擒捕,恐怨仇报复。故贼益逞,重法地分尤甚。恐养成大寇,以贻国家之患,请复行旧法。'"

在宋代,杀人未致其死亡,论罪当绞。《宋史·陈太素传》:"又有杜曾者,濮州人。为吏号知法,尝言:'国朝因唐大中制,故杀,人虽已伤未死、已死更生,皆论如已杀。夫杀人者死,伤人者刑,先王不易之典。律虽谋杀已伤则绞,盖甚其处心积虑,阴致贼害尔。至于故杀,初无杀意,须其已死,乃有杀名;苟无杀名而用杀法,则与谋杀孰辨?自大中之制行,不知杀几何人矣。请格勿用。'又言:'近世赦令,杀人已伤未死者,皆得原减,非律意。请伤者从律保辜法,死限内者论如已杀,勿赦。'皆著为令。"

（十三）掠杀

掠杀作为刑罚,即指将罪犯重杖拷打至死。

《宋刑统》:"准建中三年八月二十七日救节文,其十恶中恶逆以上四等罪,请准律用刑,其余应合处绞、斩刑,自今以后,并请决重杖一顿处死,以代极法。"也就是说,除恶逆以上四等罪外,凡应处绞、斩刑者,宋代执法者都可以重杖处死方式代替。值得我们思考的是,重杖处死在唐宋时代被看作一种对死刑的宽免政策,因为重杖处死能够避免割裂人的身体,尤其是能够使人的头颈部分不受刑罚破坏。保全罪犯的尸体,这在统治者看来是一种恩赐,但从这种刑罚的执行来看,它显然给罪犯带来了更多的痛苦,我们看不到悲悯,就其实质来说是更为残忍的。

在宋代的文献中,重杖处死往往会用"杖杀""重杖一顿处死"等方式表述,但实际上,通常所谓的"处死""处斩"一般也是指杖杀。《宋史·太祖纪》:"建隆二年四月,商河县李瑶坐赃,杖死。开宝五年十二月,内班董延谓坐监务盗刍粟,杖杀之。"

《宋史·太宗纪》:"太平兴国三年七月,中书令史李知古坐受贿,擅改刑部所定法,杖杀之。八月,詹事丞徐选坐赃,杖杀之。"

《宋史·真宗纪》:"大中祥符三年九月,杖杀入内①高品江守恩于郑州。天禧四年四月,杖杀前定陶县尉麻士瑶于青州。"

《宋史·高宗纪》:"绍兴十二年九月,杖杀伪福国长公主李善静。"

沈家本《历代刑法考》:"宋死罪,重杖一顿。"这就说明宋代的死刑经常以重杖替代斩绞。②

(十四)赐死

在宋代统治者看来,重杖是恩赐,那么自然任犯人自选死亡方式就更是天恩浩荡了。《文献通考》:"熙宁八年,沂州民朱唐告越州余姚县主簿李逢有逆谋,提点刑狱王廷筠等言其无迹,但谤讟朝政,语涉指斥及妄说休咎,请法外编配。仍治告人之妄。帝疑之,遣权御史推直言言官塞周辅劾治,中书以廷筠等所治不当,并劾之,廷筠惧,缢死。逢辞连右羽林大将军,秀州团练使世居,医官刘育等,诏捕系。御史台狱令范百禄,徐禧杂治差官,即世居及育家索图谶简牍。狱具,世居赐死,逢,育及河中府观察推官徐革并陵迟处死。"

三、身体刑

宋代的身体刑包括掠、杖、笞、掉柴、超棍、钳、锁、枷等。

(一)掠

掠,作为宋代的一种刑罚,是指用棍棒或鞭子对罪犯进行拷打。掠作为身体刑,与生命刑掠杀的不同点在于,掠只是拷打,并不是要主观上将人致死。

宋代的统治者对行刑进行了一定的约束。这是对唐至五代拷

---

① 入内:未经宣诏,擅自入宫。
② 沈家本《历代刑法考》(上册),商务印书馆,2011年版,第331页。

掠之风的一种纠正,具有一定的意义,在一定程度上能够维护司法的公正性。《宋史·刑法志》:"令诸州获盗,非状验明白,未得掠治。其当讯者,先具白长吏,得判乃讯之。凡有司擅掠囚者,论为私罪。"沈家本注:"此建隆时令,获盗尚不得擅掠,矧(音沈,况且的意思)他囚乎?"[1]

《文献通考》一百六十六:"太宗太平兴国六年,诏自今系囚,如证佐明白而捍拒不伏合掠讯者,集官属同讯问之,勿令胥吏拷决。"沈家本注:"此条与前条之意略同,即《唐六典》所谓有征而不首实然后拷掠也。世之拷囚者,未明白而即拷,拷之又无节度,全失唐宋之旧法矣。胥吏拷决,当是五季之秕政,至太宗时革之。"[2]

（二）杖

宋沿唐制,但增加了折杖法。流罪折脊杖配役,徒、笞、杖刑,都可折成脊杖或臀杖,其杖数由二十至七十不等。《宋史·刑法志》:"太祖受禅,始定折杖之制。"沈家本注:"宋折杖之制,载在《刑统》,《宋志》与《刑统》同。"[3]折杖之法自宋初至南宋一直沿用,可谓宋代刑罚体系中最有特色的组成部分。

《宋史·刑法志》:"凡流刑四:加役流,脊杖二十,配役三年;流三千里,脊杖二十,二千五百里,脊杖十八,二千里,脊杖十七,并配役一年。凡徒刑五:徒三年,脊杖二十;徒二年半,脊杖十八;二年,脊杖十七;一年半,脊杖十五;一年,脊杖十三。凡杖刑五:杖一百,臀杖二十;九十,臀杖十八;八十,臀杖十七;七十,臀杖十五;六十,臀杖十三。凡笞刑五:笞五十,臀杖十下;四十、三十,臀杖八下;二十、十,臀杖七下。常行官杖如周显德五年制,长三尺五寸,大头阔不过二寸,厚及小头径不得过九分。徒、流、笞通用常行杖,徒罪决

---

① 沈家本:《历代刑法考》(上册),商务印书馆,2011年版,第469页。
② 沈家本:《历代刑法考》(上册),商务印书馆,2011年版,第469页。
③ 沈家本:《历代刑法考》(上册),商务印书馆,2011年版,第330页。

457

而不役。"按照折杖法的规定,笞、杖、徒三种刑罚都可以折算为一定数量的臀杖或脊杖,受刑后罪犯即可被释放。被判处流刑的罪犯在被处以脊杖之后也可以不必远徙,而在本地服劳役刑。从折杖法的实施来看,这种制度似乎使宋代的刑罚体系得以简化,而且从某种程度上来讲,还会让人们觉得宋代的折杖法减轻了罪犯所遭受的痛苦;但实际上,折杖法的运用从根本上打破了宋代的五刑体系,使死刑和生刑之间本来相对平衡的关系被破坏。这种刑罚的泛滥使北宋的执法者必须去寻找一种比死刑轻、比杖刑重的刑罚,这样刺配刑就产生了。

实际上,杖刑已经成为宋代一种非常普遍的刑罚,五刑体系中的各种刑罚都可以用杖刑替代。从具体的案例中,我们可以看到连惩治科场舞弊的代考者,宋代也是采用杖刑的。《宋史·太宗纪》:"(太平兴国)六年(公元981年)八月丁酉,泗州推官侯济,坐试判假手,杖,除名。"沈家本注:"此即今枪手之名所昉,而科罪于今为轻。"[①]试判假手也就是科考时,代人答卷。现在把考场代人答卷的人叫枪手,孰料枪手之名,远在清朝就有了。

《文献通考》一百六十七:"重和元年(公元1118年)二月,河北西路提点刑狱虞奕言:'州县虐吏,辄借杖为溜筒,用铁钳项,以竹实沙而贯之,非理残酷。'诏悉禁止,犯者,以违制论。"同是用杖,在酷吏手中,花样翻新,格外残酷。借杖为溜筒就是用杖不是打,而是脱光了衣裳刮,重者去一层皮。

宋代杖刑中最重的是脊杖。脊杖,即用棍棒等刑具击打人犯脊背的酷刑。除格外痛苦外,此刑还极易打断脊骨,致人瘫痪,终生残废。脊杖始于宋,非刑。

《宋史·刑法志》:"端拱二年(公元989年)旧制,童仆有犯,得私黥其面。帝谓:'童使受佣,本良民也。'诏:'盗主财者,杖脊,黥

---

① 沈家本:《历代刑法考》(下册),商务印书馆,2011年版,第181页。

面,配牢城,勿私黥之。'"

又:"熙宁三年(公元 1070 年),比部郎中、知金州张仲宣尝檄巡检体究金州金阮,无甚利。士人惮兴作,以金八两求仲宣不差官。及事觉,法官坐仲宣枉法赃应绞、援前比贷死,杖脊,黥配海岛。"

《宋刑统·名例律》附《折杖法》:"流刑免流,决杖配役。凡加役流,决脊杖二十,配役三年。流三千里,决脊杖二十。流二千五百里,决脊杖十八。流二千里,决脊杖十七。三流皆配役一年。"

沈家本《历代刑法考》:"宋流刑四,悉仍唐法,惟多决脊杖。"[①]

(三)笞

笞刑是宋代刑罚体系中最轻的一种,具有耻辱刑和教育刑合一的意味和作用。宋代笞刑沿唐制,但可以实行折杖法:笞五十,折臀杖十;笞四十、三十,折臀杖八;笞二十、一十,折臀杖七。

《宋刑统》:"笞刑五:一十,赎铜一斤,决臀杖七下,放;二十,赎铜二斤,决臀杖七下,放;三十,赎铜三斤,决臀杖八下,放;四十,赎铜四斤,决臀杖八下,放;五十,赎铜五斤,决臀杖十下,放。"

《文献通考》一百六十七:"大观三年(公元 1109 年),更定笞法。自今并以小杖行决,笞十为五,二十为七,三十为八,四十为十五,五十为二十,不以大杖比折,永为定制。"

又:"重和元年(公元 1118 年)二月,河北西路提点刑狱虞奕言:'州县虐吏,辄借杖为溜筒,用铁钳项,以竹实沙而贯之,非理残酷。'诏悉禁止,犯者,以违制论。"同是笞刑,在酷吏手中,格外残酷。以竹实沙而贯之,把竹筒的节隔凿通,灌上沙子,抽打受刑人。因为加重,打在受刑人身上,格外地疼,常常是皮开、肉绽、骨折,九死一生。

---

① 沈家本:《历代刑法考》(上册),商务印书馆,2011 年版,第 247 页。

（四）掉柴、夹帮、超棍、脑箍

掉柴，我国宋代惩治犯人的一种刑罚方法。断薪为棒，殴击手脚。非刑，仅见于宋。

夹帮，即用木索夹犯人的脖子。见《宋刑统》《玉海》。

超棍，即用两根木棍，一头拴上绳子，让犯人跪下，用木棍夹住犯人的小腿，未拴绳的一端上去人，夹得犯人皮开肉绽。

《宋史·刑法志》："理宗起自民间，具知刑狱之弊。初即位，即诏天下恤刑，又亲制《审刑铭》，以警有位。……而天下之狱，不胜其酷。每岁冬夏，诏提刑行郡决囚，提刑惮刑，悉委倅贰，倅贰不行，复委幕属。所委之人，类皆肆行威福，以要馈遗。监司、郡守，擅作威福，意所欲黥，则令入其当黥之由，意所欲杀，则令证其当死之罪，呼喝吏卒，严限日时，监勒招承，催促结款。而又擅置狱具，非法残民，或断薪为杖，掊击手足，名曰掉柴；或木索并施，夹两胫，名曰夹帮；或缠绳于首，加以木楔，名曰脑箍；或反缚跪地，短竖坚木，交辫两股，令狱卒跳跃于上，谓之超棍，痛深骨髓，几于殒命。"

王棠《知新录》："夹棍之说，唐世未闻，其制起于宋理宗之世。以木索并施，夹两股，名曰'夹邦'。又竖坚木，交辫两股，令狱卒跳跃于上，谓之'超棍'，合二者思之，当即今之夹棍也。"沈家本注："邱氏濬谓酷虐之吏恣为刑具，如夹棍、脑箍、烙铁之类，是明代有夹棍名目，但未详始于何年？据邱氏之言，固例载之刑具也，今则纂为定例矣。南北朝时，有压踝杖桃之法，其形状不知何如？是即夹棍之意也。"[①]

（五）钳、锁、校、枷

《文献通考》："重和元年（公元 1118 年）二月，河北西路提点刑狱虞奕言：'州县虐吏，辄借杖为溜筒，用铁钳项，以竹实沙而贯之，非理残酷。'诏悉禁止，犯者，以违制论。"

---

① 沈家本：《历代刑法考》（上册），商务印书馆，2011 年版，第 965 页。

宋代也存在锁禁的刑罚。《宋刑统·名例律》："锁长八寸以上，一尺二寸以下。"这种锁就是被用来执行锁禁的。

《宋史·太宗纪》："释罚作荷校者。"说明在宋时还有校的名称。

《宋史·太宗纪》："淳化三年（公元992年）八月，释岭南东、西路罚作荷校者。"校是一种刑具，荷校就是戴着校这种刑具坐牢。这种刑罚，在明代，叫枷号。

《宋史·田锡传》："锡好言时务，既居谏官，即上疏，案狱官令，枷、杻有长短，钳、锁有轻重，尺寸，斤两，并载《刑书》。未闻以铁为枷者也。"

王辟之《渑水燕谈录·卷五》："旧制：枷惟二等，以二十五斤、二十斤为限。景德初（公元1004年），陈纲提点河北路刑狱，上言请制杖罪，枷十五斤为三等，诏可其奏。遂为常法。"

四、自由刑

宋代的自由刑包括徒、圜土、狱、巢栅等。

（一）徒

宋代的徒刑一般是指劳役刑和自由刑相结合的一种惩罚犯罪的手段。《宋刑统》："徒刑五：一年，赎铜二十斤，决脊杖十三下，放；一年半，赎铜三十斤，决脊杖十三下，放；二年，赎铜四十斤，决脊杖十七下，放；二年半，赎铜五十斤，决脊杖十八下，放；三年，赎铜六十斤，决脊杖二十下。以上不刺面，役满自放。"邱濬注："宋因唐制，每流各加以杖，而又配役，则是五刑之中兼用流、徒、杖三者矣。"沈家本注："魏晋年刑，役而不杖，六代南朝，皆同北朝，齐周乃加鞭笞，隋唐去之，至宋又有折杖之制。自是相承沿用，皆加杖，梁肃所谓一罪二刑也。"①可见,宋代徒刑的惩处程度较前代为重。

《宋史·刑法志》:"天圣初,特诏释之。听自便。妇人应配,则以妻窑务或军营致远务卒之无家者,着为法。时又诏曰:'闻配徒者,其妻子流离道路,罕能生还,朕甚怜之。自今应配者,录具狱刑名及所配道里,上尚书刑部详覆。'未几,又诏应配者,须长吏以下集听事虑问。后以奏牍烦冗,罢录具狱,第以单状上承进司。既又罢虑问焉。知益州薛田言:'蜀人配徒他路者,请虽老疾母得释(疑虽为随之误)。'帝曰:'远民无知犯法,终身不得还乡里,岂朕意哉?察其情可矜者许还。'后复诏罪状犷恶者勿许。"

《文献通考》一百六十七:"(大观元年后)又八年(公元 1114 年),大理少卿任良弼言:'州县推勘盗贼,多以止宿林野为词,不究囊橐之家。请自今应推强盗而不究囊橐及所止之地名,各徒二年,不尽者,减二等为令。'从之。"这一规定的大意是,州县官员审判盗贼时,泛泛地说住在林野之家,而不追究窝藏犯,对这样的渎职行为,判处二年徒刑。

《文献通考》一百六十七:"绍兴十年(公元 1140 年),诏诸狱,并一更三点下锁,五更五点开锁定牢,违者杖八十。狱官令佐不亲临及县令辄分输余官,并徒一年。知通监司觉察按劾。着为令。"

《宋史·刑法志》:"旧以绢计赃者,千三百为一匹。窃盗至二(十)贯者徒。至是,又加优减,以二千为一匹,盗至三贯者徒一年。三年(月),复诏以三千为一匹,窃盗及凡以钱定罪,递减五分。"

(二)圜土

圜土是指拘禁人的场所,实际上,就是监狱的一种。犯人进入圜土,并非单纯拘禁,而是戴枷锁被监督劳动,这一点不同于一般监狱。

《宋史·刑法志》:"苏颂元丰中尝建议:'请依古置圜土,取当

---

① 沈家本:《历代刑法考》(上册),商务印书馆,2011 年版,第 311 页。

流者治罪讫,髡首钳足,昼则居作,夜则置之圜土。满三岁而后释,未满岁而遇赦者,不原。既释,使送本乡,讥察出入。又三岁不犯,乃听自如。'时未果行。崇宁中,始从蔡京之请,令诸州筑圜土,以居强盗贷死者。昼则役使,夜则拘之,视罪之轻重,以为久近之限。许出圜土日充军,无过者纵释。行之二年,其法不便,乃罢。大观元年,复行。四年,复罢。"沈家本注:"圜土,古法。蔡京此议,乌可以人废言? 而当时施行旋罢,何哉? 其故大致有二:一则经费多,一则管领难。不知行之既久,犯者渐少,经费亦可渐省,管领既习,亦无所谓难也。今东西各国,皆有禁锢服役之制,其原甚古,今人不察,而斥以为西法何? 未读《周官》也。"[1]

《文献通考》一百六十七:"崇宁三年(公元1104年)三月丁亥,作圜土,以居强盗贷死者。五年(公元1106年)正月,罢圜土法。"

实际上,宋代的监狱制度远较上古成熟,其设有多种类型的监狱,以便加强国家的统治。

(三)狱

《宋史·刑法志》:"官司之狱,在开封,有府司、左右军巡院,在诸司有殿前、马步军司及四排案,外则二(三)京府司、左右军巡院,诸州军院、司理院,下至诸州皆有狱。诸狱皆置楼牖,设浆铺席,时具沐浴,食令温暖,寒则给薪炭、衣物,暑则五日一涤枷杻。郡县则所职之官,躬行检视,狱蔽则修之使固。神宗即位初,诏曰:'狱者,民命之所系也,比闻有司岁考天下之奏,而多瘐死,深惟狱吏并缘为奸,检视不明,使吾元元,横罹其害。书不云乎,与其杀不辜,宁失不经。其具为令:应诸州军巡司院所禁罪人,一岁在狱病死及二人,五县以上州,岁死三人,开封府司、军巡,岁死七人,推吏、狱卒,皆杖六十,增一人,则加一等,罪止杖一百。典狱官如推狱,经两犯即坐从违制。提点刑狱,岁终会死者之数上之,中书检察。死者过

---

[1]　沈家本:《历代刑法考》(上册),商务印书馆,2011年版,第277页。

多，官吏虽已行罚，当更黜责。'帝以国初废大理狱非是，元丰元年（公元 1078 年）诏曰：'大理有狱尚矣。今中都官有所劾治，皆寓系开封诸狱，囚既猥多，难于隔讯，盛夏疾疫，传致瘐死，或主者异见，岁时不决，朕甚愍焉。其复大理狱，置卿一人，少卿二人，丞四人，专主鞫讯，检法官二人，主簿一人。应三司、诸寺监吏犯杖、笞不俟追究者，听即决，余悉送大理狱。其应奏者，并令刑部、审刑院详断。应天下奏按亦上之。'元佑三年（公元 1088 年），罢大理寺狱。初，大理置狱本以囚系淹滞，俾狱事有所统，而大理卿崔台符等，不能奉承德意，虽士大夫若命妇，狱辞小有连逮，辄捕系。凡逻者所探报，即下之狱。傅会煅炼，无不诬服。至是，台府等皆得罪，狱乃罢。八年（公元 1093 年），中书省言：'昨诏内外，岁终具诸狱囚死之数。而诸路所上，遂以禁系二十而死一者不具，即岁系二百人，许以十人狱死，恐州县弛意狱事，甚非钦恤之意。'诏刑部自今不许辄分禁系之数。绍圣三年（公元 1096 年），复置大理寺右治狱，官属视元丰员，仍增置司直一员。"沈家本注："《哲宗纪》绍圣二年（公元 1095 年）秋七月，诏大理寺复置右治狱，《职官志》亦在二年，《刑法志》作'三年'，恐有误。宋初，大理寺谳天下奏案，而不治狱，神宗始命官起寺，元佑罢之，绍圣复，自是，大理终有狱矣。"[①]

又："初，群臣犯法，体大者，多下御史台狱，小则开封府、大理寺鞫治焉。"沈家本注："《宋史》御史台有狱，苏轼有以事系御史台狱诗。台狱亦不设狱官，故《职官志》不详，仅见于《刑法志》。后金元明皆因之。"

《宋史·哲宗纪》："绍圣四年（公元 1097 年）四月丁亥，令诸狱置气楼凉窗，设浆饮荐席，杻械五日一浣，系囚以时沐浴，遇寒给薪炭。"在封建社会，监狱能有这样的人性化措施，实属不易，当然这种规定的可实现程度，我们现在还无法考证。

---

①　沈家本：《历代刑法考》（上册），商务印书馆，2011 年版，第 927 页。

　　可见，宋代的监狱类型很多。例如御史台狱，宋代的这种监狱继承了唐代制度，是最高监察机关御史台的下辖机构，主要关押犯罪的官吏。太祖时期将中央监狱移至御史台，称为"台狱"。台狱的主要官吏由皇帝任命，他们只对皇帝本人负责。宋代监狱政权的高度集中由此可见。御史台狱专门拘押皇帝交办的重大案犯，实质上成了宋皇帝惩办臣僚的专门性机构。我们所知的著名的民族英雄岳飞就曾被关押在御史台狱。另外，宋代曾经取消唐代设置的大理寺狱，但神宗时期又恢复了这种设置，形成大理寺狱与御史台狱并存的局面。除此之外，宋代还有京畿监狱开封府狱、行政官署的监狱同文馆狱、维护漕运秩序的四排岸狱以及军事监狱殿前司狱和马步军司狱。

　　（四）巢栅

　　巢栅，以沈家本之见，即当时之班馆，相当于现代的拘留所，是拘系犯人的场所。

　　《宋史·理宗纪》："景定四年十二月，诏在京置巢栅，私系囚并非法狱具，台宪其严禁戢，违者有刑。"

　　《宋史·度宗纪》："咸淳元年七月癸亥，禁在京置巢栅，私系囚。"沈家本注："巢栅之形式如何，无可考，盖即今时班馆之类。"[①]

五、流　刑

　　宋之流刑，可谓历代之集大成者，是历代流刑名堂最多、品种最全的一代，包括流、配、安置、居住、移乡、隶牙校、羁管等。

　　（一）流

　　沈家本《历代刑法考》："宋流刑四，悉仍唐法，惟多决脊杖。"多一脊杖似为小事，但许多被判流刑之人就死于脊杖之下。有宋一

---

　　①　沈家本：《历代刑法考》（上册），商务印书馆，2011年版，第301页。

代,流刑一直是仅次于死刑的一种严重刑罚。

《宋刑统》:"流刑三:二千里,赎铜八十斤,决脊杖十七下,配役一年;二千五百里,赎铜九十斤,决脊杖十八下,配役一年;三千里,赎铜一百斤,决脊杖二十下,配役一年。加役流,决脊杖二十下,配役三年。"邱濬注:"宋因唐制,每流各加以杖,而又配役,则是五刑之中兼用流、徒、杖三者矣。"沈家本注:"宋又加杖或黥面,则又为一罪三刑矣。"①宋沿唐制,但增加了折杖法,流罪折脊杖配役,流、役、杖三刑俱施,成一罪三刑。

《宋史·太祖纪》:"乾德四年(公元966年)八月,枢密直学士冯瓒、绫锦副使李美、殿中侍御史李玚为宰相赵普陷以赃,论死,会赦,流沙门岛,逢恩不赦(还)。"②沈家本注:"宋初治赃吏最严,故普特陷以赃罪,逢恩不还。尔日之赦例如是也。"

《宋史·刑法志》:"熙宁三年,中书上言刑名未安者五:其三,刺配之法二百余条,其间情理轻者,亦可复古徒流移乡之法,俟其再犯,然后决刺充军。其配隶并减就本处,或于近地。凶顽之徒,自从旧法。"这里我们需要注意配隶的罪犯一般都是亡命之徒(林冲就是一例),宋代统治者将他们收管在牢城营里服役,将他们纳入军法约束之列,这样一方面可消除他们对社会的危害,另一方面又可以充实兵源。让这些人为国家效力,既解决了罪犯的惩罚和监管问题,又加强了国家武装力量。可见,宋代的统治者非常想通过这一举措加强专制主义集权统治;但是罪犯组成的军队在对抗外敌、冲锋陷阵的时候是否能够如正常招募的士兵一样具有战斗力,则是另外一回事。

又:"真宗咸平元年(公元998年)二月,虑囚,老幼疾病,流以下赎,杖以下释之。按:此但赦老幼疾病,流徒赎,杖释,又一例。"

---

① 沈家本:《历代刑法考》(上册),商务印书馆,2011年版,第247页。
② 陷以赃:因贪赃陷入罪途。论死:论罪当死。会赦:赶上赦事。

又："六年三月诏沙门岛流人，罪轻者徙近地。按：此即唐代量移[①]之例。"

《宋史·太宗纪》："太平兴国八年四月，流枢密副史弭德超于琼州，并徙其家。"

《宋史·卢多逊传》："雍熙三年，卒于流所，徙其家于容州，未几，复移置荆南。"沈家本注："此数事，是徙非流。"

（二）配、配逮

发配，就是流刑。发配是史书对流刑的一种叙述方法。

《宋史·刑法志》："凡在京班直诸军请粮，斗斛不足，出戍之家尤甚。仓吏自以在官无禄，恣为侵渔。神宗谓非所以爱将士之意，于是诏三司，始立《诸仓丐取法》。而中书请主典役人，岁增禄至一万八千九百余缗。凡丐取不满百钱，徒一年，每百钱则加一等，千钱流二千里，每千钱则加一等，罪止流三千里。

"其行货及过致者，减首罪二等。徒者皆配五百里，其赏百千，流者皆配千里，赏二百千，满十千，为首者配沙门岛，赏三百千，自首则除其罪。"

《宋史·刑法志》："熙宁四年（公元1071年），立《盗贼重法》。凡劫盗罪当死者，籍其家资以赏告人，妻子编置千里；遇赦若灾伤减等者，配远恶地。罪当徒、流者，配岭表；流罪会降者，配三千里，籍其家资之半为赏，妻子递降等有差。应编配者，虽会赦，不移不释。凡囊橐之家，劫盗死罪，情重者斩，余皆配远恶地，籍其家资之半为赏。盗罪当徒、流者，配五百里，籍其家资三之一为赏。窃盗三犯，杖配五百里或邻州。虽非重法之地，而囊橐重法之人，以重法论。"

（三）安置

安置是专用于王侯贵胄、达官贵人的一种流刑。法定刑，始于

宋。沈家本《历代刑法考》认为："非流、非徒、非迁，而又似流、似徒、似迁，乃宋法与唐法之安置不同。"①

《宋史·太祖纪》："开宝四年四月，前左监门卫将军赵玭诉宰相赵普，坐诬毁大臣，汝州安置。"

沈家本《历代刑法考》："宋王公及文武官犯罪，有安置之法。有削其官职而安置者，如雍熙二年废楚王元佐为庶人，均州安置。"②

《宋史·哲宗纪》："绍圣二年，梁惟简除名，全州安置，是也。有贬其官职而安置者。"又："天圣七年二月，贬曹利用为崇信军节度副使，房州安置。"

《宋史·神宗纪》："熙宁四年，种谔坐陷抚宁堡，责授汝州团练副使，潭州安置。"又："元丰五年，知延州沈括以措置乖方，责授均州团练副使，随州安置。"

张端义《贵耳集》："张端义端平三年应诏上言，得旨，韶州安置。考之典故，安置待宰执侍从，居住待庶官。小臣用大臣之法，误矣。"

（四）居住

居住是一种限定居住地点的措施，是比安置要轻的一种流刑。仅见于宋。

《宋史·哲宗纪》："绍圣二年二月，吕大防以监修史事贬秩，分司南京安州居住。"

《宋史·高宗纪》："绍兴十七年十二月，郑刚中落职，桂阳监居住。十八年二月，段拂罢，寻落职，兴国军居住。"

《宋史·范纯仁传》："贬武安军节度副使，永州安置。徽宗即位，钦圣显肃后同听政，即日授纯仁光禄卿，分司南京，邓州居住。"

---

① 沈家本：《历代刑法考》（上册），商务印书馆，2011 年版，第 252 页。
② 沈家本：《历代刑法考》（上册），商务印书馆，2011 年版，第 251 页。

　　沈家本注:"居住亦宋法也,大约安置轻于编管,居住又轻于安置。有降官居住者,吕大防是;有落职居住者,郑刚中等是;有由安置改居住者,范纯仁是也。"①

　　(五)移乡

　　《宋史·刑法志》:"凡命官犯重罪,当配隶,则于外州编管,或隶牙校。其坐死特贷者,多杖、黥,配远州牢城,经恩量移,始免军籍。"

　　又:"皇佑中,既赦,命知制诰曾公亮、李绚阅所配人罪状以闻,于是,多所宽纵。公亮请着为故事,且请益、梓、利、夔四路就委转运,钤辖司阅之。自后,每赦命官,率以为常。配隶重者,沙门岛砦,其次岭表,其次三千里至邻州,其次羁管,其次迁乡。"

　　(六)隶牙校

　　牙校,宋时一种最低级别的武官。隶牙校,就是贬为最低级别的武官。

　　《宋史·刑法志》:"凡命官犯重罪,当配隶,则于外州编管,或隶牙校。其坐死特贷者,多杖、黥,配远州牢城,经恩量移,始免军籍。"

　　(七)羁管、编管、编置

　　按照沈家本的解释,羁管是羁押起来加以管束的刑罚,轻于配隶;编管是编入户籍加以管束的刑罚,轻于羁管;编置是编入户籍而加以安置的刑罚,轻于编管。实际上,这些都是流刑的执行方式。②

　　《宋史·刑法志》:"凡命官犯重罪,当配隶,则于外州编管,或隶牙校。其坐死特贷者,多杖、黥,配远州牢城,经恩量移,始免军籍。"

---

①　沈家本:《历代刑法考》(上册),商务印书馆,2011年版,第252页。
②　沈家本:《历代刑法考》(上册),商务印书馆,2011年版,第235页。

又："皇佑中，既赦，命知制诰曾公亮、李绚阅所配人罪状以闻，于是，多所宽纵。公亮请着为故事，且请益、梓、利、夔四路就委转运，钤辖司阅之。自后，每赦命官，率以为常。配隶重者，沙门岛砦，其次岭表，其次三千里至邻州，其次羁管，其次迁乡。"

又："仁宗时，单州民刘玉父为王德欧死，德更赦，玉私杀德以复父仇。帝义之，决杖，编管。"

又："熙宁九年，知桂州沈起欲经略交趾，取其慈恩州，交人遂破钦，犯邑管。诏边人横遭屠戮，职其致寇，罪悉在起，特削官爵，编置远恶州。"

《宋史·哲宗纪》："绍圣四年十一月，诏放归田里程颐涪州编管。"

又："元狩元年九月，秦观除名，移雷州编管。"

又："二年九月，右正言邹浩论刘氏不当立，特除名勒停，新州羁管。"

《宋史·刘安世传》："蔡京既相，连七谪至峡州羁管。"

《文献通考》一百六十八："开禧元年闰八月，臣僚言：'国朝品式条章灿然备具，谓人之难于离乡井也。于是有配隶、羁管、编管之条，然非奸赃、强盗、杀人、贷命与夫斗伤情重者，不以是罪之。今世酷吏曾不是思，于配吏、羁管、编管之外自创为押出外界之条，使之荡析离居，浮游失所，未免有客死异乡之叹。欲严饬中外，自配隶、羁管、编管之外，惟他乡作过之人，许勒归本贯，其余悉从本条科罪，不得辄将士着之家人属押出外界。'从之。"沈家本注："此禁止押出外界之私法也，观此文，羁管次于配隶，编管次于羁管，即轻重之等差也。羁管，当是羁系而管束之；编管，当是编入户籍而管束之；编置，当又轻于编管，谓编籍而安置之。随文诠解，义或如是。"①

---

① 沈家本：《历代刑法考》（上册），商务印书馆，2011 年版，第 236 页。

六、财产刑

宋代的财产刑包括籍没、赎、罚等。

（一）籍没

籍没刑在宋代依然存在并大量使用。北宋，重大罪犯的家属常没为官府奴婢，终身服役，其家庭财产也尽入官府。这种罪及家属的不道之刑，是对罪犯本身进行惩治之外的附加刑。《宋史·太宗纪》："至道二年，江南、两浙、福建州军贫人负富人息钱，无以偿，没入男女为奴婢者，限诏到并令检勘，还其父母，敢隐匿者，治罪。"

《宋史·宁宗纪》："开禧二年（公元1206年）正月辛亥，诏坑户毁钱为铜者，不赦，仍籍其家。着为令。"

《宋史·刑法志》："琦又言：'自庆历四年（公元1044年）距嘉佑二年，敕增至四千余条，前后抵牾。请诏中外，使言《敕》得失，如天圣故事。'七年（公元1062年）书成。总千八百三十四条，视《庆历敕》大辟增六十，流增五十，徒增六十有一，杖增七十有三，笞增三十有八。又配隶增三十，大辟而下奏听旨者，增四十有六。又别为《续附令敕》三卷。"

《宋史·刑法志》："元佑六年（公元1091年）刑部论：'佃客犯主，加凡人一等。主犯之，杖以下勿论，徒以上减凡人一等。谋杀盗诈，有所规求避免而犯者，不减。因欧致死者，不刺面，配邻州，情重者奏裁。凡命士死于官或去位，其送徒道亡，则部辖将校、节级与首率众者徒一年，情轻则杖百，虽自首不免。'初，神宗以流人去乡邑，疾死于道，而护送禁卒，往来劳费，用张诚一之议，随所在配诸军重役。后中丞黄履等言，罢之。"沈家本注："此条《志》不言何年，《祥刑典》附于前条之后。"[1]一加一减，不同阶级的人，在法

---

① 沈家本：《历代刑法考》（下册），商务印书馆，2011年版，第215页。

律面前不平等,此例最明。

《宋史·刑法志》:"旧制,童仆有犯,得私黥其面。帝谓:'童使受佣,本良民也。'诏:'盗主财者,杖脊,黥面,配牢城,勿私黥之。'"沈家本注:"此太宗时事。"

《宋史·刑法志》:"先是,犯死罪获贷者,多配隶登州沙门岛及通州海岛。太平兴国五年,始令分隶盐亭役之,而沙门如故。"

(二)赎

宋代赎刑出现了荫赎、官赎的名称。荫赎就是允许以犯罪者先辈的功绩、地位赎罪。而官赎与前代官当甚为接近。《宋刑统》:"自笞至死,赎铜之法与唐律同。"沈家本注:"宋赎铜之法全用唐法,载在《刑统》,而史言'终宋之世,赎法惟及轻刑',殆宋时议者多非之,故亦虚悬此法而不用与。仁宗之诏,《通考》云是庆历三年,亦格于众议而寝。然使妥议条章,量存矜恤,未尝不可以宽过误而养廉耻也。"[1]

《宋史·刑法志》:"又至和初,又诏:'前代帝王后,尝仕本朝,官不及七品者,祖父母、父母、妻子罪流以下,听赎。虽不仕而尝被赐予者,有罪,非巨蠹,亦如之。'"

《宋史·刑法志》:"乾德四年,大理正高继申上言:'《刑统·名例律》:三品、五品、七品以上官亲属犯罪,各有等第减赎。恐年代已深,不肖自恃先荫,不畏刑章。今犯罪身无官,须祖、父曾任本朝官,据品秩得减赎。如仕于前代,须有功惠及民,为时所推,历官三品以上,乃得请。'从之。后又定'流内品官任流外职,准律交,徒罪以上,依当赎法。诸司受勒留官及归司人犯徒流等罪,公罪许赎,私罪以决罚论'。"

《宋史·真宗纪》:"大中祥符五年二月,诏贡举人公罪听赎。"

《宋史·仁宗纪》:"天圣七年,诏定吏人犯罪,不许用荫赎。"

---

[1] 沈家本:《历代刑法考》(上册),商务印书馆,2011年版,第415页。

《燕翼贻谋录》："旧制士人与编氓。大中祥符五年二月，诏贡举人曾预省试，公罪听收赎，而所赎止于公罪徒，其后，私罪杖亦许赎论。"又："国初，吏人皆士大夫子弟不能自立者，忍耻为之，犯罪用荫赎，吏有所恃，敢于为奸。"

《文献通考》一百七十一："熙宁四年，前单州砀山县尉王存立言，嘉祐中，同学究出身以父坐事配隶，纳官赎自便，而乡县不免丁役，愿同举人例。诏复赐出身，仍注合入官。"沈家本注："此以官赎父罪者，当是权时行之。"①

《宋史·刑法志》："雍熙三年（公元986年），刑部张佖言：'官吏枉断死罪者，请稍峻条章，以责其明慎。'始定制：应断狱失入死刑者，不得以官减赎，检法官、判官皆削一任，而检法仍赎铜十斤，长吏则停任。"沈家本注："赎铜十斤，杖一百之罪也，殆以其非长吏而轻之。"②

《宋史·刑法志》："真宗咸平元年（公元998年）二月，虑囚，老幼疾病，流以下赎，杖以下释之。按：此但赦老幼疾病，流徒赎，杖释，又一例。"

可见，宋代赎刑基本上改变了前代较为泛滥、缺乏约束的状态。赎刑有很多限制性的条件，一般来说，赎刑只适用于较轻的罪行，史料中较少见到赎死的案例。

（三）罚

宋代有罚金之名，但实际上宋史记载的罚金与历代的罚刑存在区别。《宋史·刑法志》："仁宗时，刑部尝荐详覆官，帝记其姓名，曰：'是尝失入人罪，不得迁官者，乌可任法吏？'举者皆罚金。"这里的罚金实际上是扣去俸禄的一部分。

《宋史·哲宗纪》："元丰八年四月，水部员外郎王谔非职言事，

---

①　沈家本：《历代刑法考》（上册），商务印书馆，2011年版，第416页。

②　沈家本：《历代刑法考》（上册），商务印书馆，2011年版，第184页。

坐罚金。"沈家本注:"宋无罚金之刑,此所谓罚金,恐即后来之罚俸也。"①

七、资格刑

宋代的资格刑包括除名、谪、落职、禁锢、罢祠等。

（一）除名

除名作为一种刑罚,即罢免官位,开除公职。

沈家本《历代刑法考》:"(太宗太平兴国)三年(公元 978 年)十一月,大赦。诏自元年十二月二十二日以后(即登极赦),京朝幕府州县官,犯入己赃除名配诸州者,纵逢恩赦,不在放还之限。按:《本纪》是年六月,诏太平兴国元年十月乙卯以来,诸职官以赃致罪者,虽会赦不得叙,永为定制。《通考》所言赦款,即此事,唯月日不同。赃以入己为限,盖指枉法言也。"②

《宋史·哲宗纪》:"元符元年九月,秦观除名,移雷州编管。"

又:"二年九月,右正言邹浩论刘氏不当立,特除名勒停,新州羁管。"

（二）谪、落职

谪与落职都是一种降低官阶的刑罚。

《宋史·韩侂胄传》:"已而,侂胄拜保宁军节度使,提举佑神观。又设伪学之目,以纲括赵汝愚、朱熹门下知名之士。用何澹、胡纮为言官。澹言伪学宜加风厉,或指汝愚为伪学罪首,纮条奏汝愚有十不逊,且及徐谊。汝愚谪永州,谊谪南安军。"

《宋史·韩侂胄传》:"侂胄意未快,以陈贾尝攻熹,召除贾兵部侍郎。未至,亟除沈继祖台察。继祖诬熹十罪,落职罢祠。"

---

① 沈家本:《历代刑法考》(上册),商务印书馆,2011 年版,第 298 页。
② 沈家本:《历代刑法考》(上册),商务印书馆,2011 年版,第 833 页。

（三）禁锢

在宋代，禁锢之刑有不少的限定性条件，这也使得禁锢刑实际上形成不同轻重的惩罚。例如《宋史·蔡京传》："时元佑群臣，贬窜死徙略尽，京犹未惬意，命等其罪状。首以司马光，目曰奸党，刻石文德殿门，又自书为大碑，遍班郡国。初，元狩末，以日食求言，言者多及熙宁、绍圣之政，则又籍范柔中以下为邪等。凡名在两籍者三百九人，皆锢其子孙，不得官京都及近甸。"这种禁锢并非使受刑者不能为官，只是为官的政区范围受到了限制。

《宋史·太宗纪》："淳化三年四月丁丑，诏江南、两浙、荆湖吏民之配岭南者，还本郡禁锢。"流放者也可以重新迁回家乡，但是仍要受到禁锢，这可以被看作一定程度上的赦免。

当然，和其他王朝一样，宋代也有禁锢不赦的惩罚。《宋史·度宗纪》："以韩震带行御器械、知江安州兼潼川东路安抚副使，马塈带行御器械，知咸淳府，节制涪、万州。台臣劾朱善孙督纲运受赃四万五千，诏特贷死，配三千里，禁锢不赦。"

（四）罢祠

古代掌管祭祀、祠庙的官，叫祠官。东汉三国时，魏有祠部尚书，掌礼制。晋以后因之。北周改为礼部。隋唐别置祠部曹，属于礼部，转掌祭祀、亨祭、天文、漏刻、国忌、庙讳、卜筮、医药及僧尼之事。宋并无这种设置，言罢祠者，恐是隐喻罢官之意。

《宋史·韩侂胄传》："侂胄加开府仪同三司。时台谏迎合侂胄意，以攻伪学为言，然惮清议，不欲显斥熹。侂胄意未快，以陈贾尝攻熹，召除贾兵部侍郎。未至，亟除沈继祖台察。继祖诬熹十罪，落职罢祠。"

八、耻辱刑

宋代最为常见的耻辱刑就是墨刑，其经常被作为流刑的附加刑。

《宋史·刑法志》:"凡应配役者傅军籍,用重典者黥其面。凡犯盗,刺环于耳后;徒、流方,杖圆;三犯杖,移于面。径不过五分。"

《宋史·刑法志》:"凡命官犯重罪,当配隶,则于外州编管,或隶牙校。其坐死特贷者,多杖、黥,配远州牢城,经恩量移,始免军籍。"

《历代名臣奏议》二百十一:"……洪氏迈云:'秦之末造,赭衣半道,而奸不息。宋制减死一等及胥吏兵卒配徒者,涅其面而刺之,本以示辱,且使人望而识之耳。久而益多,每郡牢城营,其额常溢,殆至十余万,凶盗处之恬然。盖习熟而无所耻也。'罗隐《谗书》云:'九人冠而一人髽(音抓),则髽者慕而冠者胜,九人髽而一人冠,则冠者慕而髽者胜。'正为是欤?《老子》曰:'民常不畏死,奈何以死惧之。若使民常畏死,则为恶者吾得执而杀之,孰敢?'可谓至言。"

邱濬曰:"《舜典》'象以典刑',五刑也,于五刑之外,有流,有鞭,有扑,有赎,是为九刑。宋人承五代,为刺配之法,既杖其脊,又配其人,而且刺其面,是一人之身,一事之犯,而兼受三刑也。宋人以忠厚立国,其后子孙受祸最惨,意者以其刑法太过。杖人之脊,刺人之面,皆汉唐所无者。欤!故其末世子孙,生者有系累之苦,死者遭暴露之祸,后世用刑者宜以为戒。宋人于今五刑之外,又为刺配之法,岂非所谓六刑乎?聚罪废无聊之人于牢城之中,使之合群以构怨,其愤愤不平之心,无所于泄心中之意,虽欲自新,而面上之文已不可去,其亡去为盗,挺起为乱,又何怪哉?宋江以三十六人横行河朔,迄不能制之,是皆刺配之徒,在在而有,以为之耳目故也。"沈家本注:"刺配之法,宋人多议其非,欲改而终不行,习惯之难改如此。一罪三刑,明时不免,如窃盗犯徒以上,又配,又杖,又刺,邱氏之言,殆讥当世欤。"①

可见,对于宋代的墨刑,历代史学家颇多微辞。作为一种刑罚,墨当然不会产生比笞杖更大的痛苦,因此也往往被人们看作一种小刑、轻刑,但是这种看似微不足道的刑罚却能给罪犯留下无法清除的记号,甚至彻底抹杀受刑人悔改的机会。加之墨刑在宋代普遍运用,结果致使这个人群越来越庞大,成为宋代社会一个极不稳定的因素。本来用于惩治犯罪、维持稳定的一种刑罚,却对国家、社会产生了难以估量的副作用。

小　结

宋帝国是一个高度中央集权的封建政权。宋帝国的君主掌握着至高无上的权力,当然也掌握着刑罚权。在宋代,生杀予夺的刑罚大权实际上最终握在皇帝一人手中。为了稳定政权、维持统治,宋代的君主们在建国之后逐渐地放弃了建国初期轻刑的政策,开始使用重典,加大了刑罚的力度,不论是在处置如王小波、李顺的农民起义中,还是在对待强盗罪的问题上,宋代统治者都毫不犹豫地选择了重刑。到了南宋,这种重刑主义更是发展到了巅峰。

但是严酷的刑罚一定能够起到阻遏犯罪、减少犯罪的作用吗?这是需要经过长期的研究才能做出的判断。我们可以发现,实际上,在社会生活中有很多因素限制了重刑威慑作用的发挥,刑罚的严厉性并不必然与犯罪率成反比关系。如果在专制统治下,生存都成了一种奢望,那么违犯法禁也就成了不得已的选择。如果一个人犯有小过,就被面颊刺字、流配边疆,在服役之后也永远无法抹去自己曾经犯罪的记号,无论他走到哪里都会被众人所关注,正常的生活也无法回到他的身边,那么他就只能被迫选择一种游走

---

① 沈家本:《历代刑法考》(上册),商务印书馆,2011年版,第215页。

于法律边缘的灰色地带的生活,甚至是铤而走险,再犯法禁。因此,绝对的重刑主义不能必然地导致犯罪率下降,更不能保证社会获得平稳发展所需的良性秩序。刑罚适中、人人平等是刑罚能够对社会发展起到较为积极作用的关键因素。法要使每个人都知道,无论谁违反法纪都必然会得到公正的审判、合法的量刑,任何人犯罪都不可能逃避刑罚的惩治,只有这样,社会的犯罪率才有可能在刑罚的规范下逐渐降低。当然,我们可以发现,在宋王朝这样一个封建专制国家中,这样的条件是很难具备的,而宋帝国尤其是南宋政权希望通过重刑来保证国家的稳定是很困难的。

第十五章　元代的刑罚

　　元代的刑罚制度,是在唐宋以来五刑制度基础上,结合蒙古族从古代演进而来的独特的刑罚制度而形成的一种汉法和蒙古法融合的刑罚制度。随着元代社会的演进,其刑罚有过几次大的调整。

　　元代刑罚体系的构成相对复杂。首先是蒙古部落时期习惯法中的刑罚制度。在成吉思汗统一蒙古各个部落以前,蒙古族一直依靠在长期历史过程中形成的习惯法或"约孙"来调整各个方面的社会关系。这些习惯法中的刑罚是十分单一的,几乎所有不符合规定的都要处以死刑,如通奸、说谎、吃饭被噎都要处以死刑。其次是蒙古国时期成文法中的刑罚制度。成吉思汗在统一蒙古各部落后,在"约孙"的基础上制定了"札撒"。他命令将这些札撒和训言写在纸卷上,即《大札撒》。西征之后,再次下令"颁布札撒和训言",《大札撒》的整理工作就此完成。"札撒"中关于刑罚制度的规定主要有四种:一是斩决;二是籍没家产、人口,如札撒规定,"其犯寇者,杀之,没其妻子畜产以入受寇之家";三是流放或罚充敢死士谴赴阵前效力,三到四次之后免罪;四是用柳条责打。最后是元代成文法中的刑罚制度。忽必烈时期,元代的刑罚制度基本采用了金朝的刑罚制度,主要也是以五刑为基础。《元史·刑法志》及其他有关史料显示,其刑罚体制沿用唐宋以来的以笞、杖、徒、流、死为主的五刑制度,但是在内容上有了一些变化。

　　与历代刑罚相比,元代刑罚的野蛮性和残酷性更强,比如凌迟入刑。蒙古统治者将它视为对汉人宣扬威权的工具。我们可以看到,元朝法律和南宋末年一样,将凌迟予以合法化。元朝初年,凌迟不再成为镇压暴动、打击危险宗派的一种极端手段,而是成为特殊犯罪的常见刑罚。此外，还有许多法外酷刑，如"剥皮""醢"等。

另外，我们可以说，历代刑罚都有一定的特权性，元代刑罚的特权性鲜明地表现为民族特权性。"同罪异罚"在历代王朝都是为维护等级特权而设立的一种刑罚制度。历代王朝对此一直相沿不改，而"蒙汉异罚"的制度在元朝体现得更为明显。蒙古人犯罪在处刑上是受种种优待的，比如元律中规定，窃盗犯一般要处以黥刑，但是对于蒙古族犯窃盗、强盗者，则"不在刺字之条"。如果司法官将蒙古族窃盗、强盗犯刺字者，杖七十七，革去官职，并应将所刺之字除去。同时，法律明文规定，蒙古人打死汉人，只需杖五十七下，征烧埋银。但是汉人殴死蒙古人，不仅要被处死，还要"断付正犯人家产，余人并征烧埋银"。从上可看出，蒙古统治者在刑罚上极力维护本民族利益。这种制度必然造成广大人民的强烈不满，造成元代政权的深刻危机。《钦定续文献通考》："《大元通制》颁自英宗，至帝始命重加损益，以其颁于至正之时，故名曰《至正条格》。其先改元至正及未定名为《至正条格》之先，必仍以《通制》名之无疑也。是以至元六年（公元 1340 年）之《纪》，尚云命学士等删修《通制》，而乃于至元四年（公元 1338 年）即云监修《至正条格》，取后日始定之名，冠先时方修之稿，史笔之疏，不无遗议矣。"沈家本注："《至正条格》颁于（至正）六年四月，而是年即有江州罗天麟、云南死可伐、湖广吴天保之乱。七年，沿江盗起。八年，方国珍起于浙。十年，刘福通、徐寿辉等先后起兵，海内鼎沸。此项《条格》盖已无人遵守之，故亦不传也。"①沈家本所说的罗天麟、死可伐、吴天保、方国珍、刘福通、徐寿辉等，都是农民起义的领袖。由于元朝统治者盘剥压榨，敲骨吸髓，民不聊生，当时农民起义，已成燎原之势。

当然，元代统治者中也不乏有识之士，对王朝刑罚进行了深刻

---

① 沈家本：《历代刑法考》（下册），商务印书馆，2011 年版，第 300 页。

反思。

　　明代史学家王圻的《续文献通考》记录有："监察御史苏天爵奏：'国家自太祖勘定中夏，法尚宽简，世祖混一海宇，肇立制度，列圣相承，日图政治，虽法令之未行，皆因事以立法，岁月既久，条例滋多。英宗始命中书定为《通制》，颁行多方，官吏遵守。然自延佑至今，又几二十年矣，夫人情有万状，岂一例之所能拘？加以一时官曹材识，有高下之异，以致诸人罪状议拟，有轻重之殊，繁条碎目，与日俱增，每罚一辜或断一事，有司引用不能通举，若不类编颁示中外，诚恐远方之民，或未识而误犯，奸贪之吏，独习之而舞文，事至于斯，深为未便。宜从都督省早为奏闻，精选文臣学通经术、明于治体、练达民政者，圜坐听读，定拟去取，续为通制，刻板颁行。中间或有与先行《通制》参差抵牾，本末不应，悉当会同讲贯画一要在，详书情犯，显言法意，通融不滞，于一偏明白，可行于久远。庶几列圣之制度，合为一代之宪章，民知所避，吏知所守矣。'"

　　苏天爵是元代名臣，也是元代著名的儒臣。他对元代政治生活中儒家治世思想以及儒家法制理念的发展有着较为突出的贡献。苏天爵生活在元代中后期，曾三次担任史官，对元代历史的编纂工作贡献颇丰，他的著作成为明代修《元史》的重要资料来源和参考。此人曾经多次在元代的监察系统中充任要职，有多年的法制监察实践经验，因此对法律思想和仁政思想有自己独到的见解。他对元代中后期刑罚制度所存在的各种问题认识得非常深刻，希望能够调整元代的刑罚体系，使"民知所避，吏知所守矣"，但是他的努力所达到的效果是较为微弱的，在封建社会的政治环境和法制环境下，一两个有识之士的努力似乎很难扭转一个王朝的命运。

一、生命刑

　　元朝时的生命刑种类很多，有死、诛、戮、斩、弃市、镞射、菹醢、凌迟、辜、磔、肢解、剖心、磬、掠杀、饲虎豹等。这里有一个存在争议的问题需要进一步说明，那就是元朝是否存在绞刑。因为关于元代刑法的官方记录《元史·刑法志》中记载相关死刑时，一般包括处死、斩和凌迟处死，但没有绞刑。对于绞刑，《元史·刑法志》曰："死刑，则有斩而无绞，恶逆之极者，又有凌迟处死之法焉。"因此，有些人会认为元代刑罚体系中没有绞刑的存在。但是《元典章·刑部一·刑制·五刑训义》中在"死"下有"义曰：绞斩之坐，刑之极也"。此外，元朝至顺年间刻的《事林广记·刑法类》在摘录的《大元通制·五刑》相关法律内容中有"死刑：绞刑、斩刑"。可见元代是有绞刑的，《元史·刑法志》中的所谓"处死"就是使用的绞刑。

（一）死

元代死罪共计一百三十五种。沈家本在《历代刑法考》中讲："《元志》所载死罪：《卫禁》二、《军律》三、《户婚》一、《食货》二、《大恶》四十一（内凌迟六）、《奸非》十八（内凌迟一）、《盗贼》二十五（内凌迟二）、《诈伪》五、《斗殴》一、《杀伤》二十九（内与《盗贼》门重一条）、《禁令》八，共计一百三十五事。"[①]

此一百三十五种当中，有杀人处死刑。如《元史·刑法志》："诸强盗行劫，为主所逐，分散奔走，为首者杀伤邻人，为从者不知，不以杀伤事主不分首从论，为首者处死，为从者杖一百七，刺配。"

盗窃赃物达到一定数量，死罪。《元史·世祖纪》："（至元）十六年（公元 1279 年）十一月，敕诸路所捕盗，初犯赃多者死，再犯赃少者，从轻罪论。阿合马[②]言：'有盗以旧钞易官库新钞百四十锭者，议者谓罪不应死，且盗者之父执役臣家，不论如法宁不自畏。诏处死。'"沈家本注："此事今之所无，钞未行也。将来恐有此等案

---

① 沈家本：《历代刑法考》（上册），商务印书馆，2011 年版，第 569 页。
② 阿合马：元世祖忽必烈时官任宰相。

482

犯。"①此案颇蹊跷，且案情不清。其一，如是盗，把新钞拿走就是了，何必还把旧钞放进去。其二，易就是交换，未说明是等额交换，还是差额交换。其三，新钞上市后，同旧钞是怎样的兑换比例？升值，还是降值？其四，新钞上不上市？何时上市？存在诸多悬疑，就"诏处死"，岂不草率？

各种经济犯罪，死罪。如《元史·世祖纪》："至元二年五月，以捕猎户达鲁花赤伪造银符，处死。"又："（至元）十四年（公元1277年）十一月，凡伪造宝钞、同情者，并处死，分用者，减死杖之，具为令。"②又："中统元年（公元1260年）四月，禁私商不得越境，犯者死。"

私造兵器，死罪。元初对犯有这种罪行的罪犯量刑集中，显然元初的统治者非常关注帝国统治环境的安全。《元史·世祖纪》："中统三年（公元1262年）三月，谕：'诸路禁民间私藏军器。'"又："四年正月，申禁民家兵器。"又："四年二月，诸路置局造军器，私造者处死，民间所有，不输官与私造同。"

越境贩马，死罪。在中国古代社会，马匹是重要的战略资源，在元朝私自贩马要遭到死刑的处罚。《元史·世祖纪》："二年正月，申严越界贩马之禁，违者处死。"又："二年五月，申严沿边军民越境私商之禁。申严越境私商，贩马匹者罪死。"又："至元二年（公元1265年）正月，邳州万户张邦直等违制贩马，并处死。"《元史·成宗纪》："（大德）八年（公元1304年）十一月，诏：'内郡、江南人犯为盗，黥三次者，谪戍辽阳，诸色人及高丽（人）三次，免黥，谪戍湖广。盗禁御马者，初犯谪戍，再犯者死。'"在元代，不同人的地位不平等，当时有蒙古人、色目人、汉人和南人，其中，地位最低的是汉人和南人。

---

① 沈家本：《历代刑法考》（下册），商务印书馆，2011年版，第323页。
② 同情者：相同或相似情况者。分用者：使用伪造的宝钞的人。

私自酿酒,也是死罪。《元史·世祖纪》:"二十七年(公元1290年)七月,禁平地、忙安仓酿酒,犯者,死。"沈家本注:"元时酒禁甚严,重者罪至死,并籍没,可见蒙古风俗好饮,自昔已然。"①

公人监守自盗、延误公事,也可能是死罪。如《元史·刑法志》:"诸守库藏军人,辄为首诱引外人偷盗官物,但经二次三次入库为盗,及提铃把门军人,受赃纵贼者,皆处死;为从者,杖一百七,刺字流远。"又《元史·世祖纪》:"至元十六年(公元1279年)三月,敕中书省,凡掾史文移稽缓一日二日者,杖,三日者,死。"稽缓即送达文书延迟。送达文书延迟三日,即处死,此法忒苛。

(二)诛

元代的"诛"颇有讨伐逆臣的意味,文献中采用"诛"的表述方式时,被杀死的往往都是叛逆的臣子、不敬的大臣或者昏聩无能的官吏。如《元史·顺帝纪》:"至正二十二年(公元1362年)六月,田丰及王士诚刺杀察罕帖木儿,遂走入益都城。十一月,扩廓帖木儿复益都,田丰等伏诛。尽诛其党,取田丰、王士诚之心以祭察罕帖木儿。"

《元史·世祖纪》:"至元十九年(公元1282年)三月,益都千户王着,以阿合马蛊国害民,与高和尚合谋杀之。壬午,诛王着、张易、高和尚于市,皆醢之,余党悉伏诛。"

《元史·世祖纪》:"至元十六年(公元1279年)九月,诏:'凡有官守不勤于职者……皆论诛之,且没其家。'"

(三)戮

元代的戮刑,似乎只限于戮尸,很少有生戮的记录。

《元典章》:"诸恶表:杀死亲兄,虽在禁死,戮尸晓众。"

《元史·世祖纪》:"至元十九年五月,追治阿合马罪,剖棺,戮其尸于通玄门外。"

---

① 沈家本:《历代刑法考》(下册),商务印书馆,2011年版,第332页。

《元史·泰定帝纪》："泰定四年，湖州判官钱珍，挑推官梁楫妻刘氏，不从，诬楫下狱杀之。事觉，珍饮药死，诏戮尸传首。北海廉访使刘安仁，坐受珍赂除名。"

《元史·刑法志》："大恶门：'诸子弑其父母，虽瘐死狱中，仍支解其尸以徇。诸因争虐杀其兄者，虽死，仍戮其尸。'"

（四）斩

斩刑在元代有很大的适用范围。《元史·太宗纪》："六年（公元1234年）夏五月，帝在达兰达葩之地，大会诸王百僚，谕条令曰：'凡当会不赴，而私宴者，斩。'"又《元史·仁宗纪》："延佑二年（公元1315年）四月，敕：'亦思丹等部出征军，有后期及逃亡者，并斩以徇。'"又《元史·泰定帝纪》："泰定元年（公元1324年）三月，给蒙古流民粮、钞，遣还所部。敕：擅徙者，斩，藏匿者，杖之。"又："七月，赈蒙古流民，给钞二十九万锭，遣还，仍禁毋擅离所部，违者，斩。"又："至和元年（公元1328年）五月，遣官分护流民还乡，仍禁聚至千人者，杖一百。"《元史·文宗纪》："天历元年（公元1328年）九月，敕：'军中逃归，及京城游民，敢攘民财者，斩。'"

（五）弃市

弃市在元代虽然不是法定正刑，但其适用很广泛。《元史》中常见这种刑罚的应用，且被判处此刑的罪犯有的是犯有叛逆的大罪，有的只是犯有盗窃的轻罪，可见元代刑罚有对盗窃罪刻意给予重处的特征。《元史·世祖纪》："至元十二年（公元1275年）七月，敕：'犯盗者，皆弃市。'符宝郎董文忠言：'盗有强窃，赃有多寡，似难悉置于法。'帝然其言，遽命止之。"

《元史·英宗纪》："五月己卯，禁僧驰驿，仍收元给玺书。庚辰，上都留守贺伯颜坐便服迎诏弃市，籍其家。"又《元史·文宗纪》："戊戌，四川襄加台以指斥乘舆，坐大不道弃市。"由此可知元法森严。

《元史·奸臣传》："明年正月辛丑，仁宗崩。越四日，铁木迭儿以皇太后旨,复入中书为右丞相。又逾月,英宗犹在东宫,铁木迭儿宣太后旨,召萧拜住与朵儿只至徽政院,与徽政院使失里门、御史大夫秃忒哈杂问之,责以前违太后旨,令伏罪。即起入奏,遽称旨,执二人弃市。是日,白昼晦冥,都人恟惧。”

（六）镞射

镞射是指一种用木镞（即木箭）射杀的刑罚。这种刑罚显然带有蒙古民族习惯刑罚的特点。

《元史·太宗纪》:“六年（公元 1234 年）夏五月,帝在达兰达葩之地,大会诸王百僚,谕条令曰:‘凡当会不赴,而私宴者,斩。’……诸千户越万户前行者,随以木镞射之。”

（七）菹醢

据《大元通判》《元史·刑法志》等书记载,元朝设有菹醢之刑。

《元史·世祖纪》:“至元十九年（公元 1282 年）三月,益都千户王着,以阿合马蛊国害民,与高和尚合谋杀之。壬午,诛王着、张易、高和尚于市,皆醢之,余党悉伏诛。”沈家本注:“高和尚,妖人也,王着与之合谋,故特用重罚欤。”[1]此刑遂止于元。

（八）凌迟

历代刑罚体系中,凌迟一般都属法外酷刑,而到了元代,凌迟则成为一种法定刑,而且使用颇多。沈家本《历代刑法考》:“隋开皇中,废除枭、环诸重法,死刑存斩、绞二项,唐律承之,自是历代相沿,死刑仅此二项,虽有凌迟等项,并不入正刑之内。元代死刑有斩无绞,而凌迟以处恶逆之极者,盖亦不列入正刑,其死刑惟一矣,此元代之与历代不同者。”[2]可见元法的残酷。《元史·刑法志》:“死刑则有斩而无绞,恶逆之极者,又有凌迟处死之法焉。”元代死刑有一百三十五种,凌迟列第九。

---

① 沈家本:《历代刑法考》(上册),商务印书馆,2011 年版,第 82 页。
② 沈家本:《历代刑法考》(上册),商务印书馆,2011 年版,第 119 页。

《元曲选》的关汉卿《窦娥冤》中载有：张驴儿"毒杀亲爷，奸占寡妇，合拟凌迟，押赴市曹中，钉上木驴，剐一百二十刀处死"。按照沈家本的考证，元代凌迟有八刀、二十四刀、三十六刀、七十二刀、一百二十刀等差，《窦娥冤》中提及的凌迟是元代凌迟的最高量刑。

《窦娥冤》是元代戏曲家关汉卿的杂剧代表作，也是元杂剧悲剧的典范。该剧剧情取材自东汉"东海孝妇"的民间故事，其内容实际上反映了元代很多社会生活的具体状况。在这部作品中，关汉卿讲述了这样一个故事：一位穷书生窦天章为还高利贷，将女儿窦娥抵给蔡婆婆做童养媳，不出两年，窦娥的夫君早死。张驴儿要蔡婆婆将窦娥许配给他，不成，将毒药下在汤中要毒死蔡婆婆，结果误毒死了其父。张驴儿反而诬告窦娥毒死了其父。昏官桃杌最后做成冤案将窦娥处斩，窦娥临终发下"血染白绫、天降大雪、大旱三年"的誓愿。窦天章最后科场中第荣任高官，回到楚州听闻此事，最后为窦娥平反昭雪。张驴儿被处以凌迟。

另外，《历代刑法考》还记录了八刀凌迟的行刑部位。"先头面，次手足，次胸腹，次枭首。皆剑子手师徒口授，他人不知也。京师与保定亦微有不同。似此重法，而国家未明定制度，未详其故。"[①]另有二十四刀凌迟的行刑顺序："一、二刀去双眉，三、四刀去双肩，五、六刀去双乳，七、八刀去两手至两肘之间的部分，九、十刀去两肘到两肩的部分，十一、十二刀去两腿皮肉，十三、十四刀去腿肚，十五刀刺心脏，十六刀取首级，十七、十八刀切双手，十九、二十刀切双腕，二十一、二十二刀切双足，二十三、二十四刀切双腿。"

在元代，凌迟刑也曾经在一个时期内被禁止。《元史·仁宗纪》："延佑三年（公元1316年）六月，敕：大辟罪，临刑敢有横加剚（音魁，切割之意）割者，以重罪论。凡鞠囚，非强盗，勿加酷刑。"沈

---

① 沈家本：《历代刑法考》（上册），商务印书馆，2011年版，第99页。

家本注:"据此条,是仁宗时,不用凌迟之法。"

(九)辜、磔、肢解

在元代,辜刑的使用很多。《元史·世祖纪》:"中统三年,李檀伏诛,体解以徇。"

又:"至元二十二年,四川赵和尚自称宋福王子广王以诳民,民有信之者;真定刘驴儿有三乳,自以为异,谋不轨,皆磔裂以徇。"

又:"大德十年三月,河间民王天下奴弒父,磔裂于市。十二月,磁州民田云童弒母,磔裂于市。"在此,磔、裂二字连用,就是指肢解,而非磔。

(十)剖心

《元史·顺帝纪》:"至正二十二年(公元1362年)六月,田丰及王士诚刺杀察罕帖木儿,遂走入益都城。十一月,扩廓帖木儿复益都,田丰等伏诛。尽诛其党,取田丰、王士诚之心以祭察罕帖木儿。"就田丰而论,这是杀后取心,与活着剖心不同。至于王士诚是否活剖,不详。

这样的酷刑到清代依然使用,仍有封疆之臣用此刑罚。沈家本在《历代刑法考》中也讲:"后世用刑者,每以剖心祭仇为快,得不谓之为酷虐乎?乃当今圣仁之世,明谕中外,废除重刑,而大吏尚有此种行为,殊可怪也。"[1]商纣剖比干心,商亡;元顺帝剖心,元亦残暴失民心而亡。从刑罚的角度来看,剖心的肆虐似乎也昭示着所有残暴王朝必将破亡。

(十一)磬

所谓磬,即用绳索勒死在狱中或室内,与绞死类似。此处即指绞刑。

《春明梦余录》:"元世祖定天下之刑,笞、杖、徒、流、绞,五等。天下死囚,审谳已定,亦不加刑,皆老死于囹圄。自后惟秦王伯颜

---

① 沈家本:《历代刑法考》(上册),商务印书馆,2011年版,第131页。

出天下死囚,始一加刑,故七八十年之中老稚不曾靓斩戮,及见一死人头,辄相惊骇,可谓胜残去杀,黎元在海涵春育之中矣。"

除绞刑外,元代还设绳索刑,即把人犯用绳索勒死,其效果与绞并无二致。《元史·刑法志》:"诸大宗正府理断人命重事,必以汉字立案牍,以公文称宪台,然后监察御史审覆之。诸有司非法用刑者,重罪之。已杀之人,辄脔割其肉而去者禁之,违者重罪之。诸鞫狱不能正其心,和其气,感之以诚,动之以情,推之以理,辄施以大披挂及王侍郎绳索,并法外惨酷之刑者,悉禁止之。诸鞫问罪囚,除朝省委问大狱外,不得寅夜问事,廉访司察之。"

(十二)掠杀

元代的掠杀已经不像宋代的重杖一样适用普遍,但依然存在。从元史的记录来看,这种刑罚似乎经常被用来惩治盗贼。《元史·顺帝纪》:"至正十六年二月,定住及平章政事桑哥失里等复奏哈麻、雪雪兄弟罪恶,遂命贬哈麻惠州安置,雪雪肇州安置,寻杖杀之。"

《元史·刑法志》:"诸先犯诱奸妇人在逃,后犯窃盗,二事俱发,以诱奸为重杖从奸,刺从盗。"

《元史·陈佑天祥传》:"所拟事条,皆切于时用。于是严督有司,捕得盗贼甚众,皆杖杀之。其亡入他境者,揣知所向,选捕盗官及弓兵,密授方略,示以赏罚,使追捕之,南至汉、江,二千余里,悉皆就擒,无得免者。"

(十三)饲虎豹

饲虎豹是一种把人活活地喂虎豹的酷刑。非刑,仅见于元。

《元史·太宗纪》:"六年(公元1234年)夏五月,帝在达兰达葩之地,大会诸王百僚,谕条令曰:'凡当会不赴,而私宴者,斩。'……诸人马不应绊于乞烈思内者,辄没与畜虎豹人。诸妇人制质孙燕服不如法者及妒者,乘以骟牛徇部中,论罪,即聚财为更娶。"

二、身体刑

元代是中国古代史上曾经存在过的各种肉刑卷土重来的时期。元代的身体刑不但名目繁多,而且还出现了一些新的名称。

(一)劓

蒙古族人未入主中原时,就已有劓刑。这一刑罚主要用于惩治犯有小过的人,但并不经常使用。元末元顺帝将这种古老的刑罚重新启用。《元史·顺帝纪》:"至元二年(公元 1336 年)八月,诏:'强盗皆死;盗牛马者劓;盗驴骡者黥额,再犯劓;盗羊豕(音尸,即猪)者墨项,再犯黥,三犯劓,劓后再犯者死。盗诸物者,照其数估价。省、院、台、五府官,三年一次审决。着为令。'"沈家本注:"肉刑久废,此时元政已日败坏,忽又定此令。孙卿谓'肉刑行于盛世',此古人欺我。"①

(二)断舌

《大元通判》《元史·刑法志》记载:元朝也有此刑,叫割舌。

《元史·武宗纪》:"至大二年(公元 1309 年)六月,皇太子言:'宣政院先奉旨,欧西番僧者截其手,詈之者断其舌,此法昔所未闻,有乖国典,且于僧无益。僧俗相犯,已有明宪,乞更其令。'"

(三)跪磁芒碎瓦

跪磁芒碎瓦,是中国古时元代让犯人跪碎瓷器碴子的酷刑。非刑,仅见于元。见《大元通判》《元史·刑法志》。

(四)拳耳

拳耳是一种用拳头捣耳朵致其失聪的刑罚。非刑,仅见于元。

《元史·太宗纪》:"六年(公元 1234 年)夏五月,帝在达兰达葩之地,大会诸王百僚,谕条令曰:'凡当会不赴,而私宴者,斩。'……

---

① 沈家本:《历代刑法考》(下册),商务印书馆,2011 年版,第 324 页。

诸公事非当言而言者,拳其耳,再犯,笞,三犯杖,四犯,论死。"①

（五）断手足

《元史·武宗纪》:"至大二年（公元 1309 年）六月,皇太子言:'宣政院先奉旨,欧西番僧者截其手,詈之者断其舌,此法昔所未闻,有乖国典,且于僧无益。僧俗相犯,已有明宪,乞更其令。'"

（六）断腕

断腕是我国宋代斩断人犯手腕的酷刑。元继之,非刑。

《元史·世祖纪》:"二十七年七月,江淮省平章沙不丁,以仓库官盗欺钱粮,请依宋法黥而断其腕,帝曰:'此回回法也。'不允。"沈家本注:"世祖不允平章之请,此胜于太宗处,惟以为回回法,必有所本,今不可考矣。"②

《元史·耶律楚材传》:"又有旨:'凡奥都剌合蛮所建白,令史不为书者,断其手。'楚材曰:'国之典故,先帝悉委老臣,令史何与焉。事若何理,自当奉行,如不可行,死且不避,况截手乎!'"沈家本注:"据此,是元时常行截手之法。"③

（七）掠

《元史·刑法志》:"诸鞫狱不能正其心,和其气,感之以诚,动之以情,推之以理,辄施以大披挂及王侍郎绳索,并法外惨酷之刑者,悉禁止之。……诸正蒙古人,除犯死罪,监禁依常法,有司毋得拷掠,仍日给饮食。……诸鞫狱辄以私怨暴怒,去衣鞭背者,禁之。诸鞫问囚徒,重事须加拷讯者,长贰僚佐会议立案,然后行之,违者重加其罪。"沈家本注:"禁惨酷,禁鞭背拷讯,先立案,并旧法也,惟蒙古人不拷讯,乃元制。"④

① 沈家本:《历代刑法考》(下册),商务印书馆,2011 年版,第 288 页。
② 沈家本:《历代刑法考》(上册),商务印书馆,2011 年版,第 185 页。
③ 沈家本:《历代刑法考》(上册),商务印书馆,2011 年版,第 185 页。
④ 沈家本:《历代刑法考》(上册),商务印书馆,2011 年版,第 471 页。

（八）鞭

元代统治者对鞭刑有一定的约束，凡有鞭刑，禁止鞭背。《元史·世祖纪》："至元二十九年二月，申禁鞭背。"沈家本注："《续通考》作'除问刑官鞭背法'，是元之鞭，问刑者尚用之，《纪》言申禁，则是本应禁者，是年又重申耳。"①

《元史·刑法志》："诸鞫狱辄以私怨暴怒，去衣鞭背者，禁之。"沈家本注："《元史·刑法志》袭用《大元通制》，而《通制》成于至治三年二月，故《图书集成·祥刑典·鞭刑部》系此条于英宗至治三年，曰'《通制》成，禁鞫狱以私怨鞭背'，其实与至元申禁之令乃一事也，不过是年篡入《大元通制》中耳。"②

（九）杖

元代杖刑一般是用大杖拷打犯人的惩罚手段，也适用于罪行轻微的犯罪。杖刑的刑具也是有规定的，如"杖大头径三分二厘，小头径二分二厘。罪六十七以上用之"③。元代的杖刑适用范围十分广泛，它既作为主刑使用，同时也作为附加刑使用。

元朝杖刑五等，杖数很特别，分别是六十七、七十七、八十七、九十七、一百零七。

沈家本《历代刑法考》："杖刑：六十七，七十七，八十七，九十七，一百七。"又："徒刑：一年，杖六十七；一年半，杖七十七；二年，杖八十七；二年半，杖九十七；三年，杖一百七。"④

《元史·刑法志》："诸仓庾官吏与府州司县官吏人等，以百姓合纳税粮，通同揽纳，接受折价飞钞者，十石以上，各刺面，杖一百七。

"诸南北兵马司，罪囚八十七以下，决遣，应刺配者，就刺配之。

---

① 沈家本：《历代刑法考》（上册），商务印书馆，2011年版，第344页。
② 沈家本：《历代刑法考》（上册），商务印书馆，2011年版，第344页。
③ 《元史·刑法志》。
④ 沈家本：《历代刑法考》（上册），商务印书馆，2011年版，第52页。

"诸审囚官强愎自用,辄将蒙古人刺字者,杖七十七,除名。

"诸盗局院官物,虽赃不满贯,仍加等,杖七十七,刺字。

"诸发冢得财不伤尸,杖一百七,刺配。

"诸窃盗赃不满贯,断罪,免刺。

"诸被诱胁上盗,不曾分赃,而容隐不首者,杖六十七,免刺。

"诸见役军人在逃,因为窃盗得财,杖一百七,仍刺字。杖从逃军,刺从盗。

"诸强盗行劫,为主所逐,分散奔走,为首者杀伤邻人,为从者不知,不以杀伤事主不分首从论,为首者处死,为从者杖一百七,刺配。

"诸窃盗弃财拒捕,殴伤事主者,杖一百七,免刺。

"诸胁从上盗,而不受赃者,止以不首之罪罪之,杖六十七,不刺。

"诸守库藏军人,辄为首诱引外人偷盗官物,但经二次三次入库为盗,及提铃把门军人,受赃纵贼者,皆处死;为从者,杖一百七,刺字流远。

"诸故烧官府廨宇,及有人居止宅舍,无问舍宇大小,财物多寡,比同强盗,免刺,杖一百七,徒三年。其无人居止空房,并损害财物,及田场积聚之物,同窃盗,免刺,计赃断罪。因盗取财物者,同强盗,刺断。

"诸挟仇放火,随时扑灭,不曾延燎者,比强盗,不曾伤人不得财,杖七十七,徒一年半,免刺。"

《元史·世祖纪》:"(至元)十四年(公元1277年)十一月,凡伪造宝钞、同情者,并处死,分用者,减死杖之,具为令。"

《元史·文宗纪》:"至顺元年(公元1330年)闰七月,行枢密院言:'征戍云南军士二人逃归,捕获,法当死。'诏曰:'如临战阵而逃,死,宜也。非接战而逃,辄当以死,何视人命之易也! 其杖而流之。'"

沈家本《历代刑法考》："元笞、杖之法，载在《刑法志》，实本于《大元通制》，其书成于英宗至治三年，至世祖《至元新格》，颁行于至元二十八年，在《通制》之前，《新格》当已包于《通制》之内，而《通制》未必与《新格》全同。《续通考》系《刑法志》所载于《至元新格》之下，是以后为前也，未知别有所据否？《志》序云'凡七下至五十七谓之笞刑，凡六十七至一百七，谓之杖刑'，与律文相合。《元典章》三十九《刑制门》：'《五刑训义》笞一十（七下），二十、三十（十七下），四十、五十（二十七下）；杖六十、七十（三十七下），八十、九十（四十七下），一百（五十七下）；徒一年、一年半（六十七下），二年、二年半（七十七下），三年（八十七下），四年（九十七下），五年（一百七下）。'其笞、杖之数既与《志》不符，其徒之年数亦异，且笞当为五等，而《志》独多一等，与《典章》又不合。考《元典章》所载新例加徒减杖法，及五十七以下用笞，六十七以上用杖，又与《志》合，然则《五刑训义》所言乃元之旧法，而《志》之所载乃新例也，此例改自何年，已无可考。"[①]

（十）笞

笞刑是元代五刑体制中最为轻缓的一种，用来惩治一些犯罪情节比较轻微的罪犯。笞刑的历史渊源很久，至隋朝制定《开皇律》即被正式定为五刑。元朝的笞刑与前代相比改变很大，根据元制，笞刑分六等，以七下为始至五十七下止，每等以十为进位，尾数和杖刑类似也为七。如《元史·刑法志》："诸职官受部民事后致谢食用之物者，笞二十七，诸职官恐吓有罪人求赂，未得财者，笞二十七。"根据王棠《知新录》："元人笞刑七下至五十七，杖刑自六十七至一百零七，何以止于七也？叶静斋《草木子》曰：'元世祖定天下之笞刑、杖刑，原曰：天饶他一下儿，地饶他一下儿，我饶他一下儿。

自后每笞、杖刑减三下。'"沈家本注:"以七为度,说见于此。"①笞刑是一种鞭刑,或用竹板,或用荆条。其对笞刑的刑具有明确规定:"笞大头径二分七厘,小头径一分七厘,罪五十七以下用之。"②

笞刑在蒙古族政权中的适用曾经非常广泛,犯罪者除了犯死罪之外,几乎都用笞刑来惩戒。《续通考》一百三十五:"元太祖初颁条画,刑狱惟重罪处死,其余杂犯,量情笞决。"

《元史·刑法志》:"大德间,王约复上言:'国朝之制,笞杖十减为七,今之杖一百者,宜止九十七,不当又加十也。'"沈家本注:"王约请减笞、杖之制,当时实未施行。一百七下,元旧法,新法并以此为断。《图书集成·祥刑典·笞杖部》列入此条,盖即本《元志》序。"邱濬注:"元笞刑每十数必加以七者,其初本欲减以轻刑也,其后承误,反以为加焉。大德间,王约云云,则其立法之始意可见矣。"沈家本注:"元之笞数,自七下起,实是减而非加也。笞、杖各五,当止九十七。乃笞多一等,止于五十七,于是杖由六十七起,止于一百七,则本减而变为加矣,其故无可考。"③

《元史·成宗纪》:"十年四月,诏:'凡匿鹰犬者,没家资之半,笞三十,来献者,给之以赏。'"沈家本注:"元代以畋猎为习武之事,故禁汉人猎,并鹰鹞亦禁之,其最重至籍资。以禽鸟之微,而厉禁之严如此。"④

《元史·成宗纪》:"大德八年(公元1304年)十月,命省、台、院官拘高丽国相吴祁及千户石天辅等,以祁离间王父子,谋归日本,皆笞之,徙安西。"

《元史·泰定帝纪》:"至和元年(公元1328年)正月,诏谕百

---

①　沈家本:《历代刑法考》(上册),商务印书馆,2011年版,第335页。
②　《元史·刑法志》。
③　沈家本:《历代刑法考》(上册),商务印书馆,2011年版,第334页。
④　沈家本:《历代刑法考》(下册),商务印书馆,2011年版,第333页。

司：'凡不赴任及擅离职者，夺其官，避差遣者，笞之。'"

（十一）镣

脚镣，坐牢时戴着脚镣的刑罚。始于元，非刑。《元史·刑法志》："盐徒盗贼既决而又镣之。"

三、徒　刑

元代的徒刑一般包括狱、拘和扑等。

（一）狱

与宋代不同的是，元代设有台狱，但无大理狱。《狱官》："元刑部、御史台并有狱。"沈家本注："唐、宋以前，刑部不置狱而大理有狱，元不设大理寺，始于刑部置狱，此刑制中之一大关键也。"[1]

《元史·百官志》："大都路兵马都指挥使，司狱司凡三，一置于大都路，一置于北城兵马司，通领南城兵马司狱事。皇庆元年（公元 1312 年），以两司异禁，遂分置一司于南城。"

《元史·刑法志》："职制门：诸郡县佐贰及幕官，每月分番提牢，三日一亲临点视，其有枉禁及淹延者，即举问，月终则具囚数牒次官。其在上都囚禁，从留守司提之。

"诸南北兵马司，每月分番提牢，仍令提控案牒兼掌囚禁。

"诸盐运司监收盐徒，每月佐贰官，分番董视，与有司同。"[2]

沈家本注："分番提牢，是其时狱无专官也。惟南北兵马有司狱司，何以亦分番提牢，未详其故。"[3]

《元史·刑法志》："恤刑门：诸狱囚必轻重异处，男女异室，毋或参杂。司狱致其慎，狱卒去其虐，提牢官尽其诚。

---

① 沈家本：《历代刑法考》（上册），商务印书馆，2011 年版，第 524 页。

② 佐贰：副职，辅佐的官员。幕官：幕僚。分番：轮流，轮班。提牢：官名，掌管牢狱、稽核囚罪的官员。牒：书札，讼辞。

③ 沈家本：《历代刑法考》（上册），商务印书馆，2011 年版，第 932 页。

"诸在禁囚徒,无亲属供给,或有亲属而贫不能给者,日给仓米一升。三升之中,给粟一升,以食有疾者。凡油炭席荐之属,各以时具。其饥寒而衣粮不继,疾患而医疗不时,致非理死损者,坐有司罪。

"诸在禁无家属囚徒,岁十二月至于正月,给羊皮为披盖袴(裤)袜及薪草为暖匣熏炕之用。

"诸狱医,囚之司命,必试而后用之。若有弗称,坐掌狱及提调官之罪。

"诸狱囚病至二分,申报;渐增至九分,为死证。若以重为轻,以急为缓,误伤人命者,究之。

"诸狱囚有病,主司验实,给医药。病重者去枷、栲、杻,听家人入侍。职事散官五品以上,听二人入侍。犯恶逆以上及强盗至死、奴婢杀主者,给医药而已。

"诸有司在禁囚徒,饥寒衣食不时,病不督医看候,不脱枷杻,不令亲人入侍,一岁之内死至十人以上者,正官笞二十七,次官三十七,还职;首领官四十七,罢职别叙,记过。"

沈家本注:"元于通制内特立'恤刑'一门,颇为周至。大抵立法者无不规其善,所患用法者多违之耳。"[①]

由此可知,元代对监狱的官吏有着相对规范的职业要求,责成他们按照比较确定的标准向囚犯提供食品、衣物以及一定程度的医疗。在监狱和狱吏管理方面,元代可以说是达到了一个较为成熟的程度。

(二)拘

拘在元代也称拘括,是一种在相对短的时间内限制罪犯自由的刑罚。《元史·世祖纪》:"(至元)八年二月,敕:'军官佩金银符。其民官、工匠所佩者,并拘入,勿复给。'"

---

① 沈家本:《历代刑法考》(上册),商务印书馆,2011年版,第933页。

又："六月癸巳,括漏籍老幼等户,协济编户赋税。丙申,赐新附人王显忠、王谊等衣物有差。李璮遣人献涟水捷。罢诸路拘收孛兰奚。禁诸王擅遣使招民及征私钱。"

又："戊寅,给新附军贾祐衣粮。祐言为日本国焦元帅婿,知江南造船,遣其来候动静,军马压境,愿先降附。辛巳,敕各行省止用印一,余者拘之,及拘诸位下印。"

（三）扑

扑在元代相当于今天我们所说的逮捕。《元史·仁宗纪》："至大四年七月,诏谕省臣曰:'朕前戒近侍毋辄以文记传旨中书,自今敢有犯者,不须奏闻,直扑其人,付刑部治罪。'"

四、流　刑

元代的流刑包括流、徙、谪戍等。

（一）流

元代的流,其特点是不以里数分等（如一千里、一千五百里、二千里之类）,而是固定几个点,以其与首都距离之远近分等。我们今天可以在文献中看到两个点:辽阳迤北和湖广。《元志·序》:"南人迁于辽阳迤北之地,北人迁于南方湖广之乡。"至少在今天,我们将湖广看作鱼米之乡,山清水秀,是很多旅游者的目的地。但在元代的流刑规定中,放逐习惯在北方居住的人于湖广酷热暑湿之地,很多北方人会因为无法适应南方的自然环境而染上疫病,最终丧命。当然,将南方人流放到辽阳这样冬季极为寒冷的北方地区,被流放者的结局也可能是很悲惨的。

《元史·刑法志》:"诸守库藏军人,辄为首诱引外人偷盗官物,但经二次三次入库为盗,及提铃把门军人,受赃纵贼者,皆处死;为从者,杖一百七,刺字流远。诸为人子孙,为首同他盗发掘祖宗坟墓,盗取财物者,以恶逆论,虽遇大赦原免,仍刺字徒远方屯种。诸窃盗应徒，若有祖父母、父母年老，无兼丁侍养者，刺断免徒。再犯而亲尚存者，候亲终日，发遣居役。"可见，元代流刑也有墨刑作为附加刑。

另外，元代的流刑主要用于惩治盗窃犯。但是其他许多重大罪行也可判处流刑。一般情况下，判处流刑的犯人同时都要加杖刑，通常是"一百七"下。如强盗持杖"但得财断一百七，交出军"，"初犯偷盗驼、马、牛，为首的一百七，出军"。[1]

《元典章》："流二千里，比徒四年；二千五百里，比徒四年半；三千里，比徒五年。"沈家本注："当是旧法，故《志》不及也。"[2]

中国古代很多王朝都会用严厉的刑罚惩治赌博，元代刑罚就是一例。《元史·世祖纪》："至元十二年（公元1275年）二月，禁民间赌博，犯者，流之北地。"沈家本注："《元志》禁令门载：诸赌博杖七十七，乃至元二十四年例，盖改从轻矣。"[3]杖比流轻，所以沈家本说至元二十四年之制，较十二年之制，改从轻。

《元史·王结传》："先时，有罪者，北人则徙广南，南人则徙辽东，去家万里，往往道死。结请更其法，移乡者止千里外，改过听还其乡，着为令。"由此，我们可以看到为何沈家本要讲"杖"比"流"轻。

《元史·成宗纪》："大德九年（公元1305年）诸处罪囚，淹系五年以上，除恶逆外，疑不能决者，释之。流窜远方之人，量移内地。"沈家本注："此释淹系之囚，为旧例之所无者。疑不决即释，不若今时之待质也。独恶逆不释，是以恶逆为重矣。流人移内，唐法也。"[4]

---

① 《元史·刑法志》。

② 沈家本：《历代刑法考》（上册），商务印书馆，2011年版，第52页。

③ 沈家本：《历代刑法考》（下册），商务印书馆，2011年版，第323页。

④ 淹系：关押，坐牢。待质：等待质证。沈家本：《历代刑法考》（上册），商务印书馆，2011年版，第842页。

《元史·泰定纪》："泰定四年（公元 1327 年）九月，御史言：'广海古流放之地，请以职官赃污者处之，以示惩戒。'从之。"可见，"广海"也是潜在的流放目的地。

（二）徙

徙是一种把人流放到偏僻荒蛮的地方去的刑罚。在元代，"徙"更类似于唐代的"移乡"。

《元史·刑法志》："诸为人子孙，为首同他盗发掘祖宗坟墓，盗取财物者，以恶逆论，虽遇大赦原免，仍刺字徙远方屯种。"

《元史·文帝纪》："至顺二年，湖广参政彻里帖木儿与速速、班丹俱坐出怨言，鞫问得实，刑部议当彻里帖木儿、班丹杖一百七，速速处死。会赦，彻里帖木儿流广东，班丹广西，速速徙海南，皆置荒僻州郡。"

《辍耕录》："至元二十四年（公元 1287 年），宗王乃颜叛，后伏诛，徙其余党于庆元之定海县。"

《元史·成宗纪》："大德八年（公元 1304 年）十月，命省、台、院官拘高丽国相吴祁及千户石天辅等，以祁离间王父子，谋归日本，皆笞之，徙安西。"

《元史·文宗纪》："天历二年（公元 1329 年）七月，更定迁徙法，凡应徙者，验所居远近，移之千里，在道遇赦，皆得放还，如不悛再犯，徙之本省不毛之地，十年无过，则量移之，所迁人死，妻子听归土著。着为令。"沈家本注："此用唐律流配人在道之意。"[1]

可见，元代的"徙"与戍边没有明显的关联，更接近于一种处理累犯和处置不法官吏，以免其再次犯法的手段。

沈家本《历代刑法考》："元代迁徙之法，与流不同，盖即唐之移乡也。《元典章》所载迁徙之案，有迁徙广东者，有迁徙辽阳者，又有称再犯移徙，三犯移徙边远者。是迁徙有南北之殊，又有远近之

---

① 沈家本：《历代刑法考》（下册），商务印书馆，2011 年版，第 296 页。

异，皆在天历以前。然延佑三年省扎云：今之迁徙，即古移乡之法，比之流囚，事例不同。是天历前本有此法，文宗更定之。明代亦有迁徙之法，大约亦因于天历之制。"①

（三）谪戍

在元代，谪戍又称为充军或出军。

《元典章》刑十一："流远出军地面条：'大德十一年，都省准拟合出军的贼令，各路官司依例发遣。汉儿、蛮子人申解辽阳省，发付大帖木儿出军；色目、高丽人申解湖广省，发付刘二拔都出军。'"沈家本注："大帖木儿亦作奴儿干，刘二拔都亦作极边地面。成宗元贞元年秋七月，立肇州屯田万户府，以辽阳行省左丞阿散领其事。"②

《元典章·新集》刑制门奴儿干出军条："强盗持杖不曾伤人，但得财，一百七，出军。至二十贯，为从的一百七，出军。不持杖，不曾伤人，至四十贯，除首贼外，余人断一百七，出军。窃盗豁车子，剜房子的贼，每伤事主，为从的，断一百七，出军。不曾伤事主，但得财，皆断一百七，出军。不曾得财，于内有旧贼，出军。怯烈司里偷盗驼、马、牛，初犯为从者，断一百七，出军。又延佑七年，中书省议得各处合流辽阳行省罪囚，无分轻重，一概发付奴儿干地面。缘彼中别无种养生业，岁用衣粮，站赤重加劳费，即目肇州见有屯田。今后若有流囚，照依所犯分拣，重者发付奴儿干，轻者于肇州，从宜安置，屯种自赡，似为便益。"

《元史·世祖纪》："至元二年十月，诏随路私商曾入南界者，首实免罪充军。十年十月，有司断死罪五十人，诏加审覆，其十三人因斗殴杀人，免死充军，余令再三审覆。十九年十一月，中书省臣言：'天下重囚，除谋反大逆，杀祖父母、父母，杀妻夫、奴杀主、因奸

---

① 沈家本：《历代刑法考》（上册），商务印书馆，2011年版，第53页。

② 沈家本：《历代刑法考》（上册），商务印书馆，2011年版，第215页。

杀夫,并正典刑外,余犯死罪者,令充日本、占城、缅①国军.'
从之."

《元史·武宗纪》:"至大三年(公元1310年)十月,敕谕中外:
'民户托名诸王、妃主、贵近臣僚,规避差徭,已尝禁止。自今违者,
俾充军驿及筑城中都。(郡)县官不觉察者罢职。'"

《元史·成宗纪》:"(大德)八年(公元1304年)十一月,诏:'内
郡、江南人犯为盗,黥三次者,谪戍辽阳,诸色人及高丽(人)三次,
免黥,谪戍湖广。盗禁御马者,初犯谪戍,再犯者死。'"在元代,不
同地方、不同人的地位是不平等的,地位最低的是汉人和南人。另
外,值得我们注意的是,在元代流刑中"出军"可以"免刺"。一个罪
犯委身军旅,元人就不再给他留下曾经犯罪的标志,这也算是对从
军报国的一种鼓励。这样的刑罚显然要比宋代的刺配更具人性化
的考虑。

《元史·成宗纪》:"元贞元年秋七月,立肇州屯田万户府,以辽
阳行省左丞阿散领其事。"沈家本注:"至元三十年,世祖以乃颜故
地曰阿八剌忽者,立城名曰肇州。《元史·地理》云:'不知其所属
所领之详。'惟屯田府既领于辽阳左丞,其地亦当属于辽阳。当时
出者俱发辽阳,疑屯田即用此出军之人也。"②

沈家本《历代刑法考》:"元代出军之制,未详始于何年,《元典
章》:'肇州屯种条所列有出军,流远之分,是发往肇州之人不皆为
出军者也。私盐三犯者,蒙古、色目人发两广、海南,汉人、南人发
付辽阳屯田,当亦在出军之列。'《元典章》:'出征军人抢夺比同强
盗杖断条,有发付云南应充军役之文,此其证也。明代充军之制,
盖即原于元之出军。明初充军者,皆发边省卫所,与元之辽阳屯田

---

① 缅:今之缅甸也。
② 沈家本:《历代刑法考》(上册),商务印书馆,2011年版,第259页。

情形相似,第明以补边卫之什伍,其用意则不同耳。'"①

五、财产刑

元代的财产刑名目很多,包括籍没、迹人、配役、停俸、赎、罚金、征、烧埋银等。

(一)籍没

成吉思汗颁布的《大札撒》中就有籍没之刑的存在。《黑鞑事略》:"其犯寇者,杀之。没其妻子畜产以入受寇之家。"元代的籍没与前代大体类似,常作为附加刑来使用。

《元史·成宗纪》:"大德七年(公元 1303 年)正月,诏:凡为匿名书,辞语重者,诛之,轻者流配,首告赏钞有差,皆籍没其妻子充赏。"

《元史·文宗纪》:"至顺二年八月,冀州蒙古百户阿昔等犯盐禁,没入马百二十余匹,以给军士之无马者。"

《元史·世祖纪》:"至元十三年五月,申严大都酒禁,犯者籍其家资,散之贫民。"

《元史·世祖纪》:"(至元)十四年(公元 1277 年)七月,禁羊马群之在北者。八月内毋纵畜北口诸隘,践食京畿之禾,犯者没其畜。"

《元史·世祖纪》:"(至元)十五年(公元 1278 年)诏:'军官不能抚治军士及役扰致逃亡者,没其家资之半。'"

《元史·世祖纪》:"至元十五年正月,收括兰遗官也先、阔阔带等,坐易官马、阑遗人畜,免其罪,以诸路州县管民官兼领其事。官吏隐匿及擅易马匹、私配妇人者,没其家。禁官吏军民卖所娶江南良家子女及为娼者,卖、买者,两罪之,官没其直(值),人复为良。"

---

① 沈家本:《历代刑法考》(上册),商务印书馆,2011 年版,第 53 页。

《元史·世祖纪》："至元十六年（公元 1279 年）九月，诏：'凡有官守不勤于职者，勿问汉人、回回，皆论诛之，且没其家。'"可见，蒙古人不在此法处置范围之内。

《元史·世祖纪》："至元二十七年（公元 1290 年）十一月，大同路蒙古（人）多冒名支粮，置千户、百户十员，以达鲁花赤总之。食粮户以富为贫者，籍家资之半。"

《元史·英宗纪》："至治二年（公元 1322 年）三月，禁扑天鹅，违者籍其家。"

元末熊梦祥的《析津志》讲："天鹅，又称驾鹅，大者三五十斤，小者二十余斤，俗称金冠玉体干皂靴是也。每岁，大兴县管南柳林中，飞放之所，彼中县官，每岁差役乡民，于湖中种茨菰，以诱之来游食。其湖面甚宽，所种延蔓。天鹅来，千万为群。俟大驾至，飞放海东青，所获甚厚，乃大张宴会，以为庆赏，必数宿而返。"

《续文献通考》："以禽兽细微而至籍没资产，不太甚乎？元政之衰，于此可见。"沈家本注："天鹅之禁，以供大驾之来，以一游戏之事，罪至籍没，元法亦酷矣哉！"[1]法虽酷，但对保护动物有利，不能完全否定。实际上，蒙古各部族普遍都对天鹅崇拜，将其视为图腾，各个部族也有很多关于天鹅的美丽传说，元代的这种严格立法显然是为了保护本民族的文化，维护民族自身传统。

《元史·刘敏传》："癸未（太祖十七年），授安抚使，便宜行事，兼燕京路，豪民冒籍良民为奴者众，敏悉归之。"[2]沈家本注："此时元尚未混一天下，刘敏便宜行事，以惠一方之民事，可纪也。"[3]

《元史·高智耀传》："世祖即位，召见，力言儒术有补治道。时淮、蜀士遭俘虏者，皆没为奴，智耀奏言：'以儒为躯，古无有也。陛

---

① 沈家本：《历代刑法考》（下册），商务印书馆，2011 年版，第 333 页。

② 豪民：豪富之家。冒籍：冒名充奴婢籍。就是豪强硬将平民改为奴婢籍，用现代的话说，就是入了另册。

③ 沈家本：《历代刑法考》（上册），商务印书馆，2011 年版，第 370 页。

下方以古道为治,宜除之。以风厉天下。'帝然之,即拜翰林学士,令循行郡县,区别之,得数千人。"可见,俘虏没为奴婢曾是蒙古军队中的一种普遍做法。

（二）迹人

元代有迹人之刑,也称充警迹人。《元史·刑法志》:"诸窃盗初犯,刺左臂,谓已得财者。再犯刺右臂,三犯刺项。强盗初犯刺项,并充迹人,官司以法拘检关防之。其蒙古人有犯,及妇人犯者,不在刺字之例。诸强盗再犯,仍刺。……诸先犯诱奸妇人在逃,后犯窃盗,二事俱发,以诱奸为重杖从奸,刺从盗。……诸诈称收税,拦头剽夺行李财物者,以盗论,刺断。充迹人。诸兄弟同盗,皆刺。诸奴盗主财,断罪,免刺。诸盗雇主财者,免刺。诸从主奴相盗,断罪,免刺。诸军人为盗,刺断,免充迹人。"

（三）配役、力役

配役与力役是元代将犯人发配到边远的地方,从事劳役的刑罚。

《元史·世祖纪》:"至元八年(公元1271年)二月,以尚书省奏定条画颁天下。十一月乙亥,禁行金《泰和律》。二十三年(公元1286年)四月,中书省臣言:'此奉旨,凡为盗者毋释。今窃钞数贯及佩刀微物,与童幼窃物者悉令配役。臣等议,一犯者杖释,再犯依法配役为宜。'帝曰:'朕以至元八年(公元1271年)十月,禁行金《泰和律》,汉人徇私,用《泰和律》处事,致盗贼滋众,故有是言。人命至重,今后非详谳者,勿辄杀人。'"沈家本注:"《刑法志》:'元兴,其初未有法守,百司断理狱讼,徇用金律,颇伤严刻。'是世祖之初,亦用金律,此但禁《泰和律》耳。《泰和律》本于唐,其宗旨平允,世祖禁之,蒙汉之畛域甚深也。"[1]

《元史·英宗纪》:"延佑七年(仁宗年号,公元1320年,是时英

宗已即位)六月,定边地盗孳畜罪犯者,令给各部力役。如不悛,断罪如内地法。"

(四)停俸

停俸是针对官员违法犯罪,定期或不定期停止发放俸禄的刑罚。

《元史·成宗纪》:"(大德)三年(公元1299年)三月,诏:'军官受赃罪,重者罢职,轻者降其散官,或决罚就职停俸,期年许令自效。'"

(五)赎

元代赎刑制度里出现众多以钞赎罪的案例,这与元代的金融制度是有关系的。元代是中国古代史上纸币流通最为盛行的时期。世祖于中统元年(公元1260年)便印发"中统元宝交钞",亦称"中统钞",同时还设立了"钞券提举司"以垄断货币发行。元政权还拨足以丝和银为本位的钞本来维持纸币信用;允许民间以银向政府储备库换钞或以钞向政府兑银,同时严禁私自买卖金银;确立中统元宝交钞的法偿地位,所有钞券均可完税纳粮;明令白银和铜钱退出流通。如此标准的、被后人称为银本位制度的创立,在人类历史上尚属首次。整个元代以中统元宝交钞为主流通货币。这种纸币在元代始终通用,各种支付和计算均以之为准。世祖时中统元宝交钞的发行,标志着元代纸币制度的确立,其作为支付手段,与金、银有同样的价值。当时封建国家的一切经费出纳都以它为准,于商旅货运也极为轻便。元时来华外商与外宾,看到仅是一张印刷品的元朝纸钞就可以购得各种商品,与金银无异,都深感奇特新鲜。元朝纸钞不仅通行于内地,而且也通行于边疆各少数民族地区,今西藏、新疆、云南以及东北各地无不流通。因此,当需要赎罪或罚金时,中统元宝交钞就成了如铜、绢一样重要的东西。

《元史·刑法志》:"赎刑:诸牧民官,公罪之轻者,许赎罚。诸职官犯夜者,赎。诸年老七十以上,年幼十五以下,不任杖责者,赎。诸罪人癃笃残疾，有妨科决者，赎。每笞杖一，罚中统钞一贯。诸有司遗失印信，随即寻获者，罚俸一月。诸囚徒反狱，提牢官随时提获，及半以上者，罚俸一月。"

（六）罚金

《元史·刑法志》："诸犯界酒，十瓶以下，罚中统钞一十两，笞二十，七十瓶以上，罚钞四十两，笞四十七，酒给元主。酒虽过，罚止五十两，罪止六十。"沈家本注："此条言罚钞，颇与罚金之名相似，《元典章》则称追钞，似为充赏之用。《元典章》别有酝造私酒追钞之条，是其比也，与罚金之义微有不同。"[①]

又："诸官员朝会，服其朝服，私致敬于人臣者罚。诸随朝文武百官，朝贺不至者，罚中统钞十贯，失仪者罚中统钞八贯。诸宰相出入，辄敢冲犯者，罪之。"

又："诸有罪年七十以上、十五以下，及笃废残疾罚赎者，每笞杖一，罚中统钞一贯。诸疑狱，在禁五年之上不能明者，遇赦释免。"

（七）征赃

征收赃款，即收缴赃款。

《元史·武宗纪》："至大元年（公元1308年）春正月辛酉朔，敕御史台，见（现）系犯赃官吏，罪止征赃、罢职。"沈家本注："罪赦而赃仍征，又罢职不叙，元世惩贪法，尚不废也。"[②]

（八）征偿

征偿是元代一种刑罚附加的赔偿措施。

《元史·成宗纪》："元贞二年（公元1296年）八月，诏：诸人告扑盗贼者，强盗一名，赏钞五十贯，窃盗半之，应扑者又半之，皆征诸犯人，无可征者，官给。"

---

①　沈家本：《历代刑法考》（上册），商务印书馆，2011年版，第299页。
②　沈家本：《历代刑法考》（上册），商务印书馆，2011年版，第843页。

《元史·成宗纪》："（大德）五年（公元 1301 年）十二月，定强窃盗条格，凡盗人孳畜者，取一偿九，然后杖之。"

《元史·泰定纪》："泰定四年（公元 1327 年）十二月，定捕盗令，限内不获者，偿其赃①。"

（九）征还

征还是元代一种强制偿还的措施。

《元史·文宗纪》："天历二年（公元 1329 年）八月，中政使哈撒儿不花、太子詹事丞霄云世月思、前储庆使姚炜业储政使。河东宣慰使哈散，托朝贺为名，敛所属钞千锭入己，事觉，虽会赦，仍征钞还其主。敕自今有以朝贺敛钞者，依妄法论罪。"

（十）烧埋银

烧埋银是元朝开始出现的刑罚，后来被明清两朝在不同程度上继承。这种刑罚的具体内容指的是对枉死者的尸首经官验明，行凶者除按罪判刑外，家属须出烧埋钱给苦主，作为烧埋尸体的费用。这是中国法律史上第一个要求在追究行凶者的刑事责任的同时，还要其承担民事损害赔偿责任的规定。元代史籍中对烧埋银制度的记述比较详细。

《元史·刑法志》："诸杀人者死，仍于家属征烧埋银五十两给苦主，无银者征中统钞一十锭，会赦免罪者倍之。诸部民殴死官长，主谋及下手者皆处死，同殴伤非致命者，杖一百七，流远，均征烧埋银。诸杀人还自杀不死者，仍处死。诸杀人从而加功，无故杀之情者，会赦仍释之。诸斗殴杀人，先误后故者，即以故杀论。诸因斗殴，以刃杀人，及他物殴死人者，并同故杀。诸因争以刃伤人，幸获生免者，杖一百七。诸持刃方杀人，人觉而逃，却移怒杀所解劝者，与故杀同。诸有司征科急，民弗堪，致杀其征科者，仍以故杀论。诸醉中欲杀其妻不得，移怒杀死其解纷之人者，处死。诸欲诱

---

① 偿其赃：由捕盗责任人偿失主被盗之物值。

倡女逃，不从辄杀之者，与杀常人同。诸斗殴杀人者，结案待报。诸人杀死其父，子殴之死者，不坐，仍于杀父者之家征烧埋银五十两。诸蒙古人因争及乘醉殴死汉人者，断罚出征，并全征烧埋银。诸因哄争，一人误蹂死小儿，一人殴人致死，殴者结案，蹂者杖一百七，并征烧埋银。诸有人戏调其妻，夫遇而殴之，因伤而死者，减死一等论罪，仍征烧埋银。诸殴死应捕杀恶逆之人者，免罪，不征烧埋银。诸以他物伤人，伤毒流注而死，虽在辜限之外，仍减杀人罪三等坐之。诸因争，以头触人，与人俱仆，肘抵其心，邂逅致死者，杖一百七，全征烧埋银。诸出使从人，殴死馆夫者，以殴杀论。诸因戏言相殴，致伤人命者，杖一百七。诸父亡，母复纳他人为夫，即为义父。若逐其子出居于外，即同凡人，其有所斗殴杀伤，即以凡人斗殴杀伤论。诸彼此有罪之人，相格致死者，与杀常人同。"

又："诸军官驱役军人，致死非命者，量事断罪并罢职，征烧埋银给苦主。"

又："诸捕盗官搜捕逆贼，辄将平人审问踪迹，乘怒殴之，邂逅致死者，杖六十七，解职别叙，记过，征烧埋银给苦主。"

六、资格刑

元代的资格刑包括除名、免、解任、不叙、降职、禁锢等。

(一)除名

元朝的统治者基本上继承了汉族政权所运用的"除名"制度。《元史·刑法志》："诸审囚官强愎自用，辄将蒙古人刺字者，杖七十七，除名，将已刺字去之。"

《续文献通考》一百三十五："先是，十九年（公元1282年）九月，始定官吏受贿及仓库官侵盗，台察知而不究者，验其轻重罪之。凡中外官吏赃罪，自五十贯以上，皆杖决，除名不叙；百贯以上者处死。言官缄默与受赃者一体论罪。"

《元史·泰定纪》："至和元年（公元 1328 年）四月，塔失帖木儿、倒剌沙请：'凡蒙古、色目人，效汉法丁尤①者，除其名。'从之。"

（二）免、斥罢、解任

在元朝免有多种名称，实际上与汉制相仿。《元史·成宗纪》："（大德）三年（公元 1299 年）三月，诏：'军官受赃罪，重者罢职，轻者降其散官，或决罚就职停俸，期年许令自效。'"

《元史·文宗纪》："至顺元年（公元 1330 年）十月，御史台臣言：'内外官吏令家人受财，以其干名犯义②，罪止（杖）四十七，解任。今贪污者，缘此犯法愈多，请以十二章计赃多寡论罪。'从之。"又二年六月，诏："诸官吏在职役，或守代未任，为人行赇关说，即有所取者，官如十二章论赃，吏罢不叙，终其身；虽无所取，讼起灭③由已者，罪加常人一等。"沈家本注："今时有起灭自由之语，盖始见于此。"④

《元史·武宗纪》："大德十一年（成宗年号，公元 1397 年，时武宗已即位）七月，诏：'唐兀秃鲁花户籍已定，其入诸王、驸马、各部避役之人及冒匿者，皆有罪。'"

又："至大元年（公元 1308 年）正月，敕御史台，见（现）系犯赃官吏，罪止征赃、罢职。"沈家本注："罪赦而赃仍征，又罢职不叙，元世惩贪法，尚不废也。"

又："至大三年（公元 1310 年）十月，敕谕中外：'民户托名诸王、妃主、贵近臣僚，规避差徭，已尝禁止。自今违者，俾充军驿及筑城中都。（郡）县官不觉察者罢职。'"

（三）不叙

叙者，续也。不叙即官职不再延续，实际上就是彻底地罢官。

---

① 丁尤：遭父母之丧。这里指为父母守丧。
② 干名犯义：以不正当手段毁辱人的名声。
③ 讼起灭：讼事的提起和消灭。
④ 沈家本：《历代刑法考》（下册），商务印书馆，2011 年版，第 305 页。

《元史·成宗纪》："（大德）八年（公元 1304 年）二月，敕军人奸盗诈伪，悉归有司。三月，诏：'军民官已除，以地远官卑不赴者，夺其官不叙。'"

《元史·仁宗纪》："至大四年（公元 1311 年，其时，仁宗已即位）闰七月，敕：军官七十致仕，始听子弟承袭。其有未老即托疾引年，令幼弱子弟袭职者，除名不叙，其巧计求迁者，以违制论。"

（四）降职

降职是一种降低官职等级的刑罚。

《元史·成宗纪》："（大德）三年（公元 1299 年）三月，诏：'军官受赃罪，重者罢职，轻者降其散官，或决罚就职停俸，期年许令自效。'"

（五）禁锢

禁锢就是元朝统治者剥夺罪犯及其家属入仕资格的刑罚，经常作为附加刑出现。《元史·文帝纪》："至顺二年，湖广参政彻里帖木儿与速速、班丹俱坐出怨言，鞫问得实，刑部议当彻里帖木儿、班丹杖一百七，速速处死。会赦，彻里帖木儿流广东，班丹广西，速速徙海南，皆置荒僻州郡。有旨：'此辈怨望于朕，向非赦原，俱当置之极刑，可俱籍其家，速速禁锢终身。'"沈家本注："怨望而置极刑，近于秦法之诽谤者族，会赦，禁锢亦甚幸矣。禁锢之见于《文纪》者，钦察台在英宗朝，阴与中政使咬住造谋诬告，同妻孥禁锢广南（至顺二年）。和尚御史中丞坐受妇人为赂，遇赦原，禁锢终身（至顺元年）。"[①]

可见，元代的禁锢刑与唐宋禁锢刑类似，但这种刑罚在元代的执行程度很低。虽有刑罚，有判决，但很多受罚者都可以找到其中的漏洞，逍遥法外。《元史·仁宗纪》："徽政、宣徽用人，率多罪废之流……"程钜夫的《雪楼集》卷十："今日斥罢于东，明日擢用于

---

① 沈家本：《历代刑法考》（上册），商务印书馆，2011 年版，第 454 页。

西……相师成风,愈无忌惮……"这里的罪废之流实际上指的就是因获罪被禁锢的官员,他们虽然应受惩罚,但却能罢于东,用于西,丝毫不将元代的禁锢刑当成限制,可见元代禁锢的执行程度之低。

七、耻辱刑

元代的耻辱刑包括墨、黥、贼等。

(一)墨

元代较为常见的耻辱刑就是墨。墨刑常用于窃盗罪,且依所犯罪刑不同,所刺身体部位也各有不同。

《元史·刑法志》:"诸仓庾官吏与府州司县官吏人等,以百姓合纳税粮,通同揽纳,接受折价飞钞者,十石以上,各刺面,杖一百七。"

又:"诸守库藏军人,辄为首诱引外人偷盗官物,但经二次三次入库为盗,及提铃把门军人,受赃纵贼者,皆处死;为从者,杖一百七,刺字流远。"

又:"诸现役军人在逃,因为窃盗得财,杖一百七,仍刺字。杖从逃军,刺从盗。"

又:"诸为盗经刺,自除其字,再犯非理者,补刺。五年不再犯,已除籍者,不补刺,年未满者,仍补刺。"

又:"诸盗贼赦前擅去所刺字,不再犯,赦后不补刺。"

又:"诸应刺左右臂,而臂有雕青者,随上下空歇之处刺之。"

又:"诸犯窃盗已经刺臂,却遍文其身,覆盖元刺,再犯窃盗,于手背刺之。"

又:"诸累犯窃盗,左右项臂刺遍,而再犯者,于项上空处刺之。"

《元史·世祖纪》:"至元十九年(公元 1282 年)五月,元帅綦公直言:'乞黥逃军,仍使从军。'"

《元史·世祖纪》："(至元)二十年(公元1283年)十一月,禁云南权势没人以为奴,及黥其面者。"

《元史·成宗纪》："大德元年(公元1297年)五月,诏:'强盗奸伤事主者,首从悉诛。不伤事主,从者刺配,再犯亦诛。'"沈家本注:"此是强盗律,尚无但得财,不分首从之文。"

《元史·顺帝纪》："元统二年(公元1334年)七月,诏:'蒙古、色目人犯盗者,免黥。'"

(二)馘、职

馘、职在元代是指割去耳朵,以示折辱的一种刑罚。

姚燧的《牧庵集》卷十七《颍州万户邸公神道碑》讲到,至元三年(公元1276年),张兴祖讨伐诸州叛军,"凡馘受伪命二千九百七人"。此刑多用于军旅。

小　结

元代是中国古代酷刑大规模回潮的时期。凌迟等残忍的死刑执行方式得到了较多的应用,各种基本上消失在中国古代历史发展进程中的野蛮的肉刑,如劓刑、断舌等也回到了元代的刑罚体系当中。可以说,元代的刑罚发展已经放弃了汉帝国、唐帝国刑罚演变的方向,彻底走向了重刑主义的道路。这样的结果应当与元朝是由蒙古贵族建立的少数民族政权有一定关系。在蒙古部落的旧制中原本就存在着一些酷刑,且处于部族社会的蒙古贵族一直在立法方面保留着简单粗暴的思维方式和行为模式,虽然在元代刑罚的发展过程中,汉族政权的刑罚设计被逐渐吸收,但并没有彻底改变元代刑罚的民族性,也没有改变元代刑罚中的民族性差异。

再者,元代的重刑应该与其政治统治的需要有关。当元代的统治者刚刚在中原站稳脚跟的时候,他们认为利用严峻的刑罚可以更容易使被统治的汉人和其他民族屈服于新政权的威慑,而当他们成功地使元政权立足于中原之后,他们还是发现,自己作为统治者永远都只能是所谓的少数人,对于人口众多的汉族来说,新政权即使掌握强大的军队,一旦出现大规模的社会动乱,他们也无力镇压。因此,他们对广大的被统治者采取重刑压服的政策,而对统治者集团,他们则采用了格外的优待政策,如元代刑罚制度规定,窃盗犯要处以黥刑,但是对于蒙古族犯窃盗、强盗罪者,则"不在刺字之条"。如果有堂官将蒙古族窃盗、强盗犯刺字,那么这个堂官要受杖七十七,革去官职,并应将罪犯的刺字去除。更有甚者,元代法律规定蒙古人打死汉人,只需杖五十七下,征烧埋银;而汉人打死蒙古人,不仅要被处死,首犯还要被罚没家产,从犯要罚征烧埋银。这种根深蒂固的刑罚野蛮性和刑罚特权性给元代的政权带来了深层次的危机,一旦元代统治者所依赖的小集团彻底腐朽,不复当年之勇,那么被酷刑压制的被统治者就会展现出他们强大的力量,起来推翻元的统治。

第十六章　明代的刑罚

　　从中国古代历史的发展来看,宋、元、明、清时期是中国小农经济继续发展并走向没落,而商品经济逐渐萌芽的时期。这一时期,封建制度已经走向末路,社会矛盾日趋激化,统治者为维护其统治,不断采取措施加强中央集权,用重典治国,因此中国古代的刑罚结束了自其产生之后就延续的逐渐轻省的趋势,转而变得日益残酷,这也是中国古代社会后期刑罚的重要特点。到了明清两代,这样的趋势尤为明显。为了坚持重农抑商的传统,实行"禁海闭关",镇压一切敢于挑战中央集权的社会因素,明代增加了许多法外酷刑;而清朝又处于中国古代向近代发展的复杂时期,更加以空前的严刑峻法推行政治思想的高压统治。明清时期大兴文字狱,对思想异端严厉惩罚,这正是明清两代刑罚转烈的表现。

　　明初的社会形势是酷刑创设的前提条件。明初,各种社会问题十分严峻。尽管在中原,元的统治已经被终结,但其军事力量依然在新帝国的周边形成严重威胁,对外敌用兵、巩固新帝国是一项不容有失的任务。战争需要丰厚的国库储备作为支持,而明帝国的统治区域因为连年战祸,民生凋敝、百业不兴、税赋枯竭,因而新帝国的内部实际上潜藏着很多而且是很尖锐的社会问题,如果不能及时有效地解决这些问题,皇权是不可能稳固的。

　　朱元璋的治国思想也是帝国酷刑的催化剂。朱元璋把"治乱世用重典"作为自己的治国方针,但他把问题估计得过分严重了。他说,对于"奸民犯法,吾所其恶,务必除之,不可贷也"[1]。他认为

　　————————————

　　[1]　《明太祖实录》卷一一六。

元灭亡的原因可以归结为"宽纵",认为新帝国的法度必须是刚猛的,而且他强调刑用重典是在"乱世"条件下不得已而为的。他告诫子孙说:"吾治乱世,刑不得不重……所谓刑罚世轻世重也。"①不仅《明律》比唐宋律要严酷,恢复或使用了大辟、凌迟、枭首、刺字、阉割、枷号等酷刑,而且朱元璋手制的《大诰》又使这些酷刑的使用经常化,使新的肉刑,如断手、剁指、挑筋等刑名合法化。

除了明初的社会状况及朱元璋的治国思想外,宦官专权、干预司法也是明朝酷刑形成的一个重要原因。自明成祖开设东厂,加强锦衣卫的力量起,以后的皇帝无不利用厂卫控制臣民、侦刺惩办反叛。东厂、西厂、锦衣卫遂成为中央特别司法组织,由司礼监太监任提督、统领,直接听命于皇帝,实际凌驾于三法司之上。再加上明中期以后,皇帝沉湎于内宫,往往几年甚至几十年不见大臣,一切朝政要务均由太监传递转达,宦官权倾一时,炙手可热。由于太监多由心怀叵测、阴险狡诈之徒充任,一旦大权在握、掌理司法要务,往往曲迎上意、不守成法。他们或罗织人罪,或栽赃陷害,或惨刑考掠,或锻炼成狱,或贪赃枉法,无恶不作。因此,明朝酷刑和法外用刑多与宦官干预司法有关。

我们可以说是多种因素集合在一起,使得明朝的酷刑尤其残酷,但归根结底是由明王朝维护封建专制统治的目的所决定的。

《明史·刑法志》:"明太祖平武昌,即议律令。吴元年冬十月,命左丞相李善长为律令总裁官,参知政事杨宪、傅瓛、御史中丞刘基、翰林学士陶安等二十人为议律官,谕之曰:'法贵简当,使人易晓。若条绪繁多,或一事两端,可轻可重,吏得因缘为奸,非法意也。夫纲密则水无大鱼,法密则国无全民。卿等悉心参究,日具刑名条目以上,吾亲酌议焉。'每御西楼,召诸臣赐坐,从容讲论律义。十二月,书成,凡为令一百四十五条,律二百八十五条。又恐小民

① 《明史·刑法志》卷九十三。

不能周知,命大理卿周桢等取所定律令,自礼乐、制度、钱粮、选法之外,凡民间所行事宜,类聚成编,训释其义,颁之郡县,名曰《律令直解》。太祖览其书而喜曰:'吾民可以寡过矣。'"

这就是著名的《大明律》的雏形。然此律过简,并不能完全适应新帝国长期发展的需要。

《明史·刑法志》:"洪武元年(公元1368年)又命儒臣四人同刑官讲《唐律》,日进二十条。"

又:"六年冬,诏刑部尚书刘惟谦详定《大明律》。每奏一篇,命揭两庑,亲加裁酌。及成,翰林学士宋濂为表以进,曰:'臣以洪武六年冬十一月受诏,明年二月书成,篇目一准于唐:曰卫禁,曰职制,曰户婚,曰厩库,曰擅兴,曰贼盗,曰斗讼,曰诈伪,曰杂律,曰捕亡,曰断狱,曰名例。采用旧律二百八十八条,续律一百二十八条,旧令改律三十六条,因事制律三十一条,掇(音夺)《唐律》以补遗百二十条,合六百有六条,分为三十卷。或损或益,或仍其旧,务合轻重之宜。'"

又:"九年(公元1376年),太祖览律条犹有未当者,命丞相胡惟庸、御史大夫汪广洋等详议厘正,十有三条。十六年(公元1383年),命尚书开济定诈伪律条。"沈家本注:"《明律》载刘惟谦进律表云'臣惟谦以洪武六年冬十一月受诏,明年二月书成,篇目一准之于唐:曰卫禁,曰职制,曰户婚,曰厩库,曰擅兴,曰贼盗,曰斗讼,曰诈伪,曰杂律,曰捕亡,曰断狱'云云,后题洪武七年月日刑部尚书等官臣刘惟谦等上表,是此书实成于七年二月。《太祖纪》书于六年闰月,误也。表以惟谦领衔,而《志》称宋濂作表者,必濂当日亦于斯役,故其文于濂手,《志》语未分明耳。至律目次序不同,说详《律目考》。"①

明初,帝国还颁布了与《大明律》并行的《大明令》。

----

① 沈家本:《历代刑法考》(下册),商务印书馆,2011年版,第340页。

《续文献通考》一百三十六："帝谓台省官曰：'元时《条格》繁冗，所以其害不胜，且以七杀言之，谋杀、故杀、斗殴杀，皆死罪，何用如此分析？但误杀有可议者，要之与戏杀、过失杀亦不大相远，今立法正欲矫其旧弊，归于简严。简则无出入之弊，严则民知畏而不敢轻犯，尔等其体此意。'书成，帝与廷臣复阅视之。去繁就简，减重就轻。凡为令一百四十五条，吏令二十，户令二十四，礼令十七，兵令十一，刑令七十一，工令二。律则准唐之旧而增损之。计二百八十五条，吏律十八，户律六十三，礼律十四，兵律三十二，刑律一百五十，工律八。命有司刊布中外。十二月，作《律令直解》，颁行郡县。时律令初行，帝谓大理卿周祯等曰：'律令之设，所以使人不犯法，田野之民岂能悉晓其意，有误犯者，赦之则废法，尽法则无民。尔等前所定律令，除礼乐、制度、钱粮、选法之外，凡民间所行事宜，类聚成编，直解其义，颁之郡县，使民家喻户晓焉。'"

除《大明律》和《大明令》之外，朱元璋还汇集了很多典型案例，编为《大诰》作为明朝司法实践的补充。

《大明令》共一百四十五条。邱濬曰："唐有律，律之外有令、格、式。宋初因之，至神宗更其目曰敕、令、格、式。所谓敕者，兼唐之律也，洪武元年，即为《大明令》，颁行天下。"制曰："惟律令者，治天下之法也，令以教之于先，律以齐之于后。古者，律令至简，后世渐以烦多，甚至有不能通其义者，何以使人知法意而不犯哉？民既难知，是启吏之奸而陷民于法，朕甚悯之。今所定律令，芟（音删）繁就简，使之归一，直言其事，庶几人人易知而难犯。《书》曰'刑期于无刑'，天下果能遵令而不蹈于律，刑措之效亦不难致。兹命颁行四方，惟尔臣庶体予至意斯令也，盖与汉高祖初入关约法三章、唐高祖入京师约法十二条，同一意也。"[1]至六年，始命刑部尚书刘

惟谦等造律文，又有《洪武礼制》《诸司职掌》之作与夫《大诰》三编及《大诰武臣》等书，凡唐、宋所谓律、令、格、式，与其编敕皆在是也，但不用唐、宋之旧名耳。沈家本注："《大明令》，《艺文志》不录。焦竑《国史经籍志》：'《大明令》一卷'，是当时尚有单行之本，今佚。《读法》所采甚多。辑之尚可成一卷也。"①

《明史·太祖纪》："(洪武)二十八年(公元 1395 年)六月己丑，御奉天门，谕群臣曰：'朕起兵至今，四十余年，灼见情伪，惩创奸顽，或法外用刑，本非常典。后嗣止循《律》与《大诰》，不许用黥刺、剕、劓、阉割之刑。臣下敢以请者，置重典。'九月庚戌，颁《皇明祖训条章》于中外，后世有言更祖制者，以奸臣论。"沈家本注："《艺文志》不录，《读法》采用此书，与《祖训录》当是二书。"②

《春明梦余录》四十四："霍韬(明嘉靖年间任礼部尚书)疏：洪武《教民榜文》一，民间子弟十八岁者，或十三岁者，此时欲心未动，良心未丧，早令讲读。二编三诰诚以先人之言为定，使知避凶趋吉，日后皆称贤人君子，为良善之民，免贻父母忧虑，亦且不犯刑宪，永保身家。臣谨按《教民榜文》及御制《大诰》等书，皆圣祖训饬天下，拳拳至意，天下臣民皆得熟读敬守，真可以寡过矣。今则非直百姓不见此书，虽学校生儒见此书者亦鲜也。伏愿敕下礼部，将圣制各书，各刻一本，颁各布政司翻刻，颁布学校里闾社学，实嘉惠臣民至幸。"沈家本注："《艺文志》不录此书，据霍韬疏，是嘉靖中此书流传已少。"③经查，《明史·艺文志》有此书，在仪注类。二编三诰：二编即《大诰续编》《大诰三编》。三诰即《御制大诰》《大诰续编》《大诰三编》。

《明会典》："《应合抄劄律令》：奸党谋反大逆、奸党恶造伪钞，

---

①　沈家本：《历代刑法考》(下册)，商务印书馆，2011 年版，第 347 页。
②　沈家本：《历代刑法考》(下册)，商务印书馆，2011 年版，第 347 页。
③　沈家本：《历代刑法考》(下册)，商务印书馆，2011 年版，第 348 页。

杀一家三人,采生折割人为首。《大诰》:揽纳户、安保过付、诡寄田粮、民人经该不解物、洒派抛荒田土、倚法为奸、空引偷军、黥刺在逃、官吏长解卖囚、寰中士大夫不为君用。"这些都是要惩处的罪名、罪状。

沈家本《历代刑法考》:"明《大诰》峻令:洪武《大诰》诸峻令,曰族诛,曰枭令,曰墨面纹身、挑筋去指,曰墨面纹身、挑筋去膝盖,曰剁指,曰断手,曰刖足,曰阉割为奴,曰断趾枷令,曰常枷号令,曰枷项游历。并详《大诰峻令考》。"①

沈家本认为,"综论有明一代刑政,太祖用重典以惩一时,而酌中制以垂后世,猛烈之治,宽仁之诏,相辅而行,未尝偏废也。惠帝专欲以仁义化民,元年刑部报囚,减太祖时十三。其后,仁宗、宣宗、孝宗,政治清明,刑法最称平恕。穆宗优恤死亡,世亦称之。用刑之惨毒,莫甚于成祖。其后英宗时,王振乱政,刑章大紊,然帝心颇宽平。霜降审录重囚,实自天顺始。情可矜疑者,得沾法外之恩,实仁政也。宪宗多秕政,而于刑狱尤慎之。武宗时,刘瑾专权,冤滥满狱。世宗意主苛刻,中年益肆诛戮。神宗性仁,而独恶言者,内外官杖戍为民者至一百四十人。后不复视朝,刑辟罕用,则又失之废弛。熹宗昏乱,阉竖用事,酷虐极矣。庄烈帝锐意综理,时国事日棘,重法以绳臣下,救过不暇,而卒无救于乱亡。此有明一代刑政之大较也。"②

一、株　连

明代之株连刑罚有收孥连坐、族诛、夷三族、夷十族、株蔓、夷乡等。

---

① 沈家本:《历代刑法考》(上册),商务印书馆,2011年版,第138页。
② 沈家本:《历代刑法考》(上册),商务印书馆,2011年版,第57页。

（一）收孥连坐

明代的收孥连坐是一种同时具有株连和财产刑性质的刑罚。一般来说，历代作为财产刑的籍没都是将罪犯的妻女没入官府为奴，这样的刑罚一般不会累及其他与罪犯有血缘关系的人，但明代的收孥连坐则把籍没和连坐结合在一起，将罪犯的其他亲属也列入籍没名册，极大地加强了籍没刑的打击力度。这种刑罚在明代一般用于惩治所谓谋反、大逆的重罪。《明史·艺文志》："叶良佩（明嘉靖二年进士，官至刑部郎中）云：国家之法，虽本于李唐之十二篇，然或芟繁定舛，因事续置，大抵比旧增多十二三，而祥德美意殆未易以言语殚述也。姑举其大者：如以笞、杖、徒、流、死（绞斩）定为五刑，而钭趾、蚕室之制一切刬（同铲）除，以六曹分为类目，而《擅兴》《厩库》等篇，悉为裁定。代背棰以臀杖，而断无过百，易黥面以刺臂，而法止贼盗。他如见知严于逃叛，故纵深于捕亡，收孥连坐之条，独于反逆大不道者当之，凡兹旨法之至善者也。至夫圜土之制，嫌于太重，则贷之以输作。嘉石之制，嫌于太轻，则罚之以荷校。盗官藏受赃枉法，罪皆死，又嫌于太重，则着为杂犯之令，而听其赎镪与输作焉。由杖徒一转而入大辟，嫌于太疏，则定议着为徙边、戍边、永戍之令，不与同中国。其冥顽不轨之民，或情罪勿丽于法，或许所司比议奏决以行，曲而不苛，平而难犯。盖肉刑虽亡，而厥威故在，象刑无事于复，而钦恤之意，未尝不行乎其间也。"

《明律·刑律·贼盗》："凡谋反及大逆，但共谋者不分首从，皆凌迟处死。祖父、父、子孙、兄弟及同居之人，不分异姓，及伯叔父、兄弟之子，不限籍之同异，年十六以上不论笃疾、废疾，皆斩。十五以下及母女、妻妾、姊妹若己之妻妾，给付功臣之家为奴。"

又："凡谋叛，但共谋者，不分首从，皆斩。妻妾、子女，给付功臣之家为奴。财产并入官。父母、祖孙、兄弟，不限籍之异同，皆流二千里安置。"

（二）族诛

明初的族诛刑在朱元璋和朱棣的政治统治下异常严酷。沈家本《历代刑法考》："族诛即秦夷族之法也。自汉以来，非叛逆无用此重典者。明祖意在惩恶，未免作法于凉。其后成祖屠戮忠臣，率用此法。"[①]典型的案例有胡惟庸案。《明史·奸臣传》："惟庸既死，其反状犹未尽露。至十八年，李存义为人首告，免死，安置崇明。十九年十月，林贤狱成，惟庸通倭事始著。二十一年，蓝玉征沙漠，获封绩，善长不以奏。至二十三年五月，事发，捕绩下吏，讯得其状，逆谋益大著。会善长家奴卢仲谦首善长与惟庸往来状，而陆仲亨家奴封帖木亦首仲亨及唐胜宗、费聚、赵庸三侯与惟庸共谋不轨。帝发怒，肃清逆党，词所连及坐诛者三万余人。乃为《昭示奸党录》，布告天下。株连蔓引，迄数年未靖云。"族诛涉及三万余人，可谓史所罕见。

又如蓝玉案，《明史·蓝玉传》："（洪武）二十六年二月，锦衣卫指挥蒋瓛告玉谋反，下吏鞫讯。狱辞云：'玉同景川侯曹震、鹤庆侯张翼、舳舻侯朱寿、东莞伯何荣及吏部尚书詹徽、户部侍郎傅友文等谋为变，将伺帝出藉田举事。'狱具，族诛之。列侯以下坐党夷灭者不可胜数。手诏布告天下，条列爱书为《逆臣录》。至九月，乃下诏曰：'蓝贼为乱，谋泄，族诛者万五千人。自今胡党、蓝党概赦不问。'胡谓丞相惟庸也。于是，元功宿将相继尽矣。"

两案相连，被杀者达到四万五千多人，思之令人胆寒。而朱元璋的儿子朱棣在运用族诛刑时也毫无心慈手软之意。

《明史·方孝孺传》："成祖发北平，姚广孝以孝孺为托，曰：'城下之日，彼必不降，幸勿杀之。杀孝孺，天下读书种子绝矣。'成祖颔之。至是欲使草诏。召至，悲恸声彻殿陛。成祖降榻，劳曰：'先生毋自苦，予欲法周公辅成王耳。'孝孺曰：'成王安在？'成祖曰：

---

① 沈家本：《历代刑法考》（下册），商务印书馆，2011 年版，第 877 页。

'彼自焚死。'孝孺曰：'何不立成王之子？'成祖曰：'国赖长君。'孝孺曰：'何不立成王之弟？'成祖曰：'此朕家事。'顾左右授笔札，曰：'诏天下，非先生草不可。'孝孺投笔于地，且哭且骂曰：'死即死耳，诏不可草。'成祖怒，命磔诸市。孝孺慨然就死，作绝命词曰：'天降乱离兮孰知其由，奸臣得计兮谋国用犹。忠臣发愤兮血泪交流，以此殉君兮抑又何求？呜呼哀哉兮庶不我尤！'"方孝孺一案，被杀的不仅仅是方孝孺本人，朱棣对方孝孺执行了非常严酷的族诛刑，是为世所罕见的株十族。在黄子澄案中，朱棣也使用了族诛刑。《明史·黄子澄传》：黄子澄"乃就嘉兴杨任谋举事，为人告，俱被执。子澄至，成祖亲诘之。抗辩不屈，磔死。族人无少长皆斩，姻党悉戍边"。

朱元璋、朱棣在中国历史上经常被作为暴君的代名词，恐怕与这几次惨无人道的族诛刑有着密切的关系。

除了明初的大规模族诛外，族诛刑在明朝的司法实践中也有较多的应用。沈家本《历代刑法考》："明祖当元代法纪废弛之后，人多徇私灭公，因严刑以惩戒之，盖欲风俗之移易也。其峻令之著于《大诰》者，多出于律外。自序云：'弃市之尸未移，新犯大辟者即至，然则风俗之未能移易，重刑云乎哉。'"①《明史·刑法志》："凡三诰所列凌迟、枭示、种诛者，无虑千百，弃市以下万数。……其三编稍宽容，然所记进士监生罪名，自一犯至四犯者犹三百六十四人、幸不死还职率戴斩罪治事。"

朱元璋亲自编订的刑典《大诰》中就有大量关于族诛刑的规定。《大诰》："凡在官之物，起解之际，须差监临主守者。若是市政司、府、州、县不差监临主守，故差市乡良民，因而卖富差贫，许市乡年老耆宿老人及英壮豪杰之士将首领官并该吏绑缚赴京。若或深知在闲某人或刁狡好闲民人教此官吏。一发绑缚赴京来。有司官

---

① 沈家本：《历代刑法考》（下册），商务印书馆，2011年版，第875页。

吏，精目是诰，勿坠此宪，敢有故违，族诛之。"沈家本按："赋役不均律，放富差贫那移作弊者，当该官吏各杖一百，此应科差而那移者也。转解官物，律，凡各处征收钱帛、买办军需、成造军械等物，所在州县交收，差有职役人员陆续类解本府，若本府不即交收，差人转解，勒令人户就解布政司者，当该提调正官、首领官、吏典各杖八十，此不应差而勒令者也。与此条故差市乡良民者虽不甚相符，然罪名不应悬绝若是。明祖之意，特恶其扰民，故用此重法耳。"①这里涉及两项罪行：一是赋役不均，放富差贫，阿谀富人，克勒穷人；一是转解官物，不按程序交收，强令人户直送布政司。前者，按明之赋役不均律，应科差而放富差贫那移（挪用、移用）作弊者，有关官吏各杖一百。后者，按明律，相关的提调正官、首领官、吏典只应各杖八十。两项均无死刑，《诰》却均坐族诛，不仅自己丢了性命，还连累全家陪死。何相差如此之巨？

《大诰》："一切闲民信从有司，非是朝廷设立应当官役名色，私下擅称名色，与不才官吏同恶相济，虐害吾民者，族诛，有司凌迟处死。"沈家本按："亦滥设官吏之类。因系闲民害民，而用重典。然害民之事，轻重不等，一概族诛，太无区别。观容留滥设条，似此条闲民亦指罢闲官吏而言，故其法特重。"②这是指私设官吏、扰害人民、增加人民的负担，治罪是应当的；但不分轻重、不加区别，一律族诛，就太苛重了。

《大诰》："民拿害民官吏，正官、首领官及一旦人等，敢有阻挡者，其家族诛。"沈家本按："此条何房吏作弊？许高年有德耆民及年壮豪杰者将何房该吏擎赴京来？意在使贪官污吏尽化为贤，意非不善，然恐流弊滋多。一阻挡而即族诛，较之前编第四十六条耆民赴京奏事阻者论如邀截实封律斩为更重。以情法而论，其阻挡

① 沈家本：《历代刑法考》（下册），商务印书馆，2011年版，第876页。
② 沈家本：《历代刑法考》（下册），商务印书馆，2011年版，第876页。

根因大有区别,未可一律论也。"①民拿害民官吏,不分青红皂白,有阻挡者,一律族诛,甚为苛烈。害民的标准是什么? 由谁来界定? 所谓"民拿",是一种什么行为? 有没有一个范围? 这一切都没有一个说法,就族诛,岂不过于霸道?

《大诰》:"常熟县陈寿六为县吏顾英所害,率弟与甥三人擒其吏,执《大诰》赴京面奏,赏钞四十锭,三人衣各二件,更敕都察院榜谕市村。其陈寿六与免杂泛差役三年。敢有罗织生事扰害者族诛,捏词诬陷陈寿六者亦族诛。"沈家本按:"此因如《诰》擒恶,故特厚其赏,并悬此重典以庇之也。究之罗织、诬陷,情各不同,自当分别论之。"②这里讲的族诛,其实只是一种警告、一种威胁,并未实行,没有谁因此受到了族诛。

作为统治阶级的封建地主阶级制定的这些规定,同其他的封建王朝比较,应当说,考虑了人民的利益,是有人性的,其不足是惩处过于严酷。

《大诰》:"指挥林贤,胡党③,法司问出造反情由,族诛了当。十九年冬十月二十五日,将贤于京师大中桥,及男子出幼者皆诛之,妻妾婢之。"沈家本按:"盖用叛逆律,尚非法外加重。男子出幼者诛,似不及岁者,尚不在骈诛之列。"④

《大诰》:"洪武十九年,福建沙县民罗辅等十三名,不务生理,专一在乡构非为恶,心恐事觉,朋奸诽谤,却说如今朝廷法度好生利害,我每各断了手指,便没有用了。如此设谋自残父母之遗体,是为不孝,捏词上榜朝廷,是为不臣。似尔不孝不臣之徒,惑乱良民,久则为祸不浅,所以押回原籍枭令于市,阖家成丁者诛之,妇女

---

① 沈家本:《历代刑法考》(下册),商务印书馆,2011 年版,第 876 页。

② 沈家本:《历代刑法考》(下册),商务印书馆,2011 年版,第 877 页。

③ 胡党是指胡惟庸党。胡党案是明代最大的冤案之一。此案被株连诛杀三万多人,其中包括耄耋老人和刚出生的婴儿。

④ 沈家本:《历代刑法考》(下册),商务印书馆,2011 年版,第 876 页。

迁于化外。"沈家本注："汉文除诽谤之法，欲闻己过也。此等断指诽谤之人，固属刁恶，然遽施以法外之刑，何其度量之不宏也。"①罗辅等人断指，是为了逃避徭役和兵役，而官方把它扯到不臣、不孝上来，以此罗织不孝不臣之大罪，处以族诛，刑至全家，太残酷了。

（三）夷三族

《明史·卓敬传》："燕王即位，被执，帝犹不忍杀。姚广孝故与敬有隙，进言曰：'敬言诚见用，上宁有今日。'乃斩之，诛其三族。"沈家本注："成祖时，诛夷甚众，而史称夷三族者，惟敬一人。"

沈家本《历代刑法考》："成祖滥诛泄忿，屠戮忠良，当时磔死、族诛甚众，至瓜蔓抄、支解、发冢、三族尤其甚者。《守溪笔记》载清事云'醢之，罪及九族'，与本传异。至方孝孺十族之说，出于《逊国名臣录》，而史传不载，《通鉴》亦不采。今附记于此。"

《明史·成祖纪》："杀齐泰、黄子澄、方孝孺等，皆夷其族。"沈家本《历代刑法考》："靖难时，族诛之臣齐、黄诸人外，有练子宁、巨敬、景清、高翔、王度、葛诚、卢振、叶惠仲，皆见本传。"②

（四）夷十族

所谓的夷十族就是在株连的范围内加入了罪犯的朋友和门生。《明史·方孝孺传》："孝孺之死，宗族亲友前后坐诛者数百人。"

《明史纪事本末》："文皇大声曰：'汝独不顾九族乎？'孝孺曰：'便十族奈我何！'乃收其门生廖镛、杜嘉猷等为一族并坐。然后诏磔孝孺于市。"

《明史纪事本末》："初，籍十族，每逮至，辄示孝孺，孝孺执不从，乃及母族朱彦清等，妻族郑元吉等，九族既僇，亦皆不从，乃及

---

① 沈家本：《历代刑法考》（下册），商务印书馆，2011 年版，第 886 页。

② 沈家本：《历代刑法考》（下册），商务印书馆，2011 年版，第 55 页。

朋友门生廖镛、杜嘉猷等为一族，并坐。"

（五）株蔓

株蔓，明代亦称瓜蔓抄，是辗转株连，大规模地滥杀无辜的刑罚手段。

《明史·景清传》："成祖怒，磔死，族之。籍其乡，转相攀染，谓之瓜蔓抄，村里为墟。"

《明史纪事本末》："左拾遗戴德彝被执，责问不屈，死之。德彝死时，有兄俱从京师，嫂项氏家居，闻变，度过且赤族，今尽室逃，并藏德彝二子于山间，毁其氏族谱，独身留家。及收者至，一无所得，械项氏焚炙，遍体焦烂，竟无一言。戴族遂全。"

《二十二史札记》："今案坐胡党而死者李善长、陆仲亨、唐胜宗、费聚、赵庸、郑遇春、黄彬、陆聚、金朝兴、叶升、毛骐、李伯升、丁玉、邓愈之子镇，及宋濂之孙慎（濂亦安置茂州）。身已故而追坐爵除者，顾时（其子敬坐死）、杨璟、吴桢、薛显、郭兴、陈德、王志、俞通源、梅思祖、朱亮祖、华云龙（其子中坐死）。坐蓝党而死者傅友德、曹震、张翼、朱寿、何荣、詹徽、傅友文、察罕（纳哈出之子）、张温、陈桓、曹兴、黄辂、汤泉、马俊、王诚、聂纬、王铭、许亮、谢熊、汪信、萧用、杨春、张政、祝哲、陶文、茹鼎等。身已故而追坐爵除者，桑世杰（其子敬坐死）、孙兴祖（其子恪坐死）、何荣（其子荣贵安皆坐死）、韩政（其子勋坐死）、濮英（其子玙坐死）、曹良臣（其子泰坐死）。此皆见于列传者。胡狱有《昭示奸党录》，族诛至三万余人。蓝狱有《逆臣录》，诛至万五千余人。今二录不可考，而胡蓝二传备载其数。"

《明史·蓝玉传》："（洪武）二十六年二月，锦衣卫指挥蒋瓛告玉谋反，下吏鞫讯。狱辞云：'玉同景川侯曹震、鹤庆侯张翼、舳舻侯朱寿、东莞伯何荣及吏部尚书詹徽、户部侍郎傅友文等谋为变，将伺帝出藉田举事。'狱具，族诛之。列侯以下坐党夷灭者不可胜数。……至九月，乃下诏曰：'蓝贼为乱，谋泄，族诛者万五千人……'于是,元功宿将相继尽矣。"蓝玉在帮助朱元璋平定天下的过程中,立下赫赫战功,被封为凉国公。洪武二十六年二月,有人报蓝玉欲反,明太祖于是捕蓝玉,磔之,夷九族。凡和案件有牵连的人及与蓝玉有来往的人,都被抄家问斩,一共杀了近两万人。

《明史·胡惟庸传》记载洪武十三年正月一天,左丞相胡惟庸向明太祖报告,他家一井忽然涌出甘泉,而且长出了一个石笋,恭请陛下光临观赏。明太祖听了感到十分惊奇,就带着仪仗、护卫,前呼后拥地前去观看。刚出西华门,就有一个宦官拦住去路,示意这是胡惟庸设的圈套,诱骗皇上过府,加以杀害,以篡夺皇位。于是明太祖就退了回来,并发兵包围了胡府,抓住胡惟庸,把他磔死。事隔十年,有人揭发胡惟庸私通日本和元朝残余势力,企图发动政变。这时朱元璋已经到了晚年,疑心更大,于是追究此事,很多老臣宿将都被株连,被抄家诛族的三万多人。以上两案,史称胡蓝大狱。

明成祖朱棣,初封燕王,镇守北平(北京)。明太祖朱元璋去世后,其长孙建文帝即位,接受大臣奏请,准备削藩,触动了燕王的利益,朱棣起兵自称"靖难",四年后战胜了建文帝的势力,夺取了帝位。为巩固自己的皇位,他对政敌进行了血腥的镇压。他将建文帝亲信大臣五十余人列为奸臣,悬赏捉拿。一旦捉住后,不仅将其本人杀害,而且还株连九族。重者一律杀戮;轻者,男人发配充军,女人配给教坊、浣衣局及功臣家为家奴。在"奸臣"名单中,列在最前面的,就是首先提出削藩的齐泰、黄子澄。燕军攻占南京时,齐、黄二人不在南京城,齐泰全家除他六岁儿子外,无一幸免于死。黄子澄被人告密,在嘉兴被捕,解到南京,朱棣亲自审问,后被处磔刑。其家属,不论老少,一律处斩。所有姻亲均充军边疆。只有一个儿子逃脱,改名田经,移居湖北。

瓜蔓抄最狠毒的莫过于方孝孺案。朱棣杀了方孝孺及其十族并朋友、门生八百七十三人,发配充军者一千多人。这次血腥镇压,史称"瓜蔓抄",意即如藤蔓攀连般罗织抓捕,只要和列为"奸臣"的人沾亲带故,都在剿灭之列。前后被株连的人达万人以上。

（六）夷乡

夷乡,即将全乡人都残杀。

徐祯卿《翦胜野闻》:"太祖尝于上元夜微行,京师时俗,好为隐语相猜以为戏,乃画一妇人赤脚怀西瓜,众哗然。帝就视,因谕其恉①,谓淮西妇人好大脚也。甚衔之,明日,命军士大僇居民,空其室。盖马后祖贯淮西故云。"

由上面的株连之刑,我们可以看到,明朝司法过程中对刑罚的运用可谓残酷野蛮。

二、生命刑

《明律》中死罪二百四十九,又《杂犯》死罪十三,又《问刑条例》死罪二十。

沈家本《历代刑法考》:"《明律》死罪,凌迟十三,斩决三十八,绞决十三,斩候九十八,绞候八十七,共计死罪二百四十九。又《杂犯》斩四,《杂犯》绞九,共计十三。又《问刑条例》军罪为多,其死罪,《户婚》一,《军政》一,《关津》一,《贼盗》八,《人命》二,《斗殴》二,《诉讼》一,《诈伪》一,《杂犯》一,《捕亡》一,《断狱》一,共计二十事。大抵元死罪视唐尤少,明则多于唐,而视宋为少。说者多谓明法重,而未考死罪之数,实未为多也。"②

《明律·名例》:"徒流人在道会赦条:凡徒流人在道会赦,计行程过限者,不得以赦放(谓如流三千里,日行五十里,合该六十日程,未满六十日会赦,不问已行远近,并从赦放。若从起程日总计

---

①　因谕其恉:问是什么意思。
②　沈家本:《历代刑法考》(上册),商务印书馆,2011年版,第569页。

529

行过路程有违限者,不在赦限)。有故者,不用此律(有故,谓如沿途患病或阻风、被盗,有所在官司保勘文凭者,皆听,除去事故日数不入程限,故云不用此律)。若曾在逃,虽在程限内,亦不放免。其逃者身死,所随家口愿还者,听,迁徙安置人准此。其徒流,迁徙安置人已至配所及犯谋反逆叛缘坐应流,若造畜蛊毒、采生折割人、杀一家三人会赦犹流者,并不在赦放之限。"《左传·昭公元年》:"何谓蛊?"唐孔颖达疏:"以毒药药人,令人不自知者,今律谓之蛊毒。"采生折割人也称采割生灵,是旧时封建迷信的一种罪恶行为。歹徒残害人命,折割活人肢体,采取其耳目脏腑之类,用来合药,以欺骗病人。明清刑律对于犯者,皆处以极刑。

明朝的死刑执行有时间的限制。《明律》:"若立春以后,秋分以前,决死刑者,杖八十。其犯十恶之罪应死,及强盗者,虽决不待时,若禁刑日而决者,笞四十。"纂注:"禁刑日期,每月初一、初八、十四、十五、十八、二十三、二十四、二十八、二十九、三十日也。此出唐律。今正、五、九月,闰月,上下弦日、二十四气日、雨未霁、天未晴及大祭享日,亦禁。"[1]

《问刑条例》:"在京法司监候[2]枭首重囚,在监病故,凡遇春夏不系行刑时月,及虽在霜降以后,冬至以前,若遇圣旦等节,或祭祀、斋戒日期,照常相埋,通类具奏。"

当然,在明朝也有一种特殊的免死办法。

《续文献通考》:"作铁榜,诫公侯,申明律令。略曰:'朕起布衣,赖股肱宣力平定天下,论功行赏,封为公侯,令传子孙,共享太平之福。尚虑公侯之家奴、仆人等冒犯国典,今以铁榜申明律令,除亲属别议外,其奴仆一犯,即用究治,于尔家无所问。敢有藏匿

---

① 上下弦:上弦月和下弦月的日子。二十四气日:二十四节的日子。大祭享日:皇家的祭祀日。

② 监候:一种春夏判决的死刑,等到秋冬再执行的制度。

罪人者，比同一死折罪。其目有九：一、凡内外指挥、千户、百户镇抚、总旗、小旗等，不得私受公侯财物，受者杖一百，发海南充军。再犯处死。公侯与者，初、再犯，免罪附过，三犯准免死一次，奉命征讨受者，与者不在此限。二、凡公侯，不得私役军官，违者，初、再犯免罪附过，三犯准免死一次。其官军，敢有便听从者，杖一百，发海南充军。三、凡公侯强占官民山场、湖泊、茶园、芦荡及金、银、铜、锡、铁冶者，初、再犯免罪附过，三犯准免死一次。四、凡各卫官军，非出征之时，不得辄于公侯门首侍立听候，违者杖一百，发烟瘴之地充军。五、凡功臣之家，管庄人等，不得倚势在乡欺殴人民，违者刺面、劓鼻，家产籍没入官，妻子徙置南宁。其余听使之人，各杖一百，及妻子皆发南宁充军。六、凡功臣之家，屯田佃户、管庄干办火者、奴仆及其亲属人等，倚势凌民，侵夺财产者，并依倚势欺殴人民律处断。七、凡公侯除赐定仪仗户及佃田人户，已有名额报籍在官，敢有私托门下隐闭差徭者，斩。八、凡公侯之家倚恃权豪，欺压良善，虚钱实契，侵人田地房产孳畜者，初犯免罪附过，再犯住支俸给一半，三犯停其禄，四犯与庶人同罪。九、凡功臣之家，不得受诸人土田及朦胧投献物业，违者，初犯免罪附过，再犯者支俸给一半，三犯停其禄，四犯与庶人同。'"①

《明史·艺文志》："《戒饬功臣铁榜》一卷，洪武中颁。"沈家本注："世多讥太祖待功臣之薄，然观此九条，大指以扰民为戒，非别有苛条。其初、再犯免罪，三犯免死一次。其八、九两条，四犯方与庶人同罪，不可谓不宽。乃后来胡、蓝两狱，坐死至数万人，株连太甚，固所不免，然诸公侯亦各有自取之道，未可全归过于太祖也。

① 一死折罪：按死刑处断。附过：归附过失。便听从：明知公侯未经朝廷允准，而听任、听从其役使的官军。管庄：管理庄园的小吏。火者：冬季为公侯看管炭火的仆役。仪仗户：明朝时公侯出行，为其执掌威仪的佃户。虚钱实契：指虚购买田地房产，即不付钱，却强迫卖主将房、地契过户交付，实际上就是霸占。住支：停止支付。朦胧投献：不明不白地将物品敬献给公侯。

若宋、颖二公之死,实不免鸟尽弓藏之叹。或谓成祖已萌异志,故以尾大不掉之言进,致帝愈疑忌,恐非虚语。"①

明代的生命刑名目繁多,包括大辟、极刑、诛、戮、杀等,近三十种。

(一)大辟

明朝史籍、法律文书中依然沿用"大辟"的刑名,以泛指死罪。《明史·刑法志》:"历朝无寒审之制,崇祯十年(公元 1637 年),以代州知州郭正中疏及寒审,命所司求故事。尚书郑三俊乃引数事以奏,言:谨按洪武二十三年(公元 1390 年)十二月癸未,太祖谕刑部尚书杨靖:'自今惟犯十恶并杀人者论死,余死罪,皆令输粟北边以自赎。'永乐四年(公元 1406 年)十一月,法司进月系囚数,凡数百人,大辟仅十之一。成祖谕吕震曰:'此等既非死罪,而久系不决,天气沍寒,必有听其冤死者。'凡杂犯死罪下,约二百,悉准赎发遣。九年(公元 1411 年)十一月,刑科曹润等言:'昔以天寒,审释轻囚。今囚或淹一年以上,且一月间瘐死者,九百三十余人,狱吏之毒,所不忍言。'成祖召法司切责,遂诏:'徒流以下,三月内决放,重罪当系者恤之,无令死于饥寒。'十二年(公元 1414 年)十一月,复令以疑狱名上,亲阅之。宣德四年(公元 1429 年)十月,以皇太子千秋节,减杂犯死罪以下,宥笞杖以枷镣者。嗣后,世宗、神宗或以灾异修刑,或以覃恩布德。寒审虽无近例,而先朝宽大,皆所宜取法者。奏上,帝纳其言。然永乐十一年(公元 1413 年)十月,遣副都御史李庆斋玺书,命皇太子录南京囚,赎杂犯死罪以下。宣德四年(公元 1429 年)冬,以天气沍寒,敕南北刑官悉录系囚以闻,不分轻重。因谓夏原吉等曰:'尧、舜之世,民不犯法,成、康之时,刑措不用,皆君臣同德所致。朕德薄,卿等其勉力匡扶,庶无愧古人。'此寒审最著者,三俊亦不暇详也。"

---

① 沈家本:《历代刑法考》(下册),商务印书馆,2011 年版,第 339 页。

《明史·刘讱①传》："河南巡抚胡缵宗尝以事笞阳武知县王联。联寻为巡按御史陶钦夔劾罢。联素凶狡，尝殴其父良，论死。久之，以良请出狱。复坐杀人，求解不得。知帝喜告讦，乃摭缵宗迎驾诗②'穆王八骏'语，为谤讪。言缵宗命已刊布，不从，属钦夔论黜，罗织成大辟。候长至日，令其子诈为常朝官，阑入阙门讼冤。凡所不悦，若副都御史刘隅等百十人，悉构入之。帝大怒，立遣官捕缵宗等下狱，命讱会法司严讯。讱尽得其诬罔，仍坐联死，当其子诈冒朝官律斩，而为缵宗等乞宥。帝既从法司奏，坐联父子辟，然心嗛缵宗，颇多诘让，下礼部都察院，参议。严嵩为之解，乃革缵宗职，杖四十。讱亦除名，法司正贰停半岁俸，郎官承问者下诏狱。"

（二）极刑

极刑，就是死刑。以任何方式处决人犯，都可以说是处以极刑，只是史书记载的用语不同，刑罚的实质是相同的。

沈家本《历代刑法考》："刑以凌迟为极，《诰》内所言极刑，不知是凌迟否？姑列于凌迟之后。"

《大诰》："昆山县皂隶朱升一等，殴打钦差旗军，罪至极刑。旗军纵有赃私，亦当奏闻区处，安可轻视。"沈家本注："皂隶固不当殴打旗军，然皂隶亦非旗军之所能管辖，其相殴也，直凡斗耳。律内殴制使者杖一百徒三年，旗军实非制使可比，即以其系钦差前往，亦不过与奉命出使者等。罪至极刑，宜当日旗军之横也。"

《大诰》："管解囚徒赴京，长押人等中途卖放，处以极刑，籍没家产，人口迁于化外。"沈家本注："律内押解人故纵罪囚，与囚同罪，受财者计赃以枉法从重论，《明律》枉法满贯杂犯绞罪，此则直

① 刘讱：明嘉靖二十八年刑部尚书。
② 迎驾诗：原诗为"穆王八骏空飞电，湘竹英皇泪不磨"。胡缵宗作于明嘉靖十八年。

以叛逆处之矣。"[1]

（三）诛

诛作为一种死刑的刑名，一直带有某种以正义讨伐非正义，以善驱逐恶，以合法打击非法，以光明驱散黑暗的意味。这种刑名看似非常鲜明地标识出是与非的界限，但实际上也只是统治者显示封建刑罚权威，宣扬其统治合理的一种工具。《明史纪事本末》："文皇甫入清宫，即加罗织，始而募悬赏格，继而穷治党与，一士秉贞，则祖免并及，一人厉操，则里落为墟，虽温舒之同时五族，张俭之祸及万家，不足比也。乃若受僇之最惨者，方孝孺之党，坐死八百七十人。邹谨之案，诛僇者四百四十人。练子宁之狱，弃市者一百五十人。陈迪之党，杖戍者一百八十人。司中之系，姻娅从死者八十余人。胡闰之狱，全家抄提者二百七十人。董镛之逮，姻族死戍者二百三十人。以及卓敬、黄观、齐泰、黄子澄、魏冕、王度、卢质之徒，多者三族，少者一族也。……嗟乎，暴秦之法，罪止三族，强汉之律，不过五宗，故步阐之门皆尽，机云之种无遗。世谓天道好还，而人命至重，遂可灭绝至此乎！"

郎瑛的《七修类稿》："太祖私游一寺，见壁间有题布袋佛诗曰：'大千世界活茫茫，收拾都将一袋藏，毕竟有收还有散，放宽些子也何妨。'因尽诛寺僧。"因太祖朱元璋年幼时当过和尚，所以诗文中涉及和尚时，就认为是调侃他，必诛之。

《大诰》："蒲州知州孙景德起解课程，于本州岛减庄等九十八里每里科敛脚力驴一头，共科驴九十八头，将四十头卖放，与司吏乔思义各分入己，止将五十八头驮载科钞赴京。又于六房每房敛盘缠五十贯共三百贯入己。及先因公干赴布正司回还，到本州岛典史王勉家，置备羊酒，与伊父王直同座而饮。如此贪婪无礼，

---

① 沈家本：《历代刑法考》（下册），商务印书馆，2011年版，第883、884页。

诛。"沈家本注:"因公科敛入己,计赃以枉法论,《明律》乃杂犯绞也。"①

《大诰》:"吉州知州游尚志,指以生员为由,逼令生员二百余户句至,受赃放归。以中盐事,客商已缴原买官引,复每一引重追引五道,无者追钞五贯。又每户用柴五十斤、碳十斤,以巡阑为由,多差入户卖放,少点应当进纳商税课程。科民驴二百四十头,每头要钞三贯,除存留外,其余尽行卖去。诛。"

以上两案,都是因公科敛入己,计赃以枉法论,按明律以杂犯绞,也是死刑。

《明史·门达②传》:"(逯杲)为达及指挥刘敬心腹,从'夺门'。帝大治奸党,杲缚锦衣百户杨瑛,指为张永亲属,又执千户刘勤于朝,奏其讪上,两人并坐诛。"所谓从夺门是明正统十四年(公元1449年)英宗北击瓦剌,兵败被俘,诸臣立郕王,为景帝。后与瓦剌议和,英宗返回京师,居南宫,不许朝谒。景泰八年(公元1457年),石亨、徐有贞等率兵破墙,夺门入南宫,迎英宗复位,废景帝,改景泰八年为天顺元年。旧史称这次政变为夺门之役。

(四)戮

在明代戮尸已经列入正式的法典。明神宗万历十六年(公元1588年),制定《戮尸条例》,专门对戮尸刑的适用作了规定,使戮尸成为刑名,上升为法定刑。《戮尸条例》:"谋杀祖父母、父母条新题例:万历十六年正月题,奉钦依今后在外衙门,如有子孙谋杀祖父母、父母者,巡按御史会审,情真即单详到院,院寺即行单奏决,单到日,御史即便处决。如有监故在狱者,仍戮其尸。杀一家三人条例一:杀一家非死罪三人及支解人为首监故者③,将财产断付被

---

① 沈家本:《历代刑法考》(下册),商务印书馆,2011年版,第900页。
② 门达:明英宗天顺年间锦衣卫指挥使。
③ 监故者:因强盗罪死在监狱里的人。

杀之家,妻子流二千里,仍坐碎死尸,枭首示众。"

《明通鉴》:"(永乐三年,公元 1405 年十一月)杀庶吉士章朴,朴坐事与序班杨善同诖误,家藏有方孝孺诗文,善借观之,遂密以闻。上大怒,逮朴,僇于市。而复善官。"

《明史·武宗纪》:"正德五年十月,戮张彩尸于市。"

《明史·庄烈帝纪》:"崇祯元年正月,戮魏忠贤及其党崔呈秀尸。"这次戮尸倒是能令众多屈死在权阉酷刑下的死者家属得到一丝慰藉。

(五)杀

《大诰》:"各府州县解纳应合入官诸色物件,正官、佐二官、首领官或该吏须得一名亲起解。若差无籍之徒至京,有周年不纳虚买实收而归者,有使讫一半妄言原本不足者。今后敢有如此者,倍追之后,官吏杀之,妄承行者亦杀之。"这一条,是贪污问题,应以赃科罪,不能一律杀之。

《大诰》:"十二布政司起到能吏,发付在京,掌管亲军文册,皆言不解管军吏事。及其着役,通同上下,结交近侍,关支月粮,报名实赐,重支一次者有之,两三次者有之,皆杀身而后已。镇南卫吏范彦彰等五十六人。"重支俸禄,未言其数,罪不致死。五十多人皆杀,酷甚。

《大诰》:"五军都督府首领官掾吏陈仔等,到任以来,不亲自起稿,凡有书写,多令典吏、囚人起稿立意,然后押字,及至驳问,惟知大意,本末幽微,莫能解分。结交近侍兵科给事中孙助等,支出征官军盘缠,赏赐工役军人,优给幼官儿男,恤赐军属,妄出钞锭不下数十万,至杀身而后已。"陈仔等人,虽然贪污数十万之巨,但并未据为己有,而是"赏赐工役军人,优给幼官儿男,恤赐军属",做了利国利民的好事,虽然有罪,但不至死。在当时,军旅中人,文化都不高,利用有文化的囚人起草文件,只要无害意,并无大碍。以此坐死,实属刑之滥用。

《大诰》："天下诸司差人解物赴京一起，解绢千尺，该部点掣，二百以为不堪，令换。解物人依数兑换交纳，欲取原绢，部官吏已入己矣，并无有还者。已将各官吏弃市。今后诸司解物，公同印押，封记牢固，直抵当该库，分库官辨验开封。其所在诸司通同起解者，并不公同缄封，惟是散盛解行，印信封皮令解物人身藏，沿途或以微抵巨，或以贱抵贵，或虚买实收，止纳一半，余不纳者有之，有抵库而不如数者有之。鞫问其由，印信封皮悬带在身，至京方用。直至杀身而后已。"

作为明《大诰》的律文，如此含混不清，如何执行？所列各事，实为贪污，本应以赃科罪，赃数有不同，岂能一律"杀身而后已"？

（六）斩

明代的斩刑基本上沿袭唐宋制度，但其杀伐颇重。《明律·刑律·贼盗》："凡谋反及大逆，但共谋者不分首从，皆凌迟处死。祖父、父、子孙、兄弟及同居之人，不分异姓，及伯叔父，兄弟之子，不限籍之同异，年十六以上不论笃疾、废疾，皆斩。十五以下及母女、妻妾、姊妹若己之妻妾，给付功臣之家为奴。"

沈家本《历代刑法考》："《明律》死罪，凌迟十三，斩决三十八，绞决十三，斩候九十八，绞候八十七，共计死罪二百四十九。又《杂犯》斩四，《杂犯》绞九，共计十三。又《问刑条例》军罪为多，其死罪，《户婚》一，《军政》一，《关津》一，《贼盗》八，《人命》二，《斗殴》二，《诉讼》一，《诈伪》一，《杂犯》一，《捕亡》一，《断狱》一，共计二十事。大抵元死罪视唐尤少，明则多于唐，而视宋为少。说者多谓明法重，而未考死罪之数，实未为多也。"[1]

明《大诰》："律有常宪，乱政者斩。"

《闲中今古录》："杭州教授徐一夔撰贺表有'光天之下，天生圣人，为世作则'等语。帝览之大怒曰：'生者，僧也，以我尝为僧也，

---

① 沈家本：《历代刑法考》（上册），商务印书馆，2011年版，第569页。

光则薙（剃）发也，则字音近贼也。'遂斩之。"

《大诰》："官吏下乡扰民，洪武十七年，福建右布政陈泰，斩。"沈家本注："官之惰者，高坐衙斋，不出国门一步，求其下乡而不可得，其肯下乡者，皆勤于民事者也。召伯《甘棠》，歌兴郊野，古事可征。乃因扰民而概禁下乡，不问下乡之是非而一概处斩，毋乃皂白不分乎？况官不下乡则境内之扼塞形势无自周知，风土人情无自咨访，惰者乐于从事，勤者欲有所施设而不能，于吏治甚有关系。且事之扰民者何必下乡，因噎废食，此之谓欤？"

《大诰》："洪洞县姚小五妻史灵芝，系有夫妇人，已生男女三人，被军人唐闰山于兵部朦胧告取妻室，兵部给与勘合，着落洪洞县将唐闰山家属起赴镇江完聚，本夫告县，本县不与民辨清，推称内府勘合，不敢擅违。及至一切内府勘合应速行而故违者，不下数十道。其史灵芝系人伦纲常之道，故违不理，所以有司尽行处斩。"沈家本注："此等有司不过畏葸不晓事耳，遽予斩罪，滥矣。"[1]

《大诰》："山西都司断事陈允中，为管州山贼不时劫民承差采取木植，旗军张士能等拿获送粮供给贼人男子二名，发下断事厅，会石州同知俞桓问实供招，通同受财，将供送贼粮民人脱放，张士能等各杖一百充军，为此，各人处斩。"沈家本注："故出入人罪律，以全罪论，尚不至死，此殆以故脱贼党而处斩欤？"[2]

《大诰》："邵克敬任刑科给事中，为交通江浦县知县杨立作弊，该斩。"

---

① 沈家本：《历代刑法考》（下册），商务印书馆，2011年版，第892页。

② 出入人罪：是指因为司法官员不依律法断罪，适用法律出现错误，以致造成冤假错案而形成的一种犯罪行为。其中，"出罪"是指重罪轻判，"入罪"是指轻罪重判。沈家本：《历代刑法考》（下册），商务印书馆，2011年版，第893页。

此人罪同句端,死得不明不白。[①] 经查,此案本是一起婚姻纠纷,怎么可以尽行处斩? 明代杀伐过重,由此可见一斑。

（七）枭首

明有枭令之法,《大诰》记载甚详。大体有两种形式:一种是律、令、敕、诏,一种是案例。

《明律》:"其罢闲官吏在外干预官事,结揽写发文案,把持官府蠹政害民者,并杖八十。于犯人名下追银二十两充赏,仍于门首书写过名,三年不犯,官为除去。再犯加二等。迁徙有所规避者,从重论。"

《大诰》:"布政司府州县在役之吏,在闲之吏,城市乡村老奸巨猾顽民,专一起灭词讼,教唆陷人,通同官吏害及州里之间者,许贤良方正豪杰之士绑缚赴京,敢有邀截阻挡者枭令。"沈家本注:"邀截阻挡依劫囚律皆斩,中途打夺者满流,伤人者绞,杀人聚至十人为首斩,下手致命者绞,为从各减一等。此则但邀截阻挡即枭令,不复问杀伤人与否矣。"[②]

这是以《大诰》否定法律的例子。《大诰》之规定,严于法律许多。在实际执行上,又是先《大诰》后法,《大诰》的效力大于法律。

《大诰》:"承差之徒不拘贵贱,所到衙门径由中道直入公廨,据公座,口出非言,诸司阿奉,略不奏闻。布政司听六部所嘱,府州县听布政司嘱,州县听府嘱,县听州嘱,所以布政司吏员皂隶承差入府州县,径由中道直入公堂,据公座,口出非言,凌辱府州县。府吏皂吏巧立名色,的当人、干办人[③],擅差至州,径由中道直入公厅,据公座,口出非言;州差下府者与府同。闲民擅当的当名色、干办

---

① 句端:时任给事中。江浦县知县杨立在钦差旗军追征盐货事务中,凭借与句端往来的书信,假称给事中下令,若不追盐,定奉上金银。杨立欺骗朝廷,凌迟处死。邵克敬与句端罪行相同,处死刑显得过重。

② 沈家本:《历代刑法考》(下册),商务印书馆,2011年版,第884页。

③ 的当人、干办人:是指官府巧立名色,滥设的职务。

539

名色，官擅与立名，民擅承之，异日拿至京师，官民皆枭于市。"沈家本注："妄立名色亦滥设官吏之一端耳，依律罪止杖一百徒三年。官民皆枭，恶其乱政坏法也。"[1]

这是惩罚封官许愿、买官卖官的法令。

《大诰》："小沟小港山涧及灌溉塘池，民间自养鱼鲜池泽，皆已照地起科，并不系办课去处，小人生事，一概搜拿，声言要奏，如此虐民，今后敢有仍前夺民取采虾鱼器具者，枭令。"沈家本注："律无专条，应计赃科罪，或以强占湖泊芦荡论，此以虐民而加重也。"[2]

《大诰》："官民赴京，身藏空引，及其归也，非盗逃军而回，即引逃囚而去。今后所在有司，敢有出空引者，受者皆枭令，籍没其家。有等齐正引赴京，引本十人，至京之日，存留五名，假作营生，余五名或偷囚，或偷军，顶名而去，他日引后至，正名方归。惟江西之民，其奸尤甚。本引已偷军、囚去，却故行哀怜，赴官陈告同行将引先去，致曾以道等无引而归，该司怜其所以，给引以往。今后敢有如此者，枭令于乡间，籍没其家，成丁家口迁于化外。"沈家本注："此目曰空引偷军，乃《明志》所称十条目之一也。律惟官军递送逃军妻女出京城者绞，民犯者杖一百，偷军、囚者，无文。知情藏匿罪人律，凡知人犯罪事发，藏匿在家，及指引道路，资给衣粮，送令隐避者，各减罪人罪一等，与此情节颇相似，可以比照定拟。枭令、籍没，则法外之法也。"[3]

《大诰》："黥刺者发充军遐荒，往往中途在逃，其有亲戚影射四邻擒获到官者，本人枭令，田产入官，人口发于化外，邻里匿藏同罪，巡检弓兵受财纵放越境而逃者同罪。"沈家本注："徒流人逃律，凡徒流迁徙囚人，役限内逃者，罪止杖一百。若起发，已断决徒流

① 沈家本：《历代刑法考》（下册），商务印书馆，2011年版，第885页。
② 沈家本：《历代刑法考》（下册），商务印书馆，2011年版，第885页。
③ 沈家本：《历代刑法考》（下册），商务印书馆，2011年版，第889页。

迁徙充军，囚徒未到配中途在逃者，罪亦如之。竟予枭首，太悬绝矣。"①

以上是律文。

《御制大诰续编》："苏州知府张亨、知事姚旭，被假千户沈仪伪造御宝文书，至府不行比对勘合，承接即便当厅开读，行下属县，意在通同扰民作弊。……沈仪并伴当四名凌迟处死，知府、知事枭令。"沈仪等伪造御宝文书，律当凌迟，知府、知事对伪造之御宝文书，未予比对勘合，不过是过失。即使比对勘合，也未必能辨认。以小过处极刑，太过残酷。

《大诰》："开州州判刘汝霖，北平布政司按察司官吏李彧、赵全德等通同六部官郭桓等、十二道丁廷举等寄借赃钞，各官事发，座名定数，遣人追取。本州岛官吏罗从礼等分寄一万七千贯，刘汝霖不照名追还，却帖下乡村，遍处科民，代陪前项，甚至禁锢其民，逼令纳钞。于是枭令于市。"沈家本注："律因公科敛杖六十，赃重坐赃论，入己并计赃以枉法论。此案科敛虽非因公，却非入己，律无正条，可以枉法科之。刘汝霖之不照名追赃而出帖科民，当别有故，特治狱者不能凭情以察，致令罹法外之刑耳。"②

《明律》规定因公科敛杖六十，赃重坐赃论，入己并计赃以枉法论。刘汝霖科敛，虽非因公，确未入己，不构成枉法。充其量，科以杂犯计赃论绞，止徒五年。处以枭首，太重了。

《大诰》："吴江县正粮长张缪孙妄告亲叔，副粮长朱太奴妄告亲母舅，枭令。"沈家本注："干名犯义律，告期亲尊长虽得实杖一百，小功杖八十，若诬告，重者加所诬罪三等。本文云二粮长告凶顽之户不输纳官税，又云正陷叔父于聚众，副陷母舅同恶。""律，人户欠粮，罪止杖一百，加三等应杖八十徒二年，聚众无正律可科。

---

① 沈家本：《历代刑法考》（下册），商务印书馆，2011年版，第889页。
② 沈家本：《历代刑法考》（下册），商务印书馆，2011年版，第884页。

此因其绝灭纲常而用重典也。"①明之干名犯义律，告期亲尊长，实杖一百。吴江县正副粮长，告期亲不轮纳官税，事实俱在，并非诬告，以现在的观点看，不仅无罪，而且有功，然据封建社会亲亲相隐的观念竟处枭首，就是以明律处断，也不过杖一百，即使加重处罚，也不过杖八十徒二年。何至枭首！

《大诰》："嘉州县民郭元二等，手执《大诰》赴京，首告本县首领弓兵杨凤春等害民，经过淳化镇，巡检何添观刁蹬留难，致使弓兵马德旺索要钞贯，声言差人送赴京来。如此阻坏，马德旺枭令，何添观刖足枷令。"沈家本注："索要钞贯不过计赃论罪，此因阻坏遵奉《大诰》之人故特用重典。此可以见徒法之终不足以为治也。太祖作《大诰》，本欲民知惧而不敢犯，而孰知无籍之徒即假此以为挟诈之具乎。"马德旺索贿，按明律不过计赃坐绞，徒止五年；何添观刁蹬留难，律无明文。所以一枭一刖，皆因郭元二手捧《大诰》耳。拿《大诰》不当回事，就变成了对皇上的态度不敬，罪莫大焉，非死不可。

《大诰》："开州同知郭惟一，赃贪害民，本州岛耆宿董恩文等再三劝论本官，如今《大诰》颁行，务要安民，官人不可如此。惟一发怒嗔怪，董恩文等赴京陈告，惟一率领祗禁人等邀截回州，收监在禁，监死董恩文一家四口。枭令示众。"沈家本注："此亦因《大诰》酿祸也。律故禁平人致死者绞，监毙至一家四命，加重尚不为过，第不至枭令耳。"郭惟一不仅不听董恩文劝告，反而打击报复，非法禁毙无辜一家四口，枭首不冤。

《大诰》："溧水县主簿范允为抄扎奸党张名善家财，县民汤希悦等隐匿财物，冒告文引，私下递与张名善盘费。民人霍进等到县告发主簿受汤希悦等钞四百贯，红绫二匹，泯灭其事。霍进等欲赴京陈告，又令汤希悦等邀截回还，却说便告我也，赦三个死罪。如

① 沈家本：《历代刑法考》（下册），商务印书馆，2011年版，第885页。

此古恩肆恶，枭令任所。"沈家本注："此但应计赃科罪者。"此案范允计赃科罪，止徒五年。严刑峻法，竟然枭首。

《大诰》："嘉定县民蒲辛四，一户分为三户，辛四充耆宿，常骗要周祥二钱物。《大诰》颁行，畏惧告发，父子二人将周祥二绑赴家内，用油浸纸捻，插于周祥二左足大指二指间，逼令招为害民弓兵，绑缚赴京。通政司问出前情，枭令示众，籍没其家。"沈家本注："此应依诬告科罪，烧伤周祥二，究未致死也。"蒲氏之罪，一个是诬告陷害，一个是故意伤害致人轻伤。依明律，均不致死，但不仅枭首示众，而且籍没家产，也太严酷了。[1]

《大诰》："嘉定县民沈显二，诈称鱼湖头目，与周官二将积年害民里长顾匡绑缚赴京，曹贵和劝和，沈显二接受钞一十五贯、绸一匹、银钗、银镯等物，就行脱放。顾匡惧后事发，赴京出首。曹贵五、周官二亦赴京出首。沈显二闻三人赴京，星夜赶至淳化镇，意在一同出首。周官二、曹贵五、顾匡设计，将沈显二绑缚面奏。至通政司，沈显二扭脱在逃。周官二、曹贵五又设计将顾匡绑缚，赴通政司告。以此奸顽四人，皆枭令示众，籍没其家。"沈家本注："沈显二骗人财物，计赃无多，不过徒杖。周官二等三人情节固属刁诈，究非诬良，律无正条，酌量科断，亦不能过重。枭令、籍没，特以惩创奸顽，固不以寻常论也。"[2]沈显二骗人财物，数额不大，按律不过徒杖，何致枭首？周官二等三人，行为固属刁诈，但终属检举坏人，究非诬良，更属无辜受刑。

《大诰》："归安杨旺二，明知里长攒造文册，雇倩文阿华在家书写，甲首盛秀二助劳，却将文阿华、盛秀二绑缚至安吉县地面，私自监禁一月，百般欺诈银钞等物，为无人保领，还家仍将各人拿来。如此排陷小民，肆奸玩法，枭令示众。"沈家本注："此诬良讹诈，然

---

① 沈家本：《历代刑法考》（下册），商务印书馆，2011年版，第887页。
② 沈家本：《历代刑法考》（下册），商务印书馆，2011年版，第887页。

无死法。"①这是一宗非法拘禁案,危害后果并不严重,怎可枭首?

《大诰》:"安吉县民金方,佃种潘俊二田一亩六分,两年田租不还,潘俊二取讨,反将潘俊二作害民豪户绑缚,骗要牛一只、猪一口,宰请众人饮吃,又虚勒要已收田租并不曾骗要文书三纸,将潘俊二绑缚前来。如此骗害良民,枭令示众。"沈家本注:"此于律无正文,颇与光棍之例相近。盖自有许民绑缚赴京之《诰》,而民间纷纷生事矣。"②金方行为,带有抗租的性质,是一种阶级矛盾的表现,统治阶级为了镇压农民的反抗,用此酷刑。

《大诰》:"乌程县余仁三等二十九名,系富民游茂玉佃户,游茂玉见余仁三等水灾缺食,将粮米表借各人食用。余仁三等不行交还,却嗔游茂玉取讨,结构顽民一百余人,至游茂玉家,打碎房屋门户,搜出原借米文约,粮长闵益亦在其中同恶相济,将供约表还各户,又抢银四十五两,钞七十五贯,又将山羊二只宰杀赛神,却将游茂玉作豪民绑缚赴京。如此凶顽,除余仁三、闵益、严之保等枭令示众,其余各人发化外充军,家下人口,迁发化外。"沈家本注:"此等凶顽,严惩甚允。"③这是佃农同地主的一场斗争,肯定会受到统治阶级的残酷镇压。其错误在于将地主游茂玉绑缚赴京,相当于自投罗网。

《大诰》:"吴县粮长于友,本系胡党,数犯法,面刺死囚'隐送同罪',发凤阳屯种。后本人将'隐送同罪'四字起去,充洪武十八年粮长。至十九年,本区里长盛宗欲赴京陈告本人胡党事,于友邀回,置礼求免,略同少暇,却将盛宗作害民弓兵绑缚赴京。朕亲面见,盛宗分诉缘由,党弊昭然。发回本贯,枭令示众,籍没其家。"沈

---

① 沈家本:《历代刑法考》(下册),商务印书馆,2011年版,第887页。
② 沈家本:《历代刑法考》(下册),商务印书馆,2011年版,第888页。
③ 沈家本:《历代刑法考》(下册),商务印书馆,2011年版,第888页。

家本注："此胡党之漏网者也。当日胡党株连之祸，盖数年而未息。"①所谓胡党，乃胡惟庸党也。洪武十三年，朱元璋诬丞相胡惟庸反，株连诛灭并籍没三万多人，于友不过是其中之一。

《大诰》："蹇煜，太平府经历，一次为水灾受钞银戴徒罪读书，一次为受赃擅自巧立受给名色，罪该枭令。"沈家本注："受赃应计赃科罪，巧立名色亦事之常也，乃曰罪该枭令，岂当日别有条例乎？"②受赃应计赃科罪，巧立名色乃受贿常情，哪一个受贿的不是巧立名目？受赃两次，一次已经"戴徒罪读书"，处理过；一次受贿数目不详，按律科处，也不过满徒，何致枭首。

《大诰》："贵溪县儒士夏伯启叔侄二名，人各截去左手大指。去指不为朕用，是异其教而非朕所化之民尔。枭令，籍没其家，以绝狂夫愚夫仿效之风。令法司谐本贯决之。"这是自残致罪。自残是一种逃避兵役和劳役的行为，对统治阶级而言，就是"不为朕用"，然以此枭首，并株连全家，也太重了。

《大诰》："苏州人氏姚叔闰、王谔，有人以儒者举于朝廷，朕欲擢用，二生交结本府官吏张亨等，暗作主文老先生，因循破调，不行赴京以就官位，而食禄于本郡，作害民之源。枭令，籍没其家。"沈家本注："此二条所谓寰中士夫不为君用，《明志》十条目之一也。此四人者，视白衣宣召，白衣还者，相去悬绝矣。"③不愿当官也有罪，而且罪至枭首，太可怕了。

《大诰》："溧阳县皂隶潘富，教唆官长贪赃坏法，自己挟势恃权，知县李皋与潘富同谋害民，设计科敛，名色纷然。潘富买苏州女子与本官为妻，就舍潘富家，本官与本家往来三五遭，然后潘富占有此女，不与本官，自行收要，本官亦莫谁何。潘富教本官行害

---

① 沈家本：《历代刑法考》(下册)，商务印书馆，2011年版，第888页。
② 沈家本：《历代刑法考》(下册)，商务印书馆，2011年版，第888页。
③ 沈家本：《历代刑法考》(下册)，商务印书馆，2011年版，第889页。

民计,着科荆杖,遍一溧阳所属人民尽要荆杖。及其有将荆杖至者,故推不好,不行收受,留难刁蹬生事,捶楚民出钱矣。既得钱后而后荆杖息焉。遣人按治,潘家在逃,蒋士鲁等一十三户自溧阳节次逃至广德。蒋士鲁引导至建平县,建平民王海三等潜逃,复回溧阳,溧阳民朱子荣等暗逃至安吉。安吉民潘海私逃至长兴。长兴民钱弘真等逃至归安。归安民吴清甫等逃至德清。德清民赵罕仁暗逃至崇德。崇德豪民赵真胜奴,家资数万,日集无籍之徒五十余人在家,常川贩卖私盐,邻里相朋者二百余人。追者至,将潘富逮入千乘乡僧寺。僧澄寂、周原善将追捕者率领二百余丁终宵困逼,天明解去。追者回奏,将赵真胜奴并二百余家尽行抄没,持杖者尽皆诛戮,沿途节次逃送者一百七户尽行枭令,抄没其家。"沈家本注:"以一皂隶之在逃,而诛戮至数百人之多,无怪胡、蓝两狱之株连四万也。叶伯巨以用刑太繁为规,反触其怒。嘻,甚矣。"[1]以一个皂隶之在逃,并非大案,竟诛戮至数百家之多,这才真正是草菅人命。难怪连清朝法学家沈家本都说:"嘻,甚矣。"

《大诰》:"歙县吴庆夫充巡阑,乡民程保买牛二只,已有入官文契,要税钱二十六贯,本家盖房木料,是本山土产,要税钱八十贯,贩干鱼客人要税钱准干鱼三十斤。又于遍处乡村不问有无门店,一概科要门摊。如此强豪奸顽,差人押发本籍,本人凌迟。其弟及男同恶害民,皆枭令示众。今后为巡阑者,依寺官威,剥尽民财,罪亦如之。"此案本系索贿,按明律计赃科罪,刑不过徒,竟坐以凌迟、枭首。

《大诰》:"医人王允坚卖药为生。锦衣卫监者厨子王宗,自知罪不可逃,虑恐刃加于项,令家人买毒,王允坚即时卖与……拿至,令卖药人王允坚吞服,本人持药在手,颜色为之变,其态忧惊,犹豫未吞,督之乃服。既服之后,随谓之曰:'此药以何料成'?曰:'砒

霜巴豆，饭粘为丸，朱砂为衣。'曰：'服后何时人丧？'曰：'半昼。'语既，允坚堕泪。朕谓曰：'尔所以凄凉者，畏死如此乎？眷恋妻子如此乎？'曰：'一子见军，一子在外，故悲焉。'……随问允坚：'此毒还可解乎？'曰：'可。''何物也？'曰：'凉水，生豆汁，熟豆清，可愈。'朕谓曰：'此解不速，余何速解？'曰：'粪清插凉水。'……于是遣人取凉水半碗，粪清一鸡子，许候至毒作，方与之解。少顷，允坚身不自宁，手搔上下，摩腹四顾，眼神张皇。朕谓曰：'毒何尔患？'对曰：'五脏不宁，心热气升。'谓曰：'此毒身死，伤何经络？'允坚对曰：'五脏先坏，命绝矣，身墨黑。'谓曰：'几时可解？'曰：'三时不解。'朕见毒兴，令人与之解，本人痛利数番，其毒洁然，人复如初。明日，枭令以正其罪"。皇上就可以拿人的性命当儿戏，将人视为玩物，放在手里把玩，玩够了，再杀掉。这就是封建集权的可憎之处。

《大诰》："大军北行，两兵合脚力驴一头，罢举兵归各卫，驴留北平，命布民间各户分养。庄农虽作生理，带驴前去，羁绊于郊，不甚妨人。经历董陵云与府州县官吏设计，令民人邑团槽喂驴，每驴妨夫一名，出城取草，归家取料，往复艰辛。又设计科敛棘针，擅盖牢墙。枭令。"沈家本注："兵驴民养，万无不骚扰之理。此更害民矣，然亦始令之不善，奈何徒罪经历。"为了一头驴，杀掉一个经历（明代官职之一），真的人不如牲口。在统治者看来，驴命比人命还要金贵。[①]

《大诰》："松江王子信，田地广有，点充为事，免死刺发西河州充军。至卫，交结官吏，诈计多端，私逃还家，又交结官吏称为军身，常率佃户四五十名，军容妆扮，扰害乡民，欺压良善。事觉拘捉，将钱物买求拿捉人，多端破调，急不至京。又以家人作亲侄，击登闻鼓妄诉，又令妻妄诉数番，令人顶名到官，其诡诈非一。于本贯枭令，家财入官，田产籍没，人口流移。"沈家本注："前明《问刑条

① 沈家本：《历代刑法考》（下册），商务印书馆，2011年版，第891页。

例》，充军人犯逃回，犯至三次，通在着伍以后，依守御官军律，绞，不至三次，无死罪也。此以其害民而置诸重典耳。"①当兵的开小差，依理，抓回来就是了，就是按明律，连逃三次，才够死刑，王子信只逃一次，应无死罪，何至于枭首。

《大诰》："江西代人告状，枭令。"沈家本注："律受雇诬告人，与自诬告罪同。自应按所告之轻重坐罪，未便一律枭令也。"②《大诰》只言"代人告状"，何以见得就是受雇诬告？这只是沈家本的猜测而已。如非受雇诬告，而至枭首，岂不更冤？

《大诰》："丹徒县丞李荣中，并应天府吏任毅等六名，先为受赃五百七十五贯，卖放均工夫一千二百六十五名，各断十指，押回本处，将所卖人夫着勾赴工。却谓先时已受各人财物，遂匿其名，反将应免夫役、铺兵、弓兵、生员、军户周善等数百余家一概遍乡勾拿动扰，意在搪塞，于内又复受财作弊，以致被扰之家至京告出前情。……枭令之刑，宜其然乎！"沈家本注："此等计赃科罪，自无死法，以其恃刑肆贪而重惩之也。"③

《续文献通考》："永乐元年（公元1403年）二月，定诬告法。凡诬告三、四人者，杖一百、徒三年，五、六人者，杖一百、流三千里。所诬重者，从重论。诬告十人以上者，凌迟处死，枭首其乡，家属迁化外。"

《续文献通考》："嘉靖三十四年（公元1555年）二月，刑部尚书何鳌奏上九事：'一凡犯奸，缌麻以上亲之妻及妻前夫之女、同母异父姊妹者，奸夫近边充军，妇女离异归宗，听夫嫁卖。一凡用财冒袭军职，俱依成祖钦定妄告冒籍，不实之官并保勘官俱罢职揭黄（揭示事由，公布于众），永不得袭，若有赃，以枉法论。一凡宗室悖

---

① 沈家本：《历代刑法考》（下册），商务印书馆，2011年版，第891页。
② 沈家本：《历代刑法考》（下册），商务印书馆，2011年版，第891页。
③ 沈家本：《历代刑法考》（下册），商务印书馆，2011年版，第891页。

逆祖训，出城越关赴京者，即奏请，先降为庶人送回。一宗室互相讦（音杰，互相揭发阴私）奏，行勘未结而辄诬奏勘官及以不干己事捏奏者，不论事情轻重，俱寝不行。一军职犯死罪及充军者，子孙俱不许袭。一沿边总兵以下官员，但有科敛入己，赃至二百两以上，戍边，四百两以上，枭示。一沿边沿海寇至不能固守，致贼陷入卫所，掌印官与捕盗官俱比守边将帅失陷城寨律，斩，府、州、县降级别用。其府、州、县原无卫所专城之责者，如有前项失事，不分边腹，掌印、捕盗官俱比牧民官激变良民因而失陷律，斩。一凡抢夺至三次犯罪者，俱比窃盗三犯绞罪，奏请定夺。一凡军职有犯倚势役占并受财卖放余丁，至三十名以上，致废防守，俱比卖放正军，包纳月钱，至二十名以上事例，罢职戍边。'议入皆允行。"

（八）铲头会

铲头会是指一种集体埋身入泥，只露头顶，用大斧依次削去顶盖的酷刑。

祝允明《野记》："高皇恶顽民窜逃缁流，聚犯者数十人，掘泥埋其头，十五并列，特露其顶，用大斧削之，一削去数颗头，谓之铲头会。"

（九）弃市

明朝统治者经常使用弃市一刑，杨继盛、袁崇焕等名臣都曾遭受此刑，这也使北京的西市成了国人皆知的弃市场所。《问刑条例》："弘治五年十二月二十四日，节该钦奉孝宗皇帝圣旨，今后取私自净身的，本身并下手之人处斩，全家发边远充军，两邻及歇家不举首的问罪。有司里老人等仍要时常访察，但有此等之徒，即便捉拿送官，如或容隐，一体治罪不饶。钦此。"

《大诰》："僧尼、道士女冠，不务祖风，混同世俗，交结官吏，为人收寄生放，犯者弃市。"沈家本注："此亦太重。"

《大诰》："天下诸司差人解物赴京一起，解绢千尺，该部点掣，二百以为不堪，令换。解物人依数兑换交纳，欲取原绢，部官吏已入己矣,并无有还者。已将各官吏弃市。今后诸司解物,公同印押,封记牢固,直抵当该库,分库官辨验开封。其所在诸司通同起解者,并不公同缄封,惟是散盛解行,印信封皮令解物人身藏,沿途或以微抵巨,或以贱抵贵,或虚买实收,止纳一半,余不纳者有之,有抵库而不如数者有之。鞫问其由,印信封皮悬带在身,至京方用。直至杀身而后已。"

(十)腰斩

明代的腰斩沿用前朝惯例。皇甫录《皇明纪略》:"太祖尝命状元张信训诸王子,信以杜诗'舍下苟穿壁'四句为字式。太祖大怒曰:'堂堂天朝,何讥诮如此!'腰斩以殉经生。"

《明史·高启传》:"启尝赋诗,有所讽刺,帝嗛之,未发也。及归居青邱,授书自给,知府魏观为移家郡中,旦夕延其甚欢。观以改修府治获谴,帝见启所作上梁文,因发怒,窑辗于市。"

(十一)凌迟(陵迟)

《明史·刑法志》:"二死之外有凌迟,以处大逆不道诸罪者,非五刑之正,故图不列。"不列、不标明不等于不运用,明代统治者虽然对凌迟刑采取"故图不列"的态度,但实际上在司法实践中,凌迟被广泛运用。沈家本《历代刑法考》:"凌迟。明律凌迟凡十三条。"又:"凌迟之法,不列五刑。明律中为大逆、恶逆、不道等项,所犯非常,故以非常之法处之。"[1]此外,劫囚要凌迟,发冢凌迟以至于谋杀人、杀一家三口、威逼人致死、殴打祖父母、殴打业师、逃狱、谋杀亲夫都要被处以凌迟。

沈家本《历代刑法考》:"陵迟之义,本言山之由渐而高,杀人者欲其死之徐而不速也,故亦取渐次之义,至其行刑之法,《读律佩觿》所言同于菹醢,至为惨毒,岂明制如此钦?律无明文,不能详也。今律亦不言此法。相传有八刀之说,先头面,次手足,次胸腹,

---

① 沈家本:《历代刑法考》(上册),商务印书馆,2011 年版,第 54 页。

次枭首。皆剑子手师徒口授，他人不知也。京师与保定亦微有不同。似此重法，而国家未明定制度，未详其故。今幸际清时，此法已奉特诏删除，洵一朝之仁政也。"①由此可知，凌迟之制，到清末才退出刑纲。

《大诰》："金吾后卫知事靳谦，事颇不律，数犯以为常。命断事官稽卫卷宗，一卫卷宗十不存一。又令妻妄击鼓以诉，核之不实。朕亲问之，谦不以卷宗奏答，却言断事官诽谤朝廷。试将与断事官对问，委实谤言，于是凌迟处死。谦未任之先，军七千余，自谦到任，增八千余，其一切赏赐月支，其数浩大。谦盗卖仓粮数多，克落月支并赏赐，其数亦浩大，故不立案，必欲支吾。"沈家本注："此条之目曰沈匿卷宗，而本文曰故不立案，则尚非沈匿之谓也。磨勘卷宗律，各衙门文卷隐漏不报磨勘者，罪止杖八十；有所规避者，从重论。此不立案，为盗卖克落起见，有所规避也。从重计赃论，应按监守盗律，凌迟则法外之刑。"②按照沈家本的注释，此案至少存在两个问题：其一，适用法律不当。从文中叙述的事实看，仅是档案管理混乱，却以故不立案定罪。其二，克落月支，盗卖仓粮，属于贪污，应计赃科处。即使按现代刑法理论，数罪并罚，也不致凌迟。

《大诰》："闲民擅称名色，有司凌迟。一切闲民信从有司，非是朝廷设立应当官役名色，私下擅称名色，与不才官吏同恶相济，虐害吾民者，族诛，有司凌迟处死。"沈家本注："此等似因其乱政而特严，不专在害民也。"③滥设官吏，罪在乱政，打乱了统治阶级的政权秩序，为统治者所不容，害民倒在其次，因此加以酷刑。

《大诰》："苏州知府张亨、知事姚旭，被假千户沈仪伪造御宝文书，至府不行比对勘合，承接即便当厅开读，行下属县，意在通同扰

---

①　沈家本：《历代刑法考》（上册），商务印书馆，2011年版，第99页。
②　沈家本：《历代刑法考》（下册），商务印书馆，2011年版，第877页。
③　沈家本：《历代刑法考》（下册），商务印书馆，2011年版，第878页。

民作弊。沈仪并伴当四名凌迟处死,知府、知事枭令。"沈家本注:
"《唐律》伪造皇帝八宝者斩,《明律》无文,惟诈为制书者皆斩,似伪
造御宝已该其中。沈仪与伴当皆凌迟,盖不分首从也。至知府、知
事,不过受其朦胧,乃云意在通同,近于莫须有矣。后容留滥设条
称,张亨等将屡犯在逃黥刺之吏,分付常熟县恭充县吏,结党下乡
虐民,或不仅因沈仪一事。"①沈仪等伪造皇帝亲书御宝文书,在封
建社会,必死无疑。张亨、姚旭疏忽大意,没有比对,即使比对,也
未必能辨识,充其量不过是一种过失,也枭首处理,就太重了。

《大诰》:"建昌县知县徐颐,夏税违限不纳,暗令纳户赴仓,虚
买通关。事发,刑部差旗军提取,本官将刑房吏隐藏,暗图贿赂,接
受邓子富等三名钞四百余贯,脱放各人,却令刑房吏徐文正抄批支
吾。是后官吏潜于后门往来,各军等候日久,不见提到,每日止于
县前伺候。忽见徐文正,拿住欲同赴京,本官发怒,故将各军罗织
抢入县厅跪问,诬以直行正道,于县门下监锁。内三名脱归面奏,
本官闻知,才将军人疏放。及提本官,又令弟徐二舍会集老人七十
余人赴京,妄诉官有正事,如此奸狡百端,凌迟示众。"沈家本注:
"收粮违限律,罪止杖一百。此因其受钞脱放提取之人,并将旗军
监锁,故法外加重。第旗军奉差出外,其依势作威,在所不免,其面
诉之言,未必皆可信。以一县令而敢锁刑部旗军,非情势迫切,即
系有风力之人,恐受钞等项情节皆不确实也。况此案论罪,以受钞
四百余贯为重。按《明律》枉法赃八十贯绞,杂犯徒罪。遽拟凌迟,
殊悬绝矣。"②徐颐的行为涉及三个罪名:收粮违限,收受巨贿卖
放,擅锁刑部旗军。收粮违限,罪并不重,按明律止杖一百。擅锁
刑部旗军,未必可信。试想,一个小小县令,敢锁刑部旗军,谁给他
的胆子?收受贿赂四百余贯脱放人犯,此罪不小,按明律,枉法受

① 沈家本:《历代刑法考》(下册),商务印书馆,2011年版,第878页。
② 沈家本:《历代刑法考》(下册),商务印书馆,2011年版,第878页。

赃八十贯,绞。仅这一项,即可贷死。三罪并罚,凌迟不冤。

《大诰》:"松江府知府李子安,为旗军傅龙保等十五名到府抄扎犯人计三家财,提取赃吏夏时中等三名,比对勘合之后,李子安不于旗军知会,私自将计三家抄扎,克落家财作弊,又将夏时中等三名受财卖放。各军欲带该吏张子信赴京回话,本吏将钞十贯相送,被各军送到本府封记。李子安处恐各军发其奸贪,带吏典皂隶人等抢夺该吏回去,将旗军傅龙保等十二名收监,又三名走脱,李子安与守门镇抚闭门邀截回还,锁禁五十余日。朦胧妄申都察院定夺,又将旗军解赴府军前卫,以致事发。凌迟示众。"沈家本注:"此因抄扎不知会旗军,遂诬以克落卖放。其将旗军收监,必别有故,治狱者匿不上闻耳。此狱恐尤冤。观此,可以见当日旗军之横。太祖时所用深文吏开济、詹微、陈宁、陶凯辈,后率以罪诛,未必非治狱不凭之报。"[1]

《大诰》:"江浦县知县杨立,为旗军到县追征胡党李茂实盐货,与给事中句端面约,故不答应。却用掌记书写事情,差皂隶至句端家,句端备写,缘仍令皂隶将回,传递消息。别无上司明文,却称我于给事中处讨得分晓来了,如今不要追盐,每引止折钞四贯。如此结交近侍,欺网朝廷,凌迟示众,句端处斩。"沈家本注:"交结近侍官员律皆斩。句端依本律,杨立加重。此条《明律》前人有议其残刻者,今虽仍之,然久不用。"[2]

《大诰》:"德安县丞陈友聪,通同里长唐佑等,欺隐茶株,不行踏勘,接受本人罗绢布共十匹,钞八十贯,本府帖下二十七次,抗拒不服。府委推官坐提,会集吏典、弓兵、里长、茶户周鼎等三十余人,将推官等抢拿入县,喝令打死勿论,随即绑缚枷柳拘监。却写奏启本,差典史等管押陈推官等九名赴京,遮掩前非,反至宪司,差

① 沈家本:《历代刑法考》(下册),商务印书馆,2011年版,第879页。
② 沈家本:《历代刑法考》(下册),商务印书馆,2011年版,第879页。

喻承差同本府知府同去追提，又会集周鼎等将门把住，自执铁叉拒敌。肆恶如此，凌迟示众。"沈家本注："此案计赃杂犯绞罪应拟徒五年。具殴本府推官，以殴首领官论，罪止满徒。惟将推官拘监及拒敌本府为出乎情理之外，然凌迟究属太过。"[1]

《大诰》："莱阳县丞为句军事，府帖十一次下县催句，坦与兵房吏刘英等受赃一百贯，不行挨句。及本府差典吏董志等到县提句，却诬董志等驰当道入正门，枷杻赴京。闻本府具奏，才将军丁张玉山句结搪塞。凌迟示众。"沈家本注："此案计赃杂犯绞罪止徒五年。本府差吏提句亦常事，何必遽诬以罪。恐所谓驰当道入正门原非诬也，特事不得自耳。凌迟冤矣。"[2]

《大诰》："崇德县民李付一等充本县里甲，为起夫扰民生理二次，牌句抗拒不答，俱各在逃。本县批差甲首王辛三句唤，李付一设计王辛三饮酒，醉后将本人作害民甲首绑缚赴京，称王辛三骗我羊酒饮吃。如此诬诳，各人凌迟处死。"沈家本注："此案诬告反坐，罪止于徒，衡情亦不为重，遽用重典，不甚可解。既各在逃，何以又与甲首饮酒？又缚甲首赴京？此案情之可疑者。"[3]李付一诬告王辛三骗喝其羊酒的行为，按明律，李付一罪止于徒。怎么能凌迟处死？更荒唐的是，在本案中，王辛三落入李付一设计的陷阱中，与之饮酒，实属被害，缘何也被凌迟？由此可知古之统治者是如何滥用酷刑的。

《大诰》："松阳县民杨均育与叶惟宗冤仇，将叶惟宗姓名写状，告其兄叶允名系积年老吏，弟叶允槐系逃军。及至法司，差人将带原告句提被告对问，原告已在逃。承差人谐本处，将原告姓名及被告人数照名提至松阳县，熟视非是带去原告及法司审问，叶惟宗

---

① 沈家本：《历代刑法考》（下册），商务印书馆，2011年版，第880页。
② 沈家本：《历代刑法考》（下册），商务印书馆，2011年版，第880页。
③ 沈家本：《历代刑法考》（下册），商务印书馆，2011年版，第880页。

曰：'不曾赴京告状。今所告之人系惟宗兄弟，与我无仇可告。'法司以闻，特命赦之。惟宗处狱，见乡中熟视杨桃儿曰：'将你名字告状的，系是杨均育将伊母药死，图赖告我。我于通政司前拿住，搜出本人身上状单一纸，系是你的名字。'告状本人因同赴都察院，问招明白，凌迟处死。"沈家本注："药母图赖，此律应凌迟者。"[1]杨均育药死母亲，又诬告他人，罪莫大焉。按律应当凌迟。

《大诰》："乐安县知县潘行与本县周公焕先在监为同堂生员，公焕任太平府同知，丁尤回还，有叔周德泰原任旌德县丞，为事刺面回家，叔侄二人常与潘知县家来往，说事过钱。县民陈添用告民人罗本中是胡惟庸行财之人，先被廖庆芳告发，用钱买息，惧事漏泄，两财谷散于叶志和等五十八人，议往福建杨门庵，请给彭玉林旗号，回归抢掠积粮，接应彭玉林作乱，及见彭玉林被获，方才止息，系是旧逆余党。潘行徇私，从周公焕叔侄并礼生耆宿曾原鼎等嘱托，接受罗本中贿赂，致罗本中男罗伯彭告陈添用强占有夫妇人等事。及体勘，罗伯彭所告涉虚。周公焕叔侄又设计与潘行言说，将陈添用作积年民害，并柳召生等共十三人钉枷起程。继闻陈添用擎《大诰》赴京申诉，潘行差皂隶同周德泰赶至土名大岭，将陈添用脱放，陈添用赴京告其不法。潘行唤弓兵胡士亨等到县，着令状供管解陈添用等，行至进贤县深山去处，陈添用将弓兵绑缚在树，打开枷镣逃走。如此捏词来奏，如此同恶肆贪，朋奸网上，所以凌迟示众。"沈家本注："谋反大逆律，知情故纵隐藏者斩。罗本中果系逆党，知县自不得徇情枉法也。"[2]

《大诰》："御史刘志仁、周士良为克落课程等事前往淮安追问，辄欲非为，提取淮安、大河二卫卷宗，查处积年害民皂隶人等二百六名收捕军役，声言具奏，并不以状来闻。自是与卫官往来，大肆

———————
① 沈家本:《历代刑法考》(下册)，商务印书馆，2011年版，第881页。
② 沈家本:《历代刑法考》(下册)，商务印书馆，2011年版，第881页。

贪婪之心，时常挟妓饮宴。并不将巡阑陈五等侵欺课程追征还官，仍指以追赃为由，故纵巡阑诬指平民，帖下乡村，遍邑科扰。又容留里长鞠七等说事过钱，受银一百五十两，金三十四两，钞二万五千二百贯，将民人夏良等拘收，各人妻小捶楚威逼，因而奸骗。如此妄为百端，以致事发，差锦衣卫千户追提，却用银七十两，金四两，钞五十贯，纻丝四表里及锦布等物买求至京好言，掩其罪恶。所以凌迟示众。"沈家本注："此依故勘平人律罪止杖八十，应以枉法计赃论绞系杂犯徒罪。"①这宗案件，既受贿，又行贿，数额巨大，且杂以刑讯逼供，属数罪并罚，按明律，应以枉法计赃论绞，止徒五年。依故勘平人律罪止杖八十。综合考虑，系杂犯徒罪，充其量满徒。凌迟示众，太酷重了。

《大诰》："何哲、任辉、齐肃俱任北平道御史。哲先为追问尤荣一告不应事内受钞七千贯，银十两，将一干人不曾提问，被都御史詹微举问，又被编管小牢子迟慢，被都御史喝骂抢出，因此怀恨。与辉、肃商议，会同各道御史魏卓等十八名，言前为两事，被都御史当众辱詈，又奏了吃打，受气不过。众人回说再作商量。至洪武二十年正月初十日朝回，邀魏卓等十八名至家吃茶，诈捏词情，言本道有两起原告，一名许昂，告曹为是胡党，许昂不曾与曹为对证，徐阿真告莫粮长不法事，倒被发去充军，把这两事着人告他受了银子。各官回说，待各道人齐时大家商量。至本月二十七日，哲又与众御史言，今我道里有一名原告宋绍三，告状都院，五十日不与给批提人，如今只放保，着告去通政司，告只说是许原教他去告。如此捏词排陷，妨贤蛊政。魏卓，四川道御史，除同谋陷都御史外，又欲提问太仓指挥史孙茂，知系勋旧，不明白奏闻，朦胧具本送科给批将本官一概提取，意在陷害勋臣。及平日在道问事，囚罪本有一分，辄增作二三分，文至其罪，其囚一分情真，增以二分，文饰无罅。

① 沈家本：《历代刑法考》（下册），商务印书馆，2011 年版，第 882 页。

意在献能,希求升用,故使是非混淆,如此乱政。以上四名凌迟示众外,同谋排陷姑容戴罪镣足在道问因,一十四名。"沈家本注:"宋绍三以原告而收系五十日不与给批提人,事本可疑,何哲主使宋绍三告詹微受银十两,即按诬告反坐,不过照枉法杂犯绞罪拟徒,此盖按朋党乱政律应斩,加重也。然何哲所言许昂、徐阿真两事,詹微亦非无故,不独宋绍三之收系五十日也。不罪詹微,而独诛何哲等,殊不得其平。且何哲与詹微有隙,任、肃等则属无干,会议时,一则曰再作商量,一则曰大家商量,并未为何哲设一谋,出一计,特不能正言劝阻,为有不是耳,谓之同谋排陷,不免周内。辉、肃与哲同道,别无他罪。魏卓之提孙茂而曰意在陷害,更为文致之词。时太祖方信任詹微,诸御史遂撄此祸,着诸《诰》中,殊不足以服人也。"[1]何哲主使宋绍三诬告詹微受贿,按明律诬告反坐法,不过依枉法计赃杂犯绞罪拟徒,罪不至死。何哲请三位到家喝茶,确曾与任辉、齐肃、魏卓商议,但任、齐、魏并未明确表态,一次说"再作商量",一次说"大家商量",并未给何哲出谋划策,仅凭这些就处凌迟,岂不冤枉?

　　沈家本《历代刑法考》:"凌迟案内惟孙旺、蔡祥、傅旺三起情真罪当,今不录。太祖之治武臣,不若文臣之法外用刑也。"又:"律内凌迟,惟谋反大逆,谋杀祖父母、父母,杀一家三人成虎,采生折割四项,他无有也。《大诰》凌迟各案,有罪止于徒而遽行凌迟者,可谓重矣。"[2]

　　郑晓《今言》:"正德庚午(正德五年,公元 1510 年)……数日后,早朝毕,奉旨,刘瑾[3]凌迟三日,剉尸枭首,仍画影图形,榜示天下。刘二汉(刘瑾之侄)一体处斩。是日予同年陕西司主事胡远该

① 沈家本:《历代刑法考》(下册),商务印书馆,2011 年版,第 883 页。
② 沈家本:《历代刑法考》(下册),商务印书馆,2011 年版,第 883 页。
③ 刘瑾:明正德年间大太监,封九千岁。

监斩，错愕，告于尚书刘先生(璟)曰：'我如何当得？'刘回言：'我叫本科帮你。'予因听之。过官寓早饭，即呼本吏，随邀该司掌印正郎至西角头，刘瑾已开刀矣。凌迟刀数，例该三千三百五十七刀。每十刀一歇一吆喝。头一日例该先剐三百五十七刀，(刀)如大指甲片，在胸膛左右起，初动刀则有血流寸许，再动刀则无血矣。人言犯人受惊，血俱入小腹、小腿肚，剐毕开膛，则血皆从此出。至晚押瑾至顺天府宛平县寄监，释缚数刻，瑾尚能食粥两碗，反贼乃如此。此日则押至东角头，先日瑾就刑，颇言内事，以麻核桃塞口，数十刀气绝。时方日升在彼，与同监斩御史具本奏，奉圣旨，刘瑾凌迟数足，剉尸免枭首，受害之家争取其肉，以祭死者，剉尸当胸一大斧，胸去数丈。"刘瑾之死，是史籍记载行刑过程最详的一次，使人了解所谓凌迟到底是怎样的一种酷刑。千刀万剐，用怎样的刀，剐多少刀，例有定数，绝非虚言。由此我们也可以看到，明朝的凌迟在行刑过程上比宋代更为复杂，也更为残酷。

(十二)炮烙

炮烙在明代不是法定正刑，但却经常成为阉党严刑逼供的手段。《明史·王守仁[①]传》："宸濠败，张忠、许泰诬守仁与通。逮宸濠，言无有。忠等诘不已，曰：'独尝遣冀元亨论学。'忠等大喜，搒元亨，加以炮烙，终不承，械系京师诏狱。世宗嗣位，言者交白其冤，出狱五日卒。"

顾公燮《消夏闲记》："左公为逆阉害，下诏狱。史公冀求一见，逆阉防伺甚严。久之，闻左公被炮烙，旦夕且死，史公持五十金涕泣谋于狱卒。卒感焉，使更敝衣草履，伪为除不洁，引至左公处。则席地倚墙而坐，面额焦烂不可辨，左膝以下，筋骨尽脱矣。史公跪抱公膝而呜咽。左公辨其声，而目不可开，乃奋臂以指拨眦，目光如炬，怒曰：'庸奴！此何地也，而汝来前？国家之事，糜烂至此，

① 王守仁：号阳明，明正德年间任都察院左都御史。

汝复轻身而昧大义，天下事谁可支持者？不速去，无使奸人构陷，吾即先扑杀汝！'因摸地上刑械，作投击势，史噤不敢发声。趋而出。后常流涕述其事，以语人曰：'吾师肺肝，皆铁石所铸也。'"

（十三）焚

焚刑在明代多是生焚。《明史纪事本末》："左拾遗戴德彝被执，责问不屈，死之。德彝死时，有兄俱从京师，嫂项氏家居，闻变，度过且赤族，今尽室逃，并藏德彝二子于山间，毁其氏族谱，独身留家。及收者至，一无所得，械项氏焚炙，遍体焦烂，竟无一言。戴族遂全。"

袁绅的《奉天刑赏录》引《宋端仪立斋闲景》："礼部引犯人程亨等男妇五名，为奸恶事。奉钦依：'是，这张昺的亲是铁，锦衣卫拿去着火烧。'"

（十四）烹

烹刑在明代也非法定刑。《明史纪事本末》："（周宗建坐纳廷弼贿万三千）逮至诏狱，鞫时捶楚较众更毒，宗建僵卧不能出声。许显纯骂之曰：'此时尚能说魏公不识一丁否？'……卒毙于狱。"《明季北略》："珰命钉以铁钉，不死，复令着锦衣，而以沸汤浇之，顷刻皮肤卷烂，赤肉满身，婉转两日而死。"[1]

（十五）剖心、断脊

《明史·刑法志》："魏忠贤又设断脊、堕指、刺心之刑。"沈家本注："忠贤屠害忠良，设此淫刑，必有教揉升木者，真可痛恨。"

《明史·刑法志》："魏忠贤设刺心之刑。"由是观之，剖心之刑，由殷至明，绵延不绝。

（十六）钩背

钩背是一种以铁钩钩入背部，高悬于架子上的酷刑。非刑，仅

---

[1]　魏公：魏忠贤，明熹宗天启年间大太监，称九千九百岁。珰：阉党，锦衣卫的太监。

见于明。

祝允明《野记》："有枭令，以钩钩背悬之。"

（十七）剥

剥，亦称剥皮、去皮，即把人的皮肤剥掉。三国时期吴国暴君孙皓曾经使用过这种刑罚，而在明代，剥皮刑不仅成了一种普遍使用的刑罚，而且变得更为残忍。孙皓剥人面皮，而明朝的剥皮是所谓的剥皮实草，是将人的整张皮剥下，然后向皮囊内填充稻草，制成人皮草袋。这个草袋也有用途。祝允明《野记》："有剥皮剥脏。酷吏皮置公座①，令代者座警。"朱元璋痛恨贪官，这种刑罚就是他设计出来以惩治贪官的狠辣办法。在他统治时期，官员贪污数额超过六十两就要剥皮实草。然而这样的酷刑并没有成功地遏制明朝官员的腐败，可见酷刑对于犯罪的制约力、威慑力是有其局限性的。虽然如此，但这种刑罚从声名上却极具恫吓力，以至于明代名臣海瑞也是此刑的拥趸。《明史·海瑞传》："瑞年已七十二矣，疏言……因举太祖法，剥皮囊草。"

明代史籍中剥皮的案例很多。欧阳直《蜀乱》："初献贼入蜀主府，见端礼门楼上奉一像，公侯品服，金装，人皮质，头与手足俱肉身。讯内监云：'明初凉国公蓝玉，蜀妃父也，为太祖疑忌，坐以谋反，剥其皮，传示各省，自滇回蜀，王奏留之。'"

《明史纪事本末》："（景）清……乃起直立漫骂。抉其齿，且抉且骂，含血直喷御袍。乃命剥其皮，草椟之，械系长安门，碎磔其骨肉。"

《明史纪事本末》："（胡）闰不屈，命力士以瓜落其齿，齿尽，骂声不绝。文皇大怒，缢杀之，以灰蠡水浸脱其皮，剥之，实以草，悬武功坊。"

朱厚照还曾以刑人之皮制成马鞍，用于骑乘。《明史·刑法

_____

① 置公座：把人皮铺在一把手的"公座"上，当成椅垫，以警示接替他的官员。

志》："正德五年（公元 1510 年）会重囚，减死者二人。时冤滥满狱，而刑官惧触刘瑾怒，所上止此。后磔流贼赵鐩等于市，剥为魁者六人皮。法司奏祖训有禁，不听。寻以皮制鞍镫，帝每骑乘之。"沈家本注："武宗荒游无度，然而非酷虐之君也，剥皮之事则罕见。"①

权阉魏忠贤嗜好行此刑罚。《明史·魏忠贤传》："民间偶语，或触忠贤，辄被擒僇，甚至剥皮刲舌，所杀不可胜数。"

复允彝《幸存录》："忠贤凶恶非常，国史当备载之。余见一术士徐姓者，言游都下，五人共饮于逆旅，忽一人倡言忠贤之恶，不久当败。余四人或默或骇，讽以慎言。此人大言：'忠贤虽横，必不能将我剥皮，我何畏？'至夜半熟睡，忽有人排门入，以火照其面，即擒去。旋拘四人，并入内地，见所擒之人，手足咸钉门板上。忠贤语四人曰：'此人谓不能剥其皮，今姑试之。'即命取沥青浇其遍体，用椎敲之，未几，举体皆脱。其皮壳俨若一人。四人骇欲死，忠贤每人赏五金压惊，纵之出。"此刑之惨毒，可谓登峰造极，前无古人，后无来者。

（十八）刷洗

刷洗是一种使人裸卧铁床，浇以沸水，用铁刷刷去皮肉的酷刑。非刑，仅见于明。

祝允明《野记》："国初重辟，凌迟处死外，有刷洗。裸置铁床，沃以沸汤，以铁刷刷去皮肉。"

《明史纪事本末》："金都御史司中召见不屈，命以铁帚扫其肤肉，至尽而死。"

（十九）压杀

压杀是指用重物把人压死的刑罚。非刑，仅见于明。

《静志居诗话》："（谢肃）出按漳泉，坐事被逮，孝陵御文华殿亲鞫，肃大呼曰：'文华非拷掠之地，陛下非问刑之官，请下法司。'乃

---

① 沈家本：《历代刑法考》（上册），商务印书馆，2011 年版，第 138 页。

下狱，狱吏以布囊压死。"[1]

朱祖文《北行日谱》："公之入狱也，以是月（四月）二十八日……另有旨开读，开读毕，裸形加绑，以解理刑。一至理刑，彼时虽公随身之仆俱不克睹矣。闻公于理刑陈词侃侃，声振一堂，挞棍四十，继之以夹水火棍六十，又继之以掭参梭一百二十，诬坐赃金二千两。续奉严旨，五月初，又加以夹，复诬赃银一千。公至此，不死者亦几希矣。……比至六月初旬，又挞十棍，数虽少而惨更甚。十六公犹强饭，十七子丑之际，不知用何物镇压公首而亡。动手者，则锁头颜紫也。"

（二十）荷校杀

荷校杀是指一种因戴枷着械过重、过紧致死的刑罚。非刑，仅见于明。

《明史·门达传》："御使李藩按宣府，或告藩擅挞军职，用军容迎送御史杨瑄按辽东，韩琪按山西，校尉言其妄作威福。皆下达治，藩、琪并荷校死。"

（二十一）磬

磬刑在明代是法定正刑，承宋朝旧制。沈家本《历代刑法考》："死刑二：绞、斩。赎铜钱四十二贯。"[2]这是明律规定的死刑执行方法，即正刑。绞、斩之外的，都是非正刑。又："杂犯斩、绞，准徒五年。明律杂犯斩，凡四条，杂犯绞，凡五条。"又《诸家旧语》云："但有死罪之名，而无死罪之实，以其罪难免，而情可矜，故准徒五年以贷之，虽贷其死，而不易其名，所以示戒也。"又云："窃盗满数是真绞，监守常人满数是杂犯，推立法之意，不欲因盗钱粮官物而即杀之也。此明制之宽于唐律者。"

《明史·刑法志》："正统八年（公元1443年），大理寺言：'律载

---

① 出按漳泉：到漳泉做按察使。亲鞫：皇帝亲自审讯。布囊：装上重物的口袋。

② 沈家本：《历代刑法考》（上册），商务印书馆，2011年版，第54页。

窃盗初犯刺右臂，再犯刺左臂，三犯绞。今窃盗遇赦再犯者，咸坐以初犯，或仍刺右臂，或不刺。请定为例。'章下三法司议，刺右遇赦再犯者刺左，刺左遇赦又犯者不刺，立案。赦后三犯者绞。帝曰：'窃盗已刺，遇赦再犯者，依常例拟，不论赦，仍通具前后所犯以闻。'后宪宗时，都御史李宪援旧例奏革。既而南京盗王阿童，五犯皆遇赦免。帝闻之，诏仍以赦前后三犯为令。至神宗，复议奏请改遣云。"据此，王阿童被绞无疑。

《大诰》："曹县主簿李瀹，受钞四百四十九贯，银四十五两，绢二十匹，出人罪名，处绞。"按：此本受贿，应计赃科刑，按明律，不过满徒，何至绞。

（二十二）怖死

怖死，是用极其恐怖的手段把人吓死的刑罚。非刑，仅见于明，但具体的执行方式，我们今天已经无法考证。

吴应箕《熹朝忠节死臣列传》："初，魏忠贤乱政，首取祸杖死者，万燝也。后因汪文言狱逮死者六人：杨涟、左光斗、魏大中、袁化中、周朝瑞、顾大章。后因李实诬奏逮死者七人，则周起元、周顺昌、高攀龙、李应升、黄尊素，并先逮周宗建、缪昌期也。以吏部尚书遣戍遇赦，为逆党所抑，卒死于戍所者赵南星。以争挺击首功为逆党论劾逮死狱中者王之寀，各有传，共十六人。他如刘铎之以诗语讥讪弃市，夏之令以阻挠毛帅逮死，苏继欧、丁干学、吴裕中、张汶、吴怀贤，或缢死、怖死、仰药死、杖死，皆以逆珰死者也。"[1]

（二十三）生瘗

生瘗，坑杀，即活埋。中国古代的坑杀一般都发生在战争环境下，往往表现为战胜一方对俘虏的大规模杀戮，不属法定刑罚，而《明史》中所见的这次坑杀则完全是朱棣折磨大臣的一种办法。

---

[1]　逮死：逮系而死，即瘐死。珰：汉代宦官充当武职者的头饰。因此，民间以珰指代宦官。

《明史·陈谔①传》："陈谔……尝言事忤旨,命坎瘗奉天门,露其首,七日不死。"

(二十四)沉河

沉河这种刑罚在明朝正史中非常罕见,但于其他史籍中却可以看到一些记录。《国初事迹》："太祖命乐人张良才说平话,良才因做场,擅写教坊司招子贴市门柱上。有近侍人言,太祖曰:'贱人小辈,不宜宠用。'令小先锋张焕傅投于水。尽发乐人为穿甲匠,月支五斗。"②

《二申野录》引《客座新闻》："刘瑾操弄国柄……(王)伯安上疏言之,谪贬贵州驿丞,未行,寓杭州胜果寺……昼见二军校至:'有旨赐汝溺,不可缓。'窘迫之……为二校面缚,挟至江边投之。"

《国初事迹》："金事陈养浩作诗云:'城南有嫠妇,夜夜哭征夫。'太祖知之,以其伤时,取到湖广,投之于水。"

(二十五)考竟

明代考竟肆虐,考竟方式五花八门,令人胆寒。名臣杨涟就是受考竟而死。《明史·万燝③传》："(天启五年,公元 1625 年)杨涟劾忠贤疏出,怀贤书其上曰:'宜如韩魏公治任守忠故事,即时遣戍。'又与工部主事吴昌期书,有'事极必反,反正不远'语。忠贤侦知之,大怒曰:'何物小吏,亦敢谤我!'遂矫旨下诏狱,坐以结纳汪文言,为左光斗、魏大中鹰犬,拷掠死。"

《明史纪事本末》："矫旨逮养春至京,坐养春赃六十余万,程梦庚赃十三万六千。其山场木值估价三十余万,命官变易之,以助大工……养春等俱拷死。"

---

① 陈谔:字克忠,明永乐年间任官职刑科给事中。
② 平话:说书,是宋元以来民间技艺的一种,以讲述历史故事和小说为主。招子:招贴,告白。近侍人:太监。穿甲匠:发配为工隶。
③ 万燝:字暗夫,明代万历年间官任刑部主事。

《明通鉴》："(洪武十三年,公元 1380 年)鞭死永嘉侯朱亮祖及其子府军卫指挥暹。"

《弇山堂别集·中官考》："宣德二年(公元 1427 年)十一月,(司礼太监侯泰)复以奉命直隶选驸马,擅作威福,凌虐职官,捶义勇经历董纯致死,又以受人赃贿事觉,始下都察院狱。"

《明史·门达传》："杲乃摭群臣细故以称帝旨……石亨恃宠不法,帝渐恶之,杲即伺其阴事。亨从子彪有罪下狱,命杲赴大同械其党都指挥朱谅等七十六人。杲因发彪弟庆他罪,连及者皆坐……明年,复奏亨怨望,怀不轨,亨下狱死。"

《明史·刑法志》："田尔耕、许显纯在熹宗(公元 1621 年—公元 1627 年在位)时,为魏忠贤义子,其党孙云鹤、杨寰、崔应元佐之,拷杨涟、左光斗辈,坐赃,比较,立限严督之,两日为一限,输金不中程者,受全刑。全刑者曰械、曰镣、曰棍、曰拶、曰夹棍。五毒备具,呼暴声沸然,血肉溃烂,宛转求死不得。显纯叱咤自若,然必伺忠贤旨,忠贤所遣所记者未至,不敢讯也。一夕,令诸囚分舍宿。于是狱卒曰:'今夕有当壁挺者。'壁挺,狱中言死也。明日,涟死,光斗等次第皆锁头拉死。每一人死,停数日,苇席裹尸出牢户,虫蛆腐体。狱中事秘,其家人或不知死日。"[1]

《枣林杂俎》："己卯(崇祯十二年,公元 1639 年),卢象升总督败没,镇珰惧罪,阴言其不死。命遣校侦之,以实闻。下校狱,酷拷不承而死,垂死,拜狱神曰:'某不枉卢总督,虽死不憾。'"[2]

吴应箕《熹朝忠节死臣列传》："初,魏忠贤乱政,首取祸杖死者,万燝也。后因汪文言狱逮死者六人:杨涟、左光斗、魏大中、袁化中、周朝瑞、顾大章。后因李实诬奏逮死者七人,则周起元、周顺昌、高攀龙、李应升、黄尊素,并先逮周宗建、缪昌期也。以吏部尚

---

[1]　坐赃:索要钱财。比较:限期缴纳。不中程:不符合要求。

[2]　校:锦衣卫负责侦查的官员。以实闻:将卢象升战死之事,以实奏报朝廷。

书遭戍遇赦，为逆党所抑，卒死于戍所者赵南星。以争挺击首功为逆党论劾逮死狱中者王之寀，各有传，共十六人。他如刘铎之以诗语讥讪弃市，夏之令以阻挠毛帅逮死，苏继欧、丁干学、吴裕中、张汶、吴怀贤，或缢死、怖死、仰药死、杖死，皆以逆珰死者也。"

《明史·缪昌期①传》："慷慨对簿，词气不挠。竟坐赃三千，五毒备至。四月晦，毙于狱。……其殓也，十指堕落，捧掬置两袖中，盖阉以草奏，故属狱吏加梏拳焉，其他楚毒备至，又可知也。"

《明儒学案·泰州学案》："心隐故尝以术去宰相，江陵不能无心动。心隐方在孝感散徒讲学，遂令楚抚陈瑞捕之，未获而瑞去。王之垣代之，卒致之。心隐曰：'公安敢杀我？亦安能杀我？杀我者，张居正也。'遂死狱中。"

(二十六)赐死

《明史·赵选侍传》："选侍赵氏者，光宗时未有封号。熹宗即位，忠贤、客氏恶之，矫旨赐自尽。选侍以光宗赐物列案上，西向礼佛，痛哭自经死。"②

(二十七)发冢

这是一人犯罪，族诛之后还要掘开罪犯祖坟的刑罚。我们也可以把这种刑罚看作一种戮刑。此刑属于非刑，仅见于明。

《明史·高翔传》："成祖召，欲用之。翔丧服入见，语不逊，族之。发其先冢，亲党悉戍边。诸给高氏产者，皆加税，曰：'令世世骂翔也。'"此案过在成祖。其召高翔，使他处于两难境地。按封建礼教，父母亡，必着丧服，否则即为不孝。而天子召，不就即为不道。着丧服临朝，是不敬；不着丧服临朝，又是不孝。因此，此时君召，横竖都得死。

---

① 缪昌期：明代天启年间官任谕德，专伺太子。

② 选侍：明代选入宫中，但未获名封之侍女。自经：上吊。

三、身体刑

《万历野获编》:"凡厂卫所廉谋反弑逆及强盗等重辟,始下锦衣之镇抚司烤问。寻常只云'打着问'。重者加'好生'二字。其最重大者,则云'好生着实打着问'。必用刑一套。凡为具十八种,无不试之。"这十八种刑具,据《明史·刑法志》载,有挺棍、夹棍、脑箍、烙铁、一封书、鼠弹筝、拦马棍、燕儿飞、灌鼻、钉指、径寸拦杆、不去棱节竹片、挦、鞭、杖、站笼、立枷、琵琶等。其实,在明代被用于执行身体刑的刑具又何止十八种。

(一)宫

人言隋唐之后无宫刑,这种说法讲的是隋唐以后宫刑不被列入正式的法律文书,至于此种刑罚的应用,明代史籍中比比皆是。

丁易《明代特务政治》:"叶伯巨上书言事,触犯了朱元璋,他竟要手射之。通政使曾秉正罢官,贫不能归,卖去四岁的女儿,朱元璋竟置之腐刑。"

《万历野获编》:"洪武九年(公元 1376 年)丙辰,营谨身殿,误奏中等匠作为上等。上怒,命悉弃市,不许复奏。时工部尚书薛祥极谏,上乃命用腐刑。祥又奏曰:'若是,则千人皆成废人矣。莫若杖而复之。'始可其请。"

《明史·纪纲传》:"(永乐时)腐良家子数百人充左右。"

《万历野获编》:"宣帝时尚用腐刑,即士人往往罹之。正统初年(公元 1436 年)靖远伯王骥征麓川,擅阉幼童,见之弹章,上贷不问。至天顺二年(公元 1458 年)七月,命宫盐徒四十四名,则似乎淫刑。"

《大诰》:"平阳梅镇抚,有被告军人赴京告指挥李源,替李源邀截回去,事发,与李源家(阉割)为奴。"明代正刑无宫刑,此乃法外酷刑。李源被军人所告而不追究,依法当是诬告,军人既是诬告,因何也不追究？倒霉的梅镇抚替李源邀截回去，本是做了好事，因何竟阉割后判归李源为家奴？真是岂有此理！

顾起元《客坐赘语》：洪武二十五年（公元 1392 年）九月十九日，礼部榜文一款："内使一剃搭头①，官民之家儿童留一搭头者阉刑，全家发边远充军。剃头之人，不分老幼，同罪。"

（二）劓

《国初事迹》："徐达围苏州，太祖特命指挥傅友德，领马军三百与同徐州陆参政出哨济定，以警中原。赐友德宴，命叶国珍陪饮，拨与朝妓十余人。太祖令内官觇视，后国珍令妓妇脱去皀帽褙子，穿华丽衣服混坐。太祖怒，令壮士拘执叶国珍与妓妇连锁于马坊，妓妇劓去鼻尖，国珍称说：'死则死，何得与贱人同锁？'太祖曰：'尔不尊我，分别贵贱，故以此等贱人辱之。'鞭讫数十，发瓜州作坝夫。"②

朱棣和朱元璋同样嗜好酷刑。如靖难之役中，他就曾将大理寺丞刘端的鼻子割下，却笑着问道："作如此面目，还成人否？"最后捶杀刘端。又割下兵部尚书铁铉的耳鼻和肉，烧热塞其口中，叫他吃下，还问："甘否？"在杀死礼部尚书陈迪和他的儿子凤山等六人之前，朱棣令割下凤山的鼻舌，叫陈迪吃下。其灭绝人性的程度，并不下于朱元璋。

（三）刖

明代的《大诰》中记录有很多刖刑案例，可见这种刑罚在明代依旧运用。《大诰》："刑部子部总部，司门二部郎中，员外郎，主事，都吏等官吏胡宁、童伯俊等，恣肆受财，纵囚代办公务书文案。司狱王中以闻，朕亲谐太平门，将各官捶楚无数，刖其足，发于本报讯部，诏示无罪者。"

---

① 搭头：披发，朱元璋当过和尚，忌恨此发式。

② 觇视：监视。皀帽：肥大的帽子。褙子：披肩。坝夫：河坝上的装卸工，服劳役。

《大诰》:"黔阳安江驿丞李添奇,每月取要驿户酒七十坛,茶、油、盐各七斤,喂猪白米一担二斗,喂鸡、鹅、鸭谷一担二斗,及拘驿夫妻小到家纺织,又擅拆官船改造自己船只,装造瓦器买卖,科敛驿夫银钞,收买良民来兴等三名作被家驱口,占据驿夫五名在家使唤,不行走递。后权江安司抚检,违法做生牛鞭,身带腰刀,时常飞放扰民。及生员齐诏书到司,在外飞放,不行迎接开读。断趾,枷令驿前。"

(四)断脚筋

《大诰》:"御史王式文、书吏梁仲真,墨面纹身,挑筋去指。"挑筋即断脚筋,乃明之法外酷刑。

《大诰》:"龙江卫仓官攒人等,通同户部官郭桓等,盗卖仓粮,墨面纹身,挑筋去漆(膝)盖,仍留本仓守支。"

《大诰》:"余姚县吏叶延彬,邑呼曰小疾灵,以黄冠符篆印为县印,用使批文,下乡骗民,被弓兵史敬德觉露,贿于有司,虚有罪,实释之。后以吏役起赴京师,建言便民事理,中含报仇于史敬德等。二人依所言章,至法司对问,所言事已虚三件,况实报仇告人。御史王式文,徇情出妄告之罪,别事不公者,多由小疾灵发露,墨面纹身,挑筋去指,书吏梁中南亦然。既刑之后,皆击狱中。疾灵罪未决,跷房代人书写,疾灵事内被告者,知疾灵奸诈,以银相送,人各与花押一枝为照。后各出狱,果送钞银布匹。疾灵他犯又将及身,乃以钞银缎绢布匹赴通使司守。父本老吏,朝廷起取,推风疾不起。其子赴京,父俱至。疾灵被获,傍云父亦在是,遣人试捕,就京被获。父子皆死。"叶延彬行贿受贿,官报私仇,死亦不冤。其父只不过"推风疾不起",缘何也坐死?可见明代株连之酷。

(五)膑

《大诰》:"龙江卫仓官攒人等,通同户部官郭桓等,盗卖仓粮,墨面纹身,挑筋去漆(膝)盖,仍留本仓守支。"

沈家本《历代刑法考》:"族诛,枭令,墨面纹身,挑筋去指(或去膝盖）……迨洪武三十年以后，太祖亦悟严刑之不足以化民，此等峻法不复用矣。枭令者，斩首示众，明律无此名，《问刑条例》乃有之，是当日亦因事用之，初不以此为死罪之等差。入国朝后，乃以此为死罪之一级，殆失其本意。……兹录于此，见重刑之无效，治世之道，当探其源也。"①去膝盖，即古之膑刑。战国之后无有用者，明法并无此刑种，乃法外酷刑。

（六）钉

钉是一种在人身上钉钉的酷刑。非刑，仅见于明。

《明史纪事本末》："（周宗建坐纳廷弼贿万三千）逮至诏狱，鞫时捶楚较众更毒，宗建僵卧不能出声。许显纯骂之曰：'此时尚能说魏公不识一丁否？'……卒毙于狱。"《明季北略》："珰命钉以铁钉，不死，复令着锦衣，而以沸汤浇之，顷刻皮肤卷烂，赤肉满身，婉转两日而死。"

（七）断舌、抉唇

顾起元《客坐赘语》："洪武二十二年（公元1398年）三月二十五日，奉圣旨：'在京但有军官军人学唱的，割了舌头。下棋打双陆的，断手。蹴圆的，卸脚。做买卖的，发边远充军。'府军卫千户虞让男虞端，故违吹箫唱曲，将上唇连鼻尖割了。又龙江卫指挥伏颙与本卫小旗姚宴保蹴圆，卸了右脚，全家发赴云南。"②《明史·魏忠贤传》："民间偶语，或触忠贤，辄被擒僇，甚至剥皮刲舌，所杀不可胜数。"

（八）去齿（落齿）

去齿是一种打落满口牙齿的刑罚。非刑，仅见于明。《明史纪事本末》："刑部尚书暴昭被执，抗骂不屈。文皇大怒，先去其齿，次

---

① 沈家本：《历代刑法考》（上册），商务印书馆，2011年版，第54页。
② 顾起元：明万历年间进士，任吏部左侍郎。双陆：古时的一种博戏。蹴圆：古代军中竞赛。

断手足，骂声犹不绝，至断颈乃死。"

《明史·周顺昌传》："五日一酷掠。每掠治，必大骂忠贤。显纯椎落其齿，自起问曰：'复能骂魏上公否？'顺昌喷（喷之意）血唾其面，骂益厉。"

（九）断手足

作为一种法外酷刑，断手足在唐宋都曾经出现，到了明代，此刑更烈。《大诰》："金华府官故纵皂隶王讨孙等殴打舍人，皂隶断手，府官之间罪又何免焉。"

沈家本《历代刑法考》："……剁指、断手、刖足、阉割为奴、斩指枷令、常枷号令、枷项游历、免死发广西、擎象人口迁化外、全家抄没、镯脚本部书写。"沈按："以上各项，皆洪武时峻法也，见《大诰》。……断手刖足等项，乃古之肉刑，洪武中，偶一用之，常枷号令，即今法永远枷号之权舆，此等在明代，本非常法。兹录于此，见重刑之无效，治世之道，当探其源也。"①

《万历野获编》："天顺元年（公元1457年）正月，英宗复辟。刑官奏于谦等罪恶情由，越二日得旨云：'于谦、王文、舒良、王诚、张永、王勤，本当凌迟处死，从轻决了，去其手足罢。'……今史抹却谦等去手足不书者，虑为先帝新政累故削之耶。"

（十）堕指

堕指，又称剁指、去指，是我国明朝斩断犯人手指的酷刑。非刑，仅见于明。

《明史·刑法志》："魏忠贤又设断脊、堕指、刺心之刑。"沈家本注："忠贤屠害忠良，设此淫刑，必有教脒升木者，真可痛恨。"②

《大诰》："御史王式文、书吏梁仲真，墨面纹身，挑筋去指。"

《大诰》："光禄寺署丞刘辐，一次受赃四十七贯五百文，戴流罪

① 沈家本：《历代刑法考》（上册），商务印书馆，2011年版，第54页。
② 沈家本：《历代刑法考》（上册），商务印书馆，2011年版，第138页。

还职。一次克落官钞九十三贯,剁指书写。"以明律,刘辐的行为属贪污罪,应计赃科刑。其数额不大,罪不过杖徒,处以剁指,致成重残,实乃法外酷刑。

《明史·杨言传》:"(嘉靖六年,公元1527年,上)亲鞫于午门。群臣悉集。言备极五毒,折其一指。"

(十一)拶指

拶指是一种法外酷刑,是用绳索连缀六根木棍,令受刑者将手指伸入木棍之间,行刑者拉拽绳索使木棍束紧,给受刑者造成极大痛苦的刑罚。史籍中描述了施行这种刑罚的刑具的形制。《诏狱惨言》:"一拶,杨木为之,长尺余,径四五分。每用拶,两人扶受拶者起跪,以索力束其两端,随以棍左右敲之,使拶上下则加痛。"[①]

《明史·杨爵传》:"疏诋符瑞,且词过切直。帝震怒,立下诏狱搒掠,血肉狼藉,关以五木,死一夕复苏。"五木即加在身上的五种木制刑具,如枷、桎、梏、拲、拶等。

《万历野获编》:"诸刑俱可应故事,惟拶指则毫难假借。盖紧拶则肉虽去而骨不伤,稍宽则十指俱折矣。"

《池北偶谈》引《葛端肃公家训》:"(嘉靖中,郭君弼上书言事)逮锦衣狱,复奏,上着拿来午门前打四十棍。锦衣夹拶已近百矣,两腿露骨,死而复苏。"

《明史·刑法志》:"田尔耕、许显纯在熹宗(公元1621年—公元1627年在位)时,为魏忠贤义子,其党孙云鹤、杨寰、崔应元佐之,拷杨涟、左光斗辈,坐赃,比较,立限严督之,两日为一限,输金不中程者,受全刑。全刑者曰械、曰镣、曰棍、曰拶、曰夹棍。五毒备具,呼暴声沸然,血肉溃烂,宛转求死不得。显纯叱咤自若,然必伺忠贤旨,忠贤所遣所记者未至,不敢讯也。一夕,令诸囚分舍宿。

---

① 有观点认为,《诏狱惨言》是明代思想家顾炎武所撰。一般观点认为,此书作者佚名。

于是狱卒曰：'今夕有当壁挺者。'壁挺，狱中言死也。明日，涟死，光斗等次第皆锁头拉死。每一人死，停数日，苇席裹尸出牢户，虫蛆腐体。狱中事秘，其家人或不知死日。"

朱祖文《北行日谱》："公之入狱也，以是月（四月）二十八日……另有旨开读，开读毕，裸形加绑，以解理刑。一至理刑，彼时虽公随身之仆俱不克睹矣。闻公于理刑陈词侃侃，声振一堂，挞棍四十，继之以夹水火棍六十，又继之以拶参梭一百二十，诬坐赃金二千两。续奉严旨，五月初，又加以夹，复诬赃银一千。公至此，不死者亦几希矣。……比至六月初旬，又挞十棍，数虽少而惨更甚。十六公犹强饭，十七子丑之际，不知用何物镇压公首而亡。动手者，则锁头颜紫也。"

（十二）夹棍

王棠《知新录》："夹棍之说，唐世未闻，其制起于宋理宗之世。以木索并施，夹两股，名曰'夹邦'。又竖坚木，交辫两股，令狱卒跳跃于上，谓之'超棍'，合二者思之，当即今之夹棍也。"

沈家本《历代刑法考》："邱氏濬谓酷虐之吏恣为刑具，如夹棍、脑箍、烙铁之类，是明代有夹棍名目，但未详始于何年？据邱氏之言，固例载之刑具也，今则纂为定例矣。南北朝时，有压踝杖桄之法，其形状不知何如？是即夹棍之意也。"[1]

《池北偶谈》引《葛端肃公家训》："（嘉靖中，郭君弼上书言事）逮锦衣狱，复奏，上着拿来午门前打四十棍。锦衣夹拶已近百矣，两腿露骨，死而复苏。"

（十三）琵琶

琵琶，这里是指一种木制刑具，其形如铡刀，利用杠杆力挤压人的四肢，使骨肉分离。非刑，仅见于明。

《明书》"其最酷者曰琵琶，每上，百骨尽脱，汗下如雨，死而复

---

[1]　沈家本：《历代刑法考》（上册），商务印书馆，2011年版，第965页。

生,如是者二三次,荼酷之下,何狱不成。"

(十四)五木

五木是指一种把桎、梏、枷、拲、挋等五种木制刑具同时加于一身的酷刑。非刑,仅见于明。

《明史·列传第九十七·杨爵传》:嘉靖二十年(公元 1541 年),御史杨爵"疏诋符瑞①,且词过切直。帝震怒,立下诏狱搒掠,血肉狼藉,关以五木,死一夕复苏。所司请送法司拟罪,帝不许,命严锢之。狱卒以帝意不测,屏其家人,不许纳饮食。屡滨于死,处之泰然"。二十四年(公元 1545 年),厚熜因扶乩有感,将他放出,但尚书熊浃恰好又论扶乩之妄,于是厚熜"复令东厂追执之。爵抵家甫十日,校尉至。与共麦饭毕,即就道。尉曰:'盍处置家事。'爵立屏前呼妇曰:'朝廷逮我,我去矣。'竟去不顾。……系镇抚狱,桎梏加严,饮食屡绝,适有天幸得不死"。一直到二十六年(公元 1547 年)十一月方才放出。"爵之初入狱也,帝令东厂伺爵言动,五日一奏。校尉周宣稍左右之,受谴。其再至,治厂事太监徐府奏报。帝以密谕不宜宣,亦重得罪。"爵先后在狱七年,巡按陕西御史浦铉、主事周天佐上章论救,都逮下诏狱。浦铉"搒掠备至,除日仍杖之百,锢以铁钾,爵迎哭之,铉息已绝"。徐张目曰:"此吾职也,子无然。"系七日而卒。周天佐"杖之六十,下诏狱","体素弱,不胜楚。狱吏绝其饮食,不三日即死,年甫三十一"。又如《明史·列传第九十七·刘魁传》,嘉靖二十一年(公元 1542 年)秋,厚熜听信方士陶仲文的话,建佑国康民雷殿于太液池西,工部员外郎刘魁打算谏阻,心想一定要得重祸,于是便先命家人买棺以待,疏上以后,"帝震怒,杖于庭,锢之诏狱。时御史杨爵先已逮系,既而给事中周怡继至,三人屡濒死,讲诵不辍。四年得释。未几,复追逮之。魁未抵家,缇骑已先至,系其弟以行。魁在道闻之,趣就狱,复与爵、

_____

① 疏诋符瑞:上疏诋毁祥瑞的征兆。

怡同系。时帝怒不测,狱吏惧罪,窘迫之愈甚,至不许家人通饮食,而三人处之如前……又三年,与爵、怡同释,寻卒"。[①]

(十五)称杆

称杆,也作称竿,是一种行刑的装置,其形如跷跷板,把人缚于一端,另一端坠以巨石,把人悬吊起来,如称物然。非刑,仅见于明。祝允明的《野记》:"有称竿,缚置竿彼末,悬石称之。"

(十六)金瓜击顶

金瓜击顶本是商代的死刑执行方法。金瓜是一种兵器,长柄端有一瓜形锤,金色,本来是皇帝的威仪,为仪仗队所执,结果成了商纣的刑具。行刑的方法是用金瓜的锤将人的脑袋打碎。此刑为商殷首创,属非刑。见《尚书·商书》。

《万历野获编补遗》:"李文忠时勉初为侍读,以疏忤旨下狱,时永乐初年,至二十一年始释,得复官。已而洪熙改元,复上二疏,言人所不敢言,其中乞留中。疏入,召问,对不屈。命金瓜士扑之,凡十七瓜而肋断,恍忽中见有朱衣人庇之,曳出下狱。"

(十七)鞭

鞭,既是刑具,也是刑名,是我国古代以鞭抽打犯人的酷刑。法定刑,始于唐虞。明无鞭刑,鞭挞乃非刑。

《明史·刑法志》:"永嘉侯朱亮祖父子皆鞭死,工部尚书薛祥毙杖下……廷杖之刑,亦自太祖始矣。"

《病逸漫记》:"御史黄本以道遇韦英失敬,遂为英鞭挞不可言……自后尚书以下人人自恐,至内官黄赐等亦受窘迫。"

(十八)廷杖

所谓廷杖,就是中国封建帝王责令在朝廷之上,当着满朝文武行杖殴打大臣的刑罚。明太祖廷杖朝臣,几成惯例。明世宗竟一次廷杖棒杀大臣十六人之多。《明史·刑法志》:"正德十四年,以

---

① 《明史·列传第九十七》是多人传记。杨爵、刘魁只是此列传中的两位人物。

谏止南巡,廷杖舒芬、黄巩等百四十六人,死者十一人。"

丁易《明代特务政治》:朱厚照正德十四年(公元 1519 年)又举行了一次大廷杖,那是特务江彬等一手造成的。原因是江彬撺弄厚照南游,十四年二月,厚照便下谕礼部拟定巡幸仪制,说:"总督军务威武大将军总兵官太师镇国公朱寿将巡两畿、山东,祀神祈福,其具仪以闻。"于是朝臣纷纷谏阻。

首先上疏的是兵部郎中黄巩,他的疏中说:"首开边事,以兵为戏,使陛下劳天下之力,竭四海之财,伤百姓之心,则江彬之为也。彬,行武庸流,凶残傲诞,无人臣礼,臣但见其有可诛之罪,不闻其有可赏之功……天下切齿怒骂,皆欲食彬之肉。陛下亦何惜一彬,不以谢天下哉。"其时兵部员外郎陆震也打算上疏谏阻,见巩疏,称赞不已,便毁去己稿,与巩连属奏上。同时修撰舒芬、庶吉士汪应轸、江晖、王廷栋、马汝骥、曹嘉也同上疏谏阻。第二天,吏部员外郎夏良胜、礼部主事万潮、太常博士陈九川,又连属奏谏。于是吏部郎中张衍瑞等十四人,刑部郎中陆俸等五十三人继之,礼部郎中姜龙等十六人、兵部郎中孙凤等十六人又继之。诸疏既上,厚照及江彬大怒,便将良胜、潮、九川及巩、震逮下诏狱,芬及衍瑞等百有七人罚跪午门外五日。而大理寺正周叙等十人、行司副余廷瓒等二十人,以及工部主事林大辂、何遵、蒋山卿三人又连疏进谏,极言江彬怙权倡乱,巩等无罪。厚照更怒,并下诏狱。又特令叙、廷瓒、大辂三人与巩、震等六人俱跪阙下五日,并加桎梏,到晚上仍系狱中。诸人晨入暮出,累累若重囚,道途观者,无不叹息泣下。

舒芬等百有七人五天跪完以后,厚照便下令杖于午门,人各三十,"方芬等之受杖也,江彬怒诸臣等斥其罪恶,阴助上怒,杖之特重,呼号之声彻于禁掖。芬创甚几毙,舁至翰林院中,掌院者惧得罪,命标出之,芬曰:'吾官此,即死此耳。'既谪,裹创就道,时以为荣。"这是三月戊午那一天的事。到四月戊寅那天,又杖下狱的黄巩、陆震等六人,周叙、余廷瓒、林大辂三人各五十,余三人各四十。

黄巩被杖后,斥为民,江彬还派人在路上想刺杀他,幸而他事前得到消息,方才走脱。这一次一同被杖的还有姚继岩等二十二人。

这两次廷杖,先后被打死的有:陆震既杖创甚,江彬必欲致之死,绝其饮食,死于狱中。何遵与震同时受杖,打得肢体俱裂,两天后死去。大理评事林公辅以身体太弱,不胜杖而死。还有余廷瓒及行人李绍贤、孟阳、詹轼、刘概、李惠和何遵一同死于杖下。其在何遵之前受杖而死的,还有刑部主事刘校、照磨刘珏。刘校是起草刑曹谏疏的,杖将死,大呼曰:"校无恨,合不见老母耳。"子元娄,年十一,哭于旁,校曰:"尔读书不多,独不识事君能致身义乎!? 善事祖母及母,毋愧尔父。"遂绝。打死的,一共十一人。其受伤稍后死者,还有三人:计礼部员外郎冯泾,验封郎中王銮,行人王瀚。在舒芬等一百零七人跪午门时,另外一个金吾卫指挥金事张英肉袒戟刃于胸,持谏疏,当跸道跪哭,并自刺其胸,诏杖八十,遂死。

《明史·周玺传》:"(顺天府丞周玺)论谏深切,率与中官抵牾,刘瑾等积不能堪。至是,命玺与监丞张淮、侍郎张缙、都御史张鸾、锦衣卫指挥杨玉勘近县皇庄。玉,瑾党,三人皆下之。玺词色无假,且公移与玉止牒文。玉奏玺侮慢敕使,瑾即矫旨逮下诏狱,榜掠死。"

《明通鉴》:"(洪武十五年,公元 1382 年,大理寺卿李仕鲁谏信佛)上大怒,命武士捽搏之,立死阶下。"

《明史·刑法志》:"中年刑法益峻,虽大臣不免受辱。宣大总督翟鹏、苏州巡抚朱方以撤防早,宣大总督郭宗皋、大同巡抚陈耀以寇入大同,刑部侍郎彭黯、左都御史屠侨、大理卿沈良材以议丁汝夔狱缓,戎政侍郎蒋应奎、左通政唐国相以子弟冒功,皆逮杖之。方、翟毙于杖下,而黯、侨、良材等杖毕,趣治事。公卿之辱,前所未有……四十余年间,杖杀朝士,倍蓰前代。"

《明史·刑法志》:"成化十八年(公元 1482 年),南御史李珊等以岁祲请振。帝摘其疏中讹字,令锦衣卫谐南京午门前,人杖二十,守备太监监之。"

《明史·蒋钦传》:"正德元年(公元 1506 年),刘瑾逐大学士刘健、谢迁,钦偕同官薄彦徽等切谏。瑾大怒,逮下诏狱,廷杖为民,居三日,钦独具疏……疏入,再杖三十,系狱。"

朱厚熜(明世宗)即位后,又施行了一次大规模的廷杖,原因是为了"争大礼"。所谓"大礼",实在是一件很无聊的事。原来朱厚熜是朱佑樘的弟弟兴献王朱佑杬的儿子,武宗朱厚照死无子,佑樘妻张氏便命他嗣位,算是承继佑樘,称自己父母叫"本生父母"。嘉靖三年(公元 1524 年)七月乙亥那一天,厚熜忽然下旨叫除去"本生"之称,这意思便是不愿做佑樘嗣子了。于是廷臣大哗,自尚书金献民、侍郎何孟春以下,凡二百二十九人,在戊寅那天,俱跪伏左顺门力争,厚熜令司礼中官谕退,众皆曰:"必得谕旨乃敢退。"自晨至午,凡再传谕,犹跪伏不起。"上大怒,遣锦衣卫先执为首者。于是杨慎、王元正乃撼门大哭,众皆哭,声震阙庭。上益怒,命收系四品以下马理等凡一百三十有四人。"五天之后,便"杖马理等于庭。编修王相、王思,给事中毛玉、裴绍宗,御史张曰韬、胡琼,郎中杨准、胡琏,员外郎申良、张灿,主事安玺、许谕、臧应奎、余祯、殷承叙,司务李可登,凡十六人,皆病创先后卒"。再过四天之后,"复杖修撰杨慎、检讨王元正、给事中刘济、安盘、张汉卿、张原,御史王时柯七人于庭"。慎等前已被杖,越数日,有言:"前此罢朝,群臣已散,纠众复哭,乃慎等七人倡之也。"上怒,命再杖,原受伤创重卒。

这一次被打的一共一百三十四人,打死的十六人。

《明史·刑法志》:"正德十四年(公元 1519 年),以谏止南巡,廷杖舒芬、黄巩等一百四十六人,死十一人。世宗嘉靖三年(公元 1524 年),群臣争大礼,廷杖丰熙等到一百三十四人,死十六人。"

由此可见,在明朝中央集权不断发展的过程中,不仅是政治制度、行政体制在不断做出有利于集权体制的调整,司法、刑罚亦然。在明朝,廷杖实质上就是封建君主个人所掌握的一种具有极强威吓力且不受制约的刑罚，是一种维护集权制度和皇室权威的有效方法。

（十九）杖

明之杖刑，既是主刑，也是附加刑。徒刑、流刑都附加杖刑。

《明律·狱具图》："笞，大头径二分七厘，小头径一分七厘，长三尺五寸，以小荆条为之。杖，大头径三分二厘，小头径二分二厘，长三尺五寸，以大荆条为之。并须削去节目。用官降较（校）板法如法较（校）勘，毋令觔胶诸物装钉。应决者，用小头，臀受。讯杖，大头径四分五厘，小头径三分五厘，长三尺五寸。以荆杖为之。其犯重罪，赃证明白，不服招承，明立文案，依法拷讯。臀、腿受。"

邱濬说："《大明律》卷首作为横图，以记狱具笞杖大小厚薄，视唐略等，比宋则尤为轻焉。祖宗好生之仁，虽为恶之罪人，惟恐或有所伤，而为之薄刑也如此。是以仁恩厚德，浃于民心，百年于兹。近年以来，乃有等酷虐之吏，恣为刑具，如突棍、脑箍、烙铁之类，名数不一，非独有以违祖宗之法，实有以伤天地之和。伏乞圣明申明旧制，凡内外有因袭承用者，悉令弃毁。然禁之必自内始，敢有仍前故用，即以所制者加之。庶使太祖皇帝慎罚之意，恤刑之仁，所以着于律文者，万世之下，恒如一日。所以恢泉仁于九有，绵国祚于万年者，端在于斯。"

沈家本《历代刑法考》："汉捶之制，本大一寸，末半寸。汉尺小于今尺三之一，当为本大六分六零，末半之。此其径数也。梁杖制：大头围一寸三分，小头围八分半，以围数合径数，与汉捶约略相等。隋杖：大头径三分，小头径二分，视梁制更小。唐讯杖大于隋杖二厘，而常行杖大头二分七厘，小头一分七厘，笞杖大头二分，小头一分半，视隋制更小。明之笞及杖，与唐之笞杖及常行杖同，而讯杖大于唐一分三厘，然亦止大头径四分五，小头径三分五而已。今之小竹板，大头阔一寸五分，小头阔一寸，大竹板，大头阔二寸，小头阔一寸五分,不知定于何年,视前代之笞杖,大数倍矣!"①

《明律》:"阉割火者:凡宦民之家不得乞养他人之子,阉割火者,违者杖一百,流三千里,其子给亲。"《纂注》:"欧杀乞养异姓子,止杖一百,徒三年。今阉割不至于死,乃杖一百,流三千里者,谓其僭分私割故也。按乞养子有抚养之恩义,欧死,非意料,故罪轻。阉割火者,其乞养之初意,本为阉割计,无恩义可言。阉割即律之毁败人阴阳,与笃疾同科,故同凡论以满流,非加重也。"已被罢免的官员,还干预官事,乱政害民者,称闲吏。

《明律》:"凡揽纳税粮者,杖六十。"所谓揽纳即包揽、代纳税粮也。可见明之初年,粮户不皆自己纳粮,有此揽纳之中间人也。

《明会典·拘役囚人》:"国初,令罪人得以力役赎罪。死罪拘役终身,徒流照年限,笞、杖计月日,满日疏放。"

(二十)笞

明用唐制,但对笞具有明确的规定:凡杖,以小荆条为之。长三尺五寸,大头二分七厘,小头一分七厘。

沈家本《历代刑法考》:"笞刑五:一十,赎铜钱六百文;二十,赎铜钱一贯二百文;三十,赎铜钱一贯八百文;四十,赎铜钱二贯四百文;五十,赎铜钱三贯。"②

杨士奇的《三朝圣谕录》讲:"永乐二年(公元1404年),饶州府士人朱季友献所著书,专斥濂洛关闽之说,肆其丑诋。上览之怒甚,曰:'此儒之贼也!'……即敕其人押季友还饶州,会布政司县府吏及乡之士人明谕其罪,笞以示罚,而搜检其家所著书会众焚之。"

《续文献通考》:"定监生犯罪律。都察院奏定:'监生犯公罪,依律记录,私罪,当笞者罚。历事一年考,谨勤者,准历事监生出身,平常者,再历事一年覆考。当杖者,断发充吏,准吏员资格出

---

① 沈家本:《历代刑法考》(上册),商务印书馆,2011年版,第963页。
② 沈家本:《历代刑法考》(上册),商务印书馆,2011年版,第53页。

身.'"断发充吏是发配到边远荒蛮的地方去充当官吏。

《续文献通考》:"凡内使于宫城内相詈骂者,先发理屈(者)笞五十,后发理直者不坐,其不服本管钤束,而抵骂者,杖六十。内使骂奉御者,杖六十,骂门官、监官者杖七十。内使于宫城内,相斗殴者,先斗理屈,杖七十,殴伤者,加一等,后应理直而无伤者,笞五十,其有不服本管钤束,而殴之者,杖八十,殴伤者加一等。殴奉御者,杖八十,殴门官、监官者,杖一百,伤者,各加一等。其内使等,有心怀恶逆,出不道之言者,凌迟处死。有知情而蔽之者,同罪。知其事而不首者,斩。首者,赏银三百两。"

(二十一)常枷号令

这是我国明代给人戴枷终身至死的刑罚方法。非刑,仅见于明。

《大诰》:"上元、江宁两县民刘二等,军丁王九儿等十四名,暗出京师百里地名边湖,称为牙行,寺强阻客,常枷号令,至死而后已。"按明律,私充牙行,律止杖罪,现在是按违诰处理,竟枷终身。律诰冲突,事如家常,为官者可以左右逢源。欲宥时用律,欲严时用诰。百姓能奈其何!

沈家本《历代刑法考》:"枷号之制,历代未见,周世嘉石桎梏而坐,乃其权舆也,然至多以旬有三日为限,少者三日而已。明祖《大诰峻令》始有枷号名目,其常枷号令盖即今日之永远枷号矣。然明祖虽用之,而未尝着为常法,故《明史·刑法志》不详其制,惟《问刑条例》问拟枷号者凡五十三条,有一月、两月、三月、半年之别,皆不在常法之内。又有用一百斤及一百二十斤枷者,尤不可以为常法也。至《大诰峻令》三项,《条例》中未见,盖已废而不用矣。"①

《问刑条例》:"凡枷号人犯,除例有正条及催征税粮,用小枷枷号,朝枷夜放外,敢有将罪轻人犯用大枷枷号伤人者,奏请降级调

①　沈家本:《历代刑法考》(上册),商务印书馆,2011年版,第295页。

用。因而致死者,问发为民。"沈家本注:"明代滥用枷号,致有伤害
人命之事,故又定此专条。"[1]

《明史·刑法志》:"宣德三年,怒御史严皑、方鼎、何杰等沈湎
酒色,久不朝参,命枷以徇。自此,言官有荷校者。至正统中,王振
擅权,尚书刘中敷,侍郎吴玺、陈瑺,祭酒李时勉率受此辱。"沈家本
注:"枷令之法,太祖创之,乃致辱及大臣,作法于凉,其弊至此,可
为好用重法者戒。"[2]

(二十二)枷项游历

枷项游历是指给犯人戴上写明罪状的大枷游街,以当众示辱
的刑罚。非刑,始于明太祖。明《大诰》中有断趾枷号、常枷号令、
枷项游历等法外非刑。弘治时定的《问刑条例》中问拟枷号者五十
三条,时间有一个月、两个月、三个月和半年,也有永远枷号的,称
常枷号令。

《大诰》:"常州府同知王复春,先任宜兴县主簿,苏府官下乡扰
民,命礼部齐谕酒醴以劳,即升常州府同知,不半年,亲自下乡临民
科扰。青州府知府陈希文,先任怀宁县丞,深知指挥毕寅广侵民
地,闻民已告,赴县,意在嘱托,府官代寅嘱,希文执大义以责之,遣
使劳励,即升青州府知府,不逾年,差皂隶并令临朐等三县需索糯
米等物。阳为君子,阴为小人,所以枷项,诸衙门封记,差人互逮有
司,遍历九州岛之邑。"

《弇山堂别集》:"正统十二年(公元 1447 年),武功中卫指挥使
华嵩宿娼事发,当杖赎,特命髡其首漆之,枷示教坊门,满日,充大
同卫军,坐与王振侄争娼故也。"

明律无此刑种。此刑纯属法外酷刑,是肉刑与辱刑二者兼而
有之的刑罚方法。古之游街,不过一村一镇,此戴枷游历,则要游

① 沈家本:《历代刑法考》(上册),商务印书馆,2011 年版,第 295 页。
② 沈家本:《历代刑法考》(上册),商务印书馆,2011 年版,第 296 页。

遍九州岛各地。既常年痛苦不堪，又使人受到极大的侮辱，残酷至极。

（二十三）枷、锁禁、杻

《明律·狱具图》："枷长五尺五寸，头阔一尺五寸，以干木为之，死罪重三十五斤，徒、流重二十斤，杖罪一十五斤，长短轻重，刻制其上。"

《明律·狱具图》："铁索，长一丈，以铁为之。犯轻罪人用镣，连环，共重三斤，以铁为之。犯徒罪者带镣工作。"

《明史·刑法志》："镣，铁连环之，以执足。"沈家本注："铁索，锁之小者，今谓之链。镣，锁之大者。"[1]《尔雅·释器》："白金谓之银，其美者谓之镣。"《说文》："镣，白金也。"本非刑具之名，元王元亮《五刑图说》：徒有带镣居作之文。《元史·刑法志序》：盐徒盗贼既决而又镣之。始借用为刑具之名。明代承之，又曰"镣铐"，亦曰"锁铐"。

《后汉书·蔡邕传》："抱钳杻，徙幽乔。"

在明代以前，杻的规制不详。到明代，有了明确的规定。《明律·狱具图》："杻长一尺八寸，厚一寸，以干木为之。男子犯死罪者用杻，犯流罪以下及妇人犯死罪者不用。"

《明史·刑法志》："宣德三年，怒御史严皑、方鼎、何杰等沈湎酒色，久不朝参，命枷以徇。"

又："正德元年（公元1506年），杀东厂太监王岳，命丘聚代之，又设西厂以命谷大用，皆刘瑾党也。瑾又改惜薪司外薪厂为办事厂，荣府旧仓地为内办事厂，自领之。京师谓之内行厂，虽东西厂皆在伺察中，加酷烈焉。且创例，罪无轻重皆决杖，永远戍边，或枷项发遣。枷重至百五十斤，不数日辄死。"

《明史·刑法志》："嘉靖六年（公元1527年），给事中周琅言：

---

[1]　沈家本：《历代刑法考》（上册），商务印书馆，2011年版，第958页。

'比者狱吏苛刻,犯无轻重,概加幽系,案无新故,动引岁时,意喻色授之间,论奏未成,囚骨已糜。又况偏州下邑,督察不及,奸吏悍卒,倚狱为市,或扼其饮食以困之,或徙之秽溷以苦之,备诸痛楚,十不一生。臣观律令所载,凡逮系囚犯,老疾必散收,轻重以类分,枷杻荐席,必以时饬,凉浆暖匣,必以时备,无家者给之衣服,有疾者予之医药,淹禁有科,疏决有诏,此祖宗良法美意,宜敕臣下同为奉行。凡逮系日月并已竟未竟疾病、死亡者,各载文册申报,长吏较其结竟之迟速,病故之多寡,以为功罪而黜陟之。'帝深然其言。"

《明史·刑法志》:"凡各府司狱,专管囚禁,如有冤滥,许令检举申明,如本府不准,直申宪司,各衙门不许差占。府州县牢狱,仍委佐贰官一员提调。其男女罪囚,须要各另监禁,司狱官常且点视,州县无司狱去处,提牢官点视。若狱囚患病,即申提牢官验实,给药治疗。除死罪枷杻外,其余徒、流、杖罪囚人病重者,开疏枷杻,令亲人入视,笞罪以下,保管在外医治,病痊依律断决,如事未完者,复收入禁,即与归结。"

《明史·刑法志》:"洪武元年(公元 1368 年)令:'禁系囚徒,年七十以上、十五以下、废疾散收。轻重不许混杂。枷杻常须洗涤,席荐常须铺置,冬设暖匣,夏备凉浆。无家属者,日给仓米一升,各给绵衣一件,夜给灯油,病给医药,并令于本处有司系官钱粮内支破,狱司预期申明关给,毋致缺误。有官者犯私罪,除死罪外,徒、流锁收,杖以下皆散收。司狱常切拘钤狱卒,不得苦楚囚人,提牢官不时点视,违者禁子严行断罪,狱官申达上司究治。'"

《明史·刑法志》:"洪武二十六年(公元 1393 年),定凡刑部见问囚人,设置司狱司监禁。每月山东司案呈,差委主事一员,躬亲提调一应牢狱。各部每夜又各委官各点本部囚数,应押而押,应枷杻而枷杻,应锁镣而锁镣,将监门牢固封锁,其总提牢官将锁匙拘收,督令司狱轮拨狱卒,直(值)更提铃。至天明,各提牢官将监门锁封看讫,令司狱于总提牢官处,关领锁匙,眼同开锁,照依各部取囚勘合内名数点放出监,各该狱卒管押赴部,问毕随即押回收监,顷刻不得擅离左右。务要内情不得外出,外情不得内入,使人知幽囚困苦之状,以顿挫其顽心。又行提督司狱人等,常加洁净,不至刑具颠倒,狱囚饭食,以时接递,毋得作弊刁蹬。其有窥抑不伸及淹禁日久,不与决者,提牢官审查明白,呈堂整治。"

可见,明朝的刑罚虽然较前代为重,但在监狱和刑具的管理方面都更为具体和规范。

(二十四)校

校是明代最残酷的刑具,也称立枷。此刑罚在清代称站笼。以木造笼,笼顶就是枷,套在犯人颈上,头在笼外,身在笼内,荷重达三百余斤,四周加内向大钉,昼夜站立,既无法坐卧,也不能倚靠,不数日即死。有的笼高于人,给犯人套笼顶枷时,脚下须踏有垫物,套定后,抽去垫物,人即悬空,形同上吊,立即毙命。

《明史·刑法志》:"宣德三年,怒御史严皑、方鼎、何杰等沈湎酒色,久不朝参,命枷以徇。自此,言官有荷校者。"

《万历野获编》:"嘉靖四十五年(公元 1566 年),户部主事海瑞上疏规切上过,已下锦衣拷问,刑部拟绞,其疏留中久不下。户部司务何以尚者,疏请宽宥之,上大怒,杖之百,下锦衣镇抚司狱,命昼夜用刑。初意用刑不间昼夜,不决日必死矣……心尝疑之,以问前辈仕人,云此刑以木笼四面攒钉内向,令囚处其中,少一转侧,钉入其肤,囚之膺此刑者,十二时中,但危坐如偶人。"[①]

《万历野获编》:"本朝枷号,始渐滥行……然亦未闻有立枷之说也。近来厂卫多用重枷,以施御囚,其头号者,重至三百斤,为期至二月,已百无一全。而最毒则为立枷,荷此者,不旬日必绝。偶有稍延者,命矬低三数寸,则顷刻殒矣。以余所见闻,盖不胜数,大

---

① 规切上过:批评皇上的缺点。其疏留中久不下:刑部绞死海瑞的请示,在朝廷久批不下来。不决日:用不了一天。

抵皆因罪情轻重,设为此法以毙之。或得罪禁廷,万无可活之理。惟壬辰年之乐新炉及诸龙光,则实出圣意,命东厂速以死上闻,盖痛恨流棍之流谤也。"

《万历野获编》:"凡枷未满期而死,守者掊土掩之,俟期满以请,始奏闻以埋。若值炎暑,则所存仅空骸耳。故谈者谓酷于大辟云。"

《明史·李应升传》:"忠贤领东厂,好用立枷,有重三百斤者,不数日即死,先后死者六七十人。"

《明史·许誉卿传》:"厂卫一奉打问之旨,五毒备施。迩复用立枷法,士民搞项毙者,不知凡几。"

(二十五)械

械,是指木枷或镣铐之类的刑具。作为刑罚,械就是给犯人戴上木枷或镣铐。

《诏狱惨言》:"一械也,坚木为之,长尺五寸,洞四寸许,中凿两孔着臂上,虽受刑时亦不脱,入狱则否。凡杀人,惟械手则甚便。故周公(朝瑞)之死,郭贼诱之上堂,上堂理应着此物也。"

《明史·王振传》:"大理少卿薛瑄、祭酒李时勉,素不礼振,振摭他事陷瑄几死,时勉至荷校国子监门。御史李铎遇振不跪,谪戍铁岭卫。驸马都尉石璟詈其家阉,振恶贱己同类,下璟狱。怒霸州知州张需禁饰牧马校卒。逮之,并坐需举主王铎。又械户部尚书刘中敷、侍郎吴玺、陈常于长安门。所忤恨,辄加罪谪。"[①]

宦官王振因大臣不向他施礼,便可随意加罪大臣们并可对户部官员施以械刑,可见明代政治的腐败。

(二十六)桎梏

王鏊的《守溪笔记》讲:"(张)鹏与杨瑄俱以言事得罪,谪戍两广。……时(李秉)以都御史巡抚南直隶……至见二人同桎梏不能

---

① 大理少卿、祭酒:明代官职。

起,命左右出之。二人不肯曰:'吾二人死则已矣,其敢累公,此门锦衣亲封,且有逻者在后,事且不测。'"

丁易《明代特务政治》:这以后诏狱里面更备加残酷,如嘉靖二十四年(公元 1545 年),厚熜因扶乩有感,将他放出,但尚书熊浃恰好又论扶乩之妄,于是厚熜"复令东厂追执之。爵抵家甫十日,校尉至。与共麦饭毕,即就道。尉曰:'盍处置家事。'爵立屏前呼妇曰:'朝廷逮我,我去矣。'竟去不顾。……系镇抚狱,桎梏加严,饮食屡绝"。

(二十七)拳

拳作为一种古代的刑罚,是将罪犯的双手以木械铐在一起。拳作为一种古代的刑具,是指木制的手枷或手铐。

《明史·列传第九十七·杨爵传》:"疏诋符瑞,且词过切直。帝震怒,立下诏狱搒掠,血肉狼藉,关以五木,死一夕复苏。"所谓五木,就是加在身上的五种木制刑具,如枷、桎、梏、拳、挢等。

四、自由刑

明代的自由刑包括下诏狱、狱、髡、锢、逮逋、执、幽等。

(一)下诏狱

奉皇帝诏书进行审讯的案件,称诏狱。根据皇帝诏令拘禁囚犯的监狱,也称诏狱。《大学衍义补·慎刑宪·制刑狱之具》:"汉文后四年(公元前 166 年),绛侯周勃有罪,逮谐廷尉诏狱。诏狱之名始于此。然其狱犹属之廷尉,则典其狱者,犹刑官也。其后乃有上林诏狱,则是置狱于苑囿中。鸿胪诏狱,则是置狱于少府之属,不复典于刑官矣。……后世因之,往往于法狱之外,别为诏狱。"

明代的厂卫狱,也是这种奉旨特设的法外之狱。所谓厂卫,是明代皇帝特设的特务机关,包括东厂、西厂、内行厂、锦衣卫。厂卫狱是法外特设的监狱。其功能,不仅限于羁押犯人,还包括拘捕、侦讯、审判、行刑，无常法，无定制，随意处断，用刑酷烈，诛杀无度。属非刑。

锦衣卫由明太祖朱元璋于洪武十五年（公元 1382 年）设立。原为护卫皇宫的亲军，后受命兼理刑狱，可直接向皇上讨旨行事，权倾天下，诛杀甚多。东厂由明成祖朱棣于永乐十八年（公元 1420 年）设立，由宦官领导，成员多为亲信太监，权力在锦衣卫之上，专司侦查谋反、谋逆、谋叛及恶逆、妖言惑众等大案要案。西厂由明宪宗朱允深于成化十三年（公元 1477 年）设立，规模、权力均超过东厂，活动范围遍及全国，后因树敌太多，遭群臣反对而撤销。

明武宗朱厚照时设内行厂，由宦官刘瑾总领，权力进一步扩大，东西两厂也由他挟制。熹宗朱由校时太监魏忠贤专权，以厂卫屡兴大狱，特务活动达到残酷的巅峰。厂卫断狱，可以超越朝廷的最高司法机关，法外用刑，毫无节制。明武宗正德以后，宦官刘瑾、魏忠贤等阉党把持厂卫，罪不分轻重，都枷项发遣，枷重达一百五十斤，使戴枷囚犯不数日即死。讯囚时，最常用的刑具是械、镣、棍、捯、夹棍，或单用，或全刑，极其残酷。又设立枷之名（即站笼），受刑者往往数日之间，即站死笼中。讯囚时，还创设断脊、堕（剁）指、刺心等酷刑，惨状空前。

《万历野获编》："镇抚司狱，亦不比法司。其室卑入地，其墙厚数仞，即隔壁嗥呼，悄不闻声。每市一物入内，必经数处验查，饮食之属，十不能得一。又不能自举火，虽严寒，不过啖冷炙，披冷衲而已。家人辈不但不得随入，亦不许相面，惟拷问之期，得于堂下遥相望见。"

《明史·冯恩传》："嘉靖十一年（公元 1532 年），御史冯恩上疏论大学士张孚敬、方献夫，右都御史汪宏三人之奸。帝得疏大怒，逮下锦衣狱，究主使名。恩日受拷掠，濒死者数，语卒不变。"

《万历野获编》："嘉靖四十五年（公元 1566 年），户部主事海瑞上疏规切上过，已下锦衣拷问，刑部拟绞，其疏留中久不下。户部司务何以尚者,疏请宽宥之,上大怒,杖之百,下锦衣镇抚司狱,命昼夜用刑。初意用刑不间昼夜,不决日必死矣……心尝疑之,以问前辈仕人,云此刑以木笼四面攒钉内向,令囚处其中,少一转侧,钉入其肤,囚之膺此刑者,十二时中,但危坐如偶人。"

丁易《明代特务政治》:"这以后诏狱里面更备加残酷,如嘉靖二十年(公元1541年)御史杨爵疏诋符瑞,且词过切直。帝震怒,立下诏狱搒掠,血肉狼藉,关以五木,死一夕复苏。所司请送法司拟罪,帝不许,命严锢之。狱卒以帝意不测,屏其家人,不许纳饮食。屡濒于死,处之泰然。"二十四年(公元1545年),厚熜因扶乩有感,将他放出,但尚书熊浃恰好又论扶乩之妄,于是厚熜"复令东厂追执之。爵抵家甫十日,校尉至。与共麦饭毕,即就道。尉曰:'盍处置家事。'爵立屏前呼妇曰:'朝廷逮我,我去矣。'竟去不顾。……系镇抚狱,桎梏加严,饮食屡绝"。一直到二十六年(公元1547年)十一月方才放出。"爵之初入狱也,帝令东厂伺爵言动,五日一奏。校尉周宣稍左右之,受谴。其再至,治厂事太监徐府奏报。帝以密谕不宜宣,亦重得罪。"爵先后在狱七年,巡按陕西御史浦铉、主事周天佐上章论救,都逮下诏狱。浦铉"搒掠备至,除日仍杖之百,锢以铁钾,爵迎哭之,铉息已绝"。徐张目曰:"此吾职也,子无然。"系七日而卒。周天佐"杖之六十,下诏狱","体素弱,不胜楚。狱吏绝其饮食,不三日即死,年甫三十一"。又如,嘉靖二十一年(公元1542年)秋,厚熜听信方士陶仲文的话,建佑国康民雷殿于太液池西,工部员外郎刘魁打算谏阻,心想一定要得重祸,于是便先命家人买棺以待,疏上以后,"帝震怒,杖于庭,锢之诏狱。时御史杨爵先已逮系,既而给事中周怡继至,三人屡濒死,讲诵不辍。四年得释。未几,复追逮之。魁未抵家,缇骑已先至,系其弟以行。魁在道闻之,趣就狱,复与爵、怡同系。时帝怒不测,狱吏惧罪,窘迫之愈甚,至不许家人通饮食,而三人处之如前……又三年,与爵、怡同释。"

（二）狱

狱，监狱，关押人犯的场所。付狱，下狱，被关进监狱。被关进监狱，既可能是临时拘留，也可能是无限期关押，还可能是有期徒刑。史籍中记载但言下狱或付狱。

《狱官》："明刑部、都察院并有狱。"沈家本注："明刑部、都察院并有狱。都察院即御史台，承元制也。大理寺掌审谳平反，凡刑部、都察院、五军断事官所推问狱讼，皆移案牍，引囚徒，谐寺详谳，其职但主覆审，故无狱。"又："顺天府、应天府、各府州县，并有狱。"[1]

《明史·刑法志》：洪武十七年（公元1384年），建三法司于太平门外钟山之阴，命曰"贯城"。下敕曰："贯索七星如贯珠，环而成象，名天牢。中虚则刑平，官无邪私，故狱无囚人，贯内空。中有星或数枚者，即刑繁，刑官非其人。有星而明，为贵人无罪而狱。今法天道，置法司，尔诸司其各慎乃事，法天道行之，令贯索中虚，庶不负朕肇建之意。"

《弇山堂别集·科试考》："永乐七年（公元1409年）己丑，命翰林院侍讲邹缉、左春坊左司直郎徐善述为考试官，取中陈璲等……御史劾出题《孟子节文》《尚书·洪范·九畴》偏题，邹缉等俱下狱。"

《明会典》："凡提牢，刑部每月札委[2]主事一员接管。先五日，旧提牢官将提牢须知，封送接管官看阅，至日，将囚数并一应煤米等项文簿，呈堂查验，批发新提牢官管理。除朔望日升堂及有事禀堂外，余日不得擅出。专一点说狱囚，关防出入，提督司狱司官吏，黔辖狱卒，昼夜巡逻，稽查收支月粮煤油，修理狱具什物，查理病囚医药，禁革狱中一应弊端，每日仍会同巡风官，点视封监。"

---

① 沈家本：《历代刑法考》（上册），商务印书馆，2011年版，第933页。
② 札委：下发公务文书以委派人员差使。

又："凡各府司狱，专管囚禁，如有冤滥，许令检举申明，如本府不准，直申宪司，各衙门不许差占。府州县牢狱，仍委佐贰官一员提调。其男女罪囚，须要各另监禁，司狱官常且点视，州县无司狱去处，提牢官点视。若狱囚患病，即申提牢官验实，给药治疗。除死罪枷枉外，其余徒、流、杖罪囚人病重者，开疏枷枉，令亲人入视，笞罪以下，保管在外医治，病痊依律断决，如事未完者，复收入禁，即与归结。"

《明史·刑法志》："洪武元年（公元1368年）令：'禁系囚徒，年七十以上、十五以下、废疾散收。轻重不许混杂。枷枉常须洗涤，席荐常须铺置，冬设暖匣，夏备凉浆。无家属者，日给仓米一升，各给绵衣一件，夜给灯油，病给医药，并令于本处有司系官钱粮内支破，狱司预期申明关给，毋致缺误。有官者犯私罪，除死罪外，徒、流锁收，杖以下皆散收。司狱常切拘钤狱卒，不得苦楚囚人，提牢官不时点视，违者禁子严行断罪，狱官申达上司究治。'"

《明史·刑法志》："洪武二十六年（公元1393年），定凡刑部见问囚人，设置司狱司监禁。每月山东司案呈，差委主事一员，躬亲提调一应牢狱。各部每夜又各委官各点本部囚数，应押而押，应枷枉而枷枉，应锁镣而锁镣，将监门牢固封锁，其总提牢官将锁匙拘收，督令司狱轮拨狱卒，直（值）更提铃。至天明，各提牢官将监门锁封看讫，令司狱于总提牢官处，关领锁匙，眼同开锁，照依各部取囚勘合内名数点放出监，各该狱卒管押赴部，问毕随即押回收监，顷刻不得擅离左右。务要内情不得外出，外情不得内入，使人知幽囚困苦之状，以顿挫其顽心。又行提督司狱人等，常加洁净，不至刑具颠倒，狱囚饭食，以时接递，毋得作弊刁蹬。其有窥抑不伸及淹禁日久，不与决者，提牢官审查明白，呈堂整治。"

《明史·刑法志》："成祖永乐元年（公元1403年），按月札委主事一员，提调牢狱。每月公同本部巡风官，点视寺监，督令司狱人等严谨巡守。至明，查照各司取囚票帖，判送司狱司，点付皂隶，押至该司,问毕送监。"

《明史·刑法志》:"世宗嘉靖四十三年(公元 1564 年),题准:凡抚按审录重囚,已经奉有决单者,悉照京师会官热审事例,不必再拘干证,先查始末文卷,止将见(现)禁囚犯送审。除情真外,如果情罪的可矜疑者,即为奏请定夺。若有异词,相应再问者,案行守巡道转委府州县正官或推官,就近拘取原证,再审明确,务要立限速完,不许动延时月。若原证年远不存,即便明白声说,不许混提家属。各府州县问官,不许转批首领等官,以滋繁扰。各该干证,只暂候,不许一概混监。抚按守巡官,严加禁约,违者参奏处治。"

可见,自洪武朝开始,明帝国的监狱就已经有了比较详细的管理规范。尽管洪武朝刑罚具有量刑果决、用刑残酷的特点,但在具体的刑罚方面,相应的建设也一直在持续发展,随后的历代明帝国君主也延续了这一趋势。

(三)髡

《弇山堂别集》:"正统十二年(公元 1447 年),武功中卫指挥使华嵩宿娼事发,当杖赎,特命髡其首漆之,枷示教坊门,满日,充大同卫军,坐与王振侄争娼故也。"

(四)锢

锢是指一种不定期的拘留羁押的措施。非刑,仅见于明。

丁易《明代特务政治》:"捶掠备至,除日仍杖之一百,锢以铁钳,爵迎哭之,铉息已绝。徐张目曰:'此吾职也,子无然。'系七日而卒。"

(五)逮逋

逮逋是明代一种逮捕拘留的措施。

陆钺《病逸漫记》:"百户韦瑛为(汪直)鹰犬,遣人四出,所得赃吏一二,然自达官以下,许先报后闻,凡文官无辜受屈者甚多。"先报后闻,词义不通。因为报是奏报,闻是奏闻,是一回事。疑为先捕后闻之误。锦衣卫捕人，多为先捕后奏，这一历史事实，也证明是先捕后闻。

《明通鉴》："是冬(弘治十七年，公元 1504 年)以南京鸿胪寺卿王璟为金部御史，巡抚保定。时以庄田故，遣缇骑逮民二万余人，畿辅骚动，璟抗疏切谏。"

（六）执

《明史纪事本末》："夏四月，汪直令韦瑛执左通政方贤、太医院判蒋宗武下西厂狱。礼部郎中乐章、行人张廷纲使安南还，刑部郎中武清广西勘事还，浙江布政使刘福起复至京，汪直并令韦瑛执击之。御史黄本云南、贵州清军刷卷①还，汪直令韦瑛搜得象笏一，执送锦衣卫，问为民。"

（七）幽

《明通鉴》："(宣德二年，公元 1427 年，三月)内使刘信告(晋王)济熿取屯粮十万余石，欲应高煦，并发其宫中事皆实。召至京，废为庶人，幽之凤阳。"

五、流　刑

在明代，流与徙属于两个刑种，其区别是：流，只限本身；迁徙，则是举家。流刑往往加杖。《明律集解·名例》："二千里杖一百，赎铜钱三十贯；二千五百里杖一百，赎铜钱三十三贯；三千里杖一百，赎铜钱三十六贯。三流皆拘役三年。"流刑附加杖、拘役，也是一罪三刑。

《明史·刑法志》："流有安置，有迁徙(去乡一千里，杖一百，徒二年)，有口外为民，其重者充军。充军，明初唯边方屯种，后定制，分极边、烟瘴、边远、边卫、沿海、附近。军有终身，有永远。"沈家本

---

① 　刷卷：官吏查看司法文书、案卷或复审案件。

按："迁徙即唐律之杀人移乡千里外也,不在三流之列。充军别有说,兹不具。"①

《明史·刑法志》："初制流罪三等,视地远近,边卫充军有定所。盖降死一等,唯流与充军为重。然《名例律》称二死三流各同为一减。如二死遇恩赦减一等,即流三千里,流三等以《大诰》减一等,皆徒五年。犯流罪者,无不减至徒罪矣。故三流常设而不用。"

明代的流刑包括迁、徙、安置、充军等。

（一）迁、徙

迁、徙也是流放,与流刑并无本质区别,只是叫法不同。沈家本说,明之迁徙,即唐之移乡。但实际上是不同的:唐之移乡是举家外迁,迁后定居,没有时限,且无杖刑之附;明之迁徙是个人,有时限,且附杖刑。

《明律》："迁徙,谓迁离乡土一千里之外。"

《续文献通考》："永乐八年(公元1410年)十月,令交趾仍前降刑名事例,交趾布政司言:'先颁降刑名事例,交趾土人有杂犯死罪及徒流、迁徙者,发邱温抵交趾充役夫、递运夫,杂犯死罪者,服役终身,徒流、迁徙者,各以所犯轻重为限。官吏犯笞杖罪,吏断决还役,官降用,应解见(现)任,别叙及杂职,于边远叙用者,皆断决还职。今新例徒流,迁徙、杖罪,皆发北京为民种田,先后例,殊不一。'皇太子曰:'交趾远在万里外,宜从先例。'令刑部移文知之。"

《续文献通考》："宣宗宣德元年(公元1426年)五月,定贵州土人断罪例,杂犯死罪,就彼役作终身,徒流徙杖者,依年限役之,应笞者,役五月,应杖者,役十月,毕日释放。"

沈家本《历代刑法考》："弘治十八年(公元1505年,时武宗已即位)诏徒流以下,悉宥其罪。"②

---

① 沈家本:《历代刑法考》(上册),商务印书馆,2011年版,第56页。
② 沈家本:《历代刑法考》(上册),商务印书馆,2011年版,第845页。

（二）安置

《明律·名例》："徒流人在道会赦条：……其逃者身死，所随家口愿还者，听，迁徙安置人准此。其徒流，迁徙安置人已至配所及犯谋反逆叛缘坐应流，若造畜蛊毒、采生折割人、杀一家三人会赦犹流者，并不在赦放之限。"

（三）充军

《明史·刑法志》："洪武末年（公元 1402 年），小民多越诉京师，及按其事，往往不实，乃严越诉之禁。命老人理一乡词讼，会里胥决之，事重者，始白于官，然卒不能止。越诉者日多，乃用重法，戍之边。"[①]

《明史·刑法志》："五刑之外，其重者曰充军。充军，明初唯边方屯种，后定制，分极边、烟瘴、边远、边卫、沿海、附近。军有终身，有永远。初制流罪三等，视地远近，边卫充军有定所。盖降死一等，唯流与充军为重。然《名例律》称二死三流各同为一减。如二死遇恩赦减一等，即流三千里，流三等以《大诰》减一等，皆徒五年。犯流罪者，无不减至徒罪矣。故三流常设而不用。而充军之例为独重。充军凡二百十三条，与万历十三年所定大略相同。"

明代的充军刑在明初只适用于军人，而到洪武中后期，这种刑罚开始适用于所有民众。明朝的充军刑罪名有二百一十三款，罪名甚多，这就导致各种各样的罪犯包括很多闲散无业人员不断流向边疆，进入军队。按照统治者的设计，将这些罪犯和无业游民充入军队能够使帝国变得更加安定，而且这些人也是军队源源不断的兵源，但实际上，明朝的充军刑给帝国带来了很多的社会问题。由于明代边军实行军屯，这些充军的刑徒在到达边疆后就成了一直被剥削的廉价生产者，其劳动果实大部分被军官剥夺，而由于士

---

① 1398 年，朱元璋去世，朱允炆继位，称建文元年。1402 年，朱棣废除建文年号，改称洪武三十五年，即洪武末年。

兵世代不可脱籍,因此这些士兵及家属除了逃亡、自残外,几乎无法摆脱厄运。这样不仅在士兵和军官之间造成了较为严重的矛盾,而且在这样的由罪犯和无业游民构成的军队中也产生了大量的兵痞,实际上是无法产生强大的战斗力的,在明朝末年的历次战争中,这种战斗力的缺失已经充分地暴露出来。

六、财产刑

明代的财产刑包括籍没、充警、征收、追纳、赎、罚、停禄、住支、加税等。

(一)籍没

明代刑罚体系中依旧使用籍没刑,且此刑可能与连坐并用,构成收孥连坐。《明律·刑律·贼盗》:"凡谋反及大逆,但共谋者不分首从,皆凌迟处死。祖父、父、子孙、兄弟及同居之人,不分异姓,及伯叔父、兄弟之子,不限籍之同异,年十六以上不论笃疾、废疾,皆斩。十五以下及母女、妻妾、姊妹若己之妻妾,给付功臣之家为奴。"又:"凡谋叛,但共谋者,不分首从,皆斩。妻妾、子女,给付功臣之家为奴。财产并入官。父母、祖孙、兄弟,不限籍之异同,皆流二千里安置。"

《明史·公主传》:"(王)宁,寿州人,既尚(怀庆公)主①,掌后军都督府事。建文中,尝泄中朝事于燕,籍其家,系锦衣卫狱。"

《弇山堂别集》:"正德三年(公元1508年),西厂太监谷大用遣逻卒四出,刺访江西南康县民吴登显等三家于端午节竞渡,以擅造龙舟捕之,籍其家。"

《明史·秦纮传》:"正德五年(公元1510年),刘瑾乱政,(秦)纮家奴憾纮妇弟杨瑾,以纮所遗火炮投缉事校尉,诬瑾畜违禁军

---

① 尚(怀庆公)主:娶怀庆公主为妻。

器。刘瑾怒,归罪于纮,籍其家,无所得。"

《明史·魏忠贤传》:"戚臣李承恩者,宁安大长公主子也,家藏公主赐器。忠贤诬以盗乘舆服御物,论死。中书吴怀贤读杨涟疏,击节称叹。奴告之,毙怀贤,籍其家。武弁蒋应阳为(熊)廷弼讼冤,立诛死。"

《续文献通考》十四:"明制:凡庶民之家,不许存养奴婢,家奴不许娶良人女为妻,家长不许以奴婢与良人为夫妻,各离异改正。其收留迷失在逃子女,不送官司而卖为奴婢,及得迷失在逃奴婢而卖者,与冒认良人为奴婢、冒认他人奴婢者并有罪。"可见,在明代,奴婢依然是个人的私产,且属于庶民不可以拥有的私产。

(二)充警

元代的充警刑被明朝统治者继承了下来。《国初事迹》:"徐达围苏州,太祖特命指挥傅友德,领马军三百与同徐州陆参政出哨济定,以警中原。赐友德宴,命叶国珍陪饮,拨与朝妓十余人。太祖令内官觇视,后国珍令妓妇脱去皂帽褙子,穿华丽衣服混坐。太祖怒,令壮士拘执叶国珍与妓妇连锁于马坊,妓妇劓去鼻尖,国珍称说:'死则死,何得与贱人同锁?'太祖曰:'尔不尊我,分别贵贱,故以此等贱人辱之。'鞭讫数十,发瓜州作坝夫。"

(三)征收、追纳

征收、追纳是追缴官吏犯贪贿罪的赃款赃物。

《续文献通考》一百四十:"洪武五年(公元1372年)九月,定赦款事例。先是,帝谕中书省曰:'凡犯赃罪者,罪虽已赦,仍征其赃。赦文内有云已发觉未发觉、已结正未结正之类,其详定以闻。'至是,刑部议:凡谋反,大逆,谋杀祖父母、父母,妻妾杀夫,奴婢杀主,故谋杀人及强盗、蛊毒魇魅不赦外,其余轻重咸赦。有以赦前事相告讦者,抵罪。若系官钱粮事,须推究,罪虽遇原,依律改正征收。民间户婚、田产、钱债,虽已经赦,应合改正归还者,并听追理。凡今后官吏受赃,遇赦免罪,赃并追纳。其在赦前犯赃,事发惧罪逃避,及革后发落,依律追究,奏上。制从之。"沈家本注:"此所举不赦之款,与前代略同,而与明律异。其时律虽定,未刊布也。私债听追,则较唐法为允。"①

（四）赎

明代的赎刑运用非常广泛。其制有收赎,有纳赎。其中,收赎是赎免余罪,而纳赎是赎免全部罪行。明朝与其他王朝赎刑最大的区别在于,明朝的赎刑不分等级、身份,对于尊卑贫富均为适用。这就改变了很多封建王朝在赎刑上的等级差异,当然也在一定程度上扩大了赎罪金的来源。

《明史·刑法志》:"赎刑本《虞书》,《吕刑》有大辟之赎,后世皆重言之。至宋时,尤慎赎罪,非八议者不得与。明律颇严,凡朝廷有所矜恤,限于律而不得申者,一寓之于赎例,所以济法之太重也。又国家得时藉其入,以佐缓急。而实边、足储、振荒、官府颁给诸大费,往往取给于赃赎二者。故赎法比历代特详。凡赎法有二,有律得收赎者,有律得纳赎者。律赎无敢损益,而纳赎之例则因时权宜,先后互异,其端实开于太祖云。律凡文武官以公事犯笞罪者,官照等收赎钱,吏每季类决之,各还职役,不附过。杖以上,记所犯罪名,每岁类送吏、兵二部,候九年满考,通记所犯次数,黜陟之。吏典亦备铨选降叙。至于私罪,其文官及吏典犯笞四十以下者,附过还职而不赎,笞五十者调用。军官杖以上皆的决②。文武官及吏杖罪,并罢职不叙,至严也。然自洪武中年已三下令,准赎及杂犯死罪以下矣。"

明代赎罪可以用铜,但似乎只有明初才用铜来赎罪,也曾经用马匹,而更为主要的赎罪方式是纳钞,这是从元代继承的赎罪方式。当然,用钞赎罪的前提是明朝的纸币流转正常,币值稳定,一

---

① 沈家本:《历代刑法考》(上册),商务印书馆,2011年版,第847页。

② 的决:按判定数施以杖刑,不准赎免。

且帝国的币制出现问题,赎罪仍旧需要纳银纳米。另外一种赎罪的方式是罚役,也就是通过给公家服劳役的方式来赎罪。对于出工和赎罪之间的量化换算,明代刑罚有非常详细的规定。

《明会典》:"在京纳赎诸例图分八层,曰做工、曰米、曰灰、曰砖、曰碎砖、曰水和炭、曰石、曰老疾折银。

"凡做工:笞一十,一个月,每等加半月;笞五十,三个月;杖六十,四个月,亦每等加半月;杖一百,六个月;徒罪,照徒年限(注:徒三年为止)。

"米:笞一十,五斗,每等加五斗;笞五十,二石五斗;杖六十,六石,每等加一石;杖一百,十石;徒一年,十五石,每等加五石;徒三年,三十五石;流罪,四十石;杂犯死罪,五十石。其折谷者,每斗加五升,自笞一十,七斗五升,至杖一百,十五石;徒一年半三十石,至杂犯死罪七十五石,并以此折算。徒一年,当为二十二石五斗,而图中作二十一石五斗,当是传刻之讹也。

"灰:笞一十,一千二百斤,每等加六百斤;杖一百,六千六百斤;徒一年,一万二千斤,每等加六千斤;流罪,四万二千斤;杂犯死罪,六万四千二百斤。其折银,每百斤九分,自笞一十,折银一两八分,至杂犯死罪,折银五十七两七钱八分。

"砖:七十个,每等加三十五个,至杖一百,三百八十五个;徒一年,六百个,每等加三百个,至流罪,二千一百个,杂犯死罪,三千二百个。其折银者,笞一十,三钱,每等加三钱,至杖一百,三两;徒一年,四两,每等加二两,至杂犯死罪,十六两。

"碎砖:二千八百斤,每等加一千四百斤,至杖一百,一万五千四百斤;徒一年,二万四千斤,每等加一万二千斤;自徒二年,四万八千斤,至流罪,八万四千斤,并以此计算。徒一年半,当为三万六千斤,图中作二万六千斤,亦传刻之讹也。杂犯死罪,一十二万八千斤。

"水和炭:笞一十,二百斤,每等加一百斤,笞五十,六百斤;杖六十,七百二十斤,每等亦加一百斤,杖一百,一千一百二十斤;徒一年,一千七百斤,一年半、二年,递加九百斤,二年半,四千三百斤(注:按此项,独止加八百斤,未详其故),三年,五千二百斤(注:按此,加九百斤);流罪,五千八百斤;杂犯死罪,九千斤。其折银者,每百斤二钱。

"石:斤数自笞至杂犯死罪并与灰同。

"老疾折银:笞一十,一文,至徒三年,十二文。"

沈家本注:"《明律》,嘉靖、隆庆二本,此图并与《会典》同。万历三十四年本图,其目同,惟米曰运囚粮,灰至石并有'运'字。其做工,多折银一层,一个月折银三钱,直徒三年,折银十两八钱。又有四年折银十四两四钱,五年折银十八两,盖即此图之流罪、杂犯死罪也。惟此图做工无流罪、杂犯死罪月日,其说详后。运灰百斤折银一钱五厘,笞一十,折银一两二钱六分,至徒五年,六十三两。运砖,每个以一分三厘计算,自笞一十折银九钱一分,至徒五年三十九两,并较此图为重。运水和炭,自笞一十至徒一年,与此同。一年半以上,以八百五十斤递加,四年以上,以一千七百斤递加,仍以二钱折百斤,又较此图为轻也。又一万历本图无运碎砖、运石、老疾折钱三层,是否在三十四年之后,未详。"[1]

《明律》:"此图按语云,按旧图,流罪止加一等,盖因律文三流同为一减也,但流罪俱以《大诰》减尽,唯总徒四年及杂犯遇例减去一年者,则实徒四年矣,难以止加一等,今将做工、运灰、运砖、运炭四项照年限改正。唯纳米一项,奉有军职立功每年纳米十石定例,相应照旧。"沈家本注:"旧图徒三年后三流罪、杂犯死罪,此改为四年、五年,故加此按语也。"[2]

---

① 沈家本:《历代刑法考》(上册),商务印书馆,2011年版,第432页。

② 沈家本:《历代刑法考》(上册),商务印书馆,2011年版,第433页。

（五）罚

明代的罚刑以罚米为多，且被罚者经常要把作为罚金的米自行输送到官方规定的地点，而这个地点往往是非常遥远的。《明史·雍泰传》："刘瑾，泰乡人也，怒泰不与通，甫四日即令致仕。谓进私泰，遂削二人籍。而追斥马文升及前荐泰者尚书刘大夏、给事中赵士贤、御史张津等为民，其他罚米输边者，又五十余人。"

《明史·张骦传》："有知县犯赃当褫职，卒杀人当抵死。刘瑾纳重贿，欲宽之，骦执不可，出为南京右都御史……会瑾遣给事中王翊等覆辽东军饷，还奏刍粟多湮烂，遂以为守臣罪，逮骦……下诏狱，令其家人输米辽东、骦坐输二千石，以力不办，系辽东。"

《明史·刘瑾传》："复创罚米法，尝忤瑾者，皆摭发输边。"

（六）停禄

停禄亦称夺禄、停俸，是一种因犯罪停发俸禄的刑罚。实际上，明代各级官员都用俸禄之外的收入，罚俸、停俸对他们的惩罚力度并不大。

《续文献通考》："作铁榜，诚公侯，申明律令。……其目有九：一、凡内外指挥、千户、百户、镇抚、总旗、小旗等，不得私受公侯财物，受者杖一百，发海南充军。……八、凡公侯之家倚恃权豪，欺压良善，虚钱实契，侵人田地房产孳畜者，初犯免罪附过，再犯住支俸给一半，三犯停其禄，四犯与庶人同罪。……"

《续文献通考》："建文四年（惠帝年号，公元1402年，是时成祖已即位）九月，定功臣死罪减禄例。免三死者，初犯减其禄二十之七，再犯减其十之七，三犯尽夺。免二死者，初犯减十之五，再犯尽夺。免一死者，一犯尽夺。"

《明史·刘𬬭传》："河南巡抚胡缵宗尝以事笞阳武知县王联。联寻为巡按御史陶钦夔劾罢。……严嵩为之解，乃革缵宗职，杖四十。𬬭亦除名，法司正贰停半岁俸，郎官承问者下诏狱。"

《弇山堂别集》："嘉靖中，礼部尚书严嵩奏：'广东所进试录字，如圣谟、帝懿、四郎、上帝,俱不行抬头。及称陈白沙伦迁冈之号,有失君前臣名之义。且录中文体太坏,词义尤为荒谬,宜治罪。'得旨:'学正王本才等,布政陆杰等,按察使蒋淦等,俱命巡按官逮问。本才等夺其礼币,御史余光命法司逮问。仍通行天下提学官严禁士子,敢有肆为怪诞,不尊旧式者,悉黜之。'"

（七）住支

住支是一种因犯罪减发俸禄的刑罚。

《明史·太祖纪》:"乙巳(太祖二十五年,公元 1365 年)作铁榜,诫功臣。"

《续文献通考》:"作铁榜,诫公侯,申明律令。……其目有九:一、凡内外指挥、千户、百户、镇抚、总旗、小旗等,不得私受公侯财物,受者杖一百,发海南充军。……八、凡公侯之家倚恃权豪,欺压良善,虚钱实契,侵人田地房产孳畜者,初犯免罪附过,再犯住支俸给一半,三犯停其禄,四犯与庶人同罪。……"

（八）加税

加税是指一人犯罪,对同产各家都要加大税负的刑罚。

《明史·高翔传》:"成祖召,欲用之。翔丧服入见,语不逊,族之。发其先冢,亲党悉戍边。诸给高氏产者,皆加税,曰:'令世世骂翔也。'"

七、资格刑

明代的资格刑包括削职、革职、除名、免、降职、谪、嫁卖、反坐等。

（一）削职为民、革职闲住

削职与革职都是指犯罪的官员被削去官职爵位,贬为庶民。当然从明代历史来看,多数官员还是拥有复起的机会的。

《明史·崔呈秀传》:"(在魏忠贤阉党案中)结交近侍,减等革职闲住者,黄立极等四十四人。忠贤亲属及内官党附者又五十余人。"

《明史纪事本末》:"夏四月,汪直令韦瑛执左通政方贤、太医院判蒋宗武下西厂狱。礼部郎中乐章、行人张廷纲使安南还,刑部郎中武清广西勘事还,浙江布政使刘福起复至京,汪直并令韦瑛执击之。御史黄本云南、贵州清军刷卷还,汪直令韦瑛搜得象笏一,执送锦衣卫,问为民。"

《明史·汪直传》:"未几,令东厂官校诬奏项忠,且讽言官郭镗、冯贯等论忠违法事。帝命三法司、锦衣卫会问。众知出直意,无敢违,竟勒忠为民。"

《明史·刘世龙传》:"(南京兵部主事刘世龙上书言事)械系至京,下诏狱拷掠。狱具,复廷杖八十,斥为民。"

《明史·舒化传》:"(隆庆四年,公元1570年)校尉负尸出北安门,兵马指挥孙承芳见之,疑有奸,系狱鞫讯,词连内官李阳春。阳春惧,诉于帝,言尉所负非死者,出外乃死,承芳妄生事,刑校尉。帝信之,杖承芳六十,斥为民。"

《明史·万璟传》:"忠贤大怒,矫旨廷杖一百,斥为民。执政言官论救,皆不听。当是时,忠贤恶廷臣交章劾己,无所发忿,思借璟立威,乃命群阉至璟邸,捽而欧之。比至阙下,气息才属。杖已,绝而复苏。群阉更肆蹴踏,越四日即卒。时四年(天启四年,公元1624年)四月七日也。"

(二)除名

《明史·谢迁传》:"(正德)四年二月,以浙江应诏所举怀才抱德士余姚周礼、徐子元、许龙,上虞徐文彪,皆迁同乡,而草诏由健,(瑾)欲因此为二人罪。矫旨谓余姚隐士何多,此必徇私援引,下(周)礼等诏狱,词连健、迁。瑾欲逮健、迁,籍其家,东阳力解,芳从旁厉声曰:'纵轻贷,亦当除名。'旨下,如芳言。礼等咸戍边。"

《明史·韩文传》:"给事中徐昂乞留文原官,中旨谓显有嘱托,落文职，以顾佐代，并除昂名。"

《明史·刘诩传》："帝既从法司奏，坐联父子辟，然心嗛缵宗，颇多诘让，下礼部都察院，参议。严嵩为之解，乃革缵宗职，杖四十。诩亦除名，法司正贰停半岁俸，郎官承问者下诏狱。"

（三）免

免在明代也称为褫、罢或者黜。《明史·陶琰传》："正德初（公元1506年），以右都御史巡抚河南，迁刑部右侍郎。陕西游击徐谦讦御史李高。谦固瑾党，行厚赂，欲中高危法。琰往按，直高。瑾怒，假他事下琰诏狱，褫其职。"

《明史·门达传》："给事中程万里等五人直登闻鼓。有军士妻愬（诉）冤，会齐戒不为奏。达劾诸人蒙蔽，诏下达治。已，劾南京户部侍郎马谅、左都御史石璞、掌前府忻城伯赵荣、都督同知范雄、张斌老瞆，皆罢去。"

《弇山堂别集》："嘉靖中，礼部尚书严嵩奏：'广东所进试录字，如圣谟、帝懿、四郎、上帝，俱不行抬头。及称陈白沙伦迁冈之号，有失君前臣名之义。且录中文体太坏，词义尤为荒谬，宜治罪。'得旨：'学正王本才等，布政陆杰等，按察使蒋瀹等，俱命巡按官逮问。本才等夺其礼币，御史余光命法司逮问。仍通行天下提学官严禁士子，敢有肆为怪诞，不尊旧式者，悉黜之。'"

（四）降职、谪

降职与谪是一种降低官的品级的刑罚。明代大儒王守仁就曾经被谪至龙场驿丞，刘瑾势力被根除后，阳明先生才得到复起的机会。

《明史·王守仁传》："起补兵部主事。正德元年冬，刘瑾逮南京给事中御史戴铣等二十余人。守仁抗章救，瑾怒，廷杖四十，谪贵州龙场驿丞。龙场万山丛薄，苗、僚杂居。守仁因俗化导，夷人喜，相率伐木为屋，以栖守仁。瑾诛，量移庐陵知县。入觐，迁南京刑部主事，吏部尚书杨一清改之验封。屡迁考功郎中，擢南京太仆少卿,就迁鸿胪卿。"

《续文献通考》:"永乐八年(公元1410年)十月,令交趾仍前降刑名事例,交趾布政司言:'先颁降刑名事例,交趾土人有杂犯死罪及徒流、迁徙者,发邱温抵交趾充役夫、递运夫,杂犯死罪者,服役终身,徒流、迁徙者,各以所犯轻重为限。官吏犯笞杖罪,吏断决还役,官降用,应解见(现)任,别叙及杂职,于边远叙用者,皆断决还职。今新例徒流,迁徙、杖罪,皆发北京为民种田,先后例,殊不一。'皇太子曰:'交趾远在万里外,宜从先例。'令刑部移文知之。"

《万历野获编》:"嘉靖九年(公元1530年),故太监张容家奴朱继宗,告阁臣杨一清受其家主张永赂遗。又云一清盗宁府库金。一清致仕去,次年夺职。十年(公元1531年),江西刁民王荣,告其乡人原任文选郎中夏良胜刊所上大礼疏,及为夏所厚江西参议知县等官。上逮审(疑为夏之误)良胜极边充军,参议等官降斥。"

《明史·吴悌传》:"(嘉靖)十六年(公元1537年),应天府进试录,考官评语失书名,诸生答策多讥时政。帝怒,逮考官谕德江汝璧,洗马欧阳衢诏狱,贬官,府尹孙茂等下南京法司。"

《弇山堂别集》:"嘉靖中,山东所进乡试小录,有防虏御边策,上览之曰:'此策内含讥讪,礼部参看以闻。'于是尚书张璧等言:'今岁虏未南侵,皆皇上庙谟详尽,天威所慑,乃不归功君上,而以丑虏餍饱为词,诚为可恶。考试官教授周矿、李弘,教谕刘汉、陶悦、胡希颜、程南、吴绍曾、叶震亨、胡侨率意为文,叛经讪上,法当重治。监临官御史叶经漫无纠正,责亦难辞。其提调官布政使陈儒,参政张杲,监试官副使谈恺、潘恩均有赞襄之职,俱属有罪。'上曰:'各省乡试,出题刻文,悉听之巡按,考试教官莫敢可否。此录不但策对含讥,即首篇论语义"继体之君不道"叶经职司监临,事皆专任,并同矿等、陈儒等,俱令锦衣卫差官校逮系至京治之。'寻逮经、儒、杲、恺、恩至,上以经狂悖不道,命廷臣杖八十为民,及降儒等边方杂职,经遂死于杖下,及补儒等为宜君县典史,寻贵州试录至,亦以忤旨,御史为民,右参政等各降三级。"

《明通鉴》:"时中讼于朝,而上先入文熹,命锦衣卫械时中至京,寻谪降广西庆远府经历。"由此可知,皇上是怎样不分青红皂白,一味地偏袒宦官。

（五）嫁卖

妻子同他人通奸,允许丈夫将其出卖,谓之嫁卖。此刑罚貌似是对夫权的一种保护。

《续文献通考》:"嘉靖三十四年(公元 1555 年)二月,刑部尚书何鳌奏上九事:'一凡犯奸,缌麻以上亲之妻及妻前夫之女、同母异父姊妹者,奸夫近边充军,妇女离异归宗,听夫嫁卖。'"

（六）反坐

明朝继承了宋代的反坐之刑,对诬告他人者进行打击。古人对于诬告者的处罚极为严重,这一点或许值得我们学习。《明律》:"凡诬告人笞罪者,加所诬罪二等;流、徒、杖罪,加所诬罪三等。各罪止杖一百,流三千里。若所诬徒罪人已役,流罪人已配,虽经改正放回,验日于犯人名下追征用过路费给还。若曾经典卖田宅者,着落犯人备价取赎。因而致死随行有服亲属一人者,绞。将犯人财产一半,断付被诬之人。至死罪所诬之人已决者,反坐以死。未决者,杖一百,流三千里,加役三年。"

八、耻辱刑

明代的耻辱刑包括墨、纹身、徙之秽圉等。

（一）墨

明朝的墨刑在很大程度上继承了宋元两代的制度。《明史·刑法志》:"正统八年,大理寺言:'律载窃盗初犯刺右臂,再犯刺左臂,三犯绞。今窃盗遇赦再犯者,咸坐以初犯,或仍刺右臂,或不刺。请定为例。'章下三法司议,刺右遇赦再犯者刺左,刺左遇赦又犯者不刺，立案。赦后三犯者绞。帝曰：'窃盗已刺，遇赦再犯者，依常例拟，不论赦，仍通具前后所犯以闻。'"

《明史·刑法志》："明律：'凡称与同罪者，止坐其罪，不在刺字、绞斩之限。准盗论，免刺字，以盗论，刺字。凡白昼抢夺人财物者，并于右小臂膊上刺"抢夺"二字。《纂注》：其抢夺再犯者，照例于右臂膊重刺。凡盗窃已行而不得财，免刺。但得财者，初犯并于右小臂膊上刺"窃盗"二字，再犯刺左小臂膊。三犯者绞。以曾经刺字为坐，掏摸者罪同，若军人为盗免刺。凡盗田野谷麦菜果及无人看守器物者，免刺。凡各居亲属相盗财物者，并免刺。其同居奴婢雇工人，盗家长财物及自相盗者，免刺。凡恐吓取人财物者，免刺。凡用计诈欺官私以取财物者，免刺。若冒认及诓赚局骗拐带人财物者，免刺。凡发掘坟冢盗取器物砖石者，免刺。其知人强窃后而分赃者，免刺。凡盗贼曾经刺字，若有起除原刺字样者，补刺。'"

《明律》："监守常人盗，抢夺，窃盗并刺字。洪武三十年御制《大明律序》：'合黥刺者，除党逆家属并律该载外，其余有犯，俱不黥刺。'"

沈家本《历代刑法考》："观于御制序文，是明祖于刺字一端亦极慎重，不轻刺也。律内该载者亦止抢夺、窃盗两项，逆党家属，律无明文，不知刺何字样，追亦临时决定，并非一概刺字欤？光绪丙午，余辑《刺字集》五卷，付之手民，以备官司援引。复汇辑自古刑法有关刺字者，成《刺字考》一卷，非徒考厥源流，亦藉以究其得失。今刺字已奏准删除，《刺字集》一书已同故纸，惟此卷尚可备考古者之参稽，因编入《历代刑法考》内，而删去旧名，识其缘起于此。"[①]

（二）纹身

纹身作为刑罚，是墨刑的发展，即将文字或符号、图案，刻录在

---

① 　沈家本：《历代刑法考》（上册），商务印书馆，2011年版，第204页。

人的胸、臂、背等处，濡之以墨，成为终身的耻辱。非刑，仅见于明。

《大诰》："余姚县吏叶延彬，邑呼曰小疾灵，以黄冠符篆印为县印，用使批文，下乡骗民，被弓兵史敬德觉露，贿于有司，虚有罪，实释之。后以吏役起赴京师，建言便民事理，中含报仇于史敬德等。二人依所言章，至法司对问，所言事已虚三件，况实报仇告人。御史王式文，徇情出安告之罪，别事不公者，多由小疾灵发露，墨面纹身，挑筋去指，书吏梁中南亦然。既刑之后，皆击狱中。疾灵罪未决，晓房代人书写，疾灵事内被告者，知疾灵奸诈，以银相送，人各与花押一枝为照。后各出狱，果送钞银布匹。疾灵他犯又将及身，乃以钞银缎绢布匹赴通使司守。父本老吏，朝廷起取，推风疾不起。其子赴京，父俱至。疾灵被获，傍云父亦在是，遣人试捕，就京被获。父子皆死。"叶延彬行贿受贿，官报私仇，死亦不冤。其父只不过"推风疾不起"，缘何也坐死？可见明代株连之酷。

（三）徙之秽圂

徙之秽圂是一种污辱刑，即把人放到猪圈那样肮脏的地方去，折磨污辱。

《明史·刑法志》："嘉靖六年（公元1527年），给事中周琅言：'比者狱吏苛刻，犯无轻重，概加幽系，案无新故，动引岁时，意喻色授之间，论奏未成，囚骨已糜。又况偏州下邑，督察不及，奸吏悍卒，倚狱为市，或扼其饮食以困之，或徙之秽溷以苦之，备诸痛楚，十不一生。臣观律令所载，凡逮系囚犯，老疾必散收，轻重以类分，枷杻荐席，必以时饬，凉浆暖匣，必以时备，无家者给之衣服，有疾者予之医药，淹禁有科，疏决有诏，此祖宗良法美意，宜敕臣下同为奉行。凡逮系日月并已竟未竟疾病、死亡者，各载文册申报，长吏较其结竟之迟速，病故之多寡，以为功罪而黜陟之。'帝深然其言。"

小 结

明帝国是中国封建专制集权发展到顶峰的产物。专制主义中央集权在明代得到了空前的加强,历代王朝沿用的丞相制度在明朝被一举废除,皇帝成为中央各行政部门的直接首脑。帝国的统治者还非常有效地限制了军人的权力,贯彻了文官治国的思想;同时明朝的统治者还设置了新型的监察机构——都察院和六科给事中;更有甚者,统治者还建立了影响整个明王朝历史的特务机构——锦衣卫、东厂、西厂。这些机构的特务往往直接听命于皇帝,可以逮捕任何他们认为可疑的人员,并进行秘密的审讯,这就极大地加强了对全国臣民的监视。另外,在地方上,他们设立了三司,即都司、布政司和按察司,以此加强地方管理。从这些加强中央集权的措施来看,似乎整个帝国就完完全全地掌控在皇帝一人手中,没有任何人可以动摇他的权威;但实际上,明朝恰恰是中国历史上宦官专权最为严重的王朝,明王朝经历的历次动乱、明朝刑罚体系中的各种酷刑往往都与权阉有关。因此,我们不能不说,明朝的政治在其王朝的发展过程中逐渐走上歧路,形成了自身逻辑的悖论。而当我们将明代的政治环境与其刑罚体系结合在一起分析的时候就可以发现,这个中国历史上空前强大的帝国在刑罚建设上继承了历代封建王朝的成果,尤其是在宋元两代刑罚体系发展的基础上,明帝国的统治者将自身的刑罚体系建设得极度严密,也极度森严。这样的刑罚体系帮助最高权力的持有者严厉打击谋反、大逆的罪行,运用极刑、重刑以至酷刑来对付不法官吏,以保证封建政权的稳定。但是统治者们没有看到,当他们肆意运用各种刑罚,尤其是当那些被所有帝国臣民所厌恶的阉党挥舞皇帝授予的重刑权杖时,苛重的刑罚其实已经成为其集权统治合法性的破坏因素,成为其苦心孤诣构建起来的帝国法律的破坏因素。实质上,随着明朝历史的演进,重刑主义也逐渐走向了自身的悖论。

第十七章　清代的刑罚

　　清代是中国封建社会的末代王朝。在二百多年的发展过程中,清王朝的政治经济都取得了超越前代的成绩,尤其是在典章制度方面,清代已经达到了中国封建集权时代的巅峰。历经两千余年的沿革,封建王朝的法制日臻完备,而清王朝恰恰继承了这一法制发展的成果,形成了由刑法、民法、行政法、诉讼法、狱政法等部门法构成的完整且系统的法律体系;尤其值得一提的是,为了实现对庞大的多民族国家的有效统治,清王朝的统治者还在不同的民族地区制定了有针对性的民族法律,使中国的民族立法达到了一个新高度。

　　清朝的刑罚非常严厉而且残酷,死刑的手段除了包括斩首及绞刑外,还有枭首、凌迟、戮尸等非人道的刑罚。我们可以看到,明清时期的刑罚制度从维护及强化皇权的立场出发,在中央实施了废除宰相及分权的政策,同时在地方也废除了行省的地方机构,并设立军机处以取代内阁的行政权力,这样就进一步加强了皇权。明清时期的统治者都实行了闭关锁国政策,在立法思想上趋于保守,这些都是封建皇权集中及专制的体现,而且他们还要维护和满足满洲权贵特权的需要,所以明清时期的刑罚相对于以前的朝代过于残酷及无情,它不但制定了法律之外的肉刑刑罚,而且就连死刑的残酷程度也是相当惊人。

　　20世纪初,清政府对刑罚制度进行了重大改革。1904年,清朝规定,以罚金或做工替代笞杖。"笞、杖等罪,仿照外国罚金之法,改为罚银""无力完纳,折为作(做)工"①。罚金一两折做工四天,拟判笞刑的人改科做工一月,杖六十的改科做工两月,每等递加两月,直至杖一百改做工二十个月为止。1905年,清政府宣布废除凌迟、枭首、戮尸、缘坐、刺字,将凌迟、枭首等死刑改为斩立决;将以前的斩、绞立决改为监候,等待秋审;以前的斩、绞监候分别减为徒、流,无须发配,概入习艺所习艺。1906年,根据山西巡抚赵尔巽的奏请,清廷把发遣、充军、流刑、徒刑四刑合一为徒刑。1911年颁布的《大清新刑律》以法律的形式明确规定废除凌迟、枭首、戮尸、缘坐和刺字等酷刑,死刑仅限于大逆、内乱、外患、谋杀、放火、强盗抢夺、盗墓之类。处决死刑犯人,除谋反、谋大逆、谋杀祖父母或父母者使用斩刑外,其他使用绞刑。在此基础上,确立了以自由刑为中心,由主刑和从刑组成的资本主义性质的刑罚体系。主刑有死刑、无期徒刑、有期徒刑、拘役、罚金;从刑包括剥夺政治权利与没收财产,即以罚金、拘役、有期徒刑、无期徒刑、死刑为主的刑罚代替以笞、杖、徒、流、死为主的旧刑罚,宣告了封建刑罚制的寿终正寝。

中国古代刑罚起源于原始社会末期,止于1911年《大清新刑律》颁布。1840年鸦片战争以后的中国,虽然进入了半殖民地半封建社会,但社会性质并没有发生根本变化,实行的仍然是以封建社会的五刑为主的刑罚,直至1911年清政府颁布《大清新刑律》,才以带有资本主义性质的刑罚体系替代了封建性质的刑罚体系。

一、株　连

清代的株连基本上使用明朝制度,从法律条文的规定上看,其与《明律》非常接近。虽然在杀戮的数量上,清代的株连不及明初,

---

① 见赵尔巽主编的《清史稿·刑法志》。

但是清代的株连基本上不受约束，在这一点上似乎和明初相似。清朝初年，统治者大兴文字狱，株连之刑就成了他们频繁运用的文化专制工具。

在康雍乾三代七八十次文字狱中，最著名的就是所谓的"明史案"。康熙二年，庄廷鑨①以明代大学士朱国桢的明史遗稿为底本编成《明史》一书，书中使用了南明永历等朝的年号，指斥清军大规模屠杀中原百姓的恶行。庄廷鑨在有生之年未能将此书刊行，其父庄允城代子刊书，最终被人告发。此案的结果是庄允城死于狱中，庄廷鑨被开棺焚尸，但凡为此书作序、校阅、刻板、卖书、藏书者悉数被杀，株连被杀人数达到七十二人，充军几百人。

另外一起有名的株连是南山集案。《清史稿·方苞传》："（康熙）五十年，副都御史赵申乔劾编修戴名世②所著《南山集》《孑遗录》有悖逆语，辞连苞族祖孝标。名世与苞同县，亦工为古文，苞为序其集，并逮下狱。五十二年，狱成，名世坐斩。孝标已前死，戍其子登峄等。苞及诸与是狱有干连者，皆免罪入旗。圣祖夙知苞文学，大学士李光地亦荐苞，乃召苞直南书房。未几，改直蒙养斋，编校御制乐律、算法诸书。六十一年，命充武英殿修书总裁。世宗（雍正）即位，赦苞及其族人入旗者归原籍。"戴名世修撰的《南山集》也不用清代年号，结果戴名世被凌迟，其祖父、父亲、子孙、兄弟及同居不分异姓，还有伯叔父、兄弟之子不限籍，十六岁以上不论是否残疾，皆斩立决。此案株连被杀者达到三百多人。戴名世的母女、妻妾、姊妹之子妻妾，及其十五岁以下子孙、伯叔父、兄弟之子，悉数发给功臣之家为奴。

除了文字狱，清代的司法实践中还有大量连坐刑案例。《清史稿·世祖本纪》："秋七月丙子朔，谕曰：'比者投充汉人，生事害民，

---

① 庄廷鑨：浙江吴兴人，清代"明史案"中主要人物。

② 戴名世：安徽桐城人，清代"南山集案"中主要人物。

朕甚恨之。夫供赋役者编氓也，投充者奴隶也。今反厚奴隶而薄编氓，于国家元气及法纪何？其自朕包衣牛录，下至王公诸臣投充人，有犯法者，严治其罪，知情者连坐。前有司责治投充人，至获罪谴。今后与齐民同罚，庶无异视。使天下咸知朕意。'"

《清史稿·圣祖本纪》："五月甲申，以王鸿绪为户部尚书，富宁安为礼部尚书，穆和伦为左都御史。丙戌，上巡幸塞外。乙未，诏免大岚山贼党太仓人王昭骏伯叔兄弟连坐罪。"

《清史稿·志八十四》："太祖肇兴东土，选拔英豪以辅大业，委辂杖策之士咸与擢用，或招直文馆，或留预帷幄。乙卯十一月，谕群臣曰：'国务殷繁，必得贤才众多，量能授职。勇能攻战者，宜治军；才优经济者，宜理国；博通典故者，宜谘得失；娴习仪文者，宜襄典礼。当随地旁求，俾列庶位。'时削平诸国，设八旗制，需才亟。太宗即位，首任儒臣范文程领枢密重事。天聪八年，甲喇章京（清代官爵名称）朱继文子延庆上书，言：'我朝攻城破敌、斩将搴旗者不乏人，守境治民、安内攘外者未多见。'因疏举汉人陈极新、刑部启心郎申朝纪，足备任使。帝召延庆等御前，温谕褒奖。命延庆、极新，文馆录用；朝纪仍任部事。九年，谕满、汉、蒙古各官，荐举人才，不限已仕、未仕，牒送吏、礼二部，具名以闻。直文馆宁完我言：'古者荐举之条，功罪连坐，所以杜弊端、防冒滥。请自后所举之人，或功或罪，举者同之。若其人砥行于厥初，改节于末路，许举者随时检举，免连坐。'帝嘉纳焉。"

《清史稿·志八十六》："道光四年，侯际清赎罪舞弊一案，刑部司员恩德等朋谋撞骗堂官，以谬登荐牍，保列一等，下部议处。谕嗣后京察有冒滥徇私者连坐。七年，给事中吴杰奏：'大计、军政，皆有举有劾。近年六部办理京察，除保举一等外，不问贤否，概列二等。'"

《清史稿·志九十一》："康熙初始参用。并置推官。康熙六年省。及挂衔推官。顺治三年省。督捕左、右理事官。康熙三十八年省。各一人。康熙元年，以委署州、县专责知府，行保举连坐法。"

《清史稿·志一百二十九》："（道光）十六年，定食鸦片烟罪。初，英自道光元年以后，私设贮烟大舶十馀只，谓之'趸船'，又省城包买户，谓之'窑口'。由窑口兑价银于英馆，由英馆给票单至趸船取货。有来往护艇，名曰'快蟹'，炮械毕具。太常寺卿许乃济见银输出岁千馀万，奏请弛烟禁，令英商仍照药材纳税，入关交行后，只许以货易货，不得用银购买，以示限制。已报可，旋因疆臣奏请严贩卖吸食罪名，加重至死，而私贩私吸如故。（道光）十八年，鸿胪寺卿黄爵滋请严吸食罪，行保甲连坐之法，且谓其祸烈于洪水猛兽。疏上，下各督抚议，于是请禁者纷起。"

《清史稿·列传十九》："（天聪）九年二月，范文程上言荐举太滥，举主虽不连坐，亦当议罚。完我亦疏请功罪皆当并议，略言：'上令官民皆得荐举，本欲得才以任事，乃无知者假此幸进，两部已四五十人，其滥可见。当行连坐法，所举得人，举主同其赏；所举失人，举主同其罪；如有末路改节，许举主自陈，贷其罪。如采此法，臣度不三日，请罢举者十当八九；其有留者，不问皆真才矣。'上并嘉纳。"

《清史稿·列传七十一》："上杭民温上贵往台湾从一贵得伪元帅札、印，还上杭，煽乡人从贼。闻一贵诛，走江西，结棚匪数百，谋掠万载。知县施昭庭集营汛剿捕，擒上贵及其党十数人，并伏法。大学士白潢等条奏禁戢棚匪，满保疏言：'闽、浙两省棚民，以种麻靛、造纸、烧灰为业，良莠不一。令邻坊保结，棚长若有容庇匪类，依律连坐。'"

《清史稿·列传二百六十三》："吉士到官，定先抚后剿之策，有投抚者，给示令招其党。诇知群盗阴事，选乡兵，得技优者百人。令绅户家出一丁，与民均役。分夕巡城，行保甲法，匿贼者连坐，邻盗相戒不入境。"

《兴素斋杂记》:"司稽查,法至善也。甲长经岁一更。为甲长者,岂能一无经营家务之事,穷年仆仆,独为十家稽查之理?况保甲之法,一家有犯,连坐十家。"

可见,清代的保甲制度之所以能够有效地运行,与连坐的刑罚设置有密切的关系。可以说,连坐为保甲制度提供了法律保障和强制约束力,对清代统治者建设符合自身利益的社会秩序起到了很重要的作用。

二、生命刑

清代的生命刑包括大辟、戮、斩、枭首、辜、醢、凌迟、绞、赐死等。

(一)大辟

大辟是清代的法定刑,始于夏。大辟是我国古代五刑之一,秦、汉以前死刑的通称。辟,罪。死刑为罪之大者,故称大辟,也称极刑。实际执行的刑罚,除法定刑(也称正刑)外,还有许多法外酷刑(也称非正刑),甚至私刑和非刑。清代法定的死刑有绞、斩两种。对于这两种法定刑,清代统治者进行了进一步的调整,将斩刑分为"斩立决"和"斩监候",绞刑也分为"绞立决"和"绞监候"。定为"立决"的罪犯都会被尽速处死,而定为"监候"的罪犯则要在监牢中等候每年的秋审和朝审,到时才能决定到底行刑与否。此外,清代的大辟还包括凌迟、枭首、戮尸法外刑。《清史稿·刑法志》:"死刑二:曰斩,曰绞。此正刑也。其律例内之杂犯、斩绞、迁徙、充军、枷号、刺字、论赎、凌迟、枭首、戮尸等刑,或取诸前代,或明所自创,要皆非刑之正。"凌迟用于十恶罪中的谋反、叛逆等罪,枭首、戮尸亦用于谋反而死者或强盗杀人者。

清代的统治者在采用大辟时还是比较谨慎的,在司法实践中设置了比较完备的死刑复核程序。《清史稿·职官志一》:"凡大辟，御史、大理寺官会刑司录问，案法随科，曰会小三法司。录毕，白长官。都御史、大理卿诣部偕尚书、侍郎会鞫，各丽法议狱，曰会大三法司。"尽管如此，在清代的司法实践中，大辟仍频繁出现，被广泛适用于各种类型的犯罪。

有大逆罪用大辟。《清史稿·列传三十六》："康熙八年，上以鳌拜[1]结党专擅，勿思悛改，下诏数其罪，命议政王等逮治。康亲王杰书等会谳，列上鳌拜大罪三十，论大辟，并籍其家，纳穆福亦论死，上亲鞫俱实，诏谓：'效力年久，不忍加诛，但褫职籍没。'纳穆福亦免死，俱予禁锢。"

又《清史稿·列传八十二》："（雍正三年）十二月，逮至京师，下议政大臣、三法司、九卿会鞫。是月甲戌，具狱辞：羹尧[2]大逆之罪五，欺罔之罪九，僭越之罪十六，狂悖之罪十三，专擅之罪六，忌刻之罪六，残忍之罪四，贪黩之罪十八，侵蚀之罪十五，凡九十二款，当大辟，亲属缘坐。上谕曰：'羹尧谋逆虽实，而事迹未着，朕念青海之功，不忍加极刑。'遣领侍卫内大臣马尔赛、步军统领阿齐图赍诏谕羹尧狱中令自裁。"

有盐案贪污用大辟。《清史稿·列传六十四》："鹏年[3]率士民亲运土石，诘旦工成。顾阿山憾不已，疏劾鹏年受盐、典各商年规，侵蚀龙江关税银，又无故枷责关役，坐夺职，系江宁狱。命桑额、张鹏翮与阿山会鞫，江宁民呼号罢市，诸生千馀建幡将叩阍。鹏年尝就南市楼故址建乡约讲堂，月朔宣讲圣谕，并为之榜曰：'天语丁宁。'南市楼者故狭邪地也，因坐以大不敬，论大辟。"

又《清史稿·列传一百二十八》："祖见曾，康熙六十年进士，官至两淮盐运史。父谦，汉黄德道。见曾起家知县，历官有声。为两

---

① 鳌拜：清康熙帝早年辅政大臣之一，以战功封爵。
② 羹尧：年羹尧，清康、雍年间著名将军。
③ 鹏年：陈鹏年，清康熙年间河道总督。

淮盐运使,以罪遣戍,复起至原官。当乾隆中叶,淮鹾方盛。见曾擅吏才,爱古好事,延接文士,风流文采,世谓继王士禛。在扬州时,屡值南巡大典,历年就盐商提引,支销冒滥,官商并有侵蚀。至三十三年,事发,自盐政以下多罹大辟。见曾已去官,逮问论绞,死于狱中。籍没家产,子孙连坐,谦谪戍军台。荫溥①甫九岁,贫困,随母归依妇翁,读书长山。越三年,大学士刘统勋为见曾剖雪,乞恩赦谦归,授广平府同知。荫溥刻苦励学,至是始得应科举。"

军法用大辟。《清史稿·列传一百三十一》:"魁伦窥帝怒不测,未以上闻,稍为申辩糜饷纵贼罪,卒坐以明亮、恒瑞不听调度;副都统讷音兵哗哄,不据实参奏;又贼犯楚境不即驰报,玩视军务,论大辟。帝念前功,改为斩监候,解部监禁。"

又《清史稿·列传一百三十二》:"是年冬,帝召见惠龄,论其恇怯纵寇及淅川冒功事,逮京谳,拟大辟,缓刑,禁锢。"

科场案用大辟。《宾退随笔》:"戊午科场之狱,竟置柏相大辟,盖三奸以全力罗织之,欲以树威。"

当然,在各种案例中,我们也可以看到有些被判处大辟的人成功地摆脱了死刑。《清史稿·列传一百四十三》:"书达成亲王,以上闻,上怒其语戆,落职下廷臣会鞫,面谕勿加刑,亮吉感泣引罪,拟大辟,免死遣戍伊犁。明年,京师旱,上祷雨未应,命清狱囚,释久戍。"

《清史稿·列传一百五十四》:"二十一年,(那彦成)坐前在陕甘移赈银津贴脚价,褫职逮问,论大辟;缴完赔银,改戍伊犁。会丁母忧,诏援滑县功,免发遣。"

《清史稿·列传一百五十七》:"奕山等至,战复不利,广州危急,许以烟价六百万两,围始解,而福建、浙江复被扰。琦善逮京,谳论大辟,寻释之,命赴浙江军营效力,未至,改发军台。"

①　荫溥:卢荫溥,乾隆、嘉庆、道光年间重臣,卢谦之子,卢见曾之孙。

（二）戮

清朝的戮刑并非法定刑罚，但也经常运用。《清史稿·刑法志》："凌迟，用之十恶中不道以上诸重罪，号为极刑。枭首，则强盗居多。戮尸，所以待恶逆及强盗应枭诸犯之监故者。凡此诸刑，类皆承用明律，略有通变，行之二百馀年。至过误杀之赔人，窃盗之割脚筋，重辟减等之贯耳鼻，强盗、贪官及窝逃之籍家产，或沿自盛京定例，或顺治朝偶行之峻令，不久革除，非所论也。"一般来讲，清代戮刑都用于惩治恶逆、强盗，但在各种文字狱中，戮刑也经常出现。明史案中的庄廷钺被撅家焚尸，南山集案中方孝标①被戮尸。更有查嗣庭案，查嗣庭在充任江西考官时曾以"维民所止"为试题，此事被人密告雍正，宣称查嗣庭居心叵测，"维"是"雍"去头，"止"是"正"去头，和而论之就是将"雍正"去头。雍正盛怒之下将查嗣庭下狱，虽然通过查嗣庭的抗辩，"维民所止"的本义被弄清，但查嗣庭还是被判处"犯上悖逆"，死在狱中，最后还被戮尸。《清史稿·世宗本纪》："五月戊午，以拉锡为满洲都统。查嗣庭死于狱，戮其尸。乙亥，叙乌蒙、镇雄功，予鄂尔泰世职。"另外，还有著名的曾静案。《清史稿·列传七十八》："上命编次为大义觉迷录，令杭奕禄以静至江宁、杭州、苏州宣讲。事毕，命并熙释勿诛，戮留良尸，诛毅中并鸿逵、在宽等，戍留良诸子孙。高宗即位，乃命诛静、熙。"吕留良的观点曾被曾静引用，此案发后，吕留良被开棺戮尸，其后人也被牵连处死。

《清史稿·太宗本纪》："冬十月乙丑朔，幸开原。甲戌，还沈阳。遣卫征囊苏喇嘛赴宁远，赍书致明帝曰：'我国称兵，非不知足而冀大位，因边臣欺侮，致启兵衅。往征察哈尔时，过宣府定和议，我遂执越境盗窃之人戮之塞下，我之诚心可谓至矣。前边臣未能细述，今欲备言，又恐疑我不忘旧怨，如遣信使来，将尽告之。若谓

---

① 方孝标：清顺治六年进士，"南山集案"中被牵连人物。

已和，不必语及往事，亦惟命。'"

又："十二月乙卯，赐恤北路阵亡诸臣查弼纳、马尔萨、海兰、达福等有差。侍郎孙嘉淦有罪论死，命在银库处行走。乙丑，治吕留良罪，与吕葆中、严鸿逵俱戮尸，斩吕毅中、沈在宽，其孙发边远为奴，朱羽采等释放。丙寅，武格以造言撤兵，逮问。辛巳，祫祭太庙。"

《清史稿·穆宗本纪》："遣醇郡王诣文宗几筵代祭告。上诣两宫贺捷。论功，晋封曾国藩一等侯；曾国荃一等伯，加太子少保衔；提督李臣典一等子，赏黄马褂；萧孚泗一等男；均赏双眼花翎。按察使刘连捷等赏世职，升叙有差。命戮洪秀全尸，传首各省。"

《清史稿·志八十三》："康熙三十八年己卯，御史鹿佑劾顺天闱考试不公，正考官修撰李蟠遣戍，副主考编修姜宸英牵连下吏，未置对，死狱中。宸英浙江名士，善属古文，举朝知其无罪，莫不叹惜。四十四年乙酉，顺天主考侍郎汪霦、赞善姚士藟校阅草率，落卷多不加圈点。下第者束草如人，至其门戮之。"

《清史稿·刑法志》："有清起自辽左，不三四十年混一区宇。圣祖冲年践阼，与天下休养，六十馀稔，宽恤之诏，岁不绝书。高宗运际昌明，一代法制，多所裁定。仁宗以降，事多因循，未遑改作。综其终始，列朝刑政，虽不尽清明，然如明代之厂卫、廷杖，专意戮辱士大夫，无有也。治狱者虽不尽仁恕，然如汉、唐之张汤、赵禹、周兴、来俊臣辈，深文惨刻，无有也。德宗末叶，庚子拳匪之变，创巨痛深，朝野上下，争言变法，于是新律萌芽。迨宣统逊位，而中国数千年相传之刑典俱废。是故论有清一代之刑法，亦古今绝续之交也。爰备志之，俾后有考焉。"

《清史稿·诸王三》："将军赵良栋师自四川至，彰泰偕赉塔及良栋等屡破敌南坝、得胜桥、太平桥、走马街诸地。师薄城环攻，世璠自经死，其将何进忠等出降。彰泰戒将士毋杀掠，入城安抚，收仓库，戮世璠尸，函首献阙下。云南平。授左宗正。二十一年十月,师还,上迎劳卢沟桥南二十里。"

《清史稿·列传七十五》:"五十九年,授刑部侍郎。山东盐贩王美公等纠众倡邪教,巡抚李树德令捕治,得百五十馀人。上命廷玉与都统讬赖、学士登德会勘,戮七人、戍三十五人而谳定。旋调吏部。"

《东行初录》:"利泰里则吴军门自往掩执,以地近营址,已先期闻风远扬,仅获二十余人。是役所获者共一百七十余人,忠当至吴军门营内会讯,戮其首领及罪状较重者十人,其余情有可原者,概予释放。盖以六月初九日之变,其中不无胁从,设所获者不为分别轻重,尽置诸法,则此辈知罪皆不赦,必聚而为走险之谋,惟第戮其首领,则凡胁从者咸知为法所不诛,将安然解散以去,而潢池之祸,可以不兴,亦潜消反侧之意也。"

戮尸是一种中国古代各王朝沿用已久的酷刑,在清代有很多大臣对此刑持有极为厌恶的态度,清末沈家本等大臣就曾上书,建议取消戮尸等酷刑。《清史稿·刑法志》:"戮尸一事,惟秦时成蛴军反,其军吏皆斩戮尸,见于始皇本纪。此外历代刑制,俱无此法。明自万历十六年,定有戮尸条例,专指谋杀祖父母、父母而言。国朝因之,后更推及于强盗。凡此酷重之刑,固所以惩戒凶恶。第刑至于斩,身首分离,已为至惨。若命在顷忽,菹醢必令备尝,气久消亡,刀锯犹难幸免,揆诸仁人之心,当必惨然不乐。谓将以惩本犯,而被刑者魂魄何知;谓将以警戒众人,而习见习闻,转感召其残忍之性,实非圣世所宜遵。请将凌迟、枭首、戮尸三项,一概删除,死罪至斩决而止。"

(三)斩

在清代,斩刑是法定正刑之一,在司法实践中有大量的适用。《清史稿·圣祖本纪》:"王大臣议奏侍郎宜昌阿、巡抚金侨查看尚之信家产,隐蚀银八十九万,并害杀商人沈上达,应斩。"又《清史稿·世宗本纪》:"九月乙酉朔,论击准夷功,加丹津多尔济智勇名号,加策凌超勇名号,封其子车布登扎布为辅国公,馀升授有差。以马尔赛纵贼失机,褫爵职处斩。己酉,削傅尔丹爵职。"又《清史稿·宣宗本纪》:"甲午,奕山、奕经、文蔚均夺职论斩,特依顺、齐慎褫职留任。乙未,命户部尚书敬征协办大学士,调恩桂为吏部尚书,以麟魁署礼部尚书。戊戌,庆郡王奕经采缘事夺爵,不入八分辅国公醴性夺爵发盛京。是月,赈江苏桃源、沭阳二县水灾。给湖北江陵等四县、山西保德等三州厅县灾民口粮。贷奉天牛庄等处灾民口粮。蠲缓江苏海州等五州县、湖南澧州等八州县卫新旧额赋。"

一般来说,在死刑判决中没有规定斩立决,那么这种情况就要等候秋审。

一旦被判处立斩、斩立决,那么罪犯的死期就极近了。《清史稿·世宗本纪》:"十二月丁卯,降郡王胤禵为贝子。甲戌,廷臣议上年羹尧罪九十二款。得旨:'年羹尧赐死,其子年富立斩,馀子充军,免其父兄缘坐。'"又《康雍乾间文字之狱》:"朕意肆市,已足示众,胡中藻免其凌迟,着即行处斩,为天下后世炯戒。"又《益智录卷之七》:"先是,吉订远村张秉钧之女春娇为妻。张固刁生,张卒,吉嫌其家贫,驰书退婚,而与金某结姻,亦未过门。吉恒之退亲也,春娇虽有老母在,亦无能为,听之而已。嗣有为春娇提亲者,母商之,娇曰:'吉家虽不情,女不可不义,将终身伴母,至死不变。'言及此,母女俱哭。邻女闻之,过以相劝曰:'吾适从婆家来,正欲语其事。如闻吾言,汝母女将有欲哭而不能者,盖幸得吉家退亲,不然,亦为望门寡之女。'母愕然,收涕问故。邻女曰:'吉杀人,不日将处斩偿人命。'"

著名的戊戌六君子也是被处以斩刑的。《清史稿·德宗本纪》:"甲午,杨深秀、杨锐、林旭、刘光第、谭嗣同、康广仁俱处斩。"

《清史稿·时宪一》:"敕汤若望从宽免死,时宪科李祖白等五人俱处斩。"

地方官纵然犯罪,论斩。又:"四十五年,山东请铸大钱。会获得常山私铸,上以私铸不尽大钱,必多私销,宜先收后禁,乃令钱粮银一两折收二千文,钱尽,折收铜器。户部以新钱不敷,请展至五年后毁旧铸。越二年,襄阳私铸钱潜贮漕艘入京,大理卿塔进泰奉命会查,疏请严禁收毁,再犯私铸私贩罪如律,船户运弁罪同私铸,地方官知情,斩决,没其家;失察,夺职。法益加严。"又《清史稿·志九十九》:"更定私铸律,为首及匠人罪斩决,财产没官,为从及知情买使,总甲十家长知情不首,地方官知情,分别坐斩绞,告奸赏银五十两。"

清政府也曾经希望能够用极刑限制鸦片的肆虐。《清史稿·志一百二十九》:"湖广总督林则徐奏尤剀切,言:'鸦片不禁绝,则国日贫,民日弱,十余年后,岂惟无可筹之饷,抑且无可用之兵。'帝深然其言,诏至京面授方略,以兵部尚书颁钦差大臣关防,赴粤东查办。明年春正月,至粤东,与总督邓廷桢会申烟禁,颁新律:以一年又六月为限,吸烟罪绞,贩烟罪斩。"

(四)枭首

清代的枭首刑基本上沿袭明朝旧制。雍正朝汪景祺曾被斩首枭示,人头挂在菜市口,直到乾隆朝才被取下,历时十年。《清史稿·刑法志》:"今之斩枭,仍明制也。"清代死罪适用大体如下:"死罪系谋反、大逆、恶逆、不道、劫狱、反狱、戕官,并洋盗、会匪、强盗、拒杀官差,罪干凌迟、斩、枭者,专折具奏,交部速议。"其中,枭首属于专折交部的范畴,归属重刑,经常用于处置强盗罪,因此《清史稿·刑法志》讲"枭首,则强盗居多"。《详刑公案·卷一》:"葛、艾二凶,利人财、谋人命,合枭首以示众;吴段二恶,和买货、骗分赃,皆充配于远方。"

此外,清代的枭首刑被大量地运用于惩治叛乱人员和所谓的逆党。

《清史稿·列传一百四十三》:"襄阳之齐王氏、姚之富,长阳之覃加耀、张正谟等，闻风并起，遂延及河南、陕西。此臣所闻官逼民反之最先最甚者也。臣思教匪之在今日，自应尽党枭磔。”

《清史稿·列传二百六十二》："龚生阳突入，擒陈坤书，周盛波擒伪列王费天将，战城上良久，寇大溃，缒城出者复为我军所歼，我军亦死亡千数百人。常州之失以咸丰十年四月初六日，越四年而复，日月皆不爽，亦一奇也。陈坤书凌迟处死，枭示东门。"凌迟后还要枭首示众，清代对待农民军的手段可谓残忍。

《清史稿·列传二百五十九》："二十五年，义和拳起山东，蔓延于直、东各境，乃宣为义和拳教门源流考，张示晓谕，且申请奏颁禁止，不能行。景州有节小廷者，匪首也，号能降神。乃宣饬役捕治，纵士民环观，既受笞，号呼不能作神状，枭示之，匪乃不敢入境。"清末的统治者就是这样用枭首刑来镇压义和团运动和太平天国运动的。

《平闽纪卷之十二》："除将逆贼一名吴应枭首示众外，合行严谕。为此示仰双桥并附近各村庄人民知悉：嗣后各宜洗心涤虑，摈绝逆寇。若有奸恶巨憝，潜行接济，即便会众举首，以凭严拿正法。倘仍前互相容隐，阳顺阴违，包藏祸心，暗通线索，或经访闻，或经擒解，定将保甲人等概行诛戮。法在必行，断不姑贷。慎之毋忽！"

（五）辜、磔、肢解

辜，也称磔、脯、肢（支）解。这是我国古代处决死刑犯的方法之一，是一种分裂肢体后悬首张尸示众的刑罚。脯是脱掉衣服，锯裂、肢解身体，然后示众。这种刑罚在清代也有大量的适用。

《清史稿·世祖本纪》："九月庚戌，以地震祷于天坛。辛亥，命简亲王喇布守桂林。甲寅，金光祖执叛镇祖泽清送京，及其子良梗磔诛之。"

《清史稿·圣祖本纪》："丙寅，调蔡毓荣为云贵总督。戊辰，王大臣奏曰：'耿精忠累世王封，甘心叛逆，分扰浙、赣，及于皖、徽，设非师武臣力，蔓延曷极。李本深、刘进忠等多年提镇，高官厚禄，不能革其鸮音，俯首从贼，抑有何益。均宜从严惩治，大为之防，以为世道人心之范。谨拟议请旨。'得旨：'耿精忠、曾养性、白显中、刘进忠、李本深均磔死枭首。耿精忠之子耿继祚，李本深之孙李象乾、李象坤，其侄李济祥、李济民，暨祖弘勋等俱处斩。为贼绐误之陈梦雷、李学诗、金境、田起蛟均减死一等。'"

《清史稿·高宗本纪》："辛卯，户部尚书阿尔赛为家奴所害，磔家奴于市。"

又："江南千总卢鲁生坐伪撰孙嘉淦奏稿，磔于市。"

《清史稿·穆宗本纪》："乙巳，陈玉成解京师，诏于中途磔之。"

《清史稿·列传三十三》："时罗什、博尔惠已先诛，执何洛会，下王大臣会鞫。谭泰、锡翰各以何洛会语告，又追论诬告肃亲王罪，与其兄胡锡并磔死，籍其家。"

《清史稿·列传一百十四》："事闻，上震悼，赐祭葬，谥果烈。建旌勇祠京师，诸将死事者扎拉丰阿、观音保、李全、王廷玉，命并祀，珠鲁讷以自戕不与。额尔登额及提督谭五格坐失机陷帅，逮诣京师，上廷鞫，用大逆律磔额尔登额，因其父及女，并族属戍新疆；谭五格亦弃市，而以其明日祭明瑞及扎拉丰阿、观音保，上亲临奠。"

《清史稿·列传一百五十四》："五月，槛送张格尔于京师，上御午门受俘，磔于市。"

《清史稿·列传一百九十三》："达开率一子及其党三人乞降，解散四千人，馀党尽诛之。五月，槛送达开至成都，磔于市。"

《广阳杂记·卷五》："夏逢龙于金口败后，逃至黄冈县，为生员易为胜所获，送至将军瓦代军前磔死。其始事于五月二十二日，获于七月二十二日，仅两月耳。"

《榆巢杂识》："而耿精忠自请入朝，旋讯得其通贼反复，决磔于市。"

（六）醢

醢，也称菹。菹醢是把人剁成肉酱，或切成肉片，有时还入鼎镬煮熟，并强令人吃进肚子里的酷刑。为殷纣王所创，属非刑，在清代偶有执行。

《埋忧集·卷十》："嘉庆时，成德行刺，伺仁宗皇帝御朝，猝放一袖箭。一侍卫见箭来，不及御，辄以身覆御座，箭洞胸而死。是时七额驸在旁，急以两手抱成德，众侍卫群趋持之，遂醢成德。"

（七）凌迟

清代的凌迟基本上继承了明代旧制。《清史稿·刑法志》："死刑二：曰斩，曰绞。此正刑也。其律例内之杂犯、斩绞、迁徙、充军、枷号、刺字、论赎、凌迟、枭首、戮尸等刑，或取诸前代，或明所自创，要皆非刑之正。"康熙时代王明德所著的《读律佩觿》讲："凌迟者，其法乃寸而磔之，必至体无余胬，然后为之割其势。女则幽其闭，出其脏腑，以毕其命，支分节解，菹其骨而后已。"

《清史稿·刑法志》："凌迟，用之十恶中不道以上诸重罪，号为极刑。枭首，则强盗居多。戮尸，所以待恶逆及强盗应枭诸犯之监故者。凡此诸刑，类皆承用明律，略有通变，行之二百馀年。至过误杀之赔人，窃盗之割脚筋，重辟减等之贯耳鼻，强盗、贪官及窝逃之籍家产，或沿自盛京定例，或顺治朝偶行之峻令，不久革除，非所论也。"

《清史稿·诸王六》："张明德坐凌迟处死，普奇夺公爵，允䄉亦夺贝勒，为闲散宗室。"

《清史稿·列传五十九》："康熙五年，新安卫官生杨光先叩阍进所著摘谬论、选择议，斥汤若望新法十谬，并指选择荣亲王葬期误用洪范五行，下议政王等会同确议。议政王等议：'历代旧法，每日十二时，分一百刻，新法改九十六刻。康熙三年立春候气，先期起管，汤若望妄奏春气已应参、觜二宿，改调次序，四馀删去紫炁。天佑皇上，历祚无疆，汤若望祇进二百年历。选荣亲王葬期不用正五行，反用洪范五行，山向年月俱犯忌杀，事犯重大。汤若望及刻漏科杜如预、五官挈壶正杨宏量、历科李祖白、春官正宋可成、秋官正宋发、冬官正朱光显、中官正刘有泰皆凌迟处死；故监官子刘必远、贾文郁、可成子哲、祖白子实、汤若望义子潘尽孝皆斩。'得旨，汤若望效力多年，又复衰老，杜如预、杨宏量勘定陵地有劳，皆免死，并令覆议。议政王等覆议，汤若望流徙，馀如前议。得旨，汤若望等并免流徙，祖白、可成、发、光显、有泰皆斩。自是废新法不用。"

《宾退随笔》："一切罪状均经母后皇太后、圣母皇太后面谕，议政王军机大臣逐条开列，传知会议王大臣等知悉。兹据该王大臣等按律拟罪，将载垣①等凌迟处死。"

《康雍乾间文字之狱》："雍正十年十二月，刑部等衙门议奏逆贼严鸿逵，枭獍性成，心怀叛逆，与吕留良党恶共济，诬捏妖言，实复载所难容，为王法所不贷。严鸿逵应凌迟处死，已伏冥诛，应戮尸枭示。"

《栖霞阁野乘·金圣叹之死》："朝廷深恶诸名士之诽语也，命大臣讯狱于江宁，以耸观听。谳成，诸人不分首从，凌迟处死，没其家孥财产，一时夺气。"

太平天国的著名将领石达开在被俘后被判处凌迟，临刑之际，他神色怡然，身受凌迟酷刑，至死默然无声，观者无不动容，叹为"奇男子"。石达开受刑时，被割一百多刀，他从始至终默然无声。石达开的凛然正气和坚强意志使清军官兵感到震惊。周询的《蜀海丛论》记录了四川布政使刘蓉对石达开的评价："枭桀坚强之气溢于颜面，而词句不卑不亢，不作摇尾乞怜语。临刑之际，神色怡然，是丑类之最悍者。"唐德刚的《晚清七十年》讲，石达开的两个幼

---

① 载垣：清道光五年，袭怡亲王爵位。辛酉政变后，由于阻止慈禧太后垂帘听政，原判凌迟，后加恩赐自尽而死。

子也被判处凌迟，但年仅五岁的儿童是不可能承受三千多刀的刑罚的，于是清朝的统治者就决定将两个孩子养大之后，再执行凌迟。

《清史稿·德宗本纪二》："丁丑，见德亲王福礼留伯、公使穆默于乾清宫。己卯，诏督抚举堪胜提镇官者。己丑，云南省城开商埠。庚寅，罢新置江淮巡抚，改淮扬总兵为江北提督。癸巳，谕更定法律。死罪至斩决止，除凌迟、枭首、戮尸等刑。斩、绞、监候者以次递减。"

中国历史上的最后一次凌迟发生在光绪年间，具体时间是1905年4月10日，一个叫符珠哩的奴隶刺杀了自己所侍奉的蒙古王子，这个人被判处凌迟。他很有可能是中国历史上最后一个凌迟受刑者，因为他被处以极刑后不久，凌迟就被彻底废除，当时还有人拍下整个凌迟过程，而且较为清楚。时至今日，当我们看到这些令人胆寒的照片时，我们恐怕也会思索，到底是什么样的力量令人们发明出了如此残酷的刑罚方式，而且历经千年，始终未被人们所唾弃。《清史稿·刑法志》："（光绪）三十一年，修订法律大臣沈家本等奏请删除重法数端，略称：'见行律例款目极繁，而最重之法，亟应先议删除者，约有三事：一曰凌迟、枭首、戮尸。凌迟之刑，唐以前无此名目。……请将凌迟、枭首、戮尸三项，一概删除，死罪至斩决而止。凡律例内凌迟、斩枭各条，俱改斩决。斩决而下，依次递减。一曰缘坐……'"沈家本《历代刑法考》："陵迟之义，本言山之由渐而高，杀人者欲其死之徐而不速也，故亦取渐次之义，至其行刑之法，《读律佩觿》所言同于菹醢，至为惨毒，岂明制如此欤？律无明文，不能详也。今律亦不言此法。相传有八刀之说，先头面，次手足，次胸腹，次枭首。皆剑子手师徒口授，他人不知也。京师与保定亦微有不同。似此重法，而国家未明定制度，未详其故。

今幸际清时,此法已奉特诏删除,洵一朝之仁政也。"①沈家本最终还是成功了,凌迟之制,到清末最终被废除,但是对于大清王朝来讲,这已经晚了。

（八）绞

清代死刑中,绞刑比斩刑为轻。可是,实际上,"如果行刑者的技术不够熟练,那么,绞死罪犯的时间肯定会比垂梁上吊致死的时间还要长"②,因此绞刑带来的痛苦很可能甚于斩刑;但为罪犯留下全尸,这似乎又成了"绞"轻于"斩"的有力证据。

《清史稿·列传九十五》:"子嘉铨,自举人授刑部主事,再迁郎中。授山东济东道,再迁甘肃布政使。改大理寺卿,休致。乾隆四十六年,上巡幸保定,嘉铨遣其子赍奏,为会一乞谥;又请以汤斌、范文程、李光地、顾八代、张伯行及会一从祀孔子庙。上责其谬妄,逮至京师亲鞫之,坐极刑,改绞死。"斩改为绞,这似乎就是一种恩赐。通过这个案例,斩绞轻重立判。

以下是一些罪犯被判处"立绞"的案例。

《清史稿·仁宗本纪》:"秋七月戊辰,诏停本年秋决。江苏查赈知县李毓昌为山阳知县王伸汉毒毙,下部鞫实,王伸汉立斩,知府王毂立绞,家丁李祥等均极刑,总督铁保夺职遣戍,巡抚汪日章夺职。"

《清史稿·圣祖本纪》:"噶尔汉复巫山。壬寅,大将军康亲王杰书师旋,上郊劳之。戊申,彰泰、穆占败吴世璠于镇远。噶尔汉击谭弘于铁开峡,败之。是月,王大臣议上师行玩误之王贝勒大臣罪。得旨,勒尔锦革去王爵,籍没拘禁。尚善、察尼均革去贝勒。兰布革去镇国公。朱满革去都统,立绞。馀各褫官、夺世职、鞭责、

---

① 沈家本:《历代刑法考》(上册),商务印书馆,2011 年版,第 99 页。

② E.Alabaster. Notes and Commentaries on Chinese Criminal Law. London: Luzac,1899;62.

籍没有差。"

在清代历史文献中可以发现的"绞监候"更多。《清史稿·高宗本纪》:"十二月癸酉朔,免山东金乡等六州卫水灾额赋。丙子,免浙江安吉等州县漕粮,河南罗山旱灾额赋。戊寅,弘晰坐问安泰'准噶尔能否到京,上寿算如何',拟立绞。谕免死,永远圈禁,安泰论绞。"

《清史稿·仁宗本纪》:"冬十月癸酉,广西武缘知县孙廷标匿伤纵凶,特旨处绞,臬司公瓀遣戍乌鲁木齐。己卯,上御惇叙殿,赐宴宗室诸王。"

《清史稿·刑法志》:"杂犯斩、绞准徒五年与杂犯三流总徒四年,大都创自有明。清律于官吏受赃,枉法不枉法,满贯俱改为实绞,馀多仍之。"

《清史稿·诸王六》:"上命(冒名的永城子)改戍黑龙江,道库伦,库伦办事大臣松筠责其不法,缚出,绞杀之,高宗嘉其明决。"

《清史稿·列传二十一》:"初,继茂与可喜攻下广州,怒其民力守,尽歼其丁壮。即城中驻兵牧马。营靖南、平南二籓府,东西相望,继茂尤汰侈,广征材木,采石高要七星岩,工役无艺;复创设市井私税:民咸苦之。广东左布政使胡章自山东赴官,途中上疏,言:'臣闻靖南王耿继茂、平南王尚可喜所部将士,掠辱士绅妇女,占居布政使官廨,并擅署置官吏。臣思古封建之制,天子使吏治其国而纳其贡税焉,不得暴彼民也。二王以功受封,宜仰体圣明忧民至意,以安百姓,乃所为如是,臣安敢畏威缄默?乞敕二王还官廨,释俘虏。'继茂奏辩,可喜亦有疏自白,章坐诬论绞,上命贷死夺官。"

《谏书稀庵笔记》:"至京师勾到之期,监斩绞者,为刑部司员。"

《康雍乾间文字之狱》:"湖州太守谭希闵,莅官甫半月,事发,与推官李焕皆以隐匿,罪至绞。"

又:"尤云锷、方正玉、汪灏、刘严、余生、方苞以谤论罪绞。"

《信及录》:"旋奉颁行新例,凡内地军民,开设窑口向外夷买鸦片者，为首斩首枭示，为从绞死；吸食者，一年六个月限内拟流；限外亦绞夷人带鸦片者，为首照开设窑口例斩决，为从者绞。所带货物，概行入官。"

（九）赐死

赐死是一种产生于殷商时期的死刑，与其他死刑相比，其有一定的特殊性。它不是国家正式刑罚，一般都不会被列入历代朝廷的正式刑典。我们可以想见的是，如果作为生命刑的赐死被列入刑典，成为正式刑法，那么朝廷重臣、宗室亲贵就将同普通百姓一般背负罪名，那么君主优待大臣之意就难以体现，也违背了赐死制"刑不上大夫"的初衷。更重要的是，如果将赐死列入刑典，会在某种程度上束缚帝王的手脚，无法满足帝王独断中想要谁死谁就不得不死的愿望。因此，历代帝王不会将赐死制列入国家正式法典中，而情愿将其作为一种约定俗成的习惯法来随意使用。

清代的赐死案例极多。其中，较为后人所关注的有对封疆大吏年羹尧的赐死。《清史稿·世宗本纪》："十二月丁卯，降郡王胤禵为贝子。甲戌，廷臣议上年羹尧罪九十二款。得旨：'年羹尧赐死，其子年富立斩，馀子充军，免其父兄缘坐。'辛巳，汪景祺以谤讪处斩。癸未，以觉罗巴延德为天津水师营都统。壬辰，袷祭太庙。"

对巨贪和珅的赐死。《清史稿·仁宗本纪》："成亲王永瑆管户部。丁丑，和珅赐死于狱，福长安论斩。"

对诸多皇亲贵胄的赐死。《清史稿·世祖本纪》："二月辛巳，艾度礼戍锦州。戊子，祔葬太妃博尔济锦氏于福陵，改葬妃富察氏于陵外。富察氏，太祖时以罪赐死者。"

《清史稿·诸王三》："十月，监守者告阿济格将于系所举火，赐死。阿济格子十一，有爵者三：和度、傅勒赫、劳亲。和度，封贝子，先卒。劳亲与阿济格同赐死。"

《清史稿·诸王四》："费扬果，太祖第十六子。太宗时，坐罪赐死，削宗籍。"

《宾退随笔》:"文宗殊友爱,阴告诸弟毋食此鱼,诸弟得不死。既而谋泄,宣宗母太后怒甚,立命赐死。"

也有很多对重要大臣的赐死。《清史稿·一百十四》:"是时缅甸为乱犯边,总督刘藻战屡败,自杀。大学士杨应琚代为总督,师久无功,赐死。"《枢近志·卷三》:"清帝怒其暴虐,复遣侍郎瑚图灵阿于中道赐死。"

三、身体刑

清代的身体刑包括断脚筋、鞭、掠、杖、笞、钳、枷号、校等。

(一)断脚筋

断脚筋是把人的脚筋挑断,使成残废的刑罚。非刑,始于南北朝时。清朝也有此刑,叫割筋。见《大清律集解附例》《清史稿·刑法志》《清刑法志》。

《清史稿·世祖本纪》:"闰六月甲申,阿济格败李自成于邓州,穷追至九江,凡十三战,皆大败之。自成窜九宫山,自缢死,贼党悉平。故明宁南侯左良玉子梦庚、总督袁继咸等率马步兵十三万、船四万自东流来降。丙戌,定群臣公以下及生员耆老顶戴品式。己丑,河决王家园。庚寅,诏阿济格等班师。辛卯,改江南民解漕、白二粮官兑官解。壬辰,谕曰:'明季台谏诸臣,窃名贪利,树党相攻,眩惑主心,驯致丧乱。今天下初定,百事更始,诸臣宜公忠体国,各尽职业,毋蹈前辙,自贻颠越。'定满洲文武官品级。癸巳,命大学士洪承畴招抚江南各省。甲午,定诸王、贝勒、贝子、宗室公顶戴式。乙未,除割脚筋刑。癸卯,命吴惟华招抚广东,孙之獬招抚江西,黄熙允招抚福建,江禹绪招抚湖广,丁之龙招抚云、贵。多铎遣贝勒博洛及拜尹图、阿山率师去杭州,故明潞王出降,淮王自绍兴来降。嘉兴、湖州、严州、宁波诸郡悉平。分遣总兵官吴胜兆克庐州、和州。乙巳,改南京为江南省,应天府为江宁府。"

《清史稿·刑法志》："至过误杀之赔人，窃盗之割脚筋，重辟减等之贯耳鼻，强盗、贪官及窝逃之籍家产，或沿自盛京定例，或顺治朝偶行之峻令，不久革除，非所论也。"

（二）鞭

鞭，既是刑具，也是刑名。鞭，始用竹，后用皮革制成。这是我国古代以鞭抽打犯人的酷刑。清人入关之前对这种刑罚使用较多。《清史稿·刑法志》："清太祖、太宗之治辽东，刑制尚简，重则斩，轻则鞭扑而已。迨世祖入关，沿袭明制，初颁刑律，笞、杖以五折十，注入本刑各条。康熙朝现行则例改为四折除零。雍正三年之律，乃依例各于本律注明板数。徒、流加杖，亦至配所照数折责。"又："清律犯罪免发遣条：'凡旗人犯罪，笞、杖各照数鞭责，军、流、徒免发遣，分别枷号。'"可见，旗人作为拥有特殊地位的阶层，在刑罚方面也有特殊的待遇。

通过对清史资料的分析，我们可以发现在清王朝统治时期，鞭刑虽然不是法定正刑，不在五刑体系之中，但是这种刑罚对满人贵族有着非常重要的作用。一则，鞭刑是对满人所犯小过的惩处方式。如《清史稿·圣祖本纪》："得旨，勒尔锦革去王爵，籍没拘禁。尚善、察尼均革去贝勒。兰布革去镇国公。朱满革去都统，立绞。馀各褫官、夺世职、鞭责、籍没有差。"又《清史稿·列传二十九》："寻自归化城导厄鲁特部长墨尔根戴青来归。再坐事鞭责。"又《清史稿·列传十四》："天聪元年，从伐朝鲜，克义州。阿达海坐匿太祖御用兜鍪，鞭五十。"又《清史稿·圣祖本纪》："十一月辛卯，荆州将军噶尔汉等坐讨贼逗遛夺职，鞭一百，官吏从贼受官者逮治，馀贷之。"又《清史稿·列传七十四》："四十九年春，皇考自霸州回銮，途中责鄂伦岱等结党，鄂伦岱悍然不顾。又从幸热河，皇考不豫，鄂伦岱日率乾清门侍卫较射游戏。皇考于行围时数其罪，命侍卫鞭挞之。"二则，鞭刑也是满人减罪的一种重要方式。《清史稿·圣祖本纪》："二月癸丑，上大阅于卢沟桥。原任湖广总督蔡毓荣隐藏吴三桂孙女为妾，匿取逆财，减死鞭一百，枷号三月，籍没，并其子发黑龙江。"

在清代，也存在鞭刑被作为家刑的案例。《详刑公案·卷八》："伯公闻知刘氏心坚乎铁石，志励乎冰霜，复唆其弟，令其弟妇重加鞭苔，责令刘氏改嫁。"《悔逸斋笔乘》："乌什参赞大臣永贵，奉召还京。将行，召芬问曰：'吾当以何日抵京师？'曰：'不能也。岂惟不得至京，且不得入嘉峪关。'永闻言，忿曰：'验当酬汝金二百，否当嘱新参赞鞭汝四十，毋悔也。'芬笑曰：'公此行十日内，若见群乌飞鸣如阵，必不可行，行者必及祸。当以某日仍反乌什耳。'永遂行。"

清代也有鞭刑作为军刑的案例。《天咫偶闻·卷三》："惟文锦如（秀）任总兵时，以兵法部勒之。身自当门。接送考者，以外砖门为限。内者得出，外不得入。有逾限者，鞭杖交下，不服则荷以大校，于是场规肃然。"

（三）掠

掠又称榜、榜掠、肆掠、拷，一种肉刑。掠，即用鞭、杖等刑具抽打犯人的身体并暴尸示众的刑罚。这种刑罚主要用于刑讯犯人，以逼取口供。始于周，属非刑。

《清史稿·列传七十八》："（傅鼐）又疏言：'断狱引用律例，宜审全文。若摘引律语，入人重罪，是为深文周内。'律载：'官吏怀挟私仇，故勘平人致死者，斩监候。'又载：'若因公事干连在官，事须问鞫，依法拷讯，邂逅致死者，勿论。'律意本极平允。数年来，各督抚遇属员误将在官人犯拷讯致死，辄摘引'故勘平人'一语，拟斩监候。尚书张照又奏准：'如将笞杖人犯故意夹拷致死二命以上，及徒流人犯四命以上，俱以故勘平人论。'不思既非怀挟私仇，于故勘之义何居？若谓在官之人本属无罪，则必有诬告之人，应照律抵罪；若谓轻罪不应夹讯，命盗等案，当首从未分，安能预定为笞杖为徒流？若谓拷讯不依法，自有决罚不如法律在，致死二人、四人以上，当议以加等。请敕法司酌改平允。下部议行。"

可见，在清代，刑讯的使用是受到法律限制的。主审官对于嫌疑人的拷问要符合法律的要求，这样才能避免承担刑责。如果主审官挟私报复、害死无辜人众，就可能遭到斩监候的惩罚。

《清史稿·列传九十二》："臻亦善治狱。在平阳，介休民被盗杀其母，攫钏去。民言姻家尝贷钏，佣或窃钏逃，邻家子左右之。县捕三人，榜掠诬服。他日获盗得钏，民乃言非其母物。狱不能决。"

《清史稿·列传二百九十八》："杨氏，江都木工女，嫁曹氏子。姑迫使为污行，杨不从，乃绝其食，鞭之至累千。造诸酷刑，榜掠无完肤，创重死。邻以告县吏，笞其舅及夫，葬诸梅花岭下。"

《详刑公案·卷一》："清曰：'小人再四诉说并无此事，缘因本店客人皆说二月到的；邻里皆恐累身，各自推曰不知，故尔张爷生疑，苦刑拷鞠。昏晕几绝，自思不招即死，不若暂招，或有见天之日。'"

《详刑公案·卷五》："张县尹莅任，不解内有精怪，只说牢子受钱害死，将重刑拷鞠牢子，已死二名矣。"

（四）杖

杖是我国古代用大竹板、大荆条、木棍等刑具击打人犯脊、背、臀、腿的刑罚。封建制五刑之一，重于笞刑，轻于徒刑。始于殷，属法定刑。清代统治者沿用了宋代的折杖法，并对其旧制进行了一定的调整。清康熙时，改笞四折零，即以原刑百分之四十为底数，零头去掉。如笞十折四板，笞二十折五板，笞三十折十板，笞四十折十五板，笞五十折二十板；杖六十折二十板，杖七十折二十五板，杖八十折三十板，杖九十折三十五板，杖一百折四十板。这种刑罚直至清末才逐步废止。

《清史稿·世祖本纪》："闰三月壬戌，大学士胡世安以疾解任。丁卯，定犯赃例，满十两者流席北，应杖责者不准折赎。"又《清史稿·圣祖本纪》："十一月癸酉朔，削直郡王胤褆爵，幽之。己卯，致仕大学士张英卒,予祭葬,谥文端。辛巳,副都御史劳之辨奏保废太子,夺职杖之。丙戌,召集廷臣议建储贰。"

清代的文武官员在法律上拥有一定的特权,而这种特权表现在杖刑上就是,如果官员犯罪当受杖刑,那么他可以选择不受杖,而用其他方式来抵消应受的刑罚。《清史稿·刑法志》:"盖恐扑责过多,致伤生命,法外之仁也。文武官犯笞、杖,则分别公私,代以罚俸、降级、降调,至革职而止。"

对于普通百姓则不然。《清史稿·列传五十二》:"陆陇其,初名龙其,字稼书,浙江平湖人。康熙九年进士。十四年,授江南嘉定知县。嘉定大县,赋多俗侈。陇其守约持俭,务以德化民。或父讼子,泣而谕之,子掖父归而善事焉;弟讼兄,察导讼者杖之,兄弟皆感悔。恶少以其徒为暴,校于衢,视其悔而释之。豪家仆夺负薪者妻,发吏捕治之,豪折节为善人。讼不以吏胥逮民,有宗族争者以族长,有乡里争者以里老;又或使两造相要俱至,谓之自追。"

到清末,杖刑逐渐被清代统治者取消,而用其他刑罚替代这种肉刑。《清史稿·德宗本纪》:"缘坐各条,除知情外,馀悉宽免。刺字诸例并除之。甲午,以禁止刑讯,变通笞、杖,清查监狱羁所,谕督抚实力奉行。……凡应拟笞、杖者改罚工作。"

《清史稿·刑法志》:"自此五徒并不发配,即军、流之发配者,数亦锐减矣。二十九年,刑部奏准删除充军名目,将附近、近边、边远并入三流,极边及烟瘴改为安置,仍与当差并行。自此五军第留其二,而刑名亦改变矣。三十年,刘坤一、张之洞会奏变法第二折内,有恤刑狱九条。其省刑责条内,经法律馆议准,笞、杖等罪,仿照外国罚金之法,改为罚银。凡律例内笞刑五,以五钱为一等,至笞五十罚银二两五钱,杖六十者改为罚五两。每一等加二两五钱,以次递加,至杖一百改为罚十五两而止。如无力完纳,折为作(做)工。应罚一两,折作工四日,以次递加,至十五两折作工六十日而止。然窃盗未便罚金,议将犯窃应拟笞罪者,改科工作一月;杖六十者,改科工作两月;杖七十至一百,每等递加两月。又附片请将军、流、徒加杖概予宽免,无庸决责。自此而笞、杖二刑废弃矣。"又:"亦分注于各刑条下。然非例应收赎者,不得滥及也。捐赎,据光绪二十九年刑部奏准照运粮事例,减半银数,另辑为例。其笞、杖虽不入正刑,仍留竹板,以备刑讯之用。外此各刑具,尽行废除,枷号亦一概芟削,刑制较为轻省矣。"

(五)笞

笞,小过而重罚,是一种很重的刑罚。轻者致残,重者致死,可以达到"幸而不死,不可为人""谓不能自起居也"①的地步,可见其残酷。清人入关之前大量使用这种刑罚。《清史稿·志一百十七》:"三年五月,大清律成,世祖御制序文曰:'朕惟太祖、太宗创业东方,民淳法简,大辟之外,惟有鞭笞……'"可见清初刑罚体系的构成十分简单。1679年颁布的《现行则例》也减少了各等笞刑的数量,这似乎体现出了清初刑罚的人道主义特征。到清朝末年,笞刑和杖刑一起退出了清代的刑罚体系。

《清史稿·刑法志》:"三十二年,法律馆奏准将戏杀、误杀、擅杀虚拟死罪各案,分别减为徒、流。自此而死刑亦多轻减矣。又是年,法律馆以妇女收赎,银数太微,不足以资警戒,议准妇女犯笞、杖,照新章罚金。"又:"凡审级,直省以州县正印官为初审。不服,控府、控道、控司、控院,越诉者笞。"又:"监狱与刑制相消息,从前监羁罪犯,并无已决未决之分。其囚禁在狱,大都未决犯为多。既定罪,则笞、杖折责释放,徒、流、军、遣即日发配,久禁者斩、绞监候而已。"

《清史稿·列传五十九》:"南怀仁等复呈告光先依附鳌拜,将历代所用洪范五行称为灭蛮经,致李祖白等无辜被戮,援引吴明烜诬告汤若望谋叛。下议政王等议,坐光先斩,上以光先老,贷其死,

---

① 《汉书·刑法志》。

遣回籍，道卒。刑部议明烜坐奏事不实，当杖流，上命笞四十释之。"

《清稗类钞·阉寺类》："一日，李串黄金台之田单，当查夜猝见太子时，飞足踢灯笼，用力过猛，致灯笼飞落前庭，中德宗额。帝大怒，命笞四十。"

《清稗类钞·礼制类》："康熙己卯，奏准武职上司将所属末弁如有事故并不谒参任意笞辱者，罚俸一年；笞辱守备以上者，降二级调用。"

《清史稿·列传五十》："之弼疏言：'山东巡抚耿焞、河南巡抚贾汉复以垦荒蒙赏，两省百姓即以赔熟受困，岁增数十万赋税，多得之于鞭笞敲剥、呼天抢地之孑遗。怨苦之气，积为沴厉。'"

（六）钳

钳，既是刑具，也是刑名。钳，以铁束颈，是我国古代给人犯脖子上套铁箍用来拘禁犯人的刑具，也是用铁箍锁住脖颈以限制犯人自由的刑罚方法。法定刑，始于战国，在清代依然沿用。《清会典》："绁颈以钳，以铁为之，承以贯索（俗称链），其长七尺，重五斤，轻重囚皆用。"

（七）枷号

枷号本来是一种带有羞辱意味的附加刑，到了清代，这种刑罚变成了司法部门优待满人的一种替代刑。枷号所用的枷具有一定的形制，《清会典》："枷，以干木为之，长三尺，阔二尺九寸，重二十五斤。"从其执行来看，《清史稿·圣祖本纪》："旗人犯罪……囚禁人犯，止用细链，不用长枷。而枷号遂专为行刑之用。……军、流、徒、免发遣，分别枷号。徒一年者，枷号二十日，每等递加五日。流二千里者，枷号五十日，每等亦递加五日。充军附近者，枷号七十日。近海、沿边、边外者，八十日。极边、烟瘴者，九十日。"后之案例，竟有枷号论年甚至终身者。

又："原立法之意，亦以旗人生则入档，壮则充兵，巩卫本根，未便离远，有犯徒、流等罪，直以枷号代刑，强干之义则然。然犯系寡廉鲜耻，则销除旗档，一律实发，不姑息也。若窃盗再犯加枷，初犯再犯计次加枷，犯奸加枷，赌博加枷，逃军逃流加枷，暨一切败检逾闲、不顾行止者酌量加枷，则初无旗、民之别。康熙八年，部议因禁人犯止用细链，不用长枷，而枷号遂专为行刑之用。其数初不过一月、二月、三月，后竟有论年或永远枷号者。始制重者七十，轻者六十斤。乾隆五年，改定应枷人犯俱重二十五斤，然例尚有用百斤重枷者。嘉庆以降，重枷断用三十五斤，而于四川、陕西、湖北、河南、山东、安徽、广东等省匪徒，又有系带铁杆石礅之例，亦一时创刑也。"

又："若宗室有犯，宗人府会刑部审理。觉罗，刑部会宗人府审理。所犯笞、杖、枷号，照例折罚责打；犯徒，宗人府拘禁；军、流、锁禁，俱照旗人折枷日期，满日开释。屡犯军、流，发盛京、吉林、黑龙江等处圈禁；死刑，宗人府进黄册。"

可见对于旗人而言，当他们干犯徒刑、流刑的时候，可以借助枷刑来替代所应受的正刑。这无疑又为特殊等级的人群提供了一种逃避严厉惩处的、不平等的渠道。

后来枷号的适用范围不断扩大，无论旗汉都可适用此刑。《餐樱庑随笔》："元年以后，所生之女，若有违法裹足者，其女父有官者，交吏兵二部议处，兵民交付刑部责四十板流徒，其家长不行稽察，枷一个月，责四十板。"

又《栖霞阁野乘·道光甲申高家埝河决案》："再传谕：'张文浩刚愎自用，不听人言，误国殃民，厥咎尤重。皇上问张文浩知罪不知罪？'河督时已易冠服，乃伏地痛哭，自称罪应万死，求皇上立正典刑。续又宣曰：'上谕张文浩，着革职，先行枷号两个月，听候严讯。'遂呼清和县取枷至。枷乃薄板所制，方广尺余，以黄绸封裹，荷于河督颈，拥之而去。是时内外官民，观者万人，莫不悚惧。复传道厅营各官罗跪庭中，传旨后，又云：'钦差临行，面奉圣谕：自古刑不上大夫。张文浩至河督，而特令枷号河干者，实因民命至重。'"

清代甚至出现了永远枷号的行刑方式。《清史稿·高宗本纪》："十二月庚午，定唐古忒番兵训练事宜。铸银为钱，文曰'乾隆宝藏'。甲戌，免长芦兴国等五场并沧州等七州县被灾灶地额赋。丙子，以长麟为浙江巡抚，蒋兆奎为山西巡抚。以伊犁回民地亩雪灾，免本年额谷。癸未，赈河南安阳等二十五县旱灾。辛卯，命永远枷号鄂辉等于西藏。"

《清史稿·刑法志》："乾隆以后，第准免笞、杖，则递行八折决放，枷号渐释，馀不之及。"

（八）校

校，木囚之具，是用木制器械限制人的活动自由的刑具。大致就是后来的木笼。始于周。

校是明代最残酷的刑具，也称立枷。清代称站笼。以木造笼，笼顶就是枷，套在犯人颈上，头在笼外，身在笼内，荷重达三百余斤，四周加内向大钉，昼夜站立，既无法坐卧，也不能倚靠，不数日即死。有的笼高于人，给犯人套笼顶枷时，脚下须踏有垫物，套定后，抽去垫物，人即悬空，形同上吊，立即毙命。

《清史稿·列传二百七十五》："死广东者：金世爵，镶蓝旗汉军。由举人任合浦县知县。高州总兵祖泽清叛附三桂，世爵图城守。伪将王弘勋率贼数万犯廉州，世爵登陴力御，城陷，与守备杜峤同死之。又侯进学者，隶平南王尚可喜藩下。先为三桂所胁，为递逆书，至广州自首，可喜以闻，嘉之，授世职。至是为贼所得，囚木笼送常德，三桂脔之于市。"

四、徒　刑

清代的徒刑包括狱、徒、拘、羁等。

（一）狱

清代统治者仿效明朝制度设有刑部狱。《清史稿·列传八十四》："十二年，大金川土酋莎罗奔为乱，上授张广泗川陕总督，召庆复入阁治事，命兼管兵部。寻广泗奏言讯土司汪结，言班滚尚匿如郎未死，庆复得班滚子沙加七立，为更名德昌喇嘛，令仍居班滚大碉，冒称经堂。上责庆复欺罔，夺官待罪。钦差大臣尚书班第奏言师克如郎，班滚已逃，仅得空寨。上逮质粹下刑部狱，召宗璋与质。质粹言：'曩报班滚焚毙，实未亲见；后闻藏匿山洞，亦未告庆复追捕。'上命下庆复刑部狱，令军机大臣会讯，按律定拟，坐贻误军机律论斩。十四年九月，赐自尽。"又《清史稿·德宗本纪》："夏四月丙辰，见日使林权助等于勤政殿。绥远城将军贻谷有罪褫职，逮下刑部狱，寻籍其家。"

清王朝对监狱机构有着较为系统的制度与规定。《清史稿·志八十九》："提牢掌检狱圜。司狱掌督狱卒。"《清史稿·志九十一》："顺天府……司狱司司狱，并从九品。俱各一人，并汉员。……司狱掌罪囚籍录。"《清史稿·刑法志》："监狱与刑制相消息，从前监羁罪犯，并无已决未决之分。其囚禁在狱，大都未决犯为多。既定罪，则笞、杖折责释放，徒、流、军、遣即日发配，久禁者斩、绞监候而已。州县监狱，以吏目、典史为管狱官，知州、知县为有狱官，司监则设按司狱。各监有内监以禁死囚，有外监以禁徒、流以下，妇人别置一室，曰女监。徒以上锁收，杖以下散禁。囚犯日给仓米一升，寒给絮衣一件。锁枷常洗涤，席荐常铺置，夏备凉浆，冬设暖床，疾病给医药。然外省监狱多湫隘，故例有轻罪人犯及干连证佐，准取保候审之文。无如州县惧其延误，每有班馆差带诸名目，胥役藉端虐诈，弊窦丛滋。虽屡经内外臣工参奏，不能革也。刑部有南北两监，额设司狱八员、提牢二员、掌管狱卒，稽查罪囚，轮流分值。每月派御史查监，有瘐毙者亦报御史相验。年终并由部汇奏一次，防闲致为周备。自光绪三十二年审判划归大理院，院设看守所，以羁犯罪之待讯者，各级审检厅亦然，于是法部犴狴空虚。别设已决监于外城，以容徒、流之工作，并令各省设置新监，其制大都采自日本。监房有定式，工厂有定程。法律馆特派员赴东调查，又开监狱学堂，以备京、外新监之用。"

《清史稿·列传一百十九》："五十三年，藤县狱系盗梁美焕谋穴墙逃，捕得，永清令立诛之，奏闻，上谕曰：'狱囚反狱劫狱当立诛，若钻穴越墙，祇求苟免，不得与此同科。今之督抚皆好杀弄权，永清失之太过。'"

清代最有特点的监狱就是所谓的宗人府狱。当然，这种监狱的存在也体现了旗汉之间在法律上的不平等。《清史稿·列传一百七十四》："十一年七月，上疾大渐，召肃顺及御前大臣载垣、端华、景寿，军机大臣穆荫、匡源、杜翰、焦佑瀛入见，受顾命，上已不能御朱笔，诸臣承写焉。穆宗即位，肃顺等以赞襄政务多专擅，御史董元醇疏请皇太后垂帘听政。肃顺等梗其议，拟旨驳斥，非两宫意，抑不下，载垣、端华等负气不视事。相持逾日，卒如所拟，又屡阻回銮。恭亲王至行在，乃密定计。九月，车驾还京，至即宣示肃顺、载垣、端华等不法状，下王大臣议罪。肃顺方护文宗梓宫在途，命睿亲王仁寿、醇郡王奕枻往逮，遇诸密云，夜就行馆捕之，咆哮不服，械系。下宗人府狱，见载垣、端华已先在，叱曰：'早从吾言，何至今日？'载垣咎肃顺曰：'吾罪皆听汝言成之也！'谳上，罪皆凌迟。诏谓：'擅政阻皇太后垂帘，三人同罪，而肃顺擅坐御位，进内廷出入自由，擅用行宫御用器物，传收应用物件，抗违不遵，并自请分见两宫皇太后，词气抑扬，意在构衅，其悖逆狂谬，较载垣、端华罪尤重。'赐载垣、端华自尽，斩肃顺于市。"

《宾退随笔》:"载垣沈吟久之,曰:'有旨安得不遵?'王即呼侍卫缚之,送宗人府狱。"

此外,《清史稿·太宗本纪》:"冬十月癸酉,多尔衮等师还。丁亥,遣大学士希福等往察哈尔、喀尔喀、科尔沁诸部稽户口,编佐领,谳庶狱,颁法律,禁奸盗。戊戌,朝鲜国王李倧以书来。"显然,在这一时代,蒙古族聚居地区还没有完备的法制和刑罚设置。

(二)徒

清代的徒刑是法定正刑,是五刑体系的重要内容。与宋、元、明的制度相同,清代徒刑也要加杖。《清史稿·刑法志》:"自杖六十至一百,为杖刑五。徒自杖六十徒一年起,每等加杖十,刑期半年,至杖一百徒三年,为徒五等。流以二千里、二千五百里、三千里为三等,而皆加杖一百。"又:"徒、流加杖,亦至配所照数折责。"《清稗类钞·兵刑类》:"三,徒刑,发本省驿递,自一年至三年,每半年为一等,凡五等。各依年限应役,役满回籍,五徒各予以杖,自六十至一百有差,到配折责。"

在清代,徒刑犯是从事垦殖的重要劳动力。《清史稿·志九十五》:"康熙二十五年,以锦州、凤凰城等八处荒地分给旗民营垦,又遣徒人屯种盛京闲壤。"又《清史稿·志九十五》:"青海向为蒙、番牧薮,久禁汉、回垦田,而壤沃宜耕者不少。曩年羹尧定议开屯,发北五省徒人能种地往布隆吉尔兴垦。最后庆恕主其事,以番族杂居,与纯全蒙地殊异,极陈可虑者五端。"

当然,徒刑犯也可以充任其他的工作。《清史稿·志九十五》:"徒者,奴也,盖奴辱之。明发盐场铁冶煎盐炒铁,清则发本省驿递。其无驿县,分拨各衙门充水火夫各项杂役,限满释放。"

在清代刑罚体系中,自首者会被减轻处罚。《清史稿·列传九十六》:"二十六年,廷璋劾提督马龙图挪用存营公项,命士功严谳。会奏龙图借用公项,已于盘查时归补,援自首例减等拟徒。"

斗杀窃贼者也会受到轻判。《清史稿·列传一百九》:"(窦)光萧疏言：'事主杀窃盗，律止杖徒。近来各省多以窃盗拒捕而被杀，比罪人不拒捕而擅杀，皆以斗论，宽窃盗而严事主，非禁暴之意。应请遵本律。'"

清末对抗鸦片的斗争中，徒刑曾是一种重要的刑罚工具。《清史稿·列传一百六十五》："臣（黄爵滋）请皇上准给一年期限戒烟，虽至深之瘾，未有不能断绝者。至一年仍然服食，是不奉法之乱民，加之重刑不足恤。旧例吸烟罪止枷杖，其不指出兴贩者，罪止杖一百、徒三年，俱系活罪。断瘾之苦，甚于枷杖与徒，故不肯断绝。若罪以死论，临刑之惨急，苦于断瘾之苟延，臣知其原死于家而不原死于市。"

《鸦片事略》："道光元年，查出叶恒澍夹带鸦片之案。奉旨重申前禁：'凡洋船至粤，先令行商出具所进黄埔货船并无鸦片甘结，方准开舱验货。其行商容隐，事后查出，加等治罪；开馆者议绞，贩卖者充军，吸食者杖徒。'自此鸦片趸船尽徙于零丁洋。"

（三）拘

拘在清代是短时间限制人身自由的一种刑罚。《清史稿·圣祖本纪》："秋七月庚戌，以杭艾为左都御史。甲寅，命刑部尚书魏象枢、吏部侍郎科尔坤巡察畿辅，豪强虐民者拘执以闻。乙卯，以三逆荡平宣示蒙古。"

《清史稿·刑法志》："清初有都统会审之制，有高墙拘禁之条，至乾隆时俱废。"又："官犯自定案即拘禁司监待决。"

《吴三桂考》："三桂子应熊尚主在京，廷臣咸请逮治，诏且拘禁，事平再议，犹欲三桂悔悟自投，曲赐矜全也。"

《平闽纪卷之十一》："康熙十八年十月初二日，准贵将军咨开前事。为照参将傅成随带家丁五十二名，案据该将于赴任时开除明白，随详报于泉州城守营补粮，业经本将军批准起支在案。兹浙江游击蒋明棻详请，带闽随丁，有不愿在闽逃回原籍者，毋许傅参将移文跟缉。又将现在泉州随丁，呈请归标，并行文拘禁家属监比等因。"

《清稗类钞·会党类》："丁亥，制定秘密结社各条例。凡应拘禁于公所者，罚银千元。会员之应拘禁者，罚五百元。且禁止单会。"

（四）羁

羁在清代就是将人犯入狱关押的刑罚。

《清史稿·列传二百五十二》："款成，各使议惩首祸，英年褫职论斩，羁西安狱，寻赐自尽。"

《谏书稀庵笔记》："史松泉未满六年，以过被革，禁羁一年。"

《杌近志·龚照·弃旅顺》："前清甲午之役，龚照弃旅顺而逃，其罪与卫达三等。后卫被诛，龚运动得法，得久羁狱中。"

《清史稿·德宗本纪》："甲午，以禁止刑讯，变通笞、杖，清查监狱羁所，谕督抚实力奉行。乙未，犍为匪徒作乱，官军剿平之。丙申，命周馥往江北筹画吏治、海防、河工、捕务。"

五、流　刑

流，又称放、窜、迁、徙，是我国古代将罪犯遣送至边远荒蛮地区或指定地点服役或戍守，不得随意迁回原籍的刑罚。清朝时期的刑罚制度在保留了明朝充军刑罚的同时，还专门设立了发遣这一刑罚，即遣送罪犯到边疆地区为守边士兵充当奴隶。这较前朝充军的程度更加严厉，但也有特殊情况。清代的流刑包括流、迁徙、充军等。

（一）流

在清代流刑的使用很多，且从惩罚力度来说，其仅次于死刑。一旦被迫远离故土，可能终生难以返回，这对于家族观念浓厚的古人而言，是一种极重的摧残。就流刑而言，其惩治力度与流放的距离有关。如《清史稿·刑法志》："流犯，初制由各县解交巡抚衙门，按照里数,酌发各处荒芜及濒海州县。嗣以各省分拨失均,不免趋避拣择。乾隆八年,刑部始纂辑三流道里表,将某省某府属流犯,应流二千里者发何省何府属安置,应流二千五百里者发何省何府属安置,应流三千里者发何省何府属安置,按计程途,限定地址,逐省逐府,分别开载。嗣于四十九年及嘉庆六年两次修订。然第于州县之增并,道里之参差,略有修改,而大体不易。律称:'犯流妻妾从之,父祖子孙欲随者听。'乾隆二十四年,将金妻之例停止。其军、流、遣犯情原随带家属者,不得官为资送,律成虚设矣。"

清代流放有几个比较固定的流放地。《清史稿·世祖本纪》:"夏四月甲戌,兴宁县雷连十二峒瑶官庞国安等来降。丁丑,流郑芝龙于宁古塔。"

又:"壬辰,大学士陈之遴复以罪流盛京。"

又:"改徙西北流犯于宁古塔。"

《清史稿·圣祖本纪》:"癸未,诏尚阳堡、宁古塔流徙人犯,值十月至正月俱停发。"

又:"壬子,诏宁古塔地方苦寒,流人改发辽阳。"

又:"五月癸巳,定发配人犯归籍金遣,流犯死配所,妻子许还乡里。"这似乎是法外之恩。

《清史稿·德宗本纪》:"癸酉,刑部奏革员周福清于考官途次函通关节,拟杖流,改斩监候。"可见,即使是在清代末期,先杖再流的严酷惩罚也依然存在。

《清稗类钞·宗教类》:"乾隆时,晋宁李因培督学江苏,陛辞,高宗谕以密访邪教。及按试松江,适有以习弥勒教告者,拘之,严讯,斩须天衡,绞杨维忠,军徒流杖十余人,皆教中魁也。"

《南疆绎史勘本卷八》:"四明万季野先生曰:康熙时吴汉槎(兆骞)流宁古塔,后释还。其守将安珠护者谓之曰:'今闻朝廷修明史,徐立斋先生总其事。余昔在军,亲见史阁部之死,而世或诬为隐去。子归,幸告之。'"

（二）迁徙

《清史稿·刑法志》："迁徙原于唐之杀人移乡，而定罪则异。律文沿用数条，然皆改为比流减半、徒二年，并不徙诸千里之外。惟条例于土蛮、瑶、僮、苗人仇杀劫掳及改土为流之土司有犯，将家口实行迁徙。然各有定地，亦不限千里也。"

《清史稿·圣祖本纪》："癸未，诏尚阳堡、宁古塔流徙人犯，值十月至正月俱停发。"

《清史稿·刑法志》："京师现审，徒犯发顺天府充徒。流囚由刑部定地，札行顺天府起送。五军咨由兵部定地提发，外遣亦咨兵部差役起解。综计诉讼所历，自始审迄终结，其程序各有定规，毋或逾越。"

（三）充军

清代统治者充分吸收了明代充军刑的教训，采取措施防止逃兵混入边军，且罪犯充军也不会被编入军户，从而在一定程度上保证了军队的战斗力。在清代，充军又可称为军流刑。军流的主要地区分别为黑龙江和新疆。清代充军分为五等。《清史稿·刑法志》："明之充军，义主实边，不尽与流刑相比附。清初裁撤边卫，而仍沿充军之名。"又："后遂以附近、近边、边远、极边、烟瘴为五军，且于满流以上，为节级加等之用。附近二千里，近边二千五百里，边远三千里，极边、烟瘴俱四千里。在京兵部定地，在外巡抚定地。雍正三年之律，第于十五布政司应发省分约略编定。乾隆三十七年，兵部根据邦政纪略，辑为五军道里表，凡发配者，视表所列。然名为充军，至配并不入营差操，第于每月朔望检点，实与流犯无异。而满流加附近、近边道里，反由远而近，司谳者每苦其纷歧，而又有发遣名目。初第发尚阳堡、宁古塔，或乌喇地方安插，后并发齐齐哈尔、黑龙江、三姓、喀尔喀、科布多，或各省驻防为奴。乾隆年间，新疆开辟，例又有发往伊犁、乌鲁木齐、巴里坤各回城分别为奴种地者。咸、同之际，新疆道梗，又复改发内地充军。其制屡经变易，然军遣止及其身。苟情节稍轻，尚得更赦放还。以视明之永远军戍，数世后犹句及本籍子孙者，大有间也。若文武职官犯徒以上，轻则军台效力，重则新疆当差。成案相沿，遂为定例。"

《清史稿·世宗本纪》："甲戌，廷臣议上年羹尧罪九十二款。得旨：'年羹尧赐死，其子年富立斩，馀子充军，免其父兄缘坐。'"

《清史稿·刑法志》："世宗允之，命大学士朱轼等为总裁，谕令于应增应减之处，再行详加分晰，作速修完。三年书成，五年颁布。盖明律以名例居首，其次则分隶于六部，合计三十门，都凡四百六十条。顺治初，厘定律书，将公式门之信牌移入职制，漏泄军情移入军政，于公式门删漏用钞印，于仓库门删钞法，于诈伪门删伪造宝钞。后又于名例增入边远充军一条。雍正三年之律，其删除者：名例律之吏卒犯死罪、杀害军人、在京犯罪军民共三条，职制门选用军职、官吏给由二条，婚姻门之蒙古、色目人婚姻一条，宫卫门之悬带关防牌面一条。其并入者：名例之边远充军并于充军地方，公式门之毁弃制书印信并二条为一，课程门之盐法并十二条为一，宫卫门之冲突仪仗并三条为一，邮驿门之递送公文并三条为一。其改易者：名例之军官军人免发遣更为犯罪免发遣，军官有犯更为军籍有犯，仪制门之收藏禁书及私习天文生节为收藏禁书。其增入者：名例之天文生有犯充军地方二条。"

又："雍正三年之律，第于十五布政司应发省分约略编定。乾隆三十七年，兵部根据邦政纪略，辑为五军道里表，凡发配者，视表所列。然名为充军，至配并不入营差操，第于每月朔望检点，实与流犯无异。"

又："秋审本上，入缓决者，得旨后，刑部将戏杀、误杀、擅杀之犯，奏减杖一百，流三千里，窃赃满贯、三犯窃赃至五十两以上之犯，奏减云、贵、两广极边、烟瘴充军，其余仍旧监固，俟秋审三次后查办。"

《康雍乾间文字之狱》："旧礼部侍郎李令晳曾作序，亦伏法，并及其四子。令皙幼子年十六,法司令其减供一岁,例得免死充军。"

《清代之竹头木屑》:"缘此等本是丐流,既得讼家钱,且解省时,沿途均官供食,狱结照例充军,又可中途脱逃,为此者极多。"

《异辞录·卷二》:"鞫狱处分:失出五案以上,臬司降一级调用,督抚降一级留任,准抵;失人一案,臬司降二级调用,督抚降二级留任,均不准抵;故有'救生不救死'之说。然盗案则特重,仅下于逆案一等。十人为盗,劫一人家,十人皆死罪,欲减轻其一,必先为之开脱,言仅把风而未入门,亦不免烟瘴充军。"

六、财产刑

清代的财产刑包括籍没、罚金、赎等。

(一)籍没

籍没是我国古代籍录并没收犯罪人家属及财产的刑罚。

清人入关以前,"民淳法简,大辟之外,惟有鞭笞"。实际上"籍没"刑在司法实践中有大量运用。据《盛京原档》记载,清太宗崇德年间,镶白旗国舅尼堪因犯徇私枉法等四罪,被"革世职、解部任、夺属人及仆人入官、籍家产之半"。清廷在全国确立统治后,其《大清律例》基本承袭明律,"籍没"依然作为谋反、谋大逆、谋叛等重罪的附加刑适用,与明律的规定没有太大变化。这一状况一直延续到20世纪初清廷被迫进行修律。1911年,在由沈家本主持制定的《大清新刑律》中才废除"籍没"刑。

有清一代,籍没刑有着广泛的适用。《清史稿·志八十三》:"顺治十四年丁酉,顺天同考官李振邺、张我朴受科臣陆贻吉、博士蔡元禧、进士项绍芳贿,中田耜、邬作霖举人。给事中任克溥奏劾,鞫实。诏骈戮七人于市,家产籍没,戍其父母兄弟妻子于边。考官庶子曹本荣、中允宋之绳失察降官。江南主考侍讲方犹、检讨钱开宗,贿通关节,江宁书肆刊万金传奇记诋之。言官交章论劾,刑部审实。世祖大怒，犹、开宗及同考叶楚槐等十七人俱弃市，妻子家产籍没。"

《清史稿·列传三十一》："世祖恶贪吏，令犯赃十两以上籍没。命岳疏言：'立法愈严，而纠贪不止，病在举劾不当。请敕吏部，督抚按举劾疏至，当参酌公论，果有贤者见毁，不肖者蒙誉，据实覆驳。如部臣耳目有限，科道臣皆得执奏。又按臣原有都察院考核甄别，督抚本重臣，言官恐外转为属吏，参劾绝少。请特敕责成，简别精实。每岁终仍命吏部、都察院考核督抚举劾当否，详具以闻。庶激励大法以倡率小廉。'"

《清史稿·列传一百七十四》："肃顺察宝钞处所列'宇'字五号欠款与官钱总局存档不符，奏请究治，得朦混状，褫司员台斐音等职，与商人并论罪，籍没者数十家。"

《梵林绮语录三种》："官亦以织机者与小馥年相若，遂照录其口供。不待小馥置喙，即以疑狱为信谳，逐庵中尼，籍没庵产。"

《庄氏史案》："左黄头棘，无可为计，疾驰至通州。而籍没之令下，族属无噍类，兼及朱峋。"

《满清外史》："和珅之为弘历所宠也，一切奢侈，僭拟君王。尝于其密室，穿弘历御用服，临镜自照，以为得计。因是颙琰恶之特甚，恒欲诛之，顾以父在，未之发。及弘历殁，颙琰亲政，甫六日，即下珅于狱。旋数其二十大罪，令自尽。又将其平时所得赃贿，及田产房屋典铺市廛等项，悉没入官，凡一百零九号。已估价者，只二十六号，值二百二十三兆余。未估价者，尚八十三号，以三倍半为比例算之，当得八百兆有奇。可抵甲午、庚子两次赔款总额，斯亦巨矣。顾相传嘉庆初年，所赏给于臣下者无几，大都入于内府。"

（二）罚金

清代罚金主要体现为罚银。这在某种程度上也反映了帝国经济环境和金融状况的变化。

《清史稿·太宗本纪》："癸丑，贝勒岳讬以罪降贝子，罚金，解兵部任。"

《清史稿·诸王四》:"上命降贝勒,罚银万,夺其奴仆、牲畜三之一,予睿亲王多尔衮。"

《清史稿·志八十八》:"选举人及办理选举人、选举关系人,有违法行为,分别轻重,处以监禁、罚金有差;二年以上、十年以下,不得为选举人及被选举人。"

《清史稿·刑法志》:"自此而死刑亦多轻减矣。又是年,法律馆以妇女收赎,银数太微,不足以资警戒,议准妇女犯笞、杖,照新章罚金。"

《清史稿·志一百》:"无照冒充引水者,罚银不得过百两。"

《清史稿·刑法志》:"其省刑责条内,经法律馆议准,笞、杖等罪,仿照外国罚金之法,改为罚银。凡律例内笞刑五,以五钱为一等,至笞五十罚银二两五钱,杖六十者改为罚五两。每一等加二两五钱,以次递加,至杖一百改为罚十五两而止。如无力完纳,折为作(做)工。应罚一两,折作工四日,以次递加,至十五两折作工六十日而止。"

(三)赎

罚金是一种在清代普遍使用的刑罚,但它并不是一种独立的刑罚,我们往往可以看到罚金可以替代某一刑罚,因此罚金经常是和赎刑密切结合在一起的,也就是赎代刑。

从正史的记载看,赎代刑指的是:"赎锾之设,劝人自新,追比伤生,转为民害,今后并行禁止,不能纳者,速予免追。"①而其执行在清代有着非常详尽的规定。例如《清史稿·刑法志》:"赎刑有三:一曰纳赎,无力照律决配,有力照例纳赎。二曰收赎,老幼废

---

① 《清史稿·世祖本纪》。

疾、天文生及妇人折杖，照律收赎。三曰赎罪，官员正妻及例难的决[①]，并妇人有力者，照例赎罪。收赎名曰律赎，原本唐律收赎。赎罪名为例赎，则明代所创行。顺治修律，五刑不列赎银数目。雍正三年，始将明律赎图内应赎银数斟酌修改，定为纳赎诸例图。然自康熙现行例定有承问官滥准纳赎交部议处之条，而前明纳赎及赎罪诸旧例又节经删改，故律赎俱照旧援用，而例赎则多成具文。其捐赎一项，顺治十八年，有官员犯流徒籍没认工赎罪例；康熙二十九年，有死罪现监人犯输米边口赎罪例；三十年，有军流人犯捐赎例；三十四年，有通仓运米捐赎例；三十九年，有永定河工捐赎例；六十年，有河工捐赎例。然皆事竣停止，其历朝沿用者，惟雍正十二年户部会同刑部奏准预筹运粮事例，不论旗、民，罪应斩、绞，非常赦所不原者，三品以上官照西安驼捐例捐运粮银一万二千两，四品官照营田例捐运粮银五千两，五、六品官照营田例捐银四千两，七品以下、进士、举人二千五百两，贡、监生二千两，平人一千二百两，军、流各减十分之四，徒以下各减十分之六，俱准免罪。西安驼捐，行自雍正元年，营田例则五年所定也。乾隆十七年，西安布政使张若震奏请另定捐赎笞、杖银数。经部议，预筹运粮事例，杖、笞与徒罪不分轻重，一例捐赎，究未允协。除犯枷号、杖责者照徒罪捐赎外，酌拟分杖为一等，笞为一等。其数，杖视徒递减，笞视杖递减。二十三年，谕将斩、绞缓决各犯纳赎之例永行停止。遇有恩赦减等时，其惮于远行者，再准收赎。而赎锾则仍视原拟罪名，不得照减等之罪。着为令。嗣后官员赎罪者，俱照运粮事例核夺。"

　　清代统治者为了健全赎刑，还在刑部设置了专门管理赎罪的部门。《清史稿·刑法志》："刑部别设赎罪处，专司其事。此又律赎、例赎而外，别自为制者矣。"

---

　　① 《六部成语注解》："的，实也。凡笞杖之罪或纳金准免，其不准免者曰的决。"据例不能执行笞杖刑的，可以赎免，称"例难的决"；据例应执行笞杖刑的，称"例应的决"。

《清史稿·列传十六》："六年，从上伐察哈尔。师还，以俘获少，又违令不以隶户籍，擅以官牛与所属，复匿蒙古亡者，吏议当夺世职，上命罚锾以赎。"

《清史稿·列传二十三》："巴哈，卓布泰弟。事太宗，以一等侍卫授议政大臣。顺治初，入关，从肃亲王豪格征张献忠有功，世职累进一等甲喇章京。睿亲王讨姜瓖，巴哈请从征，王勿许，拂衣起，坐论死，命罚锾以赎。"

《梵林绮语录三种》："断令孙刘两姓，合帮寻费百圆金作赎刑。盛世尚宽宏之典，革其余罪。小民免枷杖之施。"

《北东园笔录续编卷五》："江西有某县令王姓者，酷烈任性，禁赌博尤严。有富家孤子，方十五岁，为奸徒诱赌，输银一百两，索取甚厉，孤子之祖母不得已鸣于官。王以重刑责奸徒讫，将责孤子，其祖母愿以金赎，王不许，即以责奸徒者责孤子，毙于杖下。其祖母见孙已亡，触壁而死。"

能够用金钱来赎免罪行，避免遭受残酷的刑罚，减少对犯罪者肉体的直接摧残，这似乎是某种怀柔政策的表现。然而无论在哪一个封建王朝，穷人犯罪都无法筹得高昂的赎金，而对于富人而言，赎刑就变成了一种逃避法律惩处的方式。

七、资格刑

清代的资格刑包括除名、免、禁锢、夺爵等。

资格刑，也称能力刑或权利刑，是以剥夺犯罪人法律赋予的某些权利为内容的刑罚。我国古时没有这个概念，一般认为是资产阶级刑法学关于刑罚分类的用语，但确实存在这种刑罚。如剥夺太子（或王子）皇（或王）嗣权的"更立"；剥夺诸侯封疆的"除国"；剥夺封疆大吏爵位的"夺爵"；削夺官吏官职的除名（或免）；对犯过罪的官吏，籍录其子孙，永不叙用的"籍门"；禁止犯罪人和其他特定身份的人及其亲族、朋友不得为官的"禁锢"；因犯罪被贬低官职品级的"谪"或"贬秩"，允许官员以官职抵罪的"官当"等。所有这些刑罚，有一个共同特点，就是剥夺或者不赋予某种权利或资格。从现代刑罚的意义上讲，资格刑本不是刑，而是一种行政处分。但在古时，没有这样的区分，通称为刑。

（一）除名

除名是指官员犯轻罪，被削除官籍，使成庶人的刑罚。始于周，法定刑。

《清史稿·志八十一》："省亲、完姻、丁忧、告病及同居伯、叔、兄长丧而无子者，予假归里，限期回监。迟误惩罚，私归黜革，冒替除名。"

《清史稿·志八十三》："顺治九年壬辰，会试第一程可则以悖戾经旨除名。考官学士胡统虞等并治罪。"

又："磨勘首严弊幸，次检瑕疵。字句偶疵者贷之。字句可疑，文体不正，举人除名。"

《履园丛话一·旧闻》："顺治十八年春，巡抚朱国治奏销十七年分条银，计江南绅士以逋欠除名者一万四千余人，常熟一县计七百余人，宫墙为之一空。"

（二）免

免是指我国古代将犯罪官吏免除刑罚，谪为平民的处罚手段。始于商殷，法定刑。

《清史稿·世祖本纪》："辛酉，固山额真阿山、谭泰有罪，阿山免职，下谭泰于狱。"

《清史稿·列传十三》："贝勒阿敏弃永平还师，雍舜独赞其议，坐罢官，夺世职，籍没。"

《清史稿·列传十四》："崇德元年，从武英郡王阿济格伐明，自延庆入边，克十二城。师还，坐所部失伍及攘获、擅杀诸罪，罢官，削世职，仍领牛录。"

《清史稿·列传二百十》："稷辰父霈正,官湖南零陵知县,廉无馀赀。稷辰事母孝。为学宗王守仁、刘宗周。罢官后,主馀姚龙山书院、山阴蕺山书院。"

(三)禁锢

禁锢是指采用强制手段将人拘押、监禁并限制其参加一切政治活动的刑罚。

《清史稿·世宗本纪》："五月癸巳,禁锢皇十四弟胤禵及其子白起于寿皇殿侧,以子白敦为镇国公。"

又:"加田文镜尚书,为河南总督。己巳,以夸岱为工部尚书。丙子,晋封辅国公弘晊、鄂齐、熙良为镇国公。已革贝勒苏努涂抹圣祖朱谕,经王、大臣、刑部参奏。得旨:'苏努怙恶不悛,竟令其子苏尔金、库尔陈、乌尔陈信从西洋之教。'谕令悛改,伊竟抗称:'原甘正法,不能改教。'今又查出昔年圣祖朱批奏折,敢于狂书涂抹,见者发指。即应照大逆律概行正法。但伊子孙多至四十人,悉行正法,则有所不忍。倘分别去留,又何从分别。暂免其死,仍照前禁锢。"

《清史稿·高宗本纪》："二十一年春正月庚午,以额驸科尔沁亲王色布腾巴勒珠尔贻误军机,褫爵禁锢。"

《清史稿·诸王六》："六年六月,允祉索苏克济赇,事发,在上前诘王大臣,上责其无臣礼,议夺爵,锢私第。上曰:'朕止此一兄。朕兄弟如允祉者何限? 皆欲激朕治其罪,其心诚不可喻。良亦朕不能感化所致,未可谓尽若辈之罪也。'命降郡王,而归其罪于弘晟,交宗人府禁锢。"

《满清外史》："策既定,限期启行。抵京师,急捕肃顺于中途,械至京师斩之,其党亦解职禁锢。同治元年,上两宫徽号。且定嗣后诏书奏牍,皆以慈安、慈禧并称,不复有母后、圣母之分别。而垂帘听政之制,亦由此始。"

《郎潜纪闻二笔·卷七》："至雍正初年之隆科多,为孝懿仁皇后父佟国维之子,袭公爵,官吏部尚书,加太保衔,并谕启奏处宜书写'舅舅隆科多',上敬礼之如此。后以四十一款重罪应诛,五年狱成,奉旨免正法,于畅春门外造屋禁锢,死于禁所。"

（四）夺爵

清代史料中多见"夺爵",可见这是清代统治者处理阶级内部关系的一种重要方式。所谓"夺爵",即撤销爵位或革去官职,以示惩罚。

《清史稿·太宗本纪》:"硕讬、汤古代、那穆泰、巴布泰、图尔格等各夺爵、革职有差。"

《清史稿·高宗本纪》:"壬申,简亲王神保住以凌虐兄女,夺爵。"

《清史稿·列传一》:"郡王阿达礼、辅国公扎哈纳当妃丧作乐,皆坐夺爵。"

《清史稿·列传三十六》:"康亲王杰书谳上遏必隆罪十二,论死,上宥之,削太师,夺爵。"

八、耻辱刑

《清史稿·刑法志》:"刺字,古肉刑之一,律第严于贼盗。乃其后条例滋多,刺缘坐,刺凶犯,刺逃军、逃流,刺外遣、改遣、改发。有刺事由者,有刺地方者,并有分刺满、汉文字者。初刺右臂,次刺左臂,次刺右面、左面。大抵律多刺臂,例多刺面。若窃盗责充警迹,二三年无过,或缉获强盗二名以上、窃盗三名以上,例又准其起除刺字,复为良民。盖恶恶虽严,而亦未尝不予以自新之路焉。"可见,从刑罚设置的观念上,清人已经与宋人有了比较明显的区别:宋人以警示为要,作奸犯科者必须终身被监视;而清人则开始关注犯有小过之人的自新之路。

《清史稿·刑法志》:"（光绪）三十一年,修订法律大臣沈家本等奏请删除重法数端,略称:'见行律例款目极繁,而最重之法,亟应先议删除者,约有三事:一曰凌迟、枭首、戮尸。凌迟之刑,唐以前无此名目。……一曰刺字。刺字乃古墨刑,汉之黥也。文帝废肉刑而黥亦废,魏、晋、六朝虽有逃奴劫盗之刺,旋行旋废。隋、唐皆无此法。至石晋天福间,始创刺配之制,相沿至今。其初不过窃盗逃人,其后日加烦密。在立法之意,原欲使莠民知耻,庶几悔过而迁善。讵知习于为非者,适予以标识,助其凶横。而偶罹法网者,则黥刺一膺,终身僇辱。夫肉刑久废,而此法独存,汉文所谓刻肌肤痛而不德者,未能收弼教之益,而徒留此不德之名,岂仁政所宜出此。拟请将刺字款目,概行删除。凡窃盗皆令收所习艺,按罪名轻重,定以年限,俾一技能娴,得以糊口,自少再犯、三犯之人。一切递解人犯,严令地方官金差押解,果能实力奉行,逃亡者自少也。'奏上,谕令凌迟、枭首、戮尸三项永远删除。所有现行律例内凌迟、斩枭各条,俱改为斩决;其斩决各条,俱改为绞决;绞决各条,俱改为绞监候,入于秋审情实;斩监候各条,俱改为绞监候,与绞候人犯仍入于秋审,分别实缓。至缘坐各条,除知情者仍治罪外,馀悉宽免。其刺字等项,亦概行革除。旨下,中外称颂焉。"

可见,沈家本本人也力主废弃以"黥墨"为代表的耻辱刑,给人以自新的机会。我们也可以看到,他的努力最终成功。

小　结

清帝国是中国封建中央集权国家发展到最为成熟阶段的产物,封建君主专制也在清王朝达到其发展的巅峰。对于一个封建国家来说,清帝国的政治、经济乃至文化等诸方面已经被清朝统治者利用各种制度、法律囊括到了封建君权的统辖范畴内,整个中国社会的发展都要受到强大的君主权力的制约与束缚,而刑罚体系的建设就是清朝皇帝们控制这个国家和社会的重要工具。

作为一种强制性的、强有力的社会控制工具，清代的刑罚体系并非一蹴而就，其发展经历了一定的演变过程。清人入关之前，其政权内部已经设置有一套适应满族人当时社会生活和政治活动的刑罚体系，其结构及内容都极为简单，这与满族人当时的社会状况是相匹配的。随着与中原汉族政权的接触增多，尤其是在皇太极统治时期，清人逐步地将汉族的一些刑罚纳入自己的刑罚体系，使其原本很简单的刑罚体系逐步健全起来。到清朝入关，清代的统治者在军事上完成了对中原乃至更广大的疆域的占领，其随后的任务就是要尽快找到一种能够满足对他们拥有的辽阔国土实现有效控制的刑罚体系，而这种需求是他们原有的简单刑罚体系完全无法满足的。因此，清代的统治者们开始较为系统地吸纳和改造宋、元、明等王朝的刑罚制度，在相对短的时间内，为新帝国营造出一张全面、细密、成熟的刑罚网络。在今天看来，这套刑罚系统基本上可以被视为中国古代封建王朝在刑罚建设方面最成熟的作品，它兼容满族本有的部落刑罚、习惯刑罚，大量采用汉族政权五刑体系中的各种刑罚以及众多的法外刑，而且清王朝的刑罚体系中还包容了蒙古族、苗族、回族等少数民族具有民族特征的刑罚，应该说，清王朝的刑罚体系是中国古代历史上最具多元性的法制成果。值得注意的是，清王朝最终实现了中国古代刑罚结构的调整，实现了由以肉刑为主到以自由刑为主的转变，无论这种变化是主动为之还是由于社会环境发展的推动，都是值得中国法制史记录的一笔。但是对于已经没落的中国古代封建王朝来说，这样的变化却是为时已晚了。

结　语

中华历史长河中的刑罚流变并非由一条溪流所造成，其曲折蜿蜒，逐步由野蛮向文明发展的过程是可以从多个视角进行分析的。

从刑罚体系演变与中国政治生活的变迁来看，这二者有着密切的关系。有些学者认为，中国古代刑罚的变化与具体的社会经济发展状况和社会矛盾有着错综复杂的密切关系。特别是明清两代的重刑主义是古代社会发展到明清时期，封建生产方式和社会经济已经走向末路的必然结果。他们认为，明清时期新的生产关系正在形成之中，而新兴的生产关系势必会影响甚至威胁到封建统治集团的利益。于是，统治者必然会通过各种手段钳制广大人民的思想和舆论，甚至动用残酷的刑罚手段遏制自由的兴起。实际上，如果从中华刑罚流变的整个过程来看，刑罚的演变与历代中国先民所处的政治环境有着很密切的联系。从原始社会末期到夏商西周三代，中国的政治控制始终处于较为松散的状态之下，由原始的民主到分权式的一统，中央政权始终难以将自身的控制力伸展到中华大地的每一个角落。在这个时期，中央政权设计出的刑罚体系实际上更多地纵容了各个地方政权的选择，虽然在史籍中我们可以找到较为系统的刑罚制度，但实际上在执行过程中，具备统一的、规范的刑罚体系几乎是一种奢望。秦汉时期，中国进入大一统的专制君主统治时期，缺乏规范性、地方差异很大的刑罚体系在短时期内被改变，集权化的政治力量主导着刑罚体系不断向标准化方向发展。但这样的过程随着汉帝国的消亡被终止了，家族、军阀的势力主导了中国的政治生活。在这个时期，中国的刑罚从体系到内容几乎都取决于各世家大族在政治上的角力,家族的利益影响着政治生活,同样也影响着刑罚体系的变化。隋唐的统一给世家大族在政治生活中的决定性地位画上了一个句号,虽然其中的过程曲折,但唐帝国最终将世家大族的力量从政治决策层清出,重新启用秦汉的官僚制度,这就为君主专制集权的强大奠定了基础。随着政治生活的变迁,隋唐的刑罚也进入新五刑时代。由此,这套与封建政治统治相互配合的刑罚系统就几乎与封建政权的发展同步,不断调整,从轻重适中到重刑酷刑,直到封建专制集权统治达到巅峰,这种以新五刑为核心的刑罚体系也达到了自身最为成熟的阶段。

从刑罚的体系和刑种的结构流变来看。蔡枢衡在《中国刑法史》序中将刑罚体系发展划分为:五帝时代以死刑为中心,三王时代以肉刑为中心,隋唐至清以徒流体罚为中心,清末以后以自由刑为中心。中国刑种结构中的核心内容经历了一个死刑被肉刑替代,肉刑被徒流刑替代,徒流刑被自由刑替代的发展过程。具体来看,中国古代自始至终都以"五刑"指称刑罚体系,但五刑的含义不同,具体内容在各时代也不尽相同。从原始社会末期到夏商西周三代,中国的刑罚是以死刑和肉刑为中心的旧五刑体系。西汉时期,文帝、景帝开始改革刑罚,逐步废除肉刑,用徒刑和流刑取代肉刑的地位。到隋唐时期,以徒刑、流刑为中心的新五刑体系基本形成,由此一直延续至清朝末年。

中国较有系统的刑罚建设始于夏代政权的建立。《周礼·秋官·司刑》记载夏刑"大辟二百,膑辟三百,宫辟五百,劓墨各千"。商王朝的刑罚制度基本沿袭夏代,且一些非常残酷的刑罚手段,如剔剐、剖心、炮烙开始进入司法过程。"小邦周"替代"大邑商"后,这个曾经落后弱小的周人部落掌握着中央政权,开始了积极的制度建设和文化建设,除了宗法制、封建制和礼乐制度,成熟的旧五刑体系也是他们制度建设的成果之一。西周王朝的刑罚体系则以墨、劓、刖、宫、大辟为主体，以赎刑、劳役刑、拘役刑为补充，是中国奴隶制时代刑罚发展的高级阶段。

秦朝刑罚体系似乎在以自身的内容宣示着法家的胜利，其刑罚异常严酷。就死刑而论，就有弃市、腰斩、车裂等十几种，肉刑数量众多。此外，还设有各种流刑、徒刑。同时，又以森严的连坐制度全面加强了帝国刑罚体系的打击力度。汉代尤其是汉初的统治者开始对秦帝国的刑罚体系进行反思，并采取措施不断推动中国的刑罚体系由野蛮向文明缓慢前进。文帝改革刑制，黥、劓、斩左趾改为徒刑和笞刑，但由于斩右趾者入于死刑，斩左趾者又因笞数多往往致人于死，因此在当时遭到非议。景帝时，进一步调整刑制，减少笞数，限定笞杖的长度、厚度和加笞的部位，从而减弱了汉代之前残忍的肉刑在刑罚体系中所占据的重要地位。可以说，汉代的刑制改革为封建法定五刑制度的确立奠定了基础。

从刑罚轻重的变化来看。三国两晋南北朝时期刑罚的发展是残酷性逐渐宽缓，肉刑的刑罚手段逐渐减少，族刑、连坐范围不断缩小，这个时期是新五刑体系建立的准备阶段。隋朝《开皇律》规定的刑罚可以说是唐代刑罚成果的初稿，唐代的刑罚制度继之而起，以笞、杖、徒、流、死五刑为核心，刑罚比以前各代均为轻，死刑只有绞、斩两种，徒刑仅一年至三年，笞杖数目也大为减少，因此，唐律被认为是中国古代社会"得古今之平"①的刑中典范。唐代的刑罚体系从结构上影响了宋元明清历代封建王朝，但是从内容上看，尤其是从法外刑的角度看，宋代以后的刑罚越发苛重，各种法外刑越发肆虐，肉刑全面回潮，元代凌迟成为常用刑，明代充廷杖刑的泛滥都是明证。

在中国古代儒家的学者们看来，人本性是善的，或者至少是具有习善能力的理性存在物。人受到礼的教导后，就可以为社会所

---

① 《四库全书总目提要》。

接受。所谓法律永远不会比创造和执行法律的人更好。对统治者及其官吏施以道德的训练，是比发明精巧的法律机器更有效的事情。《论语·颜渊》："听讼，吾犹人也。必也使无讼。"《论语·为政》："道之以政，齐之以刑，民免而无耻。道之以德，齐之以礼，有耻且格。"《孟子·离娄上》："徒善不足以为政，徒法不足以自行。"《荀子·王制》："故有良法而乱者，有之矣；有君子而乱者，自古及今，未尝闻也。"可见，儒家对法律一直持有怀疑、警惕的态度，虽然儒家本身也有各种学派的划分，其立论的基础也存在差别，但是就对法律的态度来看，他们倒是有着较为一致的认识。

法家未尝不讲爱，但在这个学派的学术视野中，"法"永远高于一切。"爱"固然温情脉脉，但法家学者却洞见了"爱"的弊端。就如《韩非子·八说篇》所讲："慈母之于弱子也，爱不可为前，然而弱子有僻行使之随师，有恶病使之事医，不随师则陷于刑，不事医则疑于死。慈母虽爱，无益于振刑救死，则存子者非爱也。母不能以爱存家，君安能以爱持国。"又《左传·昭公二十一年》子产临终借太叔之言曰："唯有德者能以宽服民，其次莫如猛。夫火烈，民望而畏之，故鲜死焉。水懦弱，民狎而玩之，则多死焉。"可见，法家诸贤从来不认为同情心和爱心会有益于国家的稳定，公法可凭，私德不可恃，在他们看来，只有严苛的法律才是维系国家和社会稳定的法宝。这种思想在"刑"上的映射便是毫无怜悯的严刑重罚。

实际上，中国古代的刑罚恰恰是在这两股思想的策动下逐步发展的，其过程并非简单地由重到轻，或简单地由轻到重。虽然在西周之前，中国已经有相对成形的刑罚体系，但是其刑罚几乎无法用轻或重来描述，恐怕"野蛮"才是我们可以给予那个时代刑罚的最恰当的修饰语。周代刑罚依旧用较为原始的方式对待被奴役者，但已经开始为统治阶级内部设计出一套相对文明、量刑适中的刑罚体系。秦帝国在法家思想的指导下扫荡六合，以全新的政治统治方式将中国重新整合起来，其刑罚代表了法家对政治和社会控制的核心观点。最终彻底的理想主义的法家失败了，他们的结局被冠以"举措暴众而用刑太极故也"[①]之名。汉代的刑罚发展在更为多元化的思想主导下发展，儒家和道家对刑罚的影响加强，造成了汉代刑罚相对宽缓的发展趋向。应该说，刑罚由重到轻的发展在中国古代一直延续到隋唐时期，最终被五代各政权终结。统治者们开始越来越看重严刑对社会的控制力量，而且这样的观念并未随着王朝历史的发展而淡化，宋元明清的统治者越来越关注刑罚的建设，不仅重视五刑体系内部各种法定正刑，而且在封建专制集权的支撑下，他们任意地设置出各种法外酷刑，使得中国古代的刑罚愈发严酷，直至成为专制集权的陪葬品。

中国古代刑罚的体系庞大、内容复杂、变化众多，其发展历经千年，一直伴随着中华文明的整个发展过程，我们只有从更为多样化的角度进行审视，才能更真实地了解它。

---

① 《新语·无为》。

参考文献

（一）古籍类

1.〔汉〕司马迁. 史记. 中华书局,1959、1982.

2.〔汉〕班固. 汉书. 中华书局,1962.

3.〔宋〕范晔. 后汉书. 中华书局,1965.

4.〔晋〕陈寿. 三国志. 中华书局,1982.

5.〔唐〕房玄龄. 晋书. 中华书局,1974.

6.〔宋〕沈约. 宋书. 中华书局,1997.

7.〔梁〕萧子显. 南齐书. 中华书局,1972.

8.〔唐〕姚思廉. 梁书. 中华书局,1973.

9.〔唐〕姚思廉. 陈书. 中华书局,1972.

10.〔北齐〕魏收. 魏书. 中华书局,2003.

11.〔唐〕李百药. 北齐书. 中华书局,1972.

12.〔唐〕令狐德棻. 周书. 中华书局,1971.

13.〔唐〕魏征. 隋书. 中华书局,1973.

14.〔唐〕李延寿. 南史. 中华书局,1975.

15.〔唐〕李延寿. 北史. 中华书局,1974.

16.〔后晋〕刘昫. 旧唐书. 中华书局,1975.

17.〔宋〕欧阳修,宋祁. 新唐书. 中华书局,1975.

18.〔宋〕薛居正. 旧五代史. 中华书局,1976.

19.〔宋〕欧阳修. 新五代史. 中华书局,1974.

20.〔元〕脱脱. 宋史. 中华书局,1985.

21.〔明〕宋濂. 元史. 中华书局,1976.

22.〔清〕张廷玉. 明史. 中华书局,1974.

23.〔清〕赵尔巽. 清史稿. 中华书局,1977.

24.〔清〕阮元校刻. 十三经注疏本（附校勘记）. 中华书局,1980.

25.〔清〕纪昀. 四库全书. 线装书局,2007.

26.〔清〕孙星衍. 尚书今古文注疏. 中华书局,1986.

27.〔唐〕孔颖达. 周易正义. 北京大学出版社,1999.

28.〔清〕孙怡让. 周礼正义. 中华书局,1987.

29.〔清〕孙希旦. 礼记集解. 中华书局,1989.

30.〔清〕朱右曾. 逸周书集训校释. 商务印书馆,1937.

31.〔晋〕杜预. 春秋左传集解. 中华书局,1977.

32.〔清〕徐元诰. 国语集解. 中华书局,1987.

33.〔清〕沈家本. 历代刑法考. 邓经元,骈宇骞,点校. 中华书局,1985;商务印书馆,2011.

34.〔清〕程树德. 九朝律考. 商务印书馆,2010.

35.〔清〕王先谦. 荀子集解. 中华书局,1988.

36.〔汉〕许慎. 说文解字. 中华书局,1963.

37.〔汉〕刘向. 战国策笺证. 范祥雍,范邦瑾,笺证. 上海古籍出版社,2006.

38.〔宋〕司马光. 资治通鉴. 标点资治通鉴小组,校点. 中华书局,2011.

39.〔宋〕李焘. 续资治通鉴长编. 上海师大古籍所,华东师大古籍所,点校. 中华书局,2004.

40.〔唐〕杜佑. 通典. 王文锦,王永兴,刘俊文,徐庭云,谢方,点校. 中华书局,1988.

41.〔清〕王聘珍. 大戴礼记解诂. 王文锦,点校. 中华书局,1983.

42.〔清〕刘宝楠. 论语正义. 高流水,点校. 中华书局,1990.

43.〔宋〕朱熹. 四书章句集注. 中华书局,1983.

44.〔清〕黎翔凤.管子校注.梁运华,整理.中华书局,2004.

45.〔清〕王先慎.韩非子集解.钟哲,点校.中华书局,1983.

46.〔清〕徐珂.清稗类钞.中华书局,1984.

47.〔汉〕扬雄.法言义疏.中华书局,1987.

48.〔明〕解缙.永乐大典.北京图书馆出版社,2002.

49.〔宋〕王钦若.册府元龟(校订本).周勋初,等校订.凤凰出版社,2006.

50.《中国古籍总目》编纂委员会.中国古籍总目.中华书局,2009.

51.《中国古籍善本书目》编委会.中国古籍善本书目.上海古籍出版社,1996.

52.王重民.中国善本书提要.上海古籍出版社,1983.

53.王重民.中国善本书提要补编.北京图书馆出版社,1997.

54.《续修四库全书》编纂委员会.续修四库全书.上海古籍出版社,2002.

55.清代文字狱档.上海书店,2011.

56.诸子集成(全8册).上海书店,1986.

57.中华书局古籍编辑部.清人考订笔记(七种).中华书局,2004.

58.杨伯峻.春秋左传注(修订本).中华书局,1990.

59.周祖谟.尔雅校笺.云南人民出版社,2004.

60.陈尚君.旧五代史新辑会证.复旦大学出版社,2005.

61.高亨.诗经今注.上海古籍出版社,2006.

62.袁珂.山海经校注.上海古籍出版社,1980.

63.顾颉刚,唐长孺,王仲荦,等.点校本"二十四史"及清史稿.中华书局,2011.

（二）著作类

1.[德]黑格尔. 法哲学原理. 范扬,张启泰,译. 商务印书馆,1961.

2.[美]E. 博登海默. 法理学法律哲学与法律方法. 邓正来,姬敬武,译.华夏出版社,1987.

3.[德]马克斯·韦伯. 儒教与道教. 王容芬,译.商务印书馆,1995.

4.[美]哈罗德·J. 伯尔曼. 法律与革命. 贺卫方,等译.中国大百科全书出版社,1993.

5.[美]霍贝尔. 原始人的法. 严存生,等译.贵州人民出版社,1992.

6.[美]E. A. 罗斯. 社会控制. 秦志勇,毛永政,译.华夏出版社,1989.

7.[美]罗·庞德. 通过法律的社会控制——法律的任务. 沈宗灵,董世忠,译.商务印书馆,1984.

8.[英]马林诺夫斯基. 原始社会的犯罪与习俗. 原江,译.贺志雄,校.云南人民出版社,2002.

9.[英]丹尼斯·罗伊德. 法律的理念. 新星出版社,2005.

10.[法]摩莱里. 自然法典. 商务印书馆,1982.

11.[美]詹姆斯·B.雅各布,吉姆伯利·波特. 仇恨犯罪:刑法与身份政治. 王秀梅,译.北京大学出版社,2010.

12.[日]西原春夫. 刑法的根基与哲学. 顾肖荣,等译.法律出版社,2004.

13.[日]冨谷至. 秦汉刑罚制度研究. 广西师范大学出版社,2006.

14.[日]谷川道雄. 隋唐帝国形成史论. 上海古籍出版社,2011.

15.[加]西莉亚·布朗奇菲尔德. 刑罚的故事.郭建安,译.法律出版社,2006.

16.[意]切萨雷·贝卡里亚.论犯罪与刑罚.黄风,译.北京大学出版社,2007.

17.郭沫若.中国古代社会研究.科学出版社,1960.

18.瞿同祖.中国法律与中国社会.中华书局,1981.

19.郝铁川.中华法系研究.复旦大学出版社,1997.

20.邢建国,汪清松,吴朋森.秩序论.人民出版社,1993.

21.刘泽华.专制权力与中国社会.吉林文史出版社,1988.

22.杨鸿烈.中国法律发达史.上海书店,1990.

23.梁治平.清代习惯法:社会与国家.中国政法大学出版社,1996.

24.韩延龙.法律史论集.第3卷.法律出版社,2001.

25.曾宪义.中国法制史.北京大学出版社,高等教育出版社,2000.

26.饶鑫贤.中国法律史论稿.法律出版社,1999.

27.朱勇.中国法制史.法律出版社,1999.

28.杨鹤皋.宋元明清法律思想研究.北京大学出版社,2001.

29.张晋藩.中国法律的传统与近代转型.法律出版社,1997.

30.张晋藩.中国司法制度史.人民法院出版社,2004.

31.张晋藩.中国法制通史(全十卷).法律出版社,1999.

32.张晋藩.清朝法制史.中华书局,1998.

33.朱景文.现代西方法社会学.法律出版社,1994.

34.王子琳.法律社会学.吉林大学出版社,1991.

35.刘广安.中国法律思想简史.高等教育出版社,2007.

36.解志勇.法学基础理论.中国法制出版社,2008.

37.牛津法律大辞典翻译委员会.牛津法律大辞典.光明日报出版社,1988.

38.陈兴良.刑法的启蒙.法律出版社,2007.

39.许发民.刑法的社会文化分析.武汉大学出版社,2004.

40.刘星.古律寻义.中国法制出版社,2001.

41.邱兴隆.关于惩罚的哲学:刑罚根据论.法律出版社,2000.

42.邱兴隆,许章润.刑罚学.中国政法大学出版社,1999.

43.曲伶俐.刑罚学.中国民主法制出版社,2009.

44.马克昌.刑罚通论.武汉大学出版社,1995.

45.金开诚.古代刑罚与刑具.吉林文史出版社,2011.

46.张晨光.刑罚的历史.吉林大学出版社,2010.

47.柏桦.中国古代刑罚政治观.人民出版社,2008.

48.魏殿金.宋代刑罚制度研究.齐鲁书社,2009.

49.王志亮.刑罚学研究.中国法制出版社,2012.

50.董淑君.刑罚的要义.人民出版社,2004.

51.黄立.刑罚的伦理审视.人民出版社,2006.

52.杜家骥.清嘉庆朝刑科题本社会史料辑刊(一、二、三册).天津古籍出版社,2008.

53.北京大学法学百科全书编委会.北京大学法学百科全书:中国法律思想史、中国法制史、外国法律思想史、外国法制史.北京大学出版社,2000.

54.胡留元,冯卓慧.夏商西周法制史.商务印书馆,2006.

55.薛海卿.两宋法制通论.法律出版社,2002.

56.王云海.宋代司法制度.河南大学出版社,1992.

57.张国华,李光灿.中国法律思想通史.山西人民出版社,1996.

58.高道蕴,高鸿钧,贺卫方,等.美国学者论中国法律传统.清华大学出版社,2004.

59.蔡枢衡.中国刑法史.中国法制出版社,2005.

60.王立民.中国法制史.上海人民出版社,2007.

61.周密.中国刑法史.群众出版社,1985.

62.黄仁宇.中国大历史.生活·读书·新知三联书店,1997.

63.金景芳.中国奴隶社会史.上海人民出版社,1983.

64.吕思勉.先秦史.上海古籍出版社,2005.

65.翦伯赞.先秦史.北京大学出版社,1990.

66.杨宽.西周史.上海人民出版社,2003.

67.杨宽.战国史.上海人民出版社,1980.

68.许倬云.西周史.生活·读书·新知三联书店,2000.

69.童书业.春秋史.上海古籍出版社,2010.

70.田余庆.秦汉史.中国大百科全书出版社,2011.

71.马非百.秦集史.中华书局,1982.

72.何兹全.三国史.人民出版社,2011.

73.周一良,黄惠贤,卢开万.南北朝史.中国大百科全书出版社,2011.

74.岑仲勉.隋唐史.中华书局,1982.

75.王仲荦.隋唐五代史.上海人民出版社,2003.

76.陈寅恪.隋唐制度渊源略论稿.中华书局,1977.

77.陈振.宋史.上海人民出版社,2003.

78.周良霄,顾菊英.元史.上海人民出版社,2003.

79.南炳文,汤纲.明史.上海人民出版社,2003.

80.李治亭.清史.上海人民出版社,2003.

81.余嘉锡.四库提要辨证.中华书局,2007.

82.廖名春.出土简帛丛考.湖北教育出版社,2004.

83.裘锡圭.中国出土古文献十讲.复旦大学出版社,2004.

84.连宏,于潇.汉唐刑罚比较研究.吉林文史出版社,2014.

(三)论文类

1.武乾.中国古代对巫术邪教的法律惩禁.法学,1999(09):20-22.

2.王志华.略论中国古代君权与法律和道德的关系.政法论坛,2001(05):136-146.

3.张晋藩.论礼——中国法文化的核心.中国政法大学学报,1995(03):75-77.

4.王占通,栗劲."隶臣妾"是带有奴隶残余属性的刑徒.法学研究,1984(03):80-81.

5.晁福林."五刑不如一耻"——先秦时期刑法观念的一个特色.社会科学辑刊,2014(03):114-120.

6.刘玉堂.楚秦刑种比较研究.江汉论坛,2005(03):56-61.

7.王立民.古代东方刑罚论.华东师范大学学报(哲学社会科学版),1994(02):64-70.

8.彭文芳.古代刑名诠考.浙江大学人文学院博士学位论文,2009.

9.白井骏,孟昭容.古代印度社会的犯罪及刑罚观.中外法学,1990(05):76-79.

10.闫晓君.汉初的刑罚体系.西北政法学院学报,2006(04):160-168.

11.黄河.汉代禁锢研究.吉林大学硕士学位论文,2006.

12.孙晶.汉代肉刑研究.首都师范大学硕士学位论文,2007.

13.陈楠.礼法结合对唐代刑罚制度的影响.人民论坛,2010(02):108-109.

14.邓奕琦.论北魏孝文帝的法制改革.法学家,1994(02):23-31.

15.孙光妍.论汉代刑罚制度改革的历史背景.北方论丛,1999(01):45-47.

16.张慧聪.论明清时期的刑罚制度.兰台世界,2012(36):33-34.

17.薛菁.论魏晋南北朝法律制度的特点.福建师范大学学报

（哲学社会科学版），2003（06）：102-108.

18.朱明敏.论我国自由刑刑罚体系的缺陷及完善.杭州商学院学报，2003（04）：53-56.

19.徐祥民.略论春秋刑罚的特点.法学研究，2000（03）：148-160.

20.甘小华.略论秦的人殉文化.西安财经学院学报，2008（04）：14-17.

21.毛晓燕.略论宋代监狱管理制度的发展及主要特征.长春师范学院学报，2005（06）：61-63.

22.王俊.略论五代法制对宋朝的影响.法学杂志，2007（04）：143-145.

23.赵艳芳，刘金燕.明朝"重典治国"的评价与启示.人民论坛，2012（20）：194-195.

24.商丽杰，王素明.明朝酷刑初探.文史博览，2006（10）：10-11.

25.罗殿宏，田翠英.明代重刑主义与刑罚制度简析.滨州职业学院学报，2004（03）：50-53.

26.李姣，郑红红.浅论唐代刑罚思想与唐代的酷刑制度的关系.商品与质量，2012（S5）：212.

27.李霞.浅析清代的刑罚制度.商丘师范学院学报，2004（03）：74-76.

28.赵丽娟.浅议资格刑的适用与完善.民主与法制，2010（23）：67.

29.许丽.秦汉简牍中所见的刑罚研究.西北师范大学硕士学位论文，2012.

30.李长杰，吕雪.清朝刑罚制度的发展及特点.辽宁公安司法管理干部学院学报，2011（04）：38-39.

31.戴建国.宋代刑法研究.四川大学博士学位论文，2004.

32.戴建国.唐代刑罚体系的演变——以杖刑为中心的考察.史学集刊,2010(04):55-64.

33.初瑛.唐代笞刑、杖刑问题研究.四川师范大学硕士学位论文,2013.

34.陈灵海.唐代籍没制与社会流动——兼论中古社会阶层的"扁平化"动向.复旦学报(社会科学版),2015(01):98-105.

35.赵连稳.中国古代刑罚的演变.山东师范大学学报(人文社会科学版),2007(05):135-138.

36.李芳.唐律流刑考析.吉林大学硕士学位论文,2008.

37.连宏.五代刑罚制度的变化.长春理工大学学报(社会科学版),2007(04):109-112.

38.章健.五代刑事法律制度变化及其影响.西南政法大学硕士学位论文,2011.

39.蒋集耀.象刑考辩.法学,1982(09):42-44.

40.徐婧.元代刑罚制度初探.法制与社会,2009(17):38-39.

41.徐勤涛.战国时期秦国刑罚研究.苏州大学硕士学位论文,2011.

42.郑定.中国古代的服制与刑罚.法律学习与研究,1987(01):46-49.

43.李明德.中国古代的复肉刑之争及其对刑罚制度的影响.黄淮学刊(社会科学版),1994(03):41-45.

44.王星戈.唐代刑罚中的性别差异.法制与社会,2010(13):12-13.

45.付熠玮.中国古代刑罚制度的特点.法制与社会,2011(05):286-287.

46.韩文政,李坤辉.中国古代刑罚制度的演变及特点.学术交流,2012(S1):57-58.

47.杨鸿雁.中国古代刑罚中的耻辱刑刍议.西南政法大学学

报,2000(04): 62-64.

48.竹怀军. 资格刑的概念和特征新探. 韶关大学学报(社会科学版),1999(01): 21-26.

49.刘科进. 明代赎刑制度的司法特点及其局限性. 西南大学硕士学位论文,2007.

50.孙艳. 秦汉赎刑论考. 东北师范大学硕士学位论文,2006.

51.张光辉. 明代赎刑的运作. 四川大学学报(哲学社会科学版),2005(03):111-120.

跋

马肖印先生撰《中国古代刑罚史略》即将付梓,先生东床王骚兄嘱我作跋,敢不受命!

余生也晚,读书不多。唯知正史有"刑法志"或"刑罚志",今人撰著多以"法制史"为名,概以中国古代司法制度为叙述梗概,确乎没能见到现代人有以"五刑"为讲论脉络,撰著《刑罚史略》者。先生所著,或有首创之义,令后学如吾者拜服。

先生并非学界中人,而是司法界实际工作人员。离休后参与律师行当,同时著书立说。由是可以想见,与高校从事科研和教学的专业人士相较,作者撰写这样一部学术专著,会有着怎样的艰辛。作者以"五刑"的形成、演变为主线,从远古论及清代,资讯丰富,条分缕析,为读者勾勒了明晰的历史发展线索。虽笃学之士亦未必能及也。

语云:文如其人。

《史略》一书展示了老一辈革命者的情怀与胸怀。他们忠心于国家、事业,刚正不阿,虽有这样那样风波的冲击,却也痴心不改。入仕能兢兢业业,退居则笔耕不辍,有古士大夫之风骨。幸而拨乱反正,先生得以将平生抱负专注于法制建设,既有实际操作,也有理论建树。

《史略》一书足以启迪后学,传诸后世。《左传·襄公二十四年》有载:"太上有立德,其次有立功,其次有立言。虽久不废,此之谓不朽。"马先生德行典范，有功于国家，立言于身后，亦可以不朽矣。

葛荃

2019 年 4 月于山东大学

致　谢

《中国古代刑罚史略》即将付梓。在此，谨代表已去世的作者向本书出版过程中给予支持、指导和帮助的朋友们致以衷心的感谢！

山东大学法学院葛荃教授和贾乾初教授在本书的成稿、核校过程中给予了重要的指导，并体现出深厚的学术功底和诲人不倦的精神。特此致谢！

南开大学出版社社长兼总编辑刘运峰教授、丁福原老师、吴中亚老师，在此书的审校出版过程中提出了许多宝贵意见。他们一丝不苟、认真负责的工作精神，为本书出版提供了保障。特此致谢！

最后，向为本书出版提供帮助支持的所有人，致以诚挚的谢意！

王　骚

2019 年 5 月于南开大学